Tingsten · Königin Viktoria und ihre Zeit

Herbert Tingsten

Königin Viktoria und ihre Zeit

Diederichs

Die Originalausgabe erschien 1965 unter dem Titel
Viktoria och viktorianerna
im Albert Bonniers Förlag AB, Stockholm

Aus dem Schwedischen von Ehrhardt Neumann

Vordere Umschlagseite: zeitgenössisches Ölgemälde der Königin Viktoria;
National Portrait Gallery, London.

Die Deutsche Bibliothek – CIP-Einheitsaufnahme
Tingsten, Herbert:
Königin Viktoria und ihre Zeit / Herbert Tingsten.
[Aus dem Schwed. von Ehrhardt Neumann]. – Ungekürzte
Lizenzausg. – München : Diederichs, 1997
Einheitssacht.: Viktoria och viktorianerna <dt.>
ISBN 3-424-01360-9

Umschlaggestaltung: Zembsch' Werkstatt, München
Produktion: Tillmann Roeder, München
Satz: Fotosatz Tutte, Salzweg-Passau
Papier: fast holzfrei, chlorfrei, säurefrei Werkdruck, Schleipen
Druck und Bindung: Ebner Ulm
Printed in Germany

ISBN 3-424-01360-9

Inhalt

Vorwort

Dieses Buch entstand, nachdem der Verlag sich mit dem Vorschlag an mich wandte, eine Reihe von Studien über die Viktorianer und über viktorianische Episoden, die ich schon früher in Büchern und Zeitungsartikeln veröffentlicht hatte, in einer neuen Auflage wieder herauszubringen. Diese Aufsätze befinden sich in dem dritten Abschnitt dieses Buchs, unter dem Titel »Gestalten und Ereignisse«. Jedoch fühlte ich mich gleichzeitig verpflichtet, eine Reihe von mehr wissenschaftlichen Untersuchungen über die Geschichte der englischen Philosophie hinzuzufügen, die ich schon vor zwanzig Jahren geschrieben, aber zum größten Teil noch nicht veröffentlicht hatte. Diese Betrachtungen sind im zweiten Teil des Buchs unter dem Titel »Grundzüge, Ideen und deren Entwicklung« zusammengefaßt. Dazu möchte ich bemerken, daß es sich hierbei nicht um eine systematische Darstellung, sondern um eine Übersicht über gewisse Komponenten zu den Überlegungen handelt, die besonders über liberale Gedankengänge angestellt werden müssen. Ferner habe ich zwei Abschnitte neu verfaßt, und zwar die Studien über den Begriff des Viktorianismus und die Person der Königin Viktoria. Diese Aufsätze sind im ersten Teil des Buchs unter dem Titel »Viktoria und ihre Zeit« aufgenommen.
Vierzig Jahre lang galt mein ganzes Interesse dem Studium von Büchern aus der Zeit Viktorias. Über gewisse Gebiete wurden ganz systematische und sehr eingehende Studien von mir betrieben. Über manche Themen habe ich mich ganz zufällig und mehr einseitig orientiert. Viele Bücher hinterließen einen sehr nachhaltigen Eindruck auf mich, obwohl ich sie seit vielen Jahren nicht mehr in die Hand genommen und vieles daraus vergessen hatte. Das betrifft besonders Briefe, Biographien und spezielle Themen, die für den ersten Teil des Buchs von Interesse sind. Notizen mit erklärendem Text für das Manuskript habe ich nur für den zweiten Teil des Buchs über die Ideen des Viktorianischen Zeitalters gemacht, sie aber in dem Buch nicht verwendet. Alle in diesem Teil erwähnten und zitierten Schriften, Parlamentsdiskussionen und Zeitschriften wurden erneut durchgesehen.
Bei der Überarbeitung des gesamten Werkes habe ich Wiederholungen

auszumerzen versucht. Dies hundertprozentig durchzuführen, war aber nicht möglich. Bisweilen ist es notwendig, Angaben und Gedankengänge zu wiederholen, die, auch wenn sie zu bestimmten Kapiteln gehören, in verschiedenen Zusammenhängen erwähnt werden müssen. Ebenso werden Betrachtungen angestellt, die sich wie Widersprüche ausnehmen. Das kommt daher, daß abweichende Gesichtspunkte erläutert, teilweise entgegengesetzte Maßstäbe in den einzelnen Abschnitten angelegt und sicherlich Studien zu verschiedenen Zeitpunkten, in verschiedenen Stimmungen und seelischen Verfassungen geschrieben worden sind.

Für wertvolle Unterstützung bei der Überarbeitung danke ich meinem Freund Jan Olof Olsson von ganzem Herzen.

Folgende Aufsätze sind schon früher ganz oder teilweise in Buchform veröffentlicht erschienen und in einigen Fällen Essays aus verschiedenen Arbeiten zu einem einzigen Essay zusammengefaßt worden:
»Die Freihandelslehre in England«, aus der Festschrift für Georg Andrén, 1960.
»Die Metamorphose des Freiheitsbegriffs und T. H. Green« aus »Eintritt in die fünfziger Jahre«, 1949.
»Die Kolonialfrage« aus »Argumente«, 1948.
»Die Natur, Darwin und die Väter des Empire«, aus »Auf dem Jahrmarkt«, 1958
»Der politische Moralist Gladstone«, aus »Auf dem Jahrmarkt« und »Ideen und Genies«, 1953.
»Das konservative Idol Disraeli«, aus »Ideen und Genies«.
»Ein echter Tory«, aus »Auf dem Jahrmarkt«.
»Der Sturz des ungekrönten Königs«, aus »Auf dem Jahrmarkt«.
»Das Problem Eduard VII.«, aus »Ideen und Genies«.
»Der Baccarat-Skandal«, aus »Ideen und Genies«.
»Thomas Carlyles tragisches Schicksal«, aus »Ideen und Genies«.
»Der Viktorianische Prophet John Ruskin«, aus »Ideen und Genies«.
»Die Liebesgeschichte John Stuart Mills«, aus »Ideen und Genies«.
»Der (beste) Poet in meinem Imperium«, aus »Ideen und Genies«.
»Der beste Poet Kipling«, aus »Auf dem Jahrmarkt«.
»Ein großer Soldat und Christ«, aus »Auf dem Jahrmarkt«.
»Der Pfadfindergeneral bei Mafeking«, aus »Auf dem Jahrmarkt«.
»Der Ritt der Sechshundert«, aus »Auf dem Jahrmarkt«.

»Der indische Aufstand«, aus »Auf dem Jahrmarkt«.
»Die Viktorianer und wir«, aus »Auf dem Jahrmarkt«.
Andere Aufsätze erschienen in »Dagens Nytheter« und »Göteborgs Handelsoch Sjöfartstidning«. »Der Viktorianismus« und die Abschnitte aus »Grundzüge, Ideen und deren Entwicklung«, die oben nicht aufgeführt wurden, sind bisher noch nicht veröffentlicht worden.

Herbert Tingsten

1 Viktoria und ihre Zeit

Der Viktorianismus

Wenn man vom Viktorianismus oder von dem Viktorianischen Zeitalter spricht, versteht man darunter zunächst die Regierungszeit der Königin Viktoria vom Juni 1837 bis zum Januar 1901. So spricht man ja auch von der Elisabethanischen und in Schweden von der Gustavianischen Epoche. Daß der Begriff des Viktorianismus eine so große Bedeutung sowohl in der Geschichtsforschung als auch in Gesprächen und Diskussionen erlangte, hängt sicherlich damit zusammen, daß die Regierungszeit Viktorias so ungewöhnlich lang war, länger als die eines jeden anderen Monarchen der Neuzeit – mit Ausnahme des Kaisers Franz Joseph von Österreich (1848–1916), ferner damit, daß England in dieser Zeit auf fast allen Gebieten zu den führenden Nationen der Welt gehörte. Es stand auf der Höhe der Macht, gewann riesige Gebiete überall auf der Erde hinzu. Die Technik entwikkelte sich zu ungeahnter Blüte, das Land war reich, die Politik spielte eine überragende Rolle. England besaß bedeutende Dichter.
Unter Viktorianismus versteht man nicht nur einen Zeitabschnitt. Man faßt ihn als eine geschlossene Einheit auf, als eine Epoche mit bestimmten charakteristischen Ideen, Einstellungen, Gewohnheiten und geistigen Werten. Man geht davon aus, daß die Viktorianer gewisse gemeinsame Merkmale haben, und gebraucht oft Ausdrücke wie »viktorianischer Mensch« oder »viktorianische Perspektive«. Die Viktorianer sind im Lauf der Zeit zu einer Art Rasse oder Nation mit ganz bestimmten Eigenschaften geworden. Man spricht von ihnen wie von »Afrikanern« oder »Schweden« oder »Deutschen«.
Geschichtsschreiber widersprechen sich oft in ihren Auffassungen über die Viktorianer. Die einen betonen die Gleichartigkeit der viktorianischen Menschen, die anderen heben zur selben Zeit hervor, daß man den Viktorianern gar keine gemeinsamen Wesenszüge nachsagen könne. Gerade die unterschiedlichen Vorstellungen der Viktorianer seien das besondere Merkmal dieser Epoche gewesen. Gegen die Auf-

fassung, alle Viktorianer besäßen dieselbe geistige Einstellung, spricht schließlich die Tatsache, daß eine Zeitspanne von 64 Jahren, die sich rein zufällig durch die Thronbesteigung und den Tod einer Königin ergibt, nicht eine in sich abgeschlossene Epoche mit einer nur auf diese Zeit bezogene Weltanschauung bilden kann. Unterstrichen wird dies dadurch, daß viele Geschichtsschreiber betonen, daß der Viktorianismus absolut nicht in irgendwelche Beziehung zur Regierungszeit Viktorias gebracht werden darf. G.M. Trevelyan hebt hervor, daß man beim Studium des Viktorianismus bis in die Zeit nach den Napoleonischen Kriegen zurückgehen muß. G.M. Young bezeichnet die Jahre um 1845–1860 als das wirkliche Viktorianische Zeitalter. Die Ideen und die geistige Einstellung, die man »viktorianisch« nennt, seien danach verwässert worden. Walter E. Houghton hat ebenfalls eine hervorragende Studie über »The Victorian Frame of Mind 1830–1870« geschrieben, über eine Zeit, die für ihn den wahren Viktorianismus verkörpert. Ein Ausspruch aus dem Jahr 1896 wird als »viktorianisch« hingestellt, obwohl er so spät fällt, daß er »formell« gar nicht mehr in diese Epoche gehört. Maurice B. Reckett behauptet, daß das Viktorianische Zeitalter mehr als ein Jahrzehnt vor Viktorias Tod zu Ende ging – Wilde und Shaw können doch nicht als Viktorianer bezeichnet werden (nach Trevelyans Meinung ist jedoch Shaw »der große alte Viktorianer«).

Kitson Clark nennt die Jahre 1850–1875 die »Blütezeit des Viktorianismus«. Charles Petrie wiederum ist der Ansicht, daß die Viktorianische Ära erst mit dem Krimkrieg begann und bis zum Ersten Weltkrieg andauerte.

Man könnte ohne weiteres noch eine ganze Reihe von Einwänden aufzählen. Aber es genügt wohl, hier festzuhalten, daß der Viktorianismus in einen Zeitraum eingeordnet werden muß, der von ungefähr 20 Jahren vor Viktorias Thronbesteigung bis viele Jahre nach ihrem Tod reichte. Eine andere Methode, in die so oft zitierte Homogenität des Viktorianischen Zeitalters Licht zu bringen, besteht darin, drei Epochen zu unterscheiden, nämlich eine frühviktorianische, eine zwischenzeitliche und eine spätviktorianische Periode, und dabei die Verschiedenheiten der drei Zeitabschnitte, die Abweichungen voneinander, besonders hervorzuheben. Es wird immer eine Streitfrage bleiben, was man unter Früh-, Zwischen- und Spätzeit versteht.

Setzen wir nunmehr voraus, daß es einen Viktorianismus im eigentlichen Sinn gibt, einen Kern von Vorstellungen, Auffassungen und Verhaltensweisen, der wenigstens einigen der 64 Regierungsjahre Viktorias das Gepräge gibt. Aber wie dringt man zu diesem Kern vor? Eine sehr umfangreiche, oft scharfsinnige und gewissenhafte Erforschung des Viktorianischen Zeitalters hat man besonders in letzter Zeit betrieben. Viele Wissenschaftler haben versucht, durch intensive Studien zu allgemeingültigen Erkenntnissen zu kommen, die hieb- und stichfest sind. Die Schwierigkeiten auf dem Weg zum Erfolg sind indes so groß, und das Arbeitsgebiet ist so umfassend, daß nur unvollständige Ergebnisse erzielt wurden. Es fehlen präzise Statistiken, die beispielsweise ein genaues Bild über Kirchenbesuche, Bevölkerungsbewegungen, Prostitution vermitteln. Hier und da kann man sich informieren darüber, was die Menschen lasen und woran sie glaubten. Das vorliegende reichhaltige Material zwingt zu Einschränkungen und Vorbehalten. Man ist gezwungen, sich in erster Linie oder auch ausnahmslos an Grundgedanken und Gesichtspunkten zu orientieren, denen man bei bekannten Wissenschaftlern, Philosophen und Politikern begegnet: eine Reihe großer Geister, wie Carlyle, J. S. Mill, Ruskin, Spencer und Tennyson, Wilberforce und Newman, Disraeli und Gladstone sind – berechtigt oder unberechtigt, das sei dahingestellt – zu »repräsentativen« Deutern der viktorianischen Denkweise erhoben worden. Die Volksschicht, deren Ansichten und Meinungen man glaubte festhalten zu können, ist die »Mittelklasse«. Das ist ein äußerst dehnbarer und zweifelhafter Begriff. Sie macht ein Drittel der englischen Bevölkerung aus. Deren Sinnen und Denken, wenn es überhaupt solches bei der breiten Masse gab, die nicht lesen konnte oder wollte, die weder Briefe schrieb noch an politischen und religiösen »Bewegungen« teilnahm, zu erkennen und zu erfassen, ist kaum möglich. Es bestehen große Lücken in der Erforschung dieser Zusammenhänge. Und viele Experten auf diesem Gebiet haben es bestätigt. Es sind z. B. keine großangelegten Versuche unternommen worden, Schulbücher, Predigtsammlungen, Wahlreden, Zeitungen und Zeitschriften daraufhin durchzuarbeiten.

Hinzu kommt, daß Verfasser, die aus Teilen ein Ganzes machen wollen, nach Motiven suchen, und »wer sucht, der findet«.

Es ist typisch, daß man auch in hervorragenden Werken auf fünf oder sechs Zitaten, die sozusagen die Meinung der großen Masse wiedergeben sollen, aufbaut, wohingegen man zwei oder drei andere Zitate, die nicht in den Rahmen passen, als Ausnahmen abtut. Ursächliche Zusammenhänge und Auslegungen erscheinen bei dieser Art von For-

schung sowohl unklar als auch problematisch; man behauptet, daß dieser oder jener Gedanke für die Mittelklasse genau richtig, oder daß er durch die Industrialisierung oder Demokratisierung oder durch Fortschritte auf wirtschaftlichem Gebiet bedingt sei. Man spricht von dem »viktorianischen Kompromiß« zwischen Glauben und Zweifel. Optimismus und Pessimismus werden als Größen ohne eigene Note, die Religion als eine treibende Kraft, die Religiosität auch als Ausdruck »tieferer« Beweggründe (Furcht vor Veränderungen, Wunsch, die Moral zum Gesetz zu erheben), der Puritanismus als Realität oder als Deckmantel für den sittlichen Verfall angesehen. Ein verwässerter und nicht klar erkennbarer Marxismus und Freudianismus macht sich in Auslegungen und Kommentaren geltend. Die Psychoanalyse vermag überlieferte Denkweisen ins Gegenteil zu verkehren. Ein achtunggebietendes geschlossenes Auftreten gilt als ein Zeichen von Unsicherheit, Prüderie als Zeichen stark entwickelter Sexualität.
Hinzu kommt, daß die Autoren, deren Aufgabe es war, den Viktorianismus ganz allgemein oder während eines bestimmten Zeitabschnitts oder in einem ganz begrenzten Bereich zu untersuchen, oft zu ganz verschiedenen Ergebnissen gelangen. Das rührt scheinbar weniger daher, daß sie sich verschiedener Quellen bedienen, als daß sie selbst ganz unterschiedliche Ideologien vertreten. Aus der Schilderung eines scheinbar streng wissenschaftlich arbeitenden Verfassers kann man in vielen Fällen auf seine Einstellung schließen, ob er ein Konservativer, ein Liberaler oder Sozialist, ob er religiös oder Agnostiker ist. Und prominente Forscher haben, wie schon angedeutet, längst erkannt, daß Ideen und Auffassungen während Viktorias Regierungszeit sich stark verändert haben, ferner, daß in jedem Zeitabschnitt die verschiedenen Ideen und Meinungen in wichtigen Bereichen um ihre Vorherrschaft kämpften.
Vor dieser Fülle verschiedener Ansichten und Widersprüche wird man versucht, sich mit den Forschern anzulegen, sie anzugreifen, anstatt sich zu begnügen, den Geist des Viktorianismus zu erforschen. Es scheint aber doch möglich zu sein, daß man in einigen Punkten und für einige Zeitabschnitte eine entsprechende Übereinstimmung feststellen kann, zumindest bei den Forschern, die das Problem eingehend behandelt haben. Man kann in diesen Fällen behaupten, daß es sich um allgemein gültige oder akzeptable Auffassungen vom Viktorianismus, um glaubhafte Vorstellungen über den Charakter des Viktorianismus handelt. Ja, man kann mit vollem Recht noch einen Schritt weiterge-

hen und darin eine getreue Wiedergabe dessen sehen, was Max Weber als »typische Ideale« und Verhaltensweisen bezeichnete, also von extremen und übertriebenen, aber trotz allem charakteristischen und – realistisch gesehen – grundlegenden Aussagen über Wesenszüge, die eine längere oder kürzere Zeit während Viktorias Regime vorherrschten oder jedenfalls stark hervortraten. In den folgenden kurzen Aufzeichnungen sollen nur diese Erscheinungen besprochen werden, in dem Bestreben, wegzukommen von unhaltbaren Verallgemeinerungen. Es wird dabei auf Entwicklungen hingewiesen, die allmählich die englische Szene veränderten.

Ein sehr wichtiges Kapitel, das aufgrund des lückenhaften und unzuverlässigen Materials hier ausgeschlossen werden muß, ist ein Vergleich des viktorianischen Englands mit anderen Ländern. Auch hier sind sich die Autoren nicht einig. Die einen sagen, der Viktorianismus habe alle oder die meisten der Völker mit christlich-abendländischer Kultur wesentlich beeinflußt; die anderen behaupten, daß es sich um eine spezifisch englische Erscheinung handele – keiner der Verfechter der einen oder anderen These hat den ernsthaften Versuch unternommen, den Beweis dafür anzutreten.

Planloses Studium der verschiedensten Gebiete reizt zu Vergleichen mit anderen Ländern. In Amerika schienen zur gleichen Zeit dieselben Voraussetzungen wie in England vorgelegen zu haben. In den Südstaaten war vielleicht in den Jahren vor dem Bürgerkrieg der Viktorianismus noch stärker ausgeprägt als zur selben Zeit in England, besonders auf dem Gebiet der Religion, der Moral und in der Einstellung zu sexuellen Fragen. Man konnte in Schweden in der zweiten Hälfte des 19. Jahrhunderts deutliche Parallelen zum englischen Zeitgeist feststellen.

Irgendeine zusammenfassende geistesgeschichtliche Abhandlung über den Viktorianismus und die Viktorianer soll es nicht geben, obwohl dieses Thema oft in Aufsätzen behandelt worden ist. Es kann jedoch nicht bestritten werden, daß sich die Einstellung der Engländer im Laufe der Jahrzehnte hierzu geändert hat. Lytton Strachey, der meisterhafte Schilderer des Viktorianismus, war der vornehmste Exponent einer Schule, die mit einer Mischung von Überlegenheit, Ironie und Wohlwollen diese Zeit betrachtete. Stracheys Viktorianer waren lächerliche und in ihrer Einfalt und ihrem Selbstvertrauen bedauernswerte Menschen. Ihre geistige Arglosigkeit entschuldigt allerdings diese Scheinheiligkeit. Später dachte man anders darüber. Viele Autoren würdigten die Beständigkeit und die Geborgenheit des Viktorianischen Zeitalters und wünschten sich dieses zurück; sie sehnten sich nach Menschen, die schwärmerisch von den »noblen Wilden« und von Frieden und der Unerschütterlichkeit eines echten Glaubens und eines überlieferten und allseits anerkannten Systems sprachen. Hinzufügen muß man allerdings, daß solche allgemeinen kritischen Äußerungen oder Sympathien für den Viktorianismus nicht nur auf unterschiedlichen Erkenntnissen, sondern auch auf voneinander abweichenden Vorstellungen von der viktorianischen Idee beruhen. Man ging von unterschiedlichen Auffassungen über die wirklichen Zustände dieser Zeit aus. Strachey z.B. sieht im Viktorianismus einen beschaulichen Lebenswandel ohne Sinn und Zweck; andere betrachteten mit Liebe oder Abscheu die überkommenen Vorstellungen dieser Zeit. Andere wiederum versuchten, im Gegensatz zu Strachey, hinter der »Fassade« geheimnisvolle und sonderbare Erscheinungen – faszinierende oder peinliche – zu enträtseln und ins rechte Licht zu rücken.

Im Jahr 1948 widmete der englische Rundfunk dem Viktorianischen Zeitalter eine lange Serie von Vorträgen – 83 Fortsetzungen. Diese Beiträge wurden 1949 unter dem Titel »Ideas and Beliefs of the Victorians« in Buchform herausgegeben. Die Rundfunkserie wurde von zwei der bedeutendsten Humanisten Englands eingeleitet, die beide alt genug waren, um die Regierungszeit Viktorias als junge Leute selbst miterlebt zu haben, nämlich der Historiker G.M.Trevelyan und der Philosoph Bertrand Russell. Sie sahen diese Jahre, die sie zu beschreiben versuchten, mit Befriedigung und Selbstbewußtsein, ohne einen Anflug von Sentimentalität als eine Ära des Fortschritts, des Aufbaus, der sittlichen und geistigen Entwicklung auf eine höhere Ebene.
Trevelyan hielt sich in seiner Darstellung bei den Veränderungen und Reformen auf, die England neugestaltet haben. Er nannte diese Jahre »das Eisenbahnzeitalter«. Mehr als irgendeine andere Zeiterscheinung war die Expansion des Verkehrs der Ausgangspunkt für alles, was sich damals ereignete. Das Eisenbahnzeitalter schilderte er als »eine Zeit des Friedens und der Sicherheit«. Der Krimkrieg und die Kolonialkriege seien nur ein Intermezzo gewesen, das die breite Masse des Volks nur wenig berührte. Politische und soziale Reformen seien unter starkem Druck, aber ohne Barrikadenkämpfe und Blutvergießen durchgeführt worden. Das England dieser Zeit zeichnete sich aus durch eine demokratische Regierungsform, Stimmrechtsreformen,

Freihandel, Pressefreiheit, Abschaffung der Sklaverei, gewerkschaftliche Zusammenschlüsse, soziale Reformen, durch einen sich schnell mehrenden Reichtum, der wohl allzu ungleichmäßig verteilt war, aber doch zu einer starken Steigerung des Realeinkommens der Arbeiter führte. England sei in dieser Zeit zu einem Imperium gewachsen, in dem sich die von Weißen bewohnten Kolonien selbst verwalteten, und das die zunehmenden geistigen Strömungen förderte, die durch bedeutende Schriftsteller verkörpert wurden. Trevelyan schloß seine Ansprache damit, daß er »den großen Fortschritt auf humanitärem Gebiet, in Wort und Tat, gegenüber Alten und Schwachen, Armen und in Not Geratenen, Frauen und Kindern«, hervorhob: »Unser englischer Wesenszug, die Liebe zur Freiheit und Gerechtigkeit und Menschlichkeit, für die wir in zwei Weltkriegen gekämpft haben, ist direkt eine Folge des Viktorianischen Zeitalters.«

Es war nicht verwunderlich, daß sich Trevelyan so positiv äußerte. Er war ein hervorragender Historiker – hatte die italienische Freiheitsbewegung, das Werden des englischen Parlamentarismus um 1700, die sozialen Fortschritte des englischen Volks beschrieben–, aber er neigte immer dazu, in den Ereignissen »dem Sieg des Lichts«, dem Guten nachzuspüren, nicht etwa, weil er in allem Geschehen Gottes Hand oder das Schicksalhafte der Geschichte sah, sondern weil er ein selten glücklicher und harmonischer Mensch war. Jedoch ist es verblüffend festzustellen, daß der Sozialkritiker und Freigeist Bertrand Russell beinahe ebenso vorbehaltlos die viktorianischen Jahre eine Zeit der Entwicklung zum Besseren nannte. Viel eindringlicher als Trevelyan beschrieb er die Gegensätze, die sozialen Ungerechtigkeiten und Klassenkämpfe, aber wenn er den Viktorianismus mit unserer Zeit verglich, entstand daraus ein Loblied auf die gute alte Zeit. »Unser tägliches Leben ist voller Ungewißheiten und so geplagt von Furcht vor Unglücksfällen, daß die Zeit, in der Viktoria Königin war, als ein Goldenes Zeitalter gilt. Man fand sich damals damit ab, daß es in dieser Welt viel Böses gab; denn die Menschen meinten zu wissen, wie sie diesem Übel begegnen könnten. Sie glaubten, daß es bald beseitigt würde. Wir dagegen, die wir uns klar darüber sind, worauf die Ohnmacht unserer Zeit beruht, zweifeln daran, ein Gegenmittel zu finden, das Aussicht auf Erfolg hat. Enttäuschung macht uns unsicher und zynisch. Das Viktorianische Zeitalter aber ging den Problemen energisch und mit Erfolg zu Leibe. Das begann in einer Zeit, da das Land innerlich zerrissen war – Disraeli sprach von zwei Nationen –, da Brutalität, Armut und Unerfahrenheit herrschten. Am Ende dieser Periode war England stark und geeint. Die Auswüchse in der beginnenden Industrialisierung wurden in Grenzen gehalten. Seit dreißig Jahren war der Pflichtunterricht in der Schule eingeführt. Eine demokratische Regierungsform war etabliert worden, nur Frauen waren noch von der Ausübung ihrer Rechte ausgeschlossen. All das geschah ohne irgendwelche gewaltsamen Umwälzungen. Das ist eine große Leistung. Ich wünschte, es gelänge in unserer Zeit, solche Reformen ebenso glatt durchzusetzen.«

Für Trevelyan, Russell, wie auch für alle anderen Historiker ist der Glaube an den Fortschritt typisch, ja vielleicht das typischste Merkmal der viktorianischen Lebenshaltung. Dieser Glaube an den Fortschritt war gewiß nicht eine spezifisch englische Erscheinung. Die gesamte abendländische Zivilisation war im 19. Jahrhundert von dieser Idee durchdrungen. Aber es scheint, als wäre sie gewissermaßen in England in mancher Hinsicht besonders ausgeprägt gewesen. Man ging ungewöhnlich praktisch und pragmatisch vor. Wenigstens um die Mitte des Jahrhunderts war die Idee jahrzehntelang ungemein stark und frei von Zweifeln und Hemmungen. Sie war national und patriotisch gefärbt, denn man war überzeugt, daß gerade England der Initiator der Idee des Fortschritts und deren wichtigster Verfechter im abendländischen Raum sei.

Wenn man dieses Problem etwas vereinfachen will, kann man zwei Arten von Glauben an den Fortschritt unterscheiden. Für die eine Kategorie ist der Fortschritt die logische Folge der Idee, daß der Gang der Geschichte sich nicht aufhalten läßt, ganz gleich, ob ein Gott oder die »Reine Vernunft«, der Zeitgeist oder wirtschaftliche Einflüsse die Entwicklung vorantreiben, die man überblicken und deren Auswirkung man vorauszusehen glaubt. Dieser in seiner Art zielbewußte Glaube an den Fortschritt, der von einer kaum mehr spürbaren Religiosität inspiriert war und übersinnliche Gedanken in sich trug, war weit verbreitet. Man teilte die Geschichte der Menschheit in bestimmte Epochen ein, die zwangsweise aufeinanderfolgten. Man glaubte, die entscheidenden Faktoren in dieser Entwicklung erkennen und den weiteren Verlauf der Geschichte voraussagen zu können. Diese Dogmatiker des Fortschritts sahen die geschichtliche Entwicklung wie eine Art »Treppenflucht«. Sie glaubten immer, vor einer Stufe wie vor einer neuen Periode zu stehen, die, von einem dominierenden Punkt aus gesehen, die letzte Stufe einer Entwicklung darstellte, von der aus der Weg zu einer menschlichen Daseinsform nicht mehr nach oben führte, sondern sich auf ebener Fläche geradeaus fortsetzte. Typische Vorkämpfer dieser Denkart sind Fourier, Saint-Simon und Comte, Hegel und Marx. In England kannte man dieses großartige und zugleich wahnwitzige Systemdenken kaum, auch wenn es ab und zu bei Amateurphilosophen wie Buckle und Spencer festgestellt werden konnte. Jener typisch englische Glaube an den Fortschritt, den man immer wieder bei Politikern, berufsmäßigen Forschern auf dem Gebiet der Philosophie und der Wirtschaft, bei Kritikern auf dem Gebiet der Literatur und des Zeitungswesens antraf, war eher eine Art Optimismus, mit dem man bisher ganz gut gefahren war und dies wohl auch in Zukunft tun würde. Das bedeutete, daß man glaubte, es werde jeden Tag besser, daß die Hoffnungen, die man an die Zukunft stellte, auch in Erfüllung gingen. Man glaubte an die Fähigkeiten eines aktiven Menschen, aber nicht daran, daß eine Methode, ein Ziel oder eine Entwicklung allein durch weise Erkenntnisse verwirklicht werden könnten. Man forderte keine anderen Beweise für die Richtigkeit des Fortschrittsgedankens als Vergleiche zwischen einst und jetzt, als das Wissen um das tägliche Geschehen. Die Beweise fand man dann überwältigend.

Dieser zugleich vage, eindringliche und selbstbewußte Glaube an den Fortschritt, dieser Optimismus, wurde durch die Erfolge Englands, durch die Reformen und Verbesserungen noch herausgefordert. Er erwies sich eher als ein Glaube an England als an die Menschlichkeit. Auf jeden Fall aber betrachtete man England als den Wegbereiter und »spiritus rector« des Strebens nach Menschlichkeit. Zwei Zitate erschienen besonders typisch für die frühe Zeit des Viktorianismus, eines von Macaulay, des zu dieser Zeit populärsten Historikers und Essayisten, und eines von Palmerston, des populärsten und einflußreichsten Politikers um die Mitte des 19. Jahrhunderts. Macaulay, der in zahlreichen Reden und Artikeln sich der soeben geschilderten Betrachtungsweise anschloß, schrieb einmal, daß das englische Volk das größte und zivilisierteste Volk sei, das es je auf Erden gegeben habe, daß es seinen Einfluß über die ganze Erde ausübe, daß es eine Seemacht aufgebaut habe, die innerhalb einer Viertelstunde die vereinigten Flotten von Tyrus, Athen, Karthago, Venedig und Genua entscheidend vernichten könne, daß das englische Volk auf dem Gebiet der Heilkunde, des völkerverbindenden Verkehrs, der technischen Hilfsmittel, also in allen Dingen, die das Leben angenehm gestalten können, es zu einer Vollkommenheit gebracht habe, die unsere Vor-

fahren als ein Wunder bezeichnet haben würden. Die Geschichte Englands sei im höchsten Grad die Geschichte des Fortschritts.
Am 29. Juni 1850 kam es zu einer der denkwürdigsten Debatten in der Geschichte des englischen Parlaments. England hatte vergeblich versucht, in Athen bestimmte Schadenersatzforderungen eines portugiesischen Juden gegenüber Griechenland durchzusetzen, nämlich eines gewissen Don Pacifico, der durch seine Ansiedlung in Gibraltar englischer Staatsbürger geworden war. Der englische Außenminister, Lord Palmerston, zwang, gegen den Willen der Königin, des Prinzgemahls und vieler Amtsbrüder, die englische Regierung, die Blockade gegenüber Griechenland trotz russischer und französischer Proteste zu verhängen. Man war der Ansicht, die Blockade würde zum Krieg führen. Palmerston errang im Unterhaus die Mehrheit für seinen Beschluß, obwohl führende Köpfe aller Parteien und Fraktionen, wie Peel, Disraeli, Gladstone, Cobden seine Gegner waren. Palmerstons berühmte Rede vereinte Nationalisten und Liberale. England, der Bannerträger der Freiheit unter den europäischen Staaten, sollte überall dank seiner Macht seine und seiner Bürger Interessen schützen. Ein Engländer sollte überall in der Welt, wie es ein Römer während der Blütezeit Roms tun konnte – Civis Romanus sum –, mit einem Gefühl der Sicherheit auf seine Nationalität verweisen können. Palmerstons viereinhalbstündige Rede war fast ausschließlich eine Huldigung an England. »Wir haben der Welt ein Beispiel gegeben, ein Beispiel von einem Volk, in dem jeder, in welchem gesellschaftlichen Rang er sich auch befindet, mit Freuden das Schicksal akzeptiert, das die Vorsehung ihm bestimmt hat, während gleichzeitig jeder Engländer aller Schichten nach einer höheren gesellschaftlichen Stellung strebt – nicht mit ungesetzlichen Mitteln, nicht mit Hilfe von Gewalt oder Unrechtmäßigkeit, sondern durch ein ehrenvolles Leben, in dem er die von seinem Schöpfer ihm zugewiesenen sittlichen und geistigen Talente jederzeit tatkräftig nützt.«
Dieses Bestehen auf dem Recht im Namen des Fortschritts war lange Zeit in vieler Hinsicht begründet. Im Hinblick auf politisches Ansehen, bürgerliche Freiheit und Vermehrung materieller Güter nahm England jahrzehntelang eine führende Stellung unter den Völkern ein. Es ist überflüssig, die Entwicklung des Handels, der Industrie und des Verkehrs durch statistische Angaben, die in jedem Nachschlagewerk aufgezeichnet sind, zu dokumentieren. Alle diese Zahlen legen ein beredtes Zeugnis von Englands Vordringen und Englands Aufwärtsent-

wicklung ab. Einige bekannte, doch nicht immer beachtete Beispiele des Wandels der internationalen Situation sollen hier hervorgehoben werden. Die Zeitspanne von 1815 bis 1914 war im Grund genommen eine Periode des Friedens, besonders für England. Nur ein einziger Krieg in Europa, der Krimkrieg, und eine Reihe von Expeditionen in den Kolonien, die in der Regel schnelle und unblutige Erfolge mit sich brachten, unterbrachen diese Friedenszeit. Die Verluste an Menschenleben hatten kaum eine Einwirkung auf die steigende Bevölkerungszahl und brachten wenig Sorgen und Elend über die Menschen im Vergleich zu den Verlusten, die durch Krankheiten entstanden. Eine Typhusepidemie in Manchester kostete mehr Menschenleben als ein längerer Krieg in den Kolonien. Seit Jahrhunderten war Frankreich Englands größter Gegner auf dem Kontinent. Die »französische Gefahr« wurde auch während der Regierungszeit Viktorias mehrmals akut. Aber Frankreich blieb immer der schwächere Rivale, da dort die Geburtenzahl schon früh und stark zurückging. In England dagegen kann man erst um 1870 eine begrenzte Geburtenkontrolle feststellen. Während England (Großbritannien) zu Beginn des 19. Jahrhunderts weniger als die Hälfte der Einwohner Frankreichs zählte (1811: 12 Millionen), hatte es zu Beginn des 20. Jahrhunderts ebensoviele (1901: 37 Millionen). Dazu kam dann noch die rasch zunehmende englische Bevölkerung in den »weißen« Kolonien.

In Handel und Industrie war England absolut führend, ehe die USA nach dem Bürgerkrieg und Deutschland nach der Reichsgründung gefährliche Konkurrenten wurden. Während der letzten Jahrzehnte des 19. Jahrhunderts, als Englands Vorsprung sich gegenüber anderen Nationen verringerte, wurde der Ton, der den Fortschritt Englands pries, maßvoller. Von dieser Zeit an erscheint es unmöglich, so anmaßende Aussprüche wie die von Macaulay und Palmerston aufzuspüren. Das Selbstbewußtsein war aber immer noch stärker als nach dem Ersten und vor allem nach dem Zweiten Weltkrieg.

Im Jahr 1851 wurde in London die erste internationale Weltausstellung eröffnet. Sie war eine einzige Apotheose, eine Verherrlichung der englischen Industrie und Technik. Eben in diesem Jahr tauchte zum ersten Mal, wie Asa Briggs herauszufinden glaubte, der Ausdruck »The Victorian Commonwealth« auf. Der Autor E. P. Hood bezeichnete in diesem Zusammenhang das viktorianische Imperium als »die wunderbarste Schöpfung auf der ganzen Welt« und führte dabei einen Text aus der Bibel an: »So hat er es mit keinem anderen Volk getan«.

Und eine im selben Jahr erschienene Schrift über »The Progress of the Nation« hob hervor, daß es fast eine Pflicht sei festzustellen, warum ein bestimmtes Volk »eine so hervorragende Stellung unter allen Nationen einnehme, nachdem diese Rolle dem eigenen Volk zugefallen sei«.
Die natürliche Antwort, von viktorianischen Verfassern als eine ganz selbstverständliche Tatsache hingestellt, war, daß Gott oder die Geschichte den Engländern eine solche Sonderstellung eingeräumt habe, nachdem nur sie diesen Vorrang verdient hätten. Die Tüchtigkeit des Engländers und sein Charakter waren die Ursache seines Erfolges. Damit ist das Selbstportrait der Engländer fest umrissen. Alles, was in England geschehen war und noch geschah, gute Konjunkturen, eine günstige geographische Lage, waren nicht einem glücklichen Zufall zu verdanken, sondern den besonderen Eigenschaften des englischen Volkes, die da hießen Einfluß und Fortschritt.
Technische und administrative Begabung, Tatkraft, Energie und Selbständigkeit zeichneten die Engländer besonders aus. Beweise dafür waren ihre Erfindungen und deren Auswertung, ihre erfolgreiche private Unternehmungslust, die Schiffahrt und Kolonialisierung. Die Engländer erwiesen sich als gründliche, vorsichtige und ausgewogene konservative Planer. Ihre Art zu regieren, ihr soziales Programm, hatten ein festes Ziel. Änderungen gab es auch da, aber sie wurden mit der nötigen Gemächlichkeit, ohne Umwälzungen oder gewaltsame Konflikte vorgenommen. Im 17. Jahrhundert war es üblich, die Engländer als radikale Erneuerer anzusehen. Jetzt änderte sich das Bild. Der Wille, für das Wohl anderer tätig zu sein, war auch ein typisch englischer Zug, der in politischen Aktionen der Aristokratie im Land selbst, im Ausbau weißer Kolonialgebiete und bei der Verwaltung unterworfener Völker in Übersee zum Ausdruck kam.
Wenn sich die Engländer selbst charakterisierten, kam noch ein neuer Wesenszug hinzu, den man Antiintellektualismus – Unterbewertung des Intellekts –, nannte. Aber man muß ihn eher als Pragmatismus und gesunden Menschenverstand bezeichnen. Im Gegensatz zu theoretischen Spekulationen, die man als Charakterzüge anderer Nationen bezeichnete, hob man als typisch englische Wesenszüge den praktischen Sinn, das Anpassungsvermögen, den politischen Takt hervor, der sich immer nach den jeweiligen Gegebenheiten richtete. Die Engländer waren kluge Leute, die sich nur auf Tatsachen verließen, während die anderen in ihren Phantastereien an der Wirklichkeit vorbeigingen und deshalb geschliffener und blendender wirkten. Nur die Engländer

konnten ruhige, kernige, ernsthafte Urteile ohne große Debatten und theoretisches Gerede fällen. Ein typisches Beispiel dafür war Carlyle, als er – selbst oft zu langen Monologen geneigt – die Stille pries und von den lateinischen Völkern als plappernden Affen sprach. Bagehot entwarf ein Selbstportrait in ganz ungewöhnlicher Form. Er behauptete, die Engländer hätten es auf Grund ihrer großen Dummheit so weit gebracht. Aber diese »Dummheit« stelle sich bei näherem Hinsehen als gesunder Menschenverstand, Abneigung gegen Spekulationen und Anpassung an das Bestehende heraus. Sie erweise sich schließlich als Geschicklichkeit und geradezu als Klugheit.

Dieses Selbstportrait darf man wohl als eine Charakteristik des Bürgertums bezeichnen, der Gruppe der Unternehmer, deren Aufstieg in die Gesellschaft ein typisches Merkmal des frühen Viktorianismus war. Es kam darauf an, vernünftig, vorsichtig und auch aufmerksam zu sein, nicht auf kurze Sicht zu arbeiten, sich keine Blöße zu geben, nicht überheblich zu sein, sich den Verhältnissen der schon arrivierten Schicht, dem Idealbild der Zeit, anzupassen. Bei der Schilderung des Charakters der Engländer versucht man auf verschiedene Weise darzulegen, wie die tatsächlichen Verhältnisse waren und wie sie sein sollten. Selbst bei den großen Viktorianern vermischen sich oft analytische Urteile mit temperamentvollen Äußerungen. Es ist sehr wahrscheinlich, daß die gewohnheitsmäßige Selbstkritik nicht ohne Einfluß auf den britischen Charakter oder zumindest auf die Rede- und Denkweise der Engländer blieb.

Nach wie vor ist es immer noch nichts Ungewöhnliches in England zu erklären, daß man intuitiv oder nach dem gesunden Menschenverstand handeln solle, und daß rein theoretisches und sogar logisches Denken gefährlich und »unenglisch« sei.

In diesem Kapitel und im nächsten Abschnitt dieses Buchs soll auf die Grundgedanken und deren Entwicklung näher eingegangen werden, die mit der typisch englischen Vorstellung über den Fortschritt verbunden sind. Es sollen dabei gleich zwei Probleme angesprochen werden, auf die man sich in der viktorianischen Epoche immer bezog, wenn man den Fortschritt und die Überlegenheit des englischen Volkes nachweisen wollte.

Zur Zeit der Thronbesteigung Viktorias überwog in England die altliberale ökonomische Ideologie: Den größten Wohlstand würde man dadurch erzielen, daß die Menschen produzierten und konsumierten, ohne Einschränkung kauften und verkauften (auch ihre Arbeitskraft).

Diese Freiheit des Spiels der Kräfte sollte wie eine »unsichtbare Hand« (Adam Smith) alles zum Besten regeln. Die Auswirkungen dieses Systems wurden jedoch stark beschränkt, denn der Staat war streng darauf bedacht, diese vorhandene ungleiche Verteilung des Eigentums beizubehalten.

Ein weiteres Hindernis, das größte Glück der größtmöglichen Zahl zukommen zu lassen, war die zunehmende Schwierigkeit für Händler und Handwerker, für ihre Waren und ihre Arbeitskraft den besten Markt zu finden. Nicht einmal die Zölle, die ganz offenkundig gewisse Gruppen der Bevölkerung begünstigten, schienen gegen die Freizügigkeit auf wirtschaftlichem Gebiet zu sprechen. Die Theorien von Malthus und Ricardo – daß das Wachstum der Bevölkerung immer größere Armut mit sich zu bringen drohe, und daß die unmenschlichen Lohngesetze die Einkünfte der Arbeitnehmer auf ein Existenzminimum herabdrückten – verstärkten die Meinung, der Staat müsse sich aus dem Wirtschaftsleben heraushalten. Der Staat solle nur als Bewacher, nicht als Beschützer auftreten, formulierte man später. Diese Auffassungen wurden schon vor Viktorias Thronbesteigung von Autoren angegriffen, die man später als Sozialisten bezeichnete. Einige von ihnen – Bray, Gray, Thompson, Owen – kamen Marx mit ihren scharfsinnigen Formulierungen zuvor. Auch Philosophen und Autoren ohne bestimmte politische Färbung, wie Carlyle und Dickens, griffen diese Thesen an oder deckten zumindest ihre Schwächen auf. Doch bis zu Viktorias Thronbesteigung war kaum etwas getan worden, um die sozialen Verhältnisse in England zu verbessern. Die unbemittelten Arbeitslosen wurden auf Grund eines Gesetzes aus den dreißiger Jahren in verlotterte Baracken oder Armenhäuser eingewiesen. Es gab so gut wie keine Ausführungsbestimmungen hinsichtlich Arbeitszeiten, Arbeitsschutz und staatlicher Unterstützung für Notleidende.

Von Wirtschaftswissenschaftlern ist die Frage gestellt worden, ob die Industrialisierung das Elend dieser Gesellschaftsschicht vergrößerte oder verringerte. Man wies darauf hin, daß trotz des Bevölkerungswachstums der Lebensstandard schon seit 1800 gestiegen sei. Tatsache ist, daß die Kluft zwischen Wohlhabenden und Armen unerhört tief war, ferner, daß die stetig wachsende Industriearbeiterschicht größtenteils in einer drückenden Armut lebte, wie wir sie heute nur noch in einigen unterentwickelten Ländern vorfinden. Ebenfalls Tatsache ist, daß das Eigentum äußerst ungleichmäßig verteilt war, anders ausgedrückt, daß eine kleine Gruppe von Menschen fast alles besaß, die große Masse dagegen nichts.

Einige Beispiele dafür: In der Mitte des 19. Jahrhunderts war die Sterblichkeit der Arbeiter in den Städten Englands zwei- bis dreimal größer als die der besitzenden Klasse. Ein neugeborenes Kind einer Arbeiterfamilie in Manchester hatte eine Lebenserwartung von 17 Jahren, das Kind einer »besseren« Familie die von 38 Jahren. Die entsprechenden Zahlen für Liverpool waren 15 und 35, in der vornehmen Stadt Bath dagegen 25 und 55. Dabei muß hervorgehoben werden, daß sich die Verstädterung und die Industrialisierung noch in Grenzen hielt. Im Jahr 1851 lebten in England und Wales nicht mehr als reichlich die Hälfte der Bevölkerung in Städten, im Jahre 1901 dagegen schon 73%. Im selben Jahr arbeiteten 1 800 000 Menschen in der Landwirtschaft, 1 100 000 Menschen als Dienstpersonal in Häusern, dagegen mehr als eine Million Menschen in allen Zweigen der Textilindustrie und 220 000 in Kohlengruben. Im Jahr 1873 besaßen 400 Aristokraten den sechsten Teil der gesamten Bodenfläche, dagegen 1288 Gutsbesitzer aus dem bürgerlichen Stand ein Viertel. Mehr als 700 000 Kleinbauern gehörte kaum mehr als ein halbes Prozent des Bodens.

Viele Beobachter in und außerhalb Englands waren der Ansicht, daß das Land reif für eine Revolution sei. Mit einer gewissen Ironie schreibt der französische Historiker Seignobos, daß man in Frankreich durch einen Umsturz mehr erzielen könne als in England durch jahrzehntelange politische Tätigkeit. In England rechnete man es sich zur Ehre an, daß man den »langsamen Weg« beschritt, also langsam, aber sicher. Auch in England entstanden bedrohliche revolutionäre Bewegungen, z. B. vor der Reform der Volksvertretung 1832, ferner während der Chartistenaktion in den vierziger Jahren. Aber es kam nicht ein einziges Mal zu Zusammenstößen, die Menschenleben kosteten. Nach und nach wurden Reformen in bezug auf Arbeitszeit und Arbeitsschutz durchgeführt. Die Reallöhne stiegen langsam an. Der Sozialismus erlangte fast bis ans Ende von Viktorias Regierungszeit keine größere Bedeutung. Es war selbstverständlich, daß man hier von einer für England bemerkenswerten Synthese von Fortschritt und Stabilität sprach.

Es erscheint ganz unmöglich, die Ursachen hierfür herauszufinden. Man kann darüber nur Vermutungen anstellen. Zwei Tatsachen, die man oft gar nicht beachtet, muß hier Rechnung getragen werden: die Bauern traten als eine relativ geschlossene Gruppe auf. Kleinbauern und Landarbeiter standen oft auf der Seite ihrer adligen Herren. Haß gegen die Großgrundbesitzer, wie er nach 1789 über große Teile Frankreichs hinwegfegte, scheint in England so gut wie unbekannt gewesen zu sein. Die Klasse der Industriearbeiter war lange Zeit zahlenmäßig viel kleiner als man auf Grund der Diskussionen über die früh eingetretene Industrialisierung vermuten könnte. Man kann aber auch von einer geschickten und mit glücklicher Hand geführten Politik sprechen, die sich rechtzeitig für den Freihandel entschied, als sich die Gegensätze einem Höhepunkt näherten. Die Reallöhne wurden verhältnismäßig schnell angehoben; man führte soziale Reformen durch, ehe die Verhältnisse in irgendeiner größeren Volksschicht unerträglich wurden. Vielleicht schützte auch die Religiosität des Volks verhältnismäßig wirksam gegen Bitterkeit und Haß. Wahrscheinlich trugen auch die Freiheit, die dem Bürger gewährt wurde, und die Repräsentativverfassung mit dazu bei. Man ist geneigt anzunehmen – besonders im Hinblick auf spätere Erfahrungen –, daß Patriotismus, Loyalität oder der Respekt gegenüber der Aristokratie und der Obrigkeit jederzeit innerhalb der überwältigenden Mehrheit des Volkes, die nicht zu den »gentlemen of England« gehörte, besonders tief verwurzelt waren. Ebenso muß aber auch gesagt werden, daß beim Tod der Königin Viktoria die sonst unvergleichlich rasche industrielle Entwicklung im Hinblick auf soziale Reformen noch sehr rückständig war. Die soziale Gesetzgebung in England war der deutschen weit unterlegen. Die liberale Regierung Campbell-Bannerman, dann die von Asquith, konnten sich als Avantgardisten einer sozialen Umschichtung betrachten, die erst viel später, dank der Labour Party, soviel Neues schuf, so daß man mit Disraeli nicht mehr von »den zwei Nationen« zu sprechen brauchte. Das parlamentarische und politische System nahm während Viktorias Regierungszeit die gleiche Entwicklung. Die Freiheit des Bürgers, das repräsentative System, die parlamentarischen Grundsätze wurden, als Viktoria den Thron bestieg, allgemein gewürdigt. Aber bis zur Demokratie war es noch ein weiter Weg. Langsam verlagerte sich das politische Gewicht, allerdings ohne schwerwiegende Konflikte, so daß, als die verbitterten, von der Macht ausgeschlossenen Schichten Mitsprache forderten, sie dabei von einigen Vertretern der Mächtigen im Land unterstützt wurden. Nach der Reform des Jahres 1832 hatte einer von vierundzwanzig Männern Stimmrecht, nach 1867 einer von zwölf, nach 1884 einer von sieben; diese Reform von 1884 bedeutete, daß nunmehr die große Anzahl aller erwachsenen Männer stimmberechtigt war. Zu beachten ist indessen, daß alle diese Reformen zwar große Veränderungen in der Zusammensetzung des Unterhauses mit sich brachten, daß aber die Oberklassen immer noch dominierten und die alten politischen Parteien in der Führung immer wieder einander ablösten. 1865 setzte sich das Unterhaus aus 650 Mitgliedern zusammen. Davon waren 37 Lords, die keinen Sitz im Oberhaus hatten, und ältere Söhne von Lords, 64 waren jüngere Söhne und 15 Enkel von Lords, 71 waren »Baronets«, also Angehörige des niederen Adels mit erblichem Titel, die nicht im Oberhaus saßen, 11 davon ältere Söhne, 19 jüngere Söhne und 8 davon Enkel der »Baronets«.

Dazu kamen 100 Mitglieder, die mit dem Adel eng verwandt waren. Somit gehörte ungefähr die Hälfte der Unterhausmitglieder der »Oberklasse« des Volks an. 1885 saßen im Unterhaus 670 Mitglieder. Man teilte sie anders ein. Es waren vertreten: 78 Gutsbesitzer und Rentiers, 58 ehemalige Offiziere, 154 Vertreter der freien Berufe (meist Rechtsanwälte), 186 Männer aus Industrie und Handel (meist in hohen Stellungen). Auf die gesellschaftliche Zusammensetzung des Unterhauses wirkte sich die Demokratisierung nur äußerst langsam aus. Auch in politischer Hinsicht kam es im Viktorianischen Zeitalter zu einem Kompromiß. Es gab noch kein allgemeines Wahlrecht (natürlich stand es – wie überall in Europa – nicht den Frauen zu). Das Oberhaus war immer noch ein bedeutender Machtfaktor. Es wurde mehr und mehr ein konservativer Block, obwohl die vielen liberalen Regierungen dieser Zeit meist Mitglieder der eigenen Partei zu Lords ernannten. »Es ist erstaunlich«, schrieb Gladstone am 23. August 1881 an die Königin, »daß, obwohl nach 1846 die meisten Lordtitel auf Grund von Vorschlägen liberaler Minister verliehen wurden, der Einfluß und die Macht des Reichtums und der Privilegien auf die Menschen so stark sind, daß man den Eindruck bekommt, die liberale Minderheit im Oberhaus sei nicht größer geworden«. Auch hier fiel es den Liberalen und den Mitgliedern der Labour Party zu, zu Beginn des 20. Jahrhunderts ein totales demokratisches Regierungssystem einzuführen.

Der Umschwung während des Viktorianischen Zeitalters vollzog sich ohne Revolution, auch ohne jeden Konflikt. Ebenso bedeutungsvoll ist es, daß während der gesamten viktorianischen Epoche überhaupt keine extremen und auf einen Umschwung zielende Ansichten in der englischen Politik in Erscheinung traten. Natürlich gab es zu dieser Zeit Autoren, die, wenn sie Macht und Gewalt verherrlichten, ihre

Theorien über Auserwählte, ihre Thesen über das Recht dieser Auserwählten zu protegieren, zu kontrollieren und zu herrschen verkündeten, uns an den französischen Monarchismus, an das preußische Junkertum, an Faschismus und Nationalsozialismus erinnern: Carlyle, Ruskin, Mallock, Kipling und andere. Es gab auch noch einige weniger bekannte Skribenten, die weitgehende sozialistische Ideen verfochten. Aber nicht nur in politischen Kreisen, sondern auch innerhalb der Aristokratie, dem Mittelstand, den Gewerkschaften war man im allgemeinen mit diesen allmählich eingeführten Veränderungen einverstanden. Ja, man sah in ihnen in der Regel eine organische und natürliche Entwicklung. Hatte man eine Reform durchgeführt, so erscholl nie der Ruf nach einer Zurücknahme, so erhob man nie Einspruch dagegen. Die politische Kerntruppe dieser Zeit, die Parteiführer und ihr Anhang während dieses langen Zeitabschnitts, können als eine geschlossene uniforme Gruppe angesehen werden. Die Aristokraten zogen sich zurück, die Zahl der Rechtsanwälte und Kaufleute nahm zu; diese traten immer mehr hervor. Die Vertreter der Freikirchen verbanden ihre Interessen mit denen der anglikanischen Kirche. In das Unterhaus zog auch ab und zu der eine oder andere Arbeiter ein. Aber Englands »Gentlemen« – die Bedeutung dieses Wortes wechselte manchmal – beherrschten nach wie vor die Parteien und Regierungen. Die Parlamente eines Gladstone und Salisbury waren Nachfolger und Erben von Grey und Peel, deren Politik sie fortführten. Es gibt in ganz Europa kein vergleichbares Gegenstück hierzu. Daher wundert es kaum, daß man von einer gefestigten Stabilität, von einer »ungebrochenen Tradition« sprach.

»Man behauptet nicht zuviel, wenn man sagt, daß die evangelische Bewegung innerhalb der anglikanischen Kirche mehr als irgendein anderer Umstand dazu beitrug, den Charakter der englischen Gesellschaft grundlegend zu verändern und dem Viktorianischen Zeitalter seinen Stempel aufzudrücken. Es war der moralische Ernst bei den viktorianischen Agnostikern der achtziger Jahre besonders stark ausgeprägt, ein Erbe der evangelischen Tradition, gegen den diese oft selbst ankämpften. Der feierliche Ernst der Viktorianer geht zurück auf den im Jahr 1797 erschienenen Bestseller von Wilberforce ›A Practical View of the Prevailing Religious System of Professed Christians in the Higher and Middle Classes in this Country contrasted with Real Christianity‹.« Diese Behauptung stellte der Domprobst Charles Smyth in einem

Rundfunkvortrag im Jahre 1948 auf. Mehrere Laienforscher haben ähnliches gesagt, wenn auch nicht mit so starken und selbstbewußten Worten. Nach Ansicht des Cambridge-Professors Clark (1962) ist es »vielleicht gar nicht übertrieben zu sagen, daß wahrscheinlich in keinem anderen Jahrhundert die Forderungen der Religion eine so wesentliche Rolle gespielt haben, höchstens im 17. und vielleicht noch im 12. Jahrhundert«. Clark betonte in anderem Zusammenhang, daß die religiöse »Erweckung« oder Erneuerung eine der gewaltigen dynamischen Kräfte innerhalb aller Gesellschaftsklassen zu Viktorias Zeit war. Eine bedeutende Rolle spielten – laut Clark – dabei die evangelische Bewegung der Staatskirche seit dem Ende des 18. Jahrhunderts, die Oxfordbewegung ein paar Jahrzehnte später und das Wiederaufleben des Katholizismus, das vor allem durch den Konvertiten Kardinal Newman verkörpert wurde. Kritische Beobachter des Viktorianischen Zeitalters, wie das Soziologen-Ehepaar Hammond, haben auf die Folgen hingewiesen, die die entschiedene Haltung in Glaubensfragen mit sich brachte. Man behauptete, daß die Religion während der kritischen Jahre um 1830 und 1840 Opium für das Volk gewesen sei. Diese Urteile sind allzu unglaubwürdig. Man möchte sie in Frage stellen. Es sind Hypothesen, die man unmöglich beweisen kann. Waren die Viktorianer im Vergleich zu den Menschen, die zwanzig oder fünfzig Jahre früher lebten, ebenso religiös und ernst? Ist dies auf evangelische und andere hier schon erwähnte Bewegungen zurückzuführen? Welchen Einfluß hatte die Religion auf politische und soziale Fragen? Diese und ähnliche Probleme hat man nicht aufgerollt. Warum hat man sich nicht die Mühe gemacht, Predigtsammlungen und geistliche Initiativen in der Politik zu untersuchen? Das wäre viel einfacher und natürlicher gewesen, nachdem eine Reihe anglikanischer Bischöfe dieses Zeitalters dem Oberhaus dank ihrer Herkunft angehörten.

Mit ziemlicher Sicherheit kann man behaupten, daß die Religionsfreiheit während des 19. Jahrhunderts und besonders während Viktorias Regierungszeit fast vollständig eingeführt wurde. Die besonderen Vorschriften, die Katholiken und Sekten wie Methodisten und Baptisten betrafen, wurden fast ausnahmslos abgeschafft. Die Frömmigkeit, die oft puritanisch gefärbt war, kam ganz eindeutig in allen politischen und sozialen Fragen zum Ausdruck. Blättert man in Biographien nach, zeigt es sich, daß fast alle, die in Parteien und anderen Bewegungen sich betätigten, glaubten, gute Christen zu sein, obwohl sie in der Regel keine rechte Vorstellung vom Christentum hatten. Es gab so gut wie keine einflußreichen Personen, die ihren Glauben öffentlich ableugneten. Typisch für die Zeit war, daß Thomas Huxley den Ausdruck »Agnostiker« erfand, um nicht das Wort »Atheist« zu gebrauchen. Die Pfarrer verkündeten in der Regel konservative Auffassungen und gebrauchten ähnliche Hinweise auf die Wertlosigkeit des irdischen Lebens und die Vollkommenheit des Himmels. Im britischen Oberhaus gehörten die Bischöfe zum treuen Gefolge der Konservativen. Aber schon im 18. Jahrhundert konnte man ein deutliches Bestreben feststellen, soziale Reformen zu verlangen. Die Welt hier unten war geradezu eine Art Himmel auf Erden, eine Art Vorstufe zum Himmel. Geistliche setzten sich verschiedentlich für radikale Bewegungen ein (Wilberforce für die Abschaffung der Sklaverei, Kingsley für den christlichen Sozialismus). Die anglikanische Kirche, auch andere religiöse Vereinigungen, wurden besonders aktiv und suchten Anhänger unter der immer zahlreicher werdenden Arbeiterklasse. Vor kurzem veröffentlichte Abhandlungen (besonders die von Inglis 1963) zeigen den Verfall innerhalb der Staatskirche zu Beginn des 19. Jahrhunderts (fast die Hälfte aller Geistlichen bezogen Gehälter, ohne im Beruf tätig zu sein) und lassen es glaubhaft erscheinen, daß die Mittellosen in den Städten kaum mehr einen Gottesdienst besuchten und auf religiösem Gebiet vollkommene Ignoranten waren. Später hat man wieder die Religion ins Volk hineintragen wollen und sich mit anderen geistigen Bewegungen auseinandergesetzt. Der englischen Staatskirche, der Kirche der großen Mehrheit des Volkes, gehörten fast alle Besitzenden an. Sie war konservativer als die katholische Kirche (deren Anhänger durch Zuzug von Irländern immer zahlreicher wurden) und vor allem als alle Freikirchen, die oft die liberale Partei unterstützten und nicht selten deren radikalem Flügel angehörten.

Schwieriger erscheint es, über religiöse und moralische Probleme, bei denen die Interpreten des Viktorianismus besonders aktiv waren, etwas Genaueres zu sagen. Schlußfolgerungen lassen sich kaum ziehen. Es ist fast nicht möglich, zwischen Dichtung und Wahrheit, zwischen Mythos und Wirklichkeit zu unterscheiden.

In der letzten Zeit sieht man den Viktorianismus, nachdem er nunmehr weiter zurückliegt, etwas unkomplizierter; es erscheint diese Epoche als die gute alte Zeit, da man an seinem Glauben festhielt und Ruhe und Frieden die Gemüter der Menschen beherrschten. Weder Zweifel noch Konflikte ergaben sich, wenn man neue Ideen predigte, neue Institutionen schuf, die Verfassung, Staat und Christentum betrafen.

Professor Basil Willey drückt dies drastisch so aus: »Wir fühlen uns heute wie ›displaced persons‹, während im Zeitalter des Viktorianismus Friede, Wohlstand, Überfluß und freiheitliche Gesinnung, aber auch echter Glaube, Lebensbejahung und einsichtiges Denken um sich greifen.« Diese sinnlosen Loblieder, die die Not und das Elend des 19. Jahrhunderts verschweigen, scheinen der Unzufriedenheit und der Entbehrungen der Nachkriegszeit entsprungen zu sein. Doch ganz allgemein, besonders wenn vom Glauben und sinnvollem Leben die Rede ist, sind diese Ergüsse typisch für den Geist dieser Zeit.

In viktorianischen Urkunden findet man wahrscheinlich öfter diese spontane Zustimmung zu der bestehenden Ordnung, diese unerschütterliche Gewißheit, in der besten aller Welten zu leben, die Willey und andere noch als das besondere Merkmal jener Zeit ansehen. Doch auch Gegensätze und Spannungen fehlten damals keineswegs. So haben andere Schriftsteller unter Hinweis auf eine Reihe von Aussprüchen von Viktorianern über Viktorias Regierungszeit als von einer Zeit der Unruhe und des Zweifels berichtet, und das besonders aus religiöser Sicht.

Der Idealtyp des Viktorianers war – so sagt man –, ein erfolgreicher Unternehmer zu sein, der an den Fortschritt dieser Welt glaubte, an Gottes Botschaft, an den Himmel als Zufluchtsort nach dem Tod. Solche Menschen gab es aller Wahrscheinlichkeit nach früher mehr als heute. Man kann sie ohne weiteres in Max Webers Begriffe und Gedanken über Christentum und Kapitalismus einordnen: der geschäftliche Erfolg des Unternehmers war als eine Berufung oder als Vorbestimmung anzusehen, als Beweis dafür, die Gnade Gottes zu besitzen, oder wenigstens die notwendige Voraussetzung dazu. Gleichzeitig aber gab es auch Gegensätze zwischen der christlichen Lehre und dem Bestreben, sich gegenüber anderen durchzusetzen, also zwischen Gott und dem Mammon. Diese Schwierigkeiten wurden überbrückt. Man paßte sich an. Die Woche über war man ein erfolgreicher Geschäftsmann und ging sonntags in die Kirche. Oder aber man betete jeden Abend für seine Familie und Bediensteten. In Biographien und Schilderungen berühmter Schriftsteller ist nachzulesen, daß vielen diese Doppelrolle wie Verrat vorkam. Bei Dickens, Thackeray und Trollope sind teils satirische, teils bittere Kommentare zu finden, über das ständige Streben, das Beste in dieser und jener Welt ausfindig zu machen. Die Autoren selbst schwanken zwischen der Hochachtung vor der privaten Initiative, die auf liberalen Grundsätzen fußte, und der Angst vor den Halunken, die für diese Ideen eintraten. Mit einigen Versen hat Arthur Hugh Clough Gottes zehn Gebote in moderne Worte gefaßt (»The Latest Decalogue«) und damit ein Bild gezeichnet, wie man seine christliche Anschauung mit dem lukrativen Geschäft verbinden konnte. Das Gedicht entstand in den fünfziger Jahren:

Thou shalt have one God only; who
Would be at the expense of two?
No graven images may be
Worshipped, except the currency;
Swear not at all; for, for thy curse
Thine enemy is none the worse:
At church on Sunday to attend
Will serve to keep the world thy friend:
Honour thy parents; that is, all
From whom advancement may befall;
Thou shalt not kill; but need 'st not strive
Officiously to keep alive:
Do not adultery commit;
Advantage rarely comes of it:
Thou shalt not steal; an empty feat,
When it's so lucrative to cheat:
Bear not false witness; let the lie
Have time on its own wings to fly;
Thou shalt not covet, but tradition
Approves all forms of competition,
The sum of all is, thou shalt love,
If any body, God above:
At any rate shall never labour
More than thyself to love thy neighbour.

Man hat immer wieder behauptet – das gilt für die Viktorianer und auch für unsere Zeit –, daß die Gewißheit, ein Kind Gottes zu sein, die Menschen beseele, ihnen Zuversicht und innere Ruhe verleihe, deren sich weder der Zweifler noch der Abtrünnige erfreuen könne. Für viele Viktorianer traf das sicherlich zu. Sie lebten ein gottgefälliges Leben, so, wie sie es für richtig befanden. Sie waren zugleich gottgläubig und glücklich, rechtschaffen und selbstgefällig. Unter den Politikern war Gladstone der typische Vertreter dieser Geisteshaltung. Es muß darauf hingewiesen werden, daß viele Beweise vorhanden sind dafür, wie es gerade für strenggläubige Viktorianer immer eine Qual bedeutete, ihr eigenes Gewissen zu prüfen, Fehler bei sich selbst zu suchen, an ihrem eigenen Heil zu zweifeln. Besonders muß die Methode der Kindererziehung, die darauf hinausging, immer verzichten und sich aufopfern zu müssen, strenge Regeln zu befolgen – und das unter Androhung von Höllenqualen –, sensible Kinder zur Verzweiflung getrieben haben. Kingsley beschreibt in einem Roman, wie er, der Versicherung seiner Mutter und dem Gebete der Geistlichen vertrauend, sich »selbst als verlorenen Sohn und elenden Sünder« gefühlt und in schrecklichen Stunden geglaubt habe, »am nächsten Morgen im ewigen Fegefeuer zu erwachen«.

Augustus Hare berichtet, daß er ununterbrochen gezwungen wurde, auf Dinge zu verzichten, die er liebte und die ihm Freude machten, nur um zu zeigen, daß er selbstlos handelte, und daß er sich noch mehr darin üben sollte. Er mußte seine Katze verschenken, weil er zu sehr an ihr hing. Heißbegehrte Gerichte setzte man vor ihn hin und befahl ihm, sie einer armen Familie zu bringen. Edmund Gosse beschrieb in »Father and Son« seine Qualen, die er durch seines Vaters unerbittlichen Glauben und Puritanismus durchstehen mußte. Wie die Bosheit unter dem Mantel der Nächstenliebe florieren konnte, hat Kipling in »Something of Myself« erschreckend beschrieben, wie er während seiner Internatszeit ins Kreuzverhör genommen und geschlagen wurde. »Kein Tag ohne eine gute Tat«, das verstanden die Viktorianer so: »Kein Tag ohne den Verzicht auf einen Wunsch, und den Zwang, andere zum Verzicht anzuhalten«.

Sicherlich hätte eine Umfrage über Probleme des Glaubens an Gott, an ein ewiges Leben, an Himmel und Hölle, und über andere christliche Dogmen, wenn sie vor hundert Jahren durchgeführt worden wäre, ein viel positiveres Ergebnis als heute gebracht, auch wenn man von dem Konformismus absieht, der es den Zweiflern und Abtrünnigen erschwerte, ehrliche Antworten zu geben. Doch die christliche Lehre, ob sie nun eine anglikanische Variante war oder in anderen Formen auftrat, wurde von den Gruppen, die als repräsentativ galten – Obrigkeit, Politiker und Intellektuelle –, selten als Ganzes akzeptiert, auch nicht in den wichtigsten Punkten. Viele waren im Grund genommen gläubig, aber machten sich keine Gedanken darüber. Es gibt unzählige Biographien von Staatsmännern, in denen diese manchmal als gute Christen oder auch als Zweifler bezeichnet werden. Aber in der Regel geht man auf diesen Punkt gar nicht ein, ebensowenig auf deren finanzielle Stellung, Liebesaffären oder ihre Lebensführung überhaupt.

Jowett gab mit anderen 1860 ein Buch heraus, »Essays and Reviews«, in dem er die wichtigsten Grundsätze der Dogmen – u. a. den Glauben an die Wunder und die Lehre von der Sühne – kritisierte. Die Aktionen von seiten der Kirche, die man dagegen einleitete, endeten ergebnislos, obwohl viele der Verfasser Geistliche waren.

Innerhalb der sozialen Oberschicht war vermutlich der christliche Glaube auch in den Einzelheiten klarer als heute umrissen. Doch es war nicht ungewöhnlich, daß man von dem allgemein gültigen Evangelium abwich, daß man es unter Laien scheinbar ungenau und symbolisch auslegte. Das war der Geistlichkeit nicht unbekannt. Dieser Eklektizismus förderte die Toleranz. Es lohnte nicht mehr, sich wegen Dogmen zu bekämpfen.

Die Grenze zwischen dem schwankenden Glauben und Atheismus zu ziehen, war weitaus schwieriger, um so mehr, als es für die führende Gesellschaftsschicht kompromittierend wirkte, dem Unglauben zu huldigen. Thackeray beschreibt seine Gestalten in »Vanity Fair« als »eine Gruppe von Personen, die auf dieser Welt ohne Gott lebten«. Damit wollte er nicht behaupten, daß er selbst oder die Menschen in seinem Roman Freidenker seien, sondern daß Gott für die Gestalten in »Vanity Fair« weit weg, geradezu abwesend war, also für diese keinerlei Bedeutung hatte. Ein amerikanischer Forscher, J. Hillis Miller, hat in »The Disappearance of God in Victorian Poetry« festgehalten, daß bei Schriftstellern wie Arnold, Browning und Tennyson der mehr unmittelbare, persönliche und kindliche Glaube an Gott nicht mehr existierte, sondern daß sie auf der Suche waren nach einer Variante Gottes, einem Ersatz für ihn, was bei ihnen in einem Bekenntnis zur Natur, zur Gesellschaftsordnung, zur Entwicklung aller Dinge überhaupt zum Ausdruck kam. Die Religion schien eine Art Schutzwall gegen einen Nihilismus zu sein, der das Leben unerträglich machen würde. Kingsley schrieb, er würde Selbstmord begehen, wenn es keinen Gott gäbe; Tennyson meinte, alles würde ihm gleichgültig sein, wenn er »aufhören müßte, an ein Leben nach dem Tod und an ein mächtiges Wesen irgendwo im Weltall zu glauben«. Viele von Tennysons Gedichten legen Zeugnis ab von diesem suchenden, zerbrechlichen Glauben:

Behold, we know not anything
I can but trust that good shall fall
At last – far off – at last, to all.

Ein Gebet, das ein bissiger Kritiker den Viktorianern zuschrieb, bringt diese Gemütsstimmung überspitzt um Ausdruck: »O Gott – wenn es einen gibt – errette meine Seele – wenn ich eine haben sollte«. Man mußte einfach einen Glauben haben; denn der Unglaube würde zu einem moralischen Verfall führen, und Tugend und Ehre wären ohne einen religiösen Hintergrund gar nicht denkbar. Beim Studium der viktorianischen Literatur stößt man immer wieder auf Beispiele, die diese Einstellung unterstreichen. Ein schwedischer Theologie-Professor soll einmal gesagt haben: »Hägerström glaubt an nichts, aber – glauben Sie es oder nicht – er soll trotzdem zu Frau und Kindern lieb gewesen sein«. Die wenigen aufrichtigen Freidenker haben wohl durch spektakuläre Unbescholtenheit die Meinung widerlegt, daß der Glaube an Gott die Grundlage jeder Moral sei.

Houghton meint, daß ein echter Viktorianer sicherlich jede Kritik zurückweisen würde, die man heute über seine Zeit schriebe. Dagegen würde er sich in einem Punkt schuldig bekennen, der Heuchelei. In Wirklichkeit findet man in der viktorianischen Literatur genug Hinweise auf die Scheinheiligkeit jener Zeit, entweder in Form von spöttischen Schilderungen von Menschen, als nachdenkliche Betrachtungen (bei Dickens, Thackeray, Trollope, Samuel Butler, Oscar Wilde, Bernard Shaw) oder in Form von schweren und direkten Angriffen (bei Carlyle, Ruskin, J.S. Mill, Leslie Stephen). Unter Heuchelei verstand man nicht nur, daß »die Tugend dem Laster huldigt«, daß also Menschen besser erscheinen wollten, als sie in Wirklichkeit waren, daß sie schlechte Angewohnheiten verurteilten, die sie selbst hatten, sondern eine Atmosphäre von Verlogenheit, Selbstbetrug, Flucht in Konventialismus und Konformismus. Es sollen einige charakteristische Merkmale solcher Heuchelei, besonders auf religiösem Gebiet, besprochen werden. Zwar praktizierten die Viktorianer ihr falsches Spiel nicht nur in frommen Worten und Taten, doch äußerte es sich meistens in diesem Bereich.

Die Kreise, die nicht an die wesentlichen Lehrsätze des Christentums glaubten – die man allerdings von den verschiedenen christlichen Gemeinschaften sehr unterschiedlich verkündete –, wurden nach Gesetz oder Gepflogenheit von bestimmten Berufen ausgeschlossen. Man mißtraute ihnen, man sprach über sie und verurteilte sie. Als der Atheist Bradlaugh sich beim Eintritt ins Unterhaus im Jahr 1880 weigerte, den traditionellen Eid abzulegen, wurde ihm jahrelang der Sitz versagt. Viele, die gegen seine Aufnahme ins Unterhaus stimmten, waren zweifellos Atheisten, aber alle traten doch so auf, als ob ihnen die christliche Formulierung in der vorgeschriebenen Eidesformel heilig wäre. Eine große Anzahl von Positionen der Universität war lange Zeit Lehrern des anglikanischen Bekenntnisses vorbehalten, die sich zu gewissen zeremoniellen Handlungen bereit fanden. Mehrere Wissenschaftler haben bestätigt, daß sie hin- und hergeworfen wurden zwischen dem Wunsch, an der Universität bleiben zu können, und dem Widerwillen, einen Glauben zu simulieren oder ein Zeremoniell zu befolgen, das ihnen vollkommen fremd war.

Diese beiden Fälle sollen nur ein Beispiel sein. Die Gesetzgebung, die bürokratischen Einrichtungen, die soziale Hierarchie, das Arbeitsleben waren voller Vorschriften, Konventionen und Traditionen, auf die sich der religiöse und moralische Konformismus stützte. Der christlich orientierte, aber nicht orthodoxe Viktorianer Froude spricht von der »gewaltigen Kluft zwischen dem Verhalten und der Überzeugung der Menschen, die das Leben des modernen Englands zu einer einzigen Lüge macht«. Kingsley, der dieselbe Auffassung vertrat, schrieb, daß gerade die Volksschichten, die sich am intensivsten Geschäften widmeten, zu denen gehörten, die immer und überall die religiösen Belange am stärksten verteidigten. Er sagte, daß unsere Kirchen gerade von den Menschen besucht würden, »die werktags nur an Geld und sonst nichts anderes denken«.

Bisher war hier nur zum Teil von Heuchelei im ursprünglichen Sinn des Wortes die Rede. Man verleugnete seine eigene Überzeugung oder bekannte sich zu einer Auffassung, die man nicht teilte, oder man widersprach seiner eigenen Vorstellung, nur um sich Vorteile zu verschaffen oder sich nicht zu blamieren. Wahrscheinlich war es oft gar nicht so einfach, in der Öffentlichkeit Stellung zu beziehen. Man meinte, es käme ganz darauf an, welchen Glauben man habe und welche Haltung man einnehme, oder man dachte, es sei vielleicht vorteilhafter, dem Althergebrachten »the benefit of the doubt« zu geben. Zumindest spielte die Idee vom Wert des Glaubens und der Tradition besonders für die unteren Volksschichten eine große Rolle. Man vermied, sich selbst zu kontrollieren, aus Furcht, dies würde zu keinem befriedigenden Ergebnis führen. Man erkannte den Zwiespalt zwischen dem werktäglichen Streben und der sonntäglichen Andacht. Aber man hoffte, man könne durch das Gebet am Sonntag seine Lage etwas verbessern oder bereinigen. Man sah seinen eigenen Zwiespalt als etwas Anormales an, von dem man anderen gegenüber nicht zu sprechen wagte und den man vielleicht durch ein braves Verhalten im täglichen Leben überwinden könnte. Man war der Ansicht, es sei nicht richtig, seine eigene Meinung laut zu äußern; denn dies könnte den Frieden anderer stören. Ohne jede Schuld führte man so ein Doppelleben. Beatrice Webb erzählte, wie ihr Vater, ein Eisenbahnmagnat, vor dem Schlafengehen ganz selbstverständlich betete: »Gentle Jesus, meek and mild, look upon a little child«. Diese Art zu heucheln, auszuweichen, die Augen zu verschließen, zu vergessen, zu verschweigen, zwei verschiedene Meinungen zu haben, schlug sich auch in der Literatur nieder und bestimmte – durch Biographien zur Norm erhoben – den konventionellen Stil der Geschichtsschreibung. Solche Erscheinungsformen menschlicher Schwächen wird es gewiß immer geben. Aber man darf wohl annehmen, daß diese besonders während Viktorias Regierungszeit hervortraten.

Mit den Ausdrücken »viktorianisch« und »Viktorianismus« meint man wohl in erster Linie etwas anderes als das, was hier bisher erörtert worden ist. Man denkt zunächst an Sex, an das Verhältnis zwischen Mann und Frau, an deren Stellung innerhalb der Familie und der Gesellschaft. Genauer ausgedrückt versteht man darunter, was in aller Öffentlichkeit und im privaten Kreis in Wort und Schrift über Sexualität gesagt worden ist – oder auch nicht gesagt worden ist. In der schwedischen Literatur verbindet man mit dem Ausdruck »viktorianisch« – das beweist das Wörterbuch der Schwedischen Akademie – den Begriff der »Prüderie, der vorbildlichen Tugendhaftigkeit, der konventionellen Moral, der Anständigkeit«. Ein treffendes Beispiel dafür ist Sven Lidmans Beschreibung des »moralischen Weltbilds« einer Frau als »streng bürgerlich und viktorianisch« (in »Wollust und Vergeltung«). Im Synonymwörterbuch »Ord för ord« (Wort für Wort) wird das Wort »sipp« = »zimperlich« mit »prüde, spröde, viktorianisch, wehleidig, läppisch, tantenhaft, altjüngferlich« übersetzt. Fast genauso wird dieses Wort in der englischen Literatur verwendet. Vielleicht hat man in letzter Zeit diesen Ausdruck mehr und mehr in herabsetzenden Wendungen gebraucht, um einem überlebten und übertriebenen Unwillen, sexuelle Fragen zu erörtern, Ausdruck zu verleihen. In der Hauptsache meint man aber mit »viktorianisch« eben doch »Prüderie«. Charakteristisch für den Viktorianismus ist es in unserer Zeit geworden, Shakespeare in einer sorgsam verbesserten Auflage (Bowdler) herauszubringen, die »unanständige« Worte ausmerzt, z. B. »Beine« von Stühlen oder Klavieren verbirgt, ferner Wörter wie »Bein, Brust, After, Unterhosen, Unterrock« oder gar »Unterleib, Menstruation« oder »Bei-

schlaf« vermeidet. Ein typisches Beispiel: ältere Frauen vermieden das Wort »Schwanz« beim Fisch. Sie sagten »Stengel« dafür.
Eine Diskussion über den »sexuellen Viktorianismus« darf aber nicht nur im begrenzten – obigen – Sinn erfolgen, sondern muß auch die Moral und die Bräuche dieser Zeit ganz allgemein mit einbeziehen. Es ist ganz klar, daß ein innerer Zusammenhang z. B. zwischen »Keuschheit« und »Prüderie« besteht. Zunächst soll, wie schon vorher, die Verhaltensweise und die Ideologie besprochen werden, die als besonders typisch für eine Gesellschaftsschicht und für einen bestimmten Zeitabschnitt gilt, nämlich das wohlhabende Bürgertum, beispielsweise während der Jahre 1840–1880. Damit soll natürlich nicht behauptet werden, daß die viktorianischen Auffassungen auch für andere Gesellschaftsschichten und Zeiten vor 1840 und nach 1880 galten. Sogar noch heute kann man ab und zu das Wort »Viktorianismus« recht gut anwenden.
Um die Hintergründe des »sexuellen Viktorianismus« zu schildern, muß man zunächst einzeln Punkt für Punkt und dann in einer Zusammenfassung auf das Verhalten der Geschlechter zueinander im England des 19. Jahrhunderts eingehen.
Die legitime Stellung der Frau war in jeder Beziehung der des Mannes untergeordnet. Die Frau durfte auf wirtschaftlichem Gebiet, gleich Minderjährigen, nichts entscheiden; höhere Bildungsanstalten, Staatsämter und freie Berufe waren ihr verschlossen; sie besaß kein Stimmrecht, konnte nicht in politische und kommunale Institutionen gewählt werden. Es war für eine Frau wohl möglich – aufgrund eines Erbfolgerechts aus dem 16. Jahrhundert –, Königin zu werden, aber nicht Assistentin, Stadträtin, Ärztin oder Rechtsanwältin. Der Platz der Frau war am Herd, besser gesagt, in ihrem Heim. Dieser Grundsatz galt natürlich nur für das Bürgertum. Laut der Volkszählung im Jahr 1851 gab es 900000 Hausangestellte; ungefähr 500000 Frauen arbeiteten in der Textilindustrie, 370000 waren Näherinnen oder Schuhmacherinnen, 145000 Wäscherinnen. Mittellose »bessere« Mädchen hatten um die Mitte des 19. Jahrhunderts eigentlich nur eine Möglichkeit, anständig ihr Brot zu verdienen, und zwar als Gouvernanten oder Gesellschafterinnen in »besseren« Familien.
In mancher Beziehung verbesserte sich die Stellung der Frau am Ende des 19. Jahrhunderts. »Colleges« wurden für Frauen eingerichtet. Es war für sie – besonders dank dem Beispiel von Florence Nightingale – mit der Zeit möglich, Krankenschwester zu werden. 1876 räumte man

ihnen das Recht ein, Ärztin zu werden. Mittellose »bessere« Mädchen nahmen in England – wie auch anderwärts – ihre Zuflucht zu Telefon und Schreibmaschine. Im Jahr 1901 waren 40% aller im Telefon- und Telegrafendienst Beschäftigten Frauen. Die Zahl der weiblichen Büroangestellten stieg von 18000 im Jahr 1891 auf 56000 im Jahr 1900. »We will not be dictated to« sagten sie, wie Chesterton ironisch schrieb, »und dann wurden sie Maschinenschreiberinnen«. Im allgemeinen blieb jedoch die Frau unselbständig und an ihr Heim gefesselt. Die Idee der Emanzipation der Frau machte nur geringe Fortschritte, was deren wirtschaftliche und gesetzliche Stellung betraf. Volle Gleichberechtigung forderten nur einige wenige, in erster Linie John Stuart Mill in »The Subjection of Women« (1869). Dieses Buch erweckte Sensation und Indignation in der vornehmen Gesellschaft. Ein Appell von seiten der Frauen für das Stimmrecht der Frau (1889) wurde nur von Radikalen wie Mrs. Thomas Huxley, Mrs. Leslie Stephen und Beatrice Porter (Webb) unterzeichnet.

Den gesellschaftlichen Unterschied in der Stellung von Mann und Frau begründete man mit der Verschiedenheit der Geschlechter in körperlicher, geistiger und moralischer Hinsicht. In allen Abhandlungen begegnet man diesem Dogma, sogar in politischen und sozialpolitischen Beiträgen von Frauen.

Das während der frühen viktorianischen Zeit am meisten benützte Lehrbuch für Physiologie stammte von John Elliotson, dem Dekan der medizinischen Fakultät in London. Er war Präsident der »Royal Medical and Chirurgical Society«. Es heißt in diesem Buch, daß »die Frau dem Mann an Urteilskraft, Weitblick, Selbständigkeit und Phantasie deutlich unterlegen sei«. Sie besitze »geringere Ausdauer, weniger Eifer, Mut und Charakterfestigkeit«. Sie sei »furchtsam, leichtgläubig und nachgiebig, Sklave der Mode und der Gewohnheit«. Sie sei viel weniger erotisch als der Mann, aber besonders kinderlieb. »Schnelle Auffassungsgabe, das Vermögen, Menschen zu beurteilen, ferner Taktgefühl« seien ihre starken Seiten. Elliotson fügte hinzu, daß die Frau sich deshalb besonders für politische Aufgaben eigne, auch wenn sie natürlich nicht imstande sei, auf weite Sicht zu planen.

Diese Behauptungen sind zweifellos in wesentlichen Punkten typisch für jene Zeit. So pflegte man sich auch über Rassen und Bevölkerungsschichten, die geistig unterlegen waren, Gedanken zu machen. Die Situation, in der sich diese Menschen befanden, nämlich Abhängigkeit, Unwissenheit, Armut, spiegelte sich auch in ihrem Charakter wider.

Die Auffassung von der Verschiedenheit der Geschlechter und der weiblichen Unterlegenheit wurde ab und zu noch dadurch erhärtet, daß man auf Bibelstellen und die Lehrsätze der Kirche zurückgriff, die besagten, daß die Frau aus der Rippe des Mannes geschaffen sei, daß sie den Mann im Paradies zur Sünde verleitet habe.

Es muß jedoch darauf hingewiesen werden, daß diese Auffassungen von den Charakteren des Mannes und der Frau für das Viktorianische Zeitalter keinesfalls neu waren. Die gleiche stereotype Meinung gab es seit Jahrhunderten, vielleicht schon seit Jahrtausenden. Das geht aus vielen Schriften hervor. In der »Encyclopaedia Britannica« des Jahres 1923 wurden unter dem Stichwort »sex« die Eigenschaften der Frau genauso beschrieben, wie es Elliotson vorher getan hatte. Aussprüche aus verschiedenen Epochen untermauern dort diese Behauptung. In der Encyclopaedia wird außerdem noch vernünftigerweise gesagt, daß die Erziehung den Unterschied der Geschlechter noch vergrößere, ferner, daß man in dieser Hinsicht zu weit gehe.

Zwei Soziologen der Universität Liverpool, das Ehepaar Banks, haben eine große Anzahl Zitate über das wahre Verhältnis zwischen Mann und Frau aus der viktorianischen Literatur gesammelt. Viele der dabei erwähnten Schriften sind von Frauen verfaßt worden. »Es ist ganz klar«, heißt es in einem dieser instruktiven Bücher, »daß der Mann, der eine gute Auffassungsgabe hat, körperlich stark ist und Mut besitzt, seine Talente zu nützen, von der Natur als Beschützer der Frau ausersehen ist. Die Frau, die diese Anlagen nicht hat, die schwach und ängstlich ist, braucht diesen Schutz. So kommt es, daß der Mann der geborene Herrscher ist; ebenso muß die Frau gehorchen«. Ruskin schreibt, daß »der Mann allen Gefahren und Versuchen widerstehen muß... Oft wird er verwundet, fühlt sich niedergeschlagen, wird getäuscht, immer muß er sich mühen. Er muß die Frau vor aller Unbill bewahren. Das Heim ist ein Ort des Friedens, ein Bollwerk, das nicht nur gegen das Unrecht, sondern gegen Furcht, Zweifel und alle Zwietracht schützt«.

Im selben Jahr, in dem Mill »The Subjection of Women« schrieb, gab Mrs. Sewell eine Schrift heraus, mit dem Grundgedanken, daß »es die Sache des Mannes ist zu führen, die der Frau nachzugeben. Er muß als der Herr des Hauses angesehen werden, und es kommt der Frau zu, sich seinen Wünschen zu fügen. Das Heim steht unter ihrer Aufsicht. Man behandelt dort den Mann mit dem Respekt, den sein Geschlecht erfordert«. Der Mann wird als »der Soldat der Familie« geschildert, der sich immer im Kampf gegen Feinde und Konkurrenten im Geschäft und im Büro befindet. Sein schweres Los soll von der Frau erleichtert werden. Sie soll die Härte des Lebenskampfes mildern. Der Mann wird aufgefordert, sorgfältige Arbeit zu leisten, mit den Schwächen der Frau Nachsicht zu üben, ihr ein gemütliches Heim einzurichten und sich an ihrem stillen Glück zu erfreuen.

Nach 1850 änderte sich, laut Niederschriften des Ehepaars Banks, die Situation der Frau innerhalb der bürgerlichen Kreise, von denen bisher immer die Rede war. Während man vordem die Frau ermahnt hatte, »eine vollkommene Gattin« zu sein, die ihr Heim in Ordnung hielt und Kinder zur Welt brachte, wurde »die vollendete Dame« das Frauenideal, die Person, die im Heim Repräsentationspflichten übernahm und durch ihr elegantes Auftreten die gehobene Position ihres Mannes zum Ausdruck brachte. Sie sollte das kostbarste Kleinod ihres Mannes sein, also eher ein Statussymbol als Haushälterin und Wöchnerin.

Eine »bessere« Familie mußte mindestens drei weibliche Hausangestellte haben, noch einen Diener, am liebsten mehrere, die von einem Butler angeleitet wurden. So bewies man, daß man es zu etwas gebracht hatte. Banks meinte, diese Wandlung hänge mit der freiwilligen Begrenzung der Kinderzahl zusammen, die um 1870 herum – nach den Geburtenziffern zu urteilen – innerhalb der bessergestellten bürgerlichen Schicht immer mehr in Mode kam.

Mann und Frau besaßen, zumindest nach der Ansicht wohlhabender Kreise, ganz verschiedene Anlagen und waren für ganz verschiedene Aufgaben vorgesehen. Also mußten sie unterschiedlich erzogen werden. Deutlich wollte man damit nicht nur dem Gebot der Natur folgen, sondern die Naturgesetze verbessern und vervollkommnen. Es kam darauf an, den Mann so mannhaft, die Frau so fraulich wie möglich zu erziehen.

Die Frau mußte also unbedingt im Heim aufwachsen. Sie mußte sich Talente im Umgang mit Menschen aneignen, mußte singen, Klavier spielen können, von einer Gouvernante in Sprachen unterwiesen werden. Besaß man dazu nicht die Mittel, besuchte man zusammen mit anderen Mädchen Ausbildungsanstalten für Lehrerinnen. Es war nunmehr möglich, Mädchenschulen zu errichten. Die Nachfrage wurde immer größer. Haushaltsunterricht war jetzt weniger wichtig, wenigstens nicht in wohlhabenden Familien. Wie man Kinder bekam, wie sie sich entwickelten, wie sie physisch und moralisch erzogen werden sollten, davon zu sprechen, schien in diesen Kreisen verboten gewesen zu sein.

Dagegen war für Knaben die Erziehung außerhalb des Elternhauses beinahe obligatorisch. Das Ziel, diese zur Männlichkeit zu erziehen, verbunden mit der Neigung zum Snobismus, führte bei der gewaltigen Zunahme des Bürgertums dazu, daß die privaten Internatsschulen (public schools) während Viktorias Regierungszeit einen kolossalen Aufschwung erlebten. Gerade dies war ein typisches Merkmal des Viktorianismus. Einige Internatsschulen konnten nachweisen, daß sie schon im Mittelalter oder im 16. Jahrhundert entstanden waren (Eton, Harrow, Westminster). Sie genossen als Ausbildungsanstalten für Aristokraten und »Gentlemen erster Klasse« großes Ansehen (»Waterloo wurde auf Etons Spielplätzen gewonnen«). Zur vollkommenen Blüte gelangte dieses Erziehungssystem erst richtig in der zweiten Hälfte des 19. Jahrhunderts. Von 1850–1870 wurden dreimal soviel solcher Schulen als vorher während eines Jahrhunderts gegründet. Es gab dann feine und teure, einfache und »billige« Schulen. Eine »public school« besucht zu haben, war eine Auszeichnung, die Knaben vermögender Familien unbedingt haben mußten. Dies brachte Vorteile mit sich. Man konnte mit gesellschaftlich noch höher eingestuften Kreisen in Verbindung kommen. Aber schon die Schule, die man besucht hatte, war eine Empfehlung. Oft war der Unterricht nur mittelmäßig oder minderwertig. Die Hauptsache war, daß die Leiter dieser Schulen immer wieder betonten, daß man die Jünglinge zu englischen Gentlemen erziehe, zu männlichen, mutigen, rechtschaffenen christlichen und patriotischen Menschen. Zur Ausbildung gehörten Sport, eine strenge Rangordnung – Lehrer, ältere und jüngere Schüler –, strenge Disziplin mit Prügelstrafe, Ansporn für die Ehrgeizigen und Weltoffenen, Abscheu gegenüber Geschwätz, Verweichlichung, Zaghaftigkeit und Verzweiflung.

Die bekannteste Schilderung einer solchen Schule, der von Rugby, ist Thomas Hughes' »Tom Brown's School Days« (1856). Sie war eine Internatsschule aus dem 16. Jahrhundert, berühmt zur Zeit des Rektors Thomas Arnold, um 1830, wohl den oberen Schichten vorbehalten, doch etwas unter Eton und Harrow. Cricket, Fußball und Schlägereien standen im Mittelpunkt des Schullebens. Die hohe moralische Note wurde dadurch betont, daß der ausgezeichnete Tom nur mit stärkeren und zumindest älteren Schülern seine Kräfte mißt und diese in der Regel besiegt. »Was wäre das Leben ohne Kampf!«, so

faßt der Held seine Moral in einem Satz zusammen: »Von der Wiege bis zum Grab gibt es Kampf (Fighting), wenn man das Leben so auffaßt. Das ist eines Mannes eigentliche, höchste und ehrenvollste Beschäftigung (business)«. Ähnlich beschreibt Kipling im Roman »Stalky and Co.« seine Schulzeit in einer einfacheren Internatsschule Ende der siebziger Jahre. Die Brutalität ist hier stärker betont. Drei Freunde in der Schule halten zusammen, um andere Jungen zum Narren zu halten und zu verprügeln. Sich schweren Mißhandlungen nicht zu entziehen, nach Schlägereien Ausschau zu halten, sich selbst zu behaupten, ohne Lehrer oder Eltern um Hilfe zu bitten, das ist *männlich*, das ist das Ideal, das Kipling – wenn auch in umständlicherer und subtilerer Form – in »If« beschrieb. Typisch dabei war, daß der Held bzw. die Helden in beiden Büchern verhältnismäßig nett sind. Sie schlugen vor allem keine schwächlichen Jungen. Aber in den geschilderten Schulen schien es genug Wichtigtuer und Flegel zu geben. Man macht sich unwillkürlich Gedanken darüber, wie es denen erging, die nett waren, aber sich aus den Schlägereien heraushielten.
Die Internatsschulen sind als Erziehungs- und Bildungsanstalten der englischen Gentlemen berühmt geworden. Nicht zu zählen sind die Würdenträger, die berichteten, daß sie ihrer alten Schule alles zu verdanken hätten. Allerdings haben auch einige ihren Abscheu gegenüber Schulen zum Ausdruck gebracht. Auch Premierminister Lord Salisbury gehörte zu diesen Kritikern, wie eine Gruppe von Schriftstellern, die diese Schulen scharf verurteilten. Sie seien Brutstätten des Snobismus, der Verdorbenheit, der Gewalt und der Homosexualität. Gründliche Darstellungen in Form von Memoiren und Biographien gibt es erst seit einigen Jahren, als amerikanische Forscher Erinnerungen zweier berühmter Viktorianer, des Historikers J.A. Froude und des Kunstkenners John Addington Symonds, aufgefunden und teilweise auch veröffentlicht haben. Beide schildern das grausame Internatsleben, Froude das der Westminsterschule vom Anfang der dreißiger Jahre und Symonds das der Harrow-Schule gegen Ende der fünfziger Jahre des vorigen Jahrhunderts. Froude, der im Alter von elf Jahren nach Westminster kam, berichtet von systematischen Mißhandlungen von seiten der älteren Schüler: es gab Prügel; brennende Zigaretten wurden ins Gesicht gedrückt, Kleider und Bücher wurden zerrissen, Schüler wurden genötigt, ihre Portionen zu verschenken. Es war hoffnungslos, sich dagegen aufzulehnen. Man hätte den Jungen Feigheit und eines Mannes unwürdiges Verhalten

vorgeworfen. Alles, was Symonds gelernt habe – so schreibt er in seinen Memoiren – sei »moralischer Verfall der Sitten«, Grausamkeit, Brutalität, eine Verbindung von Gewalt und Homosexualität gewesen. Der für seine religiöse und moralische Einstellung berühmt gewordene Rektor der Schule wurde der homosexuellen Beziehungen zu einem Schüler überführt, jedoch nicht der Polizei übergeben, da er versprach, seinen Abschied einzureichen und kein höheres kirchliches Amt anzunehmen. Er lehnte ein Angebot, Bischof zu werden, ab; zuletzt war er Domdekan.

Froudes und Symonds' Memoiren können natürlich nicht als typisch für viktorianische Internatsschulen bezeichnet werden. In manchen Schulen und zu verschiedenen Zeiten müssen sich die Verhältnisse stark geändert haben. Unbestritten bleibt jedoch, daß überall ein »Männlichkeitskult« herrschte, wo Pennalismus, Großtuerei, Roheit und homosexuelle Verführung zu Hause waren.

»To lead sweet lives in purest chastity, to love one maiden only, cleave to her...«, diese Zeilen aus Tennysons Gedicht drücken das Gelübde der Ritter König Arthurs aus, das der Idealvorstellung der Viktorianer von einer gesunden und christlichen erotischen Lebensführung entsprach. Die Ehe konnte nach den damals geltenden Gesetzen nur im äußersten Fall aufgelöst werden. Eine Scheidung wurde in den Kreisen des Bürgertums als ein Skandal angesehen. Die Mittellosen konnten die Kosten eines Verfahrens nicht bezahlen. Für sie war eine Trennung dadurch unmöglich. Geschlechtsverkehr vor oder außerhalb der Ehe wurde schonungslos verurteilt, bis schließlich gegen Ende des 19. Jahrhunderts, vor allem in den Kreisen der Aristokraten und des gehobenen Bürgertums, eine gemäßigtere Beurteilung Eingang fand. Ein Mädchen, das seine Unschuld verloren hatte, konnte nicht mit einer Ehe mit einem »besseren« Mann rechnen. Es herrschte trotzdem eine doppelte Moral, nachdem man den Fehltritt eines Mannes eher übersah; doch grundsätzlich galt und wurde in allen offiziellen Erklärungen die Keuschheitspflicht für beide Geschlechter gefordert. Gespräche über sexuelle Dinge waren streng verboten. Aufklärung in diesen Fragen konnte man weder in der Schule noch im Elternhaus bekommen. Es war selbstverständlich, daß zumindest die Frauen über die physischen Umstände der Ehe vollkommen im ungewissen waren, wenn sie heirateten. Intimere Liebesbezeigungen während der Verlobungszeit waren ausgeschlossen. Die Hochzeitsnacht war, wie man hier und da aus Memoiren und Romanen entnehmen konnte, oft ein Fiasko oder eine schwere Enttäuschung für die Braut. Verhütungsmittel durften laut Gesetz nicht feilgeboten werden. Höchstwahrscheinlich hatte man gar keine Ahnung, daß es diese gab. Als bei einigen Gelegenheiten durch Schriften oder mündliche Propaganda (Place, J.S. Mill, Drysdale) diese Mittel angeboten wurden, schritten Polizei und Ärzte dagegen ein. Unsittliche Schriften und Theaterstücke konnten gerichtlich verfolgt werden. Doch hatte man scheinbar nur selten davon Gebrauch machen müssen. Der englische Verleger von Zolas übersetzten Romanen wurde 1889 zu Geldstrafen und zu Haft verurteilt.

Alles das gab es schon vor Viktorias Regierungszeit. Der sexuelle Puritanismus in der überspitzten Form wurde auf die evangelische »Erweckungs«-Bewegung und ähnliche Strömungen zurückgeführt. Es ist nachgewiesen, daß Ereignisse und Personen, die man als typisch für die Regierungszeit Viktorias bezeichnete, schon in viel frühere Zeiten eingereiht werden müssen. Shakespeares Werke wurden von Bowdler schon lange vor Viktorias Geburt »gesichtet«, und Mrs. Grundy, das Symbol geschäftigen weiblichen Einsatzes für Anstand und Würde, wurde in einem Schauspiel während der wildesten Zeit des »Regenten« (Georgs) dargestellt. Viktorias Tugend, ihr Abscheu gegen Leichtsinn und Freigeist, ihre Weigerung, Geschiedene am Hof zu empfangen, wurden häufig kritisiert, aber auch als entscheidender Beitrag zum Viktorianismus gepriesen. Dieser Charakterzug der Königin trug wohl viel dazu bei, die Keuschheit hoffähig zu machen. Aber es ist erwiesen, daß ihre Bemühungen auf diesem Gebiet nur wenig besagten, oft wahrscheinlich überbewertet wurden und kaum eine Änderung in dem Verhalten der vornehmen Gesellschaft herbeiführten.

In seiner reinsten Form war der Puritanismus feindselig eingestellt gegenüber jeder Art von Sexualität und im Grunde genommen gegen jede Lebensäußerung. Die Menschen hatten ihren Lebensweg auf dieser Erde mit einem Fehltritt begonnen, gegen den Willen Gottes den Apfel gegessen. So war die Sünde über die Menschen gekommen. Neue Fehltritte mußten von den Nachfahren Adams und Evas begangen werden, um die Erde mit Menschen und den Himmel mit Engeln zu bevölkern; aber Fehltritte blieben deshalb Fehltritte. Nur mit halbem Herzen kämpften die Puritaner gegen den sündigen Geist. Man konnte die Sünden vergeben, aber nicht ausrotten. So ist es zu verstehen, daß für viele Viktorianer Moral gleichbedeutend mit sexuellem Verhalten war. Alle anderen Sünden waren Kleinigkeiten.

Es waren zwei verschiedene Dinge, von Geschlecht und Liebe zu schreiben und zu sprechen. Alles, was Sex betraf, sah man als etwas Schmutziges an, wenn es sich auch nicht umgehen ließ, damit die Menschheit nicht ausstürbe. Die Liebe war etwas Heiliges, durch die auch die geschlechtliche Liebe anständig und rein sein konnte. Aber sie konnte auch ein Schutz gegen Sexualität sein. Eine unbefleckte Frau zu lieben, ja, auch nur mit tugendhaften Frauen umzugehen, ließ dem Mann die Keuschheit erträglich und ganz natürlich erscheinen. Man behauptete sogar, daß Zärtlichkeit und Ritterlichkeit Frauen gegenüber zu »unterdrückter und deshalb geheiligter und edler Leidenschaft hinführen« könnte... »Ist es nicht uns allen bewußt, daß ein junger Mann keinen besseren Schutz gegen sexuelle Einflüsse und niedrige Liebesverbindungen haben kann als ein frühes, tugendhaftes und warmes Gefühl?« Ein weiterer Zwiespalt in diesem Zusammenhang bestand in der Beurteilung des geschlechtlichen Verhaltens von Männern und Frauen. Gewöhnlich sah man in den Männern lüsterne oder wenigstens zu erotischen Beziehungen bereite Wesen, während die guten (»besseren«) Frauen so natürlich und unbeschwert in ihrer Keuschheit waren, daß die Triebhaftigkeit des Mannes durch das Zusammensein mit ihnen erstickt wurde. Auch die verheiratete Frau galt als sauber, weil sie an dem intimen Zusammenleben mit dem Mann keine körperliche Freude hatte und nur mehr dem Verlangen des Mannes nachgab. Aber neben dieser Auffassung existierte auch noch die alte biblische von der Frau als die Sünderin, deren verführerische Art den Mann anzog. Man dachte hierbei wohl zunächst an Prostituierte oder an Frauen aus niedrigen Volksschichten.

Die strenge Moral auf sexuellem Gebiet und die Frömmelei zogen sich wie ein roter Faden durch die viktorianische Literatur, in scharfem Gegensatz zur französischen, deren Erzeugnisse stets als unmoralisch abgestempelt wurden. Die Verfasser der großen englischen Romane und Biographien erwähnten intime menschliche Beziehungen kaum, schon gar nicht erotische Empfindungen bei beiden Geschlechtern. Äußerst selten streift man außereheliche Verbindungen, aber dann nur indirekt und flüchtig. Auch die Rebellen der Jahrhundertwende, die den Viktorianismus aufs heftigste bekämpften, wie Pater und Wilde, bedienten sich unverfänglicher Worte. Thomas Hardy rief Sensation und Verbitterung hervor, als er in »Tess of the D'Urbervilles« die

Tragödie einer unverheirateten Mutter schilderte. Skandale dieser Art wurden in der Presse und in Diskussionen totgeschwiegen oder nur am Rand behandelt. Über Geschlechtskrankheiten und Verhütungsmittel oder unerlaubten intimen Verkehr durfte in guter Gesellschaft oder in anständigen Zeitschriften nicht gesprochen werden. Kipling erwähnte in seinen Memoiren ein eklatantes Beispiel solcher »Verschwiegenheit«: 9000 Soldaten der britischen Armee in Indien (ungefähr fünf Prozent) lagen immer wegen Geschlechtskrankheiten im Lazarett. Die Behörden fanden es anstößig, die Soldaten zu belehren, wie man diesen Krankheiten vorbeugen konnte.

In medizinischen Werken und Zeitschriften erschienen, wie Fachärzte auf diesem Sektor feststellen konnten, kaum Studien über das sexuelle Verhalten der Menschen in der viktorianischen Zeit (eine Ausnahme in mancher Hinsicht machten Banks Studien). Eine Durchsicht von Schriften viktorianischer Mediziner erwies sich als äußerst aufschlußreich. Zu den drei wichtigsten Zeitschriften für diese Themen gehörten »The Lancet«, »The British Medical Journal« und »The British and Foreign Medico-Chirurgical Review«.

Typisch dabei war, daß nur wenige Bücher und Artikel das Thema behandelten. Auch die Fachleute schrieben in der Regel darüber äußerst diskret. Allein rein anatomische Themen bildeten eine Ausnahme. Die obengenannten drei Zeitschriften enthielten insgesamt nur ca. 20 Artikel, die sexuelle Probleme behandelten, nämlich Sexualunterricht, Sterilität, sexuell bedingte Neurasthenie, Onanie und außereheliche Beziehungen. Es gab nur wenige Bücher über dieses Gebiet. Sie stammten fast ausschließlich aus den letzten Jahrzehnten des 19. Jahrhunderts. Man nannte diese Dinge nicht gern beim Namen – ein Aufsatz, der sich ganz klar mit Onanie befaßte, sprach nur von »Unreinheit« –, und sogar Geschlechtskrankheiten wurden mit anderen Ausdrücken umschrieben (»die fürchterlichen Krankheiten, die uns allen bekannt sind«). Verhütungsmittel wurden überhaupt nicht erwähnt oder nur angedeutet. Fast die einzige Ausnahme bildete Drysdales bereits erwähnte Schrift, die aber von angesehenen Ärzten ignoriert oder abgelehnt wurde. Wenn man auf die gänzlich verpönten Wörter oder Handlungen – wie die Geschlechtsorgane oder den Beischlaf – eingehen mußte, fügte man gewöhnlich hinzu, daß man »aus natürlichen Gründen« es nicht für passend hielt, auf Einzelheiten einzugehen.

Zu den vollständigsten und für einen größeren Kreis bestimmten

Schriften gehörten Elizabeth Blackwells »The Moral Education of the Young in Relation to Sex« (1879) und »The Human Element in Sex« (1894). Dr. Blackwell, die ihr Examen in den USA abgelegt hatte, war die erste Ärztin, die nach vielerlei Schwierigkeiten die Erlaubnis erhielt, in England zu praktizieren. Ihre Bücher enthielten moralische Richtlinien und sachliche Aussagen, die angeblich auf wissenschaftlichen Erkenntnissen basierten und die ohne Ausnahme mit den moralischen Gesetzen im Einklang standen.

»Die sexuelle Moral ist der Kernpunkt jeder Moral. Sie garantiert die Grundregeln des Menschenrechts, der Ehre und der Gerechtigkeit in der wichtigsten aller menschlichen Beziehungen«. Dies bedeutete ganz einfach vollkommene Enthaltsamkeit außerhalb der Ehe. Dr. Blackwell beobachtete, daß die physische Geschlechtsreife früher eintrat, der Mann aber nicht vor 23–25 Jahren psychisch reif wurde, die Frau hingegen ein paar Jahre früher. Liebesbeziehungen vor dieser Reife und alle Ausschweifungen – dazu wurden außereheliche Beziehungen gezählt – seien gefährlich, weil sie »die Lebenskraft verringern« und »das Zeugungsorgan schwächen und zerstören«. Alte Kulturen seien untergegangen, weil man ausschweifend gelebt habe. Hier wurde von Dr. Blackwell ein wichtiger Unterschied zwischen »dem sinnlichen und polygamen Osten« und »dem geistigen und monogamen Westen« gemacht. Onanie berge dieselben Gefahren wie alle anderen sexuellen Fehltritte in sich. Zwischen 25–30 Jahren zu heiraten, sei angemessen, aber Keuschheit zu jeder Zeit niemals gefährlich. Der Beweis: Katholische Priester und Gefangene in anständigen Gefängnissen lebten sehr lange. »Keuschheit richtig verstanden, bedeutet Gesundheit« – diese wichtige Lebensregel solle man den jungen Menschen einprägen. Aufstachelnde Literatur dürfe man natürlich nicht lesen. Frische Luft und viel Bewegung seien gut gegen Versuchungen.

In einer Reihe von Büchern aus derselben Zeit werden immer wieder dieselben Hinweise gegeben (z. B. in Nichols' »Human Physiology«, 1872, und »Esoteric Anthropology«, 1873, in Duncans »Fecundity, Fertility, Sterility and Allied Courses«, 1871, in Geddes' und Thomsons »The Evolution of Sex«, 1889). Der monogame Charakter hatte oft andere Beweggründe als die, die Frau Dr. Blackwell anführte. Wenn eine Ehe zur richtigen Zeit eingegangen würde, sei es – laut Nichols – ganz natürlich, den Geschlechtsverkehr abzubrechen, sobald die Frauen keine Kinder mehr zur Welt bringen könnten. Wenn ein Mann 50 Jahre alt sei, brächte der Beischlaf große Gefahren für ihn mit sich. Ein hohes Alter erreichten fast ausschließlich die Keuschen. Nichols erklärte, daß viele Frauen gar kein Interesse an Liebesbeziehungen hätten. Duncan behauptete, daß Ausschweifungen zur Sterilität führten. Andere schrieben, daß Verhütungsmittel physisch und psychisch schadeten. Nur Enthaltsamkeit könne vor allzugroßem Kinderreichtum schützen. Laut Duncan sollte eine Familie durchschnittlich zehn Kinder haben. Das schrieb er zu einer Zeit, als man begann, die Anzahl der Kinder zu begrenzen.

In medizinischen Zeitschriften vertrat man dieselben fachmännischen Ansichten.

So wurde z. B. in »The Lancet« und »The British Medical Journal« mehrmals in den achtziger Jahren die grundsätzliche Frage aufgeworfen, ob sexuelle Enthaltsamkeit nutze oder schade. In Referaten über Vorlesungen, in Zeitungsartikeln wurde immer wieder betont, daß alle sexuellen Handlungen außerhalb der Ehe – ob Onanie oder Unzucht – schädlich und gefährlich seien, denn es bestehe die Gefahr von Krankheiten, und die moralische und physische Kraft werde dadurch ganz allgemein geschwächt. Die Ärzte sollten deshalb unter keinen Umständen jungen Männern (von Frauen war hier nicht die Rede), die von sexuellen Gelüsten befallen wurden, raten, der Versuchung nachzugeben. »Junge Männer schauen auf uns wie auf Geistliche früherer Jahre, die moralische und medizinische Erkenntnisse miteinander verquickten«, erklärte »The Lancet« im Mai 1889. Deshalb bedürfe es einer bestimmten einheitlichen Vorstellung. »Ich versichere«, sagte eine Kapazität dieser Zeit, Dr. W. R. Gowers, »daß niemand auch nur im geringsten durch Unzucht gesünder wird; denn sie bringt für alle moralischen und für die meisten physischen Schaden. Ich bin ganz sicher, daß jeder durch völlige Enthaltsamkeit gesünder geworden ist. Laßt uns im stillen nicht das gutheißen, was wir aus materiellen Gründen ablehnen oder verurteilen müssen«. Eine andere in manchen Zusammenhängen oft zitierte Autorität, Sir James Paget, gebrauchte noch stärkere Ausdrücke. »Eine Anzahl Patienten erwartet«, schrieb er, »daß der Arzt zu Ausschweifungen rät« (»Fornication« ist das englische Wort hierfür). »Ich müßte dann ebenfalls Diebstahl oder Lügen verschreiben, oder sonst etwas, das gegen Gott verstößt... Keuschheit schadet weder der Seele noch dem Körper. Die Selbstbeherrschung, die sie mit sich bringt, ist ausgezeichnet. Auf das Heiraten kann man gut und gern warten. Unter den vielen nervösen und hypochondrisch veranlagten Patienten, die mit mir über Unzucht gesprochen haben, habe ich nicht einen getroffen, der durch sein Tun gesünder oder glücklicher geworden wäre. Manche haben ausgesagt, es sei ihnen *sehr viel* schlechter ergangen«. »Das ist das Fazit aller beruflichen Erfahrungen und Beobachtungen«, fügte »The Lancet« hinzu. In einem Artikel mit ähnlichem Inhalt in »The British Medical Journal« schloß der Arztjournalist seinen Tatsachenbericht mit folgenden Worten: »Wir haben kein Recht, in der Stille des Behandlungsraums etwas zu äußern, das wir nicht vor unseren Kollegen zu sagen wagen«.

Oft wird die Frage diskutiert, wie man die »Reinheit« fördern und die »Unzucht« ausrotten solle, ohne auch nur mit einem Wort darauf einzugehen, was diese Begriffe eigentlich bedeuteten. »Die Unreinheit«, schreibt »The Lancet« im Mai 1884, »kann, so darf man wohl sagen, auf einer von Natur aus schlechten, wenn auch eigentlich nicht krankhaften, nervösen Veranlagung beruhen, wobei die hemmenden und kontrollierenden Funktionen nachgelassen haben, so daß das Individuum seinen Leidenschaften und Begierden freien Lauf läßt. Der Wille des Menschen, diesen Begierden nicht nachzugeben, wird schwankend. Der Körper selbst wird anfällig für Schmerzen und Krankheiten. »Der Krankheit« – die in den folgenden Zeilen »Unreinheit« genannt wird – muß schon zu einem frühen Zeitpunkt Einhalt geboten werden. Eltern und Lehrer müssen energisch gegenüber Kranken und »Sündern« auftreten. Im Hinblick auf Internatsschulen hebt man hervor, daß private Studierzimmer und überhaupt Einzelzimmer gefährlich seien. »Unreine« junge Männer sollten sofort relegiert werden. Auch das Gesetz sollte gegen alle Arten von Unsittlichkeit und Verführungsversuchen herangezogen werden, nachdem die Kirche keinen maßgeblichen Einfluß ausüben könne, solche Strömungen zu verhindern. »Unreinheit« dürfte nicht länger ungestraft bleiben. Es sollten Gesetze genau wie gegen Trunksucht, Diebstahl und andere derartige Laster geschaffen werden.

In einem anderen Artikel in »The Lancet« (August 1885) wird die Frage aufgeworfen, ob nicht die Jugend in sexuellen Dingen zu unerfahren sei. Viele Männer wüchsen heran und heirateten, ohne »die geringste Erfahrung auf sexuellem Gebiet« zu haben. Mit den Frauen verhalte es sich genauso – der Autor hatte bei diesen Notizen natürlich nur das Bürgertum im Auge gehabt. Diese Unerfahrenheit könne vermutlich unbewußte Entgleisungen und damit Krankheiten und Verhängnisse zur Folge haben. Mädchen würden oft verführt, ohne daß sie ahnten, was ihnen geschehe. Eine elementare Aufklärung über die Anatomie und Physiologie des Körpers könne von großem Nutzen sein. Über Darstellungen des Skeletts, des Herzens, des Magens usw. könne man so nach und nach auf die Geschlechtsorgane zu sprechen kommen. Diese Betrachtungen wurden daraufhin in Gegenartikeln und von Einsendern angegriffen. Sexuelle Aufklärung könne, ebenso wie Schmutzliteratur, aufreizend wirken. Der einzige Weg zur Förderung »der Reinheit« sei, uneigennützig zu handeln und gegen alle aufreizende Literatur einzuschreiten.

Es wurden gewöhnlich gegen sexuelle Aufreizung nur Mittel empfohlen, die physischer Natur waren. »The British and Foreign Medico-Chirurgical Review« (Januar–April 1848) faßte zusammen: »Frühaufstehen, harte Betten, kalte Bäder oder Abreibungen, zielbewußte Bewegungstherapie, ab und zu ein Abführmittel, mageres Essen« – auch der Umgang mit achtbaren Frauen könne vorteilhaft sein.

Konnten Theorie und Praxis des Viktorianischen Zeitalters auf einen Nenner gebracht werden? Viele Autoren haben dies verneint. Sie behaupten, daß die Viktorianer nicht anders als ihre Vorgänger und Nachfolger gewesen seien. In der Terminologie der modernen Tiefenpsychologie hat man bei der Untersuchung der damaligen Zeitströmung festgestellt, daß die strengen Dogmen und die weit verbreitete Prüderie auf eine besonders sittenlose Zeit schließen lassen.

Was uns darüber bekannt ist, gibt allein nicht genügend Aufschluß. Man hat oft sehr leichtfertig darüber gesprochen und gar nicht erst versucht, einen Unterschied zwischen verschiedenen Zeitabschnitten und Gesellschaftsschichten zu machen.

Ein gutes Beispiel für irreführende Angaben ist z.B. die Darstellung der viktorianischen Skandale: einmal sagte man, diese Skandale seien ein Beweis dafür, daß die allgemeingültige Moral nur eine Fassade gewesen sei, daß man anders lebte als man lehrte. Ein andermal erklärte man, daß es zum Skandal gekommen sei, weil die Mehrzahl der Viktorianer sich im allgemeinen nach den Grundsätzen der Lehren dieser Zeit richteten.

Zu zwei aufsehenerregenden Skandalen kam es, als Dilke, Außenminister in Gladstones zweitem Kabinett, unter besonders beschämenden Umständen des Ehebruchs überführt wurde und sich trotz seiner unbestrittenen Gewandtheit als Minister unmöglich machte, ferner, als ein paar Jahre später Parnell aus denselben Gründen die

Leitung der Irischen Nationalpartei abgeben mußte. Beachtlich dabei, daß die Reaktion großer Teile des Volks zweifellos echt war, wenn auch manche nur heuchlerisch in den Chor der puritanischen Ankläger einstimmten. Der Fall Oscar Wilde wiederum schien auf weit verbreitete Homosexualität hinzuweisen, besonders deshalb, weil während des Gerichtsverfahrens gegen Wilde eine ganze Reihe höhergestellter Persönlichkeiten sich aufs Festland absetzten (aus Angst und, was auf einige Schauspieler zutrifft, aus Koketterie). Aber man kann wohl aus diesem Einzelfall keine allgemeingültigen Schlüsse ziehen.

Es ist klar, daß es innerhalb gewisser Kreise des gehobenen Bürgertums mit der Tugend nicht so genau genommen wurde und man lockere Sitten duldete, wenn nur der Missetäter nicht ertappt wurde. Edward, Prince of Wales, gehörte mit vielen seiner Freunde zu Europas berühmtesten Lebemännern, eine Tatsache, über die man nicht einmal in neuen Biographien offen berichtet. In diesen Kreisen waren außereheliche Verbindungen oft allgemein bekannt. Man akzeptierte sie, wenn nur dabei die Etikette gewahrt wurde. Palmerston war noch im Alter für seine Hemmungslosigkeit gegenüber Frauen bekannt. Hartington, späterer Herzog von Devonshire, der alle aristokratischen Tugenden aufgrund seiner Würde, seiner Melancholie und Behäbigkeit in sich zu vereinigen schien, hatte eine lange und weithin bekannte Liaison mit der Herzogin von Manchester, ehe er sich nach dem Tod des Herzogs mit ihr vermählte. Die Gastgeber auf Landsitzen waren oft ratlos, wie sie ihre Gäste im Haus unterbringen sollten, um den Liebespaaren ohne Trauschein ihre nächtlichen Zusammenkünfte zu erleichtern. Auch noch in unserer Zeit sind frühere Politiker und Schriftsteller, die in ihrem Lebenswandel als untadelige und korrekte Menschen angesehen wurden, als gerissene Verführer oder sexuell abnorme Menschen entlarvt worden: wir kennen jetzt Dickens' unglückliche Liebe; Balfours vielgerühmte Keuschheit erwies sich als Legende; Carlyle und Ruskin sollen hervorragende impotente Puritaner gewesen sein. Auch bei anderen berühmten Persönlichkeiten hat man Homosexualität nachgewiesen oder zumindest vermutet. All das ist schon so oft besprochen worden und wird hier nur nochmals erwähnt, weil man es eigenartig, merkwürdig und ungewöhnlich findet.

Im Gegensatz zur Meinung einiger Schriftsteller geben auch einige bekannte Aktionen von Sittlichkeitsaposteln kein richtiges Bild von der viktorianischen Moral. Eine solche Kampagne war z.B. der Kampf gegen die organisierte Prostitution in einigen Garnisonsstädten in den siebziger Jahren, der allmählich zum Erfolg führte. Eine andere Aktion war der Kampf des Publizisten Stead gegen den weißen Sklavenhandel mit minderjährigen Mädchen in London, zehn Jahre später, der zu seinen Ungunsten ausging. Stead wurde in seinem Eifer, ständig auf der Suche nach Beweisen, selbst wegen der Verbrechen, die er bekämpfte, zu Gefängnis verurteilt. Solche und andere ähnliche Reformbestrebungen sind nicht etwa kennzeichnend für die Moral dieser Zeit, sondern nur typisch für die Spießbürgerlichkeit, mit der man Diskussionen über sexuelle Probleme führte.

Auch die Statistik ist zu Hilfe genommen worden, um nachzuweisen, wie verkommen jene Epoche war. Nur einige Beispiele: 1851 wurden 42000 Kinder unehelich geboren. Diese Zahl nannte man mit Entsetzen. Bei 700000 Geburten war sie aber im Vergleich gar nicht so hoch. Man hatte damals errechnet, daß »auf 12 unverheiratete Frauen, die über die Pubertätsjahre hinaus waren, eine kam, die vom Weg der Tugend abgewichen war«. Auch diese Zahl wurde als Zeichen einer weit verbreiteten Sittenlosigkeit angesehen, obwohl sie in Wirklichkeit außerordentlich niedrig lag. Die Polizei schätzte die Anzahl der Prostituierten in London in den fünfziger Jahren auf 9000. Henry Mayhew bezweifelte diese Angaben in seiner berühmten Schilderung Londons (sie wurde 1950 erneut unter dem Titel »London's Underworld« herausgegeben). Er meinte, die Zahl solle eher mit 80000 angegeben werden. Auch das mag nur ein höchst problematischer Beweis für den sittlichen Verfall sein; denn schon durch die widersprüchlichen Zahlen erscheinen die Angaben höchst zweifelhaft. Die Zahl von 9000 kann für eine Zweimillionenstadt, die als Mittelpunkt ganz Südostenglands galt, nicht als besonders hoch bezeichnet werden. Die Schriftsteller, die mit schlecht verhohlener Schadenfreude diese Angaben als Zeichen der Zügellosigkeit der Viktorianischen Zeit darstellten, schienen angenommen zu haben, daß der damals vorherrschende Puritanismus wirklich zu einem vollkommenen Sieg der Tugend führen würde.

Es ist höchst wahrscheinlich, daß die Volksschichten, die hauptsächlich die von Politikern, Publizisten, Geistlichen und Ärzten proklamierte Lehre unterstützten, in hohem, wenn auch nicht überschaubarem Ausmaß von dieser Moral in ihrem Leben beeinflußt waren. Keuschheit wurde von allen hoch gepriesen. Es sollte daher für Menschen, die sexuell nicht so anfällig waren, leicht gewesen sein, keusch zu bleiben. Bei Frauen des Bürgertums konnten Fehltritte nur schwer wieder gutgemacht werden. Die Folgen hatten für sie eine verheerende Wirkung. Die törichte Meinung, daß verbotene Früchte locken, ist auch nur eine halbe Wahrheit. Aber zu behaupten, daß ein Verbot mehr als eine Aufforderung und ein Lob anspornen würde, ist ebenso absurd. Daß bei vielen ein gewisser Zwiespalt zwischen Theorie und Praxis, zwischen Lehre und Lebenswandel bestanden haben muß, daß also ein großer Spielraum für Ehrgeiz und Scheinheiligkeit vorhanden war, ist eine andere Frage.

Als Beispiele für die verschiedenen Auffassungen von der Wirklichkeit und die verschiedenen Vorstellungen über die ursächlichen Zusammenhänge sollen zwei Aufsätze aus »Ideas and Beliefs of the Victorians« genannt werden, die »The Victorian Ideas of Sex« behandeln. Beales, Professor der Wirtschaftsgeschichte und deutlich marxistisch beeinflußt, behauptete und untermauerte mit Zitaten, daß der Gegensatz zwischen öffentlicher Moral und deren Befolgung gerade im Viktorianischen Zeitalter besonders groß war. Beales scheint die Ursache in der Verstädterung und Industrialisierung zu suchen, die die Leichtfertigkeit auf sexuellem Gebiet verstärkten und so den Puritanismus aggressiver werden ließen. In einer sozialistischen Gesellschaft wäre das sicherlich anders gewesen. Der Psychoanalytiker Glover wiederum sagte, daß Vorstellungen und Verhaltensweisen in dieser Epoche fast genauso den früheren und jenen in anderen Ländern glichen, gab aber zu, daß falsche Scham ihren Grund in übertriebener Sexualität habe, so, wenn man z.B. in Klavierfüßen etwas Aufreizendes oder Unanständiges sehe. Beide Autoren verwendeten ganz deutlich stereotype Leitbilder, um auszusagen, wie und warum sich Idee und Wirklichkeit so zueinander verhielten. Sie bedienten sich beide einer Methode, die der Phantasie freien Lauf ließ: für Beales war die Verderbtheit die Ursache, strenge moralische viktorianische Grundsätze aufzustellen, für Glover die Prüderie ein Beweis für starkes Festhalten am Sinnenleben.

Viktoria

Ihre Lebensgeschichte

Im Juni 1887 und Juni 1897 feierte Königin Viktoria ihr fünfzigjähriges und sechzigjähriges Regierungsjubiläum. England war bis dahin noch keinerlei Allianzen eingegangen. Es lebte in »splendid isolation«, abgesehen von gelegentlichen Konflikten, besonders mit Frankreich und Rußland. Das gewaltige Allianzsystem, die »Entente«, die Japan und die beiden genannten Erzfeinde – gegen Deutschland gerichtet – umfaßte, bestand damals noch nicht einmal in der Vorstellung der Politiker.

Der Imperialismus und der Glaube an die Größe Englands und die Einheit seiner weißen Kolonien erlebten ihre Blütezeit. Die Machtfülle Englands war durch Eroberungen neuer Gebiete ohne großen kämpferischen Einsatz erweitert worden. Das blutige Ende des Burenkrieges zeichnete sich 1897 schon ab, schien aber noch vermieden werden zu können. 1887 und 1897 lenkte eine konservative Regierung unter Salisbury die Geschicke Englands und war fest entschlossen, an diesen denkwürdigen Tagen des Jubiläums die Größe und Macht des Imperiums zu demonstrieren. Alle staatlichen Institutionen wurden eingesetzt, alle Machtansprüche geltend gemacht, um Englands Größe und Einheit in den Huldigungen der Königin deutlich werden zu lassen; alles wurde mobilisiert, das Parlament, die Kirche, Fürsten, Minister; exotisch gekleidete Delegationen aus Übersee trafen ein, die Flotten aus allen Teilen der Welt wurden zurückbeordert und zu einer unüberschaubaren Parade zusammengestellt, Rotröcke und Truppen aus Besitzungen in der ganzen Welt marschierten auf. In Dankgottesdiensten, Prozessionen, Umzügen, feierlichen Zusammenkünften, bei staatlichen Empfängen – überall stand die Königin im Mittelpunkt. Königliche Hoheiten und Würdenträger aus dem Ausland waren stark beeindruckt. »Überall höre ich, welche Bewunderung die Feierlichkeiten auf die Besucher aus fremden Ländern hervorriefen«, schrieb Salisbury 1887 an die Königin. Etwas Ähnliches habe man noch nie erlebt, wurde in Reden und in Zeitungen betont. Beim Jubiläum 1897 stand der Dichter des Weltreichs, Rudyard Kipling, im Mittelpunkt, der nach Abschluß der Feierlichkeiten im »Recessional« Gedanken über die Verantwortung, die die Macht mit sich brachte, festhielt. Er forderte das »auserwählte Volk« auf, sich seiner Bestimmung würdig zu erweisen:

God of our fathers, known of old,
Lord of our far-flung battle-line,
Beneath whose awful Hand we hold
Dominion over palm and pine –
Lord God of Hosts, be with us yet,
Lest we forget – lest we forget!
Far-called, our navies melt away;
On dune and headland sinks the fire:
Lo, all our pomp of yesterday,
Is one with Niniveh and Tyre!
Judge of the nations, spare us yet,
Lest we forget – lest we forget!

Die Königin schilderte die Jubiläen ausführlich in ihrem Tagebuch. Sie war stolz und zufrieden. Nur manchmal beklagte sie ihre Einsamkeit. (»Ach, all das ohne meinen geliebten Mann, für den das ein so großer Tag gewesen wäre!«) Sie beschrieb die offiziellen Feierlichkeiten, an denen sie teilnahm, wer neben ihr saß, wie sie gekleidet war. Aber sie verweilte dabei lange bei der Freude, der Begeisterung und Liebe, die ihr die Volksmassen entgegenbrachten, ohne daß es im Programm vorgesehen war. Überall, auch in den Armenvierteln, die der Festzug berührte, hatte man die Häuser geschmückt, Girlanden und Plakate mit Aufschriften aufgehängt, die die Königin grüßen sollten und auf denen man den Segen Gottes für sie herbeiwünschte. »Das war ein Tag, den man nie vergessen wird«, schrieb Viktoria am 22. Juni 1897. »Niemals ist jemandem eine solche Ovation wie mir entgegengebracht worden, als ich sechs Meilen durch die Straßen Londons fuhr. Unvorstellbar groß waren die Menschenmassen, wunderbar und ergreifend ihre Begeisterung. Die Hurrarufe waren verwirrend. Aus allen Gesichtern schien aufrichtige Freude zu strahlen. Ich war tief bewegt und zufrieden«. Am selben Tag schrieb Salisbury einen Brief, in dem er die Königin »zu dem glänzenden Erfolg des Jubiläums« beglückwünschte. »Es wird in die Geschichte als ein einzigartiger und unvergleichlicher Eindruck und als Zeichen für die lebendige, aufrichtige Teilnahme eingehen, die sich zwischen dem Herrscher über ein großes Reich und seinen Untertanen überall in der Welt entwickelt hat«.

Diese Worte waren im Vergleich mit anderen Schilderungen nicht übertrieben. Die Jubiläen bedeuteten eine einzigartige Werbung für England und dessen Weltreich. Für die meisten erschienen sie jedoch als ein persönlicher Triumph der Königin. Die Herrscherin schien in allen Kreisen des Volks gleichermaßen populär und beliebt zu sein. Die Kritik an ihrer Zurückgezogenheit während der ersten Jahre nach dem Tod des Prinzgemahls war verstummt. Da die Königin so selten ihren Repräsentationspflichten in London nachkam, hatte ihr Erscheinen während der Jubiläumstage Seltenheitswert.

Das hohe Alter der Monarchin und die lange Regierungszeit waren der eigentliche Grund der großen Verehrung des Volkes. Im Jubiläumsjahr 1897 war sie für fast alle, die ihr zujubelten, zum Sinnbild des Imperiums geworden; die meisten Untertanen hatten während ihrer Regierungszeit das Licht der Welt erblickt. Viele berühmte Menschen waren wie Sterne am Himmel aufgegangen und wieder verschwunden. Aber die Königin war noch am Leben, immer noch der Gegenstand begeisterter Kundgebungen. Noch jeden Tag erschienen Berichte in den Zeitungen darüber, was sie sich vornahm, wen sie im Schloß empfing. Die lange Regierungszeit war eine überaus glückliche Epoche, die sich auszeichnete durch Fortschritte auf allen Gebieten, durch mehr Demokratie, fast ungestörten Frieden, ein sich vergrößerndes Imperium und ständig steigenden Einfluß in der Welt. Auch die Mittellosen, wirtschaftlich Ungesicherten und schwer Arbeitenden, für die Aufmärsche, Festzüge und Paraden eine angenehme Abwechslung bildeten, konnten sich als Bürger eines Herrenvolks fühlen, des ungewöhnlichsten Herrenvolks seit der Zeit des Römischen Reichs. Man konnte bedenkenlos selbstbewußte Reden halten und anspruchsvolle Artikel schreiben, ohne daß man allzu übertrieben die Erfolge Englands während Viktorias Regierungszeit und die Macht des Imperiums betonte.

Aber das Volk empfand auch eine tiefe Zuneigung zu Viktoria als Menschen. Der Wert und die Bedeutung dieser Popularität wird erst verständlich, wenn man die Person Viktorias und die Gefühle, die man für sie empfand, mit den Sympathien im Volk gegenüber ihren Nachfolgern auf dem Thron vergleicht. Die fünf Nachkommen Viktorias, die im 20. Jahrhundert regierten, waren beim Volk beliebt und sind bei der Thronbesteigung, bei Krönungen und Jubiläen begeistert gefeiert worden.

Das trifft auf den Sohn Edward und den Enkel Georg zu, obwohl beide so grundverschiedene Naturen waren. Man hat hervorgehoben, daß beide typische englische Wesensart repräsentierten, obwohl jeder andere charakteristische Eigenarten besaß. Edward suchte Festlichkeit, Luxus, Tänzerinnen, Champagner. Georg V., der Pedant, verkörperte die Rechtschaffenheit im Alltag. Er liebte seine Familie und seine Briefmarken. Tiefenpsychologen reihen die beiden in ein kompliziertes Schema ein: Edward VII. lebte mehr in Vorstellungen; er war der englische Nachtmensch, der triebhafte, der schlafende und wollüstig träumende Engländer. Georg war der Tagmensch, eine Art »Super-Ich«, nur an Arbeit und Pflichten denkend. Ähnlich hat man auch deren Thronfolger charakterisiert: Edward VIII., der »Prince Charming«, launisch, noch mit 40 Jahren sportlich und jugendhaft; Georg VI., dessen fester Wille, seine Aufgaben nach der Abdankung seines Bruders gewissenhaft zu erfüllen, obwohl durch Sprachfehler und Befangenheit erschwert, die Herzen der Engländer eroberte. Und schließlich Elisabeth, junge Frau, Landesmutter, an die männliche Ritterlichkeit appellierend und die Gleichstellung der Frau fordernd, eine Reinkarnation der jungen Viktoria, der Ururgroßmutter, die noch heute in der Erinnerung des royalistischen Englands tief verwurzelt ist.

Als Viktoria im Jahre 1897 durch Londons Straßen fuhr, appellierte sie ganz anders als ihre Nachfolger an das Volk. Sie war tugendhaft wie die beiden Nachfolger Georg V. und Georg VI. Aber im Gegensatz zu allen ihren Nachkommen spiegelte sich in ihr das Alter, die Sorge und menschliches Elend wider. Auf alle, die sie sahen, muß es verwirrend gewirkt haben, daß diese dickliche alte Frau, trotz ihrer Würde ängstlich wirkend, mit müden und ausdruckslosen Augen in dem faltigen und aufgeschwemmten Gesicht, das Symbol eines Weltreichs war. Die Königin trug immer nur schwarze Trauerkleidung. Allen war bekannt, daß sie seit 40 Jahren um ihren Gatten trauerte. Das konnte man in ihren beiden im Handel erschienenen Tagebüchern nachlesen. Alle wußten, daß sie sich fürchtete, öffentlich auftreten zu müssen. Die Einsamkeit bedrückte sie. In einigen Jahren würde Königin Viktoria nicht mehr am Leben sein. Damit wäre eine Epoche beendet, die ihren Namen schon zu ihren Lebzeiten trug. Die Königin selbst, ihr Premierminister und viele andere mußten das Gefühl haben, daß sie schon jetzt eine geschichtliche Rolle spielten.

Mit den Jubiläen hatte die Königin in England die Monarchie gefestigt und Begeisterung für diese Institution erweckt. Dies erkannten alle Historiker. Vom Wirken und Ansehen Viktorias profitierten auch ihre

Nachfolger. Diese hatten zwar bei weitem nicht ihre Bedeutung, aber erfüllten doch die Voraussetzungen für ihr königliches Amt. Viktorias Vorgänger seit der Regierungszeit der großen Elisabeth dagegen waren schlechte Herrscher gewesen, von beschränktem Verstand, sittlich und moralisch heruntergekommen. Dies darf man nicht vergessen, wenn man das Lebensbild dieser ruhmreichen Herrscherin zeichnen will.

Sir Sidney Lee, der offizielle Biograph Viktorias und Edwards VII., der oft in seiner servilen Art alles in schönen Farben darstellte, schrieb, daß auf Englands Thron vor Viktoria »ein Schwachsinniger, ein Wüstling und ein Narr« gesessen habe. Der Großvater, Georg III. (1760–1820) war für seine Beschränktheit und sein despotisches Auftreten in jungen Jahren bekannt. Später bekam er Anfälle von Schwermut und verfiel 1810 dem Wahnsinn. Der Onkel, Georg IV. (Regent 1811, König 1820–1830), war wegen seiner Verschwendungssucht und seines ausschweifenden Lebens berüchtigt. Durch seine skandalumwitterte Ehescheidung von Königin Caroline machte er sich allgemein unbeliebt. Als er starb, schrieb die Times: »Nie ist eine Person von den Mitmenschen weniger betrauert worden als der verstorbene König... Sollte Georg IV. jemals einen Freund, einen wirklichen Freund, in irgendeiner Volksschicht gehabt haben, so dürfen wir behaupten, daß dessen oder deren Namen uns niemals zu Ohren gekommen ist«. Der Onkel, Wilhelm IV. (1830–1837), war ein Barbar, ein Grobian und Schreihals, wenn er getrunken hatte. Nach seinem Tod schrieb »Spectator«: »Trotz seiner Willensschwäche, seiner Beschränktheit, seiner Ungebildetheit und seines Starrsinns war Wilhelm IV. bis zuletzt ein volkstümlicher Herrscher. Doch war dies eine Popularität, die auf einer Art öffentlicher Verachtung, keinesfalls aber auf Respekt gegenüber dem Herrscher beruhte«.

Viktorias Vater, der Herzog von Kent, starb, als sie ein Jahr alt war. Sie wurde von ihrer Mutter, einer Prinzessin von Sachsen-Coburg-Gotha, verhältnismäßig einfach erzogen. Ihre beiden Onkel, beide eine Zeitlang Könige, zeigten nur geringes Interesse für das Mädchen, das ihnen auf dem Thron folgen sollte. Sie erhielt eine gute sprachliche Ausbildung und konnte sich fließend französisch und deutsch unterhalten. Auch in Gesellschaft bewegte sie sich gewandt und eignete sich gewisse Kenntnisse in Geographie, Geschichte und Politik an. Ihre Kindheit wurde stark durch Zerwürfnisse mit der Mutter getrübt, deren Freundschaft – oder vielleicht auch intimere Verbindung – mit dem Chef des Hofhaushalts zeitweise die Tochter neidisch und verbittert werden ließ. Viktorias Verzweiflung beim Tod ihrer Mutter, Jahrzehnte später, hatte wohl ihren Grund darin, daß sie Gewissensbisse empfand und Kindheitserlebnisse ihr Kummer bereiteten. Im Alter von 16 Jahren begann die junge Prinzessin, wenn auch nicht ganz regelmäßig, Tagebuch zu führen. »Ich liebe es, mich mit irgendwelchen Dingen zu beschäftigen. Ich hasse Nichtstun«, schrieb Viktoria auf den ersten Seiten. Diese Worte sind typisch für ihre Lebensführung. Sie eilte von Verpflichtung zu Verpflichtung. Sie schrieb Brief auf Brief. Auch ihre Freizeit war programmiert. Ihr Tagesablauf war mit großen und kleinen Pflichten ausgefüllt, denen sie mit großem Ehrgeiz nachkommen wollte.

Einige Monate nach ihrem 18. Geburtstag bestieg sie den Thron. Von allem Anfang an war sie selbstbewußt und selbständig. Sie weigerte sich, mit ihrer Mutter in einem Raum zu schlafen. Das war der erste Schritt zur Emanzipation. Sie neigte dazu, den Rat von Männern einzuholen, besser gesagt, einen väterlichen Rat zu suchen. Vielleicht war Leopold I. von Belgien, mit dem Viktoria bis zu dessen Tod 1865 im Briefwechsel stand, eine solche Vaterfigur. Besonders vor ihrer Heirat fragte sie immer Leopold um Rat. Der zweite väterliche Freund und Lehrer in Viktorias Leben wurde Premierminister Lord Melbourne, 58 Jahre alt, als Viktoria 1837 den Thron bestieg. Er war, zumindest dem Namen nach, Chef des liberalen Kabinetts, und hatte früher Lord Greys Kabinett angehört. Er war weltgewandt, konservativ, Skeptiker, literarisch gebildet, geistig rege, mit gebrochenem Herzen, oder wenigstens liebenswert melancholisch, nachdem seine Gattin eine Liebesaffäre mit dem großen Byron gehabt hatte. Viktoria schenkte Lord Melbourne ihr vollstes Vertrauen. Ihre Ergebenheit sah wie Verliebtheit aus. Sie diskutierten und korrespondierten über Politik, Menschen, Ereignisse und Grundsätze. Er wirkte, oft zu Scherzen aufgelegt, ein wenig erzieherisch, wenn er Ratschläge erteilte und Gerüchten entgegentrat, sie dagegen eitel, kindlich, befangen, schwärmerisch. Sie fragte ihn nach ihrer Erscheinung, war eifersüchtig auf andere Frauen, mit denen er sprach.

Als Melbourne im Frühjahr 1839 seinen Abschied einreichen mußte, war Viktoria verzweifelt. Sie hinderte den Führer der Konservativen, eine Regierung zu bilden, indem sie sich weigerte, dessen Wunsch nach Austausch von Hofdamen nachzukommen. Lord Melbourne kehrte in die Regierung zurück. Dies war Viktorias erste politische Aktion. »Es war ein Fehler«, schrieb die Königin 60 Jahre später in ihr Tagebuch über ihr Verhalten in der »Schlafzimmerfrage«.

Im Februar 1840 heiratete die zwanzigjährige Königin ihren gleichaltrigen Vetter mütterlicherseits, den Prinzen Albert von Sachsen-Coburg-Gotha. Die beiden – besonders Viktoria – waren schon vor ihrer Ehe ineinander verliebt, und ihre beinahe einundzwanzigjährige Verbindung galt als das berühmteste geschichtliche Beispiel ehrlicher Liebe und aufrichtigen Glücks. Albert war, wie Viktoria oft erklärte, ein Mann mit angenehmen Gesichtszügen und von schöner Gestalt. Er war ritterlich, freundlich, gebildet, »herzensgut«; seine unverbrüchliche Treue gründete sich auf mangelndes Interesse gegenüber anderen Frauen, vielleicht auch – das hat Viktoria niemals empfunden – auf eine gewisse Gefühlskälte. Sein großes Wissen, sein unbegrenztes Pflichtgefühl, seine Bedächtigkeit, die von vielen als Pedanterie ausgelegt wurde, machten ihn zu einer Art Vaterfigur, so daß Melbourne in Viktorias Gedankenwelt bald nur noch ein Schattendasein führte. Die Königin, die innerhalb achtzehn Jahren neun Kindern das Leben schenkte, überließ Albert immer mehr die führende Rolle in der Politik. Man hat ihm nachgesagt, daß er in seinen späteren Lebensjahren zugleich König und Premierminister war. Diese Behauptung ist stark übertrieben, aber sie ist bezeichnend für die Rolle, die er als Viktorias Gemahl spielte. Auch im Privatleben war Albert der starke Führer, Viktoria dagegen biegsam wie eine Weidenrute, die sich an Albert mit einer beinahe leidenschaftlichen Zärtlichkeit anzuschmiegen verstand. Albert war der Geliebte, der Gatte, sowohl Vater als auch Mutter, wie sich Viktoria in der ihr eigenen Redeweise ausdrückte.

Ende des Jahres 1861 starb der Prinzgemahl. Vierzig Jahre lang, fast die Hälfte ihres Lebens, verbrachte die Königin in Einsamkeit, das heißt, daß niemals jemand ihr zur Seite stand, um sie zu beraten, ihr zu helfen. Der älteste Sohn Edward war ihr durch seine Lässigkeit und sein leichtsinniges Leben fremd geworden. Sie hielt ihn systematisch von ihrem privaten und politischen Leben fern. Ihre älteste Tochter, die ihr sehr nahe stand, hatte sich schon einige Jahre vor Alberts Tod mit dem Prinzen Friedrich von Preußen vermählt. Viktorias offizielle »Ratgeber«, die Premierminister, wechselten sich in rascher Folge ab. Oft waren sie ihr verhaßt, oft wiederum verdiente Vertrauenspersonen; in einem Fall – Disraeli – war es ein Freund, eine gealterte und verblaßte Kopie ihres väterlichen Gemahls. Als Witwe lebte Viktoria viele Jahre streng zurückgezogen, weit weg von London, oft auf Schloß

Balmoral in Schottland. Auch nachdem sie dieses isolierte Leben aufgegeben hatte, trat sie selten öffentlich auf, nahm kaum am gesellschaftlichen Leben der Hauptstadt teil. Während dieser langen Zeit der Einsamkeit wurde sie zu einer legendären Gestalt. Sie galt als Symbol Englands, des englischen Imperiums, der Pflichterfüllung, der Beherrschung in kummervollen Zeiten, der weiblichen Klugheit und der mütterlichen Güte. Sie war die älteste Königin der Welt. Ihre Kinder, Enkel und Urenkel hatten überall in Europas Königshäuser eingeheiratet. Ihre Sagengestalt, von Monarchen und Staatsmännern beschrieben, in Biographien und Romanen oft nicht wahrheitsgetreu geschildert, war nach ihrem Tod von einem Dschungel von wahren, falschen, verzerrten und idealisierten Vorstellungen umgeben. Noch heute sucht man nach der »wirklichen Viktoria«.

Die letzte Ausgabe einer Sammlung Briefe der Königin Viktoria erschien im Jahr 1964. Sie enthält ungefähr ein Drittel aller Briefe an ihre Tochter Viktoria – die im Januar 1858 Prinz Friedrich von Preußen geheiratet hatte – aus den Jahren 1858–1861, ferner einige Briefe von der Tochter an die Mutter. Die Sammlung umfaßt gute 350 ziemlich große Druckseiten (100000 Worte). Der Herausgeber der Sammlung, Roger Fulford, berichtet, daß der Briefwechsel zwischen Mutter und Tochter mit demselben Eifer bis zum Tod der Königin, also 43 Jahre lang, fortgesetzt wurde. Die Königin schrieb mindestens zweimal in der Woche. Für die Briefe an die Tochter waren also jährlich 250–300 Druckseiten notwendig; dies ergibt insgesamt 10000 Seiten. Es steht absolut fest, daß der Briefwechsel der Königin noch viel umfangreicher war. Sie müßte jährlich wenigstens einige tausend Seiten und insgesamt viele zehntausend Seiten Briefe geschrieben haben. Es gibt sicherlich nicht viele Parallelen zu solcher Schreibfreudigkeit.

Briefeschreiben war die wichtigste Beschäftigung Viktorias. Das kam einmal daher, daß sie überall im Ausland Verwandte und Freunde besaß, und zum anderen, daß sie über längere Zeiträume außerhalb Londons bzw. in der Nähe Londons wohnte, meist in den Schlössern Osborne und Balmoral. Viktoria schrieb deshalb soviel, weil sie ein starkes Bedürfnis empfand, sich mitzuteilen. Und das geschah am besten in Briefen. Es fiel ihr mit den Jahren immer schwerer zu sprechen – oder gar längere Zeit zu diskutieren. So schrieb sie ihre Befehle und Wünsche an ihre Sekretäre und Hofdamen in Briefen nieder. Es ist ganz unwahrscheinlich, daß alle diese Briefe oder auch nur ein großer Teil davon veröffentlicht wurden. Die wertvollste Sammlung ist die offizielle in drei Folgen zu je drei Bänden zwischen 1907 und 1932 erschienene Ausgabe, die fast 7000 Seiten umfaßt. Darin enthalten sind auch eine Reihe Tagebuchaufzeichnungen, sowie Briefe des Sekretärs der Königin (meist in ihrem Auftrag geschrieben) und Briefe an die Königin und deren Sekretär. Außerdem wurde eine Reihe Briefe vom Königshof in besonderen Bänden und in Biographien veröffentlicht. Die Königin selbst hat zwei Serien von Tagebuchaufzeichnungen, aus dem schottischen Hochlandsaufenthalt stammend, herausgegeben (1865 und 1884).

Verhältnismäßig wenige Briefe hat Viktoria an Prinz Albert geschrieben. Nach ihrer Heirat waren sie immer nur ganz kurze Zeit voneinander getrennt. Großen Umfang hat die Korrespondenz mit ihrem Onkel Leopold I., dem König von Belgien, und mit der Tochter Viktoria, die im Jahre 1858 begann. Zahlreiche Briefe liegen vor, die die Königin an Verwandte und natürlich auch an führende Politiker geschrieben hat. Diese sind in einer besonders umfangreichen Sammlung enthalten. Die Königin schrieb schnell, ohne zu ändern oder auszustreichen. Aber ihre Schrift war schwer zu entziffern. Ihr Eifer zu schreiben drückt sich oft in einem unbeholfenen Stil aus. Sie verwendet viele Gedankenstriche und Parenthesen. Ihre Formulierungen grenzen oft an Unverständlichkeit. Daß Viktoria so oft die Wörter ein-, zwei- oder dreimal unterstrich, hat dem Herausgeber ihrer Briefe viel Kummer bereitet. Oft wurden sie in Briefen oder Biographien gar nicht originalgetreu wiedergegeben. In zahlreichen Fällen wurden die hervorgehobenen Wörter in Kursivschrift gesetzt, wenn dies notwendig erschien, um den Zusammenhang zu verstehen.

Als die berühmteste Biographie über die Königin gilt auch heute noch die von Strachey aus dem Jahr 1921. Sie wurde mit einer außergewöhnlichen Genauigkeit und Finesse geschrieben, mit einer Mischung von Ironie und Zärtlichkeit, mit einer selbstverständlichen Überlegenheit, die manchmal irritierend wirken kann. Die letzte große Biographie hat Elizabeth Longford (vordem Lady Pakenham) geschrieben, die durch ihre ausgezeichnete Arbeit über »Jameson's Raid« bekannt geworden ist. Lady Longfords Biographie geht auf Einzelheiten ein, wirkt ausgeglichen, bekundet viel Sympathie für die Königin. Ihre Analysen und Betrachtungen lassen manchmal die nötige Klarheit vermissen. Eine weitere, noch umfangreichere Biographie wird von einer ebenso berühmten Historikerin vorbereitet, von Mrs. Cecil Woodham-Smith,

Verfasserin z.B. der hervorragenden Schilderung des Angriffs der Leichten Brigade bei Balaklava (»The Reason Why«).
Auch auf Schwedisch sind verschiedene Werke über Viktoria und ihre Zeit erschienen. Georg Andrén hat das Thema »Der Parlamentarismus und die Parteien in England 1846–1852« behandelt (1929). Dies ist wohl das gründlichste und eindringlichste Werk, das über die politische Entwicklung während des 19. Jahrhunderts geschrieben worden ist. Knut Hagberg hat dieses Zeitalter in einer bedeutenden Abhandlung »Viktoria, die Königin von England« geschildert. Das Buch geht ausführlich auf Fragen ein, die bisher nur flüchtig berührt worden sind, so z.B. das Verhältnis Viktorias zu Melbourne und Disraeli.

Der Mensch

Viktoria warb um Albert am 15. Oktober 1839. Sie heirateten am 10. Februar 1840. Der Briefwechsel zwischen den Verlobten, sowie deren Briefwechsel mit dem nahe verwandten König Leopold von Belgien ist deshalb von so großem Interesse, weil aus ihm hervorgeht, wie verschieden die Gefühle und das Verhältnis der Königin zu Albert vor und nach der Vermählung waren. Als Braut war Viktoria sehr verliebt und pries die physischen, moralischen und geistigen Eigenschaften des Bräutigams in höchsten Tönen. Doch sprach aus ihren Briefen auch ein gewisses Selbstbewußtsein und eine Überlegenheit, aus denen man schließen konnte, daß sie, die Königin, Herrscherin bleiben wollte, während Albert, ihr Gemahl, keinerlei Rechte und Pflichten als Monarch besitzen sollte. Sie war überzeugt, daß Albert dieses »Opfer« bringen würde. Man sagt, daß Albert auf Leopolds Rat hin den Wunsch aussprach, nach der Vermählung eine Peerswürde zu erhalten. Viktoria antwortete darauf, daß dies nicht möglich sei. »Die Engländer sind sehr mißtrauisch gegenüber jedem Ausländer, der sich in Staatsgeschäfte einzumischen versucht. Sie haben bereits in einer Reihe von Zeitungsartikeln die Hoffnung zum Ausdruck gebracht, daß Du Dich nicht einschalten würdest. Ich weiß, daß Du das niemals machtest. Aber wenn man Dich zum Peer erhöbe, würden alle sagen, der Prinz wolle in der Politik eine Rolle spielen« (27. November 1839). Als Albert darum bat, an der Auswahl seiner

Hofleute mitwirken zu dürfen, lehnte Viktoria selbst das entschieden ab. Auch könnten die Ernennungen nicht bis zur Ankunft des Prinzen in England aufgeschoben werden. »Was Deinen Wunsch wegen der Hofherren betrifft, mein lieber Albert, muß ich Dir aufrichtig gestehen, daß sich das nicht arrangieren läßt. Aber Du kannst mir ganz vertrauen, daß Dein Gefolge aus netten Menschen von hohem Ansehen und mit gutem Charakter bestehen wird« (8. Dezember 1839). »Es geht auch nicht, daß ich mit der Ernennung warte, bis Du kommst. Ich bin traurig, Dir Dinge schreiben zu müssen, die Du nicht magst. Aber ich muß es tun, mein liebster, geschätzter Albert« (23. Dezember 1839). Als Albert das Hochzeitsprogramm abändern wollte, um längere Flitterwochen damit durchzusetzen (es reichte nur zu ein paar Tagen in Windsor), wies Viktoria ihn abermals zurecht: »Lieber Albert, Du verstehst das alles nicht. Du vergißt, Liebster, daß ich die Herrscherin bin, so daß es unmöglich ist, meine Arbeit ohne Grund einzustellen oder aufzuschieben. Das Parlament tagt, und beinahe jeden Tag kann etwas eintreten, wo ich dabei sein muß. Ich kann auch nicht von London weg. Deshalb sind schon zwei oder drei Tage Abwesenheit eine lange Zeit« (31. Januar 1840). Die letzten Zeilen sind ganz sicher ein deutliches Zeichen der Ehrlichkeit oder der Unerfahrenheit der Königin in Regierungsgeschäften. Sie wußte »von allem nichts«.

Unmittelbar nach der Hochzeit schlug Viktoria einen anderen Ton an. Die Verliebtheit schien sich sofort zu einer Liebe, zu einer echten »weiblichen« Zuneigung entwickelt zu haben, die aufopfernd und ganz darauf gerichtet war, den Mann glücklich zu machen. Auch nach ihrer Hochzeit blieb Viktoria immer noch gleich wendig, offenherzig und tüchtig; denn schon am Tag danach teilte sie König Leopold in einem Brief mit, wie glücklich sie sei. »Ich schreibe an Dich hier von Windsor aus. Ich bin das glücklichste Wesen, das es je gegeben hat. Ja, ich kann es wirklich nicht glauben, daß es jemand auf der Welt geben sollte, der glücklicher als ich oder ebenso glücklich wie ich wäre. Er ist ein Engel. Seine Freundlichkeit, seine Ergebenheit mir gegenüber ist rührend. In seine lieben Augen zu sehen, dieses liebe sonnige Gesicht zu betrachten, ist genug, um ihn anzubeten«. (Kann ein solcher Brief am Tag nach der Hochzeit geschrieben worden sein? Erklären läßt sich dies vielleicht damit, daß die Ehe noch nicht ganz verwirklicht worden ist.) Dieser Stil einer Liebenden ist auch in den folgenden Jahren typisch für alle Briefe an und über Albert. Ihr Mann ist »der

Engel«, »mein Geliebter«, »der beste Mensch auf der Welt«, »mein Herr und Meister«.

So nannte sie Albert immer häufiger. Doch verging eine geraume Zeit, bis sie in ihm den »Herrn und Meister« sah. In Briefen, die noch ein gutes Jahr nach der Hochzeit geschrieben worden sind, wird Albert bewundert, als Gatte, als Geliebter, aber nicht als heimlicher »Mitregent«. »Mein liebster Engel ist wirklich ein großer Trost für mich«, heißt es in einem Brief an Leopold vom 18. Mai 1841. »Er nimmt mit großem Interesse an allem teil, fühlt mit mir und für mich, und vermeidet, wie es sich ziemt, auf mich in irgendeiner Weise einzuwirken, obwohl wir oft über Probleme sprechen. Seine Ansichten sind gut und verträglich.« Nach und nach wurde Albert die Hauptperson, der Partner, der ganz selbstverständlich bestimmte. Die Königin wurde sein Sekretär und – wenn es notwendig erschien – sein Botschafter, sein Sprachrohr gegenüber den Politikern. Einige Jahre vor Alberts Tod erschien es dann ganz natürlich, daß die älteste Tochter Viktoria, Kronprinzessin von Preußen, an dic Mutter schrieb, wenn es sich um persönliche, an den Vater, wenn es sich um politische Dinge handelte, – der aber nicht alle Briefe der Tochter seiner Gattin gezeigt zu haben scheint.

Diese Wandlung bis in alle Einzelheiten zu verfolgen, ist kaum möglich. Sie ging ganz unbemerkt vor sich. Die Königin fand die Einsicht und das Urteil ihres Mannes achtunggebietend. Er besprach alle Fragen mit ihr, entwickelte dabei ein viel größeres Geschick zu analysieren, zu deduzieren. Er korrigierte sie und gab ihr schließlich ganz selbstverständlich richtungweisende Ratschläge, wie sie sich zu verhalten habe. Auch die Gewohnheiten der Königin, wenn sie sich öffentlich oder in privatem Kreis zeigte, änderten sich. Natürlich hatte der Prinz darauf Einfluß. Sie trat ernster, würdiger, weniger impulsiv und heftig auf. Sie ließ sich nicht dazu verleiten, laut und töricht zu lachen; sie ließ sich nicht mehr reizen.

Das Verhältnis Viktorias zu Albert wird im folgenden von verschiedenen Seiten beleuchtet. Dazu ein paar wesentliche Stellen aus Viktorias Briefen. Am 9. Februar 1857 schrieb sie an König Leopold: »Morgen ist der 18. Jahrestag unserer gesegneten Ehe, die diesem Land und Europa soviel Nutzen gebracht hat. Was hat nicht alles mein geliebter und vollkommener Albert vollbracht! Die Monarchie hat er in diesem Land zu höchstem Ansehen gebracht und sie populärer gemacht, als sie es je gewesen ist!« Als Albert starb, hat sie in unzähligen Briefen ihre Verzweiflung zum Ausdruck gebracht, und ihren Willen, so zu handeln, wie Albert es gewünscht hätte. Bezeichnend sind einige Zeilen aus Briefen an König Leopold: »Mein Leben als glücklicher Mensch ist zu Ende, ja, die Welt ist für mich am Ende! Wenn ich doch weiterleben muß, so ist es um unserer vaterlosen Kinder willen, um meines unglücklichen Landes willen, das alles verloren hat, da es ihn verlor, und um Alberts willen, damit ich seinen Willen erfüllen kann; denn ich weiß und fühle, was er im Sinne hatte; denn er ist mir nahe; sein guter Geist wird mich leiten und erfüllen ... All das muß zu seinem Besten geschehen sein! Sein Edelmut war zu groß, sein Streben zu hoch für diese elende Welt! Sein Geist lebt nunmehr in der Welt, die er verdient« (20. Dezember 1861). »Ich kann nicht oft genug wiederholen, daß es mein fester Entschluß, mein unwiderruflicher Vorsatz ist, daß seine Wünsche, seine Pläne, alle seine Meinungen für mich Gesetz sind. Und keine menschliche Macht wird mich davon abbringen ... Ich bin auch fest entschlossen, daß keiner meiner Untertanen, mag er noch so gut und aufopfernd sein, mich leiten oder führen oder mir Vorschriften machen darf. Ich weiß, daß Albert das mißbilligt hätte. Ich werde weiter mit ihm und für ihn leben. In Wirklichkeit bin ich ja nur äußerlich von ihm getrennt, und dies nur für eine kurze Zeit« (24. Dezember 1861).

Die Gefühle der Königin nahmen Formen an, die sich für ihre Zeit sonderbar und für die heutige Zeit phantastisch ausnehmen. Alberts Schlafzimmer in Windsor blieb unverändert, seine Bettücher und Handtücher wurden wie ehedem ausgewechselt. Jeden Abend wurde warmes Wasser in sein Zimmer gestellt. Alles, was an Albert erinnerte, Bilder, Kleidung, Möbel durften nicht berührt werden. Manchmal bekam Viktoria Gewissensbisse, daß mit der Zeit ihre Trauer nachließe. Im allgemeinen aber scheint sie ohne Schwierigkeit ihrem Ideal einer trauernden Gattin nahegekommen zu sein.

In Briefen an die älteste Tochter treten mit ungewöhnlicher Klarheit die Eigenschaften der Königin hervor, die sie besonders auszeichneten, die ihr soviel Sympathie eintrugen: Lebhaftigkeit, Ungezwungenheit, Natürlichkeit. Der Briefwechsel mit der Mutter bereitete der jungen Viktoria so viel Freude, weil »er so natürlich war. Es war gerade so, als dächte man laut«.

Am besten wird die Tatkraft der Königin durch ihr Eingehen auf alle Einzelheiten verschiedenster Art, durch die vielen Ratschläge charakterisiert, die sie der Tochter in kleinen und großen Dingen gab.

Immer wurden sie mit der gleichen Energie, dem gleichen Nachdruck erteilt. Das kann wieder mit ein paar ausführlichen Zitaten belegt werden. Die unerhörte Gründlichkeit in allen Dingen kennzeichnen am besten das große Interesse, mit dem die Königin auf alle Fragen einging. Am 6. Februar 1858, zwölf Tage nach der Hochzeit der ältesten Tochter, vier Tage nach deren Abreise nach Deutschland, schreibt sie ihr: »Mach Dir keine Mühe, große Ereignisse zu schildern! Überlasse dies Jane C. und Lord Sidney (Mitglieder des Hofs) und den Zeitungen. Schreib mir von Deinen Gefühlen, den Eindrükken, die Menschen und Ereignisse und kleine häusliche Arbeiten auf Dich machen.

1) Welche Kleidung, welchen Hut hast Du bei der Ankunft auf dem Kontinent getragen und welchen Hut an den beiden nächsten Tagen? 2) Was für Zimmer hast Du in Köln und Magdeburg bewohnt? 3) Hast Du in Köln mit Deinem Gefolge zu Mittag und in Magdeburg zu Abend gegessen? 4) Welchen Mantel hast Du auf der Reise getragen? Und hast Du Skizzen gemacht? 5) Wie schmeckt Dir das deutsche Essen? Und wie ertragen Deine Mädchen all dies?« Am 7. Februar schrieb Viktoria: »Nachdem Du Dich in Deinem neuen Heim eingerichtet hast, mußt Du versuchen, alle meine Fragen zu beantworten, auf alles einzugehen, was ich aufgreife. Anders kann man unsere bisherigen Gespräche nicht ersetzen. Bitte Jane C., alles über Deine Zimmer zu schreiben, über die Eisenbahnwagen usw. Gab es darin einen kleinen Raum? [Das ist scheinbar eine Umschreibung für »Toilette«]. Und – Du hältst mich wohl für ebenso schwierig wie Leopold B. [den für seine Neugier bekannten belgischen Kronprinzen] – waren Eure Räume [es dreht sich immer noch um Toiletten] auf der Reise und in Potsdam nach englischen Gebräuchen eingerichtet? Jetzt sehe ich in der Zeitung, daß Du zum Konzert in Köln ein grünes Kostüm getragen hast. War es das mit den schwarzen Spitzen?...« So hagelt es Fragen in jedem Brief, auf jeder Seite. Die Prinzessin soll berichten, wie die Möbel gestellt sind, wie die Dienstmädchen heißen, was für Essen zu den Empfängen aufgetragen wurde, wann sie aufsteht, wann sie zu Bett geht. Die Fragen wechseln sich mit Ratschlägen ab. Die Prinzessin soll vernünftig essen, nicht zuviel Wein trinken – sonst würde sie fett und rot im Gesicht –, regelmäßig zum Zahnarzt gehen, beim Nähen und Lernen nicht vornübergebeugt sitzen, vor allem für frische Luft und mäßige Wärme in den Zimmern sorgen. Aber in den Briefen werden nicht nur solche Einzelheiten erwähnt. Es werden auch Betrachtungen

über das Leben der Königin angestellt, Ausführungen über die Familie, Kindererziehung, Erfahrungen in der Ehe gemacht. Aktuelle politische Probleme werden zur Diskussion gestellt, besser gesagt, sie sind Anlaß zu Gefühlsausbrüchen. Allen Briefen gemeinsam ist die Wißbegierde, die Unmittelbarkeit, das Ungekünstelte. Man meint, dem Wissensdurst der Königin folgen zu können. Nichts wird von ihr beiseite geschoben oder verheimlicht. Der wesentliche Charakterzug Viktorias, schreibt Lytton Strachey, war eine einmalige Ehrlichkeit und Aufrichtigkeit (sincerity). »Ihre Objektivität, ihre Befangenheit, ihre Begeisterung, ihre aufrichtige Art, ihre Gefühle auszudrücken, waren Nebenerscheinungen dieser bemerkenswerten Eigenschaft. Weil Viktoria so durch und durch ehrlich war, genoß sie so hohes Ansehen, wirkte sie so charmant, fand man sich mit ihrer widersprüchlichen Natur ab.«

Man muß hier vielleicht hinzufügen, daß diese Art von Ehrlichkeit einen gewissen Instinkt, eine gewisse Unberechenbarkeit oder Oberflächlichkeit voraussetzt. Die Königin überlegte nicht lange, was sie sagen oder schreiben sollte. Sie ließ sich von Stimmungen und Gefühlen leiten, die wohl für den Augenblick starken Eindruck machten, auf die Dauer gesehen aber nur eine schwache Wirkung hatten. (Was allerdings nicht ausschließt, daß Viktoria auch Gefühle beherrschten, die lange in ihr nachwirkten). Sie gab sich rückhaltlos der augenblicklichen Stimmung hin. Je älter sie wurde, je mehr Ansehen sie genoß – nach Alberts Tod übte niemand mehr Kritik an ihr –, desto mehr erhielt Viktorias Ehrlichkeit und Offenheit einen Anstrich von Nonchalance und Unberechenbarkeit. Ihre Stellung, ihre Autorität gestatteten es ihr, aufrichtig bis zur Taktlosigkeit zu sein.

Die Briefe der Königin an die junge Prinzessin geben oft den besten Aufschluß über Viktorias Charakter. Das trifft ganz besonders zu auf ihre Bemerkungen über Gefühle und Vorurteile inbezug auf Liebe und Geschlechtsleben. Sie hängen eng zusammen, und doch weichen sie ab von ihren politisch-moralischen Vorstellungen über diese Dinge.

Ihre Liebe zu ihrem Gatten während der letzten Jahre ihrer Ehe – also 20 Jahre nach der Vermählung – schlug sich in ihren Briefen nieder. Sie strahlen Wärme und inneres Glück aus. Wenn die Tochter ihren Gatten lobt, so antwortet die Königin in der ihr eigenen eifersüchtigen Weise, solche Gefühle habe sie immer für ihren Mann gehegt, und sicherlich könne kein anderer charakterlich ihn übertreffen.

Am 9. Juni 1858 schrieb sie: »Ich kann nie glauben oder zugeben, daß irgendein anderer Mensch vom Schicksal so gesegnet worden ist wie ich, mit einem solchen Mann, einem solch vollkommenen Mann. Papa war für mich alles, ist es auch heute noch. Meine Kindheit ist sehr unglücklich gewesen! Ich hatte niemand, auf den sich meine starken Gefühle hätten konzentrieren können. Ich hatte weder Brüder noch Schwestern. Ich habe nie einen Vater gehabt. Diese unglücklichen Verhältnisse waren daran schuld, daß ich meiner Mutter gegenüber keine Freundschaft und kein Vertrauen empfand (nicht so wie zwischen Dir und mir), obwohl ich sie jetzt so gern habe. Ich wußte als Kind nicht, was ein glückliches Familienleben bedeutete. All das steht im krassen Gegensatz zu Deiner glücklichen Kindheit und der Umgebung, in der Du aufgewachsen bist. Deshalb bin ich unserem lieben Papa so dankbar für alles. Er war für mich alles, mein Vater, mein Beschützer, mein Führer, mein Ratgeber in allen Dingen, ich möchte fast sagen, er war mir Mutter und Mann zugleich. Nichts kann sich so sehr verändert haben wie ich mich, dank dem wunderbaren Einfluß unseres lieben Papas. Sein Verhältnis zu mir ist von einer ganz besonderen Art. Ich bin wie gelähmt, wenn er nicht bei mir ist«.
Trotz diesem starken Gefühl der Zusammengehörigkeit mit Prinz Albert kann Viktoria ihn ab und zu kritisieren, wenn sie ihrer Tochter schreibt. Auch hier kann man sich des Eindrucks nicht erwehren, daß Viktoria eifersüchtig ist. Sie scheint leicht irritiert zu sein, wenn ihre Tochter den Vater allzu sehr bewundert. Für sie sehen alle intelligenten Männer mit einer gewissen Geringschätzung auf »unser gedemütigtes Geschlecht« herab. »Man muß wohl zugeben, daß wir armen Wesen nur zum Vergnügen und zur Freude des Mannes geboren sind, daß wir endlose Leiden und Prüfungen durchmachen müssen.« Das galt auch für Albert. »Er lacht so viele Frauen aus, hält sie zum Narren, obwohl er es nicht liebt, wenn Männer es an Hingabe, Aufmerksamkeit und Gefühl für Ritterlichkeit fehlen lassen...« (10. August 1859). »Du schreibst, daß niemand vollkommen ist, nur Papa. Aber auch er hat seine Fehler. Er ist oft sehr schwierig – in seiner Hast und seiner übertriebenen Geschäftigkeit. Ich glaube, Dir würde es sehr zuwider sein, wenn Fritz auch so kurz angebunden und brummig wäre, wie Papa es manchmal ist, wenn es auch schnell vorübergeht und ohne Absicht geschieht« (1. Oktober 1861).
Viktoria schrieb auch verhältnismäßig freimütig, wenn sie vom Eheleben erzählte. Es wird deutlich, daß die Hochzeitsnacht für sie, ein

unerfahrenes Mädchen, ein gewaltiger Schock war. Das ständige Kinderkriegen belastete sie sehr. Zwischen den Zeilen kann man lesen, daß die Schwangerschaft für sie eine unvermeidliche Folge des Beischlafs war, und daß sie keinen Unterschied zwischen der Unannehmlichkeit der Schwangerschaft und dem Glückgefühl der körperlichen Liebe machen konnte, wenn diese überhaupt für sie ein angenehmes Erlebnis war. Als ihre Tochter heiraten sollte, äußerte sie Albert gegenüber, daß es ihr vorkäme, als müßte ein armes Lamm geopfert werden (20. April 1859). »Ich weiß, daß Gott es so gewollt hat, daß uns Frauen diese Prüfungen nicht erspart bleiben. Kein Vater, kein Mann kann das nachfühlen.« Immer wieder erwähnte die Königin, daß es wunderbar gewesen wäre, mit dem Gatten ein oder zwei Jahre ohne Kinder zu leben. Sie zählte auf, was die Schwangerschaft mit sich bringt: Übelkeit, Schamgefühl, Schlappheit. »Das erste Kind zu kriegen, traf mich wie ein Schlag und stand im Widerstreit meines Gefühls für Anständigkeit (den Schock, Gott sei's geklagt, bekam ich schon, als ich heiratete)«. Viktoria beklagte in höchsten Tönen, daß ihre Tochter schon nach gut einem Jahr ihr erstes Kind bekam (27. Januar 1859). »Es ist ein zu hartes und trauriges Los, das uns widerfährt. Die Männer sollten uns dafür auf Händen tragen und alles tun, um uns das Leben zu erleichtern; denn sie allein tragen die Schuld an dieser sozusagen schlechten Ordnung. Aber wir müssen alles ruhig und geduldig über uns ergehen lassen und einsehen, daß wir nichts dagegen tun können. Wir sollten es deshalb vergessen. Je mehr wir reinen und demütigen Sinns bleiben, um so leichter kommen wir darüber hinweg. Ich denke über diese Dinge wie ein junges Mädchen. Aber nachdem ich eine erwachsene verheiratete Tochter und andere junge Verwandte habe, die verheiratet sind, muß ich den Tatsachen ins Auge sehen und über manche Dinge sprechen, die ich hasse – aber an denen ich nicht vorübergehen kann«. Oft klagte Viktoria darüber, wie »wenig beneidenswert« die Stellung der Frau in dieser Hinsicht sei. Aus ihren Zitaten könnte man eine kleine Anklageschrift gegen den Mann und die Natur zusammenstellen – auch gegen Gott, der jedoch nie ohne Respekt vor seiner liebevoll alles ordnenden Hand erwähnt wird …

Alles das klingt vollendet viktorianisch. Anders verhält es sich mit den erotischen Erlebnissen der Königin. Darüber muß hier ganz allgemein gesprochen werden. In älteren Abhandlungen wird dieses Thema nicht berührt. Nicht einmal Strachey geht darauf ein. Vor

1930 schien man – den Eindruck bekommt man bei der Lektüre – ganz einfach behauptet zu haben, daß sie eine echte Viktorianerin, mit anderen Worten, frigid gewesen sei. Später hat sich, besonders bei Gesprächen unter Historikern, eine ganz entgegengesetzte Auffassung durchgesetzt. Man sah in Viktoria ein triebhaftes Wesen, verglich sie mit einer Nymphomanin. Sie hätte in dieser Beziehung große Ansprüche an Albert gestellt. Ja, es wurde angedeutet, sie hätte ihn sexuell überfordert. Diese Gerüchte und Andeutungen, die Viktoria mit Ninon de l'Enclos oder Katharina der Großen und deren legendärem Sexualleben verglichen, schienen damit erklärt werden zu können, daß neue Anschauungen aktuell wurden, daß man neue geschichtliche Quellen entdeckte.
Der Versuch, das Liebes- und Sexualleben der Königin Viktoria zu deuten, wurde ausgelöst durch den Wunsch, hinter der viktorianischen Fassade eine in unsere Zeit passende Auffassung über menschliches Verhalten zu sehen.
Man hat in Viktoria eine stark sinnliche Persönlichkeit vermutet. Diese neue Darstellung des Charakters Viktorias – mehr darüber in einem späteren Kapitel – wurde untermauert durch das Gerede von der Beziehung der Königin zu ihrem Diener John Brown nach Alberts Tod. Andererseits haben auch seriöse Biographen, indem sie diese sensationslüsternen Gerüchte diskret kritisierten, die Annahme verstärkt, daß die Königin zwar nicht frigide gewesen sei, doch sexuell wenig Interesse bekundet habe. Sie war, wie Lady Longford schreibt, »passioniert«, heißblütig, aber doch nicht im erotischen Sinn. Jedenfalls sei Viktoria nicht wie Georg IV. »von der Todsünde der Wollust besessen« gewesen.
Zur Zeit ist es unmöglich, diese Frage endgültig zu beantworten. Alles, was bisher über Viktoria bekannt geworden ist, spricht dafür, daß die Königin ein Leben führte, das auch die Viktorianer, die sich nicht so strikt nach den Gepflogenheiten der Zeit richteten, für anständig hielten. Man könnte es eine »erotisch glückliche Monogamie« nennen. Die qualvolle Hochzeitsnacht und die anstrengenden Schwangerschaften sprechen nicht gegen diese Auffassung. Andererseits kann man sich die Inbrunst, mit der sie ihren Mann liebte, absolut nicht ohne erotische Befriedigung vorstellen. Es ist möglich, daß Albert weniger sinnlich als Viktoria war – daß er anderen Frauen gegenüber nicht so leidenschaftlich war wie gegenüber der Königin, scheint ganz sicher zu sein. Und die Anekdoten, die berichten, daß Viktoria

ihren Mann förmlich zum Beischlaf drängte, beruhen vielleicht auf dem berüchtigten Hofklatsch.

Daß die Königin ein Kind ihrer Zeit, also eine echte Viktorianierin in Worten und Taten war, dafür liefern ihre Briefe an die Tochter viele Beweise. Vielleicht war die Königin eine vollkommenere Viktorianerin in ihrer Abneigung gegen Sex als jene, denen der Viktorianismus als höchstes Ideal vorschwebte. Sie verabscheute Gespräche, die die körperliche Liebe betrafen; sie sah sogar kleine Kinder als etwas Abnormes und Tierisches an; mit ihren »froschähnlichen« Bewegungen seien sie etwas Häßliches. »Wenn Du, Liebling, behauptest, daß es wunderbar sei, einer unsterblichen Seele Leben zu schenken, so kann ich Dir nicht folgen«, schrieb sie am 15. Juni 1858, als feststand, daß die junge Viktoria schwanger war. »Bei solchen Gelegenheiten meine ich, daß wir eher einer Kuh oder einem Hund ähnlich sind, wenn unsere bedauernswerte Natur so tierisch und seelenlos wird ... Vor allem, Liebling, vergiß nicht, daß Du nie Deine Scheu anderen gegenüber aufgibst, ohne prüde zu sein; wenn Du auch verheiratet bist, brauchst Du Dich nicht als eine Matrone zu fühlen, der man alles an den Kopf werfen kann und die selbst alles mögliche schwätzt. Ich bin in dieser Beziehung immer sehr anspruchsvoll gewesen, bin es heute noch in hohem Maß. Die intimen Gespräche anderer verheirateter Frauen schockieren mich ... Ich meine wirklich, daß die Frauen, die immer wieder schwanger sind, abstoßend wirken; sie ähneln eher einem Kaninchen oder einem Meerschweinchen als etwas anderem. Das ist tatsächlich ›not very nice‹« (15. Juni 1860). Sie ist entsetzt darüber, daß während Prinzessin Viktorias erster Schwangerschaft eine Dame aus der Verwandtschaft, die Prinzessin von Leiningen, »Papa gefragt hat, ob Du Dich oft unwohl fühlst. Ich würde doch kaum mit einem Mann über solche Dinge sprechen. Und dann hat sie auch so komisch über Ammen gesprochen« (10. November 1858).

Ab und zu empfand Viktoria – besonders wenn von sexuellen Dingen, aber auch anderen Problemen die Rede war – eine gewisse Abneigung gegen das Leben. Diese finden wir auch bei anderen Menschen der viktorianischen Zeit. Man vermutet, daß jene Abneigung nach Alberts Tod noch zugenommen hat. Vielleicht ist dies ein Grund – neben Trauer und Einsamkeit –, daß sie so interesselos und streng erschien. Heikle Dinge natürlich auszudrücken, vermochte sie nicht.

Ein immer wiederkehrendes Thema in den Briefen an die Tochter ist die Kritik an dem ältesten Sohn, Edward, Prince of Wales. »Ich bin vollkommen verzweifelt! Dieser konsequente Schlendrian, diese Trägheit und Gleichgültigkeit gegenüber allen Dingen regt mich auf und wird mir noch das Herz brechen« (8. März 1858). »Armer Bertie! Er macht mich sehr nervös. Er besitzt nicht den geringsten Ehrgeiz nachzudenken. Er hat nur Interesse, sich gut zu kleiden. Er zeigt nicht die geringste Energie, etwas zu lernen. Im Gegenteil! Er hält sich die Ohren zu, wenn man wichtige Fragen bespricht« (17. November 1858). Ab und zu haben die Briefe der Königin einen freundlichen und optimistischen Ton. Aber gewöhnlich beklagte sie sich über die Schlappheit, Unerfahrenheit und das mangelnde Interesse des Sohns. Ungern schrieb Viktoria über das Aussehen Edwards. Er glich ihr darin wohl allzusehr. Inwieweit Viktorias beinahe häßliches Bild von ihrem Sohn – obwohl man hinter der Bitterkeit oft auch ein Gefühl des Mitleids entdecken konnte – der Wahrheit entsprach, darauf kann man hier nicht näher eingehen. Die meisten Autoren, u. a. besonders Edwards letzter Biograph Philip Magnus, behaupten, daß die strenge Erziehung des Thronerben dessen Entwicklung stark behindert habe und viel mit an dem labilen Charakter des Sohns schuld sei. Man hat aber auch dessen gute Eigenschaften hervorgehoben, sein Interesse an Mitmenschen, die Fähigkeit, mit diesen umzugehen, sein Verhandlungsgeschick. Aber die Eltern wußten diese Charaktereigenschaft nicht richtig zu schätzen. Arthur Ponsonby hat in einem Buch über seinen Vater Henry, den Sekretär der Königin, dieselbe Ansicht wie Edwards Eltern zum Ausdruck gebracht. Edward sei ein charmanter Gesellschafter gewesen, aber »es steckt nichts dahinter«. »Die Königin kannte ihren Sohn besser«, als dessen Biographen ihn kannten.

Aber auch gegenüber ihrer Tochter kann man, wenn man die Briefe an sie liest, Zeichen von Verbitterung feststellen, besonders wenn sie auf die Vergangenheit zurückblickte. Die Königin schrieb, daß Viktoria in ihrem Stolz und ihrer übertriebenen Lebhaftigkeit oft sehr schwierig zu behandeln gewesen sei, so daß die Eltern gezwungen waren, ihren Übermut gewaltig zu dämpfen. »Ich glaube niemals ein so unfolgsames und so launisches Mädchen gesehen zu haben. Das muß ich Dir heute ganz offen sagen, meine Liebe! Der Ton, den Du mir gegenüber gebrauchtest, hat alle abgestoßen, die Zeuge Deines Benehmens waren ... Du hast uns sehr große Schwierigkeiten bereitet ... Ich bin gespannt, ob ich Deine alten ungezogenen Manieren noch heute bei Dir entdecken werde: auf einem Bein zu stehen, lauthals zu lachen, das Essen zu verschlingen, wie eine Ente zu watscheln« (28. Juli 1858).

Die Königin konnte keine Babys leiden. Das sagte sie selbst von sich. Man kann sich fragen, ob sie überhaupt Kinder mochte, noch besser gesagt, ob sie mit Kindern zusammen sein konnte. Aus ihren Briefen spricht oft eine leichte Reizbarkeit, die sie daran hinderte, Fehler und Eigenwilligkeiten von Kindern zu übersehen. Viktoria war so eng mit ihrem Mann verbunden, daß, solange er lebte, ihr die Kinder ziemlich gleichgültig waren. Das bezeugt ein Brief an die Königin Augusta von Preußen, den Viktoria einige Jahre vor der Heirat ihrer ältesten Kinder schrieb (6. Oktober 1856): »Auch hier [in Balmoral] finde ich keine größere Freude und keinen Ausgleich in der Gesellschaft der älteren Kinder, wenn Albert oft den ganzen Tag über unterwegs ist ... Nur ab und zu kann der intime Umgang mit ihnen nett oder aufgeschlossen sein. Du wirst das nur schwer verstehen können, aber das hat verschiedene Gründe. Einmal fühle ich mich niemals richtig wohl und glücklich, es sei denn, Albert ist bei mir. Und zum anderen bin ich gewöhnt, meine Angelegenheiten selbst zu regeln ... Das sind meine wahren Gefühle, die sich von Deinen so gründlich unterscheiden.« Nach Alberts Tod bedeuteten die Kinder sicherlich mehr für Viktoria, aber von einer Innerlichkeit im täglichen Umgang mit ihnen ist nichts zu spüren – in ihren Briefen fiel es ihr leichter.

Viktorias unbeherrschte Ausbrüche, wenn sie bei Todesfällen trauerte und bei Unglücksfällen verzweifelt war, sind weithin bekannt. Die Briefe an die Tochter drücken dies deutlich aus. Als Viktorias Mutter, mit der sie nicht sehr viel Kontakt gehabt zu haben schien, im März 1861 starb, schrieb sie: »Es ist mir, als bräche mir das Herz«, weil sie den Menschen verloren hatte, den sie am meisten liebte (außer einem einzigen anderen). Sie war ebenso betroffen, als einige Monate später ein entfernter Verwandter, König Pedro von Portugal, verschied. Sie war »in tiefer Trauer«, »betrübt«, »verwirrt«, fand das Ereignis »unglaublich« (13. November 1861). Man hat mit Recht behauptet, daß die Königin in ihrem Briefwechsel einem Zug der Zeit folgte. Aber sie steigerte sich dabei so hinein, daß man meint, ihr Gefühl sei tief und echt (in der Regel natürlich nicht von Dauer). Ihr Schema eines Kondolenzbriefes glich dem des Henry James, wie schon angedeutet. Zuerst wurden die hervorragenden Eigenschaften des Toten und das unsagbare Leid der Schreiberin über den Verlust zum Ausdruck gebracht. Dann hieß es, es sei so am besten gewesen, der Verblichene wäre auf den Tod schon vorbereitet worden. Aus Trauer und Herzeleid wurde schließlich Ergebenheit oder sogar Befriedigung darüber, daß der Tote seine Ruhe gefunden habe und in der Erinnerung weiterleben werde. So vereinigten sich irdische und himmlische Gedanken; Verzweiflung und Trost gingen ineinander über.

»I will be good« – »Ich will ein guter Mensch sein« – diesen Ausspruch gebrauchte Viktoria öfters als kleines Mädchen, meist im Zusammenhang mit Schulaufgaben. Man behauptete, dieser nicht gerade originelle Ausspruch sei typisch für sie gewesen. Es lag darin ein Körnchen Wahrheit. Viktoria wollte nicht nur moralisch einwandfreier handeln, die sittlichen Regeln befolgen, die man ihr beigebracht hatte, sondern sie wollte wirklich brav oder gut sein, freundlich, verträglich, mitfühlend, aufopfernd gegenüber ihren Mitmenschen. Sie schien in ihrem ganzen Leben oft Stunden gehabt zu haben, in denen sie – gewiß nur ganz flüchtig – über sich selbst nachdachte, in denen sie mit sich selbst unzufrieden war und dabei beschloß, ein besserer Mensch zu werden. In ihren Kindheitserinnerungen – niedergeschrieben und im Briefwechsel 1872 eingefügt – erwähnte sie, daß sie als kleines Mädchen oft heftig war, hinterher aber immer ein schlechtes Gewissen gehabt habe. »Gleich von Anfang an habe ich mir vorgenommen, meine Zofe um Entschuldigung zu bitten, wenn ich böse oder unfreundlich zu ihr gewesen war; diese Gewohnheit habe ich beibehalten. Ich bin der Meinung, daß jeder Mensch seine Fehler, die er anderen gegenüber begeht, eingestehen muß, auch wenn diese gesellschaftlich noch so tief unter uns stehen, daß man zugeben soll, wenn man unhöflich gewesen ist oder jemand beleidigt hat, ganz besonders dann, wenn es sich um einfachere Menschen handelt«. Am Neujahrstag 1881 schrieb sie eines ihrer freimütigsten Bekenntnisse in ihr Tagebuch: »Ich weiß, wie beklagenswert unvollkommen, wie überempfindlich und reizbar ich bin, wie unbeherrscht, wenn ich unzufrieden oder beleidigt bin. Aber ich bin so überarbeitet, so traurig, so beunruhigt um meines Landes willen. Dies zu meiner Entschuldigung. Ich will jeden Tag Gott bitten, daß er mir hilft, mich zu bessern«. Dieser Hang, sich selbst zu prüfen, diese Ängstlichkeit ist an und für sich ein ungewöhnlicher Wesenszug einer Königin. Man hat vergeblich ähnliche Eigenschaften bei den Herrschern und Staatsführern der damaligen Zeit zu finden versucht. Es ist gar nicht so falsch zu behaupten – wie es auch Lady Longford tat –, daß der feste Wille, gut zu sein,

»der Leitspruch im Leben Viktorias« war. Aus ihren Briefen klang Unruhe und Sehnsucht. Sie wünschte, auch im Alter ein guter Mensch zu sein. Aber dieses Verhalten stand in enger Beziehung zu Charakterzügen, die uns von der Königin ein ganz anderes, sogar ein negatives Bild vermitteln. Die Königin war nicht etwa bösartig, fand keine Freude daran, andere zu beleidigen oder zu demütigen. Doch war sie oft rücksichtslos, heftig, brutal und sehr egoistisch. Im Lauf der Jahre steigerte sich ihre Starrköpfigkeit, die Abneigung, ihre Pläne zu ändern, ihr Unvermögen, Widerspruch oder Mißerfolg zu ertragen. Am deutlichsten trat dies in ihrem Umgang mit Politikern hervor. Aber auch in ihrem privaten Umgang verhielt sie sich oft so. Hatte die Königin ein schlechtes Gewissen, dann war es in der Regel auch begründet – typisch dabei aber ist, daß sie ganz allgemein darüber schrieb, ihre Fehler auch einsah, aber nie einen konkreten Fall ihres schlechten Benehmens anführte. Immer war sie überzeugt, daß ihr Bestreben, gut zu sein, von Erfolg gekrönt war. Doch trachtete sie nie mit der »Leidenschaft einer Heiligen« danach, vollkommen zu sein. Zu Viktorias Charakterzügen gehörte in diesem Zusammenhang auch ihre große und immer mehr zunehmende Selbstgefälligkeit, besonders in politischen Fragen. Sie war mit Recht von ihrem guten Willen überzeugt. Daraus folgerte sie, daß alles, was sie sich vornahm, gut war. Sie sagte, sie sei patriotisch, liberal – jedoch nicht in politischer Beziehung. Sie wünsche Menschen aller Rassen das Beste, sie liebe den Frieden. In ihren Diskussionen mit Herrschern und Ministern wurde sie in ihrer Überzeugung bestärkt, daß Menschen, die andere Ansichten vertraten, nicht patriotisch, liberal usw., also – kurz gesagt – zu Herrschsucht und Vorurteilen neigende Intriganten seien. Die Ehrerbietung, die man ihren Ansichten und Angriffen entgegenbrachte, stärkten noch ihre Selbstsicherheit. In vielen Situationen erschien sie unausstehlich, weil ihr jedes Verständnis, jeder Weitblick fehlte, ebenso jeder gute Wille, sich in die Lage und die Gedanken anderer zu versetzen. Ihre Offenheit und das Bewußtsein, loyal zu handeln, ließen sie zur Fanatikerin in konkreten Streitfällen werden. Leidenschaftlich für eine große Idee zu kämpfen war ihr unmöglich, weil ihr Phantasie und Bildung fehlten.

Viktorias Charakter ließ sich nicht in eine Schablone pressen. Sie vereinigte in sich so widersprüchliche und oft schwer deutbare Wesenszüge. Und gerade das war das Eigenartige an ihrem Charakter. Ihre Briefe beeindruckten durch ihren einfachen und gediegenen Stil.

Als Viktoria sich zum ersten Mal als Königin vor den Würdenträgern des Reiches im Privy Council zeigte, erklärten fast alle Anwesenden, daß das achtzehnjährige Mädchen mit einer natürlichen und verbindlichen Sicherheit aufgetreten sei. Etwas später schrieb die Fürstin Lieven, die gewohnt war, mit Fürsten umzugehen, ohne Absicht zu imponieren oder zu schmeicheln, daß »Viktoria eine Sicherheit im Auftreten, eine überlegene Haltung, eine Grandezza« besitze, die, wenn man »ihr kindliches Gesicht, ihre kleine Figur, ihr liebenswürdiges Lächeln« mit in Betracht ziehe, die merkwürdigste Erscheinung sei, die man sich denken könne. Ähnliche Aussagen hörte man über die Königin während ihrer langen Regierungszeit, wobei man dann allerdings weniger die Liebenswürdigkeit und mehr ihre würdevolle Erscheinung betonte. Oft fügte man hinzu, daß sie alle beeindrucke. Dies habe seinen Grund in ihrer starken Persönlichkeit. »Obwohl so klein, war sie doch immer der Mittelpunkt der Gesellschaft, in der sie sich befand«, schrieb Roger Fulford in seiner Biographie. »Wenn die Königin anwesend war, hatte niemand Augen für andere«.

Dieser Aussage standen scheinbar andere gegenüber. Die Königin leide unter Schüchternheit und Unsicherheit, behauptete man. Oft schrieb Viktoria in ihren Briefen, daß sie sich unruhig und befangen fühle, wenn sie an größeren Empfängen teilnähme, daß sie sich vor Unterhaltungen mit gelehrten und geistig hochstehenden Persönlichkeiten fürchte. Lord Melbourne berichtete, daß Albert literarische und wissenschaftliche Berühmtheiten einladen wollte, die Königin jedoch dagegen war: »Sie fühlte, daß ihre Erziehung es nicht erlaubte, sich an solchen Gesprächen zu beteiligen...« Sie bewunderte die Belesenheit ihrer ältesten Tochter und deren Vermögen, schwierigen Gedankengängen zu folgen. »Du hast den Geschmack bestimmt nicht von mir geerbt. Aufrichtig gesprochen, beunruhigt mich ein Professor oder ein Gelehrter« (27. April 1859). Im Alter wich sie Menschen aus. Doch alle bestätigten ihr sicheres Auftreten in der Gesellschaft.

Ohne große Schwierigkeit könnte man die Würde und die Menschenscheu der Königin auf einen Nenner bringen. Zum Teil war das Bild von der Grandezza der Königin und ihre Fähigkeit, auf andere Eindruck zu machen, sicherlich nur auf ihre überlegene gesellschaftliche Stellung zurückzuführen. Diese reichte aus, sie, wie Fulford schreibt, überall in den Mittelpunkt der Geschehnisse zu stellen. Aber die Natürlichkeit und Einfachheit, ihre Unfähigkeit, etwas vorzutäuschen und sich aufzuspielen, erhöhten ihr Ansehen als Königin. Eine gewisse Schüch-

ternheit oder auch Ängstlichkeit trugen ebenfalls dazu bei, sie erhaben erscheinen zu lassen. Ein verdrießliches Gesicht, ein steifes Auftreten und eine förmliche Redeweise konnten auf einer gewissen inneren Unsicherheit beruhen, aber alles das schreckte die Untergebenen ab. Die Königin machte es sich zur Gewohnheit, ihre hohe Stellung zu benützen, die Situation zu beherrschen, indem sie ihr Mißfallen (»we are not amused«) ihrer Umgebung zum Ausdruck brachte, Etikettefehler kritisierte, durch knappe Anweisungen oder auch durch eisiges Schweigen ihre Überlegenheit anderen gegenüber betonte. Es ist müßig zu untersuchen, ob es Befangenheit oder königlicher Stolz oder Unhöflichkeit waren, mit denen sie sich umgab, wenn sie bei Empfängen und gesellschaftlichen Veranstaltungen den Staat widerwillig oder gelassen repräsentierte.
Die Königin war nicht gesprächig, lebhaft und vergnügt, es sei denn im engsten Familienkreis. Trotz ihrem guten Willen, bei anderen Menschen gute Eigenschaften herauszufinden, hat man ihr niemals Herzlichkeit nachgesagt, für die ihr Enkel, Kaiser Wilhelm II., oder der Schwedenkönig Oskar II. bekannt waren. In diesem Punkt glich sie eher dem wegen seiner Langweiligkeit bekannten Kaiser Franz Joseph von Österreich. Aber gerade diese Steifheit trug dann im Alter dazu bei, Viktoria besonders ehrfurchtgebietend erscheinen zu lassen. Es gab keine Glanzpunkte, aber auch nichts Unerfreuliches in dieser Hinsicht. Es hätte auch nicht ihrer Würde, ihrem Stand, entsprochen, sich und andere zu amüsieren. Die Königin hatte, wie so viele selbst, die kein gesellschaftliches Talent besaßen, sicherlich während ihrer vierzig Witwenjahre das Verlangen, sich mit aufgeschlossenen und lebhaften Menschen zu umgeben. Aber diese Regung wurde nie befriedigt. Der einzige Mensch, der die Königin aufzumuntern wagte, war Disraeli.
Man hatte immer gesagt, die Königin besäße keinen Sinn für Humor, kein Verständnis für Ironie. Dieser Wesenszug hätte auch nicht zu Viktorias übertriebener majestätischer Haltung gepaßt. Man kann ab und zu nachlesen, daß sie herzhaft zu lachen imstande war, aber es sei eher ein verlegenes Lachen gewesen, z.B. als Kaiser Napoleon III. Kaffee auf seinen Dreispitz schüttete oder ein Hofmann die Treppe hinabfiel; Viktorias Sohn Edward sann sich selbst oft billige Scherze, »practical jokes«, aus, um sich genüßliche Stunden zu bereiten. Die Königin war übrigens anständigen Späßen gar nicht abgeneigt. Sie amüsierte sich über Disraelis unterhaltsame Plaudereien, z.B. wenn er sie als »mistress« (Herrscherin) ansprach, ohne daran zu denken, daß dieses

Wort noch eine zweite Bedeutung hatte (Geliebte). Mit verblüffender Selbstironie schrieb sie, daß ihre älteste Tochter, Viktoria, ihrem Mann ähnele, während Edward in seiner Lässigkeit und Abneigung gegen jegliche Bildung ein Zerrbild ihrer selbst sei (daß man dies von einem Mann sagen müsse, mache die Geschichte nur noch schlimmer). Menschen, die immer nur eine ernste Miene aufsetzten, nannte sie »Sonntagsgesichter«. In einer großen Sammlung von Briefen, die viele tausend Seiten einnehmen, findet man jedoch nicht viele solcher Bekenntnisse.

Wie soviele andere Monarchen – u. a. Franz Joseph von Österreich und Gustav VI. Adolf von Schweden – verstand auch Viktoria meisterhaft, ihrer Verpflichtung, mit anderen Menschen sprechen zu müssen, nachzukommen, indem sie diesen Fragen stellte. Das ist ein ganz natürlicher Trick; denn es muß nicht leicht gewesen sein, einige persönliche und originelle Worte an, sagen wir, fünfzig Personen zu richten, die man der Herrscherin gegenüberstellte, damit diese sich im Glanz der Krone sonnen könnten. Ein solches, mit Fragen durchsetztes Gespräch, kennt man aus Viktorias ersten Regierungsjahren; es wird von Charles Greville, dem Skandalchronisten dieser Zeit, wiedergegeben:

Die Königin: »Sind Sie heute geritten, Mr. Greville?«
Greville: »Nein, Madame.«
Die Königin: »Das war heute ein schöner Tag.«
Greville: »Ja, Madame, wirklich ein schöner Tag.«
Die Königin: »Aber es war doch recht kalt.«
Greville: »Ja, Madame, es war wirklich ziemlich kalt.«
Die Königin: »Ihre Schwester, Lady Francis Egerton, reitet doch auch sehr gern, nicht wahr?«
Greville: »Ja, doch, Madame, sie reitet auch manchmal.«

Nach dieser »Pflichtübung« will sich Greville die Freiheit herausgenommen haben, von sich aus die Königin über ihre Reitkunst zu befragen. Aber hier übertreibt wohl Greville. Nach der Hofetikette leitete die Königin das Gespräch.

Mit Personen aus ihrer nächsten Umgebung und mit Politikern führte die Königin natürlich sachlichere Gespräche. Aber Staatsgespräche wurden mit der Zeit immer seltener. Viktoria schrieb, anstelle zu konferieren. Gerade deshalb wissen wir so gut Bescheid über sie.

Die früher erwähnte Zurückhaltung der Königin gegenüber gelehrten Männern war auf ihre lückenhafte Bildung zurückzuführen. Ge-

schichtliche, politische oder überhaupt wissenschaftliche Bücher schien Viktoria niemals gelesen zu haben, allerdings mit Ausnahme – wenn man dies so bezeichnen darf – einiger theologischer Schriften während einer Krise. Nicht ein Wort verlor sie in ihrem Briefwechsel über die berühmten naturwissenschaftlichen und philosophischen Erkenntnisse eines Darwin, Mell und Spencer; wahrscheinlich waren sie ihr genauso fremd wie der gesamten britischen Ober- und Mittelklasse. Durchweg bescheinigt man der Königin, daß sie nicht belesen gewesen sei. Aus ihren Briefen geht jedoch hervor, daß sie, wenn auch nur ganz selten, Romane las, zunächst solche ihrer Favoriten aus der Jugendzeit, Walter Scott, sowie Jane Austen, dann von Tennyson, Trollope, George Sand, Charlotte Brontë und George Eliot. Vor Alberts Tod hatte sie auch eine Anzahl Theatervorstellungen besucht. Persönlich kannte sie kaum Schriftsteller, wenn auch ab und zu gefeierte Poeten zum Tee eingeladen wurden. Schilderungen von Gesprächen mit Tennyson lassen erkennen, daß die beiden »Ehrenviktorianer« geistreiche Gespräche über das Jenseits geführt haben. Viktoria war, wenn man sie mit Albert verglich, natürlich ungebildet, aber doch nicht so vollkommen ungebildet und unbegabt wie ihr Sohn Edward.
Ein Brief an ihre Tochter (20. April 1859) gibt ein faszinierendes Bild von dem Zwiespalt zwischen Viktorias Ehrgeiz auf literarischem Gebiet und dem puritanischen Lebensstil, von Viktorias Einstellung zur Literatur überhaupt. Die Tochter hatte sich über Shakespeares Derbheit beklagt und hinzugefügt, daß sie nicht »den Mut« gehabt habe, sich den »Faust« anzusehen. Sie werde, wenn es sich vermeiden ließe, auch keine Schauspiele ansehen. Darauf antwortete die Königin: »Ich bin vollkommen einig mit Dir, was Du über Shakespeare schreibst. Aber Du brauchst keine Bedenken zu haben, Dir den ›Faust‹ anzusehen. Ich bin ebenso befangen und gehemmt wie nur irgendjemand in solchen Dingen, obwohl ich doch schon eine ältere verheiratete Frau bin – aber der ›Faust‹ ist so wunderbar anzuschauen. Man fühlt sich nicht im geringsten unangenehm berührt. Ich rate Dir, den ›Faust‹ anzusehen, Liebling. Du solltest auch die französischen Schauspiele besuchen, es gibt eine Menge so netter kleiner Theaterstücke. Unser lieber Papa – der, wie Du weißt, kein Freund der Franzosen war – liebte sehr die französischen Bühnenwerke, sogar mehr als alle anderen. Viele Jahre hindurch, so lange es hier gute Schauspieler gab – wir haben seit 1854 keine mehr in London gehabt –, sahen wir uns diese Stücke an und hatten viel Vergnügen daran. Schon der

Sprache wegen ist das gut. Deshalb hoffe ich, daß Du hingehst, Liebling. Daß man ein Volk nicht leiden kann, sollte kein Hindernis sein, sich an dessen Esprit und Scharfsinn zu erfreuen, diese zu bewundern«. Der Charakter der Königin ist verschieden beurteilt worden, wenn man sich über Wesenszüge äußerte, die im Sprachgebrauch nur unklar und mit verschiedenen Bedeutungen ausgedrückt werden können. War Viktoria eitel? Ihre Gewohnheit, genau zu beschreiben, was sie bei Festlichkeiten trug, zu fragen, welche Kleider die Tochter bei solchen Anlässen trug, zeigt, daß sie besonders weiblicher Eitelkeit nicht abgeneigt war. Aber sie hatte keinen Sinn für aufwendiges Gepränge, soweit es sie selbst betraf. Auch bei besonderen Festlichkeiten, wie bei Jubiläen, trug sie denselben Hut wie alle Tage. Es störte sie gar nicht, als Außenminister Rosebery 1886 – in einem Brief an den Sekretär der Königin – hervorhob, daß »das Symbol des Riesenreichs eine Krone und nicht ein Hut« sei. Mit Anspruchslosigkeit, auf die man manchmal schloß, hatte das aber nichts zu tun. Viktoria war sich bewußt, daß sie – unabhängig von Kronen oder Hüten – Symbol und Mittelpunkt des Reiches war. Man könnte eher vermuten, daß gerade dieses Gefühl des Selbstbewußtseins sie veranlaßte, einen Hut zu tragen. Nicht ausgeschlossen ist, daß sie es bei ihrem Alter lächerlich fand, das müde und faltige Gesicht mit den Insignien des Reiches zu schmücken. Wenn Viktoria jedoch mit ihresgleichen, also mit Herrschern, zusammentraf, war sie auf ihr Äußeres viel mehr bedacht. Sie klärte ihre Tochter über die große Bedeutung des britischen Königshauses auf: »Die russische Dynastie ist niemals mehr oder genauso wie unsere geachtet worden«. Sie wollte unbedingt Kaiserin von Indien werden. Es war Viktoria, die auf diese Ernennung hinarbeitete, und nicht, wie man oft behauptete, Disraeli; vermutlich dachte sie dabei an den König von Preußen, der kürzlich »Deutscher Kaiser« geworden war, so daß auch ihre Tochter einmal Kaiserin werden würde.

War Viktoria »anmaßend« gegenüber ihrer Umgebung? Behandelte sie Menschen aus verschiedenen Gesellschaftsschichten unterschiedlich? Es gab darauf widersprüchliche Antworten, obwohl es eigentlich gar nicht schwer war, in der Haltung der Königin ein klares Konzept zu erkennen. Man rühmte allgemein ihre Freundlichkeit, wohl deshalb, weil man auf die Höflichkeit hochgestellter Personen gegenüber deren Umgebung besonders großen Wert legte; sicherlich hat sie trauernden und unglücklichen Menschen mehr als konventionelles Mitleid entgegengebracht. Manchmal beschuldigte man sie einer gewissen Arroganz; sicherlich war dies begründet, indem sie, die gewohnt war, selbst die Initiative zu ergreifen und alle Gespräche zu führen, alle Anmaßungen und unberechtigten Ansprüche bestimmt zurückwies. Im Zweifel darüber, wie sie sich verhalten sollte, wenn man sich ihr unerwartet und – in ihren Augen – aufdringlich näherte, konnte Viktoria oft unnötig barsch und grob auftreten. Man hatte Viktoria für ihr »demokratisches« Auftreten gepriesen, da sie ihr Wohlwollen gegenüber Menschen verschiedenen Ranges nicht allzu auffällig abstufte. Man schätzte Könige und Würdenträger, die sich in einer solchen Situation überlegen zeigten, für die alle Menschen gleich gut waren und gleich behandelt werden konnten. Diese »aristokratische Liebenswürdigkeit« besaß Viktoria in hohem Grad. Das kam wohl auch daher, daß sie bei anspruchslosen Menschen keine für sie beunruhigende Gelehrtheit oder geistige Interessen zu fürchten brauchte. Wiederum gab es wohl niemand, der mehr als Viktoria von der Überzeugung durchdrungen war, daß die menschliche Gesellschaft streng nach Klassen, Funktionen und Dienstgraden aufgeteilt werden müßte. Die in England geübte Rangordnung war in Viktorias Augen unübertroffen.

Eine solche Auffassung vertrat Viktoria auch in bezug auf das Verhältnis zwischen Mann und Frau, und sie hielt spontan, entschieden und unnachgiebig daran fest. Die wachsende Propaganda für »die Rechte der Frauen«, die während Viktorias Regierungszeit an Boden gewann, war in ihren Augen »gefährlich, unchristlich und unnatürlich«. (Die wesentlichsten Briefe, die ihre Auffassung belegen, werden von Hardie ausführlich wiedergegeben.) »Alle Schranken niederzureißen, die eine Frau umgeben, vorzuschlagen, daß Frauen mit Männern zusammen studieren sollten – Dinge, die nicht in deren Gegenwart erwähnt werden durften –, das ist doch gleichbedeutend mit einer vollkommenen Nichtachtung aller moralischen Grundsätze. Laßt die Frau das sein, was Gott mit ihr vorhatte, eine Stütze des Mannes, aber mit ganz anderen Pflichten und Aufgaben«. In einem anderen Brief, ebenfalls aus dem Jahre 1870, drückte sie ihren festen Willen aus, alle »anzustacheln«, diese wahnsinnige und bösartige Frauenrechtsbewegung mit ihren furchtbaren Folgen abzubremsen, zu der ihr armes Geschlecht beizutragen geneigt war und dabei ganz jedes weibliche Gefühl für Anständigkeit vergaß. Lady X (eine Vorkämpferin für das Frauenrecht) solle eine richtige Tracht Prügel bekommen.

Dieses Thema brachte die Königin so auf, daß sie sich nicht mehr

beherrschen konnte: »Gott schuf mit Mann und Frau zwei ganz verschiedene Wesen. Laßt sie ihre unterschiedlichen Funktionen erfüllen!« Die Frau würde zu dem abscheulichsten, gottlosesten und hassenswertesten menschlichen Wesen werden, wenn man ihr gestattete, ihr Weibtum zu verleugnen. Und was würde aus dem Schutz werden, den der Mann dem schwächeren Geschlecht zu geben bestimmt war?
Die Königin verrät in ihren Briefen über dieses Thema reichlich verwirrte Gedankengänge. Man könnte daraus schließen, daß Viktoria ziemlich primitiv war, wüßte man nicht, daß auch andere prominente Männer und Frauen jener Zeit dieselben oder ähnliche unvernünftige Ansichten vertraten. Gott und die Natur hätten der Frau ihre besondere Stellung eingeräumt, behaupteten sie. Doch könnte diese auch verändert werden. Die Abhängigkeit der Frau beruhte, so rechtfertigten sie sich, darauf, daß doch der Mann sonst niemand zu beschützen hätte. Natürlich dachte die Königin nur an die Frauen der Oberklasse und des Bürgertums. Nach ihren Briefen zu urteilen, hatte sie keine Ahnung, daß Hunderttausende von Frauen an der Seite der Männer arbeiteten, schweren Dienst verrichteten und gezwungen waren, ein entehrendes Leben zu führen.
Vermutlich steigerte sich Viktorias Zorn gegenüber allen Forderungen nach Emanzipation der Frau, weil sie einsah, daß sich ihre eigene hohe Stellung nicht mit ihren Ansichten in Einklang bringen ließ. Jedoch war die Königin, wie aus gewissen Briefen hervorgeht, in diesem Punkt ganz konsequent. Sie schrieb z.B., daß ihre eigene Stellung eine »Anomalie« sei, ein andermal an König Leopold von Belgien, daß »wir Frauen, um richtige Frauen zu sein, also weiblich, liebenswürdig, häuslich, nicht zum Herrschen bestimmt sind; jedenfalls steht das im Widerspruch zu unserem Wesen, wenn wir uns die Arbeit, um die es hier geht, aufzwingen lassen«. Doch im allgemeinen kann Viktoria den Gegensatz Frau/Monarchin nicht zu stark empfunden haben, sonst hätte sie nicht ihrer Berufung, Königin zu sein, mit soviel Entschlossenheit und Selbstsicherheit nachkommen können. Es schien ihr nicht ganz bewußt geworden zu sein, daß sie eine Ausnahme, eine Art »Superfrau« war. Ihr Mangel an logischem Denken machte es ihr leichter, aus diesem Dilemma herauszukommen.
In der Frauenfrage war die Königin eine echte Viktorianerin. Früher wurde hier einmal gesagt, daß sie dies in ihrem Verhältnis zu Mann und Kindern war, auch in ihren persönlichen sexuellen Gewohnheiten. Man muß noch hinzufügen, daß sie in ihrer Hofpolitik und noch in

anderem Zusammenhang dem Puritanismus leidenschaftlich huldigte. Sie war unerbittlich in ihrer Forderung, daß nicht nur das Hofpersonal, sondern alle, die mit dem Königspaar Umgang pflegten oder von diesem in Audienz empfangen wurden, ein einwandfreies Führungszeugnis aufwiesen. Gewöhnlich traf diese Anweisung – wie immer – die Frauen am härtesten. Ganz besonders streng hielt man sich an den Grundsatz, daß geschiedene Frauen vom Empfang bei Hofe ausgeschlossen wurden. Die Königin war höchst erfreut, als der Premierminister, Lord Salisbury, (in einem Brief vom 23. März 1887) vorschlug, daß alle »Männer, die auf Grund von Ehebruch geschieden waren ... keinen Zutritt zum Hof haben sollten... Dies würde die öffentliche Moral erheblich stärken. Aber das würde große Veränderungen mit sich bringen«. Die Königin stimmte dieser Anregung begeistert zu: »Der Vorschlag wird seine Wirkung nicht verfehlen. Die Moral der Gesellschaft ist heute stark gesunken. Man sollte dieser Verfallserscheinung wirklich Einhalt gebieten«.

Man hat angedeutet, daß die so sichtbar herausgestellte Tugend der Königin – wie bei so vielen anderen Frauen – auf einem Mangel an Sex-Appeal beruhte. Es gibt keinerlei Gerüchte (außer der bekannten Affäre »Brown«, die noch erwähnt werden wird) darüber, daß Männer versuchten, mit Viktoria zu kokettieren oder sich zu ihr hingezogen gefühlt hätten, weder zu ihr als jungem Mädchen noch als Königin, als sie verheiratet und dann verwitwet war. Es liegen nur wenige unklare Angaben über ihr Aussehen als junges Mädchen vor, die auf ihre Jungfräulichkeit, ihre schöne Hautfarbe (immer leicht gerötet), ihre lebhaften Bewegungen, ihr liebenswürdiges Lächeln hinweisen. Auf Hofportraits wirkte sie oft, wie man gewöhnlich sagt, süß. Man rühmte in späteren Jahren Viktorias Haltung, ihr würdiges und gleichzeitig kraftvolles Auftreten. Doch die körperlichen Schwächen der Königin waren ganz offensichtlich. Sie schien, wenigstens in jüngeren Jahren, sich dieser bewußt gewesen zu sein. Viktoria war von kleiner Statur, wenn auch »kein Zwerg«, wie sie selbst einmal schrieb, 150 cm groß (»kleiner als fünf Fuß«), als sie jung war. Im Alter ging sie noch etwas ein. Mit 19 Jahren wog sie – das ist die einzige Gewichtsangabe, die man (bei Lady Longford) je gefunden hat – 56 kg. Das ist nach den heutigen Normen mindestens 6 kg zuviel. Trotz oftmals erfolgreicher Abmagerungskuren wurde sie im Lauf der Jahre dicker und muß – Beschreibungen und Portraits beweisen es – schon mit vierzig Jahren ziemlich korpulent gewesen sein; einige Jahre später wirkte sie tatsächlich wie eine Matrone. Sie wird wohl 75–80 kg gewogen haben. Ab und zu stellte sie selbst fest, daß sie schlaffe Gesichtszüge habe, die mit den Jahren noch deutlicher hervortraten. Sie hatte starr dreinblickende, große, runde, »tote« Augen, ein nach hinten zurückweichendes und sich verjüngendes Kinn (das sich auf den Sohn Edward vererbte, aber durch seinen Bart verdeckt wurde), und breite dicke Hängebacken. Ihre Hände, ihre Stimme wurden bewundert. Das war – bei so vielen Nachteilen – ein Trost für Viktoria. Und man vergaß, daß sie nicht schön war, wenn sie lächelte. Aber das tat sie nur selten auf Portraits, noch weniger auf Fotos. Man bekommt den Eindruck, sie hatte Angst, ihr wahres Gesicht zu zeigen.

Der erste Band ihrer »Tagebuchaufzeichnungen vom schottischen Hochland« (1865) war ihrem verstorbenen Mann gewidmet: »Zur guten Erinnerung an den Menschen, der das Leben der Verfasserin hell und glücklich gestaltete, sind diese schlichten Zeilen in Liebe und Dankbarkeit geschrieben«. Der zweite Band (1884) trägt folgende Widmung: »Für meine treuen Hochländer, und besonders zur Erinnerung an meinen mir treu ergebenen persönlichen Diener (attendant) und treuen Freund John Brown ist diese Schilderung meines Lebens als Witwe in Schottland in Dankbarkeit gewidmet.« Dieser John Brown wird ein paarmal in der veröffentlichten Briefsammlung erwähnt. Am 24. November 1865 schrieb die Königin, daß sie »diesen meinen vorbildlichen Diener aus dem Hochland« ausersehen habe, sie »immer und überallhin zu begleiten«, ob sie ritte oder führe oder zu Fuß ginge. »Es erfüllt mich mit großer Befriedigung; denn er ist mir so zugetan. Er ist so unkompliziert, so intelligent, so ganz anders als die gewöhnlichen Diener. Er ist so heiter und aufmerksam«. Am 26. Juni 1867 beklagte sich die Königin in einem Brief an einen Hofbeamten darüber, daß einige es unpassend fänden, daß Brown sie zu einer Truppenparade begleitete – das hätte »die arme nervöse und ängstliche Königin, die Browns Umsicht und Aufmerksamkeit gewohnt war, sehr schockiert und entmutigt«. Bei einer späteren Gelegenheit (29. Februar 1872) wird Brown dafür gelobt, daß er »mit einer wunderbaren Geistesgegenwart« einen jungen Mann festnahm, der ein Attentat auf die Königin vorhatte.

Auch in anderen Briefen, Memoiren und Biographien stößt man oft auf Browns Namen. Die Königin hat selbst dessen Leben geschildert. Als er 1883 starb, schrieb sie an einen ihrer Enkel: »Ich habe meinen liebsten und besten Freund verloren. Niemand in *dieser Welt* kann ihn mir ersetzen«. Tennyson wurde gebeten, eine Inschrift für Browns Grabstein zu verfassen. Diese Zeilen sind wohlgemeint, aber nicht lyrisch:

Friend more than servant, loyal, truthful, brave:
Self less than duty even to the grave.

Browns Stellung war zu seinen Lebzeiten Gegenstand lebhafter Diskussionen. Nach seinem Tod jedoch wurde in mehr sachlichen historischen Abhandlungen kaum mehr von ihm gesprochen. In jüngster Zeit ist ihm dagegen erneut Aufmerksamkeit geschenkt worden. In Arthur Ponsonbys Erinnerungen an seinen Vater Henry wird John Brown oft erwähnt. In Lady Longfords Biographie der Königin werden ihm etwa 30 Seiten gewidmet (aus diesen Büchern stammen hauptsächlich die nachfolgenden Angaben). Das neuerliche Interesse an Brown beruht darauf, daß man heute offener über alles spricht, ferner auf dem nie verstummenden Gerücht, daß Brown Viktorias Geliebter oder daß er sogar heimlich mit ihr verheiratet gewesen sei. Es gibt einen prominenten Historiker, der von dieser Verbindung fest überzeugt ist und der behauptet, daß einer seiner nächsten Verwandten vor vierzig Jahren den Trauschein gesehen habe. (Dieser ist jedoch nicht mehr aufzufinden.)

Es ist verständlich, daß man Browns Verhältnis zur Königin ungewöhnlich gefunden hat. Es forderte geradezu heraus, untersucht zu werden. Hier seien nur einige erwähnenswerte Angaben gemacht. Die Königin hatte immer wieder ihre Zuneigung zu Brown beteuert. Sie nannte ihn ihren besten Freund. Allmählich wurde er ihr ständiger Begleiter auf Reisen in England und auf dem Kontinent. Brown trat der Königin gegenüber sehr nonchalant auf und bediente sich dabei eines sehr freimütigen Tons. In Gegenwart der Königin blieb er sitzen – das war nur Premierministern in Ausnahmefällen gestattet. Er betrat ihr Zimmer, ohne anzuklopfen, nannte sie, den rauhen Sitten seiner schottischen Umgebung entsprechend, ganz einfach »woman« (»Weib«) und brüskierte sie: »Was haben Sie heute für Kleider an?« Die beiden ritten zusammen aus; als eine Hofdame zu fragen wagte, ob man nicht Tee mitnehmen wolle, antwortete Brown: »O nein, wir brauchen nur Keks und Whisky«. Auch wenn Brown bei Feierlichkeiten als Diener neben dem Kutscher saß, erteilte *er* die Befehle, was für die standesgemäßen Begleiter der Königin, besonders auf Auslandsreisen, sehr peinlich war. Die Königin gab oft Anweisungen, was in Balmoral oder Osborne zu geschehen habe, wann das Rauchzimmer geschlossen werden, wann Fischen und Jagen erlaubt sein sollte. Man vermutete, daß diese Orders auf Browns Wunsch ergingen. Viktorias Familie und der Hof sahen den Einfluß Browns sehr ungern. Sie fanden ihn unausstehlich, »simpel«, einfältig, ungebildet, taktlos und dem Alkohol verfallen. Man gab wohl zu, daß Brown männlich und attraktiv aussah; doch grobe und derbe Wesenszüge überwogen. Viktorias Verlangen, Brown besonders höflich und rücksichtsvoll zu behandeln, verärgerte die vornehmen Würdenträger des Hofs. Verwandte und Hofleute versuchten vergeblich, sich dieses Günstlings zu entledigen. Mehrmals wurden in der englischen und ausländischen Presse Gerüchte über diese merkwürdigen Beziehungen zwischen Viktoria und Brown laut. In einem Fall schritt ein englischer Diplomat gegen solche üble Nachrede in der Schweizer Presse ein. In seinem Eifer schadetet er nur der ganzen Sache.

Daß viele in dem Verhältnis zwischen Viktoria und Brown eine erotische Freundschaft vermuteten, nimmt nicht wunder. Es ist nicht zu leugnen, daß der Gedanke, der Viktorianismus könnte zerfallen, etwas Verlockendes an sich hatte: Die Königin, die trauernde Witwe, Tugend und Treue in (eigener) Person, trank und verbrachte die Nächte sozusagen mit dem Diener John Brown, war vielleicht nach einer Entgleisung wieder »eine ehrbare Frau« geworden, indem sie sich mit John Brown vermählte!

Nach Meinung vieler ist jedoch diese Behauptung – auch wenn man den Beweis nicht antreten kann – unhaltbar, nicht aus prinzipiellen Gründen, wie Lady Longford meint, indem sie auf den Charakter der Königin verweist: »Ihre leidenschaftliche Natur verlangte nicht so sehr körperliche Hingabe wie unbegrenztes Vertrauen und ein dadurch ausgelöstes Gefühl der Sicherheit und Geborgenheit«. Wie schon erwähnt, ist Lady Longfords Theorie, Viktoria besäße zu wenig Sex-Appeal, vermutlich falsch. Auch scheint es nicht angebracht zu behaupten, daß die Königin, die mehr oder weniger sinnlich veranlagt war, nicht einmal in die Arme eines Dieners hätte fallen können, um sich dann zur Heirat verpflichtet zu fühlen. Ebenso zweifelhaft und viktorianisch gefärbt erscheint Lady Longfords These, daß, wenn die Königin genötigt gewesen wäre, sich zu vermählen, »ein Gefühl der Anständigkeit Brown ausgeschlossen« hätte. Statt dessen würde, wenn eine erotische Verbindung zwischen Viktoria und Brown eingegangen worden wäre, das Anstandsgefühl ihr sicherlich befohlen haben, Brown zu heiraten. Entscheidend für die These, nicht nur Viktorias

Heiratsabsichten sondern auch die sexuellen Beziehungen abzulehnen, erscheint die Tatsache, daß dann Viktorias Briefe, Tagebücher und Aussprüche ein Knäuel von Lügen und Unwahrheiten gewesen sein müßten. Dies entsprach nicht ihrer Natur. Schwerer als alle Argumente Lady Longfords wiegt das Zitat aus Viktorias Tagebuch vom 24. Mai 1871, aus einer Zeit, in der sie mit Brown besonders eng verbunden war: »Traurigster Geburtstag, mein einundfünfzigster. Allein, allein werde ich immer bleiben! Aber sicherlich wird mich mein Liebster segnen«.

Viktorias Verhältnis zu Brown war allem Anschein nach ungewöhnlich, aber doch nicht unerklärlich. Die Schwierigkeit, mit Menschen ihres Standes und auch ihrer eigenen Familie umzugehen, durfte das Motiv ihrer Abhängigkeit von Brown gewesen sein. Viktoria war, wie Brown, eine unkomplizierte Natur. Sie fühlte sich sicher, belustigt und ungehindert, wenn sie sich mit Brown unterhielt. Vielleicht spielte auch eine ihr unbewußte Empfindung mit herein, insofern, als sie es anregend fand, daß der schöne und männliche Brown ihr den Mantel über die Schultern legte, sie aus dem Wagen hob und ins Schloß oder in die Jagdhütte trug.

In ihren Briefen hat die Königin vielfach ihren Wunsch nach Alleinsein und zugleich ihre Verzweiflung darüber geäußert. In gewisser Hinsicht hängt das mit einem ganz natürlichen Stimmungswechsel zusammen, den man bei vielen Menschen beobachten kann. Diese Gefühlsausbrüche in ihren Briefen beziehen sich auf viele Erlebnisse in dem langen Leben der Königin. Besonders nach dem Tod Alberts kehren die Klagen über ihre Verlassenheit immer wieder. Sie fühlte sich von ihrem Mann verlassen.

Als Prinzessin und unverheiratete Königin schien sich Viktoria wie jede andere Frau vergnügt zu haben; sie hatte am gesellschaftlichen Leben teilgenommen, mit Lord Melbourne geplaudert, mit ihren Hofdamen feierliche Empfänge, Einladungen, Bälle und Theatervorstellungen besucht. Doch nach ihrer Heirat wurde dieses äußerliche und sie verpflichtende Leben mehr und mehr zu einer schweren Bürde. Sie fühlte sich müde, deprimiert, besonders während und nach den häufigen Schwangerschaften. Sie sehnte sich nach Ruhe, nach einem Familienleben. Der Prinz mußte sie vor Politikern und anderen Würdenträgern schützen, doch auch gleichzeitig Mittler zwischen ihr und dem öffentlichen Leben sein. Die glücklichsten Tage ihres Lebens verbrachte sie weit weg von London, auf den Schlössern Osborne auf der Insel Wight und Balmoral im schottischen Hochland. Diese beiden Schlösser hatte sie mit Albert gemeinsam gekauft, umgebaut und eingerichtet. Schloß Windsor, nur einige Meilen von London entfernt, gefiel ihr nicht, doch zog sie es der Residenz der Hauptstadt, dem Buckingham Palace, immer noch vor. Auch »auf dem Land« lebte die königliche Familie in ständigem Kontakt mit ihrem Hofpersonal, mit Fürsten, die England besuchten, mit Ministern, die zur Berichterstattung anreisten. Aber nur selten – besonders bei Ausflügen in die Umgebung – konnten Viktoria und Albert allein mit einigen wenigen Mitgliedern des Hofstaats zu Mittag essen und für ein paar Stunden ganz unter sich sein.

Dieser Wunsch, sich abzuschließen – konnte sich eine Königin so ganz isolieren? – entsprang dem Bedürfnis, mit ihrem Mann allein zu sein. Hinzu kommt, daß die Königin nur wenige geistige Interessen besaß. Ihre mangelhafte Bildung trug viel dazu bei, daß sie nur schwer angenehme Kontakte zu ihrer Umwelt fand. Dieses Aufgehen in ihrem Mann, den sie ihren Kindern vorzog, trug schon den Keim in sich zu ihrem späteren erdrückenden Gefühl der Einsamkeit und der allmählichen Trennung von ihren Kindern.

Die vierzig Jahre Witwenzeit bedeuteten für Viktoria – besonders während der ersten fünfzehn bis zwanzig Jahre – die Flucht vor Menschen, Feierlichkeiten, Empfängen. Von diesen vierzig Jahren verbrachte die Königin nur ungefähr zwanzig Nächte im Buckingham Palace. Nur siebenmal wohnte sie der Parlamentseröffnung bei. Osborne, Windsor und vor allem Balmoral waren ihr Heim und Zuflucht. Über die Einsamkeit und die Langeweile, besonders auf Balmoral, beklagten sich oft die Besucher und Sekretäre. Während des Mittagessens war jede politische oder sonstige ernsthafte Unterhaltung verboten. Gespräche durften nur von der Königin eingeleitet werden. Einzig kleine Plaudereien, harmlose und lustige Anekdoten waren erlaubt. Die Abneigung der Königin gegen warme Räume und Kaminfeuer und ihre Vorliebe für frische Luft bereiteten ihrer Umgebung manche Qual. Wie schon früher erwähnt, pflegte Viktoria zu vermeiden, Fragen mündlich zu entscheiden, die in Briefen und Denkschriften festgehalten werden konnten. Ihre Sekretäre erhielten schriftliche Instruktionen, die ihnen Diener des Hofs überbringen mußten. Auf demselben Weg nahm sie dann die Antworten entgegen. »Wir waren beunruhigt«, schrieb Ponsonby, »daß sie es immer mehr vorzog, allein zu sein, überhaupt niemand treffen zu wollen, sondern das Land zu regieren, indem sie uns ihre Nachrichten durch Diener übermittelte«. Die Bitten ihrer Minister, öfter nach London zu kommen und an Feierlichkeiten teilzunehmen, überhörte sie. Sie kümmerte sich nicht um kritische Zeitungsberichte, die ihre Popularität eine Zeitlang zu untergraben drohten. Auf alle diese Appelle antwortete Viktoria, daß ihre Nerven kein öffentliches Auftreten vertrügen. Die Ärzte gaben ihr recht.

In einem Brief an Premierminister Lord Russell vom 22. Januar 1866 beschrieb Viktoria, wie ihr vor der Parlamentseröffnung zumute war, die vorzunehmen sie nach Alberts Tod versprochen hatte. Sie legte darin auch ihren Entschluß dar, warum sie erst einen Tag vorher kommen wollte. »Um der Königin die Teilnahme an allem zu ermöglichen, das in ihren Augen einer Hinrichtung gleichkommt, ist es wichtig, von ihr den Gedanken daran so lange wie möglich fernzuhalten. Es würde ihr zum Schaden gereichen, zwei Tage in Windsor auf diese furchtbare Pein zu warten... Die Königin muß bekennen, daß sie den Mangel an Mitgefühl derer, die sie bitten, das Parlament zu eröffnen, sehr bitter empfindet. Sie versteht vollkommen, daß das Volk sie zu sehen wünscht. Dem will sie auch nicht entweichen – im Gegenteil; aber warum ist man so unvernünftig, hart und herzlos zu verlangen, den Anblick einer armen verzweifelten, nervösen und ängstlichen Witwe in Trauerkleidung miterleben zu wollen, die, gewöhnt, von ihrem Mann unterstützt zu werden, jetzt allein vor der Öffentlichkeit auftreten, sich schonungslos anstarren lassen muß; das kann sie nicht verstehen und würde es ihren ärgsten Feinden nicht wünschen. Sie will es diesmal – wie versprochen – tun, aber die Gefühllosigkeit derer, die so darauf bestehen, kränkt sie sehr. Sie wird ihnen nie begreiflich machen können, wie sehr sie darunter leidet. Nervös, wie sie ist, weiß sie nicht, wie sie das alles durchstehen wird. Wäre die Königin eine Frau mit starken Nerven, so hätte sie nichts gegen diesen peinlichen Auftritt einzuwenden, aber ihre Nerven sind – aus dem Gefühl der Angst heraus, die ununterbrochen auf sie zukommende Arbeit könne sie erdrücken, und infolge der tiefen Trauer über den Verlust ihres Mannes – sehr mitgenommen, werden immer mehr angespannt. Die Königin wird noch eine Zeitlang unter dem Schock leiden, dem sie ausgesetzt ist«.

Nachdem sie die »Feuertaufe« bestanden und das Parlament eröffnet hatte, schrieb die Königin in ihr Tagebuch (6. Februar): »Ein schöner Morgen. Bin schrecklich nervös und unruhig. Fuhr halb elf von Windsor nach London, mit den Kindern, den Damen und Herren des Hofs.

Große Volksmassen unterwegs. Ich hatte deshalb – zum ersten Mal seit meinem großen Unglück – eine Eskorte. Wechselte mein Kleid nach dem Lunch, das ich kaum anrührte. Ich trug mein übliches Abendkleid, aber mit Feh garniert, und meinen Hut mit einem langen Schleier aus Tüll... Es war ein schrecklicher Augenblick für mich, als ich ganz *allein* in den Wagen stieg. Die Musik spielte. Es fiel mir schwer, meine Tränen zurückzuhalten, als die Menge ›Hurra‹ schrie. Aber unsere beiden lieben netten Mädchen (ihre Töchter, die Prinzessinnen Helena und Louise) waren eine große Stütze für mich. Sie konnten verstehen, was ich durchzumachen hatte. Das Volk war überaus begeistert. Es schien mich mit großer Sympathie zu betrachten. Wir hatten beide Wagenfenster trotz dem starken Wind geöffnet. Als ich das vollbesetzte Parlamentsgebäude betrat, war ich der Ohnmacht nahe. Es herrschte ein großes Schweigen. Aller Augen waren auf mich gerichtet. Ich war ganz allein auf mich gestellt«.

Man hatte die Nervosität der Königin vor solchen Auftritten ins Lächerliche gezogen und gemeint, daß ihre übertriebene Angst an Koketterie grenzte. Ihre Gedanken aber, die oben und an anderen Stellen wiedergegeben worden sind, beweisen, daß die Königin keine Gefühle vortäuschte, sondern daß sie dieses öffentliche Auftreten als abscheulich und entehrend empfand. Ihre Reaktion scheint natürlicher und ehrlicher als die ihrer Kritiker zu sein. Sich vor dem Volk zeigen zu müssen, war schließlich eher ein geschmackloses Schauspiel; denn die ihr zujubelnde Menge wollte nur sehen, wie die trauernde Königin aussah, wie sie ihren Schmerz ertrug, um dann darüber schwätzen zu können. Die Königin allein erkannte das Erniedrigende dieser Demonstration, in der sie, von Trauer und Alleinsein geplagt, als Hauptperson auftreten mußte.

Unzählige Tagebuchnotizen bestätigen, daß dieses Gefühl der Einsamkeit, der Trauer um den geliebten Mann entsprang. Typisch dafür sind Aufzeichnungen aus dem zweiten Band ihres Tagebuchs. Viktoria schreibt dort von einem Besuch im schottischen Hochland am 19. September 1865: »Zum ersten Mal in meinem Leben war ich allein in einem fremden Haus, ohne Mutter, ohne Gatten, der Schmerz überwältigte mich, wenn mir dies zum Bewußtsein kam«. Am 21. August 1867, als sie die schönen Zimmer dort bewohnte, notierte sie: »Das Gefühl der Einsamkeit brachte mich, als ich kein Zimmer für meinen geliebten Albert vorfand und merkte, daß ich wirklich allein, daß ich Witwe war, schier zur Verzweiflung. Ich mußte so oft daran denken – es war mein erster Besuch ohne Albert –, was er wohl, wäre er mit mir gewesen, gesagt oder getan hätte, wie er überall umhergewandelt wäre, alles sich angesehen oder bewundert hätte. Und jetzt! Ach, muß das immer so bleiben?«

Viktoria geht öfter in ihren Tagebüchern und Briefen auf religiöse Fragen ein. In der Regel gebraucht sie dafür übliche und triviale Ausdrücke, die jedoch Frieden und Optimismus ausstrahlen. Man hat das Gefühl, daß sie eine Frau ist, die pflichtschuldig und problemlos an das glaubt, was man sie gelehrt hat, die nicht groß über Zusammenhänge nachdenkt, die sich mit Worten des Trostes und der Anteilnahme zufriedengibt, die einer wohlgefälligen und oberflächlichen christlichen Weltanschauung zugrunde liegen, in der zwei Ideen eine wesentliche Rolle spielen: die Wege des Herrn sind unerforschlich, aber schließlich wendet sich doch alles zum Besten. Nach dem irdischen Leben werden wir wieder mit unseren Lieben in einem ewigen Leben glücklich vereint sein.

Ein anschauliches Beispiel von Viktorias Glauben an diese christliche Lehre ist ein Brief vom 13. Februar 1844 an König Leopold von Belgien, als Herzog Ernst von Sachsen-Coburg-Gotha, ihr Schwiegervater und Leopolds Bruder, gestorben war. Er stammt aus der Zeit der ersten glücklichen Jahre ihrer Ehe. Nach den üblichen überschwenglichen Worten der Trauer und des Mitgefühls – der Herzog war ein notorischer Wüstling gewesen – versuchte die damals fünfundzwanzigjährige Königin den dreißig Jahre älteren Onkel mit salbungsvollen Worten zu trösten – altklug, aufrichtig, mit einem ungewöhnlichen Eifer: »Der liebe Gott allein weiß, mein armer Onkel, daß Du in Deinem Leben genug gelitten hast, aber, lieber Onkel, vergiß nicht, daß wir uns in der Ewigkeit wiedersehen werden, ohne uns jemals trennen zu müssen. Dessen sollst Du gewiß sein. Du – wie wir anderen alle auch – solltest daran denken, daß die, die von uns gegangen sind, glücklicher als wir sind, daß sie uns immerfort lieben werden, und zwar viel inniger, als wir es in dieser Welt vermögen! Nach den ersten Stunden und Tagen der wehmutsvollen Trauer sind solche Gedanken der heilsamste Trost, der schönste Balsam für ein blutendes Herz«. Eben dieser Glaube an Gottes weise Führung und ein Leben nach dem Tod spricht – mehr oder weniger nuanciert – aus den Briefen der reifer gewordenen und älteren Königin. In ihrem späteren Leben drückte sich Viktoria unbefangener und nicht so salbungsvoll und selbstzufrieden wie in dem Trostbrief an König Leopold aus. Manchmal klang eine

Art von Resignation über den Verlust ihres Mannes aus ihren Briefen. Am Jahrestag ihrer Thronbesteigung 1869 schrieb Viktoria in ihr Tagebuch, daß »Gott ihr eine schwere Aufgabe übertragen« habe, die zu bewältigen sie sich nicht imstande fühle. Es fehle ihr an Lust und Liebe und an Selbstvertrauen. »Gott hat mich unsagbar glücklich gemacht und nahm Albert von mir, sicherlich in weiser Absicht und um Alberts willen. Er ließ mich allein die schwere Last des Regierens in schwierigen und unruhigen Zeiten tragen. Gott hat mir geholfen. Ich danke ihm in Demut. Es sind mir viele und schwere Prüfungen nicht erspart geblieben«.

In späteren Jahren, besonders nach Alberts Tod, machte sich bei Viktoria ein zielstrebigerer, lebhafterer und besinnlicherer Glaube geltend, mit einem Anflug von Grübelei, Schwärmerei und sogar Argwohn und Eigenwilligkeit. Nach dem Tod ihrer Mutter stellte sie sich die Frage, wie sich das Leben mit Albert in einer besseren Welt gestalten würde. Sie schrieb darüber an Prinzessin Viktoria, ihre Tochter, am 7. Oktober 1861: »Ich bin jetzt mit dem Tod so vertraut. Ich fühle mich dieser unsichtbaren Welt so verbunden«. Albert verschied im Dezember desselben Jahres, zwei Monate später. Das Problem der Unsterblichkeit wurde nunmehr für die Königin noch wichtiger. Sie las eine Reihe theologischer Schriften und war – wie es ein Brief an ihre Tochter beweist – von Bischof Butlers Bekenntnis vom ewigen Leben nach dem Tod felsenfest überzeugt. Doch schien sie manchmal von Zweifeln befallen zu sein, da sie nach Beweisen suchte. Später berichtete sie Randall Davidson, Dekan von Windsor 1883–1891, später Bischof und Erzbischof von Canterbury, daß sie oft der Gedanke beschlich, »all das könnte nicht wahr sein«. Die Verzweiflung über den Tod ihres Mannes brachte eine Zeitlang Viktorias Glauben ins Wanken. Sie dachte manchmal an Selbstmord. Doch eine »innere Stimme« schützte sie vor solchen Versuchungen und rief ihr zu: »Halte aus!« (»Still endure!«). Ganz allgemein bekommt man aus ihren Hinweisen und Reden den Eindruck, daß sie einen unerschütterlichen Glauben besaß, der im Alter noch genau so ungetrübt und echt wie in ihrer Jugendzeit war. Zu dieser persönlichen Überzeugung kam noch die in den oberen Gesellschaftskreisen weitverbreitete Meinung, daß Frömmigkeit eine Voraussetzung für den Gehorsam und die Zufriedenheit der breiten Masse gegenüber der Obrigkeit wäre. In einem Brief an Prinzessin Viktoria am 17. Juni 1878 erklärte die Königin, daß »Unglaube zu Ungehorsam gegenüber Staat und

Elternhaus verleitet«, daß »eine Nation ohne Religion einem Haus gleicht, das auf losem Sand gebaut ist«.
Sie fügt hinzu, daß die arbeitenden Schichten des Volks durch allzu großes Wissen mit ihren einfachen, aber lebensnotwendigen Aufgaben – z. B. als Diener in wohlhabenden Kreisen – unzufrieden geworden wären.
Ein unverbrüchlicher Wille, eine gute Christin zu sein, sprach oft aus den Briefen der Königin. Während einer internationalen Krise, am 25. Februar 1864, schrieb sie an den König von Belgien, daß sie erst jetzt die Bedeutung, den Sinn des Gebets verstünde. »Wenn ich einsam, traurig und verzweifelt bin, knie ich an seinem [Alberts] Bett nieder und bitte inständig, daß ich mutig, geduldig und besonnen bin, daß mein Liebling mich leitet, nur das zu tun, was er will. Dann kommt Ruhe über mich, die Gewißheit, daß meine Pein gesehen und gehört worden ist und nicht umsonst gewesen ist. Ich fühle mich erhaben über die Sorgen auf dieser elenden Erde... Aber es ist ein grausames, hartes und schweres Schicksal, in ständiger Trauer und Angst leben zu müssen«. Am 29. April schrieb Viktoria in ihr Tagebuch, daß sie »die Eitelkeit der Welt in ihrem ganzen Ausmaß« erlebt habe. »Ich würde gern die ärmste Witwe in diesem Land, die ihren Mann liebte und auch für mich Sympathie empfindet, wie eine Königin oder einen anderen Menschen in einem hohen Amt an mein Herz drücken. Ein Gefühl der Demut kommt über mich, ein Wunsch beseelt mich, alles Böse zu verzeihen, alles wieder gutzumachen«.
Die einzige Glaubensfrage, auf die Viktoria näher eingeht, ist das Problem des ewigen Lebens nach dem Tod. »Es gibt ein solches Leben nach unserem irdischen Dasein. Dann begegnen wir uns wieder, dann treffe ich Albert«. Das ist der Kern ihres Glaubens. In ihrem Tagebuch berichtet Viktoria am 7. August 1883 auch über ein Gespräch mit Tennyson. Sie waren sich dabei einig, daß es ein himmlisches Leben geben müsse, ohne Trennung, ohne Abschied. Wenn dies nicht wahr sei, wäre ja »Gott, der die Liebe selbst ist, viel grausamer als irgendein menschliches Wesen«. Mit Davidson war sie derselben Meinung – so steht es in ihrem Tagebuch vom 7. Februar 1892 –, daß es doch widersinnig sei »zu glauben, daß unsere Toten bis zum Jüngsten Gericht« schliefen. Die Toten seien eigentlich immer am Leben und wirkten für Verbesserung und Versöhnung. Typisch für dieses Glaubensbekenntnis war, daß es wohl einen Himmel, aber keine Hölle gebe. Immer wieder brachte Viktoria ihre Verachtung zum Ausdruck,

ihren Abscheu über »das unsinnige und unheimliche Dogma, daß es eine Hölle gebe«. Es ist möglich, daß ein Seelsorger sie mit solchen Problemen vertraut gemacht hatte. In ihrer Vorstellung, an den Himmel zu glauben und die Hölle zu verleugnen, wird Viktoria beseelt von dem Gedanken an eine Wiedervereinigung, aber nicht an ein Strafgericht.

Unbestätigte Gerüchte wurden in die Welt gesetzt, daß Viktoria sich mit Spiritismus befasse, was in England gegen Ende des 19. Jahrhunderts gar nicht verwunderlich gewesen wäre. Doch Lady Longford, eine gute Kennerin des Quellenmaterials über Viktoria, war solchen Behauptungen gegenüber skeptisch. Es wäre höchstens denkbar, meinte die Biographin, daß der Königin dabei der Gedanke verlokkend erschien, mit Albert in Verbindung zu kommen.

In ihrem Testament, das sie vier Jahre vor ihrem Tod schrieb, tröstete sie sich damit, daß sie mit ihrem »geliebten Gatten«, ihrer »lieben Mutter«, ihren »lieben Kindern«, ihren »drei Schwiegersöhnen« wiedervereinigt würde, »und mit allen«, die ihr »auf dieser Welt lieb und teuer« waren. »Ich hoffe, auch denen zu begegnen, die mir treu und ergeben gedient haben, besonders dem guten John Brown und der guten Annie Macdonald...«

Als Viktoria auf dem Sterbebett lag, lasen zwei Geistliche abwechselnd Gebete für ihr Heil. Einer von ihnen, Davidson, berichtete, daß die Königin unbeweglich und apathisch dalag. Einen Augenblick lang glaubte man, daß sie den Gebeten lauschte, nämlich, als Davidson die letzten Verse von Newmans Lied, ihrem Lieblingslied, »Lead Kindly Light« sang:

And with the morn those angel faces smile
Which we have loved long since and lost awhile.

Ob nun Davidsons Beobachtung stimmte oder nicht, hatte er damit die wunde Stelle in Viktorias Glauben getroffen. Sie verquickte himmlische und irdische Liebe, Gott und Albert, das gute Leben auf dieser Erde und das, das sie erwartete. Für sie hätten die Worte Brownings aus »Pospice« geschrieben sein können, mit denen er seinen Traum von der Begegnung des Mannes mit seiner Frau nach ihrem Todeskampf schildert:

For sudden the worst turns the best to the brave,
The black minute's at end,
And the elements' rage, the fiend-voices that rave,
Shall dwindle, shall blend,

Shall change, shall become first a peace, then a joy,
Then a light, then thy breast,
O thou soul of my soul! I shall clasp thee again,
And with God be the rest!

Die Monarchin

Während der Regierungszeit Viktorias und noch einige Jahrzehnte danach pflegte man die Königin als eine ideale konstitutionelle oder parlamentarische Monarchin darzustellen. Oft werden die beiden Attribute als Synonyme gebraucht. Man wollte damit vor allem zum Ausdruck bringen, daß das Parlament oder, genauer gesagt, die politischen Parteien des Unterhauses und nicht der Monarch bzw. die Monarchin die Regierung bildete, daß in Wirklichkeit die Regierung die Rechte ausübte, die formell der Krone zustanden, und daß ebenfalls der Einfluß des Monarchen innerhalb dieser Grenzen unbedeutend war. Eine klassische Definition dieses vorbildlichen parlamentarischen Systems stammt von Walter Bagehot in »The English Constitution« (1867). Danach war die Monarchie eine großartige und volkstümliche Institution, doch übten die Macht das Parlament und die sich oft ablösenden Ministerien aus. Der Monarch besaß nur das Recht »zu beraten, anzuregen und zu warnen«. Andere Forscher innerhalb und außerhalb Englands kamen später zu derselben Auffassung. Diese viktorianische Ordnung galt oft als Vorbild für die Anhänger der parlamentarischen Demokratie auf dem europäischen Festland.

Allmählich entstand ein anderes Portrait der Königin, nachdem man die Briefe veröffentlichte, die die politischen Ansichten und Eingriffe Viktorias widerspiegelten. Es wurde deutlich, daß sie weder eine parlamentarische noch eine konstitutionelle Herrscherin war. Sie habe einen großen Einfluß ausgeübt, schrieb man. Ältere Autoren hätten sich von Erklärungen irreführen lassen, die Politiker mehr oder weniger pflichteifrig in bezug auf die Anpassungsfähigkeit der Königin an die vor ihrer Thronbesteigung entwickelten parlamentarischen Regeln abgaben. Vor Viktorias Regierungsantritt hatte man auf einer viel strafferen Durchführung des geltenden Systems bestanden. Mit vollem Recht behaupten heute Geschichtsschreiber, daß Viktorias Nachfolger sich passiver als die Königin gegenüber den parlamentarischen

Gepflogenheiten verhielten, also viel strengere »parlamentarische« Ansichten als Viktoria hatten.
Hier wurde dieses Thema nur ganz kurz gestreift. Es soll jedoch auf einige Tatsachen hingewiesen werden, die in politischen Gesprächen bisher viel zu wenig beachtet wurden. Sie sollen der Ausgangspunkt für die folgenden Ausführungen sein. Als Viktoria den Thron Englands bestieg, existierte nach der damals und heute noch geltenden Meinung in diesem Land ein parlamentarisches System, eine ungeschriebene Verfassung, die sich auf Traditionen, auf bereits bestehende Gepflogenheiten oder mündlich überliefertes Recht stützte, gleichgültig, welchen Ausdruck man hierfür gebrauchen will. Was bedeutete dieser Parlamentarismus? Das ist äußerst schwierig, ja, fast unmöglich zu erklären. Die Meinungen der Forscher und Politiker darüber gehen weit auseinander. Die einen sagten beispielsweise, daß das Recht, das Unterhaus aufzulösen, letzten Endes immer noch dem Monarchen zustünde. Die anderen behaupteten das Gegenteil. Die maßgeblichen Urteile über das englische parlamentarische System in den Jahren 1837, 1867 oder 1897 zu präzisieren, wäre eine große wissenschaftliche Aufgabe, die hier nicht erschöpfend behandelt werden kann. Wichtig ist festzustellen, daß man darüber ganz verschiedener Meinung war. In den Diskussionen über »Recht« und »Tradition« kristallisierte sich eine ganz bestimmte Vorstellung von diesen Begriffen heraus, die den Verhältnissen jener Zeit gar nicht entsprach, also im Denken und Handeln der Königin Viktoria und ihrer maßgebenden Politiker noch keine Rolle spielen konnte.
Man unterschied ferner nicht zwischen den legalen Kompetenzen und dem Einfluß, den Königin und Politiker hatten. Es wird behauptet, daß die Königin eine Machtfülle besaß, die mit dem englischen Parlamentarismus unvereinbar war, wenn auch diese Macht nur darin bestand, daß sie die Minister mit Versprechungen und Drohungen zwang, ihren Wünschen nachzukommen. Zweifellos hat sich die Königin Dinge zuschulden kommen lassen, die in sämtlichen Staatsformen, in denen ein Minister die Verantwortung für alle behördlichen Anordnungen trägt – ausgenommen sind Diktaturen oder Staatsgebilde amerikanischen Typs –, fragwürdig erschienen. So hatte sie sich mit der Opposition gegen ihre eigenen Minister verschworen. Ja, sie forderte untergeordnete Beamte geradezu auf, Widerstand zu leisten. Viktorias wesentliche Macht und Überlegenheit bestand, wie aus den nach und nach publizierten Dokumenten hervorgeht, im wesentlichen

darin, daß ihre Minister sich nach ihren Wünschen richteten, sich ihrem Willen beugten.

Hinzu kam: die Bedeutung des Parlamentarismus war den Staatsmännern, ob sie nun Theoretiker oder Praktiker waren, unklar. Für die Königin war dieses System noch viel problematischer. Man hatte sie wohl etwas in die Geschichte und Politik eingeweiht, aber, hätte man sie nach den Grundsätzen dieses Systems gefragt, wäre sie sicherlich nie fähig gewesen, eine einigermaßen klare Antwort darauf zu geben. Bezeichnend in diesem Zusammenhang ist, daß Viktoria noch Jahre nach ihrer Thronbesteigung zugab, »sich nicht eines unguten Gefühls zu erwehren, daß sie auf einmal ihr Vertrauen Personen schenkte, die gegen die vorgingen, auf die sie sich einst verlassen hätte« (so schreibt der Biograph König Edwards, Philip Magnus). Ihre Arglosigkeit, ob auf geistigem oder moralischem Gebiet, war so vollkommen, daß sie es nicht verstehen konnte und es entsetzlich fand, wenn eine Regierung abgelöst wurde, weil sich das Mehrheitsverhältnis der Parteien im Unterhaus geändert hatte, eine durchaus natürliche Erscheinung im parlamentarischen System. Daß dieser Wechsel auf Grund ihres »königlichen Vertrauens« vor sich ging – also das »Vertrauen« nicht nur Formsache war –, davon war sie fest überzeugt. Ihre Briefe in den sechzig Jahren ihrer Regierungszeit, hastig und oft unüberlegt niedergeschrieben, enthielten die unterschiedlichsten Meinungen über das Verhältnis zwischen Monarch, Regierung und Parlament. Sie glaubte manchmal – wie aus dem Briefwechsel hervorgeht –, »eigentlich« von sich aus ihre Minister berufen und wichtige politische Fragen entscheiden zu können. Sie war sich wiederum im klaren, daß ihr Einfluß Grenzen hatte. Jedenfalls gab es kaum Reibereien. Die Königin verfolgte beharrlich ihr Ziel, aber schreckte im entscheidenden Augenblick vor Entschlüssen zurück; andererseits gingen die Minister jedem Skandal aus dem Weg, in dem festen Willen, der Königin als Frau und Herrscherin alles recht zu machen. Diese gegenseitige Rücksichtnahme wurde zu einer festen parlamentarischen Gepflogenheit, so beständig, daß es während der fast vierundsechzigjährigen Regierungszeit Viktorias kaum zu einer konstitutionellen Verfassungskrise von Belang kam.

Die wichtigsten Grundsätze des englischen Parlamentarismus waren und sind, kurz gesagt:

1. Die Regierungsbildung hängt von der Zusammensetzung des Parlaments ab.

2. Der Monarch hat die Vorschläge der Regierung zu akzeptieren.
3. Die Auflösung des Parlaments – des Unterhauses – wird in Wirklichkeit von der Regierung beschlossen, das Recht der Auflösung steht jedoch formell und scheinbar, nach außen hin, dem Monarchen zu.

Wie wurden diese Grundsätze während Viktorias Regime befolgt? Der Parteienproporz im Unterhaus war absolut für die Zusammensetzung der Regierung ausschlaggebend. Alle Regierungswechsel waren die Folge von Neuwahlen, die das Größenverhältnis der Parteien veränderten, oder einer Abstimmung im Unterhaus, die die Regierung zwang, abzugehen oder doch einen Vorwand zu finden, um zurückzutreten. Oft war die Königin unglücklich, wenn wieder ein Regierungswechsel bevorstand, z. B. als Melbourne 1841 von Peel abgelöst wurde, ferner, als die Liberalen in den Jahren 1880, 1886 und 1892 an die Macht kamen. Doch sie war sich darüber klar, daß sich der Wechsel nicht umgehen ließ. Es mag Zeiten gegeben haben, da sie zu gern ihre Premierminister (Russell, Gladstone) verabschiedet hätte. Aber sie wußte, daß sich dies nicht machen ließ. Man konnte ihr Intrigen und Eigenmächtigkeit vorwerfen, als sie im Herbst 1885 eine Koalition zwischen den Gemäßigten Liberalen und den Konservativen zu bilden versuchte. Damit wollte sie jedoch nicht das Ergebnis der Wahlen in Frage stellen. Einige Male versuchte die Königin die Wahl des Premierministers zu beeinflussen; dies aber nur in Fällen, da England keinen Premierminister hatte. Deshalb konnte man die Königin nicht wegen ihres Vorgehens tadeln. 1859 entschied sie sich nach langem Zögern für Palmerston als Regierungschef.

1868 hatte sie die Wahl zwischen drei Kandidaten für dieses Amt. Sie entschloß sich für Disraeli. 1894 zog sie Rosebery vier oder fünf anderen Anwärtern auf diesen Posten vor, die Gladstone ablösen sollten. Nach der Wahl des Jahres 1880 versuchte sie, einen Liberalen als Premierminister zu gewinnen, es sollte nur nicht Gladstone sein. Doch nach ergebnislosen Aussprachen mit Hartington und Granville war Viktoria gezwungen nachzugeben. Daß sie sich nicht gleich an Gladstone wandte, lag wohl auch daran, daß dieser offiziell als Parteiführer zurückgetreten war. Man kann ihr in all diesen Fällen mangelndes Beurteilungsvermögen oder eine gewisse Eigenmächtigkeit vorwerfen, aber keineswegs einen Verstoß gegen das parlamentarische System.

Ungefähr dieselbe Haltung nahm Viktoria gegenüber den Regierungserklärungen ein. Sie versuchte oft, auf deren Formulierung Einfluß zu nehmen. Ab und zu gelang ihr das. Typische Beispiele waren einmal unter Gladstones erster Regierungszeit die Abfassung des Antrags, die irische protestantische Staatskirche abzuschaffen; ein andermal der Vorschlag Disraelis, Viktoria zur Kaiserin von Indien auszurufen. Doch die Königin gab der festen Haltung der Regierung nach. So konnten dem Parlament Vorlagen unterbreitet werden, die sie öffentlich billigte, doch persönlich ablehnte, u.a. eine Reihe Reformen, die Irland betrafen, und vor allem Anträge des dritten und vierten Kabinetts Gladstones zur Selbstverwaltung dieses Landes. In einigen Briefen hatte die Königin die merkwürdige Auffassung vertreten, daß die Thronrede keine Regierungserklärung, sondern ihre rein persönlichen Äußerungen gewesen seien. Man hätte Änderungen auf ihren Wunsch hin vorgenommen. Doch stand fest, daß die Thronrede von den Mitgliedern der Regierung abgefaßt worden war.

Das Recht, das Parlament aufzulösen, war ein dritter entscheidender Punkt im parlamentarischen System. Wenn der Monarch glaubte, die Auflösung verweigern zu können, bestand die Gefahr eines Konflikts. Monarch und Regierung vertraten dann gegensätzliche Meinungen. Das Kabinett sah sich genötigt zurückzutreten. Die nachfolgende Regierung war dann ein »Crown-Cabinet«. Noch krasser war der Fall, wenn der Monarch die Auflösung des Parlaments forderte, weil eine Vorlage nicht eher angenommen werden konnte, bis sie ausdiskutiert und bei einer Abstimmung gebilligt worden war. Beide Fälle waren während Viktorias Regierungszeit eingetreten.

Im Mai 1858 verlangte Lord Derby, seit Februar Parteiführer und konservativer Premierminister, daß das Parlament aufgelöst werden sollte, wenn er keine Mehrheit in einer gewissen Frage erzielte und nicht ermächtigt würde, das Einverständnis der Königin zur Auflösung vorher bekanntzugeben. Viktoria beriet sich mit dem Prinzgemahl. Sie lehnte jede Stellungnahme zur Auflösungsfrage und das Verlangen Lord Derbys, diesen Schritt vorher anzukündigen, kategorisch ab. Damit hätte sie das Unterhaus einem unangenehmen Druck ausgesetzt. Viktoria und Albert waren sich dennoch ihrer Sache nicht sicher und sandten einen vertrauenswürdigen Mann des Hofs, Sir Charles Phipps, zu Lord Aberdeen, einem früheren Premierminister, der für seine vorsichtige Einstellung und seinen geraden Sinn bekannt war, um dessen Rat einzuholen. In Phipps' später veröffentlichter Denkschrift – ohne Zeitangabe – äußerte Aberdeen, daß die Königin das Recht gehabt habe, Lord Derbys Forderung, die Auflösung vorher bekanntzugeben, abzulehnen. Doch konnte sich Aberdeen nicht entsinnen, daß ein Monarch jemals von diesem Privileg Gebrauch gemacht hätte. Aberdeen war überzeugt, daß »die Königin unbedingt auf den Vorschlag eingehen sollte, das Parlament aufzulösen, wenn ihr Premier ihr diesen Ratschlag gäbe. Eine Weigerung würde bedeuten, daß Viktoria allein die Verantwortung für Lord Derbys Entlassung trüge...« Aus einer späteren Aufzeichnung Prinz Alberts vom 16. Mai 1858 geht hervor, daß er und die Königin mit Lord Derby gesprochen hatten, wobei dann Viktoria angedeutet habe, daß sie einer Auflösung jetzt zustimmen würde. Lord Derby könne dies sozusagen »durch die Blume« der Öffentlichkeit wissen lassen. Derby ließ daraufhin Gerüchte dementieren, die besagten, die Königin widersetze sich der Auflösung. Schließlich kam es aber gar nicht dazu, weil die Regierung keine Niederlage im Parlament erlitt. Wahrscheinlich lag das daran, daß man der Opposition gegenüber durchblicken ließ, daß im Fall einer Abstimmungsniederlage die Auflösung drohte. (Ob es gerechtfertigt war, diese eventuelle Auflösung anzudeuten, soll hier nicht erörtert werden. Heute neigt man dazu, diese Frage zu bejahen.)

Unter den liberalen Regierungen Gladstone und Rosebery (1892–95) wurde das Problem, ob die Königin das Recht habe, eine Auflösung des Parlaments zu fordern, zweimal aufgeworfen. Es handelte sich sowohl um komplizierte als auch unklare Fragen. Im Hintergrund stand die Kontroverse zwischen Königin, Oberhaus und Konservativer Partei auf der einen, der Regierung und der knappen Mehrheit des Unterhauses, die die Regierung stützte, auf der anderen Seite. Der Führer der Konservativen, Lord Salisbury, der hinter dem Rücken der Minister mit der Königin korrespondierte, bestärkte die Königin in ihrer Ansicht, daß sie die Auflösung verlangen könne, um die eine oder andere Streitfrage entscheiden zu lassen. In einem Memorandum stellte er aber gleichzeitig fest, daß die Verfassungsmäßigkeit dieses Schrittes angezweifelt werden könnte (8. August 1893): »Wenn die Königin gegen den Willen der Minister das Parlament auflöst, so muß die Regierung natürlich zurücktreten. Den Konservativen bleibt dann nichts anderes übrig, als gegen ein solches Recht der Königin Einspruch zu erheben oder zumindest die Art und Weise zu kritisieren, mit der dieses Recht geltend gemacht wird. Niemand weiß, was dabei herauskommt ... Auf jeden Fall läuft dabei die Königin Gefahr, daß im Lauf der Zeit ihr Ansehen darunter leidet«.

Die Königin hat auch nie eine Parlamentsauflösung vorangetrieben.

Wie Lord Salisbury schon andeutete, wäre der Rücktritt der Regierung unausbleiblich gewesen. Die parlamentarischen Gepflogenheiten wären damit durchbrochen worden.
In entscheidenden Fragen, wenn es darum ging, Minister zu ernennen oder zu entlassen, sich zu Vorschlägen der Regierung zu äußern, das Recht, das Parlament aufzulösen, korrekt zu handhaben, hat Viktoria immer die Grundsätze des Parlamentarismus beachtet, wenn sie auch ab und zu erwogen hat, anders vorzugehen, in der festen Überzeugung, dazu berechtigt zu sein. Als Kuriosum mag hierbei darauf hingewiesen werden, daß der Schwedische Verfassungsausschuß in seinem Gutachten 1963 Richtlinien vorschlug, die in den wichtigsten Punkten dem Monarchen einen größeren Einfluß einräumten als dies im England des 19. Jahrhunderts der Fall war. Der schwedische König hätte auf Grund dieses Vorschlags Minister verabschieden, Vorschläge der Regierung ablehnen und eine Auflösung des Reichstags verhindern können.
Die schärfste Waffe des Monarchen ist die Drohung abzudanken. Viktoria hat sich dieses Druckmittels in einer geschichtlich einmaligen Art und Weise bedient. Es ist kaum möglich festzustellen, wie oft die Königin mit ihrem Rücktritt drohte, wenn sie sich nicht durchsetzen konnte, und wie die Regierung darauf reagierte. Es ist schwierig, einen Unterschied zu erkennen zwischen den versteckten Drohungen abzudanken und den offen ausgesprochenen Warnungen. Ebenso mühselig ist es festzustellen, inwieweit sich die Minister dadurch beeindrucken ließen, ob sie Viktorias Drohungen überhaupt ernst nahmen. Zum Beispiel gab die Königin im Jahr 1871 ganz klar zu verstehen, daß es ihr fester Wille sei abzudanken, als Gladstone Viktoria dazu bringen wollte, mehr von London aus zu regieren, um ihren Repräsentationspflichten besser nachkommen zu können. Sie schrieb daraufhin an den Lordkanzler, sie müsse allen Ernstes erklären, daß sie ihr Amt nicht fortführen könne und ihre Bürde in jüngere Hände legen müsse, wenn ihre Minister sie nicht unterstützten und die volle Wahrheit sagten (über ihr Bedürfnis nach Ruhe).
Es gibt noch eine Reihe weiterer Beispiele von mehr oder weniger heftigen Rücktrittsdrohungen Viktorias aus den Jahren 1877 und 1878. Die Königin drängte auf ein aggressiveres Vorgehen gegen Rußland, als Disraeli und besonders dessen Außenminister Lord Derby es praktizierten. Innerhalb eines halben Jahres drohte sie viermal mit dem Rücktritt. Falls die Russen Konstantinopel eroberten, würde sie

sich »gedemütigt vorkommen und wahrscheinlich sofort abdanken«. Sie könnte »nicht Herrscherin eines Landes sein, das sich selbst erniedrigt, indem es die Füße der Barbaren küßt«. Ihre erste Reaktion würde sein, alles aufzugeben und ihre »Dornenkrone« niederzulegen (Brief an Disraeli, der in Monnypennys und Buckles Biographien enthalten ist).

Diese Zeilen lassen klar erkennen, daß sie die Möglichkeit abzudanken offenließ, auch wenn sie sich im allgemeinen mit der Regierung solidarisch erklärte. Sie spielte immer mehr mit dem Rücktrittsgedanken, da sie ihren Premierminister – in erster Linie Gladstone – als ihren persönlichen Feind betrachtete. Während Bismarck den alten Kaiser Wilhelm I. unter Druck setzen wollte, indem er mit dem Rücktritt drohte, versuchte in England die Königin ihre Minister zu erpressen, indem sie ihrerseits immer wieder von Abdankung sprach.

Henry Ponsonby schrieb am 12. April 1880, daß Gladstone einmal die Rücktrittsdrohung als Viktorias stärkstes Mittel, »sich durchzusetzen« bezeichnete; denn »niemand konnte sich dagegen zur Wehr setzen, nachdem sich ein jeder Minister unmöglich machen würde, der gegen die Königin arbeitete«.

Ponsonby fügte hinzu: »Das stimmt. Was für ein grausamer Sieg wäre das für Viktoria. Das käme einem Untergang nahe«. Diese Aussprüche besagen alles. Die Rücktrittsdrohung eines populären konstitutionellen Monarchen aufgrund gegensätzlicher Ansichten wäre für den Premierminister gleichbedeutend mit einem Selbstmord unter vier Augen. Gebe der Kabinettschef nicht nach und gehe der Monarch deshalb ab, sei dies ein schwerer Schlag für die Regierung und ihre Partei. Aber es gerate auch das monarchische System in Gefahr; denn eine Reaktion gegen diese Art von Erpressung würde mit der Zeit nicht ausbleiben.

Einfach abzudanken, so, wie ein Regierungschef seinen Abschied einreichen kann, ist anscheinend nicht denkbar. In England – und auch in Schweden – hat man die Frage aufgeworfen, ob ein Monarch überhaupt ein Recht hat zurückzutreten – eine sinnlose Diskussion, da niemand verhindern kann, daß ein Staatsoberhaupt den Hut nimmt.

Der große Einfluß der Königin war nur möglich, weil sie – aufgrund ihrer eigenen und Prinz Alberts Initiative – sich sehr stark in Staatsgeschäfte einzuschalten und dabei oft eine eigene Meinung zu vertreten pflegte. Ob es wirklich ihre persönliche Ansicht oder die ihres Mannes war, sei dahingestellt. Wenn sie sich auf ihren Schlössern außerhalb

Londons aufhielt – während ihrer Witwenzeit war das die Regel –, war immer ein Minister in ihrer Nähe, entweder direkt in ihrem Gefolge oder als Minister vom Dienst. Der Premierminister schrieb – mit der Hand, höchstpersönlich – nach jeder Kabinettssitzung einen Bericht, und irgendein Minister schilderte ebenso die Unterhausdebatten. Eine große Anzahl Ernennungen höherer Beamter – wieviele es waren, ließ sich nicht ermitteln – innerhalb der Verwaltung, der Verteidigung und der Kirche wurden der Königin vorgetragen. Besonders bei Beförderungen innerhalb der Kirche und der Diplomatie behielt sie sich die Entscheidung vor. Grundsätzlich sollte sie Einblick in alle eingehenden diplomatischen Depeschen bekommen. Alle herausgehenden Instruktionen an ihre Gesandten im Ausland sollten erst von ihr genehmigt werden. Wie Lord Palmerston berichtet, betrug die Zahl der eingehenden und ausgehenden Nachrichten in einem besonders betriebsamen Jahr 28000. Einmal sogar hatte sie sich bei Lord Palmerston schriftlich beklagt, daß man Instruktionen herausschickte, ohne daß sie diese vorher gesehen hätte. Außerdem führte sie, wie schon früher erwähnt, eine lebhafte Korrespondenz über ausländische Angelegenheiten mit ihren Verwandten und Bekannten an fast allen europäischen Höfen.

Für die Königin – und vor allem für Prinz Albert zu dessen Lebzeiten – brachte das eine unerhörte Arbeit mit sich, die niemals in Stunden ausgedrückt werden konnte, aber doch den absolut größten Teil ihrer Zeit ausgefüllt haben mußte. Für die jeweiligen Premierminister war diese Nachrichtenübermittlung nicht nur zeitraubend, sondern auch ermüdend, besonders dann, wenn die Königin sich auf Balmoral – insgesamt sieben Jahre! – oder in Osborne aufhielt und täglich schriftliche Berichte abgefaßt werden mußten. Viele von ihnen haben sich bitter über diese Mehrarbeit für die Königin beschwert. So Disraeli: »Sechshundert Meilen von London entfernt die Regierungsgeschäfte zu erledigen, macht doppelt soviel Arbeit«. Gladstone: »Die Königin allein kann uns alle zur Verzweiflung bringen«. Salisbury (1886, als er Premier- und Außenminister zugleich war): »Zwei Ministerien hätten mir gereicht, aber ich muß vier Dienststellen verwalten; ich muß Regierungschef sein, Außenminister, für die Königin und für Randolph Churchill arbeiten. Die Bürde wird immer größer, und zwar in der angegebenen Reihenfolge«.

Weiterhin beruhte der enorme Einfluß der Königin darauf, daß es die Minister in ihrer Eigenschaft als Untertanen – vielleicht auch als

Männer gegenüber einer Frau, und dazu noch einer alternden – schwer hatten, sich durchzusetzen. Immer mußten sie ihr den gebührenden Respekt erweisen, immer liebenswürdig auftreten, immer eine mündliche oder schriftliche Auseinandersetzung befürchten, weil ja die Königin oft eigensinnig, unvernünftig und leicht reizbar war. Sie gingen dann lieber dem Starrsinn und der Nörgelei aus dem Weg, zumindest nach außen hin. Wenn man Briefe der Politiker studiert, meint man die Verärgerung darüber mitzuerleben, daß sie niemals offen alles aussprechen konnten, daß sie immer die Entscheidung der Königin überlassen, sich oft entschuldigen, nur im äußersten Notfall logisches Denken als scharfe Waffe verwenden und bis zur Erniedrigung ehrerbietig und voller Bewunderung der Königin gegenüber auftreten mußten. In der Zeit nach Alberts Tod kam dies besonders kraß zum Ausdruck. Albert *sprach* mit den Politikern als Vertrauter der Königin; sie *schrieb* ihnen. Ihm gegenüber brauchte man sich jedoch nicht unterwürfig zu geben.

Hier sollen nur einige Beispiele aufgeführt werden, die zeigen, welchen Einfluß die Königin bei wichtigen Kabinettsentscheidungen hatte oder welchen man ihr zuschrieb. Einige Male soll sie den Premierminister veranlaßt haben, die Kabinettsliste wieder abzuändern. So habe sie 1880 interveniert, um zu verhindern, daß Gladstone Sir Charles Dilke in die Regierung aufnahm. Dieser hatte mehrmals leise Sympathien für das republikanische System geäußert. 1895 ernannte Salisbury zum Innenminister den Mann, den die Königin vorgeschlagen hatte. In diesen und auch anderen Fällen ist es jedoch schwierig auszumachen, wie groß Viktorias Einfluß war. Vielleicht konnte sich der Premier selbst nicht entscheiden. Es war auch nicht ausgeschlossen, daß es ihm lieb war, mit dem Wunsch der Königin seinen eigenen erfüllen zu können, besonders dann, wenn es infolge des Parteienproporzes nicht so einfach war, einen Mann ernennen zu müssen, der ihm nicht genehm war. Bei Ernennungen kirchlicher Würdenträger ist der bestimmte Wunsch der Königin oft entscheidend gewesen. 1868 z.B. zwang sie geradezu Disraeli, Tait zum Erzbischof zu ernennen. Schließlich erhob sie Anspruch darauf, ein für allemal zu bestimmen, wer Dekan von Windsor werden sollte. Ebenfalls scheint sie für die Entlassung und die Ernennung einiger Gesandter verantwortlich gewesen zu sein. Sie mischte sich besonders ein, wenn es galt, den Posten in Berlin zu besetzen. Ihre Tochter Viktoria und deren Mann, inzwischen Kronprinz von Preußen, wollten hier mitbestimmen.

In der allgemeinen Politik hatte Viktoria, wie schon erwähnt, wichtige Entscheidungen getroffen. Am schwierigsten zu beurteilen ist der Einfluß der Königin und ihres Mannes auf die Außenpolitik. Sehr wahrscheinlich ist, daß Prinz Albert eine gewisse Rolle dabei gespielt hat. Er führte immerwährend Gespräche mit den Spitzenpolitikern, obwohl dies selten durch Dokumente belegt werden kann. Bemerkenswert ist – es wird oft darauf hingewiesen –, daß Prinz Albert kurz vor seinem Tod die Regierung dazu bringen konnte, eine Note an Washington in der »Trent-Affäre«, die zu Beginn des amerikanischen Bürgerkriegs die Gemüter beunruhigte, im Ton wesentlich zu mildern. Es wird behauptet, daß Prinz Alberts Eingreifen einen Krieg verhindert habe, eine Hypothese, die man nicht nur nicht beweisen kann, sondern die auch höchst umstritten ist. Der Briefwechsel der Königin gibt Aufschluß darüber, daß sie – oder sie und Prinz Albert – sehr eindringlich versucht hatte, in kritischen Situationen auf das Kabinett einzuwirken. Ganz allgemein kann angenommen werden, daß der Einfluß Viktorias auf die Regierung größer war als der ihrer Nachfolger, überhaupt größer als er in einer parlamentarischen Monarchie vorausgesetzt werden konnte. Es besteht jedoch kein Zweifel, daß die sich abwechselnden Regierungen und nicht die Monarchin die Politik Englands wesentlich bestimmten. Der immer wiederkehrende Gedanke, daß in Wirklichkeit die Königin besonders in außenpolitischen Fragen in kritischen Situationen die führende Rolle spielte, ist erfunden, ist genau so eine absurde Idee wie die Rolle, die man ihrem Sohn Edward andichtete, indem man sagte, er sei für die englische Allianzpolitik zu Beginn des 20. Jahrhunderts verantwortlich gewesen. Viktorias Einfluß auf die Politik war nicht so groß wie der Verdruß, den sie ihren Ministern bereitete.

Zehn Premierminister leiteten unter Viktorias Regime das Kabinett. Sie werden hier in der Reihenfolge aufgeführt, nach der sie die Regierung bildeten (in Klammern ist angegeben, wann sie Premierminister waren): Lord Melbourne (bis 1841), Sir Robert Peel (1841–1846), Lord Russell (1846–1852 und 1865–1866), Lord Derby (1852, 1858–1859, 1866–1868), Lord Aberdeen (1852–1855), Lord Palmerston (1855–1858, 1859–1865), Disraeli, späterer Lord Beaconsfield (1868, 1874–1880), Gladstone (1868–1874, 1880–1885, 1886, 1892–1894), Lord Salisbury (1885–1886, 1886–1892, 1895–1902), Lord Rosebery (1894–1895). Bezeichnend ist, daß sieben der zehn Premierminister, ob sie dem Oberhaus angehörten oder nicht, aus altem vornehmem Adel stammten. Ausnahmen bildeten lediglich Peel und Gladstone, die aus reichen Oberklassenfamilien kamen, und Disraeli, der in einem vermögenden und geistig hochstehenden, ursprünglich jüdischen Milieu aufgewachsen war.

Das Verhältnis der Königin zu diesen Staatsmännern war ganz unterschiedlich. Viktoria war verzweifelt, als 1841 Melbourne Peel weichen mußte, doch bald gewann sie Vertrauen zu dem konservativen Parteiführer, da er und Prinz Albert – beide zuverlässige, pflichtbewußte und ernste Charaktere – gut zusammenarbeiteten. Der liberale Russell, verhältnismäßig einseitig, eigenwillig und gewissenhaft, erregte ihren Unwillen. Mit Palmerston focht sie manchen Strauß aus, war ihm gegenüber immer mißtrauisch – in Briefen nannte sie ihn »Pilgerstein« –, doch gefiel ihr dessen nonchalante angriffslustige Außenpolitik. Zu Derby und Aberdeen unterhielt sie ein gutes Verhältnis. Ihre Schwäche für Disraeli ist ebenso bekannt wie ihr Widerwille gegen Gladstone. Ihre Beziehungen zu Salisbury und in gewissem Grad auch zu Rosebery gestalteten sich ziemlich reibungslos.

Ein ausgedehnter Briefwechsel spiegelte in besonderem Grad die Einstellung der Premierminister zur Königin und deren Eigenheiten wider. Die Neigung zu Nachgiebigkeit und Unterwürfigkeit tritt nach vieler Meinung am stärksten bei den beiden berühmtesten und von der Königin so verschieden beurteilten Staatsmännern Disraeli und Gladstone hervor. Bei Disraeli war Servilität und übertriebener Respekt am stärksten ausgeprägt, aber er hatte doch etwas Spielerisches, Spöttisches, Ironisches an sich, das man bei Gladstone vollkommen vermißte. Bei einer ganzen Reihe von Premierministern stellte man, trotz ihrer jederzeit vollkommenen Höflichkeit, ein herberes Auftreten fest, einen Zug von Selbstbewußtsein, Stolz und Ebenbürtigkeitsgefühl. Das gilt meines Erachtens besonders für Russell, Aberdeen, Palmerston und Salisbury. Palmerston, der noch im Alter von 80 Jahren etwas von seiner frech-eleganten Art als Lebemann aus seiner Premierministerzeit an sich hatte, konnte sich ab und zu erlauben, zu spötteln und der Königin leise Vorwürfe zu machen.

Zum Jahreswechsel 1853/1854 beklagte sich Viktoria bei Lord Aberdeen über Presseangriffe auf Prinz Albert und dessen Einfluß auf die Politik. In diesem Brief – der wahrscheinlich bisher nicht veröffentlicht worden ist – schien die Königin die Stellung und das Ansehen des Prinzen in überschwenglichen Worten zum Ausdruck gebracht zu

haben. Lord Aberdeen distanzierte sich in seiner Antwort zunächst von den kritischen Äußerungen der Presse und erklärte, daß er Prinz Albert sehr schätze (6. Januar 1854): »Es kann nicht geleugnet werden, daß die Stellung des Prinzen etwas ungewöhnlich ist. In der Verfassung ist sie nicht vorgesehen ... doch kann Lord Aberdeen nur sagen, daß es ein großer Segen für uns alle ist, daß Eurer Majestät ein so geschickter, eifriger und uneigennütziger Berater zur Seite steht«. Danach unterstrich Aberdeen das Ansehen der Regierung, ihre Selbständigkeit. »Ihre Minister allein sind für die Regierungsgeschäfte verantwortlich. Obwohl Lord Aberdeen keinen anderen in England kennt, dessen Absichten er mehr respektiert und schätzt, so würde er doch, wenn er bedauerlicherweise eine andere Meinung als Seine Königliche Majestät hätte, niemals zögern, seiner eigenen Überzeugung zu folgen...«
Während der italienischen Krise 1859/60 stand die Königin der wohlwollenden proitalienischen Haltung der Regierung kritisch gegenüber. In diesem Sinn schrieb Viktoria am 11. Januar 1860 einen Brief u.a. an den Außenminister Lord Russell, den dieser scharf zurückwies (11. Januar): »Die Grundsätze der Revolution des Jahres 1688, die von Mr. Fox, Mr. Pitt, dem Herzog von Wellington, Lord Castlereagh, Mr. Canning und Lord Grey unterstützt worden sind, können nicht von den Ratgebern Ihrer Majestät jetzt preisgegeben werden. Danach kann alle Macht des Herrschers durch dessen mißbräuchliches Verhalten verwirkt werden. Jedes Volk hat das Recht, über seine eigene Regierung zu entscheiden. Von Lord John Russell kann man nicht erwarten, daß er dieser Auffassung abschwört oder diesen Grundsätzen zuwiderhandelt«. Die Königin antwortete darauf, daß sie nicht begreife, was die Prinzipien des Jahres 1688 mit ihrem Brief zu tun hätten (11. Januar). In dem veröffentlichten Briefwechsel kann man keine Antwort Russells hierauf finden. Auch in der folgenden Zeit wurde die Königin durch Russells scharfe Formulierungen verärgert. Sie beklagte sich darüber beim Premierminister Lord Palmerston. Die beiden Lords gaben daraufhin lauwarme Erklärungen ab, entschuldigten sich also, blieben aber doch in der Sache bestimmt.
Während der deutsch-dänischen Krise im Jahr 1864 stand Viktoria auf deutscher Seite. Eine Zeitung veröffentlichte Meinungsäußerungen der Königin zu dieser Frage. Daraufhin wies der Premierminister, Lord Palmerston, sie zurecht: »Diese Zeitung – und auch andere, die von Lord Palmerston genannt worden sind – erwecken den Eindruck, daß Eure Majestät Ihre persönlichen Ansichten über die deutsch-däni-

sche Krise zum Ausdruck gebracht haben. Das bringt die Regierung in Schwierigkeiten; denn dies führt zu falschen Schlüssen; die Regierung hat sich bei allen Entschlüssen ... nur von ihrem Verantwortungsgefühl leiten lassen, und Eure Majestät haben auf Grund unserer konstitutionellen Verfassung diese Beschlüsse sanktioniert und akzeptiert. Es würde Eurer Majestät zum Schaden gereichen, wenn Sie sich des Schutzes entzöge, der Ihr aufgrund der Verfassung zusteht, indem die Minister für alles die Verantwortung übernehmen, was geschieht und nicht geschieht. Es wäre bedauerlich, wenn die persönlichen Ansichten und Auffassungen Zielscheibe von öffentlichen Kritiken und Angriffen würden. Eure Majestät haben Ihre Ansichten sicherlich vorsichtig genug zum Ausdruck gebracht, und es ist zu hoffen, daß Indiskretionen Anlaß zu derartigen Äußerungen der Zeitung geben« (10. Mai 1864). Lord Palmerston wollte mit diesem Brief erreichen, daß die Königin ihre persönliche Meinung für sich behielt und auch ihr Personal dazu anhielt zu schweigen. In einem Brief an König Leopold von Belgien, ihren Onkel, beklagte sich Viktoria, daß »Pilgerstein an Gicht leidet und in seinen Briefen äußerst unverschämt auftritt« (12. Mai 1864). Doch hatte die Königin schon am Tag vorher auf Charles Phipps' Anraten einen höflichen Antwortbrief an den Premier geschrieben.

Ihr Benehmen gegenüber Gladstone während der zweiten Hälfte der siebziger Jahre ist ein Kapitel für sich. Während Gladstones erster Amtszeit als Regierungschef (1868–1874) war Viktorias Verhältnis zu ihm relativ gut gewesen, wenn sie auch gegen mancherlei Reformen in dieser Zeit Einwände erhob. Ebenfalls irritierte sie Gladstones hartnäckige Ermahnung, sich nicht zu isolieren und öfters nach London zu kommen. Während Disraelis Amtszeit (1874–1880) nahm ihre Abneigung gegenüber Gladstone zu. Sie lehnte ihn und seine Politik ab, und so blieb es auch bis zu seinem Tod.

Man kann verschiedene Meinung über Viktorias Verhalten haben. Persönliche Gründe scheinen ausschlaggebend gewesen zu sein. Sie hatte in den siebziger Jahren Disraeli ihr besonderes Vertrauen geschenkt. Den Rivalen Gladstone begann sie deshalb zu meiden. Disraeli tat ein übriges, indem er ironisch und herabsetzend über seinen Vorgänger sprach. Denkbar ist auch, daß Gladstones Art, alles so ernst und feierlich zu nehmen, sein Mangel an Humor und Ausgelassenheit, seine übertriebene Sachlichkeit und Langweiligkeit Viktoria irritierten. Vielleicht wirkte auch Gladstones immer untadelige

Korrektheit gegenüber Disraelis Charme und leichtem Flirt abstoßend auf die Königin. Gladstone ertrug die Abneigung Viktorias mit Wehmut und Würde. Wenn Gladstone manchmal deutlich wurde, ihre Bosheiten scharf kritisierte, verstand vielleicht Viktoria, die sich durch Disraelis freundliches Verhalten wie ein verwöhntes Kind vorkam, daß sie zu weit gegangen war. Sie hielt sich dann etwas zurück.

Doch das veränderte politische Klima war wohl der entscheidende Faktor in Viktorias Abneigung gegenüber Gladstone. Die Gegensätze zwischen den beiden Parteien verschärften sich im Lauf der siebziger und achtziger Jahre immer mehr. Schuld daran trugen einmal die Reformen Gladstones während seiner ersten Amtsperiode, dann dessen scharfe Kritik an Disraelis Politik gegenüber Rußland 1877–1878 und vor allem die heftigen Angriffe auf die »Bulgarian atrocities« der Türkei. Neue Wahlrechtsreformen erregten die Gemüter mehr und mehr. Radikale Liberale (Joseph Chamberlain, Charles Dilke), die der republikanischen Idee Sympathien entgegenbrachten, attackierten die Monarchie. Die Krise erreichte ihren Höhepunkt mit dem Zerwürfnis in der Irischen Frage, dann mit Gladstones Bodenreformvorschlägen und schließlich mit dessen Antrag auf Selbständigkeit Irlands. Früher hatte es Meinungsverschiedenheiten zwischen Konservativen und Liberalen innerhalb derselben Gesellschaftsschichten gegeben. Jetzt fanden sich Aristokratie und bürgerliche Oberklasse in der konservativen Partei zusammen. Die Liberalen wurden als Nutznießer der Unzufriedenheit verschrien, sozusagen als Verräter ihrer eigenen Klasse. In gewissen Kreisen – zumindest unter Politikern – war es nicht mehr üblich, englische »Gentlemen« einzuladen zu Veranstaltungen, bei denen Radikale und Revolutionäre liberaler Färbung zugegen waren. In diesem Widerstreit der Meinungen entwickelte sich die Königin zu einer guten, ja extremen Konservativen, einer Imperialistin, die sich vor der Demokratisierung des Landes fürchtete, der die geforderte Selbständigkeit Irlands als eine Bedrohung des Imperiums erschien. Sie gab sich zufrieden, wenn die Konservativen die Regierung bildeten. Das Schicksal war ihr hold; denn während der letzten sechzehn Jahre ihres Regimes blieben die Liberalen nur drei Jahre an der Macht.

Gladstone überblickte die Lage. In einem Memorandum an die Königin vom 28. Oktober 1892 – auf das Viktoria bezeichnenderweise niemals antwortete – hob Gladstone die veränderte Haltung der oberen Gesellschaftsschicht hervor, die vor und während des Kampfes um

Irlands Selbständigkeit offen zutage getreten war. Schon vor diesem Zwist hatten »sechs herzogliche, sehr begüterte und einflußreiche Familien« dem Liberalismus den Rücken gekehrt. Seit dem aktuellen Thema der »home rule« hatten sich die sozialen Gegensätze verschärft. Im Oberhaus war die Partei der Liberalen auf ein Zehntel und später auf ein Zwölftel zusammengeschrumpft. Die »home-rule«-Vorlage des Jahres 1893 wurde mit 419 gegen 41 Stimmen überstimmt. – »Mr. Gladstone bezweifelt, daß die Liberalen innerhalb der drei Königreiche jetzt mehr als einen von fünfzig Morgen Land besitzen. Innerhalb der oberen und besitzenden Schichten ist die Überlegenheit der Konservativen gegenüber den Liberalen zwar nicht so groß, aber doch recht erheblich« (so Gladstones eigener Ausspruch). Zum ersten Mal in der englischen Geschichte standen einer liberalen Mehrheit im Unterhaus »beinahe der gesamte hohe und niedere Adel und ein sehr großer Teil des wohlhabenden Bürgertums überhaupt« gegenüber. Man behauptet nicht zuviel, wenn man sagt, daß Viktoria und Gladstone die Hauptpersonen in diesem Klassenkampf gewesen seien, der erst im 20. Jahrhundert seinen Höhepunkt erreichte – mit der liberalen Regierung 1905, mit der Machteinschränkung des Oberhauses und den Sozialreformen von Lloyd George bis Clement Attlee.

Die Beziehungen zwischen Viktoria und Gladstone sind im englischen Schrifttum vielfach besprochen worden, in erster Linie von Guedalla und Hardie. In mehr volkstümlich gehaltenen Biographien über die beiden historischen Gestalten sind aber diese Gegensätze, soweit festgestellt werden kann, bis heute nicht streng wissenschaftlich behandelt worden. Als Morley seine große Biographie über Gladstone schrieb, existierte noch nicht die offizielle Ausgabe von Viktorias Briefen und Tagebuchaufzeichnungen. Auch Philip Magnus gab keine Antwort, die sich auf die Gegensätzlichkeit der beiden konzentriert hätte. Ebenso verhält es sich bei anderen Biographien der Königin Viktoria.

Die vorliegende Darstellung beschränkt sich hauptsächlich auf Gladstones zweite Amtszeit, ist sehr gestrafft und will in erster Linie ein Bild von dem Verhalten der Königin und ihren Regierungsmethoden geben. Hier wird Viktoria drastisch dargestellt. Dies könnte als eine einseitige Schilderung angesehen werden. Aber sie ist unbedingt notwendig.

Während der Balkankrise (1875–1878) brachte die Königin immer wieder ihre Sympathien für Disraelis Politik zum Ausdruck, aber auch ihre Verbitterung über die Einstellung der Opposition. In einem Brief an Henry Ponsonby vom 16. Dezember 1878 bezeichnete sie deren Haltung als »unpatriotisch«. Sie befand Disraelis Politik für richtig, während das Auftreten der Liberalen in ihren Augen »einen Mangel an Gefühl für ihr Wohlbefinden und ihren friedliebenden Charakter« (eine sublime Selbstdarstellung ihres egozentrischen Wesens) aufwies. Sie war außer sich und verzweifelt, als ihre Hoffnungen auf Disraelis Sieg bei den allgemeinen Wahlen 1880 sich nicht erfüllten. Am 4. April schrieb sie an Ponsonby, der selbst liberal, aber doch vernünftiger war, daß sie »lieber abdanken wolle als nach diesem halbverrückten Unruhstifter [Gladstone] zu schicken und mit ihm zu arbeiten«. Er würde ja doch »bald alles ruinieren und Diktator sein« wollen. An Disraeli schrieb sie ungefähr dasselbe; sie hoffte auf eine baldige Revanche der Konservativen, bat ihn, auch nach seinem Rücktritt ihr zu schreiben, wenn es um staatliche Belange ging. Niemand würde davon etwas erfahren. Nach dem Regierungswechsel prahlte sie Disraeli gegenüber, daß sie an den Premierminister nur »in formellen öffentlichen Angelegenheiten« schreibe.

Als es sich nicht umgehen ließ, eine liberale Regierung zu bilden, rief sie zwei von Gladstones Vertrauten zu sich, nämlich Lord Hartington (den derzeitigen Führer des Unterhauses) und Lord Granville (den Führer des Oberhauses). Sie erklärte ihnen, sie traue Gladstone nicht und versuche eine Regierung ohne ihn zu bilden. Der Plan mißlang, und Viktoria mußte Gladstone mit der Regierungsbildung beauftragen. Das war mit großen Schwierigkeiten verbunden, vor allem deshalb, weil die Königin die Radikalen nicht sympathisch fand, die mit der Republik liebäugelten. Sie setzte es durch, daß Dilke damals nicht ins Kabinett aufgenommen wurde. Er wurde Unterstaatssekretär, aber erst nachdem er eine Loyalitätserklärung abgegeben hatte. Nach der Regierungsbildung ging die Königin Gladstone so oft wie möglich aus dem Weg. Ihre Ansichten äußerte sie nicht Gladstone sondern Hartington oder Granville gegenüber.

Aus einer großen Anzahl von Tagebuchaufzeichnungen und Briefen an Prinz Alberts Privatsekretär und Mitglieder der konservativen Opposition – aber auch an Mitglieder der Regierung – ersieht man das Mißtrauen und die kritische Einstellung Viktorias gegenüber Gladstones Kabinett. Besonders merkwürdig erscheint dabei ihr Bemühen, unter dem Deckmantel der Vertraulichkeit einzelne Kabinettsmitglieder, die ihr gemäßigt erschienen, zu beeinflussen, daß sie sich radikalen Kollegen, zu denen sie Gladstone rechnete, widersetzten. Am 8. August 1880 schrieb sie einen Warnbrief an Außenminister Granville: »Einer demokratischen Monarchie wird die Königin nie zustimmen. Dazu müßte man sich andere suchen... Die Königin ist absolut für Verbesserungen und für eine moderate Reform von Mißbräuchen, aber das darf nicht nur um der Reform willen geschehen«. Dieser Brief und viele andere deuten darauf hin, daß die Königin in ihrer Ratlosigkeit in den meisten Ministern unfähige und heimtückische Menschen sah. Ähnliche Gedanken äußerte sie am 25. Dezember 1880 gegenüber W. E. Forster, dem Minister für Irland. Er vertrat die radikale Richtung in der Regierung: »Die Königin ist in ihrem Denken genauso ehrlich und liberal in ihren Ansichten über die Entwicklung des Imperiums wie jeder andere Engländer, aber sie ist aufrichtig und bestimmt gegen Reformen, die zu weit gehen, gegen destruktive Ideen, denen auch so viele huldigen, die leider Mitglieder der Regierung sind. Sollten diese Ideen gegen die moderaten, klugen und loyalen Grundsätze die Oberhand gewinnen, wird die Königin ihren Platz räumen; denn sie kann und will nicht Herrscherin in einer *demokratischen* Monarchie sein, und alle, die nur um der Partei willen und um ihren Gegnern zu schaden, Hetzreden halten, müssen sich entschieden einen anderen Herrscher suchen. Die Königin bezweifelt, daß sie einen solchen finden«.

Die Königin stieß mehrmals heftig mit Gladstone zusammen. Als der Premierminister während einer Ferienkreuzfahrt mit Freunden einer Einladung zu einem Essen beim dänischen König im September 1883 folgte, erteilte ihm die Königin eine scharfe Rüge, weil auch der russische Zar zu den Gästen des dänischen Königs gehört hatte. Gladstone schrieb reuevoll an die Königin, daß man absolut nicht über Politik gesprochen habe. Der Dänemarkbesuch sei eine Idee Tennysons gewesen. Am 25. Juli 1884 griff sie Gladstone erneut in einem Brief an, wegen Behauptungen, die Joseph Chamberlain aufgestellt hatte, den sie als »das gefährlichste Kabinettsmitglied« ansah und den sie besonders fürchtete, weil sie meinte, daß Gladstone ständig weit mehr auf ihn als auf andere gemäßigtere Mitglieder seiner Regierung hörte.

Pläne, die darauf abzielten, das Oberhaus zu reformieren, wies Viktoria indigniert zurück. »Die Monarchie ließe sich nicht aufrechterhalten, wenn es keinen Kräfteausgleich, keine maßvollen Einflüsse in der Regierung gäbe. Die Königin will keinem aufrechten Liberalen nachstehen, aber sie ist gegen alle destruktiven Ideen, und sie fordert

Mr. Gladstone auf, *wenn er es vermag*, seinen wilden Kollegen und Anhängern *Einhalt zu gebieten.*«

Als die Frage, den in Khartum eingeschlossenen General Gordon zu entsetzen, akut wurde, erreichte die Spannung zwischen Viktoria und Gladstone ihren Höhepunkt. Die Königin wollte unbedingt den Sudan mit der so spät beschlossenen Hilfsexpedition Lord Wolseleys verteidigen. Sie ging dabei soweit, daß sie an Lady Wolseley schrieb (3. März 1885), sie sei wütend auf die Regierung. Lord Wolseley solle den Ministern gegenüber eine scharfe Sprache gebrauchen und mit seinem Abschied drohen, wenn er keine Unterstützung erhalte und man ihm keine Handlungsfreiheit gewähre. »Ich meine wirklich, man müßte ihnen einen Schrecken einjagen«. Am 31. März 1885 schrieb sie an Wolseley selbst, die Minister seien »unpatriotisch«, er habe in Khartum »für eine gute Regierung zu sorgen« (d. h. daß der Sudan in englisch-ägyptischem Besitz bliebe): »Die Königin muß Lord Wolseley dringend darum bitten, diesen Brief zu vernichten...« Die Versuche, einen Armeechef zum Ungehorsam gegen die Regierung aufzufordern, fielen auf fruchtbaren Boden. Wolseley antwortete am 22. März der Königin: »Ich glaube nicht, daß unsere Leute sich so sehr darum kümmern, was Gladstone über sie denkt. Jedenfalls haben sie keine hohe Meinung von ihm«. Als die Nachricht von Gordons Tod in England eintraf, telegrafierte die Königin an Gladstone: »Die Botschaft aus Khartum ist bestürzend. Und der Gedanke, daß man dies hätte verhindern und viele kostbare Menschenleben durch ein früheres Eingreifen retten können, ist furchtbar«. Viktoria bestand darauf, daß das Telegramm im Klartext geschickt werden sollte. Der Inhalt des Telegramms wurde bekannt. Gladstone war wütend und sprach sogar davon, daß es schwierig sei, auf dem Posten des Premierministers zu verbleiben. Doch antwortete er der Königin wie immer in respektvollem Ton, lehnt aber jede Schuld an dem Desaster ab. Die Königin weigerte sich, Ponsonbys Vorschlag, sich zu entschuldigen, nachzukommen und setzte ihre Angriffe gegen Gladstone fort.

Es soll hier nicht auf die Beziehungen zwischen der Königin und Gladstone näher eingegangen werden. Ein Schlag folgte auf den anderen: Gladstones Rücktritt im Juni 1885 aufgrund einer zufälligen Niederlage im Unterhaus, Bildung einer Regierung Salisbury, Wahlen im Spätherbst, die den Liberalen und irischen Nationalisten eine Mehrheit brachten, Sturz der Regierung Salisbury im Januar 1886, dritte Regierung unter Gladstone, neue Forderungen, Irland sich selbst verwalten zu lassen, Risse innerhalb der liberalen Partei, wieder Neuwahlen im Juli 1886, die die Konservativen und Liberalen Unionisten gewannen, Bildung des zweiten Kabinetts Salisburys. Festgehalten zu werden verdient hierbei, daß die Königin ununterbrochen ihre Kritik an Gladstone und ihre Intrigen gegen ihn fortsetzte. Nach der Wahl des Jahres 1885 versuchte sie die Gemäßigten Liberalen gegen Gladstone auszuspielen. Sie schrieb an George Goschen am 28. Dezember 1885: »Ich bin überzeugt, daß Sie und Lord Hartington und viele andere Liberale das Land retten wollen, indem sie sich von Mr. Gladstone abwenden, der äußerst rücksichtslos vorgeht, dessen Auftreten so gefährlich und unbegreiflich ist, da er eine Selbstverwaltung Irlands wieder aufs Tapet bringt... Ich wage zu sagen, daß eine Königin, die alt zu werden beginnt, die schwere Krisen und sorgenvolle Zeiten durchgemacht hat, nicht vergeblich an britische Gentlemen appellieren müßte, die sie gekannt und ihr treu gedient haben«. Während der Frühjahrsmonate 1886 arbeitete sie weiter an der Spaltung der Liberalen und der Bildung einer Koalition zwischen Konservativen und Gemäßigten Liberalen. An Salisbury sandte Viktoria Kopien von Gladstones Briefen und brachte ihre Genugtuung darüber zum Ausdruck, daß die Damen der aristokratischen Gesellschaft sich weigerten, dem Hofe zu dienen, solange Gladstone regierte. Auch als Gladstone 1892 sein viertes und letztes Kabinett bildete, nahm sie unverändert dieselbe Haltung ein.

Die Königin ließ sich also in ihrem Verhalten gegenüber Gladstone Fehler zuschulden kommen, die man einem parlamentarischen oder, ganz allgemein ausgedrückt, einem konstitutionellen Monarchen nicht verzeihen durfte. Sie konspirierte gegen den Parteiführer und Regierungschef, zusammen mit der Opposition und dessen eigenen Kollegen. Sie hielt untergeordnete Beamte dazu an, ihr loyales Verhalten gegenüber der Regierung aufzugeben – Wolseley ist der flagranteste Fall. Diese und andere zweifelhafte Handlungen politischer Art von seiten Viktorias blieben zu ihren Lebzeiten und noch in späteren Jahren der Öffentlichkeit verborgen. Sie wurden selten einer Kritik unterzogen. Die Politiker wollten korrekt sein und meinten, es wäre ihre Pflicht und Schuldigkeit – vielleicht war es auch in ihren Augen taktisch richtiger –, die Korrektheit der Königin zu betonen und ihre Verstöße gegen die guten Sitten zu verschweigen. Auch später noch, als durch Briefe und Biographien das Vorgehen Viktorias gegen Gladstone allgemein bekannt wurde, schien man immer noch

geneigt zu sein, nicht offen und ausführlich darauf einzugehen. Der englische Parlamentarismus sollte auch fürderhin als eine beispielhafte Institution, ohne Mängel und Mißtöne, gegenüber der Welt erscheinen. Auch der Königin wollte man ein ehrendes Andenken bewahren. Das kann man verstehen, denn Viktoria war und blieb trotz all ihrer Fehler eine interessante Persönlichkeit. Man wollte dieses Bild nicht zerstören, und so kam es, daß manche Charakterzüge retuschiert und teilweise sogar entstellt wurden.
Es ist schon früher gesagt worden, daß die Königin während des letzten Jahrzehnts ihres Lebens eine überzeugte Anhängerin der konservativen Richtung war, nicht zuletzt deshalb, weil die beiden großen Parteien in dieser Zeit mehr denn je entgegengesetzte Interessen vertraten. Versteht man unter konservativ den festen Willen, den Status quo in allen Dingen aufrechtzuerhalten, so ist die Königin ihr ganzes Leben lang konservativ gewesen. Sie hielt an der Monarchie, am Oberhaus, an der Staatskirche fest, nicht nur in England, sondern in ganz Großbritannien. Sie wollte die traditionelle Einteilung der Gesellschaft in verschiedene Gruppen beibehalten. Sie konnnte sich nicht zu größeren Reformen entschließen; aber das zwang sie in den ersten Jahrzehnten ihres Regimes nicht, sich für eine der beiden großen Parteien zu entscheiden, nachdem sich diese nur geringfügig in ihren Programmen unterschieden. Viktoria war gegen Arbeitszeitbegrenzung in den fünfziger Jahren, gegen Streichung der Steuern auf Zeitungspapier in den sechziger Jahren, ebenso gegen Erbschaftssteuergesetze und höhere Abgaben für Bier in den neunziger Jahren. Größeres Interesse an sozialen Fragen konnte man ihr nicht nachweisen – sie sah arme, mittellose Menschen nur, wenn sie ihr bei ihren Fahrten durch London zujubelten –, wenn sie sich auch manchmal wohlwollend über Arbeiter und Bauern äußerte und Maßnahmen unterstützte, die deren Los erleichtern sollten. Auch in der Frauenfrage vertrat Viktoria einen konservativen Standpunkt. Das schien damals für Frauen aus bürgerlichen Kreisen, vielleicht für Frauen ganz allgemein, typisch zu sein. In einem Fall dachte sie vielleicht relativ »liberal«. Die Königin hatte nur eine dunkle Vorstellung von der sogenannten »Überlegenheit« der »britischen Rasse«, doch liest man in ihren Briefen über ihre Ablehnung der Rassenverfolgung und Unterdrückung der »Eingeborenen« in Indien und anderen Kolonien. Als einen wesentlichen Charakterzug der Königin kann man ihr Verhalten bezeichnen, sich nur von Fall zu Fall, wenn es absolut nötig war, zu

politischen Fragen zu äußern, ohne eine vorgefaßte Meinung zu haben oder Schlüsse daraus zu ziehen. Sie dachte kaum über Probleme ernsthaft nach. Alles erschien ihr selbstverständlich.

Nach Viktorias Tod äußerte Lord Salisbury im Oberhaus, daß die Monarchin bemerkenswerte Kenntnisse von allen Dingen, die das einfache Volk beschäftigen, gehabt habe, erstaunlich insofern, weil sie diese ja nicht durch persönliche Kontakte zu diesen Menschen erworben haben konnte. »Ich habe es immer gefühlt. Wenn ich die Gedanken der Königin kannte, so wußte ich auch Bescheid über die Einstellung des Volkes, besonders darüber, wie die mittleren Volksschichten über die verschiedenen Probleme dachten«. Mehrere Geschichtsschreiber haben diese Auffassung übernommen und die Königin als typische Repräsentantin »des Bürgertums« dargestellt. Ein Körnchen Wahrheit liegt darin. Ihr Mißtrauen gegenüber der Aristokratie wuchs mit den Jahren. Sie identifizierte diese Gesellschaftsschicht mit dem Leichtsinn und dem Müßiggang ihres Sohnes Edward, während sie selbst bürgerliche Tugenden, Fleiß, untadeliges Leben, Sparsamkeit, Ordnungssinn verkörperte. Aber Lord Salisbury wollte wohl damit sagen, daß die Königin bei besonderen Anlässen reagierte, wie die »Bürger« es gewöhnlich tun, daß sie keineswegs anders als die meisten ihres Volkes war, daß sie gegen Ende ihres Lebens eine »Konservative« gewesen sei und wie er, Salisbury, gedacht habe.

Das außenpolitische Denken der Königin wurde in erster Linie von ihrem Patriotismus bestimmt; vielleicht könnte man es auch »Nationalismus« oder »Chauvinismus« nennen. England war immer im Recht. England wünschte in Frieden zu leben, die Königin auch. Man war bereit, Krieg zu führen, wenn es um eine gute Sache, um England, ging.

In fast allen kritischen Situationen vertrat Viktoria einen aggressiven, oft kriegs- und aufrüstungsfreundlichen Kurs, ob es nun um Afghanistan, Ägypten und andere zur Kolonisierung geeignete Staaten oder Völker oder um die Buren ging, ob es Konflikte mit europäischen Rivalen waren, in erster Linie mit Rußland, aber auch mit Frankreich und ab und zu mit Deutschland. Diese Haltung beruhte auf so fixen und unvernünftigen Ideen, daß man hier eigentlich von Vorurteilen sprechen könnte. Die Russen waren in ihren Augen Barbaren, wenn sie bei Besuchen auch die russischen Fürsten höflich und nett fand. Die Republikaner erschienen ihr verdächtig, sowohl die Franzosen als auch die Amerikaner. Von der Verderbtheit des französischen Volkes war sie fest überzeugt; als Viktoria nach der Niederlage Frankreichs 1870 während einer Predigt hörte, daß »Gott nach den Worten der Propheten Sünde, Eitelkeit und Sinneslust hart bestrafte«, fand sie, daß die Worte »wunderbar auf Frankreich paßten« (Tagebuchnotiz vom 2. Oktober 1870). Der Charme Napoleons III. wog jahrelang ihre schlechte Meinung über dessen Land wieder auf. Preußen und Deutschland gegenüber war sie lange Zeit positiv eingestellt, besonders nach der Heirat ihrer ältesten Tochter mit Friedrich von Preußen. Auch während der russisch-polnischen und deutsch-dänischen Krisen 1863–1864 verwarf sie jedes Eingreifen zugunsten Dänemarks oder Polens. Doch später – der Einfluß ihrer Tochter wird hier spürbar – begann sie Bismarck zu hassen und kritisierte scharf den Sohn ihrer Tochter, Kaiser Wilhelm II. Fremde Nationen wurden wie Einzelpersonen mit stereotypen Ausdrücken belegt.

Viktorias Nationalismus nahm bisweilen wunderliche Formen an. Als nach Sebastopols Eroberung im Herbst 1855 ein Friedensschluß mit Rußland in Reichweite lag, schrieb sie an Außenminister Lord Clarendon, daß sie *jetzt* keinen Frieden wünsche, nachdem der letzte britische Angriff am Redan mißglückt war, so daß, um »die Ehre ihrer geliebten Armee zu retten«, ein Sieg erkämpft werden müsse (15. Januar 1856. Ob der Prinzgemahl diesen Brief wohl gelesen hat?). Der Premierminister, Lord Palmerston, antwortete im Auftrag Clarendons, daß dies kein Grund wäre, einen Friedensschluß zu verschieben (17. Januar).

Man hat darüber diskutiert, inwieweit die Königin in außenpolitischen Fragen mehr oder weniger »recht« als ihre Minister hatte. Solche Fragen zu untersuchen, scheint von geringem Interesse zu sein angesichts der Tatsache, daß sie von Urteilen ausgehen, die von der Nachwelt für einen kurzen Zeitraum gefällt wurden. Man glaubte bisweilen, Viktoria hätte die Gabe, in die Zukunft zu sehen. Z. B. wurden ihre Äußerungen über freundschaftliche Beziehungen zu Rußland und Frankreich als prophetische Voraussage der »Tripelentente« gedeutet. Diese Theorie ist unhaltbar. Denn in den Äußerungen der Königin – wie in denen vieler anderer Politiker – kann man eine Menge widersprüchlicher Behauptungen und Prognosen finden, von denen sich nur eine verhältnismäßig kleine Zahl als richtig erwiesen hat. Die offenbaren Trugschlüsse in den außenpolitischen Äußerungen der Königin – ihre nationalistisch gefärbten und gefühlsbetonten Vorurteile –, dürfen allerdings nicht die Tatsache verschleiern, daß sie sehr gewissenhaft alle Berichte und neuesten Meldungen verfolgte, ferner, daß sie mit demselben Scharfsinn wie ihre Minister die jeweilige Situation beurteilen konnte. Dagegen läßt sich aus Viktorias Briefwechsel erkennen, daß ihre geschichtlichen Kenntnisse sehr unvollkommen waren, daß sie auch in diesem Fach – wie auf anderen Gebieten – so gut wie keine Studien trieb, Bücher oder Zeitschriften las. Es ist oft verblüffend festzustellen, wie oberflächlich sie die großen geschichtlichen Zusammenhänge erkannte. Ein erschütterndes Beispiel bietet eine Tagebuchnotiz vom 2. Oktober 1896, aus der hervorgeht, in welcher Form sie den russischen Kaiser um Auskunft bat, wie es zu der Freundschaft zwischen Rußland und Frankreich gekommen sei, so daß sie daraufhin eine primitive, teilweise falsche, von ihr jedoch mit großem Respekt entgegengenommene Darstellung der elementarsten Zusammenhänge bekam.

War die Königin begabt? Besaß sie die Eigenschaften eines Staatsmannes? Die Meinungen darüber waren sehr geteilt und kamen in vielen Stellungnahmen und Diskussionen in verschiedenen Versionen zum Ausdruck. Einen gangbaren Mittelweg beschritt Lord Granville, wenn er sagte: »Es war unmöglich, die Königin als großen Staatsmann anzuerkennen; denn in Wirklichkeit war sie ein großes Kind. Aber es war wiederum auch nicht denkbar, sie wie ein Kind zu behandeln, denn manchmal hatte sie den Weitblick eines großen Staatsmanns«.

Bis jetzt hat sich der Leser aufgrund eigener Aussagen Viktorias und der ihrer Zeitgenossen, die hier wiedergegeben worden sind, zweifellos ein Bild von der Königin machen können. Hier sei in aller Kürze die Meinung des Autors noch hinzugefügt: Vitalität, Aufrichtigkeit, Strebsamkeit und Impulsivität waren ihre starken Seiten. Viktorias Intelligenz erweist sich außerdem in ihren blitzschnellen und lebhaften Meinungsäußerungen. Fast alles, was sie geschrieben hat, liest man mit großem Interesse. Man ist fasziniert von ihrer Art sich auszudrücken. Aber scharfsinnige, logische und wohldurchdachte Gespräche zu führen, das vermochte sie nicht. Viktorias Eigensinn, ihre Vorurteile trübten ihren Scharfblick. Sie wäre sicherlich eine geschätzte und geachtete Persönlichkeit gewesen, wo sie das Leben auch hingestellt hätte, aber sie hätte sicherlich keine geschichtlich bedeutende Rolle gespielt, wenn sie nicht als Königin von England zur Welt gekommen wäre.

2 Grundzüge, Ideen und deren Entwicklung

Die Grundlagen der Nützlichkeitslehre

Benthams Doktrin

Das für Bentham und seine utilitaristische Weltanschauung Charakteristische ist der Versuch, die Grundlagen der Moral und der Politik, die die Religion und das Naturrecht als die von einer Macht oder einer Gesetzgebung außerhalb und jenseits der menschlichen Gesellschaft diktierte Gegebenheit angesehen haben, durch andere Fundamente zu ersetzen, dic ohne jeden metaphysischen Zwang ihre Berechtigung aus der Notwendigkeit menschlichen Zusammenlebens ableiten.

Dieser Versuch trug viel dazu bei, die schon stark abgenutzten Gesellschaftssysteme, die auf theologischen und naturrechtlichen Grundsätzen aufgebaut waren, zu untergraben. Wie nun das Gedankengut des Naturrechts, das eine Loslösung von theologischen Grundsätzen bedeutete, aber doch von diesen stark beeinflußt wurde, so war auch der Utilitarismus, die Lehre von der Nützlichkeit, die sich in erster Linie gegen die Idee des Naturrechts wandte, wiederum stark von Gedankengängen durchsetzt, die den naturrechtlichen Vorstellungen entnommen waren, die von der utilitaristischen Doktrin verworfen wurden. Selbst die Grundidee, auf der die neue Lehre aufbaute – das Allgemeinwohl der Gesellschaft, soziale Vorteile und anderes mehr –, bedeutete, genau genommen, lediglich ein Abrücken von metaphysischen Begriffen, nicht etwa den Beginn einer neuen überzeugenden Gesellschaftsordnung. Der bleibende Wert und Verdienst des utilitaristischen Systems war also gewissermaßen ein wesentlicher Beitrag zur Befreiung von allerlei geltenden Dogmen. Im engeren Sinn kommt dieser Nützlichkeitslehre die Bedeutung ergänzender Anregungen zu liberalen ökonomischen Gedankengängen zu.

In einer Abhandlung über das französische Manifest der Menschenrechte kritisiert Bentham sehr ausführlich die verschiedenen Darstellungen und Auslegungen der Naturrechtslehre. Dieses Naturrecht, so schreibt er, sei in seinen Augen Unsinn, ein Gemisch aus unverständlichen und falschen oder sowohl unbegreiflichen als auch falschen Behauptungen. Bentham greift z. B. die Erklärung des Manifests an, in der es heißt, daß »jeder politische Zusammenschluß die natürlichen und unveräußerlichen Rechte des Menschen« schützen müsse. Das würde, nach Bentham, bedeuten, daß diese Rechte schon bestanden hätten, ehe es einen Staat, eine Regierung gab, ferner, daß es einerseits natürliche, andererseits gesetzliche Rechte gegeben habe, daß also alle Regierungen ihre Machtstellung einer klar und bewußt organisierten politischen Vereinigung verdankten – alle diese Gedankengänge seien vernunftwidrig. »*Natürliche Rechte* sind ganz einfach Unsinn, natürliche und unveräußerliche Rechte sind rhetorischer Unsinn – Unsinn, der auf Stelzen geht«. Das Wort »Recht« sei nur eine Fiktion, sei also erdichtet. Es handele sich hier um den Gegenstand einer Erörterung, »dessen Existenz man erfunden hat, um seine eigene Meinung in Gesprächen zum Ausdruck zu bringen«. Der einzig denkbare Sinn, den das Wort haben könne, sei der, daß man, wenn man von einem »Recht« eines Menschen spreche, damit eindeutig »auf ein Bestreben der Machthaber« hinweisen könne, darauf zu achten, »daß der Mensch ein Recht auf den Vorteil hat, den er besitzt und den er weitestgehend ausnützen darf«. In der französischen Erklärung der Menschenrechte werde weiterhin gesagt, daß alle als freie Menschen geboren und vor dem Gesetz gleich seien. Auch das sei eine sinnlose Behauptung, kommentiert Bentham. Denn alle Menschen würden, im Gegenteil, in vollkommener Abhängigkeit geboren. Als Kinder wären sie ganz und gar auf andere angewiesen. Der eine käme in Reichtum, der andere in Armut zur Welt. Von einer Gleichheit aller könne deshalb keine Rede sein.

So sucht Bentham Punkt für Punkt nachzuweisen, daß die Menschenrechtsdeklaration eine Serie von Absurditäten sei. Die von ihm angewendete destruktive Methode bringt es mit sich, daß der an und für sich leicht verständliche Sinn seiner Ausführungen vollkommen verlorengeht.

Bentham verwirft also das Naturrecht als Grundlage einer politischen Weltanschauung. Daß die Religion nicht an dessen Stelle treten kann, ist für ihn so selbstverständlich, daß es sich nicht lohnt, darüber zu diskutieren. Das geht aus vielen seiner Bemerkungen hervor. Eine solche Grundlage für ein politisches System fand er jedoch einmal in dem Erfahrungsgrundsatz, daß jeder Mensch das höchstmögliche Glück zu erreichen bestrebt sei und sich in der Regel von diesem Streben in seinem eigenen Interesse leiten lasse, zum anderen in dem auf seiner subjektiven Vorstellung beruhenden Grundsatz, daß das Endziel des Staates in jeder politischen Gemeinschaft »das größte Glück aller Individuen, die ihm angehören, anders ausgedrückt, das größtmögliche Glück für die größtmögliche Zahl von Menschen« sei. Dieser zuletzt erwähnte Grundsatz stelle aber weniger eine Wahrheit als ein Werturteil dar: »Wenn ich betone, daß das größte Glück der Gesellschaft das Ziel sein soll, dem nachzueifern es sich lohnt ... was will ich damit zum Ausdruck bringen? Nicht mehr und nicht weniger als daß es mein größter Wunsch ist, jenes Streben in diesem Sinn verstanden zu wissen von allen, die in einer entsprechenden Gemeinschaft in einer gegebenen Situation am Ruder des Staates sitzen.« Alle, die nicht von diesem Verlangen erfüllt seien, könnten keinen Nutzen aus seinem grundlegenden Werk, dem »Constitutional Code«, ziehen. Dabei setzte Bentham wohl voraus, daß seine Vorstellungen über die Ziele der Gemeinschaft von allen Menschen geteilt würden.

Von diesen Prinzipien ausgehend, glaubte er bis in alle Einzelheiten festlegen zu können, wie die Staatsverwaltung aufgebaut, die Gesetzgebung beschaffen sein solle. Es gelte nur, die aufgestellten »Leitsätze« auf den verschiedensten Gebieten und in den verschiedensten Situationen anzuwenden. Bentham meinte allerdings, es sei unmöglich, »ein moralisches Thermometer ...« zu erfinden, das »jeden Grad des Glücks und des Leidens feststellen könnte«. Trotzdem ging er davon aus, daß es irgendwie möglich sein müsse, diesen Grad zu ermitteln. Ein Grundgedanke beherrschte ihn dabei, daß nämlich jedes menschliche Wesen gleichviel wert sei, und zwar in dem Sinn, daß das Glück des einen ebenso wichtig wie das Glück jedes anderen sei. Und hier knüpfte Bentham eigentlich an den von ihm kritisierten Gedanken des Naturrechts an, daß alle Menschen vor dem Gesetz gleich seien: »Das Glück des hilflosesten armen Wesens bedeutet ebensoviel, hat einen ebensogroßen Anteil am Glück der Menschheit wie das des mächtigsten und reichsten Mitglieds der Gesellschaft. Deshalb hat auch der Gesetzgeber auf das Heil des Schutzlosen ebensoviel Rücksicht zu nehmen wie auf das des Starken und Wohlhabenden«. Ähnliche Gedanken machte er sich auch über Männer und Frauen: es sei kein Grund vorhanden zu fordern, daß das eine Geschlecht mehr Recht auf Glück habe als das andere. In diesem Zusammenhang stellte er dann gewisse Forderungen in bezug auf Gleichberechtigung der Geschlechter. Darauf soll später näher eingegangen werden.

Ein Problem beschäftigte Bentham sehr stark, nämlich die Frage, ob Gleichheit vor dem Gesetz auch gelten solle, wenn es sich um wirtschaftliche Gleichstellung handele. Es stand für ihn fest, daß eine solche Gleichheit an und für sich zum höchsterreichbaren Glück führen würde. Dies meinte er mit mathematischer Genauigkeit beweisen zu können. Dazu stellte er folgende Thesen auf: 1. Jede Menge von Wohlstand ist mit einer entsprechenden Menge von Glück verbunden. 2. Von zwei Individuen mit ungleich großem Vermögen besitzt das mit dem größten Reichtum auch das größte Glück. 3. Der Überschuß des Reicheren an Glück ist nicht so groß wie der an Reichtum. 4. Daraus folgt: bei um so größerem Unterschied im Vermögen ist die Wahrscheinlichkeit um so geringer, daß es ein ebensogroßes Mißverhältnis im Anteil an Glück und Wohlergehen gibt. 5. Je mehr sich das tatsächliche Verhältnis dem Stand der Gleichheit nähert, um so größer ist die »Gesamtmenge an Glück«.

Um die Richtigkeit dieser Behauptungen nachzuweisen, belegt sie Bentham mit Beispielen. Ein Mensch mit einem jährlichen Einkommen von 10 000 £ sei in der Regel glücklicher als der, der nur 10 £ verdiene. Aber er sei nicht hundertmal glücklicher als der weniger Verdienende, allerhöchtens doppelt so glücklich. Für den erstgenannten bedeute eine Erhöhung seines Einkommens um 10 £ keinen wesentlichen Vermögenszuwachs; für den, der nur 10 £ verdiene, sei dieselbe Erhöhung jedoch eine Quelle größten Glücks. Das wesentliche Merkmal in Benthams Lehre war also hierbei: ein gewisser Betrag erziele – vom Gesichtspunkt des Wohlergehens aus gesehen – die größte Wirkung, wenn er die Stellung der Menschen zueinander in bezug auf ihre Gleichberechtigung verändere.

Trotz dieser Auffassung von dem grundsätzlichen Wert der Gleichheit wies Bentham mit Nachdruck jede Art von Gesetzgebung ab, die geradewegs zu einer größeren Gleichheit führen würde. Dem Prinzip der Gleichheit stellte Bentham das Prinzip der »security« (Sicherheit) gegenüber und forderte, daß diese immer Vorrang haben müsse. Unter »Sicherheit« verstand Bentham in diesem Zusammenhang ganz einfach die Erhaltung der wirtschaftlichen Verhältnisse, der bestehenden Verteilung des Eigentums. Bentham war ein erbitterter Gegner der Sklaverei, vertrat aber die Ansicht, daß diese im

Interesse der Sicherheit aufrechterhalten werden müsse. Jedoch sollten die Sklaven für den Verlust ihres Eigentums entschädigt werden. Aus denselben Gründen war er gegen jede gesetzliche Einkommensregelung. Er begründete die Vorrangigkeit des Sicherheitsgedankens, indem er behauptete, daß der Verlust – oder die Furcht vor dem Verlust – dessen, was man schon besitze oder mit dem man mit Sicherheit rechnen könne, ein Ärgernis ganz anderer Art mit sich bringe als das, was durch mangelnde Gleichheit verursacht werde. Bentham argumentierte ganz anders, um nachzuweisen, daß die Sicherheit unter allen Umständen garantiert werden müsse. In seiner allgemeinen Darstellung der Bedeutung der Sicherheit verstand er unter diesem Begriff in erster Linie ein geordnetes Leben in der Gemeinschaft. Er stellte der geregelten Ordnung des Staates die furchtbaren Zustände gegenüber, die nach seiner Meinung unter den zügellosen Wilden herrschten. Unter diesem Gesichtspunkt betrachtet, konnte Bentham mit Recht behaupten, daß die Sicherheit eine echte Grundlage für ein glückliches Leben sei, während »die Gleichheit vor dem Gesetz« nur ein gewisses Maß an Glück mit sich bringe. Später stellte Bentham, wie bereits erwähnt, die Sicherheit mit der bestehenden Gesellschaftsordnung auf eine Stufe. So wurden alle Argumente, die er vorbrachte, um die Überlegenheit der Zivilisation gegenüber der Barbarei darzulegen, zu wichtigen Beweisen für eine entsprechende Verteilung des Eigentums. Dadurch erübrigte sich für ihn eine Diskussion darüber, inwieweit *gewisse* Beeinträchtigungen im Interesse der Gleichheit auf Kosten der Sicherheit das vollkommene Glück steigern würden. Die Sicherheit wurde so zu einem absoluten Wert, denn sie war identisch mit Gemeinschaft, Gesetz, ganz allgemein mit sittlicher Ordnung.

Benthams ungeduldiges und beharrliches Eintreten für die Belange der Sicherheit wurde unterstrichen durch seine Verteidigung des Rechts auf Eigentum, einer *Institution*, deren Unverletzbarkeit auf die Anwendung des Sicherheitsprinzips zurückgeführt werden müsse. Das Recht auf Eigentum sei kein Naturrecht, jedoch das wichtigste Recht, das die Gesellschaft eingeführt habe. Recht auf Eigentum und Gesetz seien gemeinsam geboren und müßten gemeinsam sterben. Ehe die Gesetze geschaffen wurden, habe es kein Recht auf Eigentum gegeben. Schalte man die Gesetze aus, so gebe es auch kein Recht auf Eigentum mehr. »Da Besitz Glück mit sich bringt, hat der Wunsch, über etwas zu verfügen, die Menschen zur Arbeit angespornt und ist somit zur treibenden Kraft allen Fortschritts geworden.« Nun könne man behaupten, schrieb Bentham, daß die Vorschriften des Eigentumsrechts gut für die Besitzenden seien, aber nicht für die Armen. In Wirklichkeit aber biete dieses Recht Vorteile für alle. Der Arme in der Gesellschaft sei nicht schlechter daran als alle Menschen vor der Entstehung des Gemeinwesens und des Eigentumsrechts. Im Gegenteil, Sicherheit sei von Nutzen auch für die, die nur wenig oder nichts besitzen. Beide kämen in den Genuß des Rechtsschutzes. Das Recht auf Eigentum sei wohl oft mißbraucht worden, doch im Grund genommen eine Quelle des Glücks für alle Menschen. »Es ist dieses Recht auf Eigentum, das die natürliche Abneigung gegen die Arbeit überwunden hat, das dem Menschen die Herrschaft über die Erde verliehen hat, das die Völker veranlaßt hat, seßhaft zu werden, das die Liebe zum Vaterland und zur Nachkommenschaft erweckt hat. Schnell zu genießen – und ohne Strafe zu genießen – das ist der natürliche Wunsch des Menschen. Dieses Verlangen ist gefährlich; denn es verleiht dem Kräfte, der nichts besitzt, gegen den, der wohlhabend ist. Aber das Gesetz, das dieses Verlangen in seine Schranken weist, ist der großartigste Triumph der Menschheit über sich selbst.«

In einem besonderen Kapitel geht Bentham auf die Unmöglichkeit ein, Besitz gleichmäßig zu verteilen. Nachdem die wesentlichen Argumente für die Vorrangigkeit der Sicherheit gegenüber einer gleichmäßigen Verteilung des Eigentums bereits ausgiebig behandelt worden sind, ist dieser Abschnitt wohl von geringerem Interesse. Hervorgehoben werden muß lediglich, daß Bentham sich aller Beweismittel bediente, die damals bekannt waren. Eine gleichmäßige Verteilung des Eigentums könne es nie für längere Zeit geben. Sie müsse immer neu wiederhergestellt werden. Sie würde sonst dazu führen, daß man weniger arbeite und daß die Ersparnisse, die zur besseren Ausnützung der Produktionsmittel nötig seien, immer weniger würden. Große Unternehmen, die z.B. für die Verteidigung arbeiten, könnten unmöglich ausgebaut werden, weil es an Kapital fehle. Bentham griff dann im Anschluß an solche Betrachtungen erneut das Streben nach Gleichstellung an, das sich wiederum nicht mit seiner grundsätzlichen positiven Einstellung zum Gleichheitsprinzip vereinbarte. Ein Gesetz, das einen Ausgleich zum Ziel habe, sei purer Diebstahl, schrieb er: »Die Ungleichheit ist der natürliche Zustand der Menschheit«.

Er hegte jedoch den Glauben, daß sich die Gesellschaft von selbst zu einer größeren Gleichheit hin entwickele, wenn nur eine einzige Reform im Interesse der Gewerbefreiheit durchgeführt, wenn nämlich die Institution der Majoratsherrschaft abgeschafft werde. Während der Zeit der Feudalherrschaft, die vor nicht allzu langer Zeit in weiten Teilen Europas erst abgeschafft worden sei, habe sich aller Besitz in den Händen einiger weniger Familien befunden. Und trotzdem könne seitdem eine enorme Streuung des Reichtums beobachtet werden. Das käme daher, daß die Reichen ihr Geld ausgäben, ohne zu arbeiten, während die Unbemittelten sich daran gewöhnt hätten, zu arbeiten und zu sparen. Wenn man alle Monopol- und alle Handelsbeschränkungen aufhöbe, würden sich innerhalb kurzer Zeit die großen Vermögen aufsplittern, so daß man einen Wohlstand erreiche, der sich überall gleichmäßig verteile. Dieser Idealzustand trete ein, wenn die großen Unterschiede in der Wirtschaft sich allmählich verwischten und eine kleine Anzahl größerer Vermögen durch eine Vielzahl kleinerer ersetzt werden könnte. Man dürfe also behaupten, daß die »*Sicherheit* indirekt zur Bildung eines *Gleichheitszustandes* führe, indem man diese an die Spitze aller Prinzipien stelle, während *Gleichheit* die Sicherheit beseitigen würde, wenn man dieses Prinzip der gesellschaftlichen Ordnung zugrunde lege ...«

Aus all diesen Überlegungen läßt sich erkennen, daß Bentham das Wirtschaftsleben vom Standpunkt einer liberalen Wirtschaftsordnung aus betrachtet. In seiner Schrift »Manual of Political Economy« legte er die Lehre Adam Smiths systematischer und dogmatischer aus als der Meister selbst. Wenn es darum ging, das nationale Vermögen und den allgemeinen Wohlstand zu vergrößern, stellte er die Regel auf: »Nichts soll von der Regierung getan oder versucht werden.« Er begründete dies: erstens sei gewöhnlich jedes Eingreifen von seiten des Staats unnötig. Der Reichtum der Gesellschaft setze sich aus dem Reichtum der einzelnen Individuen zusammen. Jedes Einzelwesen versuche ununterbrochen, seinen Besitz zu vermehren. In der Regel könne ein jeder selbst beurteilen, was seinem eigenen Interesse am besten diene und energischer als jeder andere dieses zu wahren versuchen. Und zweitens könne ein staatlicher Eingriff leicht das Errungene wieder zunichte machen, nachdem man von oben nicht die Interessen aller genausogut zu beurteilen imstande sei wie jeder einzelne selbst. Außerdem müsse das Einschreiten des Staats zu einem Zwang, einer Abhängigkeit in irgendeiner Form führen, und das verursache Unzufriedenheit. Bentham sagte: »Die Wirtschaft braucht lediglich Sicherheit und Freiheit. Die Forderungen, die Landwirtschaft, Industrie und Handel an die Regierung stellen, sind ebenso anspruchslos und vernünftig wie die des Diogenes an Alexander: ›Bitte geh zur Seite, damit die Sonne auf mich scheint!‹« Bentham leitete dann eine genaue Untersuchung ein darüber, was der Staat zur Förderung der einzelnen Erwerbszweige eventuell unternehmen könne. Durchweg kam er zu dem Schluß, daß man am besten fahre, wenn man sie vom Zwang befreie und »Laissez-faire«-Politik betreibe. In einem Kapitel, das von der Industrie und deren Arbeitslöhnen handelt, faßte Bentham seine Meinung anschaulich so zusammen: »Der natürliche Verlauf aller Dinge belohnt den Einsatz der Industrie in den nutzbringendsten Branchen; diese Prämie wird auf die gerechteste Weise verteilt. Wenn künstliche Prämien denselben Weg wie natürliche nehmen, sind sie überflüssig – wenn sie einen anderen Weg einschlagen, sind sie schädlich«.

In bezug auf die Erziehung ging Bentham in seiner Forderung, daß der Staat eingreife, wiederum weiter als viele andere liberale Wirtschaftler. Er war der Ansicht, daß sich der Staat um die Ausbildung Unbemittelter kümmern müsse, nachdem der Mangel an Erziehung oft Anlaß zu straffälligen Taten gebe. Auch hier gab Bentham Anregungen für bedeutende Reformen, die sich in der Zukunft praktisch auswirken sollten.

Kritik an Bentham

Es ist oft und eindringlich nachgewiesen worden, daß Benthams wichtigste Forderung an die politische Führung – größtmögliches Glück für die größtmögliche Zahl von Menschen – eigentlich sinnlos war, schon aus dem Grund, da dieser Leitsatz »die *gleichzeitige* Maximierung zweier Größen vorschreibt, die nicht voneinander unabhängig sind«.

Wenn man z. B., wie Bentham, davon ausgeht, daß das Glück – wenn auch nicht im gleichen Verhältnis – mit dem Reichtum zunimmt und man diesen dann nach Benthams These verteilen will, wird jedermann die Sinnlosigkeit dieser Behauptung klar; denn man kann den Reichtum entweder an einige wenige oder auch nur einem einzelnen geben – wobei die Worte »größtmögliches Glück« entscheidend sind – oder ihn gleichmäßig so verteilen, daß etwas von dem Glück »der größtmöglichen Zahl« zukommt. Nun hatte Bentham offenbar das größte durchschnittliche Glück als das Ideal im Sinn, wie dies aus seinen Gedankengängen über den Wert der Gleichheit hervorgeht. Aber auch von diesem Gesichtspunkt aus kann das Problem nicht gelöst werden, es sei denn, man geht aus von einer Bevölkerung, die weder zu- noch abnimmt. Die Frage, ob die Bevölkerung zunehmen solle, auch wenn dadurch das durchschnittliche Glück vermindert werde, hatte Bentham nicht erhoben. Stellt man sich das Glück als eine meßbare Größe vor, ist es trotzdem denkbar, daß die Gesamtsumme des Glücks in einer solchen Situation zunimmt.

Wichtiger ist, daß die Idee, das Glück zu messen, nicht durchführbar ist, wenn Benthams Theorie kurzfristig angewandt werden soll. Man kann nicht addieren und subtrahieren, wenn es um verschiedene Arten des Verlangens nach Zufriedenheit oder Zerstreuung geht, die dieses »Glücks«-Gefühl ausmachen. Noch abwegiger wäre es, arithmetische Berechnungen über diese Glücksgefühle anzustellen, also den Wert verschiedener Phänomene in Glücksbegriffen rechnerisch auszudrücken. Es kämen dabei nur willkürliche Ergebnisse heraus. Man war nur auf Vermutungen angewiesen, die auf moralischen Begriffen basierten. Geistiger Genuß, oder auch eine gute Tat, würden, so meinte man, ein quantitativ großes oder ein qualitativ außergewöhnliches Glücksgefühl zur Folge haben.

Bentham überwand dieses Dilemma bis zu einem gewissen Grad dadurch, daß er einmal voraussetzte, alle Menschen handelten in ihrem eigenen Interesse. Zum anderen ging er davon aus, daß, wenn alle im eigenen Interesse wirkten, dies in der Regel im Interesse aller geschehe. Wenn diese Hypothesen begründet wären, so würden »alle Berechnungen« der Glücksgefühle überflüssig sein; denn das höchste Glücksgefühl, das man erstrebe, erreiche man dann automatisch.

Wenn Bentham behauptete, daß ein jeder Mensch in seinem eigenen Interesse handele, so wollte er wohl damit sagen, daß jeder meist so handelt, daß er persönlichen Nutzen daraus zieht, anders ausgedrückt, daß er sein eigenes Glück vermehrt. Zu dieser Auffassung, die er manchmal mit gewissen Einschränkungen vortrug, die aber doch die absolut notwendige Voraussetzung für sein ganzes System war, kam er, indem er das Wort »Interesse« verschieden auslegte. Er ging davon aus, daß jedem Handeln ein ganz bestimmtes – mehr oder weniger bewußt empfundenes – Motiv zugrunde liege. Wenn Bentham sehr genau die Bedeutung des Begriffs »Interesse« umriß, so stellte er dieses als eine Art logisch bedingte Ergänzung des Motivs hin. Eine besondere Erklärung des Handelns wurde also hierdurch nicht gegeben. Aber meistens definierte er »Interesse« anders, nämlich als das Streben, sich Vorteile zu verschaffen, die zu einer stetigen Steigerung des Glücksgefühls führten. Interesse wurde somit gleichbedeutend mit Eigeninteresse, und dieses wurde vermutlich als »selbstverständlich« angesehen, d. h. jedes Handeln mußte automatisch – vom Standpunkt des Handelnden aus – Glück bringen. Gerade in den Fällen, wo der Begriff »Interesse« wichtig war, um einen überzeugenden Beweis zu liefern, hielt es Bentham nicht für möglich, daß ein Mensch handeln könne ohne den Wunsch, sein Glück steigern zu wollen, daß er sich in der Wahl der Mittel vergreifen könnte, um das erwünschte Ergebnis zu erzielen, oder daß er um eines unmittelbaren Vorteils willen seine zukünftigen Glückschancen vergeben würde. All dies sei so widersinnig, als daß man es näher analysieren müsse. Bentham wollte in Wirklichkeit nur zum Ausdruck bringen, daß jeder Mensch – von einigen Ausnahmen abgesehen – stets in seinem eigenen Interesse und auf lange Sicht handele. Diese Gedankengänge könnten einer Art individualistischer Teleologie entstammen.

Aber Bentham glaubt auch, daß das Handeln im eigenen Interesse zu einer Art sozialer Harmonie führe, daß also Einzelinteressen in der Regel nicht miteinander in Konflikt gerieten. Ausnahmsweise könne zweifellos der einzelne dem allgemeinen Wohl zuwiderhandeln. Das sei zunächst darauf zurückzuführen, daß der Mensch sein eigenes Interesse falsch beurteile – hier fehle es also an Erfahrung. Andererseits seien solche Fälle ein Grund, daß die Gemeinschaft eingreife oder strafe, um eine Leistung zu erzielen, die dem allgemeinen Interesse in sozialer und rationeller Hinsicht besser entspreche.

Von dieser besonderen Gruppe von Handlungen kann hier abgesehen werden, denn sie haben keinen Einfluß auf Benthams politisches System ausgeübt. Dessen zentraler Gedanke nämlich ist: Handeln im eigenen Interesse bedeutet Handeln im Interesse der Gemeinschaft, also im Interesse aller.

Wie aber kam Bentham auf die Idee, daß die Freiheit, im eigenen Interesse zu handeln, zu sozialer Harmonie führen würde, daß also Handeln im eigenen Interesse im Interesse aller läge? Man gewinnt beim Studium von Benthams Thesen manchmal den Eindruck, daß es sich hierbei um eine falsche Schlußfolgerung handelt, wie wir sie schon vorher festgestellt haben. Das Allgemeininteresse bzw. das Interesse aller wird hier als die Summe aller Einzelinteressen gewertet. Unabhängig voneinander wirkende eigene Interessen müßten deshalb dem allgemeinen Interesse dienlich sein. Anders ausgedrückt, wenn ein jeder die Freiheit hätte, sein eigenes Glück zu vermehren, so müßte auch das Glück in seiner Gesamtheit zunehmen. Hiermit setzte Bentham etwas voraus, das erst bewiesen werden sollte. Die Frage, die sich hier stellt, lautet: Kann nicht das Interesse eines einzelnen mit dem eines anderen in Konflikt kommen? Können nicht doch gewisse Personen auf Grund ihres Wohlstandes, ihrer Begabung, ihrer Rücksichtslosigkeit ihr Glück auf Kosten anderer steigern? Aber in Benthams Überlegungen – und auch in denen anderer Utilitaristen – tritt noch ein anderer glaubhafterer Gedanke hervor. Man veränderte den Sinn des Begriffs »Interesse«. Wie schon erwähnt, sprach Bentham manchmal von einem Interesse, in dem alle Motive enthalten seien, z.B. auch der Wunsch, das Wohl anderer zu fördern. Er sah auch darin eine Art von Egoismus, obgleich anderer Natur als den, der hauptsächlich für menschliches Handeln entscheidend war. Typisch für Bentham ist der Ausspruch: »Ich bin ein Egoist. Einen größeren kann es nicht geben. Aber bei mit äußert sich zufälligerweise – aus irgendeinem Grund – der Egoismus in Form von Güte und Wohlwollen.« Bentham erwartete, daß mit zunehmender Aufklärung diese altruistische Einstellung an Boden gewönne. Obwohl Bentham nur eine vollkommen subjektive Meinung zum Ausdruck bringen will, wenn er »das größtmögliche Glück für die größtmögliche Zahl« anstrebt, so hat offenbar nach seiner Meinung diese These einen höheren moralischen Wert als der bescheidenere Egoismus. Er war der Ansicht, daß diese »altruistische« Form des Egoismus auch in Zukunft an Bedeutung gewönne. Bentham schwankt in der Verwendung des Worts »Interesse« zwischen verschiedenen Auslegungen und kann so leichter seine für sein Denksystem so wichtige These von der Harmonie zwischen eigenem und allgemeinem Interesse vertreten. Bentham glaubte, daß sich Egoismus und Altruismus die Waage halten. Gunnar Myrdal, der bekannte schwedische Soziologe, kommt hier zu dem Schluß, daß der Optimismus der Utilitaristen auf der Vorstellung basiert, »daß der Punkt, an dem der Egoismus für die Gemeinschaft schädlich werden könnte, sich deckt mit dem Punkt, wo er auch dem Individuum schaden könnte«. Nie ist der Versuch gemacht worden, diese These zu beweisen. Man kann sie nur als willkürlich und unklar bezeichnen. Im Hinblick auf Benthams immer wieder zu beobachtende Neigung zu behaupten, daß die Interessen aller gewahrt würden, wenn alle versuchten, nicht in ihrem eigenen, sondern im Interesse aller zu handeln, wird offenbar, daß mit dieser Behauptung Benthams früher erwähnte wesentlichste Thesen vollkommen widerlegt werden. Das heißt also, daß Handeln im eigenen Interesse die Norm ist und dieses automatisch zu einem größtmöglichen Glückszustand aller führt. Wenn man nun wiederum davon ausgeht, daß alle Menschen »das größtmögliche Glück für eine größtmögliche Zahl« erzielen wollen, stoßen wir abermals auf das schon mehrmals erwähnte Dilemma, das in diesem Satz zum Ausdruck kommt.

Die Theorie des »Laissez-faire«, eine liberale Theorie des Wirtschaftslebens, ist für Bentham bei seiner Definition des Gleichklangs der Interessen die entscheidendste Erkenntnis gewesen. In seinem »Manual of Political Economy« geht er von dem Gedanken aus, daß alles Wirken im eigenen Interesse zum größtmöglichen Wohlstand führe. Was lag näher, als diesen Gedanken auch auf alles menschliche Handeln auszudehnen, ob wirtschaftlicher Art oder nicht? Viel entschiedener als die liberalen Ökonomen vertrat jedoch Bentham die Auffassung, daß die Vorteile, die der wirtschaftliche Liberalismus mit sich brachte, zu einer politischen Stabilität führten, da sie auch von den ärmeren Volksschichten erkannt würden. Zu diesem Optimismus Benthams trug wahrscheinlich auch der Glaube bei, daß das Prinzip der Freiheit ganz automatisch die Gleichstellung begünstige und zu einer Nivellierung auf wirtschaftlichem Gebiet beitrage. Befremdend wirkte es jedoch, daß Bentham in seinem individualistischen Denken glaubte, daß die Erkenntnis, die Entwicklung komme im wesentlichen einem Fortschritt gleich, gegenwärtig alle Interessenkollisionen verhindere. Warum sollten nicht die Unbemittelten – auch wenn sie den Wert des wirtschaftlichen Liberalismus auf lange Sicht erkannten – ihre Lage sofort verbessern und aus diesem Grund in irgendeiner Form Anspruch auf den Besitz der Reichen erheben wollen? Hier scheint Bentham – obwohl er sonst nicht von Klassen und Klasseninteressen sprach – tatsächlich bei den Unbemittelten eine Art Zusammengehörigkeitsgefühl vermutet zu haben, das ihnen die Kraft gab, geduldig Ungerechtigkeiten zu ertragen, weil sie der Gedanke an kommende bessere Zeiten beflügelte. Ähnliche Über-

legungen müssen ihn bewogen haben, als er von dem »strahlendsten Triumph der menschlichen Natur über sich selbst« sprach. Mit dem individualistischen Interessedenken, das bei ihm eine große Rolle spielte, läßt sich diese Idee allerdings nicht in Einklang bringen.
Ganz allgemein wurde auch Kritik anderer Art gegen Benthams Doktrin und den Utilitarismus überhaupt laut. Mit einem moralischen Unterton hatte man darauf hingewiesen, daß die Utilitaristen bei der Forderung nach Glück die materiellen Aspekte zu stark betonten und die ideellen Werte – Glauben, Vernunft, Hoffnung – vernachlässigten. Die Lehre vom höchsten Glück hatte man als grob und vulgär bezeichnet. Andere Ideale als Glück oder Nutzen waren erstrebenswerter. Einen dankbaren Stoff für spöttische Betrachtungsweise bot der Gegensatz zwischen Lehre und Lebensart führender Utilitaristen. Es entbehrte nicht einer gewissen Tragikomik, daß die drei schwermütigen Puritaner Bentham, James und John Stuart Mill ihre Tage damit verbrachten, über Glück und Lebensfreude zu philosophieren. John Stuart Mill hat über die düstere und entsagungsvolle Atmosphäre geschrieben, in der sein Vater und er selbst zu arbeiten pflegten. Nach einer Krise, in der ihm all sein Tun sinnlos erschien, beschloß er, um seine innere Ruhe wiederzugewinnen, sein Augenmerk nach außen zu richten. Er empfand es als eine Beruhigung, wie er selbst sagte, seine Zukunft in den Dienst des Glücks seiner Mitmenschen zu stellen.

Die Bedeutung des Utilitarismus

Das Experiment des Utilitarismus, ein politisches System auf einigen allgemeinen und angeblich empirischen Ideen aufzubauen, mußte notwendigerweise auf Widersprüche und Willkürlichkeiten stoßen. Das wesentliche Verdienst dieser Bewegung bestand darin, die revolutionäre Idee von dem Glück der Menschen in ein System einzubauen, das der Regierung als ein erstrebenswertes Ziel dienen und die Menschen von anderen gröberen mystischen oder metaphysischen Vorstellungen befreien sollte. Nicht ewige Glückseligkeit, sondern irdisches Wohlergehen standen im Vordergrund. Man entwarf Pläne für Menschen, die in einer Gesellschaft lebten, die nicht auf Theorien über Naturrechte festgelegt war, welche vor der Entstehung einer

Gesellschaft von einer höheren Macht ausgedacht und ausgebaut worden waren. Der Utilitarismus distanzierte sich von kollektivistischen Wert- und Zielvorstellungen des Staats oder des Volks, die sich auf dem Kontinent einbürgerten. Der Mangel an Sinn für historische Zusammenhänge bildete gleichsam einen Schutz gegen Lehren, die sich unter dem Deckmantel fortschrittlicher Auffassungen entwickelten. Der romantische Antiintellektualismus, der, genau wie hundert Jahre später, die politische und soziale Reaktion begünstigte, traf auf den bedenklichen, jedoch unerschütterlichen Glauben an die Vernunft des Utilitarismus. Ganz allgemein gesehen war aber der Utilitarismus ein Erfolg. Der weltliche, individualistische Glaube an den Fortschritt, der Kerngedanke des Utilitarismus, hat wahrscheinlich während des letzten Jahrhunderts in der abendländischen Politik eine größere Rolle als jede andere Geistesrichtung gespielt. Wörter wie »Gemeinnutzen«, »allgemeiner Wohlstand«, »Glück des einzelnen« büßten nichts von ihrem Zauber ein.

In England beeinflußte der Utilitarismus in außerordentlich hohem, wenn auch begrenztem Umfang die Gesetzgebung. Benthams Schüler traten als führende Köpfe verschiedener Reformbewegungen hervor. Sie propagierten das allgemeine Stimmrecht, das geheime Wahlrecht, die Abschaffung der Getreidezölle, die Reform der Verwaltung und des Rechtswesens. Dicey, der wohl bekannteste Schilderer der späteren Entwicklung des englischen Rechtsbegriffs, nannte die Zeit von 1825–1870 die »Periode des Benthamismus oder des Individualismus«. Man strebte nicht nach einem Durchbruch der »Laissez-faire«-Idee, sondern bekannte sich zu dem Geist des Rationalismus und des Denkens auf dem Gebiet der Gesetzgebung für den Fall, daß der Staat intervenieren müßte. Besonders dem Rechtswesen widmete Bentham sein größtes Interesse. Dort wurden seine Ideen verwirklicht, wenn auch ein einheitliches Gesetzeswerk, für das Bentham leidenschaftlich kämpfte, niemals von englischen Gerichten anerkannt wurde. Viele führende Staatsmänner des 19. Jahrhunderts, besonders unter den Liberalen, erhielten entscheidende Impulse durch die allgemeine utilitaristische Doktrin und deren Gedankengut.

Die von Bentham geprägten Leitsätze konnten jedoch nur auf eine für ältere Utilitaristen vollkommen befremdende Art und Weise verwirklicht werden. Vom Standpunkt des Nützlichkeitsprinzips ließ sich ein sozialpolitischer und wirtschaftlicher Ausgleich begründen, ebenso das »Laissez-faire«-Prinzip und das absolute Eigentumsrecht.

Das nach demokratischen Prinzipien gewählte und alles beherrschende Parlament, für das Bentham eintrat und das die existierende parlamentarische Staatsform ersetzen sollte, wurde in Wirklichkeit von ganz anderen Ideen als denen Benthams beherrscht. Im Jahre 1885 konnte Maine, die Kapazität auf dem Gebiet gesetzlicher und sozialer Institutionen, erklären, daß man Benthams demokratische Ideen wohl übernommen hatte, diese aber Ergebnisse zeitigten, die gerade das Gegenteil von dem waren, was die Utilitaristen sich davon versprochen hatten. Später wurde die Nützlichkeitslehre zum Schlagwort der stetig wachsenden sozialistischen Bewegung, besonders der Fabian Society, der führenden intellektuellen Gruppe innerhalb dieser Strömung. Man behauptete, der Sozialismus englischer Prägung hätte mehr Ideen von Bentham als von Marx übernommen. Die Lehre Benthams von der wirtschaftlichen Gleichstellung der Menschen als Idealzustand und besonders seine These, daß das höhere Glücksgefühl als Folge eines größeren persönlichen Wohlstands im umgekehrten Verhältnis zu dem bereits vorhandenen Besitz stehe, war ein wesentliches Argument der Sozialisten, eine härtere Besteuerung zugunsten der Unbemittelten zu fordern. Die Überzeugung von der Wirkungskraft des Utilitarismus bedeutete ungeheuer viel für eine Bewegung, die auf eine Planung der Produktion auf kommunaler Ebene hinarbeitete. Man studiert heute kaum mehr Benthams Schriften. Seine bis zur Vollendung gesteigerte Pedanterie wirkt abschreckend, aber er ist doch mehr als irgendein anderer Philosoph des 19. Jahrhunderts eine einflußreiche Persönlichkeit in dem sozialen Gefüge und dem »way of life« Englands gewesen.

Verfassungsfragen

Die Stimmrechtsreform 1832

Seit Ende des 17. Jahrhunderts war die englische Verfassung die »liberalste« in der ganzen Welt, ein leuchtendes Vorbild für alle Anhänger des Fortschritts auf dem Festland gewesen. Ein Jahrhundert lang hatte es in England kaum irgendwelche Verfassungskonflikte gegeben. Keine politische Bewegung von Bedeutung hatte einschneidende Veränderungen in der bestehenden Ordnung verlangt. Zu Beginn des 19. Jahrhunderts änderte sich die Lage. Nach Ende des großen Kriegs gegen Napoleon wurde die Forderung einer Verfassungsreform aktuell. Das englische System hatte nämlich in der Zwischenzeit ohne jeden Verfassungsstreit einen reaktionären Charakter angenommen. Georg III. (1760–1820) spielte während der Jahre, in denen er nicht unter geistiger Umnachtung litt, in der Politik eine wichtige Rolle und führte in gewissem Umfang die alte monarchistische Staatsform wieder ein. Historiker wiesen nach, in wie hohem Maß auch Willam Pitt der Jüngere während seiner ersten Amtsperiode als Premierminister (1783–1801) vom König abhängig war. Das Oberhaus wurde allmählich ein Anhängsel der Tories im Unterhaus, nachdem Pitt konservative Gutsbesitzer und Kapitalisten in großer Zahl in den Adelsstand erhob.

Vor allem wurde versäumt, die bestehenden Bestimmungen über die Zusammensetzung des Parlaments abzuändern. Das führte zu einschneidenden Veränderungen. Auf Grund der Industrialisierung Englands nahm die Bevölkerung in den Städten auf Kosten der Landgemeinden beträchtlich zu. Aber die Sitzverteilung im Unterhaus blieb dieselbe. So kam es, daß Landbezirke mit wenigen Einwohnern, die von dort ansässigen Gutsbesitzern abhängig waren, über Parlamentssitze verfügten, während große und schnell wachsende Industriestädte wie Birmingham und Manchester im Parlament nicht vertreten waren. Die Anzahl der Stimmberechtigten in England und Wales betrug 1831 nur 435 000. Das waren weniger als zehn Prozent der Männer. Die Zahl hat an und für sich wenig zu sagen. Bemerkenswert ist jedoch, daß die Städte außerordentlich unterrepräsentiert waren. In sehr vielen Wahlkreisen wurde außerdem gar keine echte Wahl durchgeführt. Es wurden in Wirklichkeit als Kandidaten Gutsbesitzer oder wohlhabende Männer, die den Wahlkreis »gekauft« hatten, von der Regierung eingesetzt.

Im wesentlichen besaß jedoch der Staat ein solches Ansehen, daß eine grundlegende Änderung von keiner maßgeblichen Seite gefordert wurde. Man vertrat die Auffassung, daß die Einrichtungen in ihrer bisherigen Form, wenn auch in mancher Hinsicht geändert, ergänzt und verbessert, beibehalten werden sollten. Dieser Übergang zur Demokratie vollzog sich schrittweise im Lauf von beinahe hundert Jahren. Einige wichtige Veränderungen geschahen ohne gesetzgeberische Eingriffe. In der Praxis beinahe unbemerkt, wurde der König allmählich zu einem nationalen Symbol, während er vorher ein Sinnbild der Macht war.

Die ideologischen Gegensätze innerhalb des Unterhauses traten hauptsächlich in den Debatten über die verschiedenen Vorschläge zu einem verbesserten Wahlrecht hervor. Sie zeigten sich besonders in der Reform des Jahres 1832, die als ein vollkommener Durchbruch der liberalen Ideen in der englischen Politik angesehen werden kann. Deutliche Trennungslinien zwischen den beiden untereinander lose verbundenen Gruppen, die unter den alten Parteinamen »Tories« und »Whigs« das englische Parlament zu Beginn des 19. Jahrhunderts beherrschten, konnten nicht festgestellt werden. Diese vertraten im wesentlichen Meinungen, die man in der Mitte des 19. Jahrhunderts als Konservativismus und Liberalismus bezeichnete. Die Tories beachteten strenger als die Whigs die bestehenden Verhältnisse und Einrichtungen, nämlich den Monarchen, der in gewisser Hinsicht immer noch unabhängig regierte, das dem Unterhaus ebenbürtige Oberhaus – wobei Regierungsbildung und Budgetfragen allein dem Unterhaus vorbehalten blieben –, die Staatskirche, die Landwirtschaft und die örtlichen Behörden, die mehr oder weniger von der Aristokratie beherrscht wurden. Die Partei der Tories vertrat besonders die Interessen der Gutsbesitzer, obwohl die Trennungslinie in sozialen Fragen weniger deutlich als in politischen sichtbar wurde. Die Partei der Whigs, die noch Jahrzehnte nach der Französischen Revolution immer in der Minorität war, hatte noch vor der Revolution eine Reform der Struktur des Unterhauses beantragt; sie erhob diese Forderung von neuem in den zwanziger Jahren des 19. Jahrhunderts ganz energisch. Die Whigs traten für religiöse Toleranz ein und beantragten die Aufhebung der von den Tories eingeführten Ausnahmegesetze gegen den Katholizismus. Der Partei der Whigs gehörten die meisten Parlamentarier an, die für Reform der Verwaltung, des Rechtswesens, der Armenpflege und der örtlichen Behörden kämpften. Die Grundsätze des wirtschaftlichen Liberalismus wurden eigentlich von beiden großen Parteien anerkannt, doch die Whigs, die mehr und mehr die wachsende wohlhabende Mittelklasse – Kaufleute und Unternehmer – zu vertreten begannen, setzten sich für diese Grundsätze mit größerem Nachdruck ein als die Tories, die mit einer gewissen Abneigung die stürmische Entwicklung der Industrie und des Handels beobachteten. Dabei ist jedoch zu bedenken, daß sich beide Parteien vor der Stimmrechtsreform des Jahres 1867 nur an einen

beschränkten Kreis sozial gutgestellter Personen wandten, denn nur diese hatten ja Stimmrecht. Weiterhin waren Whigs und Tories nur sog. Wahlparteien, die ihre Programme nach der jeweiligen politischen Situation und den Wählerwünschen aufstellten. Schließlich wurden viele wichtige Reformen, wie Abschaffung der Sklaverei und des Sklavenhandels, die Arbeitszeitgesetze, der Freihandel, in erster Linie von Organisationen gefordert, die, ähnlich den amerikanischen »pressure groups«, grundsätzlich außerhalb der Parteien standen und diese höchstens dazu benutzten, ihre besonderen Ziele durchzusetzen. Gerade dieser Punkt ist wichtig, um die englische Politik während des ganzen 19. Jahrhunderts verstehen zu können.
Als die Whigs Anfang der dreißiger Jahre des 19. Jahrhunderts die Macht ergriffen, die sie, von zwei längeren Unterbrechungen (1841–1845 und 1874–1880) abgesehen, dann länger als ein halbes Jahrhundert innehatten, gehörten der Partei Männer aus verschiedenen Interessengruppen und Gedankenströmungen an. Eine Reihe der ältesten und reichsten Adelsgeschlechter Englands waren Whigs aus Tradition; sie stellten zum großen Teil die Minister und überhaupt die leitenden Politiker. Charakteristisch ist, daß Greys Reformregierung eine der aristokratischsten in Englands neuerer Geschichte war und daß bei den Abstimmungen im Oberhaus über die Parlamentsreform (1831–1832) eine Mehrheit der Vertreter alter Adelsgeschlechter für diese Neuerung stimmte, während die Mehrzahl der neugewählten Adeligen dagegen war. Die letztere Gruppe nahm allmählich ab; einige schlossen sich den Tories an, andere zogen sich aus der Politik zurück. Als Whigs bezeichnete man nach und nach nur die rechtsstehende Minderheit der liberalen Partei. Das Oberhaus wurde zu einer klaren konservativen Gruppe. Den Kern der Partei der Whigs bildeten um 1830 Theoretiker und Reformer, die als Sprachrohr die »Edinburgh Review« benutzten, um ihre Ideen zu verbreiten. Unter ihnen waren Männer wie Brougham, 1830 Lordkanzler, Macaulay, der typische Vertreter des frühen englischen Liberalismus, und Sidney Smith, der – im Gegensatz zu Brougham und Macaulay – niemals dem Parlament angehörte, aber durch seine Schlagfertigkeit und Polemik überall großen Einfluß ausübte. Die Radikalen bildeten eine dritte Gruppe, die aber nur schwach im Parlament vertreten war. Sie huldigten dem Utilitarismus und verfolgten – im Gegensatz zu anderen Gruppen – grundsätzlich demokratische Ideen. Dazu gehörten Männer wie Francis Place und William

Cobbett, die versuchten, zwischen den Lords der Whig-Gruppe und der breiten Masse des englischen Volks zu vermitteln, die kein Stimmrecht besaß, aber doch durch Streiks, Demonstrationen, Gewaltakte, Plünderungen oft eindrucksvoll ihre Meinung zum Ausdruck brachte und in entscheidenden Debatten die Whigs beeinflussen und unterstützen konnte. Indem das Parlament rechtzeitig und in einem vernünftigen Ausmaß den Drohungen der Massen nachgab und Schritt für Schritt weitere Schichten des Volks an der Regierungsgewalt teilhaben ließ, gelang es ihm – und besonders den Liberalen –, ohne Umsturz die Reformen durchzuführen und schließlich auch an Traditionen festzuhalten und gleichzeitig nach demokratischen Regeln zu regieren.

Während der Parlamentsdebatten vor der Reform des Jahres 1832 vertraten die Tories streng konservative Ansichten. Berühmt wurde die Äußerung Lord Wellingtons, des Führers im Oberhaus, im Jahr 1829, daß es unmöglich sei, gesetzliche Vorschriften für die Wahlen auszuarbeiten, die eine ebensogute Volksvertretung ergäben wie die im derzeitigen Unterhaus; denn »die menschliche Natur ist nicht fähig, auf einmal etwas so Vollendetes zustande zu bringen«. Die von den Whigs eingebrachten Vorschläge, erklärte Wellington, trügen Keime der Revolution in sich. Würden sie durchgesetzt, so führten sie zur Auflösung der englischen Gesellschaftsordnung. Die führende Zeitschrift der Tories, die »Quarterly Review«, in der die konservativen Argumente am besten wiedergegeben wurden, wies daraufhin, daß auf eine erste Reform bald neue folgen würden, bis das Stimmrecht auf alle ausgedehnt sei. Im Grund genommen gehe es um ein Ringen zwischen den Mittellosen und den Besitzenden. Wenn das Wahlrecht sich auf weitere Kreise erstreckte, würden die Unbemittelten die Macht ausüben, das Eigentumsrecht abschaffen und die früher herrschenden Klassen unter Druck setzen. Entweder käme es zu Anarchie oder zu einer Diktatur von Abenteurern, die von den Armen unterstützt würde, oder – im schlimmsten Fall nach einer chaotischen Periode – zu einer Wiedergeburt der absoluten Monarchie. Die Whigs, so sagte man, stellten Forderungen nach einer Reform nur aus Furcht vor der Macht der Masse. Richtiger wäre es, die Gewalttätigkeiten des Pöbels mit Repressionen und nicht durch Nachgeben zu beantworten.

Man muß den Wunsch nach Reformen vor dem Hintergrund dieser Situation sehen. Die Forderungen waren äußerst bescheiden. Einmal sollte das Stimmrecht auf einige weitere Bevölkerungsschichten ausgedehnt, zum anderen die Parlamentssitze besser im Verhältnis zu der Einwohnerzahl in verschiedenen Distrikten verteilt werden. Vor allem wollte man »the rotten boroughs« beseitigen, die von alters her im Parlament vertreten waren, aber nur eine ganz kleine Gruppe Wahlberechtigter hatten und deshalb in Wirklichkeit von Aristokraten und Kapitalisten beherrscht wurden. Die Whigs bedienten sich der Burkeschen Parole, »reformieren, um zu erhalten«. Immer wieder hob man hervor, daß das Parlament infolge der veränderten Bevölkerungsdichte während der vergangenen Jahrhunderte einen anderen Charakter im Gegensatz zu früher bekommen habe. Durch die Reform sei also kein neues Parlament geschaffen, sondern nur richtige Verhältnisse wiederhergestellt worden. Auch in anderer Beziehung sei die Reform aus der Sicht der Konservativen gerechtfertigt. Mit verhältnismäßig kleinen Gesetzesänderungen könne man die Unruhe innerhalb breiter Volksschichten unterdrücken und wirtschaftlich und gesellschaftlich besser gestellte Kreise, die bisher vom Stimmrecht ausgeschlossen waren, an Staatsgeschäften teilhaben lassen. Falls dies unterbliebe, müsse man einen gewaltsamen Umsturz befürchten.

Die große Zahl der Whigs scheute vor einer umfassenden Änderung des Stimmrechts genauso zurück wie die Tories, denn man befürchtete, daß eine auf breiter Basis eingeführte »Volksherrschaft« das Eigentumsrecht und überhaupt die geltende Gesellschaftsordnung in Gefahr bringen und daß außerdem diese Volksherrschaft, wie in Frankreich, in Despotie ausarten könne.

Für die Aristokraten unter den Whigs, wie Grey, Melbourne und Russell, waren die maßvollen Reformen der einzig denkbare Weg, den man gehen konnte. Grey schrieb, indem er sich auf Locke bezog, daß das Ziel der Regierung »Schutz und Sicherung der Rechte« sei, ferner, daß das Volk einen Anspruch auf die Staatsform habe, die ihm am besten entspreche. Ein begrenztes Stimmrecht war unter diesem Gesichtspunkt die Forderung der Zeit. Russell brachte in einer später viel beachteten Erklärung zum Ausdruck, daß die vorgeschlagenen Reformen endgültig seien, also eine Ausdehnung des Wahlrechts auf weitere Kreise des Volks nicht in Frage kommen könne. Die Furcht vor der Volksherrschaft war auch kennzeichnend für den Kern der bürgerlichen »Edinburgh-Review«-Gruppe und deren Vertreter in Parlament und Regierung. In einem Artikel dieser

Zeitschrift hieß es, daß das allgemeine Stimmrecht zunächst einmal eine Herrschaft der unteren Klassen und dann deren Diktatur zur Folge habe.
»Ein Demagoge wird für sich selbst die despotische Macht beanspruchen, die er lange Zeit hindurch im Namen seiner Partei ausgeübt hat. Die unberechenbaren Massen werden ihrem Führer zu dem Thron des Diktators mit derselben Begeisterung folgen, mit der er sie in den Kampf gegen die bestehenden Institutionen führte.« Wenn schon eine einzelne Klasse das Steuer in die Hand nehmen solle, dann müsse es die »Mittelklasse«, das Bürgertum, sein, weil dieses die meiste Vernunft und den stärksten Gemeinschaftsgeist aufbringe und infolgedessen auch die besten Verbindungen zu anderen Gesellschaftsklassen habe. In einer Rede, die Brougham im Oberhaus hielt, sagte er, daß der Vorschlag der Regierung dahin ginge, der Revolution zuvorzukommen. Die Gegner seien eigentlich revolutionär, nachdem sie sich unter den jetzigen neuen Verhältnissen noch an die alten Gesetze klammerten. Am klarsten und deutlichsten drückte der Whig Macaulay die in seiner Partei vorherrschende Meinung aus. Während einer Unterhausdebatte erklärte er, daß er alle Theorien über Stimmrecht und Verfassung mit Mißtrauen betrachte. In manchen Ländern sei es vielleicht möglich, allen Bürgern das Stimmrecht zu geben, aber nicht in England. Wenn die Arbeiter immer beschäftigt seien und gut verdienten, könne man ihnen eine gewisse politische Macht einräumen. Trotzdem sei in Krisen- und Notzeiten die Versuchung zu groß, diese Macht zu mißbrauchen. »Es gibt keinerlei Quacksalberei in Medizin, Religion und Politik, die nicht Eindruck auch auf den Intelligentesten macht, wenn Leid und Furcht ihn bedrücken ... Ich bin ein Gegner des allgemeinen Wahlrechts, weil ich glaube, daß es zu einem gewaltigen Umsturz führt. Ich unterstütze diesen Vorschlag [des gemäßigten Stimmrechts], weil ich überzeugt bin, daß dieser die beste Garantie gegen eine Revolution ist«. Die Schicht, die sich hinter den Reformvorschlag stelle, ist »Englands Mittelklasse, mit der Elite der Aristokratie an der Spitze und den Besten der Arbeiterklasse im Gefolge. Diese große Klasse hat ihre endgültige Position zwischen den Gegnern jeder Ordnung und denen aller Freiheit«. In einer Stimmrechtsdebatte, zehn Jahre später, unterstrich Macaulay mit noch größerem Nachdruck als bisher dieselbe Auffassung. Allgemeines Wahlrecht sei nicht nur mit der englischen, sondern mit jeder Regierungsform unvereinbar. Es bedeute eine Be-

drohung des Eigentumsrechts und somit auch der kulturellen Werte, deren Erhaltung von einem gesetzlich verankerten Eigentumsrecht abhinge!

»Wenn man erkennt, daß das Wohl der Gemeinschaft von eigenem Besitz abhängt, ist es ein Wahnsinn, die Herrschaft über den Staat einer Klasse anzuvertrauen, die diese Einrichtung nicht respektieren würde ... Allen ist es klar, daß der Reichtum ungleich verteilt ist ... Die Gründe, die unwiderlegbar nachweisen, daß diese Ungleichheit für das Wohl aller Volksschichten notwendig ist, sind nicht so deutlich erkennbar«.

Sidney Smith war der Ansicht, daß die Parlamentsreform allen Volksschichten zum Nutzen gereiche. Man würde dadurch mit den Mitteln des Staats sparsamer umgehen, die Zölle senken. Die Unbemittelten bekämen billigeres Brot und hätten weniger Steuern zu zahlen. Die Reichen würden zudem gezwungen sein, mehr als früher Rücksicht auf die Wünsche der Armen zu nehmen. Aber anderen als den Grundbesitzern ein Wahlrecht einzuräumen, sei absurd. »Wenn Sie die Macht in die Hände derer legen, die nichts besitzen«, sagte Smith, »untergraben Sie die Gesetze, die das Eigentum schützen und die der Raubgier des Menschen abgerungen worden sind«. Das Volk habe wohl Recht auf alles, was sein Glück erhöhe, aber es sei nicht imstande, seine Interessen auf lange Sicht zu wahren. Deshalb sollten, genau wie früher, Sitze im Parlament wohlhabenden Personen vorbehalten bleiben, die »Besitz und Stellung« zu verlieren hätten. Die breite Masse des Volks sollte nur indirekt einen Einfluß auf die Regierung ausüben.

Die große Mehrheit der Whigs und Tories verabscheuten das Wort »Demokratie«. Man sähe in der Demokratie, schrieb der vornehmste Chronist der Vorgeschichte der Parlamentsreform, keine neue Staatsform, sondern vielmehr eine »bedrohliche Herrschaft des Bösen ... eine Katastrophe«, in die alle gestürzt würden. Allein die sogenannten Radikalen, eine nur kleine Gruppe im Parlament, vertraten eine andere Meinung, obwohl auch in ihren Reihen verschiedene Ansichten herrschten. Grote, der in einer der wichtigsten Aufklärungsschriften für die Reform eintrat, wollte das Stimmrecht auf alle Männer ausdehnen, die im Jahr wenigstens ein Einkommen von 100 £ erreichten; die Wählerschaft würde dann mit den neu hinzugekommenen Stimmen ungefähr eine Million betragen und keinesfalls eine Bedrohung der Besitzenden sein. Die große Masse würde man schulen und so zur politischen Reife erziehen, daß sie nach und nach Zutritt zu den Wahlurnen bekäme. Die Utilitaristen jedoch forderten ein sofortiges Wahlrecht für alle männlichen Personen. Über die Hintergründe wird noch zu sprechen sein. Die Arbeiter in Stadt und Land, die im Parlament nicht vertreten waren, verstanden es, durch Demonstrationen und Gewalttätigkeiten die Whigs zu energischen Schritten und die Tories zum Nachgeben zu bewegen. Doch sie hatten kein einheitliches Programm, weder auf verfassungs- noch auf sozialpolitischem Gebiet. Von ihren Führern war es z. B. Francis Place, Utilitarist und Liberaler, der alle fachlich ausbilden lassen und organisieren wollte, während William Cobbett wahl- und planlos u. a. forderte, daß Staatsanleihen annulliert und Maßnahmen eingeleitet würden, die kleine selbständige Landwirtschaftsbetriebe förderten. Im Einklang mit einer gemäßigten Vorstellung von der Erweiterung des Wahlrechts stand die Parlamentsreform, die nach heftigen Auseinandersetzungen durchgeführt wurde. Der König hatte zudem versprochen, den Widerstand des Oberhauses zu brechen, indem er drohte, eine große Anzahl von Peers zu ernennen. Es gab dennoch nicht mehr als 650 000 Wahlberechtigte nach dieser Reform. Aber viel wichtiger war, daß die neue Wahlkreisverordnung in hohem Maß dazu beitrug, das Unterhaus zu einer wirklichen Interessenvertretung aller Stimmberechtigten zu machen, obwohl diese immer noch die Landkreise begünstigte und bei weitem nicht dem Grundsatz der Gleichheit entsprach. Man pflegte dazu zu sagen, daß »die Mittelklasse« durch diese Reform entscheidenden Einfluß im Parlament gewonnen habe. Doch ist diese Feststellung nicht zu wörtlich zu nehmen. Versteht man unter »Mittelklasse« im vorliegenden Fall wohlhabende Unternehmer und Geschäftsleute, so ist allerdings richtig, daß deren Einfluß bedeutend zunahm und in den städtischen Wahlkreisen in der Regel dominierte. Doch auch nach der Reform saßen noch ungefähr 70% Großgrundbesitzer im Unterhaus, und erst dreißig Jahre später übertraf die Zahl der Vertreter des Handels, der Industrie und der Finanzen die der Landwirtschaft.

Benthams Staats-Doktrin

In seinen frühen Schriften widmete Bentham der Verfassung keine größere Aufmerksamkeit. Sein Interesse galt in der Hauptsache der

Reform der Strafgesetze und des Gefängniswesens. Er scheint damit gerechnet zu haben, daß seine Ideen und Vorstellungen auf diesem Gebiet durch die Regierungen seiner Zeit, vielleicht sogar durch Einschaltung absoluter Monarchen, in die Tat umgesetzt werden konnten. Als seine Pläne auf Widerstand und Gleichgültigkeit stießen, kam er zu der Überzeugung, daß die monarchistischen und aristokratischen Staatssysteme unüberwindliche Hindernisse auf dem Weg zum allgemeinen Wohlstand bildeten. Er wurde zum überzeugten Demokraten und schrieb in den zwanziger Jahren »The Constitutional Code«, worin er mit ungewöhnlicher Klarheit und peinlicher Genauigkeit seine Auffassung über die politische Bedeutung der Verfassung entwickelte. Seine Theorien über die Verfassung gründeten sich jedoch auf die elementaren Grundsätze, daß jeder Mensch in seinem eigenen Interesse, zu seinem eigenen Nutzen handele, ferner, daß es letztes Ziel jeder Gemeinschaft sei, das »größtmögliche Glück für die größtmögliche Zahl« zu erreichen.

Im Einklang mit dem ersten Grundsatz behauptete Bentham, daß eine leitende Person oder eine Gruppe sich der Macht des Staates für die eigenen Interessen bediene. Also werde das Ziel eines absoluten Monarchen »das größtmögliche Glück für sein eigenes Ich sein ... Er wird versuchen, im größtmöglichen Ausmaß alle Mittel, die zum Glück beitragen, alle Dinge, die man sich allgemein ersehnt, in seine Gewalt zu bekommen, auf Kosten und zum Nachteil des Glücks aller anderen Glieder der Gemeinschaft«. Das natürliche Streben einer jeden Monarchie besteht darin, »zu jeder Zeit und überall die größtmögliche Zahl ins größtmögliche Unglück zu stürzen«. Der Monarch werde dabei unvermeidlich zum »Erzdieb, Erzterroristen, Erzgauner, Erzbetrüger«. Der Soldat, der Richter und der Priester seien seine natürlichen und geistigen Werkzeuge. In einer konstitutionellen Monarchie, in einem aristokratischen System, in jeder Staatsform, in der die Macht nicht vom Volk ausgeht, herrsche überall derselbe Zustand: »Ein Volk, das in einer der drei Staatsformen lebt, wird von seinen Feinden regiert«. »Das unheilvolle Interesse«, wie Bentham das selbstsüchtige Interesse des einzelnen nannte, werde hier zum beherrschenden Moment. Wenn jedoch alle – oder wie in einem großen Staat üblich – Vertreter aller Gruppen regierten, dann werde allen Gerechtigkeit widerfahren. »Die einzige Regierungsform, die das größtmögliche Glück für die größtmögliche Zahl zum Ziel hat oder haben kann ... ist die Demokratie«, die Volksherrschaft.

Die vom Volk gewählte Körperschaft solle die unumschränkte Macht ausüben. Bentham verwarf Montesquieus Theorie der geteilten Macht. Wenn eine staatliche Organisation aufgrund ihrer Zusammensetzung für das Wohl der Allgemeinheit wirke, so müsse eine andere Organisation, die nach anderen Prinzipien aufgebaut sei, für andere Ziele arbeiten. Diese habe dann keine vernünftige Funktion. Jeder Dualismus müsse deshalb abgelehnt werden, ob es sich um ein Zweikammersystem oder um eine unabhängige Regierung, die mit einer Volksvertretung zusammenarbeite, handele. Die Arbeit der Exekutive, die aus technischen Gründen nicht von der aus zahlreichen Mitgliedern bestehenden Legislative erledigt werden könne, solle Mittelsmännern überlassen werden, die die Legislative beauftragen. Aus ähnlichen Gründen verwarf Bentham gewisse Rechtsvorschriften, die die Handlungsfreiheit der Volksvertreter einschränkten. Unter einer Monarchie oder einem anderen feudalen System könnten solche Bestimmungen nützlich sein, aber in einem Staatsgefüge, dessen Führung für das Wohl der Allgemeinheit einstehe, seien derlei Vorschriften sinnlos.

Bentham forderte uneingeschränkte Macht für die Volksvertretung und gleichzeitig auch umfassende Garantien dafür, daß diese die Meinung des Volks wiedergab und nicht nur ihre eigenen Interessen allein wahrnahm. Deshalb sollten die Vertreter vom Volk für eine so kurze Zeit wie nur möglich gewählt werden, vielleicht nur für ein Jahr. Die Möglichkeit einer Wiederwahl sollte stark eingeschränkt werden. Nur ein rotierendes System könne Sicherheit gegen Korruption und Willkür bieten. Weiterhin sollten regelmäßige Kontrollen bewirken, daß die vom Volke Gewählten sich auch als dessen Delegierte und nicht als unabhängige Machthaber fühlten. Geheimes Wahlrecht sollte eingeführt werden. Diese Form zu wählen, die als höchst radikal empfunden wurde, sollte Gewähr dafür bieten, daß die Bürger ohne Zwang, in ihrem eigenen Interesse abstimmten.

Das »Glück« eines jeden einzelnen Menschen wäre gleich wichtig. Daraus folgerte, daß das Wahlrecht für alle Männer – Analphabeten ausgenommen – gelten sollte. Aus demselben Grund forderte Bentham, daß eigentlich auch Frauen wählen sollten, schon deshalb, weil er keinen Anlaß sah anzunehmen, daß Frauen den Männern an Intelligenz unterlegen seien. Dagegen hielt er es für ausgeschlossen, daß Frauen zu Volksvertretern gewählt werden könnten – die Gefahr »beiderseitiger Verführung« bei der Begegnung der Geschlechter in

Exekutive und Legislative sei zu groß. Er fand es vorläufig auch nicht für richtig, das Wahlrecht für Frauen zu fordern, weil der Widerstand gegen einen solchen sensationellen Vorschlag für lange Zeit die Einführung des demokratischen Systems verhindern würde.
Benthams überragender Schüler, James Mill, entwickelte in einem berühmt gewordenen Artikel in der »Encyclopaedia Britannica« die Ideen seines Lehrers noch weiter. Die Machthaber würden nur in ihrem eigenen Interesse handeln, wenn man dies nicht durch besondere Garantien verhindere. In einer absoluten Monarchie sei es ganz natürlich, Verfahren anzuwenden, die »nicht nur einen solchen Grad von Raubbau« erreichten, daß »die Mitglieder der Gemeinschaft – mit Ausnahme derer, die daraus Vorteile ziehen oder Werkzeuge dieser Schamlosigkeit sind – nur das für ihren Lebensunterhalt absolut Notwendige behalten«, sondern die »einen solchen Grad von Grausamkeit erlangen, der blutigsten Terror aufrechtzuerhalten imstande ist«. Die einzige vernünftige Staatsform sei deshalb eine vorbildliche Volksherrschaft. Das Wahlrecht müsse allen Männern in einem gewissen Alter zugestanden werden. Für Frauen sei dies überflüssig, da deren Interessen mit denen ihrer Väter und Männer übereinstimmten«. Zum Unterschied von Bentham betonte jedoch James Mill, daß die Tätigkeit der Regierenden nicht einmal in einer Demokratie, die mit strengen Kontrollvorschriften ausgestattet sei, mit Sicherheit den Interessen der Regierten selbst entsprechen müßte: »Die ganze Kette von Beweisen und Schlußfolgerungen beruht auf dem Prinzip, daß die Handlungen der Menschen mit ihren Interessen übereinstimmen. Wird dieser Grundsatz anerkannt, ist unserer Ansicht nach die Beweisführung vollkommen, und ihr kann nicht widersprochen werden. Das Prinzip selbst scheint auch auf festem Boden zu stehen. Es ist erwiesen, daß die Handlungen der Menschen vom eigenen Willen abhängen, daß dieser wiederum auf ihren Wünschen beruht und diese Wünsche durch Vorstellungen von Gut und Böse, mit anderen Worten, durch Interessen beeinflußt werden ... Diese Vorstellungen von Gut und Böse können richtig oder falsch sein. Im ersten Fall stimmen Handlungen mit den wirklichen Interessen der Menschen überein, im zweiten Fall decken sie sich nicht mit ihnen, sondern entsprechen nur einem vermeintlichen – falschen – Interesse«. Diese Schwierigkeit in der Beweisführung störe jedoch nicht die Grundlinie seiner Gedankengänge, meinte James Mill. Wenn nur wenige regierten, stünden in der Regel deren Handlungen im Gegensatz zu den Interessen

der Gesellschaft; wenn mehrere herrschten, würden solche Handlungen, die auf reinem Mißverständnis beruhten, Ausnahmen sein. Hinzu komme, daß man durch Erziehung die Mitglieder der Gemeinschaft zur Vernunft bringen könne, so daß sie begreifen würden, was ihr wirkliches, sachliches Interesse sei. Mill behauptete weiterhin, daß unter allen Umständen die »Mittelklasse«, deren Interessen er mit denen der Gesellschaft auf die gleiche Stufe stellte, einen maßgeblichen Einfluß auf den größten Teil der Bevölkerung ausübe. Diese Volksschicht, die vermutlich jedes Wissen um ihre wahren Interessen vermissen lasse, wede schließlich so handeln, daß dies im Einklang mit dem Einfluß der »Mittelklasse« stehe.

Der Unterschied zwischen dem im Jahre 1832 angenommenen Programm der Whigs und dem der Utilitaristen in der Verfassungsfrage war bekanntlich beträchtlich. Doch bestand in wesentlichen Punkten Einigkeit darüber, welche Ziele man mit einer Reform erreichen wollte. Der Grundsatz des allgemeinen Wahlrechts, von Bentham und James Mill formuliert und von ihren Anhängern im Parlament eingebracht und unterstützt, wurde nicht als Möglichkeit, die Gesellschaft neu zu formen, angesehen. Im Gegenteil, die Utilitaristen ebenso wie die meisten der sogenannten Radikalen, hielten, zusammen mit den führenden Whiggruppen, am Prinzip des »Laissez-faire«, der Unverletzlichkeit des Eigentumsrechts und der Bedeutung des Einflusses einer wohlhabenden »Mittelklasse« – des Bürgertums – fest. Bentham betonte, daß der Radikalismus nicht »gefährlich« sei, denn dieser richte sich nicht gegen die Wirtschaftsordnung, und James Mill glaubte, daß bei einem allgemeinen Wahlrecht das aufgeklärte Bürgertum die besitzlosen Massen anführen werde. Macaulay gelang es, in seiner Kritik des Artikels von Mill in der »Encyclopaedia Britannica«, dessen Argumente gegen diesen selbst zu richten. Wenn die »Mittelklasse« die Interessen der ganzen Gesellschaft vertreten und unter allen Umständen die augenblicklich regierende Klasse bleiben solle, wäre es am sichersten und einfachsten, diese Position durch entsprechende Wahlrechtsbestimmungen zu gewährleisten. Wenn alle das gleiche Wahlrecht hätten, würde man jedenfalls Gefahr laufen, daß die Unbemittelten ihre Macht mißbrauchten, um die Reichen auszuplündern, wie auch – laut Mill – ein Monarch oder die Aristokratie ihre Stellung ausnützten, um die Volksmassen zu unterdrücken und auszusaugen.

John Stuart Mill über die Verfassung

John Stuart Mill folgte nicht nur in der Verfassungsfrage, sondern auch im Hinblick auf andere gesetzgeberische Probleme der utilitaristischen Tradition. Keine andere Schrift hat wahrscheinlich das demokratische Denken in England so beeinflußt wie sein »Representative Government« (1861). J. S. Mills Art zu denken und zu argumentieren, unterschied sich wesentlich von den Methoden der älteren Generation der Utilitaristen. Während Bentham und James Mill ihre Theorien von gewissen schematischen, oft doppelsinnigen Darstellungen herleiteten, gründete J.S. Mill seine Thesen auf oft unklare, nur auf »gesundem Menschenverstand« beruhende Beweise, die in sorgfältig formulierte, mit vielen Vorbehalten versehene Worte gekleidet waren.

Demokratie oder eine repräsentative Führung sei, so schreibt Mill, offenbar die »ideell beste« Staatsform, d. h. die Staatsform, die sich als die beste erweise, wenn die für deren Einführung und Aufrechterhaltung nötigen Voraussetzungen gegeben seien. Deren hervorragende Eigenschaft beruhe – nach Mill – auf zwei unumstößlichen Prinzipien in bezug auf das Wohlergehen der Menschen. »Das erste: daß die Rechte und Interessen eines Menschen gegen jede Art von Einmischung geschützt sind, wenn der, um den es geht, selbst imstande und bereit ist, seine Rechte und Interessen zu verteidigen. Das zweite: daß das Ausmaß und die Verbreitung des Wohlstands im richtigen Verhältnis zur Größe und Vielfalt der menschlichen Kräfte steht, die darauf ausgerichtet sind, den Wohlstand der Menschheit zu fördern«. Beide Bedingungen würden in der Demokratie erfüllt, in der jeder Bürger dieselbe Möglichkeit habe, auf die Regierung Einfluß zu nehmen, und in der alle zum Wohle aller zusammenwirkten. Die Vorteile der Demokratie träten noch klarer zutage, wenn man an die Auswirkungen der Verfassung auf die Zukunft denke. Die Demokratie präge die Menschen und sei ihrer Natur förderlich; denn nur sie erziehe die Bürger zu aktiven Persönlichkeiten, die gewohnt seien, Verantwortung auf sich zu nehmen und energisch bestimmte Ziele zu verfolgen. In diesem Punkt wich Mill von der bisherigen Auffassung der Utilitaristen ab, indem er aktive, unzufriedene Menschen mit passiven, zufriedenen verglich. Er kam zu dem naheliegenden Schluß, daß die erste Gruppe mehr erreiche und deshalb vom gesellschaftlichen Gesichtspunkt aus wertvoller sei. Merkwürdigerweise sagte Mill also indirekt, daß die

Demokratie mehr Unzufriedene hervorbringe. Dies steht im Widerspruch zu der früheren Behauptung, daß der Wert der Volksherrschaft in der Wahrung der Interessen und des Wohlstands der einzelnen Bürger gesehen werden müsse. Diese Tatsache ist charakteristisch für Mills Neigung, Wörter und Ausdrücke in mehrerlei Deutung zu gebrauchen. Mill wollte damit zum Ausdruck bringen, daß die Demokratie die Interessen der einzelnen Menschen eher schützen als fördern solle; denn deren Interesse erstreckten sich auf Tätigkeiten, die nicht den Staat beträfen. Wenn Mill Aktivität und Unzufriedenheit rühmend hervorhob und gleichsetzte, so verband er damit nicht politisches Denken.

Demokratie sei nicht unter allen Umständen möglich. Es gebe Fälle, da das Volk nicht die Volksherrschaft wünsche und schließlich seine Verpflichtungen gegenüber dem demokratischen System weder erfüllen könne noch wolle.

Der Mensch sei seiner Natur nach – einzeln oder in Gruppen – nur für private oder lokale Interessen tätig, so daß er gar keine Meinung zu Fragen habe, die die Allgemeinheit beträfen. Hier knüpfte Mill an Rousseaus Ideen an, daß die Voraussetzung für eine wahre Demokratie ein »Gemeinwille« (volonté générale), also eine gewisse Gleichartigkeit des Gefühls, oder ein allen gemeinsamer Sinn für deren Wert sei. Mill ging hier – und das steht nicht in Einklang mit früher erwähnten Gedankengängen – davon aus, daß in einer Demokratie alles für das allgemeine Wohl getan werden müsse. Auch andere Vorgänge und Zeiterscheinungen könnten dazu beitragen, daß ein Volk für eine Selbstverwaltung unfähig oder zumindest ungeeignet erscheine. Ein Volk könne allzu eigensinnig, um sich einer demokratischen Regierung unterzuordnen, aber auch allzu passiv oder unterwürfig sein, um sich für die Belange einer solchen Regierung einzusetzen. Ähnlich verhalte es sich, wenn das Streben nach Macht ein Volk beherrsche; eine solche Mentalität – laut Mill ist sie charakteristisch für die Franzosen – führe zu einer übertriebenen Machtkonzentration des Staats und zur Unterdrückung der Minderheit (Diktatur Napoleons III.!). Das englische Volk aber zeichne sich durch genau gegenteilige Wesenszüge aus, die deshalb besonders gut für eine Demokratie geeignet seien. Die Engländer wünschten in ihrem Beruf vorwärtszukommen und nicht mit Hilfe des Staats über andere Macht auszuüben. Sie seien deshalb Gegner von staatlichen Zwangsmaßnahmen und Erweiterung der staatlichen Bürokratie. J. S. Mill kam also über einen anderen Gedankengang als Bentham zu demselben Schluß, nämlich einer Kombination von Demokratie und »Laissez-faire«, obwohl er diesen Grundsatz des »Laissez-faire« bei weitem nicht mit derselben Energie wie Bentham betrieb.

Noch deutlicher kam Mills Auffassung in einem Kapitel über die »Schwächen und Gefahren« der Demokratie zum Ausdruck. Eine große Gefahr für die Demokratie liege darin, daß sowohl einzelne Menschen als auch ganze Gesellschaftsgruppen ihre eigenen »kurzfristigen« Interessen mit staatlicher Unterstützung zu verfolgen und durchzusetzen versuchten. Es ist für Mill, der an ein Gleichgewicht echter Interessen glaubte, typisch, hier egoistische und kurzlebige Interessen auf eine Stufe zu stellen; er ging davon aus, daß das nachhaltige Interesse eines einzelnen oder einer Gruppe sich mit dem Interesse der Allgemeinheit decken müsse. Vor allem befürchtete Mill, daß dieses »unheilvolle Interesse« – eben das egoistische und kurzfristige Interesse – bei politischen Streitigkeiten zwischen Reichen und Armen, zwischen Arbeitgebern und Arbeitnehmern zum Ausdruck kommen würde. Ganz besonders sah Mill eine Gefahr darin, daß die Arbeiter Gesetze durchbringen könnten, die seiner eigenen Auffassung von der allgemeingültigen Notwendigkeit einer wirtschaftlich liberalen Politik widersprächen. Er sprach von der Gefahr, daß das Recht auf Eigentum mit Füßen getreten oder der Besitz willkürlich hoch besteuert werde. Wie sollte eine solche von einer Gruppe eingebrachte Gesetzgebung verhindert werden? Laut Mill ist der Idealfall ein Parlament, in dem die beiden wichtigsten Schichten, die Arbeitgeber mit ihren Anhängern und die Arbeiter mit ihren Gesinnungsfreunden mit einer ungefähr gleichen Anzahl von Sitzen vertreten seien; in diesem Fall würden allerdings die meisten von ihnen für die Interessen ihrer eigenen Schicht eintreten, aber man könne sicher sein, daß eine aufgeklärte Minderheit innerhalb der beiden Klassen, die das Allgemeinwohl im Auge behielte, das Zünglein an der Waage und in jedem besonderen Fall ausschlaggebend sein würde. Mill forderte nicht, daß die Parlamentssitze zwischen Arbeitgebern und Arbeitnehmern gleichmäßig verteilt würden. Aber er rechnete doch mit einer Art Gleichgewicht zwischen den privaten Interessen der beiden Klassen, die schließlich dem Allgemeinwohl zum Vorteil gereichten. Seine Überlegungen, diese Argumente zu beweisen, sind eigentlich recht merkwürdig. »Der Grund, daß die Gerechtigkeit und das Allgemeininteresse in jeder einigermaßen gut organisierten Gesellschaft schließlich doch die Oberhand behalten, ist darin zu suchen, daß die besonderen und eigennützigen Interessen der Menschen fast immer gespalten sind; die einen sind interessiert an dem, was abträglich ist, die anderen haben ein privates Interesse an dem, was recht ist; und denen, die sich von höheren Motiven leiten lassen, gelingt es im allgemeinen – auch wenn sie nur wenige und zu schwach sind, um sich gegenüber allen anderen zu behaupten – nach langen Diskussionen und Erklärungen, sich genügend stark zu machen, um eine Entscheidung zugunsten derer, die private Interessen vertreten, also auf ihrer Seite stehen, zu erzielen.« Dieser Satz, der keine Spur einer wirklichen Rechtfertigung oder eines Beweises enthält, sondern lediglich eine Hoffnung in Form einer Behauptung ausdrückt, ist der Grundstein von Mills Verfassungspolitik. Es muß nur noch hinzugefügt werden, daß Mill für eine Form von »proportionaler Vertretung« eintrat – er nennt dies »representation of minorities« –, so daß keine Klasse in der Volksvertretung die Oberhand bekäme und die »Gruppe der Aufgeklärten«, die das Allgemeininteresse zum Ziel hätte, eine entscheidende Rolle spielte. Mills persönliche Erklärungen lassen deutlich erkennen, daß die »proportionale Vertretung« als eine Garantie gegen die Vorherrschaft der Arbeiterklasse, d. h. wesentlich als ein Schutz gegen weitgehende Eingriffe von seiten des Staates gedacht war. Mill erreichte insofern sein Ziel, als eine sehr unvollkommene Form der »proportionalen Vertretung« in einigen städtischen Wahlkreisen im Zusammenhang mit der Wahlrechtsreform des Jahres 1867 eingeführt wurde. Schon 1885 wurde diese wieder abgeschafft.

In einem besonderen Kapitel über die Frage des Stimmrechts wiederholte Mill teilweise seine schon früher besprochenen Argumente, die die Volksherrschaft befürworteten. Darin wurde das allgemeine Wahlrecht vor allem von zwei Gesichtspunkten aus verteidigt. Einmal betonte Mill im Zusammenhang mit seiner Grundsatzerklärung, daß die aktive Teilnahme am politischen Leben eine geistige und moralische Erziehung der Bürger voraussetze. Zum anderen sagte er, daß es ungerecht sei – außer in einigen Sonderfällen –, einer Gruppe das Wahlrecht vorzuenthalten. Wenn die Bürger dem Staat Zahlungen leisteten, für den Staat kämpften und auch sonst ihm (in allem) dienen müßten, so hätten sie auch das Recht, durch ihre Stimme auf die Regierung Einfluß zu nehmen. In diesem Punkt gab also Mill eine im Verhältnis zu früheren Äußerungen neue, gewissermaßen auch auf das Naturrecht hinweisende Begründung der Volksherrschaft. Vom Wahlrecht sollten nur Analphabeten ausgeschlossen werden, ferner Personen, die keine Steuern bezahlten und deshalb wahrscheinlich mit Staatsgeldern leichtfertig umgingen, und Unterstützungsempfänger, die nicht in der Lage seien, selbst ihren Lebensunterhalt zu bestreiten. Im Gegensatz zu den meisten Liberalen und Radikalen dieser Zeit forderte Mill ausdrücklich, daß auch Frauen das Wahlrecht erhalten sollten. Die Verschiedenheit der Geschlechter spiele »absolut keine Rolle, sowohl in der Frage der politischen Rechte, als auch im Hinblick auf die verschiedene Größe oder Haarfarbe«. Die Frauen hätten das Wahlrecht nötiger als die Männer, »nachdem sie physisch schwächer und deshalb mehr vom Gesetz und von der Gesellschaft abhängig als die Männer sind«. In einem Punkt ging jedoch Mill wesentlich von seinen demokratischen Grundsätzen ab. Er könne sich vorstellen, daß gewisse geistig hochqualifizierte Personen – z. B. Arbeitgeber, Freischaffende, akademisch Gebildete – mehr als eine Stimme bekämen. Dieses Doppel- oder Mehrfachstimmrecht begründete Mill damit, daß die Intellektuellen eine Klassengesetzgebung, die ihre Interessen benachteiligen würde, zu verhindern imstande seien. Doch solle dieses Recht nicht so erweitert werden, daß damit die Gebildeten Gesetze zum Nachteil anderer durchdrücken könnten. Mill forderte außerdem noch ein gut ausgebautes kommunales System der Selbstverwaltung.

Mills Rechtfertigung der Demokratie ist also eine Mischung von ganz verschiedenen, teilweise sogar widersprüchlichen Theorien. Im Anschluß an Benthams und James Mills Ideen hält J. S. Mill am Interessenprinzip fest. Er betrachtete es als wichtigste Stütze für die Volksherrschaft, obwohl er es nicht mit derselben Konsequenz und Zielstrebigkeit wie seine Vorgänger verfocht. Die Demokratie verteidigte er mit naturrechtlichen Gesichtspunkten und allgemeinen Auslassungen über den erzieherischen Wert der Selbstverwaltung. Vielleicht ist gerade diese eklektizistische Methode der Grund dafür, daß Mills Ideen zu solch großer Bedeutung gelangten. Seine Gedanken über den erzieherischen Wert der Demokratie sind doch gewissermaßen ein origineller Beitrag zur Debatte über die Verfassung.

Die Wahlrechtsreformen der Jahre 1867 und 1885

Die Einführung des allgemeinen Wahlrechts wurde schon in den dreißiger und vierziger Jahren des 19. Jahrhunderts vor allem von den Chartisten gefordert, einer Gruppe, die sich hauptsächlich aus Industriearbeitern zusammensetzte und zu sozialistischen Ideen neigte. Außerdem bestand man auf geheimen Wahlen, jährlichen Unterhauswahlen und Diäten für die Mitglieder des Parlaments. Im Zusammenhang mit dem Abbau der Getreidezölle und dem schnell zunehmenden Wohlstand der Bevölkerung – als Folge dieser Maßnahme – wurden der Bewegung der Chartisten die Voraussetzungen für ihre Argumente genommen. Sie wurde aufgelöst. Die Liberalen, die damals die Mehrheit bildeten, lehnten nicht nur das allgemeine Wahlrecht ab, sondern auch alle Anträge auf eine Erweiterung dieser Rechte (in der ersten Hälfte der sechziger Jahre). Wie schon in früheren Jahren erklärten sie mit Nachdruck, daß die »Mittelklasse«, das Bürgertum, die Politik des Landes steuern solle. Das allgemeine Wahlrecht sei eine Gefahr für die wichtigsten Prinzipien des Liberalismus: den Schutz des persönlichen Eigentums und die Freiheit jedes einzelnen. Die Vereinigten Staaten und Frankreich – die einzigen Länder, in denen die demokratische Idee ganz verwirklicht worden war – beeinflußten als leuchtende Vorbilder die Parlamentsdebatten in hohem Maß. Die Ereignisse der Jahre 1848–1851 in Frankreich waren schlagende Beweise für die Richtigkeit der Auffassung der Wahlreformgegner. Der Aufruhr im Juni 1848 konnte das Recht auf Eigentum, der Staatsstreich Napoleons 1851 die Freiheit der Menschen in Gefahr bringen. Die amerikanische Verfassung wurde jedoch verschieden beurteilt. Hier waren die Meinungen geteilt. Während der Zeit des Kampfes um die große Parlamentsreform hob man die Vereinigten Staaten sowohl als ein erstrebenswertes als auch ein warnendes Beispiel hervor. Nach der Reform 1832, als die führenden englischen Kreise eine stärkere Demokratisierung des Landes ablehnten, schrieb man kritisch über die amerikanische Verfassung; denn gerade in dieser Zeit wurde in den meisten Staaten der USA das Wahlrecht bedeutend erweitert. Der Bürgerkrieg der Jahre 1861–1865 wurde in England in viel stärkerem Maß als in Amerika als ein Prüfstein der Demokratie angesehen und darnach beurteilt. Die Sympathien der Ober- und Mittelklassen Englands galten fast ausschließlich den Südstaaten. Jedenfalls wünschte und glaubte man, daß die elf Staaten, die sich aus der Union gelöst hatten, in Zukunft eine eigene Föderation bilden würden. Man behauptete, dieser Krieg sei ein deutlicher Beweis für das Mißlingen der Demokratie. Die in Lincoln konzentrierte Macht beweise, genau wie dies beim Staatsstreich Napoleons III. der Fall war, daß eine Demokratie in Despotie ausarte. Die Radikalen und die Arbeiterklassen dagegen standen auf der Seite der Nordstaaten, wünschten deren Sieg über die Südstaaten und damit einen Sieg der Demokratie.

Eine radikale Gruppe der Liberalen unter der Führung von Cobden und Bright arbeitete jedoch – in den vierziger Jahren – ganz systematisch auf ein verbessertes Wahlrecht hin. Ihre Argumente ähnelten sehr denen, die um 1830 Freunde der Reformbewegung ins Feld geführt hatten. Gewisse Bevölkerungsschichten, die vordem in bezug auf Verdienst und Bildung nicht politisch mithalten konnten, hatten inzwischen ihre Stellung so verbessert, daß man ihnen ihre Forderung, sich politisch zu betätigen, nicht mehr abschlagen konnte. Eine Reform würde die bestehende Ordnung im Staat nicht gefährden, sondern – im Gegenteil – stärken. Die »Mittelklasse« würde tonangebend sein. Handwerker und besser bezahlte Industriearbeiter, denen die Reform galt, bezeichnete man als eine neue »Mittelklasse«. Es gab aber auch Stimmen, die der »Mittelklasse« in dem alten Sinn die führende Rolle im Parlament zuwiesen, obgleich man nach einer Wahlrechtsreform, die die Stellung der »neuen Mittelklasse« verbesserte, wohl oder übel auch auf deren Interessen mehr Rücksicht nehmen mußte. Der Gedanke, daß ein erweitertes Wahlrecht durchgreifende soziale Reformen zur Folge haben könne, war Cobden und Bright, begeisterten Anhängern des »Laissez-faire«-Prinzips, vollkommen fremd.

In der Mitte der sechziger Jahre wurde die Wahlrechtsreform wiederum sehr aktuell. Die Unionisten der Nordstaaten hatten im amerikanischen Bürgerkrieg gesiegt. Das wirkte sich auch auf England aus. 1867 wurde die zweite große Parlamentsreform durchgeführt, offiziell von den konservativen Tories, in Wirklichkeit aber unter dem Druck der Liberalen und vor allem der bisher ausgeschlossenen Volksschichten. Die Reform bedeutete in erster Linie, daß ein großer Teil der bisher benachteiligten Arbeiter in den Städten wählen durfte. Die Zahl der Wahlberechtigten in England und Wales stieg von 1057000 auf 2000000 an.

Die Meinungsverschiedenheiten innerhalb der liberalen Partei während der Debatte über den 1866 eingebrachten Reformvorschlag, der verworfen und bald von einem Vorschlag Disraelis abgelöst, aber dann angenommen wurde, warf ein bezeichnendes Licht auf die Einstellung der Liberalen. Man hatte geteilte Meinungen über die Auswirkungen des Vorschlags, aber man nahm dieselbe Haltung zu den verfassungsmäßigen Problemen ein. In der Rede, mit der Gladstone, Finanzminister und Führer des Unterhauses, den Wahlrechtsvorschlag vorlegte, versuchte er nachzuweisen, daß es sich lediglich um eine Weiterentwicklung der Reform des Jahres 1832 handele. Es müßten nur die Wahlrechtsbestimmungen der veränderten sozialen Situation angepaßt werden, d. h. die »Mittelklasse« müsse politisch mündig, d. h. selbständig werden. In den Städten erhielt allerdings ein großer Teil der Arbeiterklasse das Wahlrecht, aber eine Mehrheit erreichte diese Gruppe nicht. Übrigens waren die Minderbemittelten oft konservativ eingestellt. Gladstone sagte wörtlich: »Wir können dieses erweiterte Recht mit dem Trojanischen Pferd vergleichen, das sich der heiligen Stadt mit bewaffneten und raubgierigen ... Männern in seinem Leib näherte. Erweckt in diesen Menschen neues Interesse an der Verfassung, ein neues Interesse, das nach dem heilsamen Gesetz der Natur und der Vorsehung neue Zuneigung im Herzen des Volkes erzeugen wird! Denn dessen Treue gegenüber Gesetzen und Institutionen, mit denen es lebt, ist jedenfalls ungleich mehr wert als Gold und Silber, als Flotten und Armeen. Diese Treue ist die Stärke, die Zierde und Sicherheit des Landes«. Ähnlich äußerten sich auch andere liberale Führer. Sie behaupteten nicht etwa, daß die Reform ein Anlaß zu demokratischen Maßnahmen oder ein Schritt in dieser Richtung sei; im Gegenteil, man betonte, daß sich die Reform auf wenige Neuerungen beschränke und eng an die bisherigen Gesetze halte. Genau wie in den Jahren 1830–1832 hob man hervor, daß man so die Unzufriedenen mit einer maßvollen Reform besänftigen könne. Diese Massen würden sicherlich mehr fordern, wenn man eine Entscheidung noch weiter hinausschöbe. Nur einige wenige reformfreundliche Liberale, die der radikalen Minderheit dieser Partei zugerechnet wurden – John Bright und John Stuart Mill –, erklärten, daß die augenblickliche Reform nur eine Etappe auf dem Weg zum allgemeinen Wahlrecht sei.

Die schärfste Kritik an der Regierung kam jedoch von einer Gruppe innerhalb der liberalen Partei, die von Robert Lowe angeführt wurde. Zwei Jahre später ernannte man ihn zum Finanzminister in Gladstones erstem Kabinett. Lowe behauptete, daß die Wahlrechtsreform schon aufgrund steigender Arbeitslöhne bald zu einer vollkommenen Volksherrschaft führen werde. Diese Reform sei nur ein erster Weg zum allgemeinen Wahlrecht. Bekämen die Arbeiter ein Stimmrecht, so litten die Wahlen zum Parlament unter Korruption, Unordnung und Unterdrückung. Die Arbeiter seien sich dann ihrer Macht bewußt und arbeiteten auf eine soziale Revolution hin. Das Eigentumsrecht würde abgeschafft, das Kapital auf alle gleich verteilt, das Wirtschaftsleben vernichtet. Die Demokratie entwickle sich besonders in England zu einer Gefahr, wo die Exekutive und Legislative eine Einheit bildeten, so daß man sich nicht gegen eine zügellose Übermacht schützen könne. Die Volksherrschaft führe zu einer gewaltigen Machtkonzentration. Der einzelne Mensch bedeute nichts, die Führung alles. Die Regierung repräsentiere die Mehrheit des Volkes. Rücksichtslos werde sie alles mit Füßen treten, alles gleichmachen; nur sie selbst sei davon ausgenommen. Die Napoleonische Diktatur habe ja gezeigt, wohin die Volksherrschaft führe. Allein in Amerika habe die Demokratie nicht so schicksalhafte Folgen gehabt. Warum nicht? Hier sei die Volksherrschaft in einer stabilen Verfassung verankert worden, und die ungeheuren Reichtümer im Land der unbegrenzten Möglichkeiten hätten die Interessenkonflikte zwischen den Gruppen und Individuen vermindert.

Die Auswirkungen der Reform von 1867 waren geeignet, die Gruppen innerhalb der konservativen und liberalen Parteien zu beschwichtigen, die – wie Carlyle – Bedenken wegen des »Sprungs ins Ungewisse« hegten. Was man befürchtet hatte, blieb aus. Die Arbeiterschaft trat bei den Wahlen durchaus nicht geschlossen auf. Sie gab ihre Stimme auch weiterhin den klassischen Parteien. Es wurde sogar – wahrscheinlich zu Unrecht – behauptet, daß Disraeli seinen Sieg im Jahre 1874 den Gewerkschaften verdanke, die sich zum größten Teil für die konservativen Kandidaten eingesetzt hätten. Zum entscheidenden Umschwung in dem Verhalten der gesellschaftlich tonangebenden Volksschichten zur Verfassung kam es erst nach 1867. Man sprach von England nicht mehr in einem herabwürdigenden Ton als von einer »Demokratie«; Volksherrschaft und allgemeines Wahlrecht wurden grundsätzlich in politischen Diskussionen nicht mehr abgelehnt. Eine Propaganda, die sich gegen die Demokratie richtete, war nur noch in gewissen Extremistenkreisen, die keinerlei politischen Einfluß hatten, zu beobachten.

Als Gladstones zweites Kabinett (1880–1885) im Jahre 1884 aufgrund einer Zusage von vor den Wahlen dem Parlament einen Antrag, das Wahlrecht noch auf weitere Kreise auszudehnen, unterbreitete, stieß dieser auf keinen größeren Widerstand. Hervorgehoben zu werden verdient, daß während der Debatte über das Wahlrecht die liberalen Führer dieselben Argumente wie im Jahre 1867 vorbrachten. Sie betonten, daß frühere Reformen der Gesellschaft nicht gefährlich geworden seien, daß im Gegenteil viele Arbeiter mit den Konservativen gestimmt hätten, und daß die Gruppen, die jetzt das Wahlrecht erhalten sollten – es handelte sich hauptsächlich um Arbeiter, die auf dem Land wohnten – genauso politisch kompetent wie die Gruppen seien, denen man vordem das Wahlrecht zugesprochen hatte. Man konnte diese wohl nicht, wie bei der früheren Wahlrechtsreform, zur »Mittelklasse« rechnen. Aber man traute ihnen dieselben Tugenden zu, die von alters her für die »Mittelklasse« so charakteristisch waren: Verantwortungsbewußtsein, gesunden Menschenverstand, Sparsamkeit, Loyalität gegenüber dem Staat. Man hielt es für ausgeschlossen, daß sich die Reform politisch und gesellschaftlich radikal oder revolutionär auswirken würde. Gladstone meinte, sie stärke und einige die Nation, »indem sie alle Klassen und Schichten des Volkes um den alten Thron und um eine Verfassung versammelt, die sie mit Leib und Seele lieben, die nunmehr noch stärker und freier als je zuvor ist«. Grundsätzliche Fragen des allgemeinen Wahlrechts und der Demokratie wurden während der Aussprache im Parlament kaum besprochen. Die Revision des Gesetzes wurde durchweg als eine Ergänzung früherer Reformen, als ein von der britischen Tradition geheiligtes Verfahren angesehen. In Wirklichkeit hatte man sich von der ein halbes Jahrhundert früher vorherrschenden liberalen Auffassung weit entfernt. Das wird deutlich z.B. durch Äußerungen Gladstones, der unter Hinweis auf das amerikanische Beispiel erklärte, daß die Verfassung an Einfluß gewinne, wenn sie sich auf die breite Schicht des Volkes stützen könne. Gladstone sagte, das Vertrauen zum Volk sei der Kernpunkt der liberalen Philosophie.

Durch die Parlamentsreformen der Jahre 1884/1885 erhielt die Mehrheit aller englischen Männer das Wahlrecht. Damit war der Kampf, der Demokratie in England zum Sieg zu verhelfen, praktisch gewonnen.

Die Freiheit des Bürgers

Die Bürger Englands erfreuten sich zu Beginn des 19. Jahrhunderts größerer Freiheiten als alle anderen Europäer, obwohl man unter dem Eindruck der Französischen Revolution wesentliche Rechte schon wieder geschmälert hatte. Vor allem genoß Britannien die uneingeschränkte – ohne jede Zensur – Pressefreiheit. Verstöße wurden vor ein Gericht gebracht. Viel größer war besonders auch die politische und religiöse Freiheit. Wie tief diese im Volk verwurzelt war, beweist das neutrale Verhalten der Regierung gegenüber den Angriffen, die man um 1830 während der Krisenjahre gegen Staat und Kirche richtete. Überlieferte Grundsätze wurden während des ganzen 19. Jahrhunderts vertieft, durch neue Erkenntnisse erweitert. Ein um die Jahrhundertwende beschlossenes Gesetz, das sich gegen die Tätigkeit der Gewerkschaften wandte, wurde 1825 wieder außer Kraft gesetzt. Ausnahmegesetze, die sich gegen Katholiken und Sekten richteten, wurden 1829 abgeschafft, Katholiken wieder in ihre Ämter eingesetzt. Die Presse-, Versammlungsfreiheit und gewerkschaftliche Betätigung einschränkenden Vorschriften wurden abgeändert und in der Praxis verbessert. Die treibenden Kräfte dieser Entwicklung gehörten der liberalen Partei an, wenn auch die Konservativen zunehmend die freiheitlichen Grundsätze akzeptierten, dabei oft mit den Liberalen kooperierten und sich selten den Neuerungen energisch widersetzten.

Die Idee der Freiheit und der Toleranz entsprach dem »Laissez-faire«-Prinzip im Wirtschaftsleben. Bei freiem Wettbewerb – ein gewisses Minimum an gesundem Menschenverstand und an Bildung vorausgesetzt – würde sich nämlich die »richtige« Auffassung durchsetzen, und die »richtigen« oder echten Ideen kämen überdies sowohl dem einzelnen als auch der Allgemeinheit zugute. Da man in einflußreichen Gruppen die Volksherrschaft fürchtete, glaubte man, daß nur wirtschaftlich besser gestellte Menschen mit einem höheren geistigen Niveau und einer gesicherten ökonomischen Stellung imstande wären, mit Sinn, Verstand und Vernunft, abwägend und bedächtig Entscheidungen zu treffen. Die optimistische Auffassung von der Redefreiheit beruhte auf der Überzeugung, daß man zu einer echten öffentlichen Meinung gelangt sei, die sich segensreich auf allen Gebieten auswirken werde. Zum ersten Mal in der Geschichte der Nation hatten unabhängiges Denken, geistige Beweglichkeit, frei von religiösem Zwang, Gesetze erarbeitet, die das Zusammenleben der

Menschen regeln sollten. Es hatte sich herausgestellt, daß der gesunde Menschenverstand eine bessere Grundlage für die menschliche Gesellschaft schaffen, ein strafferes und dauerhafteres Fundament sein konnte, als es Religion und Metaphysik vermochten. Der Liberalismus in der Wirtschaft brauchte keine Hexenprozesse, keine Ketzer auf dem Scheiterhaufen enden zu lassen, um sich zu behaupten. Religiöse Meinungsunterschiede spielten, vom politischen Standpunkt aus gesehen, keine Rolle, nachdem die Politik durch rationalistisches und liberalistisches Denken zu einem weltlichen Problem geworden war. Selbst die elementare religiöse Auffassung, daß ein Gott die Menschen führe, fanden viele durch die liberale Wirtschaftsauffassung bestätigt, die lehrte, daß der Wohlstand der Gesellschaft auf Ruhe und Ordnung basiere.

Die Whigs, die die Volksherrschaft fürchteten, gebrauchten in dieser Frage ebenso harte Worte wie Utilitaristen und Radikale. Macaulay schrieb: »Die Menschen haben nie eine so große Gelegenheit gehabt, eine richtige Lösung für ein Problem zu finden, wie wenn sie offen darüber diskutieren. Die Regierung als solche kann ihre Auffassung nie anders vertreten als durch ihre Überlegenheit, die Hoffnung und Furcht auslöst. Ihr Beitrag zu einem Meinungsaustausch erschöpft sich nicht in sachlichen Argumenten, sondern besteht aus Drohungen und Druckmitteln. Also steht hierbei nicht Argument gegen Argument, sondern auf der einen Seite ist das Argument, auf der anderen die Gewalt. Anstelle eines Ringens, in dem die Wahrheit – aufgrund der echten Natur menschlicher Vernunft – einen Vorrang gegenüber dem Irrtum hat, erleben wir einen Kampf, in dem die Wahrheit nur durch Zufall als Sieger hervorgeht«. Damit öffentliche Diskussionen zu möglichst guten Ergebnissen führten, erhob man Forderungen, daß Bildungsmethoden angewandt würden, die ausreichende Kenntnisse und geistiges Training zum Ziel hatten. Führende ältere Liberale wünschten, daß die Erziehung auf freiwilliger Basis geregelt werde, da sie sonst unter staatlicher Führung als ein Propagandainstrument eingesetzt werden könne, das die Freiheit des Bürgers untergrabe. Ein wohlgeordnetes Bildungssystem unterstütze dagegen die bestehenden Institutionen und die aktuellen Ideen und untergrabe nicht etwa, wie man vordem annahm, die zur Erhaltung der Gesellschaft notwendige soziale Ordnung. Das glaubte man auch früher, besonders in den Kreisen der Tories.

Sidney Smith äußerte in einer Rede anläßlich der Thronbesteigung

Viktorias: »Wenn ich in der Dorfschule die zerlumpten Schulkinder, den alten Lehrer oder die betagte Lehrerin sehe ... fühle ich, daß der alte Mann Leben und Eigentum verteidigt, den Altar beschützt und über den Thron wacht.« In demselben Sinn setzte sich Lord Brougham, der eifriger als jeder andere führende Liberale für eine Erziehung auf breiter Basis kämpfte, dafür ein, daß der Staat wohl mit allen Mitteln das Schulwesen unterstütze, aber niemals Anspruch auf dessen Lenkung erheben dürfe. Jeder Staatsbürger solle im Unterricht lernen, die wahren Hintergründe einer liberalen Wirtschaft zu verstehen; die Arbeiter müßten endlich aufhören, Widerstand gegen die Anwendung des Gesetzes von Angebot und Nachfrage zu leisten. Auch Kriege seien durch solche Allgemeinbildung zu vermeiden. »Kümmert euch nicht um Soldaten!« rief Brougham aus (1828). »Sie können in dieser Zeit nichts ausrichten. Da gibt es einen anderen Menschen, eine andere Persönlichkeit, die in den Augen vieler weniger Eindruck macht... Ich meine den Schullehrer. Und ich baue auf ihn, daß er, mit seiner Schulfibel ausgerüstet, mächtiger ist als der Soldat in voller Kriegsausrüstung«. Neben dem Unterricht war die Presse *das* Medium, um die Menschheit aufzuklären und so Eigentumsrecht, Fortschritt und Frieden zu sichern.

Obwohl Bentham die natürliche Neigung des Menschen, in seinem eigenen Interesse, d.h. zu seinem eigenen unveränderlichen Vorteil zu handeln, hervorhob, betonte er doch immer wieder den Wert und die Bedeutung der Diskussionen und damit der Rechte jedes Bürgers. In Wirklichkeit meinte er, daß öffentlicher Meinungsaustausch dazu beitragen werde, den Menschen ihre echten Interessen näherzubringen und so denen der Allgemeinheit besser anzupassen. Öffentliche Zensur, glaubte Bentham, könne nur dem Fortschritt hinderlich sein, neuen Ideen den Durchbruch erschweren. »Eine echte Zensur kann nur von aufgeklärten Menschen, die gefährliche und irreführende Meinungen verurteilen und wertvolle Entdeckungen honorieren, gehandhabt werden«. Bentham, grundsätzlich erfüllt von Mißtrauen gegen alle Regierenden, sah in der uneingeschränkten Meinungsäußerung eine Chance für das Volk, seinen gewählten Vertretern auf die Finger zu sehen und den Weg für mögliche Veränderungen in der Regierung freizumachen. Die Pressefreiheit bezeichnete er als »Zügel, die zur Aufrechterhaltung einer guten Regierung absolut notwendig sind«. Presse- und Versammlungsfreiheit, die Freiheit, Vereinigungen zu bilden, wären – meinte Bentham – nicht nur notwendig, um Wissen und Erkenntnisse zu verbreiten, sondern auch gegen die Regierenden vorzugehen, wenn diese ihre Macht mißbrauchten. Auch üble Nachrede über Beamte und Volksvertreter sollten nicht bestraft werden; denn die Gefahr, die damit verbunden war, erschien ihm weniger groß im Vergleich mit einer Beschneidung des Rechts Kritik zu üben. Als ein Vorbild betrachtete Bentham in diesem Zusammenhang – übrigens in anderen auch – die Vereinigten Staaten, wo die freie Meinungsbildung in höherem Kurs als in England stand. James Mill ging noch weiter als Bentham. Er verband die Freiheit des Wortes mit dem Glauben an die Unfehlbarkeit der aufgeklärten öffentlichen Meinung.

»Jeder vernünftige Mensch pflegt verschiedene Argumente gegeneinander abzuwägen und sich für die stärksten zu entscheiden. Den verschiedenen Auffassungen wird sorgfältig und mit viel Einfühlungsvermögen auf den Grund gegangen. Deshalb besteht die völlige moralische Gewißheit, daß, wenn auch einige wenige sich irren, die große Mehrheit doch das richtige Urteil fällt und daß somit die klarsten Aussagen – worum es sich auch handeln mag – den größten Widerhall finden werden«.

Bentham verteidigt auch in einer für ihn typischen Weise die Religionsfreiheit und greift in diesem Zusammenhang die Institution der Staatskirche an. Jedermann sei vermutlich an religiösen Fragen interessiert und eifrig bemüht, den Wahrheitsgehalt aller dieser Probleme zu untersuchen. Handele es sich um einen echten Gottesglauben, sei es doch überflüssig, diesen auf Staatskosten zu verkünden. Personen für religiöse Werbung zu bezahlen, käme einer systematischen Verbreitung von Unwahrheiten und Täuschungen gleich; denn für viele sei der Glaube kein echtes Anliegen, auch wenn er für manche viel bedeute. In Wirklichkeit seien die staatsunterstützten kirchlichen Gemeinschaften von den Regierenden dazu benutzt worden, um auf betrügerische Weise und durch Drohungen Einfluß auf das Volk zu gewinnen.

In seiner berühmt gewordenen Schrift »On liberty« (1859) gab John Stuart Mill mehr ins einzelne gehende Gründe für Toleranz, Freiheit des Bürgers und individuelles Selbstbestimmungsrecht an. Er ging von den Grundsätzen des Utilitarismus aus. Es gehe nicht darum, sich für ein abstraktes Recht einzusetzen, sondern »die unveränderlichen Rechte des Menschen« zu fördern. Er versuchte zu beweisen, daß »der einzige Grund, die Handlungsfreiheit des Menschen – ob es sich um einen einzelnen oder um ganze Gruppen handle – einzuschränken, nur der sein kann, sich selbst zu schützen (self protection). Wenn auf ein Mitglied einer zivilisierten Gemeinschaft überhaupt rechtlich ein Zwang gegen dessen Willen ausgeübt werden darf, so nur deshalb, um zu verhindern, daß anderen Schaden zugefügt wird. Rücksichtnahme auf das Wohl eines einzelnen, sowohl in physischer als auch moralischer Beziehung, ist kein hinreichender Grund«. Um seine These zu beweisen, teilte Mill den Begriff der Freiheit in verschiedene Kategorien ein. Zuerst sprach er über die Gewissens- und Redefreiheit als der eigentlichen Freiheit, der Grundfreiheit eines jeden Bürgers, und begründete dies in vier Punkten. Es könne vorkommen, daß eine Meinung, die in Wirklichkeit richtig sei, unterdrückt werde. Diese Tatsache abzuleugnen, hieße behaupten, man sei unfehlbar. Eine Wahrheit zu unterdrücken, bedeute, kommende und jetzt lebende Geschlechter zu bestehlen. Mill kritisierte in diesem Zusammenhang die übliche Auffassung, daß wahre und nützliche Ideen – in seinen Augen decken sich die beiden Begriffe – nicht totgeschwiegen werden könnten. Dies sei zwar möglich, aber wirkungslos. Aber auch wenn eine Auffassung irrig sei, so könne sie doch eine Portion Wahrheit enthalten. Selbst wenn die herkömmliche Meinung nicht nur in einem, sondern in allen Punkten die Wahrheit enthalte, so müsse sie doch Gegenstand der Kritik und Aussprache bleiben, um nicht zu einem Vorurteil zu werden, das sich Menschen aneignen, ohne die rationellen Gründe zu begreifen oder zu empfinden. Auch die Doktrin der Freiheit laufe Gefahr, ihren ursprünglichen Sinn zu verlieren: ihre Lebenskraft, ihre Fähigkeit, Charakter und Tun der Menschen zu beeinflussen. Schließlich äußerte sich Mill noch zur Meinungsfreiheit: es müsse erlaubt sein, auch Irrtümer zu verbreiten; denn wie ein intelligenter Mensch im Wettstreit mit seiner Umgebung seine Kräfte messe, seine Belange vertrete, so müsse auch die Wahrheit in ständigem Kampf mit der Lüge sich durchsetzen.

Mill kommt dann auf das Problem der persönlichen Freiheit zu sprechen, der Freiheit eines Individuums, so zu handeln, daß sich dies mit der eigenen Überzeugung vereinbaren läßt, wobei allerdings die Gesellschaft unbedingt darauf bestehen muß, daß alle Handlungen verboten werden, die sowohl anderen als auch dem, der sie begeht, Schaden zufügen. Die Freiheit des Handelns sollte übrigens unbestreitbar sein. Denn nur, wenn der einzelne frei und ungebunden seine Fähigkeit entfalten könne, werde er zu einer Persönlichkeit, zu einem reifen Menschen heranwachsen. Vom gesellschaftlichen Standpunkt aus gesehen, sei diese freie Entfaltung eine Notwendigkeit; denn diese Vielfalt im Wesen und Handeln des Menschen sei eine unerläßliche Voraussetzung für den kulturellen Fortschritt. Auch Personen und ihre Handlungen, die stark von den gewohnheitsmäßigen Vorbildern abweichen, müßten – laut Mill – respektiert werden; denn nur so könne man zu neuen Normen gelangen, die, weil sie zweckmäßig seien, aufrechterhalten werden müßten. Mill kam zu der Überzeugung, daß die Menschen in den großen zivilisierten Staaten sich immer ähnlicher würden, daß der mittelmäßige Typ die Norm bilde, daß die öffentliche Meinung und die neu erlassenen Gesetze die Menschen in immer höherem Maß prägten und sie in ihrer natürlichen Entwicklung hinderten.

Wo sollte man dann eine Grenzlinie zwischen den – um einen Ausdruck Mills zu gebrauchen – »Self-regarding«-Handlungen ziehen, die nur das Individuum betreffen, und dem Tun der Menschen, das anderen zum Schaden gereicht und deshalb berechtigterweise von der Gemeinschaft abgelehnt wird? Mill gab hierzu einige Hinweise. Er bekannte, daß Handlungen, die den, der sie begeht, direkt benachteiligten, dann auch indirekt für die anderen Folgen haben könnten. Nur wenn ein Mensch durch sein Tun »dazu getrieben werde, bestimmte und klare Verpflichtungen gegenüber seiner Umwelt zu vernachlässigen«, z.B. infolge unmäßigen Trinkens seine Schulden nicht zu bezahlen, könne die Gesellschaft mit Warnungen und in manchen Fällen mit Strafdrohungen dagegen einschreiten. In anderen Fällen, da solches unverantwortliches Tun indirekt den Menschen schade, entscheide der Grundsatz der Freiheit. Diese Belastungen zu ertragen, hinge davon ab, inwieweit die menschliche Gesellschaft »im Hinblick auf das größere Gut der menschlichen Freiheit dazu in der Lage ist«. Mill unterstrich hier noch seine Auffassung von einer uneingeschränkten Entwicklung des Individuums, indem er behauptete, daß eine Einmischung der Gesellschaft durch Verbote und Regeln meist in ungehöriger Weise erfolge. Im Hinblick auf das persönliche Auftreten eines Mannes (self-regarding-conduct) sei es denkbar, daß die Mehrheit sowohl recht als auch unrecht habe; »denn in solchen Fällen ist die allgemeine Meinung höchstens die Ansicht einiger weniger darüber, was gut oder schlecht für andere ist... Mit der größten Gleichgültigkeit verfolgt die Mehrheit das Glück oder die Annehmlichkeiten der Personen, deren Benehmen sie verurteilen. Sie richtet sich nur nach ihrem eigenen Geschmack«. Aus denselben Gründen verwarf Mill staatliche Eingriffe in die Freiheit des Individuums, wie die Gesetze über die Sonntagsruhe und das Ausschenken von Alkohol.

Mills Anschauungen basierten durchweg auf dem Glauben an die tätige Kraft der Vernunft (des Rationalismus) und der Vorstellung von einer sozialen Harmonie. In seinen Äußerungen über Redefreiheit ging er von einem den Menschen innewohnenden a priori-Glauben an die Vernunft aus. Teils setzte er voraus, daß weitverbreitete Auffassungen gewisse wahre oder falsche Vorstellungen von der Wirklichkeit, aber keine reinen Werturteile oder Gefühle ausdrückten; teils ging er davon aus, daß die Wahrheit unbedingt über die Lüge siegen müsse, ferner, daß das Wahre auch das Nützliche sei. Doch auch wenn Mill erklärte, daß die Kraft der Wahrheit vom ständigen Kampf gegen den Irrglauben abhänge, mußte er zugeben, daß selbst der Irrtum gesellschaftlich erwünscht oder zweckmäßig sei. Sprach Mill von der Freiheit des Handelns, so ging er davon aus, daß die »Selbstentwicklung« (self-development) – ein dunkler, rätselhafter Begriff, der besagen sollte, daß ein Mensch auch ohne äußere Einwirkungen sich entfalten könne – sowohl ein Glück für das Individuum als auch ein Vorteil für die Allgemeinheit sei. Obwohl Mill, als er seine Schrift »Über die Freiheit« verfaßte, nicht von Darwins Theorien beeinflußt war, erkannte er die Lehre von der natürlichen Auswahl an, wie sie später allgemein verbreitet wurde. Aus diesem »Kampf ums Dasein« sollten sich alle Meinungen, Vorbilder und Verhaltensnormen, die für die Gemeinschaft wertvoll seien, herauskristallisieren. Im allgemeinen glaubte Mill offenbar, daß die Freiheit der Gesellschaft, in der er lebte, die richtige wäre; denn sonst hätten seine allgemeinen Ansichten von allen, die die Aufgaben des Staats sowohl einengen als auch erweitern wollten, viel radikaler ausgelegt werden können. Mill gelang es nicht, die Handlungen einzelner von Aktionen zu trennen, in die andere verwickelt waren. Auch »Self-regarding actions« könnten für die Gesellschaft von größter Bedeutung sein.

Mehrere andere typische Auslegungen der liberalen Ideen von der Freiheit gingen auf Mill zurück, waren lediglich Variationen seiner These. Bagehot, vom Darwinismus unmittelbar beeinflußt, versuchte, dessen Ideen auf die Politik zu übertragen. Er bezeichnete die Periode, in der er lebte, als »das Zeitalter der Diskussionen«. Der Ideenaustausch sei die wesentliche Vorbedingung für den Fortschritt. Dadurch würde die Macht der Gewohnheit ihren Einfluß verlieren. Die Intelligenz übernehme die Führung. Die Menschheit werde von toleranten Gedanken durchdrungen sein. Morley, der bedeutendste Theoretiker und Vorkämpfer für den praktischen und politischen Liberalismus, schloß sich in seiner Schrift »On Compromise« (1874) in allen wesentlichen Punkten J.S. Mills Gedankengängen an. Er verband jedoch das Prinzip der Freiheit, das schon zukünftige Verbesserungen des Neuliberalismus andeutete, mit Forderungen, Reformen einzuführen, die gefährlichen Auswirkungen des Freiheitsprinzips zuvorkommen sollten. Ein typisches Beispiel dafür sind seine kritischen Bemerkungen im Hinblick auf Mills Thesen über das Alkoholverbot. Die primitiven Methoden, die Trunksucht zu bekämpfen, kritisierte Morley. Sei es nicht besser, schrieb er, die Ursachen solchen Mißbrauchs zu beseitigen, indem man für bessere Wohnverhältnisse, gute und billige Vergnügen, die mit der Bierkneipe konkurrierten, sorge, und indem man den Trunksüchtigen zu einem vertieften Wissen verhelfe?

In bezug auf das Alkoholverbot und andere prohibitive Gesetze beklagte er Mills Ablehnung solcher Eingriffe und unterbreitete eigene positive Vorschläge, wie solche restriktiven Gesetze entbehrlich werden könnten.

In der Frage der Freiheit des Bürgers im eigentlichen Sinn hielt der Liberalismus auch in der späteren Periode des »Neuliberalismus« an seiner früheren Auffassung fest. Aber in Fragen der bürgerlichen und wirtschaftlichen Freiheit – das Alkoholverbot ist das anschaulichste Beispiel hierfür – stellte der Neuliberalismus nur einen Übergang zu neuen Reformen dar, die einmal eine entscheidende Rolle in der sozialen und politischen Einstellung zu wirtschaftlichen Problemen spielen sollten.

Das Werden einer Großmacht

Die Ideologie des Freihandels in England

Freihandel zwischen den Nationen war eine der wichtigsten Forderungen des wirtschaftlichen Liberalismus. Zu dessen Zielen gehörte ebenfalls die Freiheit, in England Verträge abzuschließen. Schon William Pitt der Jüngere setzte sich unter dem Einfluß von Adam Smith für eine flexiblere Handelspolitik ein und schloß unter anderem einen entsprechend günstigeren Vertrag mit Frankreich ab. Der zweiundzwanzigjährige Krieg mit Frankreich (1793–1815) hatte England isoliert und dem Land einen neuen wirtschaftlichen Aufschwung gebracht. Hohe Zölle wurden eingeführt, um dem Staat neue Einnahmequellen zu erschließen. Nach den Kriegsjahren behielt man die Zölle bei, um Handel und Industrie zu schützen, die in dieser Zeit eine ungeahnte Blüte erreicht hatten. Auf gewissen Gebieten jedoch setzte man das Freihandelsprinzip sehr bald in die Tat um. In den zwanziger Jahren des 19. Jahrhunderts wurden die Zölle für eine große Anzahl von Waren herabgesetzt oder abgeschafft. Die »Navigationsakte«, nach der der Handel mit ausländischen Waren nur auf englischen Schiffen abgewickelt werden durfte und die den Kolonien den direkten Handelsverkehr mit fremden Ländern verbot, wurde ebenfalls so gut wie aufgehoben. Man riß in den folgenden Jahren noch weitere Hindernisse im Warenverkehr nieder, ohne daß großer Widerspruch erfolgte. Eine Ausnahme machte man jedoch in bezug auf die Getreidezölle, die beibehalten wurden. Man führte nach 1828 eine Regelung – eine gleitende Skala – ein, nach der den britischen Bauern ein Preis garantiert wurde, der in der Regel weit über dem Weltmarktpreis lag.

In den Jahren nach Kriegsende, 1815, wurde lebhaft über die Abschaffung der Getreidezölle diskutiert und eine Reihe Vorschläge eingebracht. Die Tories setzten sich für die Beibehaltung ein. Die Gutsbesitzer, die die Partei beherrschten, erklärten, die Zölle seien eine Existenzfrage für sie, für die gesamte Landwirtschaft und die Nation. Die Whigs waren geteilter Meinung. Manche ihrer Führer, so Lord Grey und Lord Melbourne, befürworteten ebenfalls die Beibehaltung der Schutzzölle, während die Industriellen in dieser Partei Freihandelsanhänger waren. Ihnen erschienen Zölle auf ihre Produkte absolut überflüssig. Unterstützt wurden sie in ihrer Auffassung von den intellektuellen Gruppen, deren Sprachrohre die »Edinburgh Review« und »Westminster Review« waren. Die Anhänger beider Richtungen erkannten jedoch grundsätzlich die Richtigkeit des Freihandelsprinzips sowohl in Wort – im Parlament – und Schrift – in der Presse – an. Die Verfechter des Freihandelsprinzips erklärten, dieses solle sofort und auf breiter Basis verwirklicht werden. »Edinburgh Review«

schrieb schon 1815, die Getreidezölle kämen einer Steuer gleich, die die große Masse des Volkes für die Bauern und vor allem für die Großgrundbesitzer aufbringen müsse. Der Preis für dieses wichtige Nahrungsmittel müsse, wie so viele andere Preise auch, zwischen Käufer und Verkäufer ausgehandelt und dürfe nicht vom Staat festgelegt werden, wie das der Fall beim Zollsystem sei. Wenn der Abbau solcher prohibitiven Zölle dazu führe, daß manche bebauten Flächen keinen Gewinn einbrächten, so »müßten diese eben brachliegen«. Führe man das Freihandelsprinzip überall durch, so produziere und verkaufe jedes Land die Waren, die ihm die größten Vorteile brächten. Das Kapital würde dann überall mit dem größtmöglichen Nutzen eingesetzt, das Prinzip der Arbeitsverteilung vernünftig angewandt werden; die Völker ebenso wie jeder einzelne würden jeden Versuch aufgeben, im eigenen Land herzustellen, was man im Ausland billiger kaufen könne. Auch wenn andere Länder ihre Zölle beibehielten, sollte England sie trotzdem abschaffen. Im Lauf der Zeit müßte dies jedenfalls zu größerem Wohlstand führen. Die Protektionisten entgegneten, daß der Grundsatz des Freihandels wohl richtig sei, aber katastrophale Folgen haben könne, wenn nur ein einziges Land die Zölle aufhebe. Man sei dann gezwungen, ganze Wirtschaftszweige stillzulegen. Viele Menschen würden arbeitslos werden. Die Landwirtschaft sei das Rückgrat der Nation, sowohl mit Rücksicht auf die Gesundheit und Moral der Menschen als auch im Hinblick auf einen langen Krieg. Auch wenn die Aufhebung der Zölle Vorteile für die Mehrzahl des Volkes bringe, so müßten diese Abgaben doch im Interesse des Eigentumsrechts beibehalten werden. Die Zölle abzuschaffen, sei nichts anderes, als den Besitz der Bauern teilweise zu enteignen.

Die Parlamentsreform des Jahres 1832 verbesserte die Aussichten auf einen Erfolg des Freihandelsgedankens, da der Einfluß der Unternehmer und Kaufleute auf Kosten der Großgrundbesitzer zunahm. Im Jahre 1838 wurde in Manchester die »Anti-Corn Law League« gegründet, die sich ausschließlich für die Beseitigung dieser prohibitiven Getreidezölle einsetzte. An ihrer Spitze standen die Industriellen Richard Cobden und John Bright. Es gibt in der englischen Geschichte kein vergleichbares Ereignis von dem Ausmaß und der Intensität, mit der gekämpft wurde. Mit Eingaben, Massenversammlungen, Wahlreden, Parlamentsdebatten versuchte man die großen politischen Parteien zu beeinflussen, obwohl aus dieser Bewegung keine neue Partei entstand. Eine Flaute, zu der außerdem noch gewaltige Preisunterschiede für Getreide zwischen den einheimischen und Weltmarktnotierungen kamen, begünstigte die Freihandelsanhänger. Im Jahre 1846 gelang der Durchbruch. Premierminister Sir Robert Peel setzte, mit Unterstützung einer Gruppe seiner konservativen Partei und der Whigs, die Aufhebung der Getreidezölle durch. Der größte Teil der Tories – hauptsächlich die Gutsbesitzer – bekämpfte die Reform, aber der Widerstand schwand bald dahin. Und fast ein Jahrhundert lang war England *das* Freihandelsland.

Wenn auch die Konservativen und die Liberalen das Freihandelsprinzip schon lange anerkannten, so wurde es doch von den Whigs sozusagen als ihr »persönliches Eigentum« angesehen. Die »Manchesterlehre« – so nannte man Cobdens und Brights Idee – wurde dem liberalen Programm »einverleibt« und trug gewissermaßen zu einer Erneuerung des englischen Liberalismus bei. Das erschien immerhin sonderbar, nachdem man die Idee des freien Handels schon überall aufgegriffen hatte und die Mehrheit der Whigs und Liberalen im Prinzip bereit waren, die Zölle abzubauen, ehe die »Manchesterlehre« allerorts Eingang fand. Dieses Freihandelsprinzip war im Grunde genommen das Kernproblem einer positiven und fortschrittlichen Weltanschauung, die sich in Verbindung mit einer gewaltigen industriellen und kommerziellen Expansion in der englischen und in mancher Beziehung auch in der kontinentalen Politik durchsetzte. Die negative Seite des wirtschaftlichen Liberalismus aus der Zeit eines Malthus und Ricardo trat in den Hintergrund. Man begann im Industrialismus einen Wegbereiter der Freiheit und des Glücks, und in dem sich mächtig entfaltenden Welthandel den Förderer des ewigen Friedens und der internationalen Abrüstung zu sehen. Die »Manchesterlehre« wurde ein neues Modell der liberalen Weltverbesserer.

Industrie und Handel erschien der Freiheitsgedanke in ihrem Kampf gegen den Protektionismus als eine allumfassende Wahrheit. Diese fortzuentwickeln, mußte weitestgehende und segenbringende Folgen haben. In der ersten Petition, die die Fürsprecher des Freihandels im Unterhaus einbrachten, erklärten diese: »... Einer der Hauptgrundsätze der göttlichen Gerechtigkeit ist der unabdingbare Anspruch eines jeden Menschen auf freien Austausch aller seiner von ihm hergestellten Güter gegen Produkte, die andere erzeugt haben«. Es hieß darin ferner, daß Zölle »einen Teil der Gemeinschaft auf Kosten aller anderen Gruppen schützen«. Den Kampf für zollfreie Einfuhr

sah man als die letzte Phase der Auseinandersetzung der großen Massen gegen eine kleine dominierende Gruppe von Ausbeutern an. Es ginge darum, sagte Cobden, das Bürgertum und die arbeitende Bevölkerung überhaupt aus den Fesseln der Aristokratie zu befreien. Diese alles beherrschende Klasse habe in der Innen- und Außenpolitik nur ihre eigenen Interessen gewahrt. Sie habe diesen das Wohl der Allgemeinheit geopfert. Der freie Handel solle sowohl im Inland als auch im Ausland allem Unfrieden, aller Tyrannei ein Ende bereiten. Die Völker sollten zu der Einsicht kommen, daß ein friedliches Zusammenwirken die Vorbedingung für allen Wohlstand sei. Kriege würden sinnlos werden. Ein Netz schiedsrichterlicher Verträge solle das Aneinanderrücken der Völker, das der Freihandel eingeleitet habe, erleichtern und die friedliche Lösung aller noch entstehenden Konflikte garantieren. Macht- und Eroberungsgelüste würden erstickt. Die kleinen Staaten sollten dieselben Rechte wie die großen Industrie- und Wirtschaftsmächte bekommen.
Das Ziel jeder Politik müsse überall das Wohl des Individuums sein. Das Prinzip des Freihandels entspreche absolut dem der christlichen Moral. »Ich kann beweisen«, erklärte Cobden in einer Rede, »daß wir nur für ein Ziel kämpfen, das mit den vornehmsten Forderungen des Christentums vereinbar ist. So billig wie möglich zu kaufen, so teuer wie möglich zu verkaufen, was hat das für einen Sinn? Das heißt, man bietet die Ware an, von der man zu viel hat, um von den anderen die Güter zu erhalten, die diese am leichtesten entbehren können; auf diese Weise gibt man den Menschen die Möglichkeit, in größtmöglichem Ausmaß sich die Güter nutzbar zu machen, die die Erde bietet; so wird die Lehre des Christentums ›Gebt den Menschen, was Ihr wollt, daß sie es Euch geben‹ in seiner wahrsten Bedeutung angewandt«. So gesehen, war der Sieg des Freihandelsgedankens der Beginn einer geistigen und materiellen Revolution. »Ich finde«, äußerte Cobden in einer Rede kurz vor der Aufhebung der Getreidezölle, »daß der Grundsatz des Freihandels dieselbe moralische Auswirkung wie das Gesetz der Schwere im Weltall hat. Er soll die Menschen zusammenführen, Gegensätze aufheben, die durch Rasse, Glauben und Sprache bedingt sind. Es soll uns alle durch das Band des ewigen Friedens einen... Ich glaube, daß wir, wenn wir in einer fernen Zeit auf diese Erde zurückkehren könnten, feststellen würden, daß die Welt wie eine große Gemeinde regiert wird. Ich bin fest davon überzeugt, daß die Philosophen in tausend Jahren den Sieg einer Idee, zu deren Vertei-

digung wir uns hier versammelt haben, als die größte Revolution der Weltgeschichte bezeichnen.«

Mit dieser großartigen Perspektive für das Individuum und die Menschheit verband Cobden seine Vorstellungen über englische Auslands- und Weltmachtpolitik. Sie brachten ihm und seinen Anhängern den Beinamen »Little Englanders« ein. Kolonien, sagte er, seien überflüssig und schädlich, kleine Staaten besser als große, denn kleine Völker hätten mehr das Wohl des einzelnen im Auge, seien nicht auf die Größe der Nation und deren Expansion bedacht. Cobden widersetzte sich jeder Einmischung Englands in die Politik anderer Länder, so der Intervention Englands, die zum Krimkrieg führte, ferner der Unterstützung der Polen und Dänen in den sechziger Jahren. Diese isolationistische Einstellung war auf Cobdens Vorstellung zurückzuführen, daß Englands Friedens- und Freihandelspolitik für die gesamte Welt beispielgebend sein sollte, und die für die ganze Menschheit gültigen Ideen der »Manchesterlehre« einen weltweiten Triumph feiern müßten.

Die »Manchesterlehre« trat für die größtmögliche Vertragsfreiheit auch innerhalb Englands ein. Cobden und Bright kämpften gegen Arbeitszeitgesetze und andere soziale Reformen. In der Debatte über den Zehnstunden-Arbeitstag (1846) zeigten beide eine kritischere Einstellung und erhoben mehr Einwände als alle anderen Redner. Das Parlament solle, hob Cobden hervor, grundsätzlich keinerlei Eingriffe in die Arbeitsbedingungen vornehmen. Damit sei den Interessen der Arbeiter am besten gedient. Bright fügte hinzu, falls die Gesetzesvorlage über den Freihandel durchginge, werde das Arbeiterproblem am besten durch freiwillige Vereinbarungen gelöst, ohne die nachteiligen Folgen, die gesetzliche Regelungen immer mit sich brächten. Staatliche Einmischung solle eingeschränkt, nicht ausgedehnt werden, u.a. dadurch, daß der Staat darauf verzichte, selbst zu produzieren. In einer Rede vor dem Parlament (1864) forderte Cobden, daß die staatlichen Betriebe, die Kriegsmaterial herstellten, aufgelöst werden sollten. »Ich rate Ihnen, sich in Zukunft vollkommen auf private Unternehmen in diesem Land zu stützen. Wenn Sie Pulver, Kanonen, Gewehre oder Kriegsschiffe brauchen, so lassen Sie alle wissen, daß Sie ganz der Privatindustrie des Landes vertrauen, und Sie werden alles bekommen, was Sie sich wünschen. Jedenfalls entziehen Sie sich dadurch der Verantwortung, Güter herzustellen, für deren Produktion Sie nicht kompetent sind«. Privat geleitete Betriebe erschienen in jeder Beziehung überlegen. Staatliche Unternehmen hielten am alten Schlendrian fest und gingen verschwenderisch mit den Mitteln um. Weltbürgertum und das »Laissez-faire«-Prinzip vertrugen sich bei Cobden und seinen Anhängern ausgezeichnet. Er riet den englischen Arbeitern, sich freien Zugang zum Weltmarkt zu verschaffen, indem jeder von ihnen 20 £ spare. Das verschaffe ihnen Zutritt zu dem einzigen Markt in der Welt, der die Arbeit besser als England bezahle, nämlich zu den Vereinigten Staaten.

Nur in einem Punkt forderten die Anhänger des Freihandelsgedankens ein erhöhtes Interesse von seiten des Staats. Sie setzten sich für den Pflichtunterricht in den Schulen ein. Die Chancen der Entwicklung des Menschen zur Persönlichkeit, die schon durch die allgemeingültige Vertragsfreiheit gegeben waren, sollten durch die Erziehung noch erweitert werden. Ein jeder müsse beurteilen können, was ihm selbst dienlich sei, und sich dann im Rahmen seiner natürlichen Anlagen für das Wohl der Allgemeinheit einsetzen. Mehr würde nicht erforderlich sein, um einen schnellen und umfassenden Fortschritt zu erzielen.

Die »Manchesterschool« ging offenbar in allen wesentlichen Punkten von der altliberalen Wirtschaftslehre aus. Typisch für die »Schule« waren aber nicht die abstrakten Gedankengänge, sondern der vorbehaltlose Optimismus und die hochgespannten Erwartungen, die man mit dem Durchbruch des Freihandelsprinzips verband. Es mag eigenartig erscheinen, daß mit der Proklamation des Freihandels und der Vertragsfreiheit das soziale Problem gelöst sein sollte. Man nahm Abstand von dem Plan, das Recht auf Eigentum zu schmälern oder Besitz durch den Staat gleichmäßiger verteilen zu lassen. Und dennoch hoffte man auf einen Ausgleich der sozialen Gegensätze. Die Wirtschaftler des frühen 19. Jahrhunderts hatten auch ein in sich harmonisches System ausgeklügelt, aber es gelangte zu keinerlei praktischer Bedeutung. Ihnen ging es darum, die Notwendigkeit der Klassenunterschiede und der Armut zu manifestieren. Für die Freihandelsanhänger um 1850 jedoch bedeutete Mittellosigkeit kein notwendiges Übel, sondern sie war vom Staat ausgelöst und würde innerhalb kurzer Zeit wieder verschwinden. Diese neue Auffassung trug dazu bei, daß die pessimistischen Lehren von Malthus und Ricardo an Einfluß auf die Grundideen des wirtschaftlichen Liberalismus verloren. Man kann es auch so auslegen, daß man die Schwierigkeiten, die Malthus und Ricardo voraussagten, nicht mehr unüberwindlich fand, weil man nicht mehr nur England sondern die ganze Welt als ein wirtschaftliches Ganzes ansah. Ob man an Malthus' Bevölkerungstheorie glaubte oder nicht, so würde diese in absehbarer Zeit kaum mehr Folgen haben können, wenn man alle Grenzen für Einwanderer aus einigen überbevölkerten Ländern öffnete. Unter diesem Gesichtspunkt verloren auch die Probleme der sinkenden Erträge aus bebautem Land und der unbarmherzigen Lohnvorschriften an Gewicht. Auf der anderen Seite brauchte man die Forderungen der Sozialisten, Kapital zu enteignen, Vermögen gleichmäßig zu verteilen, in staatlichen Produktionsbetrieben nicht zu berücksichtigen. Wenn man durch den Freihandel zu einem Wohlstand für alle komme, habe die Frage der Verteilung der irdischen Güter nur noch ein untergeordnetes Interesse. Man könne, so erklärten die Anhänger des Freihandels, innerhalb kurzer Zeit, ohne Klassenkampf und Erschütterungen, die Bedürfnisse aller befriedigen, was nach Karl Marx erst erreicht würde, wenn der Kapitalismus abgewirtschaftet und das Proletariat die große Konkursmasse übernommen hätte.

So lassen sich auch die Hoffnungen auf Frieden und Eintracht unter den Völkern erklären, die sich auf den weltweiten Durchbruch der Freihandelsidee stützten. Das Netz wirtschaftlicher Beziehungen wachse so stark, das gemeinsame Interesse an einem sich ständig mehrenden Warenaustausch spiele eine so große Rolle, daß aufkommende Konflikte mit friedlichen Mitteln beigelegt werden könnten, meinte man. Wie Arbeitgeber und Arbeitnehmer bei gutem Geschäftsgang und hohen Löhnen leicht weniger wichtige Meinungsverschiedenheiten bereinigen könnten, so sollten auch die Länder untereinander in gleicher Lage und mit denselben Motiven friedlich nebeneinander zu leben und mit Hilfe von Schiedsgerichten und besonderen Vereinbarungen alle Gegensätze aus dem Weg zu räumen imstande sein. Zwei Voraussetzungen sollten allerdings nicht fehlen: ein Wohlstand, den man nicht gern verlieren wolle, und die Erkenntnis, daß man voneinander abhängig sei.

Eine schwache Seite hatte die sogenannte »Manchesterlehre«. Man überschätzte die Bedeutung des Freihandels außerordentlich. Eine Zeitlang behielt man mit dieser Voraussage weitgehend recht. England wurde nach 1846 viele Jahre hindurch kaum nach dem »Laissez-faire«-Grundsatz regiert – er ist eigentlich niemals angewandt worden und konnte auch nicht praktiziert werden. Doch vermutlich ist kein anderes Land – die Vereinigten Staaten während einer kurzen Zeit ausgenommen – in so hohem Maß dem Ideal eines wirtschaftlichen Liberalismus nach 1846 einige Jahrzehnte lang so nahegekommen wie gerade England.

Das Prinzip des Freihandels wurde so gut wie hundertprozentig befolgt. Eingriffe der Regierung sozialer Natur kamen selten vor. Eisenbahn und Telegraphenwesen wurden als privatwirtschaftliche Unternehmen betrieben. Industrie und Handel expandierten in dieser Zeit gewaltig. Die Löhne stiegen schnell. Krisen, die Arbeitslosigkeit mit sich brachten, gab es kaum; sie gingen bald vorüber. Die Schiffahrt und riesige Investitionen im Ausland brachten Reichtum ins Land, ohne daß die Arbeiter das Gefühl bekamen, ausgeplündert zu werden. Die Kriege in Europa kosteten, im Vergleich mit Napoleons Feldzügen, wenig Geld und Blut und waren nur von kurzer Dauer. Die einzige militärische Auseinandersetzung, die sich in die Länge zog und große Opfer forderte, war der Bürgerkrieg in den Vereinigten Staaten. England beteiligte sich nur am Krimkrieg, dem vielleicht sinnlosesten Unterfangen des Jahrhunderts, der jedoch mit der Zeit der Friedensbewegung starken Auftrieb verlieh. Die Revolutionen auf dem Festland 1848 gingen an England fast spurlos vorüber. Wohlstand und Frieden, von den Anhängern der »Manchesterlehre« in Aussicht gestellt, schienen in England im Bereich des Möglichen zu liegen. Außerdem hatte eine Reihe fremder Länder das Freihandelsprinzip anerkannt und befolgt – auch wenn ein paar Jahrzehnte später Protektionisten wieder zum Gegenangriff antraten.

Der größere Wohlstand brachte eine innenpolitische Entspannung mit sich. Innerhalb der zum Sozialismus tendierenden Chartistenbewegung hatte man lange Zeit die Freihandelsidee mit Mißtrauen betrachtet, sie mehr oder weniger als bewußten Versuch angesehen, die Arbeiter zu Leistungen zu überreden, die nur wenig Verdienst einbrachten. Die Bewegung überlebte den Durchbruch des Freihandelsprinzips nur kurze Zeit, und der englische Sozialismus, der in den dreißiger Jahren sich schnell und kräftig entwickelt hatte, ging nach 1850 bedeutend zurück, – verschwand, ist man versucht zu sagen. Die Chartistenbewegung löste sich nach einem letzten Aufflackern während der Demonstrationen 1848 auf. Die Schriften eines Marx und Engels und die ersten internationalen Aufstände und Demonstrationen beeindruckten die englischen Arbeiter kaum. Vermutlich wußte nicht einer von hundert Arbeitern, daß einige in England im Exil lebende Deutsche aufgrund ihrer im Gastland gemachten Erfahrungen ein Programm für das Weltproletariat ausarbeiteten, für dessen Durchführung sie eine internationale Organisation aufziehen zu müssen glaubten. England blieb eine Zufluchtsstätte für ausländische Revolutionäre, und weder die Regierung noch das Volk kümmerten sich um sie. Man wurde auf sie nicht, wie auf dem Festland, durch Polizeiaktionen aufmerksam. Erst nach gut einem halben Jahrhundert setzte sich in England eine sozialistische Bewegung von weit größerer Schlagkraft durch, die aber weniger revolutionäre Züge als der Frühsozialismus trug. Die großen Wahlrechtsreformen 1867 und 1884 konnten ohne nennenswerte politische Krisen durchgeführt werden. Wäre diese Neuerung 50 Jahre früher gekommen, so würde eine soziale Revolution sicherlich unabwendbar geworden sein. Die Freihandelsanhänger konnten also mit Recht behaupten, die bestehende Gesellschaftsordnung gerettet zu haben.

Der Durchbruch der Freihandelsidee war eine der Voraussetzungen für den Aufschwung, den Industrie und Handel nach 1850 nahmen. Der englische Protektionismus hätte, wäre er bestehen geblieben, dem Ausland weniger Möglichkeiten geboten, Getreide an England zu verkaufen, und die englische Industrie würde ihre Produkte schlechter abgesetzt haben. Die erfolgreiche Freihandelspolitik verdankte England eigentlich einem zufälligen Zusammentreffen von Gegebenheiten. England war gegenüber Europa und Amerika führend auf dem Kapitalmarkt, in der Industrie, in der Schiffahrt, und diese Überlegenheit konnte erst nach Inkrafttreten der Freihandelsgesetze voll genützt werden. Es wurde zum Geldgeber, zum Exporteur und zum Frachtunternehmer vor allen anderen. Als dann Amerika, Deutschland und andere Länder hinter hohen Zollmauern eigene große Industrien errichteten, veränderte sich die Situation. Der große Erfolg des Freihandelsprinzips war nur möglich gewesen, weil England gleichzeitig eine Monopolstellung in Handel und Industrie innehatte.

In der mittleren Periode des Viktorianismus, die durch größeren Wohlstand und friedliche wirtschaftliche Expansion geprägt war, gedieh die Idee des Fortschritts. Es war eine Art Glaube an die Vernunft, an ein auf Eigeninteresse basierendes Vermögen der Menschen, durch eine rationelle Nutzung der Naturschätze zu eigenem Wohlstand zu gelangen. Die große Weltausstellung in London, 1851, war die erste ihrer Art. Sie wurde zu einem Triumph der Industrie, der Erfindungen, des freien Handels, der Völkerfreundschaft. Eine Anzahl Schriftsteller, deren Werke berühmt und überall verbreitet wurden, priesen die

Verbesserungen und Entwicklungen, die man erreicht hatte, und verhießen weitere schnelle Fortschritte. Buckles seinerzeit außerordentlich berühmt gewordene Schrift »History of Civilization in England« (1856) gilt als die beste Darstellung dieser Epoche. Das Leitmotiv dieses Bestsellers ist der Gedanke, daß die Aufwärtsentwicklung durch den verstärkten Einfluß der Vernunft auf Kosten des Gefühls und kritiklosen Glaubens bedingt war. In diesem Zusammenhang tauchte eine Klimatheorie auf, die die Überlegenheit der in gemäßigten Zonen lebenden Völker beweisen sollte. In tropischen Gegenden könne man leichter seinen Lebensunterhalt verdienen, seien dem Fortschritt Grenzen gesetzt, siege das Gefühlsleben über die Vernunft. Mit einer gewissen Skepsis hatte man in gemäßigten Zonen religiöse Gegensätze überwunden, war tolerant und verständnisvoll. Erfindungen und Entdeckungen brachten einen wirtschaftlichen Aufschwung mit sich. Merkantilismus löste den Militarismus ab. Wirtschaftlicher Weitblick förderte den Frieden. Die Menschen sahen im Nächsten einen Verbraucher, einen Kunden, den man nicht schwächen oder bekriegen wollte. So muß gesagt werden, daß Adam Smith durch die Veröffentlichung eines einzigen Werks »mehr zum Glück der Menschheit beigetragen hat als alle Staatsmänner und Gesetzgeber, über die uns die Geschichte ausführlich und glaubwürdig berichtet«. Der Hang zu Gewalttätigkeit und kriegerischen Auseinandersetzungen, ein Wesenszug unzivilisierter Völker, schwand, nachdem Bildung und Wissen immer mehr an Einfluß gewannen. »Rußland ist ganz offensichtlich ein streitbares Land, nicht, weil dessen Bevölkerung unmoralisch, sondern weil sie ungebildet ist. Es stimmt etwas nicht im Kopf. Das Herz ist in Ordnung«. Gleichzeitig mit den engeren Kontakten zwischen den Völkern wuchs auch der gegenseitige Respekt. »Was auch die Theologen behaupten mögen, eines ist sicher: die Menschheit hat, ganz allgemein gesehen, mehr Tugenden als Laster. Gute Taten werden überall häufiger als böse vollbracht«.

Denselben Glauben an die Vernunft, an ein aufgeklärtes Eigeninteresse, an das Streben nach technischem Wissen, findet man auch in Leckys Abhandlung über die Entstehung und den Einfluß des Rationalismus in Europa, »History of the Rise and Influence of the Spirit of Rationalism in Europe« (1865), worin der Philosoph und Historiker schilderte, wie Scharfblick und Eigeninteresse den Aberglauben, falsche religiöse, wirtschaftliche und politische Vorstellungen zurückdrängten. Als Beispiel eines irregeleiteten Glaubens führte

Lecky die Kreuzzüge an, die seinerzeit populärsten, selbstlosesten und dennoch unheilvollsten Kriege in Europa. Überhaupt seien in erster Linie falsche Vorstellungen Anlaß zu Kriegen und innerer Zerrissenheit gewesen, die den Fortschritt aufhielten. Jetzt nähere sich die zivilisierte Welt dem Ideal der französischen Rationalisten. Verstand und Intellekt drängten den Militarismus zurück. Man erkannte, daß eine wirtschaftliche Entfaltung wohlverstandenes Eigeninteresse, Frieden und Zusammenarbeit, aber weder Krieg noch Zollmauern brauchte. Mit dauerndem Frieden könne man rechnen, wenn eine bedeutende Industrie auf Kosten militärischer Interessen aufgebaut und nach gültigen ökonomischen Grundsätzen geleitet würde, das glaubte die große Masse; das »Eigeninteresse« war für Lecky das höchste Gut (summum bonum), der Grundsatz der Vernunft, der der Menschheit ein schöneres Los bescheren würde. »Betrachtet man die menschliche Natur mit all ihren Mängeln näher, so wird deutlich, daß der Einfluß des Rationalismus einmal auf die Handlungen der Menschen und zum anderen auf deren Charakter eine ausreichende Grundlage für die ganze zivilisierte Welt ist. Weicht man von diesem Prinzip ab, so geht alles in Rauch auf.« Der liberale Utopismus, die Weltverbesserungsidee, die dem Freihandelsgedanken zugrunde lag, war nur ein paar Jahrzehnte lang weit verbreitet, und zwar während der Zeitspanne, die G. M. Young als die Blütezeit der Viktorianischen Epoche bezeichnete. Der Imperialismus kann gewissermaßen als eine Weiterentwicklung des Freihandelsprinzips angesehen werden – es mußten neue, sichere und noch unerschlossene Märkte gefunden werden. Doch war dieser – infolge seiner aggressiven und energischen Methoden – bald unvereinbar mit dem Friedenswillen der »Manchesterlehre«. Der Liberalismus mußte sich ideologisch neu ausrichten. Die theoretische Grundlage dafür schuf T. H. Green. In die Tat umgesetzt und gelehrt wurde die neue Idee von dem radikalen Flügel der liberalen Partei. Den Übergang vom alten zum neuen Liberalismus sollte man eigentlich schon in die Zeit des zweiten Gladstone-Kabinetts (1880) verlegen. Damit erhielt auch der Begriff der Freiheit eine neue Definition. Einen Beweis hierfür lieferte die Unterhausdebatte über die Einführung der Schulpflicht (1870). Freiheit bedeutete nunmehr nicht einfach Verzicht des Staates auf Eingriffe in die Belange jedes einzelnen, sondern man verstand darunter die Verbesserung der Chancen für die Menschen mit Hilfe des Staats; früher hätte man solche Maßnahmen als freiheitsfeindlich bezeichnet. Das Freihandelsprinzip verlor in der folgenden

Zeit, da sich der Liberalismus wandelte, an Bedeutung. Aus einer Utopie, einem Ideal der Weltverbesserer, wurde es zu einer praktischen Gewohnheit, um schließlich in der Zeit zwischen den beiden Weltkriegen ganz aus den ideologischen Diskussionen zu verschwinden.

»Laissez-faire« und Industrialismus

Die Grundgedanken des wirtschaftlichen Liberalismus wurden einer breiten Volksschicht zugänglich gemacht, indem man sie in leicht verständliche und anschauliche Schilderungen, die weder Probleme noch Vorbehalte enthielten, zusammenfaßte. Die »düstere Wissenschaft« hatte dabei allen Schrecken verloren, sowohl vom geistigen als auch vom moralischen Gesichtspunkt aus gesehen. Jeder, der lesen gelernt hatte, konnte sich im Laufe weniger Stunden ein Bild über den geistigen Inhalt dieser Gedanken machen. Ohne jeden Vorbehalt wurde anerkannt, daß die Handlungen jedes einzelnen, die er im eigenen Interesse vornahm, zum Vorteil aller gereichten, daß Vertragsfreiheit zu sozialem Frieden und weltweiten Fortschritten führte. Es ist sehr wahrscheinlich, daß weder Adam Smith noch Ricardo, nicht einmal Brougham und Macaulay den tiefsten Eindruck auf die Volksmeinung ausübten, sondern eine ganze Anzahl jetzt beinahe vergessener volkstümlicher Schriftsteller.

Eine Frau Marcet, von Geburt Französin, versuchte, in einem Buch, das auf beiden Seiten des Kanals lebhaften Anklang fand, auch jungen Mädchen die neue »Wissenschaft« verständlich zu machen. Sie kleidete ihre Hinweise in eine Serie fingierter Gespräche zwischen einem jungen Mädchen aus guter Familie, Caroline, und deren Gouvernante, Frau B. Während des ersten Gesprächs fragte Caroline, ob die Volkswirtschaftslehre, die die Wege zum Reichtum aufzeige, nicht eine simple und bedenkliche Wissenschaft sei. Im Gegenteil, antwortete Frau B., sie beweise, daß gemeinsames Wirken, Gerechtigkeit und Frieden zu Wohlstand führten, ferner, daß es im eigenen Interesse der Menschen liege, Freiheit und Eigentum des Nächsten zu garantieren, Gewinnsucht in Grenzen zu halten und dadurch Ruhe und Ordnung für alle zu sichern. In weiteren Gesprächen führte Frau B. Beweise dafür an: Das Recht auf Eigentum, das sich auf persönliche Leistungen gründe, das Problem der Arbeitsteilung seien eine Folgeerscheinung der Zivilisation. Es bestehe die Möglichkeit, die Produktion zu steigern. Das wiederum erhöhe den Wohlstand. Die Arbeitsteilung (die Arbeit in der Fabrik) sei nicht, wie manchmal behauptet werde, eintönig und langweilig. Die Menschen bekämen dadurch Gelegenheit, an einem gemeinsamen Platz zu arbeiten und in Städten nahe beieinander zu wohnen, was wiederum zu einem fruchtbaren Leben – in geistiger und sozialer Hinsicht – führe. Der Reiche und der Arme hätten letzten Endes dieselben Interessen. »Sie brauchen einander, wie in der Fabel die Gliedmaßen den Leib. Ohne die Reichen würden die Armen Hungers sterben. Gäbe es keine Armen, so müßten die Reichen arbeiten, um leben zu können«. Der Reiche könne jedoch dem Armen nicht den ganzen Ertrag seiner Arbeit überlassen; denn dann hätte es ja keinen Sinn, ihn einzustellen. Der Reiche müsse einen Teil des durch die Arbeit geschaffenen Werts zurückbehalten, nämlich den Betrag, den der Arbeiter nicht für seinen Lebensunterhalt brauche. Dieser Gewinn dürfe nicht als ein Übel angesehen werden. »Ich habe es oft als eine segensreiche Einrichtung der Vorsehung angesehen, daß der Einsatz der Armen nötig ist, damit der Reiche sein Vermögen vermehrt«, sagte Frau B. Der Reiche könne daher dem Mittellosen in der Tat keinen besseren Dienst erweisen, als ihn für sich arbeiten zu lassen, ihn dann aber dafür entsprechend zu entlohnen. Wenn es zuviel Arme gebe, würden die Löhne sinken, solange, bis ein Gleichgewicht durch erhöhte Kindersterblichkeit wiederhergestellt sei. Deshalb sollten die Besitzlosen belehrt werden, sich nicht allzusehr zu vermehren. Sie sollten auch ermahnt werden, durch Sparsamkeit und Fürsorgeeinrichtungen ihr Auskommen sicherzustellen. Armenunterstützung sei eine gefährliche Sache, weil dadurch die Arbeiter keine Lust zum Sparen hätten und die Reichen andererseits aufgrund höherer Steuern gezwungen würden, entweder weniger Arbeiter einzustellen oder deren Löhne zu senken. Für die Gesellschaft in ihrer Gesamtheit, schließt Frau B., sei es folglich am besten, wenn jeder einzelne konsequent in seinem eigenen Interesse handle; denn dann investiere er sein Geld in die Unternehmen, die die höchsten Gewinne erzielten. So befriedige der Mensch seine Bedürfnisse am besten.

Frau Marcets Buch regte eine später viel berühmtere Autorin, Harriet Martineau, dazu an, wirtschaftswissenschaftliche Bücher zu schreiben. Sie berichtete in einer verständlicheren Form als ihr Vorbild über den ökonomischen Liberalismus, indem sie eine Reihe Romane unter dem gemeinsamen Titel »Illustration of Political Economy« veröffentlichte. Ihre Bücher, die bald in mehrere große Kultursprachen übersetzt wurden, kommentierten ausführlich Schriften von Adam Smith, Malthus und Ricardo. In »Dorf und Hof Brooke« (1832) schrieb Harriet Martineau, daß große Besitztümer wünschenswert seien, weil sie eine vorbildliche Arbeitsteilung und demzufolge eine umfangreiche Produktion ermöglichten. Jedoch müsse das Eigeninteresse der Kapitalisten in bezug auf den Landbesitz wie auch auf anderen Gebieten entscheidend sein. In Frankreich habe die Gesetzgebung – im Falle des Erbrechts – zu einer zu umfangreichen Bodenaufteilung geführt. In England wiederum sei durch das Erstgeburtsrecht eine solche Häufung von Besitz entstanden, daß es dem Eigentümer schwerfalle, diesen zu überwachen. »Leben auf Garveloch« (Weal and Woe in Garveloch, 1832) war hauptsächlich dem Bevölkerungsproblem gewidmet, wie es Malthus darstellte. Ricardos Idee von der Grund- und Bodenrente wurde ebenfalls mit einbezogen. »Ein Streik in Manchester« (1832) sollte die Sinnlosigkeit von Gewerkschaften und Streiks veranschaulichen. In dem Buch wird ausgeführt, daß die Bevölkerung sich schneller als das Kapital vermehre, daß demzufolge der Arbeitslohn bis auf das zum Lebensunterhalt unbedingt notwendige Existenzminimum sinke. Ein Höchstlohn, »der dem Kapitalisten gerade so viel übrig läßt, daß es sich lohnt, dafür Geld zu investieren«, könne nur bezahlt werden, wenn das Angebot an Arbeitskraft im Verhältnis zum Kapital gering sei. Im Grund genommen werde der Lohn von dem bestimmt, der die Arbeit »verkauft«, nicht von dem, der sie »kauft«. Über den Umfang des Angebots an Arbeitskraft würden die Arbeiter selbst entscheiden. Die Situation der Werktätigen könne durch gewinnbringende Erfindungen und Entdeckungen verbessert werden, ferner dadurch, daß man die Arbeiter zur Sparsamkeit erziehe und die Anzahl der Schaffenden ins richtige Verhältnis zum Kapital setze. »Demonstrationen, die auf Arbeitsniederlegung hinauslaufen, helfen nur das Kapital zu vernichten und sind deshalb absolut zwecklos«. Jeder Roman Harriet Martineaus schließt mit einem Überblick über die in ihren Büchern gesammelten Erfahrungen.

Diese in der Literatur einzigartige Serie von Wirtschaftsromanen erreichte eine hohe Auflage und große Berühmtheit. Man verwendete sie im Unterricht der jungen Viktoria. König Louis Philippe von Frankreich und Zar Nikolaus I. wurden auf die Bücher aufmerksam und beabsichtigten, sie in den Schulen ihrer Länder einzuführen. Diese Pläne wurden jedoch nicht verwirklicht, denn man stellte unterdessen fest, daß Harriet Martineau Louis Philippes Vater, Philippe-Egalité, kritisiert und voller Anteilnahme das Leben polnischer Rebellen in den Straflagern Sibiriens beschrieben hatte.

Unter dem »Fabrikproblem« – später nannte man es »Arbeiterproblem« oder ganz einfach »Sozialproblem« – verstand man in der ersten Hälfte des 19. Jahrhunderts vor allem die Frage der Länge der Arbeitszeit in der Industrie. Sozialpolitik betrieb man, von der Armenpflege abgesehen, in der Hauptsache, indem man Gesetze über die Begrenzung der Arbeitszeit verabschiedete. Schon im Jahr 1802 gab man ein Gesetz heraus, das die Arbeitszeit für gewisse Gruppen von Lehrlingen auf zwölf Stunden täglich beschränkte. Später folgten im Lauf der Jahre – besonders 1819, 1825 und 1833 – ähnliche restriktive Gesetze, die die Arbeitszeit Minderjähriger regelten. Im Jahr 1847 verwirklichten die Anhänger der Reformen ihr höchstes Ziel, den Zehn-Stunden-Arbeitstag für Frauen und Minderjährige. Nachdem in den meisten Industriebetrieben die Arbeit der Männer mit der der Frauen und Kinder zusammenfiel, bedeutete die Neuordnung in Wirklichkeit, daß die zehnstündige Arbeitszeit fast überall und für alle die Regel wurde. Während der folgenden Jahrzehnte wurden diese Vorschriften noch weiter ausgebaut, ihre Zuständigkeit erweitert. Es kamen verschärfte Bestimmungen zur Kontrolle der Einhaltung der Gesetze hinzu.

Studiert man die mündlichen und schriftlichen Beiträge zur Arbeitszeitfrage, so gewinnt man den Eindruck, daß die Grundgedanken des wirtschaftlichen Liberalismus als Motiv für die eingeleiteten Reformen eine wichtige Rolle spielten. Im Parlament wurde immer wieder hervorgehoben, daß Eingriffe in die Vertragsfreiheit der Eltern – das betraf besonders das Problem der Kinderarbeitszeit – grundsätzlich zu verurteilen seien. Deshalb dürften Gesetze überhaupt nicht oder nur in dringendsten Fällen verabschiedet werden. Trotzdem waren die Debatten kaum doktrinär geprägt, weil das Arbeitszeitproblem neben den Diskussionen über Grundsatzfragen des wirtschaftlichen Liberalismus herlief. Die führenden Wirtschaftler hatten sich oft nicht dazu geäußert. Andere wieder, wie Malthus und McCulloch sowie später auch John Stuart Mill, hatten sich positiv über die »Fabrikgesetze« ausgesprochen. Welche Argumente gebrauchte man, um die Reformpläne zu Fall zu bringen? Einmal werde die Produktion verringert. England verliere dadurch die industrielle Vorherrschaft. Zum anderen ziehe die Reform Lohnsenkungen nach sich. Die Eltern müßten auf die Einkünfte ihrer Kinder verzichten. Man verwies auf eine Erklärung des Ökonomen Senior, der feststellte, daß die Gewinne in der englischen Industrie von den beiden letzten Arbeitsstunden eines jeden Tages abhingen. Vor der Aufhebung der Getreidezölle behauptete man oft, daß nach deren Wegfall die Industrie ihren Arbeitern ohne weiteres höhere Löhne zahlen könne, so daß sich das Problem der Arbeiter und deren Arbeitszeit von selbst löse. Die positiven Argumente in diesen Fragen waren humanitärer und moralischer Art. Die Führer der Reformbewegung hoben, ohne auf Widerspruch zu stoßen, die erschütternde Tatsache hervor, daß kleine Kinder zwölf oder fünfzehn Stunden in Fabriken zubrächten, so daß eine Klasse von Menschen heranwachse, die ohne jede Lebensfreude, ohne Bildung und – viele hielten gerade dies für besonders wichtig – ohne jede Möglichkeit, moralisch und religiös erzogen zu werden, in Lethargie verfielen.

Die Schwierigkeiten der Arbeitszeitbeschränkungen auf wirtschaftlichem Gebiet wurden verneint und als weniger wichtig abgetan. Die Qualität der Arbeit, so meinte man, verbessere sich bei einem kürzeren Arbeitstag, ebenso der Gesundheitszustand der Arbeiter auf lange Sicht; die verlorenen Arbeitsstunden würden dadurch bei weitem wieder aufgewogen.

Nachdem man gewisse Restriktionen einzuführen beschlossen hatte, diskutierte man kaum noch die liberalen Argumente im Parlament. Typisch dafür war die große Unterhausdebatte im Jahre 1846. Selten wies ein Redner die liberalen Theorien zurück. Macaulay sprach sich in seiner äußerst theoretischen Grundsatzrede heftig gegen die Auffassung aus, daß Vertragsfreiheit eine strengere Regelung der Arbeitszeit verhindern würde. Diese Idee müsse aufgegeben werden, äußerte er, wenn Volksgesundheit und Moral gegen ihre Anwendung sprächen. In solchen Fällen müsse auch die Vertragsfreiheit Erwachsener eingeschränkt werden. Nur bei »rein kommerziellen Transaktionen« dürfe der Staat kein Recht haben einzugreifen. Sir Robert Peel, der Premierminister, der im Gegensatz zu Macaulay die Reformvorschläge bekämpfte, antwortete dem Redner, daß er offene Türen einrenne. Macaulays Kritik berühre, fuhr er fort, höchstens zehn Unterhausmitglieder, die die Meinung verträten, »daß die Prinzipien des Freihandels ohne Einschränkung in Fragen der Volksgesundheit, -erziehung und -moral für die Gesetzgebung maßgebend« sein müßten. Doch für die meisten Abgeordneten sei dieses grundsätzliche Problem seit langem gelöst. Es wäre nur noch festzustellen, wie weit man bei der Arbeitszeitregelung gehen könne, um die verschiedenen Situationen zu berücksichtigen. Dieselbe Meinung vertraten der Führer der Whigpartei, Lord John Russell, und der der Protektionisten, Lord George Bentinck. Sie nahmen in der Sachfrage übrigens denselben Standpunkt wie Macaulay ein.

Die Preisgabe der »Laissez-faire«-Idee in diesem wichtigen Punkt hing also nicht von der Einstellung irgendeiner Partei ab. Man hatte oft behauptet, die Tories seien früher die treibende Kraft bei der Einbringung sozialer Gesetze gewesen. Verständlich war diese Feststellung, da man sich innerhalb der konservativen Partei der Industrialisierung gegenüber immer kritisch verhielt und viele Führer und andere geistige Köpfe der Tories, u.a. Disraeli, grundsätzlich soziale Reformen forderten, und zwar in einer bisher unbekannten Art und Weise. Tatsache war ebenfalls, daß der Mann, der mehr als jeder andere sich für eine Arbeitszeitregelung einsetzte, nämlich Lord Ashley, zu den Tories gehörte und in religiösen und Verfassungsfragen äußerst konservativ war – wie später Lord Shaftesbury auch. Dennoch wäre es falsch zu behaupten, daß die Konservativen in der Frage der Sozialgesetzgebung sich besonders aktiv zeigten. Disraeli sprach vor allem in seinen Romanen und in einigen politischen Schriften für die Jugend soziale Probleme an, aber in der Praxis trug er wenig zu deren Lösung bei. Vor 1850 hatte er sich nie an Arbeitszeitdiskussionen beteiligt. Shaftesbury war dann eine Zeitlang Sprecher der Gewerkschaften, soweit es Arbeitszeitprobleme betraf. Sein Nachfolger war jedoch ein radikaler Liberaler, John Fielden. In den entscheidenden Abstimmungen spielte die Parteizugehörigkeit keine Rolle. Whigs und Tories waren dabei auf beiden Seiten fast gleich stark vertreten. Negativ zu den Reformen stellten sich Konservative wie Peel und Graham, Whigs wie Brougham und Melbourne, sowie Anhänger der »Manchesterlehre« wie Cobden und Bright. Eine verhältnismäßig geschlossene Front gegen die neuen Arbeitszeitgesetze bildeten – nach 1846 – die Anhänger Peels, die besonders den industriellen Flügel innerhalb der konservativen Partei vertraten.

Man hat auch behauptet, daß eine scharfe Trennungslinie zwischen Gutsbesitzern und Industriellen bestanden hätte. Das ist nur teilweise richtig. Die ersteren geißelten gern die Mißstände in der Industrie, die letzteren kritisierten die Verhältnisse in der Landwirtschaft und forderten Reformen auf diesem Gebiet. Ausschlaggebend waren diese Gesichtspunkte jedoch nicht für die Zugehörigkeit zu der einen oder

anderen Seite. Shaftesbury war Gutsbesitzer, Fielden Unternehmer. Unter den Verteidigern der Arbeitszeitgesetze befanden sich viele Fabrikbesitzer, die eine Arbeitszeitverkürzung befürworteten, doch nicht in der Lage waren, dies auf privater Basis durchzusetzen. Schließlich ist noch darauf hinzuweisen, daß auch zufällige parteipolitische Konstellationen manchmal die Abstimmungsergebnisse stark beeinflußten. Nach der Spaltung der konservativen Partei (Frühjahr 1846) befürwortete und stimmte eine Reihe protektionistisch eingestellter Mitglieder des Landadels, die sich früher gegen die Reform entschieden oder sich nicht an Abstimmungen beteiligt hatten, für den Zehnstundentag. Aber das hing vielleicht auch damit zusammen, daß diese Abgeordneten Peels Kabinett, das bei dieser Abstimmung mit den Konservativen ging, unter allen Umständen stürzen wollten.
Kein englischer Wirtschaftswissenschaftler von Rang, schrieb Keynes (in »Laissez-faire and Industry«, 1926), habe sich nach 1870 für das »Laissez-faire«-Prinzip ausgesprochen. Das konnte man auch von allen bedeutenden Gesellschaftswissenschaftlern behaupten. Zwei Exponenten verschiedener Richtung des Neuliberalismus waren z. B. Stanley Jevons (1835–1882), Nationalökonom an der Universität London, und Henry Sidgwick (1838–1901), Professor der Moralphilosophie am Trinity College in Cambridge.
Jevons, der seine Berühmtheit durch rein theoretische Analysen erlangte, veröffentlichte zu Anfang der achtziger Jahre zwei Schriften: »The State in Relation to Labour« und »Methods of Social Reform«, worin er seine Auffassung über die aktuellen sozialen Probleme präzisierte. Er ging vom Standpunkt des Utilitarismus aus, wie in seiner ersten Schrift zu lesen ist. Das Ziel jeder Regierung solle »das allgemeine Wohl« oder »das Glück des Volkes« sein. Solche Behauptungen Jevons' – und auch mancher anderer Philosophen dieser und der darauffolgenden Zeit – besagten nicht, daß man sich dem Utilitarismus im buchstäblichen Sinn vollkommen verschworen hatte. Die Grundgedanken dieser Philosophie waren: der Nutzen oder das Glück seien das Ziel allen Tuns. Man versuchte mit dieser These von älteren metaphysischen Begriffen wie dem »Naturrecht« loszukommen. Ferner glaubte man mit Hilfe dieser neuen Doktrin ein vollkommenes und allgemeingültiges Gesellschaftssystem aufbauen zu können. Wenn Jevons – und andere auch – vom »Glück« als höchstem Ziel sprach, so war damit die Absicht verbunden, sich von dem Naturrechtsbegriff und anderen ähnlichen Ideen zu trennen, die mittels

logischen a priori-Denkens Regeln für das Funktionieren des Staats und der Gesellschaft aufstellen wollten, ganz besonders auch für das utilitaristische System. Jevons und andere bezogen nicht, wie Bentham und die beiden Mills, das »Glück« mit in ihr Denken ein. Sie betrachteten nicht den »Glücksgedanken« als Kernfrage, mit der man mit Hilfe einer Reihe von Schlußfolgerungen alle anstehenden Gesellschaftsprobleme lösen konnte. Im Glücksprinzip sahen Jevons und seine Anhänger in erster Linie eine Möglichkeit zur subjektgebundenen Erkenntnis. Nichts hinderte sie dabei – auch die Utilitaristen nicht –, sich einer Ausdrucksweise zu bedienen, die zweideutig und anfechtbar war: Was ist eigentlich »Glück«? Um wessen Glück geht es? Wie kann man angenehme einmalige Erscheinungen zusammenfassen, klassifizieren usw.? Eine solche kritische Untersuchung war jedoch sinnlos, nachdem das »Glücksprinzip« nicht zum obersten Glaubenssatz erhoben wurde, sondern als eine Art »Warnung« vor allen möglichen »Systemen« diente, als Mittel, in einfachen Worten fundamentale Werturteile auszudrücken.

Typisch für Jevons war sein Bestreben, jedes soziale Problem für sich ohne jeden geistigen Vorbehalt zu beurteilen. Das bedeutete, daß er für die bestehende Ordnung Partei ergriff. Jede radikale Veränderung lag außerhalb seines Vorstellungsbereichs. Das besagte auch – und das ist in diesem Zusammenhang sehr wichtig –, daß Jevons sich nicht an irgendwelche Dogmen gebunden fühlte, wenn er sich zu konkreten Fällen äußern sollte. Jevons erwähnte in »The State in Relation to Labour«, daß man sich von dem »Alpdruck metaphysischer Ideen und Ausdrücke« befreien solle. Er ging davon aus, daß der Staat berechtigt sei, jedes Gesetz zu erlassen, jede beliebige Maßnahme zu ergreifen, die ... die Gesamtsumme des Glücks erhöhe. Er fährt fort: »Ebenso wie in der Philosophie der erste Schritt darin besteht, an allem zu zweifeln, so muß man auch im sozialen Bereich, besser gesagt, bei der Beratung neuer Gesetze, zunächst einmal alle rechtmäßigen Ansprüche oder starren Prinzipien beiseite schieben«. Von diesem relativistischen Standpunkt aus untersuchte Jevons die beiden Begriffe »Freiheit« und »Eigentumsrecht«. Dem Prinzip der persönlichen Freiheit, auf das man so oft bei staatlichen Interventionen hinweise, könne man – laut Jevons – nicht so große Bedeutung beimessen. Die Freiheit sei nur das Mittel, nicht der Zweck selbst. Und wenn diese gegen den Gemeinnutz verstoße, dann müsse man darauf verzichten. Eine vollkommene Vertragsfreiheit hätte es eigentlich niemals gegeben. Jahrhundertelang sei es z. B. verboten gewesen, in Industriebetrieben Löhne in Naturalien zu bezahlen, und zwar deshalb, weil Arbeitgeber diese Methode erfahrungsgemäß zum Nachteil der Arbeiter mißbraucht hätten. Wenn es vorteilhaft erscheine, neue bessere und für viele vorteilhaftere Verfahren einzuführen, so müsse das ohne jedes Zögern geschehen. Gesetze zur Arbeitszeit und anderen Arbeitsbedingungen, zu gesundheitsdienlichen Maßnahmen, zur Wohnhygiene müßten nur unter dem Gesichtspunkt der Zweckmäßigkeit geschaffen werden. Ebenso verhalte es sich mit dem Eigentumsrecht. Ein unbegrenztes Verfügungsrecht habe es nie für den Besitzenden gegeben. Schon die Besteuerung und eine mögliche Enteignung schränkten wesentlich das Eigentumsrecht ein. In konkreten Fällen gebe es eine wichtige Frage zu lösen: ist dieses Recht und das Recht, über Besitz zu verfügen, für das Gemeinwohl nützlich oder nicht? »Jedes Gesetz muß für sich danach beurteilt werden, was dabei an guten oder schlechten Ergebnissen herauskommt«. Die Bedeutung der Gedankengänge Jevons' liegt darin, daß er alle Voraussetzungen verwarf, die die altliberalen Prinzipien hätten begünstigen können.

Wie Jevons den Wert eines jeden einzelnen Falles beurteilte, hing davon ab, welches Gewicht er der Erfahrung bei der Abfassung neuer Gesetze beimaß. Er empfahl deshalb genaueste empirische Untersuchungen, die von der Legislative dann ausgewertet werden sollten. »Wir können auf allgemeine Argumentationen nicht verzichten, aber wir sollten sie so sparsam wie möglich verwenden. Wir müssen – auf die Logik übertragen – sozusagen den niedrigsten Aussichtspunkt in Sichtweite wählen«. Ebenso bestand Jevons darauf, daß man sich, ehe man Gesetze schaffe, soweit wie möglich durch Experimente über deren Wert Gewißheit verschaffe. Ein neues Gesetz sollte z. B., wenn möglich, erst nur in gewissen Gruppen oder Bereichen eingeführt werden und dann erst für das ganze Land Gültigkeit erlangen, wenn das Experiment positiv ausfalle.

Wenn Jevons auf Einzelfragen einging, zeigte es sich, daß er ziemlich gemäßigte soziale Reformen vorschlug. Sozialisierungsideen stand er fast kritisch gegenüber. Privatinitiative und Privatbesitz seien – hier war er sich mit John Stuart Mill einig – eine Voraussetzung für eine stetig wachsende Produktion. Staatlich gelenkte Unternehmen arbeiteten in der Regel verschwenderisch und mit wenig Nutzen. Als Beweis führte Jevons krasse Fehlentwicklungen in den unter der Marineverwaltung stehenden Schiffswerften an. Staatliche Lenkung sei nur in gewissen Fällen angebracht: 1. wenn viele unterschiedliche Maßnahmen auf verschiedenen Gebieten koordiniert und von einer zentralen Stelle aus gelenkt werden müßten; 2. wenn es sich um routinemäßige Arbeiten handele; 3. wenn diese unter den Augen des Publikums abgewickelt würden, oder so, daß Fehler oder Versäumnisse leicht festgestellt werden könnten; 4. wenn der Kapitalaufwand so niedrig sei, daß die jährlichen Bilanzen ein leichtverständliches, klares Bild der Geschäftslage ergäben. Telegraphie und Post seien typische Beispiele eines staatlich gelenkten Betriebs. Dagegen wollte er die Eisenbahnen in privatem Besitz belassen. Deren Aufbau sei zu kompliziert. Um die Bahnen immer auf neuestem Stand zu halten, seien teure Neuanschaffungen, also zu viel Kapital, notwendig, um dem Staat die Leitung anzuvertrauen. Auch in der Frage staatlicher oder kommunaler Unternehmen, die nicht rein kaufmännisch geleitet werden, machte Jevons feine Unterschiede. Er war einverstanden, daß der Staat den obligatorischen Schulunterricht regelte, weil er die Notwendigkeit der Erziehung aller Staatsbürger erkannte. Er empfahl, öffentliche Bibliotheken und Museen einzurichten, Parkanlagen usw. anzulegen. Damit könne man mit geringen Kosten einem gesteigerten Bedürfnis der Gesellschaft entgegenkommen. Daß solche Einrichtungen öffentlich und zentral verwaltet würden, entspreche dem »Prinzip der Vermehrung des Nutzeffekts«. Armenpflege und kostenlose medizinische Behandlung verwarf Jevons. Dies seien ganz normale persönliche Probleme, die jeder einzelne ohne fremde Hilfe oder Leitung selbst zu lösen habe.

Jevons bedauerte die weitverbreitete Armut. Nach seiner Meinung war dies aber – im Gegensatz zu der Auffassung von Wirtschaftlern 50 Jahre früher – eine natürliche Folge der Gesellschaft. Die Ursachen dieser Massenarmut müßten vor allem in den Unzulänglichkeiten der Gesetze gesucht werden, nämlich darin, was man unterlassen, und noch mehr darin, was man falsch gemacht habe. Jevons hatte seine Ansichten darüber, wie das soziale Problem gelöst werden könnte, im Laufe der sechziger und siebziger Jahre scheinbar stark geändert. In einer Rede im März 1868 pries er die Gewerkschaften als Wohltätigkeitsvereinigungen; er erkannte deren Einfluß auf das Arbeitszeitgesetz an, aber er bestritt deren Macht, auf bessere Löhne hinwirken zu können. Eine gewisse Gruppe von Arbeitern könnte durch gutorganisierte Aktionen relativ leicht ihre Löhne verbessern, aber nur deshalb, weil dann die Preise der betreffenden Produkte erhöht würden. Das führe wiederum zu einem niedrigeren Lebensstandard anderer Arbeitergruppen. Jevons vertrat also hier den altbekannten Standpunkt, daß Lohnerhöhungen auf Kosten des Unternehmergewinns undenkbar seien, da die Unternehmer auf eine Einkommensverbesserung mit höheren Preisen antworteten. Jevons rechnete damit, daß die Arbeiter in vielen Industriezweigen Kooperative bilden würden. Schließlich empfahl er – wie soviele andere auch – Sparsamkeit, bessere Erziehung und Ausbildung.

In seiner im Jahr 1882 publizierten Schrift über die Arbeiterfrage nahm Jevons einen fortschrittlicheren Standpunkt ein. Seine starke Betonung der Wichtigkeit der Sozialgesetzgebung wurde schon erwähnt. Er sprach sich nunmehr auch für kooperative Vereinigungen aus, aber schien nicht mehr so große Hoffnungen wie früher auf deren Durchschlagskraft zu setzen. Der ehemals weitverbreitete Glaube, daß sich durch diese Form der Kooperation die soziale Frage am besten lösen ließe, war auf Grund von Erfahrungen etwas zerstört worden. Dagegen erklärte Jevons in der erwähnten Schrift, daß man zu einer Lösung des sozialen Problems kommen könne, wenn Arbeitgeber und Arbeitnehmer zusammenarbeiteten. Die letztere Gruppe könne dann über ihren Lohn hinaus auch noch einen anteiligen Gewinn an dem Unternehmen bekommen. Es ergebe sich somit eine vertikale anstatt einer horizontalen Gruppierung der Interessen. An die Stelle eines Kampfes zwischen Arbeitgeber und Arbeitnehmer trete ein Wettstreit aller Werktätigen innerhalb verschiedener Unternehmen oder Industriezweige. »Dann verschwinden alle willkürlichen Lohnskalen; es gibt keine Streiks mehr, keine langwierigen Arbeitskonflikte, die die Geschäftstätigkeit verunsichern ... Der Drang, so gut, so billig, soviel wie möglich zu produzieren, wird Heißsporne davon abhalten, arbeitshindernde Organisationen zu bilden«. Dieser Ausspruch stand nicht im Einklang mit früheren Bemerkungen Jevons' über die Unfähigkeit der Gewerkschaften, allgemein Lohnerhöhungen durchzusetzen, es sei denn, daß – laut Jevons – ein Teil des früher in Lohn abgegoltenen Betrags in Zukunft als Gewinnanteil ausbezahlt würde. In diesem Fall bedeute es keine wirkliche Verbesserung der Arbeitsbedingungen. Das neue System könne eher als ein Weg angesehen werden, ein gewisses Solidaritätsgefühl zwischen Unternehmen und Arbeitern hervorzurufen und weniger als ein Mittel, um den Lebensstandard der Arbeiter unmittelbar zu verbessern.

Das System der Gewinnbeteiligung sowie die kooperative Zusammenarbeit zwischen Arbeitgeber und Arbeitnehmer trug wenig zur Lösung der »Arbeiterfrage« bei. Als Jevons' obenerwähnte Schrift 1894 in der 3. Auflage herauskam, schrieb der Herausgeber, Michael Cababé, mit Recht, daß – im Hinblick auf die Erfahrungen der vergangenen Jahre – etwas Rührendes darin liege, zurückzublicken auf die Hoffnungen, die die ältere Generation der Nationalökonomen – John Stuart Mill – Thornton, Cairnes, Jevons u. a. m. – auf alle diese Neuerungen gesetzt hätte. Die ziemlich zahlreichen Versuche mit den beiden obengenannten Systemen waren entweder fehlgeschlagen oder hatten kaum irgendwelche Bedeutung erlangt. Unternehmen, die auf kooperativer Basis arbeiteten, schienen – zum Teil infolge Schwierigkeiten in der Leitung des Betriebs – in der Regel ohne Erfolge geblieben zu sein; es war fast unmöglich, derartige Unternehmen auf die Beine zu stellen, da es nicht gelang, das erforderliche Kapital zu beschaffen. Die Arbeiter zogen vor, ihre Ersparnisse in sicheren Betrieben anzulegen. Eigene Produktionsstätten zu organisieren, erschien ihnen zu gefährlich. In Fabriken mit Gewinnbeteiligung hatten die Reallöhne oft nicht den Durchschnitt erreicht. Man konnte in der Regel keine Veränderung in der Einstellung der Arbeiter zu ihren Unternehmen feststellen. Wenn man nach den Ursachen des Mißerfolgs dieser Neuerungen fragte, so mußte man bekennen, daß das Solidaritätsgefühl und die gemeinsamen Ziele der Sozialdemokraten und Gewerkschaften in der Arbeiterbevölkerung eine Abneigung gegen alle solche Einrichtungen hervorgerufen hatten.

Sidgwicks politische und soziale Ideen kamen am kürzesten und deutlichsten in seiner Schrift »The Elements of Politics« (1891) zum Ausdruck. Ergänzt wurden sie in seinem Leitfaden »Principles of Political Economy« und in Aufsätzen über sozialistische Theorien und deren Bedeutung für die Nationalökonomie. Sidgwick wurde bisweilen – mit Fug und Recht – als der letzte Utilitarist bezeichnet. Er ging im allgemeinen von den Grundsätzen dieser Nützlichkeitslehre aus und zog daraus Schlüsse, die er im einzelnen seinen politischen und sozialen Ideen zugrunde legte. Doch unterschied sich seine Auffassung sowohl in grundsätzlichen als auch in detaillierten Fragen wesentlich von denen seiner Vorgänger.

In »Elements of Politics« möchte Sidgwick ganz »systematisch die allgemeinen Auffassungen und grundsätzlichen Gesichtspunkte« darlegen, die man »in gewöhnlichen politischen Gesprächen zum Ausdruck bringt«. Man müsse, um Normen für das politische Verhalten aufstellen zu können, von einer unter bestimmten Bedingungen lebenden Gruppe von Menschen ausgehen, und zwar von »zivilisierten, auf der höchsten Entwicklungsstufe stehenden Menschen«. Die Politik solle nach psychologischen und nicht nach historischen Erkenntnissen betrieben werden. »Grundsätzlich sollen wir in unserem politischen Denken von Motiven und Neigungen der Menschen ausgehen, die wir in täglichen Beobachtungen des bürgerlichen Lebens feststellen«. Sidgwicks Äußerungen können zweifach ausgelegt werden. Einerseits schien er politische Normen für die zivilisierte Gesellschaft aufstellen zu wollen, die sachlich überzeugend wirkten, weil sie der menschlichen Natur der in diesen Gemeinschaften lebenden Menschen entsprachen. Andererseits schien er diesen »menschlichen Naturen« Ansichten ganz allgemeiner politischer Art zugeschrieben zu haben. Dieser letztere Gesichtspunkt war für Sidgwick sehr wichtig, da er gewisse »Regeln« aufstellte, unter dem Hinweis, daß diese oder jene Ansicht wirklich vorhanden sei. Es steht fest, daß Sidgwick nicht nur die zur Zeit herrschende öffentliche Meinung schildern wollte, sondern danach strebte, Richtlinien für menschliches Handeln aufzustellen, die in das Arbeitsgebiet, das er sich ausgesucht hatte, paßten, wenn auch die öffentliche Meinung diese nicht für richtig befand. Die Unklarheit aller dieser politischen Ansichten erschwert das Studium der Schriften Sidgwicks.

In einem weiteren Kapitel seines Buchs stellte sich Sidgwick auf den Standpunkt – und darin schien er sich mit den meisten einig zu sein –, daß »die Steigerung des Glücksgefühls das Kriterium für alle Gesetze und überhaupt für alle staatlichen Maßnahmen« sein sollte. Sidgwick meinte damit das Glück für jeden einzelnen der jetzt lebenden und der kommenden Generationen innerhalb der Gemeinschaft, für die alle diese Gesetze geschaffen seien. Diese legislativen Maßnahmen könnten in zwei Kategorien eingeteilt werden. Die eine Gruppe umfasse staatliche Zwangsmaßnahmen gegen die Interessen einzelner. In der Regel seien solche Eingriffe, meinte Sidgwick, nicht zu empfehlen, denn im allgemeinen wüßten die Menschen besser Bescheid, was für sie von Vorteil sei und könnten ihre eigenen Interessen besser als der Staat wahrnehmen. Derartige Gesetze erschütterten das Selbstvertrauen der Menschen, lähmten deren Energie und gäben ihnen keine Möglichkeit, aus Erfahrungen zu lernen und Nutzen daraus zu ziehen. Sie ließen sich leicht umgehen, da Menschen, für die die Gesetze gemacht worden seien, keine Lust verspürten, diese zu befolgen. Sie zögen mehr Kosten und Belastungen als Nutzen nach sich. Schließlich würde die Bevormundung durch den Staat durch solche Gesetze bedeutend zunehmen. Man könnte nicht immer solche Einwände gelten lassen, doch würde dadurch der Wert solcher Vorschriften stark in Zweifel gezogen. Die andere Gruppe beträfe Gesetze, die die Menschen zwingen sollten, so zu handeln, daß das Glück anderer gesteigert würde. Auch da gäbe es wieder zwei Kategorien. Eine fordere die Menschen auf, nützliche Dinge zu tun; diese wäre unzweckmäßig, denn das sei eine Aufgabe der Moralisten und Geistlichen, aber nicht der Gesetzgeber. Die andere Kategorie sollte die Menschen daran hindern, schädliche Dinge zu tun. Nur diese Gesetze bewährten sich. Sidgwick nannte sie »individualistisch«. Die Vorschriften, daß ein Mensch positiv mit Geld oder sonstigen Dienstleistungen anderen helfen müsse, bezeichnete Sidgwick als »sozialistisch«. Weiter zeigte er auf, welche Maßnahmen dieser individualistischen Anschauung entsprächen und inwieweit diese modifiziert werden müßten, um das größtmögliche Glück zu erzielen.

Nach seinen einleitenden grundlegenden Kapiteln stellte Sidgwick die Frage, welche staatlichen Interventionen wünschenswert oder wenigstens denkbar seien, wenn man vom individualistischen Standpunkt, dem »individualistischen Minimum«, ausgehe. Nur einige der zahlreichen Probleme, die Sidgwick aufwirft, sollen hier angesprochen werden. Das Eigentumsrecht – das ausschließlich und uneingeschränkte Nutzungsrecht des Besitzes – wurde nach Sidgwicks individualistischer Doktrin damit motiviert, daß Arbeit, Mühe und Anstrengung die Grundlage dafür seien, diesen Besitz neu zu schaffen oder ihn zu erhalten. Diese »Arbeit« wäre nicht geleistet worden, wenn nicht das ausschließliche Verfügungsrecht als treibende Kraft gedient hätte. Das Recht auf Besitz sei ein Anreiz, nützliche Dinge hervorzubringen. Es müsse jedoch in gewissen Fällen eingeschränkt werden; z. B. dürfe der Verfasser nicht auf unbestimmte Zeit Anspruch auf Urheberrecht haben. Außerdem müßten Patente auf Erfindungen zeitlich begrenzt, Restriktionen in bezug auf das Recht eines Grundbesitzers, die auf seinen Feldern gefundenen teuren Mineralien auszuwerten, eingeführt werden. Die Freiheit, Verträge abzuschließen, sei grundsätzlich von großem Wert. Menschen mit reifem Urteil, aufgeklärt, mit »Eigeninteresse« – die individualistische Theorie geht allein von solchen aus –, sollten in einer zivilisierten Welt selbst ihre Rechte und Pflichten in Verträgen niederlegen können. Ausnahmen von der Regel, daß Verträge bindend seien, sollten nur dort gemacht werden, wo Absprachen durch Zwang oder List zustande gekommen seien. Betreffe es Kinder und in gewissen Fällen auch Frauen, müsse der Staat Rechte einschränken, was sonst nicht notwendig sei. Ähnlich äußerte sich Sidgwick über das Testament- und Erbrecht. Auch in diesen Fällen müsse das ausschließliche Verfügungsrecht über den Besitz der Anreiz sein, soviel wie möglich zu produzieren. Wenn man z. B. das Recht, Werte testamentarisch zu verteilen, auf gewisse Beträge festlege, wie es J. S. Mill befürwortete, würde dies auf gefährliche Weise die »Arbeitslust herabsetzen und – was wichtiger ist – den Sparsamkeitswillen der älteren Menschen lähmen«.

Sidgwick war jedoch der Meinung, daß staatliche Interventionen weit über das »individualistische Minimum« hinausgehen sollten. Viele Maßnahmen, die man im weiteren Sinn als sozialistisches Gedankengut bezeichnen kann, wären geeignet, das Wohl der Allgemeinheit zu verbessern. Das eng mit der »Laissez-faire«-Idee verbundene individualistische Prinzip sei nur in den Grundzügen richtig und solle aufgrund von Erfahrungen auf verschiedenen Gebieten und in verschiedenen Situationen modifiziert werden. Der »Laissez-faire«-Grundsatz könne gewissen Personen und Organisationen eine Monopolstellung einräumen. In solchen Fällen würden Staat und Gemeinde berechtigt sein, einzugreifen oder die entsprechenden Herstellerbetriebe zu übernehmen. »Wenn aus technischen oder irgendwelchen anderen Gründen eine ganze Industrie innerhalb eines Bezirks fast schon ein Monopol zu besitzen scheint, ... ist nichts mehr gegen eine Intervention einzuwenden«. Damit motivierte Sidgwick besonders den sogenannten kommunalen Sozialismus. Ebenso könne der Staat gemeinnützige Unternehmen gründen, die kaum oder nie durch eine freiwillige Absprache zustande kämen. Post und Telegraphie wären vom Staat zu beaufsichtigen. Eisenbahnen könnten in Privatbesitz bleiben. Der Staat solle auch imstande sein, Vorschriften zu erlassen, die für unmittelbar Beteiligte von Nutzen wären, die aber nicht auf freiwilliger Basis beschlossen werden könnten, weil sonst für Vertragsbrüchige daraus Vorteile entstehen würden. Zum Beispiel ließe sich ein Sonntagsverbot für alle Geschäfte kaum ohne staatliche Aufsicht einführen. Auch staatliche Erziehungsvorschriften seien legitim, da hierdurch das Leistungsvermögen gesteigert und Moral und Intelligenz auf ein höheres Niveau gehoben würden. In gewissen Fällen dürfe der Staat Notleidenden helfen, und zwar aufgrund der »Glücks«-Doktrin.

Sidgwick erörterte auch das Problem, ob Schritte zu einer besseren Aufteilung der Einkommen berechtigt seien. Der gesunde Menschenverstand, sagte er, akzeptiere Benthams Theorie über das Verhältnis zwischen Wohlstand und Glück, daß also größerer Besitz größeres Glücksgefühl in der Regel mit sich bringe, ferner, daß über ein bestimmtes äußeres Maß hinaus das Glück nicht im selben Verhältnis zum Wohlstand zunehme. Daraus folgere, daß das gemeinsame Glück aller Individuen innerhalb einer Gesellschaft um so größer sei, je gleichmäßiger das Vermögen auf alle verteilt werde. Diese These gelte jedoch nur unter ganz bestimmten Voraussetzungen, nämlich, daß nicht das zu verteilende Vermögen durch ein abgeändertes Aufteilungsverfahren vermindert werde, daß nicht die Anzahl der für die Zuteilung vorgesehenen Personen erhöht werde, daß nicht diese Veränderungen das Glück verringerten, insofern es von anderen Umständen als vom Wohlstand abhängig sei. Sidgwick kam nach eingehenden Diskussionen zu der Überzeugung, daß bedeutende Gefahrenpunkte in solcher Nivellierung lägen. Die Gleichstellung könne wahrscheinlich herabgesetzte Arbeitslust zur Folge haben; daraus ergebe sich vermindertes Vermögen, das zur Verteilung komme. Ebenso spare, investiere und produziere man infolgedessen auch weniger. Schließlich werde auch die Bevölkerung schneller als vordem zunehmen. Hinzu komme, daß die Vermögenden teils unmittelbar, teils durch Unterstützung anderer Kreise wirksam die geistige und kulturelle Entwicklung fördern und so zum Glück aller beitragen würden. Die Gleichstellung aller würde vermutlich den Verfall oder zumindest ein langsameres Ansteigen der Kultur zur Folge haben. Das Glück des einzelnen werde dadurch allgemein verringert.

In diesem Zusammenhang bezeichnete Sidgwick den Sozialismus als ein äußerstes Mittel, um zu einer gleichmäßigen Verteilung von Wirtschaftsgütern zu kommen. Unter Sozialisierung verstand er die Enteignung der Produktionsmittel durch den Staat und deren Ausbeutung in einer Weise, daß der Anspruch auf Gleichheit aller erfüllt werde. Dies gelte auch für jede sozialistische Organisation. Von Beamten und Angestellten lasse sich nicht dieselbe Energie und Initiative wie von privaten Unternehmern erwarten. Das war sein gewichtigstes Argument gegen den Ausbau von Staatsbetrieben. Eine allmähliche Erweiterung staatlicher Beteiligungen könne jedoch nützlich sein, ohne daß man deshalb umwälzende Folgen in bezug auf Moral oder Wohlstand erwarten müsse.

Sidgwick empfahl freiwillige Zusammenschlüsse von Herstellern und Verbrauchern auf kooperativer Basis, wenngleich er wenig Hoffnung hatte, daß damit die soziale Frage gelöst werden könne.

Das »Laissez-faire«-Prinzip fand noch während der letzten Jahrzehnte des 19. Jahrhunderts energische Fürsprecher in England, wenn soziale Probleme zur Diskussion standen. Der bedeutendste unter ihnen war der Soziologe Herbert Spencer. In seinen zahlreichen Schriften, angefangen von »The Proper Sphere of Government« (1842), bis zu »The Man versus the State« (1884), vertrat er konsequent altliberale Prinzipien. Seine Kritik an staatlichen Interventionen nahm an Schärfe zu, je nachdem die liberale Partei, der er sich angeschlossen hatte, ihre ursprünglichen Grundsätze modifizierte. Selbst seine Gesellschaftslehre war von liberalen Ideen durchdrungen. Er glaubte nachweisen zu können, daß die Entwicklung zu immer größerer Differenzierung tendierte und gleichzeitig hin zu einer »natürlichen« Harmonie, die von staatlichen Einflüssen unabhängig war. Im politischen und sozialen Sinn bedeutete dies, daß die ältere Regierungsform, in der Menschen und soziale Gruppen unantastbare und unveränderliche Positionen und Funktionen innehatten (Feudalsystem), durch ein Vertragssystem ersetzt wurde, dessen Grundlage freie Absprachen und freie Berufswahl waren. Diese Wandlung bedeutete die Entwicklung von einer Agrar- und Militär- in eine Industrie- und Handelsgesellschaft auf friedlicher Basis. Ein solches »Kontraktregime«, das den Menschen volle Freiheit in der Entwicklung ihrer Anlagen und Befriedigung ihrer Bedürfnisse schenkte und ebenfalls ein Höchstmaß von sozialer Integration sicherte, könnte sich nur durchsetzen, wenn sich der Staat auf die Rechtspflege und Verteidigung beschränkte und alles andere der Privatinitiative überließe. Der Staat sollte nur eine »Versicherungsgesellschaft auf Gegenseitigkeit« sein.

Unter dem Eindruck staatlicher Interventionen während der sechziger und siebziger Jahre unter Führung und Mitwirkung der Liberalen, entstand Spencers »The Man versus the State«, eine Anklage gegen die zeitgenössischen Liberalen. Früher, sagte Spencer, repräsentierten die Tories die veraltete Regierungsform, die Liberalen dagegen das »Kontraktregime«. Jetzt werde der Liberalismus zu einer neuen Erscheinungsform des Torytums. Man müsse zum »Laissez-faire«-Prinzip zurückkehren. Seine Argumente für solche Vorschläge hatte Spencer klassischen Thesen des wirtschaftlichen Liberalismus entnommen und sie interessanterweise mit neuen Ideen ergänzt, die aus der Biologie und Anthropologie stammten. Die Biologie (Darwin) habe nachgewiesen, daß im Kampf und Wettstreit nur die Tüchtigsten überleben. Wenn dieser Auswahlprozeß verhindert werde, weil sich die Gemeinschaft der Schwachen annehme, sei die menschliche Rasse dem Untergang geweiht. Die Sozialgesetzgebung, bestrebt, bessere Lebensformen zu schaffen, stehe also im Widerspruch zu den Naturgesetzen. »Und gerade jetzt – ist es nicht eigenartig? –, wo die gebildeten Schichten unseres Volks die neue Lehre akzeptieren, der wohltuende Einfluß der Tauglichsten und Lebensfähigsten mehr denn je – im Gegensatz zu früheren Zeiten – zu wirken beginnt, da setzen sich die für die Zukunft Auserwählten energisch dafür ein, die Schwachen überleben zu lassen«. Nur wenn die Tüchtigsten des Volkes ihre Erfolge ungehindert genießen und sich im größtmöglichen Ausmaß vermehren könnten und die Erfolglosen sich selbst überlassen würden, wäre ein schneller Fortschritt denkbar. Indem man von der Natur gegebene Anlagen einenge, versuche man das Leben zu verbessern, vernichte jedoch dabei das Leben. Auch andere Thesen bemühte sich Spencer in Vergleichen mit der »Natur« zu belegen. Er wies auf populäre anthropologische Arbeiten hin, die seiner Ansicht nach zu beweisen schienen, daß sich für die liberalen Ideen von der Unverletzlichkeit des Eigentumsrechts und der Vertragsfreiheit sogar die Wilden einsetzten. Also, schloß Spencer daraus, seien diese Grundsätze für die Menschheit ganz selbstverständlich. Er war, wie soviele andere politische Ideologen, der Meinung, daß die Wilden – man nannte sie so, weil sie zivilisierten Völkern unterlegen waren – gewissermaßen natürlicher und deshalb vernünftiger als die Kulturvölker handelten. Spencer verband mit seinen Thesen auch noch eigentümliche Ansichten über das sogenannte »Naturrecht«. Die große Mehrheit dürfe nicht Beschlüsse in anderen Bereichen fassen als in denen, für die die Gesellschaft zuständig sei. Natürlich gebe es keinen »Gesellschaftsvertrag«, aber man könne schließlich Regeln aufstellen, um staatliche Eingriffe zu begrenzen, wenn man eine Gesellschaft gründe, und diese müßten eingehalten werden. Sicherlich könnten die Mitglieder einer solchen Gesellschaft nicht fordern, daß eine Mehrheit bestimme, was man essen oder trinken solle. Spencer verglich die Gemeinschaft von Menschen mit einer auf freiwilliger Basis gegründeten Organisation, einer Aktiengesellschaft oder einem Verein. Die Mehrheit habe in diesem Fall nur das Recht, über das zu entscheiden, was die für den Zusammenschluß notwendigen Bedingungen und die

Tätigkeit der dazugehörigen Mitglieder betreffe. In einem Staat könne es sich dabei nur um Verteidigungsrichtlinien gegen äußere Feinde und um Abwehrmaßnahmen jedes einzelnen gegen innere Feinde, also Verbrecher, handeln. So kam Spencer auf Umwegen wieder zur »naturrechtlichen« Forderung, die Tätigkeit des Staats zu beschränken. Doch zog er die Grenzen enger als vielleicht irgendein früherer Autor. Aus seinen Thesen konnte man nur den Schluß ziehen, daß jeder Bürger ein Recht habe, sein Veto gegen alle Mehrheitsbeschlüsse einzulegen, soweit es sich dabei nicht um die Verteidigung und Rechtspflege im engeren Sinn handele.

In den bereits erwähnten und auch in anderen Schriften begründete Spencer noch eingehender seine Auffassung über die staatlichen Funktionen und deren Grenzen in konkreten Fällen. Soziale Fragen, Gesundheits- und Armenpflege, auch jede Art von Erziehung gehörten nicht zum Aufgabenkreis des Staats. Der Staat solle sich nicht einmal um das Münz- und Postwesen kümmern, auch nicht den öffentlichen Verkehr durch Brücken- und Leuchtturmbau fördern. Jede Art von Staatsintervention – soweit es nicht die Verteidigung und das Rechtswesen betreffe – sei gefährlich, auch wenn sie an und für sich zweckmäßig und erfolgversprechend erscheine. Spencer nannte es »empirischen Utilitarismus« – im Gegensatz zu seinem eigenen »rationellen Utilitarismus« –, wenn man in jedem einzelnen Fall »nur an die Folgen denkt, die besondere Maßnahmen für die Handlungen einzelner Gruppen haben, und nicht erwägt, welche Auswirkungen eine Reihe solcher Eingriffe auf das Leben der Menschen überhaupt zeitigt«. Auf solche Weise treibe man, so schrieb er, unbewußt einer sozialistischen Gesellschaft entgegen, in der der einzelne zum Sklaven der Gesellschaft werde. »Das Endergebnis ist ein Wiederaufleben des Despotismus. Eine disziplinierte Armee von Militärbeamten überläßt ihrem Chef die größte Macht... Es brauchte nur ein Krieg gegen ein Nachbarvolk oder ein interner Streit aufzukommen, der gewaltsam unterdrückt werden muß, um ein sozialistisches Regime sofort in eine unerträgliche Tyrannei, wie einst im alten Peru, zu verwandeln, in eine Tyrannei, in der die Volksmassen, von Beamten aller Dienstgrade – draußen in der Welt und daheim – kontrolliert, für die Aufrechterhaltung der sie beherrschenden Organisation und für sich selbst arbeiten werden, einzig um sich das zu erhalten, was sie zum Leben brauchen. Und dann wird dieses System zwangsweiser Zusammenarbeit in einer abgewandelten Form – dem *Statussystem* – wieder zum Leben erweckt. Es wurde von dem alten Torytum verkörpert und war dem Verfall nahe. Das neue Torytum scheint uns wieder zu diesem System hinzuführen«.

In einer später veröffentlichten Schrift »A Plea for Liberty« (1891) unterzog eine Reihe Autoren – unter ihnen Spencer – die sozialistische Gesetzgebung, die ihrer Meinung nach vor der Verwirklichung stand, einer gründlichen Kritik. Man ging davon aus, daß man in England der Tyrannei einer Mehrheit sozialistischer Prägung entgegensteuere und entscheidende Schritte eingeleitet werden müßten, um die liberalen Grundsätze zu verteidigen. Der Sozialismus äußere sich in Form einer Bürokratie, die jede Privatinitiative im Keim ersticke, auf die Dauer gesehen die Produktion beeinträchtige und so überall eine große Armut hervorrufe. Indem der Sozialismus die natürliche Auswahl verhindere, untergrabe er die biologischen Voraussetzungen des Fortschritts. Der Sozialismus mache alle Menschen gleich und stemple sie zu mittelmäßigen Bürgern. Den damals so bescheidenen staatlichen und kommunalen Unternehmen (Post, Elektrizitätswerke) warf man Unwirtschaftlichkeit und Untätigkeit vor. Der obligatorische Schulunterricht trage dazu bei, die englische Selbstdisziplin zunichte zu machen. Auch die freien Leihbibliotheken, die man damals in einer Anzahl von Städten einrichtete, waren das Ziel heftiger Angriffe. »Es ist schwer, einen wirklichen Unterschied festzustellen zwischen einer Person, die plump in das Haus des Nachbarn eindringt, um dessen Bücher mitzunehmen,und einem Menschen, der um sich eine Mehrheit Gleichgesinnter hat und aufgrund einer Abstimmung einen Steuereinnehmer schickt, um den Wert dieser Bücher einzukassieren«. Die Vereinigung freier Bibliotheken bestehe aus einer Gruppe von Menschen, die gern läsen und auf Kosten anderer eine Ausnahmestellung einnähmen; es wäre genauso unvernünftig gewesen, Theater-, Musik- und Sportveranstaltungen kostenfrei durchzuführen.

Unter solchen Übergriffen, ob es sich nur um schulische Erziehung oder Bibliotheken oder Alkoholverkauf handele, leide die Selbstdisziplin und das Selbstvertrauen der Bürger. Man verderbe damit den Menschen nicht nur die Freude, die mit einem großen Opfer für ein sehnlichst erwünschtes Erlebnis verbunden sei, sondern auch den Charakter, den gut überstandene Versuchungen prägen würden. »Können wir uns nicht bemühen, ein sauberes England entstehen zu lassen, das nicht von Sicherheitsausschüssen überwacht wird, ein nüchternes Land – trotz Tausenden von Wirtshäusern, die Tag und Nacht geöffnet sind –, ein Land das Leistungen liebt, obwohl – oder weil – diese nur durch Entsagung erworben werden können...?«

Einige Argumente in diesen Schriften haben jetzt nur noch Seltenheitswert, aber vor achtzig Jahren waren sie sicherlich typisch für einen großen Teil der Liberalen. Von diesen überholten Gesichtspunkten ausgehend, bezog man sich damals gern auf die Evolutions-Lehre, als Grundlage für das »Laissez-faire«-Prinzip. Der Darwinismus war Ende des 19. Jahrhunderts gleichsam eine Garantie für die verschiedensten politischen Anschauungen. Die militaristischen Nationalisten behaupteten, daß die Kriege zwischen Nationen dem »Kampf ums Dasein« Darwins entsprächen, daß der Sieg in solchen Kämpfen den Nationen zufallen müsse, die am besten die Menschheit aufwärtszuführen imstande seien. Die Konservativen sahen in den oberen Volksschichten eine Elite, die durch jahrhundertelange Selektion entstanden war. Sie behaupteten also, daß die soziale Struktur biologisch bedingt sei. Die Sozialisten wiederum forderten unter Hinweis auf Darwin gleiche Chancen für alle, um so eine »natürliche« Auswahl zu erreichen. Mehr noch als alle anderen machten sich die Liberalen Darwins Autorität zunutze. Genau wie der Mensch nach ihrer Meinung aus einem offenen biologischen Existenzkampf hervorgegangen sei, so sollten sich die besten Menschen aus einem freien sozialen Wettstreit heraus entwickeln. Keynes schrieb darüber: »Das Prinzip des Überlebens der Tüchtigsten könnte man als eine gewaltige Verallgemeinerung der Wirtschaftstheorie David Ricardos bezeichnen«.

Gewisse unter dem Druck sozialer Reformideen entstandene Lehren, die sich mit beispielloser Schärfe für wirtschaftlich liberale Gedanken einsetzten, traten immer mehr in den Mittelpunkt von Diskussionen. Häufig betonte man, daß eine weitreichende Sozialpolitik die Energie und die Unabhängigkeit der Unterstützungsbedürftigen lähmen und zu einer »Almosenempfänger-Psychose« führen könnte. Die Liberalen forderten, daß durch soziale Maßnahmen verhindert werden müsse, einen solchen Geist überhaupt erst aufkommen zu lassen. Staatliche Interventionen sollten so gelenkt werden, daß die Menschen zur Eigeninitiative angeregt würden. Man nannte solche Aktionen, die immer und immer wieder von den Liberalen verlangt wurden, »Hilfe zur Selbsthilfe«. Mit diesem an und für sich merkwürdigen Schlagwort wollte man Assoziationen aus der altliberalen Bewegung mit den aktuellen Vorstellungen über Sozialreformen verbinden. Daß die Sozialpolitik und, genauer ausgedrückt, der Sozialismus einer

Nivellierung, einer ästhetisch und moralisch abscheulichen Mittelmäßigkeit den Weg ebnen könnten, wurde immer wieder aufgegriffen und besonders in bedenkenlosen Hetzreden zum Ausdruck gebracht. Eben dieser Gedanke schien von der Vorstellung auszugehen, daß die wirtschaftliche Differenzierung der wesentliche Grund zu Veränderungen auch auf anderen Gebieten sei. Doch hatten andere Momente in den obenerwähnten Diskussionen eine viel größere Bedeutung. Spencers Warnung vor dem »empirischen Utilitarismus«, der jedes Problem staatlicher Einmischung getrennt behandele und dabei die getroffenen Maßnahmen nicht als ein Ganzes sehe, spiegelte sich in vielen Diskussionen wider. Gewisse Reformen, sagte man, könnten an und für sich wohl begründet sein, aber gefährlich werden und, mit anderen Verbesserungsvorschlägen, sogar die liberale soziale Ordnung gefährden. Anträge, gewisse Bereiche zu verstaatlichen, wurden strikt abgelehnt mit dem Hinweis, daß diese nur einen Sozialisierungsprozeß auf breiter Basis einleiteten. Die Argumente, deren man sich dabei bediente, waren gar nicht neu. Sie waren schon in Benthams »Book of Fallacies« (Buch der Irrtümer) ausführlich besprochen worden. Aber in diesem Fall hatten sie doch eine besondere Bedeutung bekommen. Nach Bentham begnügte man sich nicht damit, Einwände wegen staatlicher Interventionen zu erheben. Man glaubte, solchen Eingriffen entgegentreten zu müssen, auch wenn genügend Gründe vorhanden waren, diese zu bejahen. Spencers Haupteinwände gegen Sozialisierung und staatliche Interventionen überhaupt, daß nämlich eine Bürokratie und schließlich eine Beamtendiktatur die Folge sein würden, waren ein wichtiger Bestandteil des modernen Liberalismus.

Die Metamorphose des Freiheitsbegriffs und T. H. Green

Eine Anzahl englischer Parlamentsdebatten über staatliche Interventionen während der sechziger und siebziger Jahre des 19. Jahrhunderts ließen gewisse gemeinsame Züge erkennen. Der Antragsteller griff ganz konkrete Fälle heraus, die nach seiner Meinung einen staatlichen Eingriff erforderlich machten. Er wies z. B. nach, daß sich viele Unglücksfälle in Fabriken ereigneten, die durch Schutzvorschriften verhindert werden könnten. Er betonte, daß oft vorkommende Trunkenheit durch restriktive Gesetze über das Ausschenken von alkoholischen Getränken sich verhindern ließe. Gegner dieses Antrags versuchten darzulegen, daß diese Mißstände nur selten in Erscheinung träten und nicht so schwerwiegend seien, wie man behaupte, ferner, daß die vorgeschlagenen Mittel und Wege zur Abhilfe kaum erfolgversprechend seien und Kosten und Unannehmlichkeiten mit sich brächten, die der Antragsteller gar nicht vorausgesehen habe. Wichtiger jedoch waren den Gegnern grundsätzliche Bedenken. Denn sie behaupteten, die Freiheit sei in Gefahr, den Bürgern sei es dann nicht mehr möglich, eigene Entschlüsse zu fassen, Verträge zur Wahrung des eigenen Interesses abzuschließen. Schon so an und für sich geringfügige Maßnahmen würden wesentliche Grundsätze der Gesellschaft über Bord werfen. Daraufhin versuchten wiederum die Befürworter des Antrags, die Auswirkungen dieser staatlichen Intervention herunterzuspielen. Durch ein solches Eingreifen werde doch gerade die Freiheit aller, das erstrebenswerte Ziel der Gesellschaft, begünstigt und eine beschränkte Unabhängigkeit durch eine wesentlich erweiterte Selbstbestimmung ersetzt.

Als ein Beispiel für solche Auseinandersetzungen kann die Unterhausdebatte über die Schulpflicht im Jahr 1870 angeführt werden. Der Regierungssprecher, William Forster, legte Zahlenmaterial vor, das bewies, daß zur Zeit Hunderttausende von Arbeiterkindern keinerlei Ausbildung genössen. Das müsse geändert werden. Nachdem diese Gesellschaftsschicht mit der Reform des Jahres 1867 politischen Einfluß bekommen habe, sei eine schulische Erziehung unumgänglich, damit diese auch ihrem Wahlrecht bewußt nachkommen könne. In dem immer härteren Wettbewerb der Völker werde England nie bestehen, wenn nicht seine Arbeiter größeres Wissen erwürben. Die konservativen Kritiker des Antrags wollten glaubhaft machen, daß der gegenwärtige Bildungsstand besser sei als ihn Forster schildere, ferner, daß eine Menge Schwächen mit dem Regierungsvorschlag verbunden seien. Sie wünschten wohl einen besseren Schulunterricht, schätzten aber das Prinzip der Freiheit höher ein als die Zwangsvorschriften des Antrags.

So kam es, daß das Wort »Freiheit« immer mehr in einem ganz anderen Sinn als vordem gebraucht wurde. In den dreißiger Jahren hatte man darunter Unabhängigkeit von staatlichen Interventionen verstanden, vor allem unbeschränkte Vertragsfreiheit. Auch fünfzig Jahre später verwendete man diesen Begriff noch in demselben Zusammenhang. Doch bekam er eine zusätzliche andere Bedeutung. Freiheit wurde jetzt auch gleichgesetzt mit staatlichem Schutz des Individuums oder irgendeiner Gruppe gegenüber anderen Einzelpersonen oder Interessengemeinschaften. Freiheit konnte man also selbst erlangen durch öffentliches Einschreiten, durch Verletzung des Prinzips der Vertragsfreiheit. Wenn man sich z. B. auf die Idee der Freiheit bezog, um gesetzliche Arbeitszeitverkürzungen zu rechtfertigen, so glaubte man, mehr oder weniger verschwiegen oder offen, dabei Arbeitsbedingungen durchzusetzen, die man sich ausbedingen würde, wenn ein freieres Verhältnis gegenüber den Arbeitgebern bestünde, d. h. wenn man in bezug auf Absprachen mit diesen mehr Rechte hätte als es jetzt der Fall war. Man gedachte den Mangel an sozialer Freiheit durch staatlichen Zwang abschwächen oder ganz beheben zu können. Ginge man noch einen Schritt weiter, so wären dann alle staatlichen Interventionen im Namen der Freiheit erlaubt. Das Individuum könnte sich von allen Versuchungen, von allen eigenen bösen Neigungen »befreien«. Der Mensch ließe sich so erziehen und lenken, daß er immer mehr und mehr in die Lage versetzt würde, nur Gutes zu tun und dem Bösen zu widerstehen, und es lag der Gedanke nahe, von einer »Befreiung« zu sprechen, wenn man nur davon ausginge, daß der Mensch »eigentlich ein gutes Leben« leben und nur »sein eigenes Bestes« wolle. So stand der Pflichtunterricht auch nicht mehr im Widerspruch zum Freiheitsprinzip. Das wäre einige Jahrzehnte früher nie möglich gewesen. Das Problem war auch insofern nicht so schwierig, als diese Zwangsvorschriften Kindern galten. Elterliche Kontrolle ersetzte man durch staatliche.

Das Wort »Freiheit« in diesem Sinn zu verwenden, bedeutete nichts Neues. In der Geschichte der Ethik und Politik läßt sich das nachweisen. Mit Freiheit meinte man die Entwicklung des Individuums zu einem moralisch wertvollen Wesen. Staatliches Eingreifen, das dieser Entwicklung zugute kam, geschähe deshalb im Interesse der Freiheit. Ein solcher Gedankengang war vorher von Hegel mit einer unvergleichlichen Schärfe vorgetragen worden. In England präzisierte der liberale Philosoph Thomas Hill Green, Professor in Oxford (1836–1882), einer der wenigen Anhänger Hegels in diesem Land, die neue Auffassung vom Prinzip der Freiheit. Green steht bis zum heutigen Tag im Ruf eines bedeutenden Theoretikers sozialer Reformen. Seine Ideen tauchen in mehreren liberalen politischen Programmen auf. Davon soll jetzt die Rede sein.

Am deutlichsten drückte sich Green in einem im Jahre 1880 gehaltenen

Vortrag über »Liberal Legislation and Freedom of Contract« aus. Er hob darin hervor, daß in der letzten Zeit eine Anzahl Gesetze eingebracht oder beschlossen worden seien, deren Inhalte nicht mit dem überlieferten Begriff des Prinzips der Vertragsfreiheit in Einklang gebracht werden könnten. Der Liberalismus habe früher Klassenprivilegien im Namen der Freiheit bekämpft. Jetzt tue man genau das Gegenteil. Als Beispiel führte Green die Arbeitszeitgesetze, den Pflichtunterricht in den Schulen, die Aufsicht über Fabriken und Wohnungen und verschiedene andere Vorschläge an, die das Verhältnis zwischen Gutsherren und -pächtern regeln sollten. Man könne das alles als Eingriffe in die persönliche Freiheit der Menschen ansehen. Doch komme dies in Wirklichkeit einer größeren Entfaltung der Unabhängigkeit gleich. Aufhebung von Zwangsmaßnahmen bedeute an und für sich noch keine wahre Freiheit; denn diese – die positive Freiheit – sei die »Kraft oder die Fähigkeit, etwas zu tun oder zu genießen, das auch wert sei, getan oder genossen zu werden«. Fortschritte in Richtung auf mehr Freiheit seien deshalb identisch »mit einem gesteigerten praktizierten Vermögen, zum Allgemeinwohl beizutragen; mit diesem geistigen Rüstzeug sind alle Mitglieder der Gesellschaft nach unserer Meinung ausgerüstet«. Eine »Freiheit«, die diese Funktion nicht erfülle, sei eigentlich gar keine Freiheit.

Auf dieser Grundlage erörterte Green staatliche Interventionen auf verschiedenen Gebieten. Die Wirtschaftler sagten, Arbeit sei eine Ware wie jede andere, aber doch in besonderem Grad eine persönliche Angelegenheit. Deshalb müsse ein Rahmen geschaffen werden, um zu »verhindern, daß die Arbeit zu Bedingungen verkauft wird, die es dem Verkäufer unmöglich machen, jemals in irgendeiner Form zum Wohl der Allgemeinheit beizutragen...« Um die Gesundheit eines Menschen zu erhalten, könne der Staat Vorschriften erlassen, wie die Fabriken eingerichtet werden sollten, wie lange die Arbeitszeit für Frauen und Jugendliche ausgedehnt werden dürfte. Ebenso habe der Staat das Recht, gewisse Verträge zu verbieten, z. B. das Vermieten gesundheitsschädlicher Wohnungen. Weiterhin habe er dafür zu sorgen, daß die Jugend physisch und psychisch das Rüstzeug erhalte, um wirklich frei zu sein. Dazu gehöre u. a. auch der Pflichtschulunterricht. Wie die Arbeit eine »Ware« sei, stehe auch die Erde in besonderen Beziehungen zu anderen »Gebrauchsgütern«. »Wir können nur auf der Erde leben, nur auf der Erde uns von einem Platz zum anderen bewegen«. Deshalb dürfe der Staat den Menschen auch Beschränkungen in bezug auf Landbesitz auferlegen. Green setzte sich besonders für die Aufhebung der »Fideikommißinstitution« und für Vorschriften zum Schutz der Pächter ein. Schließlich forderte Green auch strengere Antialkoholikergesetze. Die Engländer sollten die gar nicht so erstrebenswerte Freiheit, Alkohol zu kaufen und zu verkaufen, aufgeben, um in mehr Freiheit die Anlagen auszubilden und die Talente zu entwickeln, die Gott ihnen geschenkt habe«.

Mit solchen Überlegungen ließen sich alle Maßnahmen rechtfertigen, die von sozialen Gesichtspunkten aus wertvoll und gerade im Hinblick auf die Freiheit begründet erschienen. In Wirklichkeit wurde »Freiheit« identisch mit »Allgemeinwohl« und verlor damit jede Gegenständlichkeit. Hingegen hatte man früher in der Verwirklichung einer gewissen Freiheit ein Mittel gesehen, das Wohl der Allgemeinheit in die Tat umzusetzen. Es ist offenbar, daß Greens Definition der »Freiheit« nicht objektiv abgegrenzt war, so daß also seine Indikation nach Belieben abgeändert werden konnte. Genauso wie er die Arbeitszeitgesetze für Frauen und Kinder begründete, so hätte er dies auch für Männer tun können. Warum sollten Gesetze über Mindestlöhne oder Aufteilung von Grundbesitz oder Sozialisierung der Produktion nicht geeignet sein können, um die Fähigkeit der Menschen, für das Allgemeinwohl zu wirken, erheblich zu steigern? Auf Greens Begriff der Freiheit kann sich auch ein Regime berufen, das Individuen als Werkzeuge der Regierenden benützt, wie das später Faschismus und Nationalsozialismus gezeigt haben.

Abgesehen von besonderen Ansichten und Bewertungen, die in seiner Formulierung des Freiheitsbegriffs wohl vorausgesetzt, aber nicht erwähnt wurden, kam Green in allen entscheidenden Fragen zu Schlüssen, die man als einen typisch liberalen Kompromiß bezeichnen kann. Green ging von der Annahme aus, daß Freiheit im altliberalen Sinn nützlich sei, daß also staatliche Interventionen Einzelfälle sein müßten, die nur schwerwiegende Ursachen haben könnten. Für Green waren offizielle Eingriffe nur ein Mittel, um einen Zustand zu erreichen, den man – nicht nur in Greens eigener Terminologie, sondern auch im normalen Sprachgebrauch – billigerweise als individuelle Freiheit in höherem Sinn bezeichnen könnte.

Um sich eine Vorstellung von Greens politischen Ansichten bilden zu können, muß man auch auf eigene Grundideen in einer seiner wichtigsten Arbeiten hinweisen, nämlich »Principles of Political Obligation« (1895). Green suchte darin die »moralischen Grundsätze«

zu erläutern, auf die der Staat aufgebaut ist und die den Gehorsam gegenüber den Gesetzen des Staates berechtigt erscheinen lassen: »Der Staat ist eine Institution zur Förderung des Allgemeinwohls«, oder »Der Staat ist eine Institution zur wirksamen und harmonischen Wahrung der Rechte seiner Bürger«. Solche Behauptungen ließen sich naturrechtlichen Gedankengängen zuordnen. Von Green kann man tatsächlich sagen, daß er ein modernisiertes Naturrecht vertrat. Er glaubte jedoch nicht, daß natürliche Rechte außerhalb des Staates existierten oder daß dieser durch einen Gesellschaftsvertrag zustande gekommen oder mit dem Ziel aufgebaut worden sei, das Wohl der Bürger zu fördern o. ä. Damit wollte Green sagen, daß der Staat, zumindest der »wahre Staat«, auf dem Willen der Bevölkerung beruhe, mitzuwirken, daß eine freiheitliche Sphäre geschaffen werde, in der jeder Bürger »ein gutes Leben« suchen könne. Vielleicht ließe sich auch die Behauptung aufstellen, daß Green das bürgerliche Zusammengehörigkeitsgefühl, das auf einer gleichzeitig uniformen und individualistischen Moral beruht, als die wesentliche Grundlage des Staats ansah. Von ihrem Standpunkt aus mußten Green und auch Hegel feststellen, daß nicht alle Organisationen, die sich als Staaten bezeichneten, auch solche waren. Green sprach dies zwar nicht offen aus, doch deutete er an, daß man wohl Rußland als Staat bezeichne, dies aber mehr »aus Höflichkeit« geschehe. (Die Hegelsche Gegensätzlichkeit zwischen »dem Realen« und »dem Absoluten« ist in dieser Bemerkung unschwer zu erkennen.) Bezeichnend ist, daß Green den Staatsbürgern das Recht zugesteht, dem »Staat den Gehorsam zu verweigern, wenn dessen Gesetze nicht den wahren Zweck erfüllen, die gesellschaftlichen Beziehungen zu fördern und zu harmonisieren«. Mit gewissen persönlichen Rechten auf unabhängigen Wirkungsbereichen müsse sich der Staat aufgrund seiner Verfassung beschäftigen, erklärte Green. Es handle sich hierbei um »Naturrechte«, nicht etwa in dem Sinn, daß diese Rechte, von der menschlichen Gemeinschaft unabhängig, bei dem Aufbau der Gesellschaft garantiert worden seien, sondern weil sie »notwendig erscheinen, damit der Mensch seine moralische Aufgabe erfüllen kann, indem er sich ganz der Entwicklung und Vervollkommnung seines eigenen Charakters und dem anderer widmet«. Solche Rechte könne es nur geben, wenn bei den Mitgliedern der Gesellschaft das Wissen um gemeinsame Interessen vorhanden sei. So wurde Greens Staatsidee – wie hieraus ersichtlich ist – zu einem geschlossenen idealistischen System. Er verwandte dabei Schlüsselwörter in den verschiedensten Bedeutungen, die sich jedoch von der Umgangssprache nicht allzusehr unterschieden. Es erschien ihm ganz selbstverständlich, daß Ausdrücke wie »Staat«, »Zusammengehörigkeitsgefühl«, »Individualrechte« und ähnliche Begriffe untrennbar zusammengehörten.

Ebenso wie sein Lehrmeister Hegel konkretisierte Green seine Ideen und empfahl praktische Lösungen sozialer Fragen. Ein Beispiel dafür ist seine schon erwähnte Schrift »Freedom of Contract«. Weitere Proben findet man in »Principles of Political Obligation«, in dem Green u. a. das Eigentumsrecht als ein »natürliches Recht« verteidigt. Ein jeder Mensch, sagte er, »der in eine besondere Gesellschaftsform paßt«, habe das Verlangen nach Besitz, nach Wohlstand. Das Eigentumsrecht müsse deshalb als zum »Allgemeinwohl« gehörig angesehen werden, das das Ziel einer jeden Gemeinschaft sei und das Bestreben jedes einzelnen, sich weiterzuentwickeln und seine Wünsche zu erfüllen, unterstütze. Das Eigentumsrecht jedes Menschen werde damit zum Ausdruck eines »geistigen Prinzips« der Gesellschaft. Aber auch wenn man dieses Recht zu besitzen gutheiße, schrieb Green, müsse man doch Unterschiede in der Verteilung des Eigentums anerkennen. Es sei unmöglich, den an und für sich legitimen Anspruch auf Wohlstand einzuengen. Komplizierter war Greens Versuch, das Recht der testamentarischen Aufteilung des Besitzes zu verteidigen. Er erklärte u.a., daß dem Verantwortungsbewußtsein für die Familie großer sozialer Wert innewohne. Dieses Gefühl werde nur dadurch befriedigt, daß eine Person der Familie die Vollmacht besitze, verschieden große Werte an mehr oder weniger verdiente Erben testamentarisch zu verteilen. Außerdem stellte Green die Frage, ob nicht ein eventuelles Ansammeln von Besitz dazu beitrage, eine mittellose Klasse, ein Proletariat, ins Leben zu rufen. Er verneinte dies und wies darauf hin, daß aus qualifizierten Arbeitskräften durch Sparsamkeit kleine Kapitalisten werden könnten. Andererseits werde die Konzentration von Landbesitz auf einige wenige, wie dies früher der Fall gewesen sei, der Bildung eines Proletariats Vorschub leisten. Doch lehnte er den Gedanken, Land zu enteignen oder die sogenannte »unverdiente« Wertsteigerung durch den Staat konfiszieren zu lassen, unter Hinweis auf das Prinzip des Eigentumsrechts ab.

Sowohl in seinen maßvollen Vorschlägen für eine soziale Reform wie mit seinem uneingeschränkten Respekt vor privatem Besitz war Green ein guter Vertreter des Liberalismus der Jahrhundertwende. Es ist unmöglich, seine allgemeinen Ansichten hier kritisch zu beleuchten. Dazu müßte sein politisches Hauptwerk viel ausführlicher besprochen, auf seine ethische Weltanschauung, auf die sich seine politische Doktrin aufbaut, näher eingegangen werden. Es ist ganz klar, daß Greens Ideen von metaphysischen Vorstellungen durchdrungen sind. Seine politischen Gedankengänge laufen darauf hinaus, den englischen Liberalismus mit den Methoden des deutschen Idealismus zu begründen. In der Hauptsache sei der englische Staat ganz klar der »wahre« Staat. Dessen innerstes Wesen versuchte Green seinen Lesern deutlich zu machen. Hervorgehoben werden muß, daß man in seinen »Principles of Political Obligation« – wie auch in »Freedom of Contract« – kaum irgendwelche Zusammenhänge zwischen seinen allgemeinen Theorien und seinen konkreteren Auffassungen feststellen kann. Dort, wo Green z. B. das Besitz- und Testamentsrecht verteidigt, wirken die vorgebrachten Gründe wie reine Schlußfolgerungen aus theoretischen Postulaten; doch war das eindeutig nicht der Fall. Green appelliert hier an den gesunden Menschenverstand, was jedoch nicht unbedingt etwas mit seinen rechtsphilosophischen Prämissen zu tun hat. Diese Prämissen könnten allem Anschein nach ebensogut wie ebensoschlecht als Gründe z. B. für eine gleichmäßige Aufteilung des Eigentums oder eine staatliche Enteignung des Landes der Gutsbesitzer angewandt werden. Warum sollte das Verlangen nach allgemeiner Wohlfahrt – worin der Wunsch eines jeden einzelnen, sich selbst zu entwickeln, auch enthalten wäre – nicht auch solche Ziele einschließen?

Green ging von ganz anderen Gedankengängen als denen des Utilitarismus aus. Er wollte das »gute«, nicht das »glückliche« Leben. Der Unterschied zwischen John Stuart Mills Utilitarismus und dem moralischen Idealismus Greenscher Prägung war jedoch in Wirklichkeit gar nicht so groß. Mill modifizierte das Prinzip des Nutzens oder des Glücklichseins so sehr, daß es schließlich die ethische Selbstverwirklichung, die Green als die Mission der Gesellschaft und der Menschen ansah, beinhaltete. Green wiederum legte so großen Wert auf das materielle Wohlergehen als Grundlage für eine geistige Vervollkommnung, daß er immer und immer wieder seine Ideen mit rein utilitaristischen Gedankengängen verband. Dennoch schien er in hohem Maß und mehr als die meisten Sozialphilosophen seiner Zeit dazu beigetragen zu haben, den englischen Liberalismus mit gewissen allgemeinen ideellen Anschauungen zu beeinflussen. Bei Green kann man weit weniger als bei J.S. Mill noch Spuren jener »trockenen Glückseligkeits-Moral« feststellen, die den Benthamismus und den frühen englischen Liberalismus als Ganzes kennzeichnete. Die praktische Politik jener Zeit schien eine ähnliche Entwicklung aufzuzeigen. Es genügt, hier den ein wenig pedantischen Rationalismus Broughams und Macaulays mit den leidenschaftlichen Appellen Gladstones und Morleys an das moralische Gewissen zu vergleichen.

Die Kolonialfrage

Ehe sich die Idee des wirtschaftlichen Liberalismus durchsetzte, vertrat man überall in Europa die Meinung, daß die Kolonien in allererster Linie dazu da seien, den Reichtum und den Wohlstand des Mutterlandes zu vergrößern. Diese Vorstellung beherrschte auch das englische Denken, wenngleich die britische Politik – zumindest in bezug auf Gebiete, in denen Europäer in der Überzahl waren – sich weniger als die Kolonialmächte des Kontinents von dem Gedanken, diese Länder auszubeuten, leiten ließ. Ein kompliziertes System von Vorschriften sollte jedoch Britannien Monopole für den Handel mit den Kolonien einräumen und deren Wirtschaftsleben so regeln, daß dieses nicht mit der industriellen Produktion des Mutterlandes konkurrierte. Der wirtschaftliche Liberalismus kritisierte diese Bestrebungen und hielt das System für verfehlt. Damit wurde ein neuer Abschnitt in der britischen Kolonialfrage eingeleitet.

Die neue Auffassung vertrat vor allem Adam Smith, der schottische Wirtschaftswissenschaftler, in seinem großen berühmten Werk »The Wealth of Nations«, das er kurz vor dem Ausbruch des Konflikts zwischen England und den Kolonien in Amerika (1776) abschloß. Das Handelsmonopol bringe, so schrieb Smith, den Kolonien große Nachteile. Aber auch England habe wenig Nutzen davon. Sicherlich sei es für Britannien ein relativer Vorteil gegenüber anderen Staaten, für gewisse Gebiete ein Handelsmonopol zu haben, das diese nicht besaßen. Werde man den freien Handel überall einführen, profitiere England genauso wie die anderen Länder davon; denn die Kolonialprodukte fänden so zusätzliche Märkte und könnten demzufolge in größeren Mengen und zu niedrigeren Preisen abgesetzt werden. Außerdem würden durch das Monopol zu große Summen für den Kolonialhandel festgelegt. Die großen Investitionen würden der englischen Industrie wohl größere Profite bringen, aber auch die Preise ansteigen lassen, die dann höher lägen als bei einem freien Handel mit den Kolonien. Vom wirtschaftlichen Standpunkt aus gesehen, nutze dieses Handelsmonopol, das England aus den Kolonien wesentliche Vorteile bringen sollte, nur einer kleinen Gruppe von Geschäftsleuten, während es den »allgemeinen Interessen des Landes« schade. Außerdem sei dieses Kolonialsystem die Ursache immer neuer Kriege, die dem Mutterland große Summen kosteten, ganz zu schweigen von den Ausgaben für die Verteidigung der Kolonien. Doch gleichzeitig verwarf Smith den Gedanken, die Kolonien aufzugeben. Kein Land verzichte jemals freiwillig auf die Herrschaft über irgendwelche Gebiete. »Solche Opfer kränken stolze Nationen, obwohl sie oft zu deren Vorteil gereichen würden, und – was vielleicht noch viel wichtiger ist – wirken sich immer gegen die privaten Interessen der herrschenden Klasse aus«. Diese würde dann nicht mehr über viele lukrative Vertrauensposten verfügen und auf manche Chancen verzichten müssen, die zu Wohlstand und Ansehen führen. Wenn England sich doch zu einem solchen Schritt entschließen könne, spare es nicht nur große Summen ein, sondern sei wahrscheinlich auch in der Lage, mit den Kolonien Freihandelsverträge abzuschließen, die für die breite Masse des Volkes einträglicher als das bestehende Monopol seien. Zwischen dem Mutterland und seinen früheren von Briten bewohnten Kolonien werde dasselbe Verhältnis wie zwischen Griechenland und den neuen griechischen Siedlungen entstehen.

Adam Smiths Anhänger hatten oft dieselben Grundanschauungen, wenn sie sich auch in manchen Punkten voneinander unterschieden. Malthus sah in der Kolonisierung eine Möglichkeit, der Übervölkerung entgegenzuwirken. Aber er kam dabei zu einem negativen Ergebnis. Ricardo schnitt nur die Frage des Handels mit den Kolonien an und kam dabei zu denselben Erkenntnissen wie Smith. Nassau Senior nahm ausführlicher zu diesem Problem Stellung und betrachtete es nicht nur vom Standpunkt der Wirtschaftlichkeit aus. Er betonte u. a., daß die Vorteile, die die Kolonien für einen bestimmten Staat mit sich brächten, in der Hauptsache darauf beruhten, daß die meisten Länder eine protektionistische Kolonialpolitik betrieben, die ihren eigenen Interessen entgegenstünde. Treibe man Freihandel, der in aller Interesse liege, würde der Besitz von fremden Gebieten keinem Land einen ökonomischen Gewinn einbringen. Nur die Reichen, die ihren Söhnen

hochbezahlte Stellungen in den Kolonien verschafften, profitierten von dieser Politik. Diese überseeischen Gebiete seien nur eine Bürde für das Mutterland, da deren Verwaltung und Verteidigung riesige Summen verschlängen. Eines Tages würden die Kolonien sich doch vollkommen – oder so gut wie vollständig – vom Mutterland lösen. Regierte man sie von London aus, würden sie revoltieren, um ihre Freiheit zu erlangen. Sichere man ihnen Selbstverwaltung zu, verlangten sie dann immer mehr Unabhängigkeit. Senior schließt seine Rede: »Ganz allgemein muß man sagen, daß eine der Hauptursachen der Schwächung der Position einer großen und starken Seemacht und deren Wohlhabenheit das Risiko ist, durch Erwerb parasitärer Besitzungen gebunden, überlastet und entkräftet zu werden. Es scheint das Schicksal einer jeden Nation zu sein, ihre Kräfte zu verschwenden, indem sie zunächst diese Kolonien gründet, dann schützt und schließlich vergebliche Anstrengungen macht, um sie sich zu erhalten«.
Bentham, ein entschiedener Gegner aller Kolonialpolitik, trieb bei vielen Gelegenheiten seine Kritik bis zum Äußersten. In »Principles of International Laws« erklärte er, daß Schutzgebiete in Übersee die Kriegsgefahr heraufbeschwörten, daß sie dem Mutterland selten oder nie Gewinne brächten, ferner, daß der Dienst in den Kolonien zu einer Vetternwirtschaft verleite. Die Abhängigkeit von einem fremden Land beschere den Schutzgebieten in der Regel eine schlechte Regierung. Was habe also dieses System für einen Sinn? »Die tatsächlichen Belange der Kolonien werden den angeblichen Interessen des Mutterlandes geopfert«. England möge doch nach und nach auf alle seine Kolonien verzichten. In einem Appell »Emancipate Your Colonies«, den er ein paar Jahre später, 1790, an die französische Nationalversammlung richtete, begründete Bentham sehr genau diese Forderung. »Sie sollten Ihre Kolonien freigeben; denn Sie haben kein Recht, sie zu beherrschen; sie wollen auch nicht von Ihnen verwaltet werden; es widerspricht ihren Interessen, von Ihnen Weisungen entgegenzunehmen; Sie haben keinen Nutzen davon, Ihre Macht über die Kolonien auszuüben; Sie können sie nicht für immer behalten, die Kosten für die Erhaltung der Gebiete würde Sie an den Rand des Ruins bringen; Ihr eigenes Regime würde Schaden nehmen, wenn Sie die Kolonien behielten; Ihre eigenen Grundsätze gestatten nicht, sie zu behalten; Sie würden im Interesse der ganzen Welt handeln, wenn Sie sich von ihnen trennten...« Aus diesen Worten ist klar zu erkennen, daß Bentham sich auch auf die Grundsätze der Freiheit und der Demokratie bezog,

als er die unbedingte und sofortige Unabhängigkeit der Kolonien forderte.

In dem »Manual of Political Economy«, einem Handbuch der Nationalökonomie, das zum großen Teil später als die obenerwähnten Schriften entstanden ist, wiederholte Bentham die Kritik des wirtschaftlichen Liberalismus an der Kolonialpolitik. Aber jetzt entwikkelte er andere Gedankengänge, die nun für die Kolonialpolitik sprachen, und seine Schlußfolgerungen hieraus lauteten ganz anders als früher. Die Frage, ob man neue Kolonien erwerben solle, verneinte Bentham vom ökonomischen Standpunkt aus. Er fügte jedoch hinzu, daß Kolonien den Bevölkerungsüberschuß des Mutterlandes aufnehmen und sich dort mit der Zeit neue Nationen bilden könnten, wenn man sie gut verwalte und in ihrer Entwicklung nicht behindere. Durch Sprache, Gewohnheiten, verwandtschaftliche Beziehungen und politische Gesinnung blieben sie dem Mutterland verbunden. Die Frage, ob die schon erworbenen Kolonien wieder zurückgegeben werden sollten, bejahte Bentham, insofern wirtschaftliche Überlegungen den Ausschlag gäben. Aber es müßten auch andere Umstände berücksichtigt werden. Wenn man auf eine Kolonie verzichte, entstehe die Frage, ob sie als ein selbständiges Gebilde weiterleben könne und ob sich nicht etwa dort die Lebensgrundlage verschlechtere: »Müssen sie – die Einwohner dieses Gebiets – nicht im Hinblick auf ihre verhältnismäßige Schwäche und Unwissenheit beschützt und beraten werden? Ist nicht der gegenwärtige Zustand der Abhängigkeit ihr einziger Schutz gegen Anarchie, Mord und Ausbeutung? Von diesem Gesichtspunkt aus muß das Problem auch betrachtet werden!« Bentham behauptete am Schluß seiner Denkschrift, daß alle Schwierigkeiten behoben würden, wenn man aufhöre, die Kolonien als ein geeignetes Mittel zu betrachten, wirtschaftliche Gewinne zu erzielen. Dann brauche man weder eine feindliche Gesinnung noch einen Freiheitskrieg zu befürchten. Wenn man die Vernunft allein walten ließe, würde die Verbitterung ins Gegenteil umschlagen. Erfüllt werden könnte dann der Wunsch des Mutterlandes, seine Kinder so mächtig zu sehen, daß sie sich selbst befreiten. Die Kolonien schließlich würden befürchten, daß sie ihre Beschützer verlören, die ihnen die innere Ruhe und Sicherheit gegenüber äußeren Feinden gaben.

Bentham ging also von einer rein negativen Einstellung aus und kam zu einer bedingt positiven Auffassung. Der positive Standpunkt entwickelte sich jedoch ganz natürlich von der negativen Seite her und enthielt deren wesentliche Merkmale. Bentham verfolgte dabei einen Gedankengang, der schon bei Adam Smith und in einer Rede Burkes während des amerikanischen Unabhängigkeitskriegs zu erkennen war, nämlich die Idee, die Kolonien durch politische und wirtschaftliche Großzügigkeit fester an das Mutterland zu binden als durch den Gebrauch der Macht oder durch das Monopolsystem im Handel. Bentham machte also in wichtigen Punkten dieselbe Entwicklung durch wie die englische öffentliche Meinung und die englische Kolonialpolitik im Lauf des 19. Jahrhunderts.

Es kann kein Zweifel darüber bestehen, daß die führenden politischen Kreise Englands während vieler Jahrzehnte im 19. Jahrhundert davon ausgingen, daß man früher oder später den Kolonien die Unabhängigkeit verleihen sollte; man vertrat allgemein die Ansicht, daß eine solche Entwicklung beiden Teilen Vorteile brächte. Es ist jedoch nicht möglich, die Tragweite der Erklärungen von Staatsmännern und Kolonialbeamten dieser Zeit zu beurteilen. Darüber zu diskutieren, welche Ansichten z. B. Disraeli, Gladstone und Cobden hierüber hatten, ist deshalb zwecklos, weil diese und auch andere Politiker bei ganz verschiedenen Gelegenheiten unterschiedliche Meinungen vertraten, diese außerdem oft änderten. Bisweilen wies man hin auf die gemeinsamen Bande zwischen England und den Kolonien, besonders denen mit britischen Einwanderern, und hob dabei die positiven Seiten dieser Freundschaft hervor. Ein andermal erklärte man, daß die Kolonien nicht mit Gewalt ans Mutterland gebunden werden sollten. In diesem Zusammenhang fielen oft zweifelhafte und ablehnende Ausdrücke. Hervorgehoben zu werden verdient jedoch, daß man oft mit Gleichmut, ja bisweilen mit Befriedigung der Abwicklung des Kolonialsystems entgegensah. In den Kolonien sah man eher eine drückende Last als einen zusätzlichen Gewinn für das Mutterland.

Einige Beispiele: Die drei Unterstaatssekretäre – die Liberalen Stephen, Merivale und Rogers –, die in den Jahren 1836–1871 die Kolonialpolitik leiteten, bemühten sich, die englische Kolonialmacht zu stabilisieren, aber waren sich darüber klar, daß diese eines Tages gebrochen würde. Rogers schrieb 1885, nach dem Aufkommen des modernen Imperialismus, er habe es früher immer für selbstverständlich gehalten, daß »das Schicksal der Kolonien Selbständigkeit« sei. »Die Pflicht des Überseeministeriums ist es also, dafür zu sorgen, daß unsere Verbindung zu den Kolonien, solange sie noch besteht, für beide Teile so ersprießlich wie möglich ist, und unsere Trennung, wenn sie dann kommt, so freundschaftlich wie möglich vor sich geht«. Es war bezeichnend, vielleicht sogar charakteristisch für die Stimmung bei den Konservativen, daß Disraeli – einige Jahrzehnte später selbst die Verkörperung des neuen Imperialismus – einem prominenten Parteifreund im Jahr 1852 schreiben konnte: »Diese elenden Kolonien werden in einigen Jahren alle unabhängig und sind wie ein Mühlstein um unseren Hals«. Macaulay sagte 1833 im Unterhaus, daß der Tag, an dem die Inder, nachdem sie unter englischer Herrschaft der alten Gesellschaftsordnung entwachsen seien und die Unabhängigkeit verlangten, »der stolzeste Tag in der Geschichte Englands« sein werde. Am drastischsten drückten sich die Anhänger der »Manchesterlehre« aus. Cobden schrieb z. B., daß zu den segensreichsten Auswirkungen des Freihandels die Lösung der Bande zwischen England und den Kolonien gehöre. Es grenze an Sinnlosigkeit zu behaupten, daß Armee und Flotte zur Verteidigung der Überseegebiete absolut notwendig seien. »Wo ist der Feind, der so freundlich sein wird, uns einen solchen Besitz abzujagen? Es wäre dann ebenso unerläßlich, zur Verteidigung unserer nationalen Schulden aufzurüsten«.

Es muß immer wieder gesagt werden, daß Aussprüche wie diese bestimmt nicht die herrschende öffentliche Meinung widerspiegelten. Offizielle Äußerungen von verantwortlichen Staatsmännern wie Melbourne, Derby und Palmerston über den Wert der Kolonien sind durchweg positiver. Aber die Skepsis gegenüber zukünftigen Chancen des Kolonialsystems schien allgemein verbreitet zu sein.

Diese Einstellung zur Kolonialpolitik stand in scharfem Kontrast zum Merkantilismus des 18. Jahrhunderts und dem Imperialismus der letzten Jahrzehnte des 19. Jahrhunderts. Sie war durch vielerlei Umstände bedingt. Die Loslösung der alten nordamerikanischen Kolonien erschien als ein Beweis dafür, daß alle Schutzgebiete, nachdem sie eine gewisse Entwicklungsstufe erreicht hatten, sich bemühten, die volle Souveränität zu erlangen. Englands Industrie und Handel beherrschten in diesen Jahren den Weltmarkt in einem Ausmaß, wie es früher oder später nie mehr der Fall war. Besondere Vorteile im Handel für die Kolonien, die politisch bedingt waren, spielten nur eine kleine oder überhaupt keine Rolle. Liberale und demokratische Ideen setzten sich zweifellos durch. Der wirtschaftliche Liberalismus höhlte den Glauben an den Wert der Kolonien aus. Freihandel und negative Einstellung zur Frage der Überseegebiete waren so verschieden wie die Vorder- und Rückseite einer Münze.

Auch der politische Liberalismus ging dieselben Wege. Einmal forderte der Nationalitätsgedanke, eng mit dem Liberalismus verbunden, Gleichberechtigung und Unabhängigkeit jedes hochentwickelten Staats. Auch die primitiven Völker betrachtete man als eine im »Werden begriffene« Nation, die allmählich eine Reife erlangen würde, die sie berechtigte, sich zu der Gruppe der freien Staaten zu zählen. Die britische Regierung glaubte dazu berufen zu sein, diese Entwicklung durch erzieherische Verwaltungsmaßnahmen zu beschleunigen. Zum anderen war vom Standpunkt des Liberalismus aus zu fordern, daß dem Verlangen nach Selbstverwaltung innerhalb des britischen Imperiums sofort nachgekommen werden müsse, wenn hochentwickelte Völker diesen Wunsch äußerten. Es war nicht gut möglich, Engländern politischen Einfluß in den Kolonien zu verweigern, nachdem die Bevölkerung im Mutterland dieses Recht besaß. Eine rigorose Beschränkung des Wahlrechts nach englischem Vorbild ließ sich in den Kolonien aufgrund ihrer mehr egalitären Struktur nicht durchführen.

Man hat behauptet, daß den von Briten bevölkerten Kolonien in dieser Zeit die Unabhängigkeit zugestanden wurde, weil man mit der Loslösung dieser Gebiete vom Mutterland rechnete. Man sollte aber eher das Gegenteil annehmen. Weil man den Kolonien die Selbstverwaltung übertrug, glaubte man, daß sie sich innerhalb kurzer Zeit selbständig machen würden. Jedenfalls wurde damals die Selbstverwaltung in den Gebieten eingeführt, die später den Status der »Dominions« bekamen. In den kanadischen, australischen und südafrikanischen Kolonien führte man die parlamentarische Demokratie ein, während gleichzeitig der britischen Regierung noch eine gewisse einflußreiche Kontrolle vorbehalten blieb. In einer ganzen Reihe anderer Kolonien traf man ähnliche Anstalten, indem man dort repräsentative Einrichtungen schuf.

Von der Auffassung über kolonialpolitische Probleme war es dann – wie die Weiterentwicklung der Ideen Benthams zeigt – kein großer Schritt mehr bis zu einer neuen positiven Einstellung, die (in mancher Hinsicht) am Ende des 19. Jahrhunderts auf eine neue Art von Imperialismus schließen ließ, auch wenn dies zunächst noch schwach und zurückhaltend in vielen Reden von führenden Politikern zum Ausdruck kam. Der Staatsmann, der als erster mit besonderem Gewicht den Gedanken äußerte, koloniale Selbstverwaltung könne das Zusammengehörigkeitsgefühl im britischen Imperium (= Empire) eher stärken, nicht schwächen, war Lord Durham, der 1839 das berühmte Gutachten über Kanadas Verwaltung abgab. Darin schlug er vor, daß die kanadischen Kolonien – die getrennt verwaltet wurden – zunächst zu einer Union zusammengefügt werden und dann zur Regelung ihrer eigenen Angelegenheiten eine praktisch hundertprozentige Selbstverwaltung erhalten sollten. Durham glaubte, daß die damit verbundene größere Macht und Unabhängigkeit Kanadas alle separatistischen Bestrebungen zunichte machen würden. Der Nationalstolz der Kanadier, der so oft Anlaß zur Beunruhigung und einem Gefühl von Unterlegenheit gegenüber den Engländern gewesen war, würde – so hoffte er – einem Loyalitätsgefühl gegenüber dem Mutterland Platz machen. Die Aussichten für bedeutende Kolonisten, führende Posten in der einheimischen Verwaltung zu erhalten, würde deren Ehrgeiz anspornen, der sich sonst leicht auf eine Loslösung von England hätte konzentrieren können.

Diese Gedankengänge wurden allmählich ganz allgemein gebilligt. Die mehr oder weniger weitreichende Selbstverwaltung der Kolonien betrachtete man als eine Unterstützung zur Erhaltung des Empire, nicht als einen Schritt in der Richtung zur unvermeidlichen Loslösung vom Mutterland. Man hat deshalb behaupten können, daß die Skepsis des frühen 19. Jahrhunderts im Hinblick auf die Kolonialpolitik im Grunde genommen eine Voraussetzung für den Bestand der englischen Kolonialmacht war.

Die Ideen, Stimmungen und Impulse, die man zusammenfassend als »Imperialismus« bezeichnen kann, setzten sich in der englischen öffentlichen Meinung um 1870–1880 herum durch. Vom praktisch – politischen Standpunkt aus gesehen, ging diese Bewegung von Disraelis Reden vor der Wahl des Jahres 1874 aus, in denen er die Liberalen der Gleichgültigkeit gegenüber den Kolonien und der Vernachlässigung dieser Gebiete bezichtigte und eine neue positive Einstellung in Aussicht stellte. Eine Reihe von Büchern, die sich mit den Überseegebieten und deren Zugehörigkeit zum Mutterland beschäftigten, hatten großen Erfolg, so Dilkes »Greater Britain« (1869), Seeleys »The Expansion of England« (1883), Froudes »Oceana, or England and her Colonies« (1886). Sie bewiesen nicht nur, sondern förderten außerdem noch die neuen Gedankengänge. Die Ideologie des Imperialismus kann am besten als ein Bestreben bezeichnet werden, das Imperium zu erhalten, zu konsolidieren und zu vergrößern. Man beschritt dabei zwei verschiedene Wege.

Einerseits mußte der Zusammenhalt des Empire gefestigt werden. Man kümmerte sich zunächst um die Kolonien, die schon eine Selbstverwaltung hatten und zum großen Teil von eingewanderten Engländern bewohnt wurden, begann, sie »Dominions« zu nennen, und plante ein föderales Imperium mit einem eigenen Parlament als höchstem gesetzgebenden Organ. Diese Idee ist jedoch nie in ein Regierungsprogramm aufgenommen worden. Nach einigen Jahrzehnten ließ man sie als nicht mehr aktuell fallen. Es hatte sich gezeigt, daß man das Mutterland und die Dominions fester aneinanderbinden konnte, obwohl die alten legalen Bindungen sich mehr und mehr lösten und nicht durch neue ersetzt wurden. Die Dominions, deren größte – Kanada 1867, Australien 1901 und Südafrika 1909 – zu Föderationen zusammengeschlossen wurden, erhielten den Status mündiger Nationen. Die Anerkennung ihrer Gleichberechtigung als Mitglieder der »Gemeinschaft britischer Nationen«, des Commonwealth, im Jahre 1931 bestätigte nur eine seit langem anerkannte Situation. Wieder und wieder bekundeten die Dominions ihre absolute Solidarität mit dem Mutterland. Es wurde eine Empire-Konferenz geschaffen, die Debatten einleiten und Entscheidungen herbeiführen sollte.

Andererseits zeigte der Imperialismus eine Tendenz zu kolonialer Expansion. In dem Wettstreit um noch nicht besetzte Ländereien in Afrika, der unter den europäischen Staaten um 1880 ausbrach, ergriff England zwar nicht die Initiative, aber erzielte doch dabei die größten Erfolge, weil es dafür die besseren Voraussetzungen besaß. Zwischen 1884 und 1900 erwarb England in Afrika und Asien Gebiete mit 57 Millionen Einwohnern. Diese gewaltige Expansion war nicht die Folge einer systematischen Eroberungspolitik. Weder Gladstone noch Salisbury konnte man in dieser Hinsicht als Imperialisten bezeichnen. Man kann eigentlich hinter dieser Erweiterung des Einflußbereichs weder einen einheitlichen Willen noch irgendeine andere äußere Ursache entdecken. In manchen Fällen bestimmten finanzielle Interessen die Eroberungen, in anderen lagen militärische und schließlich auch religiöse und humanitäre Motive zugrunde. Sowohl Kapitalisten als auch Missionare trieben die Regierung an und organisierten Werbefeldzüge unter der Bevölkerung. Wichtig ist festzustellen, daß die öffentliche Meinung, die Presse, das Parlament und die Regierung trotz aller Meinungsverschiedenheiten im allgemeinen viel wohlwollender als Jahrzehnte zuvor allen Argumenten gegenüberstanden, die für eine koloniale Aktion vorgebracht werden konnten. Ganz besonders interessant ist die Tatsache, daß die Aktivität in der Kolonialpolitik in vielen Schichten des Volkes auf Sympathien und manchmal sogar auf große Begeisterung stieß. Schließlich kosteten diese Eroberungen wenig Geld und wenig Blut. Nur Freiwillige und Söldner wurden eingesetzt. Kolonialkriege boten viel Sensationen und Heldenromantik; Verluste und Unkosten waren dagegen gering.

Zwischen 1874 und 1905 blieben die Konservativen fast 23 Jahre am Ruder. So schien der Imperialismus allein eine Angelegenheit dieser Partei zu sein. Es kann auch nicht geleugnet werden, daß Disraeli und Salisbury die Empire- und Kolonialpolitik viel aktiver als Gladstone betrieben, daß außerdem alle diese Maßnahmen ihren stärksten Widerhall bei den Tories fanden. Trotzdem konnte man keine scharfe Trennungslinie zwischen beiden Parteien ziehen, wenn es um das Für und Wider dieser Politik ging. Viele Liberale hatten früher für imperialistische Ideen Partei ergriffen, sogar radikale Liberale, wie W. E. Forster und Charles Dilke. Joseph Chamberlain, neben Disraeli der bedeutendste Verfechter der Expansionsbestrebungen, hatte dem radikalen Flügel der liberalen Partei angehört; daß er sich 1886 von Gladstone trennte und den liberalen Unionisten anschloß, hing hauptsächlich damit zusammen, daß er leidenschaftlich für die Einheit des Empires eintrat, was ihn zehn Jahre später zum mächtigsten und energischsten Kolonialminister werden ließ. Rosebery, Außenminister in Gladstones viertem Kabinett, später Premierminister, war schon vordem als glänzender Verfechter der imperialistischen Idee hervorgetreten. Während des Burenkrieges hatten mehrere Liberale, in erster Linie Campbell-Bannerman, die Aggressions- und Annexionspolitik der Regierung kritisiert; doch Rosebery und Asquith, Grey und Haldane – einflußreiche Köpfe, die als »liberale Imperialisten« galten – unterstützten die Regierung. Als sie 1905 in das Kabinett Campbell-Bannerman eintraten, war damit die Expansionspolitik unter dieser Regierung gewährleistet. Auch die sozialistischen Fabianer äußerten sich positiv über diese planvollen und erfolgreichen Maßnahmen des Kabinetts.

Wichtig ist festzustellen, daß die liberale und humanitäre Tradition der kolonialen Idee für die imperialistische Ideologie ein hervorstechendes Merkmal war, erzieherisch wirken und zur Vorbereitung für die zukünftige Selbstverwaltung entscheidend sein konnte. Bei einigen Autoren spielten wohl primitive nationalistisch, militaristisch und darwinistisch beeinflußte Gedankengänge, eine sogenannte »Philosophie der Macht«, eine große Rolle. Doch gaben – kann man zusammenfassend sagen – die liberalen Grundzüge dem britischen Imperialismus das Gepräge. Damit soll nicht gesagt werden, daß die englischen Ideologen, Dichter und Politiker dem Gefühl Ausdruck verleihen wollten, der Menschlichkeit dadurch zu dienen, daß sie das britische Empire festigten und erweiterten. Ähnliche Vorstellungen dürften heute bei allen Völkern, die herrschen wollen und nach Macht streben, vorzufinden sein, auch wenn damit manchmal nur der Gedanke verbunden ist, den Besten der menschlichen Rasse, also dem eigenen Volk, zu Ansehen und Einfluß zu verhelfen. Der Glaube der Briten an ihre Mission, der Menschheit einen Dienst zu erweisen, wurde untermauert durch liberale Anschauungen über Mittel und Wege, zu diesem Ziel zu gelangen.

Als den bemerkenswertesten und dennoch harmlosesten und extremsten Theoretiker des Imperialismus pflegte man Benjamin Kidd zu nennen, der in den neunziger Jahren innerhalb kurzer Zeit zwei außerordentlich populäre Schriften veröffentlichte, nämlich »Social Evolution« und »The Control of the Tropics«. Das erstere Buch wurde u.a. von dem englischen Ökonomen Alfred Marshall (1842–1924) und dem bekannten schwedischen Schriftsteller und vielseitigen Gelehrten Victor Rydberg (1828–1895) lobend hervorgehoben. Heute stuft man Kidd als ziemlich unbedeutenden Verfasser ein. Seinen Büchern war, wie vielen anderen auch, nur kurzlebiger literarischer und wissenschaftlicher Erfolg beschieden. Interessant an Kidds Büchern ist die liberale und humanitäre Einstellung. Kidd glaubte, daß die abendländischen Völker – in erster Linie Engländer und Amerikaner, in zweiter Linie Europäer westlich der russischen Grenze – berufen seien – wenigstens gegenwärtig –, die Welt zu beherrschen. Er meinte damit nicht, daß diese Nationen den anderen biologisch oder rassenmäßig überlegen seien. Was sie zu führenden Völkern gemacht habe, sei ihr »Milieu« im engeren Sinn, seien ihre sozialen Fortschritte gewesen. Dabei habe die Religion eine große Rolle gespielt, die ein starkes Gruppengefühl, einen Gruppencharakter schuf. Besonders in England sei es dadurch gelungen, politische und soziale Gegensätze ohne ernsthafte Konflikte auszugleichen. Demokratisches Denken, ein ansehnliches Maß an politischer Gleichberechtigung, ein Gefühl von gegenseitiger Verantwortung und der Wille zur Verständigung und zu sozialen Leistungen habe gerade die Engländer – weniger die anderen abendländischen Nationen – dazu befähigt, die Führung zu übernehmen. Es habe sich dabei nicht um hervorstechende Eigenschaften, sondern nur um menschliche Größe, Rechtschaffenheit und Pflichterfüllung gehandelt, ohne Gedanken an großartige und utopische Ziele. Kidd sah, kurz gesagt, in einer energischen Verwaltungstätigkeit, verbunden mit einem praktischen, kurzfristig geplanten und religiös gefärbten Verantwortungsgefühl, die wesentlichen Merkmale überlegener Völker. Vage formulierte, demokratische und nivellierende Ideale bildeten den Hintergrund dieser Gedanken über höherstehende Rassen.

In »The Control of the Tropics« beschäftigte sich Kidd mit dem Problem des Imperialismus viel eingehender. Er ging dabei von den Grundgedanken seines Buchs »Social Revolution« aus und wandte diese auf die Kolonisation tropischer Gebiete an. Die Verwirklichung jener Grundgedanken – diese war in seinen Augen schon so gut wie beendet – hielt er im Hinblick auf deren tatsächliche Bedeutung für unbedingt notwendig. Kidd unterschied zwei Arten von Kolonisierung. Die eine Form sei die Verwendung des Besitzes als eine Art Plantage, nur zum Nutzen des Okkupanten, eine Praxis, die England schon früher, vor der Loslösung der nordamerikanischen Kolonien, praktizierte und die immer noch anderen europäischen Nationen als Vorbild staatlicher Kolonialpolitik diente. Die andere Form sei die moderne Art der Kolonisation, die England gegenüber Besitzungen anwandte, die englische Kolonisten bewohnten. Dort war man von seiten der Verwaltung nur auf die Interessen der ansässigen Bevölkerung bedacht, unter dem Gesichtspunkt, daß sie allmählich politisch und sozial reif und imstande werden würde, sich selbst teilweise oder vollkommen unabhängig zu verwalten. Dieses System hatten die Engländer auch in den Tropen anwenden wollen, aber das wäre nicht ohne gewisse Modifikationen möglich gewesen; denn die Europäer konnten sich nicht in den Tropen akklimatisieren. Also ließen sich Kolonien des alten Typs nicht in diesen Regionen gründen. Eine fähige Verwaltung könnte deshalb auch in absehbarer Zeit nicht von Eingeborenen gebildet werden. Demzufolge müßten tropische Gebiete von Beamten geleitet werden, die aus England kämen. Doch sollte nach englischen Grundsätzen dabei auch Rücksicht auf die Interessen der Eingeborenen genommen werden, mit dem Ziel, diese heranzubilden und deren Lebensstandard zu verbessern. »Der erste Schritt zur Lösung dieses Problems, das auf uns zukommt, ist ganz einfach, nämlich daß wir uns vorstellen, es mit den ›natürlichen‹ Einwohnern der

Tropen mit Menschen zu tun zu haben, die auf derselben Entwicklungsstufe der Menschheit stehen wie das Kind in der Entwicklung eines einzelnen Menschen«. Daraus folgerte Kidd, daß »die Verwaltung tropischer Gebiete ein zivilisatorischer Vertrauensauftrag ist und mit dem vollen Verantwortungsgefühl durchgeführt werden muß, das zu einem solchen Auftrag gehört... Wenn der weiße Mann überhaupt eine Existenzberechtigung in solchen Gebieten hat, so einzig im Namen der Zivilisation. Wenn unsere Zivilisation dort existieren darf, dann deshalb, weil sie höhere menschliche Ideale, eine höhere Vorstellung sozialer Ordnung hat.« Da die Kolonien im Interesse der Menschheit verwaltet werden müßten, sei eine Politik der »offenen Tür« zu betreiben. Es dürften keine Kolonialzölle eingeführt werden. Die Kolonisatoren hätten nicht das Recht, sich handelspolitische Vorteile gegenüber anderen Staaten zu verschaffen.

Ähnliche Ideen, verschieden abgewandelt, mit unterschiedlichen Auffassungen, sind auch bei anderen Anhängern und Verkündern des modernen Imperialismus festzustellen. John Ruskin, der Carlyles Gedankengänge in vielen Punkten weiterführte, setzte sich als Oxfordprofessor in den siebziger Jahren für eine Erziehung der Jugend zu Verantwortungsgefühl gegenüber dem Empire ein. England müßte »für die ganze Welt eine Quelle des Lichts, ein Zentrum des Friedens sein..., das man für seinen ungewöhnlichen Dienst im Zeichen menschlicher Verständigung mitten im Wirbel harter und lauter Auseinanderstzungen anderer Völker bewundern« müsse; um dieser Aufgabe willen sollte England mit Hilfe seiner »energischsten und würdigsten Männer« so schnell wie möglich und »in so großen Gebieten wie möglich« Kolonien gründen.

Sir John Seeley hob hervor, daß das Empire ohne einen vorher festgelegten Plan oder eine bestimmte Absicht (»in a fit of absence of mind«) aufgebaut worden sei; doch jetzt könne sich England nicht mehr der Verantwortung dafür entziehen. Dilke forderte, daß sich die angelsächsischen Ländern zusammenschlössen und im Interesse der ganzen Welt ihren Einfluß verstärkten. Englisches Recht und englische Verwaltungsgrundsätze seien zur Erhaltung der »Freiheit der Menschheit erforderlich«. Froude sprach von der Mission des englischen Volks, die nur erfüllt werden könne, wenn man das englische Empire aufrechterhalte: »In der Sprache der Theologie bedeutet dies die Rettung unserer nationalen Seele... Wieder stehen wir vor der Wahl zwischen einem unmittelbaren ökonomischen Vorteil, den wir durch die Auf-

lösung des Empire erzielen können, und der Befreiung unseres Geistes (spiritual salvation)«.
Kipling ist der Dichter des britischen Imperialismus. Mit größerem Erfolg als alle anderen Zeitgenossen hat er die vagen Vorstellungen und Gefühle, die der neuen imperialistischen Politik zugrunde lagen, ausgedrückt und verbreitet. Doch hat er gleichzeitig in weiten Kreisen innerhalb und außerhalb Englands den Imperialismus in Verruf gebracht. Kiplings Zynismus, seine Sentimentalität und seine vulgäre Ausdrucksweise sind stark kritisiert worden. Man muß hierbei daran erinnern, daß Kiplings Vorgänger, der das Empire besang, der vielleicht typischste Vertreter aller großen Viktorianischen Dichter war, nämlich Tennyson. Schon in den siebziger Jahren nahm der Gedanke einer Föderation des ganzen Empire mit England als Mittelpunkt den Dichter gefangen. Aus Briefen und Gedichten geht hervor, daß er darin den Keim zu einem die ganze Welt umfassenden Staat sah, an dessen Spitze die angelsächsischen Völker standen: »a warless world, a single race, a single tongue (eine Welt ohne Krieg, eine einzige Rasse, eine einzige Sprache)«. Kiplings Gedichte spiegeln auch die Gedankengänge wider, die so typisch für den Geist des britischen Liberalismus sind. Das vielverspottete berühmte Gedicht »The white man's burden« wird von derselben Idee der erzieherischen Mission Englands getragen, wie sie auch bei Kidd und anderen zu finden ist.
Die führenden Staatsmänner verteidigten Englands Empire- und Kolonialpolitik, indem sie diese stets als einen Teil der Arbeit am menschlichen Fortschritt bezeichneten. Chamberlain erklärte, in der modernen Verwaltung der Kolonien sei anstelle des Besitzbewußtseins ein Gefühl der Verpflichtung getreten. Wenn die englische Kolonialverwaltung nicht Frieden, Rechtssicherheit und größeren Wohlstand für die beherrschten Gebiete bringe, habe sie keine Existenzberechtigung. Daß solche allgemeinen Deklarationen nicht nur Propagandazwecken dienten, geht daraus hervor, daß die Selbstverwaltung in den Kolonien tatsächlich erweitert und vielfach vom humanitären Gesichtspunkt aus kritisiert wurde. Alle politischen Parteien maßen dieser Kritik große Bedeutung zu. In Diskussionen über alle diese Fragen waren die Meinungen oft geteilt, aber in den Grundfragen britischer Kolonialverwaltung herrschte immer Einigkeit.
In den Berichten der bedeutendsten Statthalter der Kolonien und den Vätern dieser Gebiete spielten Nationalismus und Humanismus die wichtigste Rolle. Cecil Rhodes, der Begründer der südafrikanischen

Dominions, vertrat um die Jahrhundertwende eine aggressive Expansionspolitik. Während seiner Studienzeit in Oxford hatte ihn Ruskin und seine Lehre des evolutionären Fortschritts stark gefesselt, die darauf abzielte, einen »Menschentyp« zu schaffen, »dessen vornehmste Aufgabe es ist, der Welt Frieden, Freiheit und Gerechtigkeit zu schenken«. Dieser Typ solle eines Tages die Welt beherrschen. Die Angelsachsen kämen »Gottes Idealtyp« am nächsten. Deshalb verfolgte man beharrlich das Ziel, diesem auserwählten Volk eine führende Stellung in der Welt zu sichern. Lord Cromer, Hochkommissar Englands in Ägypten während 20 Jahren, der Schöpfer des modernen Ägypten, veröffentlichte eine Schrift über »Ancient and Modern Imperialism« (1910). Darin schrieb er, daß die englischen Bestrebungen, besiegte und geistig unterlegene Völker zur Selbstverwaltung zu erziehen, in der Geschichte der Weltmächte eine Neuigkeit darstellten. Die britische Politik gerate damit in ein Dilemma, da sie »versucht, zwei Ideale zu verfolgen, die einander ausschließen, nämlich das einer guten Verwaltung, was eine Erhaltung der englischen Oberhoheit bedeutet, und das einer Selbstverwaltung, was einem vollständigen oder teilweisen Verzicht auf Englands Machtstellung gleichkommt«. Eine Lösung könne gefunden werden, indem man die Völker zur Selbstverwaltung erziehe und diese nach und nach einführe. Cromer war offenbar der Meinung, daß die Engländer die Verwaltung noch lange Zeit in der Hand behalten müßten. Lord Curzon, Vizekönig von Indien (1899–1905), Lord Milner und Lord Selbourne, High Commissioners Südafrikas, äußerten sich in gleicher Weise.

Diese zweifellos typischen Erklärungen großer Männer sind ein Beweis dafür, daß man auch in der Blütezeit des englischen Imperialismus die Kolonialpolitik als eine Notwendigkeit betrachtete, die im Interesse der Kolonien und der Menschheit lag. Das Prinzip, Menschen zur Selbstverwaltung zu erziehen, war eine Aufgabe auf lange Sicht. Dazu bestimmte Institutionen, die aufgrund der neuen politischen Richtlinien hier und da in Kolonialgebieten entstanden, wurden jedoch bei der Erfüllung der ihnen zugedachten Aufgaben stets stark behindert.

Die Natur, Darwin und die Väter des Empire

»Die Natur« – das Wort wird oft in der Umgangssprache gebraucht, um damit etwas Schönes, Edles und Vollkommenes auszudrücken. Wir sehen uns und unsere Mitmenschen in einer besonderen Beziehung zur »Natur«, sprechen davon, daß wir »natürlich« leben, daß wir die Naturgesetze entdecken, um in Eintracht mit ihnen zu bleiben, sich nicht gegen sie aufzulehnen. Dinge, die uns ungewöhnlich erscheinen und uns abstoßen, nennen wir widernatürlich oder unnatürlich. Aber es ist erstaunlich festzustellen, wie während eines Gesprächs ein und dieselbe Person den Ausdruck »Natur« ganz unbewußt im entgegengesetzten Sinn gebrauchen kann. Man ist über die Natur erhaben; man ist Herr seiner Natur; man macht sich die Natur dienstbar, gebraucht sie als Werkzeug seines eigenen Willens. Diese Zweideutigkeit ist denkbar, einmal, weil der Begriff »Natur«, wie die obigen Beispiele zeigen, in ganz verschiedenen Bedeutungen angewandt werden kann, zum anderen, weil tatsächlich ein Unterschied und eine Mannigfaltigkeit in der Haltung gegenüber der »Natur« zu finden sind, auch dann, wenn das Wort in einem ganz bestimmten Sinn gebraucht wird.

Die Geschichte ethischer und politischer Ideen kann mehr oder weniger unter dem Begriff »Natur« als zentralem Thema gesehen werden, was für bestimmte Zeitabschnitte schon schriftlich niedergelegt wurde. Für Thomas von Aquino war das Gesetz Gottes und das der Natur ein und dasselbe. In seinem metaphysischen Denken war alles Natürliche gut und alles Gute natürlich. Für Thomas Hobbes bedeutete die Natur der entsetzliche Zustand des »Kriegs aller gegen alle«, in dem, wie bei Wölfen, »jedermann jedermanns Feind« war, und wo jedwede Form einer Gemeinschaft einem »natürlichen Zustand« vorzuziehen war. John Locke mit seinem optimistischen Glauben an die Naturgesetze meinte, eine Gemeinschaft oder einen Staat auf naturgegebene Gesetze aufbauen zu können. Jean-Jacques Rousseau stellte Theorien auf, in denen die späteren Begriffe »Liberalismus, Sozialismus, Anarchismus und Syndikalismus« festgestellt werden können. Für ihn kam die Bildung einer Gesellschaft dem Sündenfall gleich, also müsse der Staat zerschlagen oder so weit wie nur möglich geschwächt werden. Auch Adam Smith betrachtete die Natur als eine Art Gottheit, die mit »unsichtbarer Hand« alles zum Besten führe. Unter den großen reformfreundlichen Denkern gab es »Konstrukteure« verschiedener Systeme, deren charakteristische Merkmale in der Überzeugung gipfelten, daß die Gesellschaft oder der Staat gleich anfangs oder auch in einem späteren Entwicklungsstadium entweder »verschrottet« oder aber mit der Natur in Einklang gebracht werden könnte. So würde dann der neue Mensch entstehen, natürlich, frei und vernünftig.

Der Darwinismus veränderte den Charakter der Natur. Der Gesichtskreis wurde erweitert und umfaßte jetzt alle Lebewesen. Der schwer definierbare Begriff »Natur« wurde konkreter und objektiver beschrieben. Die »Natur«, das war ein Kampf ums Dasein zwischen allen Lebewesen, der seit den Tagen der Schöpfung währte und in jedem Entwicklungsstadium den »Tauglichsten« überleben ließ. Aber wie konnte eine politische Anschauung aus einer solchen Idee entwickelt werden, oder wie konnte man diese Idee mit seiner politischen Anschauung verquicken?

Darwin selbst scheint nicht viel darüber nachgedacht zu haben. Er bezeichnete sich zwar als Liberalen oder Radikalen, aber er brachte seine politischen Ansichten nicht mit seinen wissenschaftlichen Theorien in Verbindung. In seinem »Life and Letters« (1887) erwähnte er mit keinem Wort, was in diesem Zusammenhang von Interesse sein könnte. Es ist höchstens auf einen Brief hinzuweisen, den er an einen deutschen Freund, Dr. Scherzer, im Dezember 1879 schrieb. Die Attentate auf Kaiser Wilhelm I. im Jahr 1878 durch Hödel und Nobiling wurden von der konservativen »Kreuzzeitung« auf den verderblichen Einfluß Darwins zurückgeführt. Darwin meinte hierzu: »Welch eine komische Auffassung scheint in Deutschland über den Zusammenhang zwischen Sozialismus und der Lehre von der Entwicklung durch natürliche Auslese vorzuherrschen!«

Deutlich ist jedoch, daß der Darwinismus – ohne mehr als üblich mißverstanden zu werden – von verschiedenen politischen Anschauungen in Anspruch genommen werden konnte. Besonders in Deutschland, aber auch in England und anderen Ländern, beriefen sich Sozialisten auf Darwin: wenn der Kampf ums Dasein zum Überleben der Stärksten führen sollte, müßten alle mit den gleichen Chancen starten können. Aber auch die Gegner der Sozialisten bezogen sich auf Darwin. Die Auswahl unter den Nationen war schon getroffen worden, behauptete man. Die Tauglichsten hätten sich schon bewährt. Ihnen ginge es jetzt am besten. Ebenso konnten Rassenfanatiker, Nationalisten und Militaristen bei Darwin ihre Argumente bestätigt finden. Auch hier lagen die Deutschen vorn. Ebenso wie in der Natur die besten Arten sollten auch im Lebenskampf der Staaten die tauglichsten Völker überleben. Die Überlegenheit gewisser Völker hätte sich schon gezeigt. Die Kritiker solcher Gedankengänge erwiderten, daß – im Gegenteil – im Krieg die Besten einer Nation fielen und so große Nationen kleine besiegen konnten, ohne diesen qualitativ überlegen zu sein.

Im Viktorianischen England wurde der Darwinismus zu einer Waffe gegen den Altliberalismus. Sir Henry Maine (1822–1888), einer der einflußreichsten politischen Denker seiner Zeit, sprach von dem »wohltuenden privaten Krieg, der einen Menschen zwingt zu versuchen, auf die Schultern eines anderen zu klettern, um dort – dank des Gesetzes des Überlebens des Tüchtigsten – zu bleiben«. Herbert Spencer, noch berühmter und einflußreicher, verteidigte das »Laissez-faire«-Prinzip – wie schon festgestellt – gegen den Neuliberalismus, der zur Zeit des zweiten Kabinetts Gladstone (1880–1885) florierte. Die Auswahl der Tüchtigsten geschehe durch Wettbewerb und Kampf. Werde diese Selektion dadurch verhindert, daß sich die Gesellschaft der Schwachen annehme, werde das Menschengeschlecht degenerieren. Nur wenn die Erfolgreichen sich ihrer Leistungen erfreuen und sich in dem größtmöglichen Ausmaß fortpflanzen könnten, während die Gescheiterten dem Untergang preisgegeben würden, seien schnelle Fortschritte möglich.

Unter den Entgegnungen hierauf war eine von D. Ritchie verfaßte, damals sehr beachtete, heute fast vergessene Schrift »Darwinismus und Politik« (1889) zu finden, in der der schottische Wirtschaftler hervorhob, daß Darwin über den Kampf zwischen Tierarten, aber nicht zwischen Menschen einer zivilisierten Gesellschaft schrieb. Menschen hätten nicht von allem Anfang an dieselben Chancen. Das sei ein weiteres Argument gegen Darwins Ideen. Es handle sich hier um ein »Naturgesetz«, das nicht durch ein »parlamentarisches Gesetz« aufgehoben werden könne. Mit »survival of the fittest« sei nicht gemeint, daß die Besten überlebten. Es könnten vom menschlichen Gesichtspunkt aus schlechte oder auch unangenehme Eigenschaften sein, die zu einem bestimmten Zeitpunkt Anlaß gäben, daß eine Gattung sich vermehrte und auf Kosten anderer und »besserer« Arten überlebte. Aber auch Ritchie, wie so viele andere politisch aktive Darwinisten, fand in der neuen Lehre einen Rückhalt für eine Art Traditionalismus, also Respekt gegenüber schon lange bestehenden Erscheinungen und Gegebenheiten. »Wir müssen das grundlegend Rationale aller Institutionen und Glaubensvorstellungen anerkennen, die sich so lange Zeit haben halten können ... Sie müssen doch für die Gemeinschaft, die mit diesen lebte, von großem Wert gewesen sein. Sonst hätten sie sich nach dem Prinzip der natürlichen Zuchtwahl nicht durchsetzen können«, schrieb Ritchie in seinem Buch »Natural Rights«. Hier wurde somit der Darwinismus zur Bestätigung einer Idee, die in anderen Formen von Burke und Hegel verbreitet worden war.

Während die meisten Publizisten den Menschen nahelegten, dem neuen Naturgesetz zum Durchbruch zu verhelfen, erklärte Thomas Huxley, Freund und Mitstreiter Darwins, sie sollten gegen dieses Gesetz ankämpfen. Das Wort »fit« (= tüchtig), meinte er in seinen Vorlesungen über die Zigeunersprache (1893), besitze keinen ethischen Gehalt. Der soziale und moralische Mensch solle nicht den Kampf ums Dasein als Norm, als Maßstab seines Lebens auffassen. Im Gegenteil: »Laßt uns ein für alle Mal richtigstellen! Die ethische Fortentwicklung der Gesellschaft beruht nicht darauf, das Geschehen im Weltall zu imitieren, auch nicht darauf, daß wir diesem davonlaufen, sondern es bekämpfen ... Ich wage zu glauben, daß der große intellektuelle Unterschied zwischen der alten und der neuen Zeit seinen Grund in der Hoffnung hat, daß ein solches Unterfangen bis zu einem gewissen Grad erfolgreich ist«. Man habe »diese einfachen Überlegungen ganz außer acht gelassen, so daß der fanatische Individualismus unserer Zeit versucht, eine Übereinstimmung zu der kosmischen Natur für die Gesellschaft zu erzielen«. Diese Herausforderung Huxleys an die unmoralische Natur erinnerte an Hobbes, der im Staat und sogar in der absoluten Monarchie einen Schutz gegen das feindselige Wirken der Natur sah. Andere Philosophen des Fortschritts wie Kropotkin kamen zu denselben ethischen Schlußfolgerungen wie Huxley, aber auf anderen Wegen. »Mutual aid« (= gegenseitige Hilfe) war für Kropotkin ebenso ein Naturgesetz der Menschheit wie der »Kampf ums Überleben«.

Die Auswirkungen des Darwinismus auf das moralische und intellektuelle Klima der Viktorianischen Zeit, besonders in deren mittlerem und späterem Zeitabschnitt, kann in der Literatur überall festgestellt werden. Eine Ideenverbindung, die charakteristisch oder »idealtypisch« für die Gedankenwelt dieser Zeit war, glaubt man bei einigen Philosophen und Politikern feststellen zu können: einmal den Glauben an eine gesetzmäßige unerbittliche Entwicklung, von der man bisher allgemein angenommen hatte, daß sie Errungenschaften aufweise, wie z. B. die Entdeckung, der Mensch sei durch den Evolutionsprozeß geformt worden, ferner den Glauben an die Fähigkeit, sich bewußt den unergründlichen und allmächtigen Naturgesetzen anzupassen und bis zu einem gewissen Grad diese zu ändern, und schließlich eine kritische Einstellung gegenüber der Religion, in jedem Fall gegenüber ganz bestimmten religiösen Gedankengängen. Man meinte auch, daß eine oder mehrere Menschenrassen aufgrund eines Vorsprungs in der Entwicklung anderen überlegen und dazu berufen seien, die Völker der Erde zu beherrschen. Der Darwinismus wurde so zu einem wichtigen Bestandteil eines Systems, das man als humanitären Imperialismus bezeichnen kann.

Der Sozialhistoriker Elie Halévy hat in Band 5 seiner berühmten »Geschichte des englischen Volkes im 19. Jahrhundert« (1921–1924) hervorgehoben, daß die Idee des Fortschritts in der von darwinistischen Theorien inspirierten Formulierung für den englischen Imperialismus am Ende des 19. Jahrhunderts von großer Bedeutung gewesen ist. Halévy weist in diesem Zusammenhang besonders auf Benjamin Kidds »Social Evolution« hin, die früher schon erwähnt wurde, ebenso auf eine ganze Reihe Schriftsteller wie Stevenson, Conrad, Henley, Swinburne und natürlich auch Kipling. Sie könnten, obwohl sie miteinander gar nichts gemeinsam haben, als Wegweiser und Künder des Imperialismus angesehen werden. »Eine Art darwinistische Philosophie, in die Form von Mythen gekleidet, bildete den Grundstein einer ethischen Theorie, einer keuschen, brutalen, heroischen und naiven Doktrin«, schrieb Halévy.
Der wahrscheinlich erste, kühnste und originellste Philosoph des Imperialismus wurde von Halévy nicht genannt, ja, er erscheint überhaupt kaum in einer Zusammenfassung über die Geschichte der Ideen: Winwood Reade, dessen Buch »The Martyrdom of Man« 1872 herauskam. Es gereichte ihm zur Ehre, daß Gladstone ihn in einem seiner Vorträge neben den Kritiker der christlichen Lehre, David Strauß, stellte. Aber danach stieß man selten wieder auf seinen Namen. Erst 1906 sprachen Beatrice Webb und H. G. Wells mit Bewunderung von ihm. 1910, 1923–1928 und 1934 erschien sein Werk in Neuauflagen. Wenn man Winwood Reade überhaupt erwähnte, stellte man ihn als Freidenker hin. Wahrscheinlich wurden deshalb seine Ideen von allem Anfang an kaum zur Kenntnis genommen. Typisch ist, daß das Vorwort zur letzten Auflage seines Buchs 1934 von dem »Rationalisten« J. M. Robertson geschrieben wurde, der darin erklärte, daß Reades

Einfluß trotz seinem Mangel an Popularität sehr groß gewesen sei. Aber es war nicht Reades atheistische Weltanschauung, sondern seine vom Darwinismus inspirierte Lehre von der Fortentwicklung, die ihn als Ideenhistoriker zu einer interessanten Persönlichkeit stempelte.

Es gibt keine Biographie über Winwood Reade. Eine Notiz über ihn in dem »Dictionary of National Biography« ist äußerst kurz gehalten. Er sei 1838 geboren, habe 1862 sein Studium in Oxford um einer Expedition nach Afrika willen aufgegeben, deren Zweck merkwürdigerweise darin bestand, den Gorilla vom Verdacht der Aggressivität reinzuwaschen. Es sei ihm auch gelungen nachzuweisen, daß dieser menschenähnliche Affe ein furchtsames und gutartiges Tier ist, das nur Menschen tötet, wenn es angegriffen wird. Reade hat mehrere Reisen nach Afrika unternommen, u.a. als Korrespondent der Times, und darüber Bücher verfaßt. Sein berühmter Onkel, der Romanschriftsteller Charles Reade schrieb anläßlich des frühen Todes seines Neffen (1875, im Alter von 36 Jahren), daß dieser sicherlich ein großer Mann geworden wäre, wenn er hätte leben dürfen. Er würde dann wohl »gewisse bedenkliche Ansichten, die ihm unberechtigten Tadel zugezogen hatten«, geändert haben. Worum es sich dabei handelte, ging aus dem »Dictionary« hervor, das Reades wichtigste Schrift mit den Worten abtat: »In diesem Buch unternahm der Verfasser nicht den geringsten Versuch, seine atheistische Weltanschauung zu verbergen«.

Reades Ideen klingen in den vier Hauptabschnitten seines Buchs an: »Krieg, Religion, Freiheit, Intellekt«. Kriege und Religionen seien jederzeit unvermeidliche Stadien in der Entwicklung der Menschen gewesen. Für die Rassen, die im Wettstreit an der Spitze lägen, wäre die Zeit der Freiheit angebrochen, mit dem Intellekt oder der Vernunft als Sieger. Kriege und Religionen würden bald unter der Führung der erfolgreichsten Rassen überflüssig werden. Die Menschheit bereite sich auf kollektive und rationale Leistungen vor. Was man als »Imperialismus« bezeichnen könnte, sei die Überlegenheit und die Führungsrolle der – zur Zeit – höherstehenden Rassen und die Weiterentwicklung der Macht der Menschen. Die Ausführungen Reades zum letzten Punkt eröffneten schwindelnde Perspektiven.

Diese Theorie des Fortschritts hob sich deutlich aus der Fülle – in der Regel älterer – Theorien ab, die von der angeborenen Vortrefflichkeit der Natur oder der menschlichen Natur ausgingen und bestrebt waren, die geschichtlichen Ereignisse als eine Serie von Fehlern und Treubrüchen hinzustellen.

Condorcet und Thomas Paine – um nur zwei zu nennen – sahen in ihren Utopien eigentlich eine Rückkehr zur Natur. Sie sagten, die Menschen seien von Königen, Geistlichen und anderen macht- und geldgierigen Schwindlern hereingelegt worden. Bekäme der Mensch die Freiheit, seine Vernunft zu gebrauchen, und das Recht, einsichtsvoll danach zu handeln, so würde alles wieder gut werden.

So naiv dachte Reade wiederum nicht. Er ging von der Annahme aus, daß man auf dem Weg in die bessere Zukunft erst die alten bösen Zeiten durchstehen müsse. In dieser Hinsicht näherten sich seine Ideen denen der einflußreicheren teleologischen Fortschrittsphilosophen wie Hegel, Marx und Comte. Hierbei erschien der geschichtliche Ablauf wie eine Bergbesteigung, deren Führer die Geschichtsphilosophen waren, die eifrig davon sprachen, wie weit man noch bis zum Gipfel zurückzulegen habe. Jeder Abschnitt auf dem langen Weg sei unvermeidlich und müsse durchschritten werden. Neu an Reades Gedanken – besser gesagt, an der darwinistischen Idee der Fortentwicklung – war der Gesichtspunkt, daß die Meilensteine auf dem Weg in die bessere Zukunft nicht unterschiedliche Staatssysteme oder Produktionsformen oder metaphysische Vorstellungen darstellten, sondern Entwicklungsstufen in einem natürlichen biologischen Ausleseverfahren. Ohne Zweifel war dies ein verschwommener Gedankengang. Die Entwicklung des Menschen kann nach Reades eigenen Argumenten nicht mit der von Darwin erwähnten natürlichen Auslese gleichbedeutend sein. Der Mensch hätte sich biologisch seit zwei- oder zehntausend Jahren nicht verändert.

Die charakteristischen und reizvollen Merkmale in Reades Werk waren in der Hauptsache die ausführlichen Darstellungen und die weitgespannten Weltverbesserungspläne. Der Mensch und die am höchsten entwickelten Rassen seien entstanden, weil sich das Gesetz des Überlebens der Tüchtigsten ungehemmt habe auswirken können; nachdem der Geist, und nicht Schnelligkeit oder Stärke den Kampf ums Dasein entschieden hätten, sei eine neue Entwicklungsstufe mit neuen Chancen erreicht worden. »Dem geistigen Fortschritt sind keine Grenzen gesetzt«, sagte Reade und fuhr fort, daß bei einem bestimmten Intelligenzgrad die Menschen selbst ihren Weg wählen könnten. Sie beherrschten die Natur und könnten die Entwicklung und den Fortschritt in eine bestimmte Richtung lenken. »Wir leben zwischen zwei Welten. Wir schwingen uns in den Weltraum empor. Wir kriechen auf der Erde. In uns wohnt die Sehnsucht eines Schöpfers und der Instinkt eines Vierfüßlers. Dafür gibt es nur eine Erklärung. Wir befinden uns in einem Übergangsstadium vom Tier zu einem höheren Lebewesen. Der zweite Akt im Drama dieses Planeten hat begonnen«. In dieser Entwicklungsphase wäre der Krieg als Mittel zur Auslese immer noch unvermeidlich, wenn auch kein Krieg zwischen den Völkern der höchsten Entwicklungsstufe. Der Weg zum Fortschritt wäre der Imperialismus (es gab diesen Namen damals noch nicht). »Es besteht eine naturwidrige politische Richtung, die behauptet, daß alle Länder ihren Einwohnern gehören. Sie zu erobern, sei ein Verbrechen«. Jedoch lebten die primitiven Völker in völliger Unwissenheit und Sklaverei. Sie müßten mit Gewalt auf einen höheren Lebensstandard gebracht werden.

»Die Eroberung Asiens durch europäische Mächte ist deshalb in Wirklichkeit eine Befreiung und der erste Schritt auf dem Weg zur Bildung einer orientalischen Nationalität... Deshalb werden für lange Zeiten Kriege erforderlich sein, um Freiheit und Fortschritt im Osten den Weg zu bereiten«.

Obwohl in Europa um des Fortschritts willen Kriege unnötig seien, werde es sie trotzdem geben, bis »die Wissenschaft eine vernichtende Kraft erfindet, so einfach im Gebrauch, so furchtbar in ihrer Wirkung, daß alle Kunst, alle Tapferkeit sinnlos wird und die Zusammenstöße sich zu Massakern entwickeln, die die Gefühle der Menschheit nicht ertragen können«. Aber im dritten Akt des irdischen Dramas werde es einen weltumfassenden, dauerhaften Frieden geben.

Dasselbe könne man vom Problem der Religion sagen. Diese sei der Eintracht und moralischen Erziehung förderlich gewesen und werde auch weiterhin zur Zivilisierung der Menschen beitragen, nämlich »zur Europäisierung barbarischer Völker, die zu gegebener Zeit durch besondere Umstände in unsere Gewalt gebracht werden«. Sobald die Welt europäisiert, zivilisiert worden sei, habe die Religion ihre Aufgabe im Ausleseverfahren erfüllt und sterbe ab.

Ähnliche Gedanken hatte sich Reade über Vorrangstellung und Inferiorität gemacht und den Sieg der Freiheit und Gleichheit vorausgesagt. Das Verhältnis der Geschlechter zueinander wurde in viktorianisch keuscher Ausdrucksweise dargestellt. Auf einer höheren Entwicklungsstufe begönnen die Menschen »Genüsse zu verabscheuen, die sie mit den untersten Schichten ihresgleichen, sogar mit den Tieren, gemein haben« ... Diese »neue Tugend wird bei Frauen durch Gesetze und Gebräuche unterstützt, die schon viel früher durch den Egoismus der Männer zustande gekommen waren... Aber nicht mit den Frauen sollten wir Mitleid haben. Denn sie allein sind frei, sind aufgrund ihrer Erziehung vor der Tyrannei des Lasters bewahrt worden«. In den Männern sollte ein Ekel gegenüber fleischlichen Genüssen aufkommen, der durch strenge Erziehung gefestigt werden müsse, so daß die Männer ebenso gegen Laster gefeit sein würden wie die Frauen.

Wie nahezu alle Fortschrittsphilosophen von Rang ging auch Reade davon aus, daß er in einer Übergangszeit lebe, mit einem Ausblick auf eine neue, höhere und gleichzeitig entscheidende Entwicklungsstufe. Sein geschichtlicher Beitrag gipfelte darin zu beobachten, wohin die Entwicklung führe, um dadurch den Menschen Gelegenheit zu geben, durch unbehindertes Wirken diesen Fortschritt zu beschleunigen, sich ihm anzupassen und ihn zu gestalten.

Im dritten Akt des Dramas werde alles vollkommen, das Martyrium beendet sein. Durch zahlreiche Erfindungen – neue Antriebskräfte, Luftfahrzeuge usw. – werde der Wohlstand in einer geeinten Welt allumfassend, eine Regierung kaum noch erforderlich sein. Wissen ersetze dann die Politik, Künste die Religion. Müßiggang und Dummheit werde man mit Abscheu betrachten. Frauen würden zu Gefährten der Männer und zu Erziehern ihrer Kinder. »Die ganze Welt wird durch dasselbe Gefühl geeint werden, das schon die Urvölker beseelte und alle ihre Angehörigen im Denken, Fühlen und Handeln verband«. Krankheiten würden ausgemerzt, die Unsterblichkeit erfunden. Den neuen Mann zeichne eine größere Reinheit als die viktorianischen Frauen aus. »Unsere Leiber gehören jetzt noch zur Gruppe der niederen Tiere. Unsere Seelen sind ihnen bereits entwachsen. Wir sehen verächtlich auf sie herab. Es wird eine Zeit kommen, da die Wissenschaft sie mit Methoden verändern wird, die wir nur ahnen können«. Die Erde werde dem Garten Eden vor dem Sündenfall gleichen.

So werde das Zeitalter des Imperialismus einer geeinten Menschheit anbrechen. »Wenn die Erde zu klein wird, wandert die Menschheit ins Weltall aus und wird durch luftleere Räume, die die Planeten trennen, von Sonne zu Sonne eilen. Die Erde wird dann ein heiliges Land sein, das Pilger aus allen Teilen des Universums besuchen. Und endlich bezwingen die Menschen die Kräfte der Natur, werden zu Architekten des Sonnensystems, zu Baumeistern der Welten. Dann wird der Mensch vollkommen sein, ein Schöpfer, wie eine Gottheit verehrt«.

Die großen englischen »Baumeister« und Statthalter des Empire waren in der Regel Politiker und Beamte, von den Ideen ihrer Zeit beeinflußt, jedoch nicht anfällig für ideologische Tendenzen. Die Lords Cromer, Curzon, Milner, Selborne, Lugard gehörten alle dieser bemerkenswert begabten, doch im konventionellen Stil erzogenen Gruppe an.

Cromer, bei näherer Betrachtung der bedeutendste unter ihnen, verfaßte einen Essay »Old and New Imperialism«, um nachzuweisen, daß das englische Volk bestrebt war, besiegte und unterlegene Völker zur Selbständigkeit zu erziehen, was etwas ganz Neues in der Weltgeschichte sei. Er versuchte damit, zwei miteinander unvereinbare Ideale zu verwirklichen, »das Ideal einer guten Verwaltung, das der Aufrechterhaltung der eigenen Oberhoheit und der Unabhängigkeit, also des vollkommenen oder teilweisen Verzichts auf die eigene Machtstellung«.

So schrieben sie alle. Es war die offizielle Haltung der englischen Repräsentanten, von Salisbury über Chamberlain und Rosebery bis hin zu den Zivilbeamten in Indien und in den neuerworbenen Gebieten in Afrika. Aber das Ideal der Selbständigkeit schien in so weiter Ferne zu liegen, daß es eher ein dekoratives Merkmal als eine treibende Kraft des Imperialismus war. Das Ziel lag in so traumhafter Ferne, wie das Land der Freiheit für die Theoretiker der kommunistischen Diktatur. Dieses Dilemma war deshalb auch noch nicht Anlaß zu einem inneren Konflikt geworden.

Unter diesen englischen »Gentlemen« gab es zwei Außenseiter, Cecil Rhodes und Harry Johnston. Für sie bedeutete die Kolonialpolitik oder der Imperialismus eine Leidenschaft, die sich auf eine religiös gefärbte Überzeugung gründete, womit sie eigene Absichten Gottes oder der Natur verwirklichten. Darwin und sein Schüler Winwood Reade hatten die beiden inspiriert. Sie waren in dem »neuen«, zum größten Teil noch nicht kolonisierten Afrika tätig, fühlten sich somit eher als Eroberer denn als Verwalter. Rhodes war der Schöpfer Britisch-Süd-, Johnston Gestalter Britisch-Ostafrikas.

Die beiden begegneten sich zum ersten Mal bei einem Essen in London im Mai 1889 und waren überglücklich, in dem anderen eine engverwandte Seele zu finden. Rhodes war 36, Johnston 31 Jahre alt. Nachdem der Gastgeber zum Aufbruch gemahnt hatte, setzten sie ihr Gespräch die ganze Nacht hindurch in Rhodes' Hotelzimmer fort und frühstückten danach zusammen im Frack. Sie waren beide zu eigenwillig und jähzornig, als daß sie lange Freunde geblieben wären. Die Frage, von wem das stolze Motto von der englischen Kolonialherrschaft »vom Kap bis Kairo« stamme, habe schließlich das Ende ihrer Freundschaft herbeigeführt. Man nimmt jedoch an, daß Johnston diesen Slogan erfunden hat, der noch vor 50 Jahren als ein stolzes Losungswort galt, heute jedoch peinlich und lächerlich wirkt.

Cecil Rhodes (1853–1902) war der Sohn eines englischen Landpfarrers und kam als Siebzehnjähriger nach Südafrika, um seine angegriffenen Lungen auszuheilen. Er wurde vom Diamantenrausch in Kimberley erfaßt, galt bald als vermögend und vielfacher Pfundmillionär. Skrupellosigkeit bei Transaktionen mit Diamant- und Goldgruben machten ihn zum größten Kapitalisten in Südafrika. Er nahm sich Zeit, nach seiner Rückkehr aus diesem Land in Oxford zu promovieren. Dort wurde er von John Ruskins heftig vorgetragenen imperialistischen Reden angesteckt: »England muß Kolonien gründen, so schnell und in so großem Maßstab wie nur möglich«. Rhodes finanzierte – besonders durch die British South Africa Company – das Unternehmen, betrieb als Politiker – als Premierminister (1890) in der Kapkolonie – die Expansion der englischen Herrschaft und organisierte vor allem die Eroberung der riesigen Ländereien, die nach ihm »Rhodesien« genannt wurden. Nach dem mißglückten Versuch, im Einvernehmen mit Joseph Chamberlain die Burenrepublik Transvaal mit einer Privatarmee zu erobern – »The Jameson Raid« –, wurde Rhodes 1896 gezwungen, als Premierminister der Kapkolonie zurückzutreten. Aber seine Träume von einem britischen Südafrika schienen bei seinem allzufrühen Tod (1902) durch den Sieg Englands in dem Burenkrieg verwirklicht worden zu sein.

In der Person Rhodes' läßt sich eine merkwürdige Mischung von Jugendlichkeit und Dekadenz erkennen. Wie so viele Viktorianer scheint er sexuell anormal oder zumindest unterentwickelt gewesen zu sein. Keine Gefühle für eine Frau, keine erotischen Beziehungen konnten bei ihm festgestellt werden. Seine Tuberkulose wurde ausgeheilt, aber eine schwere Herzkrankheit, die wahrscheinlich später zu seinem Tod führte, plagte ihn schon im Alter von 30 Jahren. Jeden Pulsschlag empfand Rhodes wie ein Beben seines Körpers. Seine Korpulenz, sein aufgeschwemmtes und fleckiges Gesicht wurden mit der Zeit zu immer deutlicheren Anzeichen seines nahen Todes. Rhodes trank viel, am liebsten eine Mischung von Champagner und Bier. Seine Biographen versichern, daß er kein Alkoholiker gewesen sei, obwohl Berichte über

Gespräche und Vorfälle oft diesen Eindruck erweckten. Ununterbrochen sprach Rhodes davon, wie er Geld verdienen, neue Gebiete erobern könne, wie England die Welt beherrschen müsse. Dieses Pathos hatte trotz oft primitiver Gedanken und Ausdrucksmittel etwas Packendes. Seine Fähigkeit, zu überzeugen und die Situation zu beherrschen, wurde von allen Seiten bestätigt. Rhodes versammelte eine Gruppe Gleichgesinnter um sich, die, im Alter von 20 Jahren, wie Gauner und Phantasten wirkten, dann sich aber bald zu Kapitalisten und Politikern emporarbeiteten, die von der Londoner Gesellschaft als Pioniere des Empire bewundert wurden. Der Bekannteste dieser Gruppe war Dr. Jameson, Anführer des berüchtigten »Raid« und späterer Premierminister der Kapprovinz. »Der Doktor« galt als Vorbild für Kiplings Hymne an die Männlichkeit in dessen Gedicht »If«. Die Verehrung reiner, starker und harter Männer waren charakteristische Merkmale der Romantik um die Jahrhundertwende – mit Kaiser Wilhelm II. und Theodore Roosevelt als deren vornehmste Repräsentanten. Sie hatten in Rhodes und dessen »Kameraden« treueste Anhänger. Dreißig Jahre später sollte dieser Trend zum Nazismus mit all seinen Folgen führen. Das Gespräch zwischen Rhodes, der oft einem römischen Kaiser ähnelte, und Wilhelm II., dem Deutschen Kaiser, im Jahr 1899 in Berlin, muß eine Orgie von Überschwenglichkeiten gewesen sein.

Nach diesem Gespräch äußerte der Kaiser seinem Außenminister Bülow gegenüber: »Als Napoleon Goethe in Erfurt begegnete, sagte er: »Das war ein Mann!« Ich kann dasselbe über Rhodes sagen: »Ich habe einen Mann getroffen«.

Im Alter von 20 Jahren las Rhodes Reades »The Martyrdom of Man«. Darwin wurde so sein Messias, Reade sein Apostel, behauptete man. 20 Jahre später äußerte Rhodes: »Durch dieses Buch bin ich der geworden, der ich bin«. Die angelsächsische Rasse, vorzugsweise in Zusammenarbeit mit den Deutschen oder anderen germanischen Völkern, sei berufen, die Welt zu erobern und zu beherrschen. Die natürliche Auslese habe den Auftrag dazu gegeben. Rhodes und andere, die sich dieser Aufgabe bewußt seien, hätten sie auszuführen. Mit diesem Ziel vor Augen sollte »ein heimlicher Bund begründet werden, der allmählich die Reichtümer der Welt an sich reißen würde«. Durch Kolonisierung und Einwanderung von Engländern sollten noch folgende Gebiete zivilisiert werden: ganz Afrika, das Heilige Land, Mesopotamien, Zypern, ganz Südamerika, die noch nicht von

Engländern besetzten pazifischen Inseln, der malayische Archipel, Chinas und Japans Küstengebiete. Gebiete, die man nicht kolonisieren könnte, müßten dann unterjocht werden. Wenn das zukünftige Riesenreich Englands mit den Vereinigten Staaten zusammengelegt würde, wobei das Parlament abwechselnd in London und Washington tagen sollte, gäbe es in der Welt eine Macht, die Kriege verhindern und die Interessen der Menschen wahrnehmen könne.

Testament auf Testament, mit zahlreichen Zusätzen versehen, setzte Rhodes auf und entwickelte darin Pläne, die ihm genauso durchführbar wie die Trustbildungen in Kimberley und Johannesburg erschienen. Praktische Ergebnisse seiner Wünsche waren Stipendien an Studenten des Empires, der USA und Deutschlands für Studien in Oxford. Aber – wie Reade – wollte Rhodes seine Expansionsgedanken nicht auf diese Erde begrenzen. »Ich möchte gern die Planeten annektieren, wenn ich könnte. Ich beschäftige mich so oft mit diesem Gedanken«.

Harry Hamilton Johnston (1858–1927) konnte, ebenso wie Rhodes, als Beweis für eine allerdings nicht belegte These angeführt werden, daß physische Schwächen zu großen Träumen und ehrgeizigen Taten anregen. Johnston war ungewöhnlich klein, hatte bis ins Mannesalter ein knabenhaftes Aussehen; doch er besaß eine erstaunliche Energie, die ihn Strapazen und zahllose Entbehrungen ertragen ließ. Im Gegensatz zu Rhodes war er nüchtern und »moralisch«. Sexuelle Freizügigkeit der Wilden brachte ihn auf. Er heiratete erst als reifer Mann und lebte bis dahin als untadeliger Junggeselle.

Dieser tüchtige kleine Mann, der in den achtziger und neunziger Jahren weite Teile Britisch-Ostafrikas kolonisierte und ausbaute, unterschied sich in seinen geistigen Anlagen sehr von seinem noch berühmteren »Kollegen« in Südafrika. Mehr durch Zufall wurde er Beamter und Mitgestalter des Empire. Er besaß eine umfassende Bildung, viele geistige Interessen, hatte große Erfolge aufzuweisen als Zeichner, Sprachforscher, Pflanzensammler, Verfasser politischer und literarischer Schriften. Von seinen vierzig Büchern sind eine ganze Reihe Romane in den 26 Jahren geschrieben, die er aufgrund besonderer Umstände als Pensionär zu leben gezwungen war. Zu seinem besten Roman »The Gay-Dombeys« – in dem er sich zur Aufgabe machte, Dickens Familienroman »Dombey and Son« fortzusetzen – schrieb H.G. Wells das Vorwort. Dieser Roman ist eine fesselnde Selbstbiographie, zugleich eine imperialistische Botschaft, eine Schilderung von Menschen wie Salisbury, Joseph Chamberlain und anderen.

Darwins und Reades Einfluß ist sowohl bei Johnston als auch bei Rhodes deutlich festzustellen. Roland Olivers Biographie bezeichnet Johnston als Atheisten, aber »so unlogisch es auch klingen mag, glaubte er an eine Fortentwicklung wie an eine Gottheit. Sich selbst sah er als deren ergebenen und vielleicht einzigen intellektuellen Diener«. Ebenso wie sein Lehrmeister Reade war für ihn die Religion und besonders das Christentum eine erzieherische und ordnende Macht, deren sich die von der Natur auserwählten Angelsachsen – zumindest vorläufig – bedienen sollten, um die primitiven Völker zu zivilisieren. Auch für Johnston war die Welt zu klein, um sich einen Platz an der Sonne zu sichern. In »Racial Problems« sprach er von der »göttlichen Berufung, diesen Planeten und vielleicht noch mehr als diesen zu erobern. Es ist das Recht jenes wunderbaren Wesens, des Menschen«.
In besonderem Ausmaß zeichneten sich bei Johnston relativistische und humanitäre Züge ab. Er glaubte an die Überlegenheit bestimmter Rassen, aber er konnte sich gleichzeitig auch eine Entwicklung der »unteren Rassen« vorstellen, die mit der Zeit zur Ebenbürtigkeit führen sollte. Johnstons Imperialismus ist geprägt von einem ernst zu nehmenden Willen zum Fortschritt und zum Aufstieg. Das Sklaventum sollte abgeschafft werden. Die primitiven Völker müßten von der Willkür und dem Despotismus ihrer Kolonialherren befreit werden, durch Aufklärung und Unterstützung geistig und materiell auf ein höheres Niveau gelangen.
In einem während des Ersten Weltkriegs herausgegebenen Buch »The Black Man's Part in the War« hob Johnston den Einsatz der Neger und anderer »farbiger« Rassen während des Kriegs auf der Seite Englands hervor und forderte zu verstärkten Anstrengungen für die Zivilisierung dieser Völker auf. Er verurteilte das »holländische« Verhalten gegenüber den Eingeborenen in Südafrika. In »The Gay-Dombeys« sprach er den Wunsch aus, 25 Millionen Neger im Parlament vertreten zu können. Aber Johnston gelang es nie, ins Unterhaus zu kommen.
Vor allem muß einmal festgestellt werden, daß man bei Johnston und anderen englischen Imperialisten fast niemals irgendwelche Aussprüche oder versteckte Hinweise findet, die Härte und Grausamkeiten verherrlichen. In dieser Beziehung besteht ein großer Unterschied zwischen der Ideologie der Angelsachsen und dem »Herrenvolkdenken«, das schon damals in Deutschland hervortrat und später im Nationalsozialismus dem Höhepunkt entgegentrieb.
Was als darwinistischer Imperialismus in die Geschichte einging, ent-

faltete sich um die Jahrhundertwende zu voller Blüte, in den Vereinigten Staaten während des Spanisch-Amerikanischen Kriegs, aber noch schlimmer und länger während des Eroberungskriegs auf den Philippinen. Überall forderte man, daß es die Pflicht der angelsächsischen Rasse sei, die geistig und materiell benachteiligten Völker zu schützen und sie aus ihrem Elend herauszuführen (genau wie es heute die kommunistische Ideologie, allerdings auf einer ganz anderen geistigen Basis, verlangt). Senator Beveridge, Amerikas glänzendster Botschafter der Doktrin von »Gottes eigenem Land«, äußerte, daß »Gott die Amerikaner zu Experten im Regieren geschaffen habe, so daß sie die Verwaltung primitiver und überalterter Rassen übernehmen könnten«. Er fragte: »Welche Alchemie würde die orientalische Substanz im Blut des philippinischen Volks verändern können?«

Es mußte in England viel Idealismus aufgeboten werden, um (1898) den Sudan zu erobern, um (1899) mit dem Burenkrieg fertig zu werden. Damals schrieb der auch als Mathematiker berühmte Anthropologe Karl Pearson in »National Life from the Standpoint of Science« (1900), daß die Geschichte nur einen Weg aufzeige, auf dem ein hoher Grad von Zivilisation erreicht werden könne, nämlich den eines Kampfs zwischen den Rassen, wobei die physisch und geistig überlegenere (»fitter race«) überlebe. England werde diesen Krieg gewinnen, nicht weil es größer und besser gerüstet, sondern weil das Nervensystem der Briten viel besser entwickelt sei. Die Buren sollten nach dem Sieg der höherstehenden Rasse einverleibt werden. Die Neger jedoch müßten aus Südafrika vertrieben oder ausgerottet werden – wie es Pearson mit einer für einen englischen Imperialisten ungewöhnlichen Härte andeutete.

»Der Weg zum Fortschritt ist mit Überresten von Nationen eingesäumt. Überall kann man Spuren von Hekatomben unterlegener Rassen feststellen, die nicht den schmalen Weg zu größerer Vollkommenheit gefunden haben. Dennoch sind diese ausgestorbenen Völker gleichsam Stufen, über die die Menschen unserer Zeit das heutige höhere geistige und das verinnerlichte emotionale Leben erreicht haben«.

Der damals ebenfalls berühmte Professor der Geschichte J. A. Cramb bekannte gleichzeitig in seiner Schrift »Reflections on the Origins and Destiny of Imperial Britain« (1900), daß seine Wissenschaft diese Lehren akzeptiere. Der Burenkrieg sei der erste imperialistische Krieg der Gegenwart, ein Sieg des Empiredenkens über den altmodischen

Nationalitätsgedanken. »Die Vergangenheit ist mit Überresten einstiger Imperien übersät«, schrieb Cramb, aber es gebe Grund, an eine ewig dauernde Herrschaft »dieses Reichs, dieses Empire und dieser Rasse« zu glauben.

3 Gestalten und Ereignisse

William Ewart Gladstone, ein politischer Moralist

»Er kann die meisten Menschen von fast allem überzeugen, besonders aber sich selbst«. Diese Formulierung gebrauchte W. E. Forster – eine Reihe von Jahren nächster Mitarbeiter des liberalen Führers – während einer Unterhausdebatte im Sommer 1884 über Premierminister Gladstone. Sie ist für viele der Schlüssel zu Gladstones Charakter geworden.

Einige Jahre vorher hatte Disraeli allerdings ähnliche scherzhafte Worte verwendet, als er davon sprach, daß Gladstone »sich am Übermaß seiner eigenen Redefertigkeit berauscht«. Doch Forsters Ausdrucksweise war verletzender und traf ins Schwarze. Vergleichbare Gedanken findet man in zahlreichen anderen Charakteristiken Gladstones. Bisweilen bezeichnete man ihn überspitzt als scheinheilig. Das aber traf nicht zu. So nennt man Menschen, die sich gegenüber anderen verstellen. Forster jedoch meinte eine mehr harmlose und der Persönlichkeit Gladstones innewohnende menschliche Schwäche: Gladstone hatte nie das Gefühl, unredlich zu handeln; denn er redete sich jedesmal selbst ein, daß seinem Tun die besten Absichten zugrunde lagen. Er hatte nie vor zu lügen, aber er belog sich selbst. In vielen Schilderungen des einmaligen viktorianischen Gespanns Gladstone-Disraeli spielte dieser Gesichtspunkt eine große Rolle. Historiker, die ihn akzeptierten, gelang es, das Image dieser beiden Antagonisten und Rivalen miteinander zu vertauschen. Disraeli, herrschsüchtig, in seinem Verhalten rücksichtslos, vor keiner Lüge zurückschreckend, wußte ganz genau, was er tat. Er war ein Zyniker, aber gerade deshalb sich selbst gegenüber ehrlich. Gladstone dagegen war religiös, Moralist und Idealist zugleich, doch nicht einsichtig genug, um seine eigenen Motive zu erkennen. Mit schönen Worten und erhabenen Gedanken wußte er sie zu verschleiern. Im Zeitalter Freuds ist es jetzt selbstverständlich geworden, menschliche Motive, menschliches Verhalten vollkommen neu zu werten: Nach außen scheue Menschen sollen in Wirklichkeit eitel und ehrgeizig sein, vorlaute furchtsam.

Nach diesen Vorstellungen erscheint Disraeli als Moralist, Gladstone als Scharlatan.
Das ist nur eines von vielen Symptomen, die Chronisten der letzten Jahrzehnte zum Vorteil Disraelis herangezogen haben. Die wichtigste Biographie Gladstones – von John Morley, dreibändig, »Life« betitelt, erschienen 1903 –, kann nicht als erstklassig bezeichnet werden. Sie war vor allem konventionell, beschränkte sich auf eine Darstellung des Charakters Gladstones und ließ alle Hinweise auf dessen Privatleben aus, die spätere Geschichtsschreiber für wesentlich zum Verständnis Gladstones erachteten.
Die große sechsbändige Biographie über Disraeli von Buckle und Monypenny kam einige Jahrzehnte später heraus und gründete sich auf eine Menge neuen geschichtlichen Materials. Sie war ein Angriff auf Gladstone ebenso wie ein ehrendes Andenken an Disraeli. Später (1907–1930) erschienen Viktorias Briefe, voll unversöhnlichen Hasses gegenüber Gladstone. Zu bedenken dabei ist, daß die Königin Gladstone verabscheute, seit sie unter Disraelis fast magnetischen Einfluß geraten war, und daß sie aus ihrem natürlichen Empfinden heraus Gladstone oft verständnislos, ja geradezu schäbig behandelte. In den populären Biographien von André Maurois und Hesketh Pearson wurde Gladstone beinahe zu einer komischen, aber als Rivale Disraelis keinesfalls zu einer humoristischen Figur.
Das kapriziöse und aufsehenerregende Auftreten des konservativen Parteiführers Disraeli trug viel zu diesen einseitigen Darstellungen bei. Er tat sich in dreisten Reden hervor, schrieb Romane, scharmutzierte mit Gräfinnen, führte so nebenbei Kolonialkriege, kaufte Suez, beherrschte – neben Bismarck – den Berliner Kongreß, fesselte also zweifellos mehr als sein Rivale Gladstone, der mit theologischen Traktaten hervortrat, sich für seinen Beruf begeisterte, ständig den Menschen dieselben vagen Ideen vortrug. Bemerkenswert ist, daß man versuchte, Gladstone seinen Nimbus als Moralist zu nehmen. Bisweilen begnügte man sich, Gladstone mit Disraelis flottem Skeptizismus zu vergleichen und ihn als einen Sohn der Provinz darzustellen, der von seinen eigenen Grundsätzen eingenommen war. Oft ging man im Eifer, Gladstone zu verniedlichen, noch weiter. In einer Novelle Knut Hamsuns, »Mysterien«, sprach man ihm ab, ein Vertreter des naiven Glaubens seiner Zeit an den Fortschritt zu sein. Er wurde als langweilig, vulgär, beschränkt und flegelhaft geschildert.
»Ich habe nichts dagegen, daß Gladstone immer ein Trumpf-As in

seinem Rockärmel hat, aber mir gefällt nicht, daß er glaubt, der allmächtige Gott habe diese Trumpfkarte für ihn dort versteckt«, äußerte Henry Labouchère, der trotz seines außerordentlichen Mangels an Grundsätzen – er kann als liberaler Disraeli ohne dessen Erfolge bezeichnet werden – ein Verehrer Gladstones war. Das war eine weitere sarkastische Bemerkung, witzig und boshaft zugleich, um Gladstones moralische Unbeugsamkeit zu charakterisieren.

Damit kommt man dem wirklichen Charakter Gladstones schon wesentlich näher. In einem ungewöhnlichen, für einen Politiker wohl über das übliche weit hinausgehende Maß wurde Gladstone von gewissen allgemeinen Grundsätzen und Ideen beherrscht, die nicht oder nur wenig der Befriedigung eigenen Ehrgeizes und eigener Machtgier dienten. Dies war entscheidend. Gladstone fühlte sich als Werkzeug Gottes, dessen Willen er in die Tat umzusetzen habe, aber nur aus dem Gefühl einer tiefen Frömmigkeit und einer inneren Überzeugung heraus, daß der Glaube feste Regeln für das Handeln der Menschen vorschreibe. Gott war für Gladstone eine Realität, eine Kraft, die ihn führte und erquickte, kein ihm dienstbarer Geist. Gladstone gehörte zu den wenigen, die imstande waren, eine phantastische Karriere im Namen Gottes mit einer echten Anspruchslosigkeit zu verbinden. Er trat nicht als ein Übermensch auf. Er hängte sich nicht den Mantel der Göttlichkeit um. Dieser echte Glaube war vielleicht zurückzuführen auf ein Gefühl der Unsicherheit und Befangenheit, das ihn schon in früheren Jahren bewegte – als junger Mann hatte er Geistlicher werden und das Weltliche hinter sich lassen wollen –, vielleicht auch auf sein aktives und nach außen gerichtetes Wesen, das ihm im Alter half, Depressionen zu überwinden. Jedenfalls bestand nicht der geringste Zweifel an der Reinheit, der Aufrichtigkeit und der Leidenschaftlichkeit seines Glaubens.

Aber ein Moralist hat auch seine Schwächen. Auf Gladstone traf dies kaum zu. Er war von Natur aus ein guter und feinfühliger Mensch, ohne jeden Hang, zu moralisieren und Sündhaftigkeit vertuschen zu wollen. Doch in einzelnen Fällen konnte er manchmal unerträglich sein. Gott als Treuhänder zu haben, brachte Gladstone in Versuchung, ihn peinlich banale und belanglose Aufträge erfüllen zu lassen. Gladstone berief sich immer auf Gottes Gebot, auf dessen Vorschriften, und fühlte sich dabei immer im Recht. Diese Scheinheiligkeit, diese unerbittliche, beharrliche Fehlerlosigkeit irritierte viele. Labouchère nannte es »Trumpf-As«, für Gladstone war es das Wort Gottes. Seine

Umgebung empfand dies als Berechnung, Überheblichkeit oder Größenwahnsinn.
Es überraschte nicht, daß man mit Gladstones Namen den Begriff der Humorlosigkeit verband. Während Disraeli auch über ernsthafte Dinge scherzen konnte, nahm Gladstone selbst ganz alltägliche und lächerliche Vorgänge ernst. Gladstone nannte es »teuflisch«, als Disraeli in einem Privatgespräch verächtlich von einer Kunstausstellung sprach, diese jedoch in aller Öffentlichkeit (vor den Künstlern) in höchsten Tönen pries. Gladstone näherte sich der Königin, als sei sie ein »öffentliches Gebäude«. Aber diese unbeholfene Art hinderte ihn nicht, in Gesellschaft angenehm, unterhaltsam und sogar amüsant zu sein. Er suchte nicht, wie Disraeli, nach geistreichen Wendungen, die in Tagebüchern aufgezeichnet werden sollten – solches Suchen nach Spitzfindigkeiten ließ die Gesellschaft eher ermüden als belustigen –; er konnte scharfsinnig und schlagfertig auftreten, sich über alles Mögliche unterhalten. Ein Mann war nicht humorlos zu nennen, der mit seiner Frau im Zimmer herumtanzte aus Freude darüber, zum Premierminister ernannt worden zu sein, der bei einer festlichen Gelegenheit in seinem Heim den Arm um die Hüften seiner Gattin legte und mit ihr gemeinsam das Lied anstimmte:

A rag-a-muffin husband and a rantipoling wife
We'll fiddle it and scrape it through the ups and downs of life.

Alle Biographien und Aufzeichnungen über Gladstone hoben seinen christlichen Glauben hervor, einen Glauben, der sich wohl in einzelnen Fragen unterschied, aber niemals von Zweifeln getrübt war und der die Basis seines Lebens und seines Schaffens abgab.
Theologische Schriften zu studieren, Predigten anzuhören, das war für Gladstone kein Gebot der Pflicht, sondern ein echtes Vergnügen. Wohltätigkeit und Keuschheit, die wichtigsten christlichen Tugenden des Viktorianischen Zeitalters, formten sein Lebens. Seine politischen Initiativen und Aktionen, die England erschütterten, betrachtete er als praktische Auswirkungen seines Glaubens. Er fühlte sich als ein fanatischer Streiter Gottes, ob er für oder gegen ein Parlament kämpfte, sich gegen Irlands religiöse und nationale Forderungen wandte und dann, im Alter, diese zu entscheidenden Problemen seines Programms machte. Philip Magnus, Gladstones Biograph der jüngsten Zeit, hob diese starken Gefühle Gladstones ganz besonders hervor.
Wie es um Gladstones Glauben beschaffen war, wird man nie richtig erfahren. Wirkliche Bekenntnisse intimer Art, wie sie General Gordon

hinterließ, schien es bei Gladstone nicht gegeben zu haben. Unschuld, Arglosigkeit und eine biblische Einfalt – »simplicity« – waren typisch für Gladstone, trotz der berüchtigten Eigenheiten seiner Gedanken und Reden, seiner Weitschweifigkeit und Spitzfindigkeiten. Der Grundzug seines Glaubens schien seine Zuversicht, sein Vertrauen auf Gott, auf Sieg und Triumph des Guten zu sein. Ein solches problemloses und geradliniges Vertrauen konnte leicht zu der Überzeugung führen, man sei selbst ein Werkzeug Gottes. Es wurde zu einer Art verfeinerter Selbstzufriedenheit. Diesen Charakterzug fand man tatsächlich bei Gladstone. Bemerkenswert ist dabei, daß er trotz allem zwischen sich selbst und Gott einen Unterschied machen konnte. Er fühlte sich nicht nur als »armer und sündhafter Mensch« – ein Gefühl, das leicht in Hochmut umschlagen kann –, sondern sah in Gottes Geboten einen absoluten Befehl, den auch ein Krieger des Allmächtigen nicht übertreten durfte.

Gladstones Schriften behandeln fast ausschließlich kirchliche und im weiteren Sinne religiöse Probleme. Seine Einstellung gegenüber Kirchen und anderen Glaubensgemeinschaften innerhalb des Christentums äußerte sich zunächst am starren Festhalten an Dogmen und entwickelte sich allmählich zur Duldsamkeit. Parallel damit verlief seine Wandlung vom Konservativen zum Liberalen. Noch mit vierzig Jahren vertrat Gladstone die Auffassung, daß die anglikanische Staatskirche, der er angehörte, auch im katholischen Irland die führende Landeskirche sein müsse. Zwanzig Jahre später erschienen ihm solche widersinnigen Zwangsmaßnahmen verdammenswert. Beweise seiner Einfalt und Phantasie lieferte er in einer Reihe von Schriften, in denen er die von ihm so bewunderte Zeit der Antike mit dem Christentum in Beziehung bringen wollte. Alttestamentliche Vorstellungen führte Gladstone auf Homer zurück. Vorboten der Dreieinigkeit waren Zeus, Poseidon und Hades. Als Christus' Vorgänger erschien ihm Apollo. In Gladstones Augen waren die Griechen in weit größerem Maß die Vorläufer des Christentums als die Juden.

Gladstone ist häufig als ein langweiliger Mensch dargestellt worden, feierlich, auf Autorität bedacht, unerträglich in seiner Vorliebe, allgemein gültige Grundsätze auf alltägliche Vorgänge zu übertragen. Sein pedantisches und moralisierendes Auftreten mußte manchmal schwer zu ertragen gewesen sein. Zweimal wurde er als Freier abgewiesen. Seine Briefe, in einem äußerst anspruchslosen, frommen, langweiligen, moralisierenden Ton gehalten, konnten kaum dem

Stil der damaligen Zeit entsprochen haben. In dem schriftlichen Heiratsantrag, der dann doch zur Heirat führte, bestand ein einziger Satz aus 141 Worten, nicht etwa aus Liebeserklärungen, sondern aus feierlichen Betrachtungen und damit verbundenen Vorbehalten. Der letzte Satz dieses Briefs lautete: »Mögen Sie leben und sterben. Das ist nicht weniger meine Erwartung als meine Hoffnung, die mit jedem Tag immer mehr ausgefüllt wird mit dem Frieden, der jeden Verstand übersteigt, und mit der Göttlichkeit, die dessen Ursprung ist«.

Gladstones Ordnungsliebe und Sparsamkeit waren sprichwörtlich. Er verwies dabei auf den Willen Gottes, daß die Menschen mit den ihnen anvertrauten Pfunden wuchern sollten. Gladstone gehörte zu denen, die alte Bindfäden und Papierschnitzel sammelten und Adressen auf Karten ausradierten, um diese noch einmal verwenden zu können.

Gladstone heiratete im Alter von dreißig Jahren (1839) eine Frau, die schön, gut und charmant war. Ihre Ehe glich einem Idyll ohne große Mißhelligkeiten und Meinungsverschiedenheiten. Mrs. Gladstone konnte mit dem großen Staatsmann scherzen: »Stell dir vor, du hättest dich mit einer Frau verheiratet, die genauso ordnungsliebend wie du gewesen wäre! Wie langweilig würde das sein!«

Mrs. Gladstone schäumte vor Lebenslust über und besaß mehr Sinn für Humor als ihr Gatte; doch dieser wiederum war auch nicht so ernst und schwerfällig, als daß er sich nicht am Spiel hätte beteiligen können. Wenn die Gatten voneinander getrennt waren – was selten vorkam –, schrieb Gladstone täglich an seine Frau, manchmal sogar zwei- oder dreimal. In den Briefen fehlte es nicht an eindringlichen Ermahnungen, aber sie waren durchsetzt mit Scherzen und unnützem Geschwätz. Die sieben Kinder Gladstones vergötterten ihren Vater und gaben es nie auf, ihn von seinem Arbeitsplatz wegzulocken. Seine Aufforderung, Unwahrheiten zu suchen und zu entdecken, fiel oft auf den Meister selbst zurück, und zum Entsetzen der Gäste konnte man am Mittagstisch die Kinder »Lüge, Lüge« rufen hören, wenn der Vater in seinem Eifer seine Erzählungen zu sehr ausschmückte.

Sogar die Psychoanalytiker schienen vor diesem Phänomen der Tugend und natürlicher Lebendigkeit aufgegeben zu haben. Mehr als abgedroschene Argumente konnten sie auch nicht vorbringen: Gladstones Glauben an Gott, seinen Vaterkomplex, seine Sparsamkeit, seine fanatische Ordnungsliebe, seinen Hang zur Analerotik, seinen Schwung, seine Arroganz sowie einen versteckten Minderwertigkeitskomplex. Ein einziges Mal war man verschiedener Meinung – 1927, in einem Prozeß, 30 Jahre nach seinem Tod! – über Gladstones systematische Versuche, den Prostituierten Londons zu Hilfe zu kommen, sie zu rehabilitieren. Es war verständlich, daß die Gewohnheit des alternden Premierministers, nach Parlamentssitzungen hinab auf Picadilly zu stürzen, um von Straßenmädchen angesprochen zu werden, die Kollegen und Sekretäre beunruhigte. Daß Gladstone, der dabei oft von seiner Gattin begleitet war, nur von dem festen Willen geleitet wurde zu retten und zu reformieren, ist zur Genüge dargetan worden. Obgleich die Tatsache, daß sich Gladstone auf diese Form von Wohltätigkeit konzentrierte, als ein Ausdruck sexuellen Interesses ausgelegt werden könnte, sollte doch niemand an Gladstones moralischer Integrität zweifeln.

An seinem 69. Geburtstag (29. 12. 1878) schrieb Gladstone in sein Tagebuch, daß er das ganze vergangene Jahr hindurch gesund gewesen sei und daß seine Stimme trotz der vielen Reden im Parlament nicht gelitten habe. Er fragte sich, wie man dies erklären könne. Er gab sich selbst die Antwort hierauf. Die gute körperliche Verfassung sei »ein Zeichen des Willens Gottes«. Wenn Gladstone auch grundsätzlich an dem Gedanken festhielt, Gott bestimme das Schicksal der Menschen, übertrug er diese Auffassung – im Gegensatz zu General Gordon – nicht auf sein Alltagsleben. Was er an seinem 69. Geburtstag niederschrieb, war der Ausdruck seiner Überzeugung, daß er – ein Unwürdiger – als ein Werkzeug Gottes handelte und wirkte. Je älter er wurde, um so mehr kam er zu der Erkenntnis, daß seine Politik die Politik Gottes sei. Sein Glaube und seine Moral zwangen ihn, obwohl er bereits als Parteichef zurückgetreten war, wieder einzugreifen, Führung und Macht an sich zu reißen, um eine leidenschaftliche Kampagne gegen die türkische Gewaltherrschaft und die türkenfreundliche Politik Disraelis zu starten. Dieselben Motive – ein fanatischer Glaube an Gerechtigkeit und Menschlichkeit – bewogen ihn acht Jahre später, sich für die Unabhängigkeit Irlands einzusetzen, was ihm – im Alter von 76 Jahren – die dritte Ministerpräsidentschaft einbrachte.

Viele Mitglieder der eigenen Partei und die bessere englische Gesellschaft verwünschten Gladstones Politik. Reich, viele Jahre hindurch ein Konservativer, durch Heirat und gesellschaftliche Bindungen zum Aristokraten geworden, kämpfte er im Namen des »Volkes« gegen eine kleine Gruppe Privilegierter. Er zog daraus den Schluß, daß nur die große Masse des Volkes das echte Gefühl für die elementaren Wahrheiten habe, nicht die Bevölkerung des Londoner Westends, sondern der einfache Mann auf der Straße, der sich »der christlichen Sache« annahm. Er, Gladstone, kämpfe für Gott, drücke in Worten die Gefühle aus, die das biedere und ehrsame Volk fesselten: Gott, Gladstone und des Volkes Mehrheit.

Diese innerliche Überzeugung verlieh Gladstone den Glanz einer moralischen Größe, die auch seine Gegner anerkennen mußten. Gladstone besaß den Mut, seine Ideen ohne Rücksicht auf Freunde und Parteigrundsätze durchzusetzen. Die Menschen dieser Zeit waren so, wie sie seiner Ansicht nach sein sollten. Er bestärkte sie in dem Glauben, sie seien »größer als sie es selbst« annahmen. Ihre Stimme gaben sie göttlichen Grundsätzen, nicht Vorschlägen für niedrigere Steuern. Der Prophet Gladstone läuterte sie. Die britische Politik wurde sozusagen mit einem neuartigen Idealismus verquickt. Man konnte ihn auch Illusionismus nennen. Dieser Geist beeinflußte stark die künftige Denk-, Sprech- und Handlungsweise der englischen Politik. Aber er barg auch Gefahren in sich; denn es war nur ein kleiner Schritt von der göttlichen Zustimmung in entscheidenden Fragen zur göttlichen Sanktion aller Probleme. Man konnte leicht selbstgefällig und von sich eingenommen werden, weil man meinte, eine hohe Moral zu besitzen. Gladstones Fähigkeit, sich einer »einfachen, ehrlichen Selbsttäuschung« hinzugeben, steigerte sich, und die »erhabenen« Wörter »christlich« und »moralisch« kehrten in allen seinen Betrachtungen wieder. Seine Gegner erschienen ihm dumm und ungebildet, vor allem ungebildet. Diese wiederum hielten Gladstone für einen scheinheiligen Aufschneider, doch nicht für einen, der sich selbst täuschte, da er seine Meinungen änderte, wie es die augenblickliche Lage erforderte. Die leidenschaftlichen und dennoch nichtssagenden Appelle, zu denen er in aller Unschuld Zuflucht nahm, hätten ebensogut von einem ehrlosen und durchtriebenen Demagogen verwendet werden können.

Wie man ohne weiteres Gladstone in der privaten Atmosphäre als einen langweiligen Typ bezeichnen kann, erkennt man mühelos in dem Staatsmann Gladstone einen in seinem intimen Verhältnis zu Gott und der Volksmenge engstirnigen und selbstgefälligen Menschen, auch wenn man seine Ehrlichkeit und seine Neigung, sich selbst zu täuschen, anerkennen muß. Seine echte und tiefe Frömmigkeit zwang ihn jedoch, sich selbst zu prüfen. Aufgrund seines Glaubens – so läßt sich sagen – konnte er sich selbst demütigen, sich selbst Strafen auferlegen und Kritiken und Anklagen über sich ergehen lassen. Bisweilen pflegte er die Namen derer aufzuschreiben, die ihn aggressiver Handlungen bezichtigten. Er schrieb als Kommentar auf die Liste prominenter Persönlichkeiten: »Diese Gruppe unabhängiger Zeugen kann nur eines geeint haben: daß alles, was sie behaupteten, die reine Wahrheit war!« Solche Bemerkungen machte Gladstone allerdings nicht vor der Öffentlichkeit. Ein klein wenig Anspruchslosigkeit und echte Demut gingen von dem großen Führer und Redner aus. Seine Feinde, die ihn scheinheilig, verrückt und kriminell nannten, sagten ihm niemals Aufgeblasenheit und Überheblichkeit nach.

Gladstone war berühmt und beliebt als liberaler Politiker. Dabei darf man aber nicht vergessen, daß er noch um 1850 – im Alter von 41 Jahren – als ein Konservativer galt, obwohl er schon 1846 in Widerspruch zu den Führern der Partei geriet, nachdem er Peel und dessen Freihandelsideen unterstützte. Gladstone hielt nie starr an der liberalen Theorie fest, wenn er sich auch mehr und mehr für Reformen einsetzte und in vieler Hinsicht als radikal eingestuft werden konnte. Bentham, Vater und Sohn Mill und andere typische liberale Philosophen beeinflußten sicherlich Gladstone mehr oder weniger unbewußt; doch seine ständigen Begleiter auf seinem Lebensweg waren die Bibel, die griechischen Dichter und Philosophen, Dante und Edmund Burke. Gladstones Temperament und Lebenserfahrung machten aus deren Ideen liberale Parolen in einem unermüdlichen Kampf für Toleranz, Gerechtigkeit und Fortschritt. So faßte jedenfalls der stark traditionsgebundene und an bestehenden Institutionen festhaltende Gladstone die Prinzipien seiner Vorbilder auf.

Wenn irgendein Begriff den eigentlichen Kerngedanken im politischen Eifer des reifen Gladstone wiedergeben kann, so ist es der der Unabhängigkeit. Er propagierte völlige Glaubensfreiheit und die Loslösung der örtlichen Kirchengemeinden von der englischen Staatskirche. Er machte das nationale Selbstbestimmungsrecht zum Angelpunkt seiner Außenpolitik. Die Kolonien müßten selbständig werden und gerade dadurch mit England verbunden bleiben. Nachdem er die Gefängnisse König Bombas in Neapel gesehen hatte, wurde er zum leidenschaftlichen Vorkämpfer für Italiens Einigung. Die Impulse, die die englische Politik von ihm erhielt, waren von ausschlaggebender Bedeutung. Seine Sympathien für nationale Selbständigkeit führten zu einem seiner verhängnisvollsten politischen Fehlurteile. Er erklärte nämlich in einer Rede im Jahre 1862, die abgefallenen Südstaaten würden eine eigene Nation bilden. Als dann Gladstone in seiner

Schrift »Bulgarian Atrocities« (1876) eine Kampagne gegen Disraelis türkenfreundliche Außenpolitik startete, waren seine Proteste von humanitären Gedankengängen und der Sorge um nationale Rechte bestimmt, was auch in seiner vielen Engländern und selbst manchem seiner politischen Freunde schwach und nachgiebig erscheinenden Politik gegenüber den kleinen Burenstaaten, Ägypten und Afghanistan zum Ausdruck kam.

Und diese Ideen waren auch der Anstoß zu seinem größten Vorhaben, seinem Eintreten für die Unabhängigkeit Irlands im Jahr 1886. Gerade dieses kühne – ein für diese Zeit in den Augen aller und auch für uns kaum faßbares – Experiment machte Gladstone, der doch durch Geburt, Erziehung und Besitz zu der Führungsschicht des Staats gehörte, zu dem bestgehaßten Politiker seiner Gegner und des kultivierten und aristokratischen Englands. »Von der Parteien Gunst und Haß verwirrt, schwankt sein Charakterbild in der Geschichte«, könnte man mit Schiller sagen, nachdem dieser Haß in den Studien über Gladstone noch feststellbar ist.

Der Unabhängigkeitsgedanke allein war nicht ausschlaggebend für Gladstones demokratische Anschauung, obwohl er sich von Jahr zu Jahr immer mehr zur Demokratie bekannte. Die schlagendsten Beweise dafür waren die Wahlrechtsreformen 1867 und 1885, obwohl die erstere formell von Disraeli durchgeführt wurde. Man solle, sagte er, das erweiterte Stimmrecht nicht »als ein Trojanisches Pferd« betrachten, »das sich, mit bewaffneten Männern gefüllt, die es nach Vernichtung, Plünderung und Mordbrand gelüstet, den Mauern der Heiligen Stadt nähert. Vermittelt diesen Menschen neue Interessen am Staat, die in ihnen neue Zuneigungen zu diesem erwecken wird! Natur und Vorsehung haben dies so wunderbar eingerichtet! ...«

Sein Vertrauen in das einfache, schlichte Volk wuchs bei Gladstone von Jahr zu Jahr. Er erschreckte die Königin mit einem Brief, der folgenden Satz enthielt: »In allen wichtigen Fragen der Menschlichkeit und Gerechtigkeit sind Menschen in hoher Stellung im Unrecht, die Volksmassen im Recht«.

Trotz seiner radikalen Einstellung hat Gladstone keinerlei grundsätzliche Neuerungen eingeführt. Man kann ihn nicht als Sozialliberalen bezeichnen. Seine Sparsamkeit ließ ihn vor allen größeren Staatsausgaben zurückschrecken. Trotzdem hat er während seiner zweiten Regierungszeit Reformen durchgeführt, die die Not irischer Kleinbauern lindern sollten, was als Erfolg im Kampf des Neuliberalismus für

ökonomischen Ausgleich gewertet wurde. Später galt Gladstone mehr als jeder andere Politiker als das Idol der englischen Arbeiter.
In jedem Abschnitt seiner Karriere wird deutlich, daß sich Gladstone in erheblichem Ausmaß von Idealen leiten ließ, die nicht etwa nur ein Machtbewußtsein vortäuschten. Zweimal, 1845 und 1855, trat er aus ziemlich nichtigen Gründen von der Regierung zurück. Beide Male waren es scheinbar Gewissensqualen und keinerlei sensationelle Absichten, sich auf eine strahlende Rückkehr zur Macht vorzubereiten. 1847 verteidigte dieser überzeugte Protestant gegen eine große Mehrheit – unter Hinweis auf die Grundsätze der Toleranz – die vom Papst vorgenommenen Ernennungen von katholischen Bischöfen in England. Der wetternde und redegewaltige Mann zeichnete sich nicht nur durch Güte, sondern auch durch Feingefühl aus.
Eine Episode, die Winston Churchill in seiner Biographie über seinen Vater, Lord Randolph Churchill, beschrieb, soll Gladstones Charakter näher beleuchten. Randolph Churchill, vierzig Jahre jünger als Gladstone, war einer seiner brutalsten Gegner. Churchills Wahlmanifest aus dem Jahr 1886 enthält wirklich beleidigende Schmähreden – der Sohn erwähnt sie nur ganz oberflächlich –, in denen nicht nur der berühmt gewordene Ausdruck vom »alten Mann, der es eilig hat«, vorkam, sondern Gladstone verräterischer Absichten bezichtigt wurde. Churchill büßte bald danach seine führende Position ein. Er wurde krank. Er hielt unzusammenhängende, wirre und widersprüchliche Reden. Die Unterhausmitglieder verließen eilig das Parlament, wenn Churchill das Wort erhielt.
Gladstone, zum vierten Mal Premierminister, blieb aber immer im Saal, hörte aufmerksam seinem gestürzten Gegner zu und antwortete höflich und ausführlich auf die Ausführungen, die anzuhören andere unterließen.
Gladstone war 63 Jahre lang Unterhausmitglied, 27 Jahre Kabinettsmitglied und 12 Jahre lang Premierminister. Sein Charakter und seine Verdienste sind viel eindrucksvoller, als es in diesen Rekordzahlen zum Ausdruck kommt. Als ein Mensch mit reinem Herzen, reinem Gewissen und von höchst politischer Moral nimmt er neben Lincoln als hervorragender Politiker in der Geschichte des 19. Jahrhunderts eine Sonderstellung ein.

Benjamin Disraeli, ein Idol der Konservativen

In der glänzenden Schar viktorianischer Staatsmänner verkörperte Benjamin Disraeli, Earl of Beaconsfield, mehr als irgendein anderer Politiker für die konservativen Intellektuellen vieler Länder ein Ideal, einen glanzvollen Höhepunkt. Gründe dafür sind hinreichend vorhanden: »Dizzys« geistreiche Witze, seine bisweilen hervorragende Rhetorik, sein Versuch, traditionsgebundenen Ideen durch einen Schuß von sozialem Radikalismus Leben und Farbe wiederzugeben, seine blendenden Erfolge in der Außenpolitik.

Aber ausschlaggebend war vor allem der geheimnisvolle Charme seiner Persönlichkeit und seines Auftretens. Seine Verteidigung alter und unlogischer Institutionen erscheint uns heutzutage etwas naiv und allzu treuherzig. Sie gelang ihm, indem er auf subtile, kluge und meisterhafte Art den Respekt vor den bestehenden Einrichtungen – der Monarchie, der Kirche, der sozialen Hierarchie – mit einer kritischen Einstellung verband. Er trat wie ein Mann der Rechten auf, aber redete und schrieb wie ein fanatischer Revolutionär. Disraeli ließ sich vergleichen mit einem Bischof, der überlegen und feierlich seine Messen zelebrierte, aber nachher am Mittagstisch sich flott, frivol und ein wenig leichtfertig benahm. Nicht selten nahm seine konservative Einstellung zur Umwelt eine sehr noble Form an. Melancholie und Hoffnungslosigkeit erfüllten ihn; alles sei müßig und vergänglich. Wie lächerlich sei es doch, die Welt verbessern zu wollen!

Disraeli war einer von denen, die früh schon von Ehrgeiz und Herrschsucht wie von einer Krankheit befallen werden. Vielleicht übertrieb er auch alles, nachdem es ihm so schwer fiel, seine Gefühle zu befriedigen. Disraeli war Jude, wenn auch im Alter von 12 Jahren (1816) christlich getauft. Seine Familie war wohl vermögend, wenn auch nicht gerade reich nach den damaligen englischen Begriffen. Er erhielt durchaus nicht die Ausbildung, wie sie in diesen Kreisen damals üblich war. Ihm fehlte die gesellschaftliche Umgebung, von der aus man große Karriere machen konnte. Doch hatte er auf allen Gebieten Erfolg. Er konnte ein flottes Leben führen, denn er verbrauchte das Geld seines Vaters, machte gewissenlos überall Schulden und heiratete mit 35 Jahren eine wesentlich ältere Witwe. Disraeli führte ein extravagantes Leben, entwickelte sich zu einem unnahbaren, fast mystischen Mann von Welt, wie er in allen seinen Romanen vorkommt, die ihm zuerst den Weg zum Erfolg öffneten und ihn berühmt und dann auch wohlhabend machten. Die Politik wurde zu seinem zweiten Beruf. Sie brachte ihm den größten, wenn auch späten Sieg ein, den Posten eines Premierministers, 1868 und 1874–1880. Der englische Konservativismus hatte im 19. Jahrhundert viele große Männer hervorgebracht. Ihre Namen haben durch die neuere Forschung noch an Berühmtheit gewonnen: Castlereagh, Peel, Shaftesbury, Salisbury. Dazu gehörte auch eine Reihe gefeierter Politiker, die schon zu ihren Lebzeiten, aber auch heute noch von Kritikern und Wahrheitssuchern als politische Abenteurer, um nicht zu sagen als Schwindler bezeichnet wurden: Disraeli, Randolph Churchill und Joseph Chamberlain. Disraeli war der Größte unter ihnen.

Ehrende Nachrufe der Nation, besonders der Königin, erhielt Disraeli, als er 1881 im Alter von 77 Jahren starb. Aber sein alter Rivale Gladstone nahm nicht an der Beerdigung teil. Für ihn war und blieb Disraeli ein Schauspieler und Scharlatan. »Er starb so, wie er lebte – alles war Schau, unwirklich, unecht«.

Mit den Worten: »Ehrgeiz verzehrte mich. Ich sah keinen Weg, ihn zu befriedigen«, beschrieb Disraeli seine »elende Jugend« und lüftete so im Alter das Geheimnis seines Charakters. Die Ziele seines Ehrgeizes sind weniger interessant – es waren Ruf und Ansehen, Geld, vor allem aber Macht –, sondern Disraelis fast krankhafte Triebhaftigkeit. Diese versuchte man mit seiner jüdischen Abstammung zu erklären. Sein Vater war wohl ein angesehener, sehr gebildeter und vermögender Mann, aber der Sohn fühlte sich – warum, ist eigentlich schwer zu sagen – irgendwie als Außenseiter, als Angehöriger einer gemiedenen Gruppe von Menschen. Wie Peitschenhiebe trieb ihn sein Verlangen, sich irgendwie hervorzutun.

Für ihn gab es viele Mittel und Wege vorwärtszukommen. Disraeli schrieb Romane; er scheute keine Anstrengungen, um ins Unterhaus zu kommen. Er versuchte, durch exzentrisches, geckenhaftes Auftreten – wie später Oscar Wilde – sich Eingang in die Gesellschaft reicher Aristokraten zu verschaffen. Aber erst als alter Mann erreichte er sein Ziel, wurde Führer der Konservativen und die Personifizierung des englischen Nationalismus.

Zwei Episoden aus dem Leben des jungen Disraeli, die der amerikanische Forscher Jerman vor einigen Jahren ans Tageslicht zog, zeigen eine sonderbare Verquickung von Aufdringlichkeit, Frechheit und Unehrlichkeit.

Im Jahr 1821, im Alter von 17 Jahren, erhielt Disraeli durch Vermittlung von Verwandten eine Anstellung bei einem Rechtsanwalt. Mit einem guten Freund zusammen begann er an der Börse zu spekulieren, verfaßte gleichzeitig Werbeschriften für das zweifelhafte Bergwerksunternehmen, dessen Aktien er kaufte. 1825 flog die Firma auf. Disraeli, gerade mündig geworden, hatte mehrere tausend Pfund Sterling Schulden.

In dieser Zeit (1826) lernte er eine Anwaltsfamilie, Benjamin und Sara Austen, kennen, die ihn mit Geld und beim Verlegen seiner ersten Romane unterstützten. Benjamin Austen, 15 Jahre älter als Disraeli, war ein liebenswürdiger und hilfsbereiter Mensch mit einer gutgehenden Praxis. Sara Austen, eine tüchtige und attraktive Frau, 10 Jahre jünger als ihr Gatte und 5 Jahre älter als Disraeli, fühlte sich diesem gegenüber für allerlei Aufmerksamkeiten zu Dank verpflichtet und war vielleicht auch etwas verliebt in das junge Genie. Diese Freundschaft währte viele Jahre. Da Disraeli jedoch nach Veröffentlichung seiner ersten Romane vornehmere und nettere Freunde fand, stellte er seine Besuche bei Austen ein und beschränkte seinen Umgang mit dieser Familie nur noch auf Anleihen. Der Briefwechsel zwischen Benjamin und Sara Austen einerseits und Disraeli andererseits ist ein hervorragendes Beispiel, wie man mit Sentimentalität Freunde erpressen kann. Als Austen dieses einseitige Verhältnis ärgerte und er schriftlich im Dezember 1833 erneute Darlehen ablehnte, nachdem sich Disraeli der »Freunde nur erinnere, wenn er sich in Geldnot befinde«, antwortete Disraeli, daß gerade die Bitte um weitere Anleihen ein Zeichen starker Zuneigung und großen Vertrauens sei. Gleichzeitig schrieb Disraeli einen schmeichelhaften Brief an Sara mit der Bitte, ihren Mann zu einer weiteren Zahlung zu überreden. Es ist ein schlagender Beweis für Disraelis großes Geschick und Rücksichtslosigkeit, daß er nicht nur in diesem Fall Geld bekam, sondern außerdem auf Jahre hinaus mit falschen Versprechungen, bald das Geld zurückzuzahlen, weitere Beträge erhielt, obwohl er sich fast niemals dazu aufraffte, die beiden Eheleute zu besuchen und deren Einladungen nachzukommen. 1836 schien Austen dieser Beziehung endgültig überdrüssig geworden zu sein. »Wenn ich daran denke, daß Geldgeschäfte die einzige Verbindung zwischen uns seit 3 oder 4 Jahren darstellen, bin ich der Meinung, daß ich für diese Freundschaft kein Opfer von meiner Seite mehr bringen muß«.

Mit Disraelis Liebesaffairen verhielt es sich ebenso. 1832 gelang es ihm, als Schriftsteller und Unterhauskandidat – als »radikaler Tory«

vielversprechend abgestempelt –, in der Londoner Westend-Gesellschaft Eingang zu finden. In den darauffolgenden Jahren sah man in diesen Kreisen zwei Herren und zwei Damen immer beisammen: Disraeli, Sir Francis und Lady Henrietta Sykes sowie Mrs. Clara Bolton.

Zwischen diesen vier Personen bestanden ziemlich komplizierte Beziehungen. Disraeli war Mrs. Boltons Liebhaber gewesen, aber jetzt mit Lady Sykes eng liiert, während Sir Francis Sykes Mrs. Bolton, eine Frau aus einfachen Kreisen, an sich gezogen hatte.

Auch in diesem Fall wurde deutlich, daß Erpressung eine Rolle spielte. Daß die vier immer gemeinsam auftraten, sollte verhindern, daß die Verbindungen zwischen Mrs. Bolton und Mr. Sykes sowie zwischen Lady Sykes und Disraeli aufgedeckt würden. Als Sykes begann, Schwierigkeiten zu machen, drohte man ihm mit Mrs. Boltons Ehemann. Später, während einer Auslandsreise, wurde Sykes wieder unter Druck gesetzt und gezwungen, seiner Gattin eine ziemlich große Summe als Unterstützung zu zahlen. Es ist wahrscheinlich, daß es Lady Sykes – die 1838 einen Prozeß anstrengte, der sehr rasch zu Ende geführt werden konnte – gelungen war, ohne Wissen ihres Mannes von dessen Anwälten noch weitere große Geldsummen zu erpressen. Man hatte allen Grund zu vermuten, daß Disraeli das Geld bekam, der gerade in dieser Zeit große Beträge benötigte, um einen finanziellen Zusammenbruch abzuwenden. Wozu er im einzelnen die Mittel brauchte, läßt sich nicht feststellen.

Aus dieser peinlichen Situation rettete ihn eine ältere Witwe. Im März 1839 heiratete das junge Unterhausmitglied die 47jährige Mrs. Wyndham Lewis. Einige tausend Pfund Sterling Zinsen und eine gesicherte Position in der Londoner Gesellschaft waren damit verbunden. Man sagt, die Ehe sei glücklich gewesen. Es wurde viel über die rührende Ergebenheit der etwas vertrauensseligen Gattin und ihres Mannes gleichbleibende Liebenswürdigkeit geschrieben. Jetzt war es nicht mehr nötig, im Privatleben zu schwindeln; man konnte nunmehr beginnen, in offiziellen Fragen mit falschen Karten zu spielen.

Disraelis große Chance bot sich 1845, als der konservative Parteiführer und Premierminister Sir Robert Peel – als Verteidiger einer protektionistischen Politik, als Befürworter der Getreidezölle in das Parlament gewählt – plötzlich auf die Freihandelslinie einschwenkte und mit Unterstützung der Liberalen diese Reform durchsetzte. Die erfahrensten und fähigsten Tories schlossen sich Peel an, so daß sich die

Gruppe der Gutsbesitzer plötzlich ohne Wortführer in der Partei sah. Disraeli war der Situation gewachsen. Er griff Peel in einer Reihe von Parlamentsdebatten mit vernichtenden Worten an, stempelte ihn zum Verräter und machte sich so innerhalb einiger Wochen zum eigentlichen Führer der – um Disraelis eigene Worte zu gebrauchen – »Gentlemen Englands«, zum Sprecher erbitterter, beklagenswert uneiniger Großgrundbesitzer, deren Macht durch die Zollreform bedroht war oder – besser gesagt – bedroht zu sein schien. Als dann die Anhänger Peels sich mit den Liberalen vereinigten, war der Weg für Disraeli endgültig geebnet. Zunächst wurde er Sprecher des Unterhauses, später Führer der Tories.

Disraelis politische Richtung, wie sie in einigen Reden und Schriften schon in den dreißiger Jahren zum Ausdruck kam, nannte man »Tory-Demokratie« und »konservativen Liberalismus«. »Patriarchalismus« ist die einfachste und klarste Definition hierfür. Die soziale und wirtschaftliche Hierarchie sollte erhalten werden, allerdings gemildert durch Verbesserung der Situation der Arbeiter und Kleinbauern. Noch einmal sollte das gute alte England, das wirkliche England, aufblühen, nachdem es in der Vergangenheit, durch die Revolution im 17. Jahrhundert oder vielleicht schon im Mittelalter, von innen heraus zerstört worden war. Indem Disraeli an eine ferne und fast vergessene Vergangenheit anknüpfte, wurde er zum typischen Vertreter konservativen Denkens. Carlyle, Ruskin und Maurras predigten dieselben unausgegorenen soziopolitischen Ideen, die sich mit historischer Romantik verbinden ließen.

Aber Disraeli versagte – als es galt, von der Ideologie in die Praxis überzugehen – wahrscheinlich ganz einfach deshalb, weil soziale Reformen Geld kosteten, das die herrschende Oberschicht, auf die er sich stützte, nicht aufbringen wollte. Er gab sich wenig Mühe, »Fabriksreformen« – vor allem Höchstgrenzen für Arbeitszeit – durchzusetzen. Nur einzelne Gruppen der Konservativen und Liberalen beschäftigten sich mit diesen Problemen. Disraeli beschränkte sich im wesentlichen darauf, die Legende zu verbreiten, die englischen Tories hätten soziale Reformen eingeführt, auch in der Landwirtschaft, dem Schwerpunkt seiner politischen Arbeit. Er gab jedoch bald den Widerstand gegen das Freihandelsprinzip auf und unternahm – im Gegensatz zu der den Liberalen verbundenen Gruppe, die sich für Reformen einsetzte – nichts, um den Rückgang der Kleinbauern und die Konzentration des Grundbesitzes auf einige wenige Eigentümer aufzuhalten. Hier erkennt man, wie Lord Cromer in einer hervorragenden Analyse zeigte, am deutlichsten, wie illusionistische und opportunistische Ideen die Politik Disraelis prägten. Die Reformen, die man mit dem Namen des konservativen Parteiführers verband – vor allem die Parlamentsreform im Jahr 1867 –, wurden in der Regel durch Volksbewegungen hervorgerufen, denen man nicht ausweichen konnte. Disraeli verstand, sich den Wünschen des Volkes anzupassen. Eigenem schöpferischen Denken und Planen waren diese Reformen nicht entsprungen. Der Imperialismus ist neben der Tory-Demokratie als das politische Erbe Disraelis bezeichnet worden. Diese neue Idee tauchte erst gegen Ende der Laufbahn Disraelis auf, als von Englands Großmachtstellung und seinem Verhältnis zu den Kolonien die Rede war, von Disraelis geglückten Aktionen, wie dem Erwerb der Suezkanalaktien und der Ausrufung Viktorias zur Kaiserin von Indien, sowie von der festen Haltung Englands gegenüber Rußland vor Beginn und während des Berliner Kongresses und während der Kriege in Afghanistan und Südafrika. Irgendwelche konstruktive Politik entwickelte Disraeli auch in diesen Fragen nicht, im Gegensatz zu Joseph Chamberlain 20 Jahre später; doch gilt er als der vornehmste Vertreter eines romantischen Kolonialismus und eines etwas theatralischen Patriotismus. Es ist kein Zufall, daß damals das Schlagwort »Jingoism« (= Chauvinismus) aufkam, dessen Kampflied überall gesungen wurde:

»*We don't want to fight, but by jingo if we do,*
We've got the ships, we've got the men, we've got the money too!«

In Disraelis Ideen sind Gedankenblitze und teilweise irrationale Vorstellungen enthalten, die an Hegel und Marx erinnern. Seine Begabung, seine Persönlichkeit waren jedoch nicht dynamisch genug, um ein planvolles System abstrakter Ideen auszubauen. Aber seine Versuche waren anerkennenswert. Seine Loyalität gegenüber dem Judentum wie dem Christentum bewies er, indem er alle konservativen und demzufolge für ihn vorbildlichen Einrichtungen als »semitisch« bezeichnete. Den Papst nannte er einen »semitischen« Herrscher, die Angelsachsen ein besonders »semitisches Volk«. Das Wort »Rasse«, das er in verschiedenen Bedeutungen gebrauchte, wurde zu einem wichtigen Begriff in seiner Beurteilung der weltgeschichtlichen Ereignisse. Revolutionen, meinte Disraeli, beruhten nicht auf der Unzufriedenheit der Massen, sondern auf Verschwörungen innerhalb geheimer Vereinigungen, die das im Grund »semitische« und konservative Europa unterminieren wollten; gelegentlich bezeichnete Disraeli auch die

Plutokraten als Feinde. Dazu rechnete er die Industrie- und Finanzmagnaten, nicht die Grundbesitzer und die »noblen« Bauern. Diese krankhafte Unduldsamkeit drückte sich besonders in der Biographie über Lord George Bentinck aus, einem Buch, das Disraelis Chronisten gern stillschweigend übergehen, obwohl es zu seinen besten philosophischen Werken gehört. Auch der Antisemitismus ist darin angesprochen; denn dort spielen die »bösen« (wicked) Juden eine bedeutende Rolle in den geheimen Organisationen, die den »wahren« Semitismus vernichten wollen. Hier werden seine verworrenen politischen Ideen kaum von extremen Anschauungen unserer Zeit übertroffen.

Disraeli feierte seine größten Triumphe als gewandter Redner in seinen Angriffen auf Peel und dessen Freihandelsreform im Unterhaus 1845–1846. Diese erfrischenden und frechen Schmähreden wirkten und glänzten wie Perlen zwischen Kieselsteinen. Im Unterhaus fand Disraeli dankbare Zuhörer für seine witzigen Einfälle. (Alle Parlamente der Welt sind berühmt für ihren Hang, in Gelächter auszubrechen.) »Ich habe gesehen, wie das Haus sich vor Lachen geschüttelt hat, während andere Kreise den Spötter als einen unerträglich langweiligen Menschen abstempeln würden«, schrieb Disraeli. »Auch ein Idiot kann hier ein Lächeln hervorrufen: Die Zuhörer sind so nett, oder sie finden, es geht so langweilig zu...«

Jedoch macht es kein Vergnügen, Disraelis gesammelte Bonmots zu lesen. Der Stil ist ungefähr derselbe wie bei Wilde. Es handelt sich um paradoxe und kapriziöse Übertreibungen. Von tiefsinnigen Gedanken kann dabei kaum die Rede sein. Es sind oft allzu einfache banale Äußerungen. Während einer geistreichen Konversation mochten diese respektlosen Späße gelungen wirken, aber ohne einen solchen Rahmen erschienen sie farblos und nichtssagend. Am besten war Disraeli, wenn er sich selbst verspottete und groteske »Bilder« von sich zeichnete. Ein großartiger Einfall, einen Menschen »schlecht erzogen im Verhältnis zu seiner Intelligenz« zu nennen! Oder den Darwinismus, die Herkunft von den Affen, abzulehnen, indem man sagte, man stehe »auf der Seite der Engel«! Sein Rat an alle zukünftigen Unterhausredner gehörte auch zu den witzigen Einfällen, die frühere Generationen schätzten: »Sprechen Sie zu Frauen, sprechen Sie zu Frauen, so oft Sie können. Das ist die beste Schulung. Auf diese Weise lernt man fließend zu sprechen, und man braucht sich nicht zu überlegen, was man sagt. Es ist am besten, dabei nicht empfindlich zu sein«.

Diesen Rat befolgte Disraeli selbst sein ganzes Leben lang. Im Alter wartete er älteren Damen mit Schmeicheleien und ausgefallenen Späßen auf. So ging er mit seiner Gattin um, so gewann er auch die Gunst der Königin. Er sprach darüber in seiner penetranten Ironie. Jedoch steht fest, daß er mit einer gewissen innerlichen Wärme und nicht nur mit dem Ausdruck von Ehrfurcht von der alternden, schwerfälligen, aber klugen und mutigen Frau sprach, die das aristokratische System repräsentierte, das er so glühend verteidigte.

In seinen Briefen an Lady Bradford und Lady Chesterfield kam die Sehnsucht, die man hinter seinem unterwürfigen Auftreten vermutete, sehr deutlich zum Ausdruck. Man kann es nur schwer verstehen, daß diese Briefe, die er im Alter schrieb, doch irgendeine Bedeutung haben konnten. Der Glanz des Ruhms, der ihn umgab, schien die Banalität des Alltags vergoldet zu haben. Trotzdem wirken die Briefe ergreifend. Sie offenbaren einen Mann, der sich in der Rolle eines Charmeurs, wie auf einem Maskenball, glücklich gefühlt hatte und jetzt erschreckt bemerkte, daß Alter und Tod, getarnt und unsichtbar, doch harte Wirklichkeit waren.

Disraelis gekünstelte, theatralische, immer gestikulierende Art hatte etwas Herzloses an sich. Er war zwar nicht bösartig, aber doch ungewöhnlich gefühlskalt. Es rührte ihn nicht, andere leiden zu sehen. Nach einem Besuch beim türkischen Großwesir (1830), der für seine Grausamkeiten bekannt war, schilderte er, welche Freude es ihm bereitete, einen Menschen kennengelernt zu haben, »der täglich die halbe Provinz köpfte«. Als die Türken Mitte der siebziger Jahre in den aufrührerischen Provinzen Zehntausende gefangennahmen und folterten, erklärte Disraeli im Unterhaus, daß solche Angaben sicherlich übertrieben seien. Auf dem Balkan habe man keine Gefängnisse (prison accomodation) für so viele Menschen; die Orientalen pflegten ihre Opfer »mit wirksameren Methoden« zu beseitigen. Doch da merkte Disraeli selbst, daß er zu weit gegangen war. Das Gelächter des Unterhauses, das seinen Worten folgte, berührte ihn peinlich.

Disraelis frivole und oberflächliche Art, so behauptete man, wurde aufgewogen durch ein tiefes und lebenslanges Gefühl, seine Liebe zu England. Es habe sich dabei nicht um konventionellen Patriotismus gehandelt, eher um eine erotische Leidenschaft mit exotischem Anstrich, verbunden mit einer für einen Engländer ungewöhnlichen Romantik. In Gegenwart seiner Königin, des Landadels, der Prälaten der Staatskirche, der Soldaten fühlte sich Disraeli gleichzeitig als Unterlegener und als Sieger. In diesem Königreich war er zunächst ein Gleicher unter Gleichen gewesen, schließlich Herrscher geworden. In seinem Verhalten gegenüber England und dessen Menschen kann man diese Mischung von Geringschätzung und zarter Leidenschaft feststellen, wie sie auch Tonio Kröger in Thomas Manns gleichnamiger Novelle beseelte, wenn er Hans Hansen gegenüberstand, dem »Mann der Doppelzüngigkeit«, wenn es um einfache und selbstverständliche Dinge ging.

Man kann sich fragen, ob in diesem Zusammenhang nicht Begriffe wie »Liebe« und »Patriotismus« ihren Sinn verloren haben. Kann man Disraelis Empfindungen nicht am besten mit denen eines großen Schauspielers vergleichen, der eine hervorragende Rolle in einer dramatischen Szene spielt? Selten fand man in der Persönlichkeit von so historischer Bedeutung so wenige solide Wesensmerkmale, so wenig geistige Größe. Disraelis ganzes Wesen bestand aus Gesten, Tricks und Pracht. Der wirkliche Disraeli blieb für alle ein Rätsel.

Lord Salisbury, ein echter Tory

Gladstone und Disraeli waren zweifellos die hervorragendsten der zehn Premierminister während Königin Viktorias Regierungszeit. Sie verkörperten den klassischen englischen Parlamentarismus. Ebenso repräsentierten sie den Übergang vom romantischen Konservativismus zum idealistischen Liberalismus. Der Mann, der länger als irgendein anderer seit den zwanziger Jahren des 19. Jahrhunderts Englands Regierungschef gewesen war und den Viktoria selbst als ihren hervorragendsten Premierminister bezeichnete – nämlich Lord Salisbury –, war von den Historikern und in Diskussionen über Viktorianische Politik weit weniger beachtet worden.

Salisbury war eher ein Administrator denn ein Politiker. Seine Meinungen, seine Pläne eröffneten keine großen und interessanten Perspektiven für die Zukunft. Im Vergleich zu seinen beiden berühmten Kollegen wirkte er trocken, prosaisch, mit einem engen Horizont. Sein Mangel an Phantasie und Temperament kann nicht in Abrede gestellt werden. Salisbury hielt Disraelis und Gladstones leidenschaftliche und hochtrabende Versprechen für Exzesse, deren ein englischer »Gentleman« nicht würdig erschien. Seine wichtigsten Eigenschaften waren moralische Integrität, ein scharfes Urteil, nüchterne vorausschauende Intelligenz und ein echter konservativer Geist, also das Gegenteil von Disraelis Skeptizismus, Effekthascherei und Leidenschaftlichkeit.

Robert Cecils Karriere war typisch für die Aristokratie Englands. Er war ihr letzter führender Politiker. Er kam 1830 als Sohn einer der ältesten und vornehmsten Geschlechter des Landes zur Welt, im Hatfield House in Hertfordshire, einem elisabethanischen Schloß mit riesigen Besitztümern und Hunderten von Pächtern. Er besuchte Eton, das er verabscheute, obwohl er dann seine Söhne dorthin schickte. Auch später in Oxford verriet er keine besondere Begabung. Aber er zeigte großes Interesse für die Naturwissenschaften, das er zeit seines Lebens bewies. Er stellte chemische Experimente an, ließ früher als andere solche neumodischen Einrichtungen wie elektrische Leitungen und Telefon in Hatfield einbauen. Nach einer langen Reise durch Südafrika und Australien erhielt der erst 23jährige Cecil einen sicheren Wahlkreis für das Unterhaus, obwohl er keinen politischen Ehrgeiz oder politische Erfahrungen hatte. In den darauffolgenden zehn Jahren bewies er, daß er politische Begabung und selbständige Ideen besaß. Gegen den Widerstand seiner Familie vermählte er sich mit einem Mädchen, das in den Augen der Cecils weder vermögend noch eines Cecils würdig war. Er begann damals für die konservative Zeitschrift »Quaterly Review« aufschlußreiche wissenschaftliche Abhandlungen, historische und außenpolitische Essays zu schreiben. Die besten seiner in zwei Bänden veröffentlichen Essays sind aufgrund ihrer Schärfe, Ironie und der eleganten Formulierung heute noch höchst lesenswert.

Im Kabinett des Lord Derby (1866) erhielt Cecil, jetzt Lord Cranbourne, den Posten eines Ministers für Indien. Seinem Ansehen schadete es auch nicht, daß er bald darauf aus Abneigung gegenüber Disraelis Wahlrechtsreformvorschlägen zurücktrat. Nach dem Tod seines Vaters und älteren Bruders trat er als Marquis von Salisbury ins Oberhaus ein (1868). Dies entsprach auch mehr seinem Temperament und seinem Widerwillen gegenüber rhetorischer parteipolitischer Rechthaberei.

Die Beziehungen zwischen Salisbury und Disraeli waren von Beginn an kühl und erreichten nie einen gewissen Grad von Intimität. Der streng zurückgezogen lebende Aristokrat mißtraute der glatten Liebenswürdigkeit des Parteiführers und respektierte um so mehr den Gegner, den Moralisten Gladstone. Doch in ihrer politischen Aufgabe waren sich die beiden konservativen Persönlichkeiten einig. Dem großen Kabinett Disraelis von 1874–1880 gehörte Salisbury erst als Minister für Indien, dann als Außenminister an. Der Berliner Kongreß und der »Frieden in Ehren« brachte beiden Ruhm und Ehre ein. Nach Disraelis Tod (1881) war Salisbury der prädestinierte Nachfolger und Führer der Tories. Jahrzehntelang galt er als die dominierende Persönlichkeit der englischen Politik, nachdem sich die Liberalen in der irischen Frage zerstritten hatten. Von Juni 1885 bis Juli 1902 war er dreimal Premierminister und in der Regel auch Außenminister während insgesamt fast vierzehn Jahren.

Man bezeichnete diese Jahre als ein »Goldenes Zeitalter« Englands. Irland war mit Druckmitteln und milden Reformen beruhigt worden. Man verfolgte eine aktive Kolonialpolitik, mit Empire-Konferenzen. Man lebte in einer »splendid isolation«. Salisburys Gelehrsamkeit und Klugheit wurden im Außenministerium geradezu sprichwörtlich. Nach Bismarcks Rücktritt sah man in ihm den führenden Staatsmann Europas.

In Salisburys Weltanschauung spielten – wie bei allen überzeugten Konservativen – die Religion und die Nation die Hauptrolle. Religiosität war für ihn nicht wie bei Disraeli und anderen kühnen und unsteten Denkern eine Zuflucht vor Zweifeln an der bestehenden Ordnung, sondern ganz natürlicher Ausgangspunkt für alle seine Handlungen. Nach Salisbury sind erfahrungsgemäß »Menschen nicht tugendhaft ohne jeden Grund, und dieser kann seinen Ursprung nur im Glauben haben«. Salisbury war ein frommer Mensch, so daß also dieser Ausspruch, zynisch und pragmatisch zugleich, nicht als typisch für sein Denken angesehen werden darf. In seiner Jugend hatte Salisbury eine Reihe von theologischen Schriften gelesen und sich mit Problemen dieser Art beschäftigt. Später akzeptierte er die christliche Lehre, ohne viel darüber nachzudenken. Er wich gern unangenehmen und kritischen Überlegungen über Fragen aus, »die weit über unseren Horizont hinausgehen«.

Dieser Glaube, der in Kirchen- und Abendmahlsbesuchen seine Bestätigung fand, gab ihm die notwendige innere Sicherheit und machte ihn immun gegen alle irdischen Leiden. Wohltätigkeit war vonnöten, auch soziale Verbesserungen, wenn sie in bescheidenen Grenzen gehalten wurden. Entscheidend für ihn war allein eine fromme und moralische Lebensweise, für Arme wie auch für Reiche. Daß darin ein Unterschied zwischen der im Schloß wohnenden wohlhabenden Familie

Cecil und ihren in bescheidenen Hütten hausenden Tagelöhnern bestand, hatte nicht viel zu sagen. Salisbury bewegte sich in einer angenehmen und gediegenen Umgebung, aber er fand keinen Geschmack an einem ausschweifenden und aufregenden luxuriösen Leben. Man konnte es nicht als Scheinheiligkeit auslegen, wenn er sagte, daß soziale Unterschiede für ihn keine Rolle spielten.

Auch Salisburys Nationalgefühl erlaubte ihm, diese Auffassung überall zu vertreten. Das englische Volk bildete in seinen Augen eine Einheit. Dessen Sicherheit und Erfolge waren das Ziel seiner Politik. Von diesem für die führende Schicht Englands ganz selbstverständlichen Standpunkt aus spielten Klassen- und Interessenunterschiede innerhalb der Nation überhaupt keine Rolle, waren belanglos. Den Staat verglich Salisbury einmal mit einer Aktiengesellschaft, in der jeder soviel Einfluß haben sollte, wie es seinem wirtschaftlichen Status entsprach. Doch war diese Auffassung nicht typisch für ihn, der eher die politische, soziale und wirtschaftliche Hierarchie ablehnte als für sie eine Lanze zu brechen. Obwohl er mit der Zeit mit den Wahlrechtsreformen, die übrigens während seiner Regierungszeit die Stellung der Konservativen stärkten, einverstanden war, stand er doch allen Demokratisierungsbestrebungen skeptisch oder kritisch gegenüber, da seiner Meinung nach die routinierte und infolge ihrer überlegenen Stellung unparteiische Aristokratie dazu berufen war, die Führung der Nation im Wettstreit und in Auseinandersetzungen mit anderen Völkern in die Hand zu nehmen. Das, was man erreicht hatte, sollte mit Hilfe einer klugen Außenpolitik erhalten bleiben. Innerpolitische Reformen waren jedoch nicht zu vermeiden, um das Gleichgewicht zu wahren, das der Nation nach außen hin Größe und Kraft verlieh.

Vom innenpolitischen Standpunkt aus gesehen, hatten Salisburys Regierungsjahre wenig Erfolge gezeitigt. Was während der dritten Periode seines Kabinetts erreicht worden war, muß eher Joseph Chamberlain als Verdienst angerechnet werden. Außen- und Kolonialpolitik standen ganz im Vordergrund, Konferenzen, Verwicklungen und in der Regel verhältnismäßig unblutige Aktionen in den Kolonien prägten diesen Zeitabschnitt. Afrika sollte aufgeteilt werden. Fast hundert Millionen neue Untertanen kamen unter britische Oberhoheit, ein unübertroffenes Resultat, wenn man es mit den Erfolgen William Pitts d. Ä. verglich. Die Eroberung des Sudans (1898) und der Burenkrieg (1899–1902) bildeten den Abschluß der Periode kolonialer Expansion.

Die großen Landgewinne könnten den Eindruck erwecken, daß Salisbury reine Eroberungspolitik betrieb. So darf man dies nicht sehen. Seine Devise lautete – wie die des alternden Bismarck – »Sicherheit, Konsolidierung«. Er verabscheute Säbelrasseln, theatralischen Patriotismus, Träume von einem Riesenreich. Die »Gelegenheit machte hier den Dieb«, sagte man. England besaß die denkbar besten Voraussetzungen, sich Kolonien anzugliedern. Salisbury fühlte sich mehr als einmal genötigt zu handeln. Sonst hätten andere Staaten – Frankreich, Rußland oder Deutschland – sich strategisch wichtige Stellungen verschaffen können, die England gefährlich geworden wären. Chamberlain und Cecil Rhodes schürten den aggressiven Nationalismus und Imperialismus der Engländer um die Jahrhundertwende.

Salisburys Essays über Staatsmänner, die er ganz besonders bewunderte – so über Castlereagh und den Jüngeren Pitt – sind Charakterstudien und könnten auch als Selbstportraits angesehen werden. Castlereagh war in Salisburys Augen weder ein Theoretiker noch ein Schwärmer. Enthusiasmus setzte Castlereagh – genau wie andere Rationalisten des 18. Jahrhunderts – einer Verhetzung gleich, zu der es intelligente Völker nicht kommen lassen dürften. Castlereagh kümmerte sich wenig um nationale Prinzipien und politische Organisationen. Er bemühte sich um »den Frieden, um soziale Ordnung und Befreitsein von mannigfachen Störungen und Ärgernissen«, da man »allein der großen Masse der Völker die Chance geben kann, den geringen Anteil an irdischen Freuden zu genießen«.

So begabt und befähigt Castlereagh auch war, er verstand es nicht, sich Sympathien zu verschaffen, Menschen an sich zu binden. Sein Einfluß schwand mit ihm, als er starb. Niemals hatte man in Castlereagh einen einfallsreichen Politiker oder den Begründer einer geistigen Bewegung gesehen.

Diese letzten Sätze treffen auch auf Salisbury zu, denn er hatte – abgesehen von seinen allgemeinen konservativen Ansichten – kaum eigene politische Ideen. Es gibt noch eine Erklärung dafür: seine Abneigung, öffentlich hervorzutreten, sein sehnlicher Wunsch, allein zu sein, machten ihn sozusagen zur »Grauen Eminenz« seiner eigenen Regierung. Es konnten Monate vergehen, ehe er Hatfield verließ. Kabinettssitzungen fanden immer seltener statt. Der Premierminister kannte kaum seine Kollegen wieder. Bismarck in Friedrichsruh und Salisbury auf Hatfield waren beide Staatsmänner, die sich freiwillig von der Außenwelt abschlossen.

Das wesentlichste Merkmal der Ära Salisbury war das letzte sichtbare Auftreten des alten aristokratischen Englands. Danach haben sich alle Parteien für Sozialreformen eingesetzt. An die Stelle der »splendid isolation« trat eine Politik der Allianzen. Nicht mehr ein weiterer Ausbau des Imperiums, sondern Unabhängigkeit der Kolonien und Dominions stand auf dem Programm der Regierungen.

Charles Stewart Parnell, der Sturz des ungekrönten Königs

James Joyce erzählt in seiner autobiographischen Novelle »A Portrait of the Artist as a Young Man« von einem furchtbaren politischen Krach bei einem weihnachtlichen Truthahnessen.

Es ging um Parnell. Alle waren sich einig, daß dieser von den Geistlichen gestürzt worden war, aber man stritt sich darüber, ob diese richtig gehandelt hatten. »Ein verdammtes von den Pfaffen beherrschtes Volk«, wetterte der Vater von James Joyce, und meinte damit seine Landsleute. Seine fromme Tante hatte ihn zur Raserei gebracht. Mr. Casey war noch verbitterter und schrie: »Kein Gott für Irland. Wir haben zuviel Gott in Irland gehabt! Weg mit Gott!«

Nach diesem Gefühlsausbruch verbarg er das Gesicht hinter den Händen und jammerte: »Armer Parnell! Mein toter König!«

Die Geschichte mußte sich Anfang der neunziger Jahre ereignet haben, einige Jahre nach Parnells Tod.

W.B. Yeats, auch ein sehr berühmter Dichter Irlands, äußerte sich ähnlich über Parnells Tragödie, in »Parnell's Funeral« und anderen Gedichten. »Die Bischöfe und die Partei« vernichteten Parnell. Andere irische Helden waren von »Ausländern«, von Engländern, ermordet worden, mit den Iren als »Publikum vor einer Bühnendekoration«. Parnell jedoch galt als das Opfer seiner eigenen Landsleute:

> »*Aber die rasende Menge, Hysterica Passio,*
> *zerrte ihre Beute einher.*
> *Niemand teilte unsere Schuld; auch*
> *spielten wir in keiner Rolle auf einer geschmückten Bühne,*
> *als wir sein Herz verzehrten*«.

Yeats fuhr dann weiter fort, um wieviel glücklicher Irland gewesen wäre, hätte ein Mann wie Parnell die nationale Unabhängigkeitsbewegung zum Sieg geführt:

»Hätte de Valera Parnells Herz verzehrt,
so würde kein geschwätziger Demagoge
den Sieg davongetragen,
kein heimlicher Haß unser Land gespalten haben«.

Solche Reflexionen gehören zu der Legende über Parnell, einem Mann, der auf Irlands Politik und Literatur einen gewaltigen Einfluß ausgeübt hatte. Eben diese Legende und deren Widersprüchlichkeit waren nie zuvor so hervorragend geschildert worden wie in der 1957 veröffentlichten Arbeit des irischen Diplomaten Conor Cruise O'Brien, »Parnell and his Party, 1880–1890«.

Charles Stewart Parnell entstammte einer reichen protestantischen Gutsbesitzersfamilie, die ursprünglich in England lebte, doch im 17. Jahrhundert nach Irland kam, und, wie viele ihrer Vorfahren, für die irische Sache kämpfte. 1875 wurde Parnell ins Unterhaus gewählt und schloß sich der Gruppe an, die für die irische Unabhängigkeit eintrat.

Parnell konnte geschickt organisieren und taktieren und arbeitete sich schnell hoch. Er war kein glänzender Redner, aber sein Pathos, seine scharf formulierten Anklagen, sein überlegener Spott gegenüber dem Gegner ließen ihn zu einem hervorragenden Vertreter einer um ihre Existenz kämpfenden Minderheit werden. Engländer und englische Förmlichkeit konnten den »englischen Gentleman« absolut nicht beeindrucken. Parnell war ein typisches Beispiel für die These, für das wenig überzeugende »Gesetz«, die Freiheitsbewegung eines Volkes oder einer Gruppe werde in der Regel von Menschen geleitet, die nicht direkt zu jenem Volk oder der Gruppe gehören, oder zumindest gesellschaftlich über diesen stehen. Im englischen Parlament begann Parnell systematisch, die Verabschiedung von Gesetzen durch lange Reden zu verhindern. In Irland leistete er den englischen Grundbesitzern harten Widerstand, hetzte die Bauern auf, keine überhöhten Pachtzinsen zu bezahlen. Gleichzeitig verhandelte er heimlich mit politischen Gegnern, schloß »Verträge« mit diesen zugunsten der irischen Sache. Er spielte die beiden großen englischen Parteien gegeneinander aus. Er wandte dabei jene rücksichtslose Taktik an, die durchaus ehrenhafte Menschen auch verfolgen, wenn sie eine große und gerechte Sache vertreten.

Schon im Jahr 1880 wurde Parnell Führer der irischen Gruppe im Parlament und damit auch der führende Kopf des irischen Nationalismus. Seine Popularität nahm noch zu, als man ihn verhaftete und aufgrund von Ausnahmegesetzen, die für Irland galten, gefangenhielt. In den Krisenjahren 1885/1886 bildete er das Zünglein an der Waage der britischen Politik. Das Kabinett Gladstone wurde mit den Stimmen der Iren im Sommer 1885 zu Fall gebracht. Der gleiche Zustand trat wieder nach den Wahlen im Herbst 1885 ein, wobei die Iren 86 Sitze, die Konservativen 250 und die Liberalen 334 Sitze erhielten. Gladstone, der die große Gabe besaß, nach einer ehrlichen Auseinandersetzung mit sich selbst die taktisch richtige Entscheidung zu treffen, entschied sich, die Frage der Unabhängigkeit Irlands auf sein Programm zu setzen. So stürzten Liberale und Iren gemeinsam die Tory-Regierung Salisbury zu Beginn des Jahres 1886. Da sich dann die liberale Partei zerstritt, wurde der Antrag auf Irlands Selbständigkeit nicht angenommen. So kam es im Juli 1886 zu Neuwahlen, die die Konservativen und die mit ihnen alliierten Liberalen gewannen. Jedoch nahm man damals an, daß bei den nächsten Wahlen Gladstones Liberale in Verbindung mit den Iren an die Macht kämen, so daß danach Irland die Selbstverwaltung erlange. Parnells Partei nahm nun in ganz Irland außer in Ulster die beherrschende Stellung ein. Seine Popularität und sein Einfluß waren größer als je zuvor. Man nannte ihn »Irlands ungekrönten König« und erwartete, daß er zum Führer eines unabhängigen Irlands, das bald verwirklicht werden sollte, berufen würde.

Und in dieser Situation, auf der Höhe seiner politischen Laufbahn, wurde Parnell gestürzt. Er fiel in Ungnade, denn einer seiner Parteifreunde, Hauptmann O'Shea, reichte die Scheidungsklage gegen seine Gattin ein. Er beschuldigte sie des Ehebruchs mit Parnell. O'Shea gewann den Prozeß. Parnell wurde als Führer der irischen Partei abgesetzt. Deren Anhänger verloren in Irland die Mehrheit. Die irische Frage sollte daraufhin noch 30 Jahre lang ungelöst bleiben. Parnell starb im Jahre 1891 nach einer nur kurzen Ehe mit Mrs. O'Shea. Irland hat seither nie wieder einen Führer von solchem geistigen Format aufweisen können.

Es kann nicht bestritten werden, daß die Politik Parnells, und die der irischen Partei überhaupt, in all diesen Jahren undurchsichtig und mehr oder weniger bewußt zweideutig gewesen ist. In Amerika, dessen irische Einwanderer zum großen Teil die nationalistische Bewegung finanziell unterstützten, nannte es Parnell als Ziel seiner Politik, »das letzte Glied, das Irland mit England verbindet«, entzweizubrechen. In Irland erklärte er – der Ausspruch wurde berühmt –, daß »kein

Mensch das Recht hat, den Vormarsch einer Nation aufzuhalten«. In England wiederum äußerte Parnell Politikern gegenüber, daß das Modell der Liberalen einer maßvollen Selbständigkeit die beste Lösung sei. Er diskutierte darüber ausführlich mit Gladstone und anderen liberalen Führern, so daß man die irische Bewegung beinahe für einen Flügel der liberalen Partei halten konnte. Es stimmt, daß Parnells aggressive Erklärungen in einer früheren Periode abgegeben worden waren. Mit der Zeit hätte er sich wohl eher bereit gefunden, Kompromisse zu schließen, und er wäre möglicherweise mit Gladstones Reformvorschlägen zufrieden gewesen. Daß Parnell mit zwei Zungen redete, war nicht abzuleugnen. Gegenüber Irland und Amerika gab er sich als Revolutionär, gegenüber England als Reformer aus.

Parnell sah sich immer mehr isoliert, war schwer zugänglich, wich vielen Fragen aus. Oft kannten nicht einmal seine nächsten Parteifreunde seine Anschrift, und es kostete viel Mühe, eine Begegnung mit ihm zu arrangieren. Nur selten kam er während der letzten Jahre ins Unterhaus. Irland besuchte er zwischen 1886 und 1890 überhaupt nicht. Gleichzeitig wurde er immer anmaßender. Charakteristisch für sein Verhalten war, daß er die Wahl O'Sheas in Galway (1886) erzwang, obwohl dieser keineswegs linientreu war und keinerlei Meriten nachweisen konnte. Sicherlich hatte O'Shea auch über Parnells Verhältnis zu seiner Frau längst Bescheid gewußt und dies stillschweigend toleriert.

O'Brien fand ein solches Verhalten, von der politischen Warte aus gesehen, ganz ausgezeichnet. »Die Zwielichtigkeit des Systems muß sich in der Persönlichkeit ausdrücken«, der Führer müsse aufgrund der zweideutigen Politik »eine mystische und ehrfurchtsgebietende Gestalt« darstellen. Parnells von Geheimnissen umwittertes Wesen, seine Lebensart bestätigten O'Briens These. Parnell hatte »ein romantischer Held«, »ein Mann des Schicksals« zu sein. Eine irische Zeitung mit nationalistischer Tendenz schrieb, daß »Mr. Parnells mystisches Auftauchen und Verschwinden viel zu seiner Popularität beitrug und großes ernsthaftes Interesse für alles, was er sagte und tat, auch im Parlament hervorrief«.

Parnells Verhältnis zu Mrs. O'Shea kam ihm hierbei sehr zustatten. Sicher ist, daß er sie leidenschaftlich liebte. Ihr Buch über ihre Beziehungen zu Parnell war ein deutlicher Beweis dafür. Und Parnells häufige Reisen, die heimlichen Begegnungen, die vielen Lügen und

Ausflüchte, die das Verhältnis vertuschen mußten – es begann schon 1880 oder 1881 –, waren Anlaß genug, die Legende von dem schwer erreichbaren, tiefsinnigen, vorbildlichen Parnell, den kleinliche Reibereien nicht interessierten, noch zu vertiefen. Der olympische Glanz um Parnell beruhte zum Teil auf seinem Versteckspiel mit Mrs. O'Shea. Äußerungen einiger Parteifreunde Parnells brachten O'Brien auf den Gedanken, daß dieses heimliche Treiben Parnell selbst Freude bereitet habe. Parnell sei – so zitierte er in diesem Zusammenhang – »ein glänzender Komödiant, der – um Oscar Wildes Ausdruck zu gebrauchen – ›versuchte, den Standard seines blauen Chinaporzellans‹ zu erreichen, um die Legende über sich selbst zu vervollkommnen«. Aber als er 1890 gezwungen war, seine Stellung innerhalb der Partei zu verteidigen, geschah dies mit einer Leidenschaft und Rücksichtslosigkeit, die nicht mehr als »Spiel« ausgelegt werden konnte. Conor Cruise O'Brien meinte hierzu: »Gegen Ende seiner Laufbahn trat Parnell nicht als der kühle und vernünftige Führer, der er gewesen war, auf, sondern wie ein schwärmerischer Held, den er darzustellen gezwungen war. Darin lag sein tragisches Schicksal«.
O'Brien wies nach, daß viele Unterstellungen und Anschuldigungen, die zum Sturz Parnells führten, falsch waren. Gladstone forderte Parnells Rücktritt nach dem Scheidungsskandal. Man warf daraufhin Gladstone vor, er habe Parnell gern loswerden wollen, außerdem sei er ein scheinheiliger Moralprediger. In Wirklichkeit zeigten jedoch weder Gladstone noch andere liberale Führer, die über Parnells Verhältnis mit Mrs. O'Shea gut Bescheid wußten, irgendwelche moralische Entrüstung. Sie hätten gern auch weiterhin Parnell, den sie für einen zuverlässigen Verbündeten hielten, als Parteiführer gesehen. Doch war die Reaktion der Mitglieder der englischen freikirchlichen Gemeinden – ein Bollwerk der Liberalen – so stark, daß man die nächste Wahl verloren hätte, wäre Parnell weiterhin an der Spitze der irischen Nationalisten gestanden. Außerdem hatte Parnell während langwieriger Debatten innerhalb der irischen Partei über seine Führerposition Gladstone so heftig angegriffen, daß eine weitere Zusammenarbeit der beiden unmöglich erschien.
Parnells Anhänger behaupteten übrigens, daß der konservative Flügel ihrer Partei und der katholische Klerus in Irland für seinen Sturz verantwortlich seien. Auch das stimmt nicht. Auf irischer Seite verlangte Michael Devitt, zuerst ein Anhänger, dann ein erbitterter Gegner Parnells, dessen Rücktritt. Die irischen Geistlichen konnten

kaum Parnells Sturz beeinflußt haben. Erst nach Parnells Fall begannen sie mit einer moralischen Kampagne gegen ihn.
Aus O'Briens ausführlicher Darstellung der Diskussion innerhalb der Partei, die sich in dem berühmt gewordenen Zimmer Nr. 15 des Ausschusses im Unterhaus, wo auch Parnells dramatischer Abschied stattfand, abspielte, geht klar hervor, daß eigentlich sichtbare politische, soziale oder religiöse Differenzen zwischen Parnells Anhängern und der siegreichen Mehrheit gar nicht bestanden. Es gab nur geringfügige Unterschiede in bezug auf die Loyalität gegenüber Parnell. Einige Fanatiker hielten trotz unangenehmer Folgen, die durch Parnells Verbleib entstanden wären, zu ihrem Führer. Andere wiederum, besonders zweitrangige Politiker, machten sich Sorgen um die Partei, waren irritiert über Parnells eigenmächtiges Vorgehen und sein überlegenes Verhalten, und zwangen ihn deshalb zurückzutreten.
Parnell und sein Schicksal gaben mancherlei Anlaß zur Legendenbildung, zu Streitigkeiten, Verbitterung und Gewissenqualen. Der Führer, der die Liebe der Pflicht vorzog, der Nationalist, der von den englischen Liberalen und dem katholischen Klerus gestürzt wurde, die Uneinigkeit in der Partei, die sonst die irische Sache zum Sieg geführt hätte, der Bruch zwischen dem Aristokraten und der mit Vorurteilen behafteten Volksmenge, der ideelle Konflikt zwischen Patriotismus und viktorianischer Moral – all dies waren Themen, in denen sich Diskussionen erschöpfen konnten und die zu Theorien und literarischen Ergüssen anregten. Sind etwa die heftigen Gefühlsausbrüche des Jahres 1890 der wahre Grund, daß Dublin eine Zeitlang zum Mittelpunkt der Weltliteratur wurde, fragte O'Brien. Um die einmalige Größe dieses Mannes, um seine Einsamkeit, seinen Stolz, seine Leidenschaft, seinen Sarkasmus, um diesen einzigartigen Charakter ranken sich die vielen Legenden.
O'Brien schließt sein Buch mit einem Vierzeiler Yeats' ab:

»*And here's a final reason,*
He was of such a kind
Every man that sings a song
Keeps Parnell in his mind.«

Lord Rosebery und A. J. Balfour, die Dilettanten unter den Politikern

Die Lebensgeschichte der beiden Premierminister Rosebery und Balfour weisen verblüffende Ähnlichkeiten auf.

Rosebery (1847–1929) und Balfour (1848–1930) waren beide typische Repräsentanten der englischen Aristokratie, für die die Politik ein Steckenpferd bedeutete, ein Hobby, das man – als Kapitalist und Grundbesitzer – neben weltlichen Ablenkungen, Reisen und Lektüre betreiben konnte. Beide erbten, als sie mündig wurden, große Vermögen, die einem jährlichen Einkommen von 30000 £ entsprachen. Rosebery wurde in den Grafenstand erhoben und kam so in das Oberhaus, was seiner Meinung nach hinderlich für seine politische Karriere war. Beide verdankten ihre schnelle und glänzende Laufbahn prominenten Gönnern. Gladstone machte Rosebery zu seiner rechten Hand während der Kampagnen in der Grafschaft Midlothian vor der Wahl 1880, und dann zu seinem Nachfolger, wenn auch nur für eine kurze Zeit (1894–1895). Nach diesem Abenteuer beteiligte er sich nicht direkt an der Parteipolitik, aber galt jahrzehntelang als »heimlicher Prophet« (»veiled prophet«).

Balfour trat in die Fußstapfen seines Onkels, des Lords Salisbury, und löste diesen 1902 als Premierminister ab. Balfours und auch Roseberys Regierungsjahre waren angefüllt mit Intrigen und Meinungsverschiedenheiten innerhalb der Tory-Partei. Nach seinem Rücktritt (1905) nahm Balfour in verschiedenen Ministerien weniger wichtige Positionen ein, die er bis kurz vor seinem Tod bekleidete.

Rosebery war dem Namen nach ein Liberaler und Balfour ein Konservativer; doch bestanden nur geringe Unterschiede zwischen ihren Auffassungen. Beide hielten während ihres ganzen Lebens an einer politischen Linie fest, die man als »eleganten Dilettantismus« bezeichnen könnte. Ironisch und verächtlich beobachteten sie – so behaupteten sie wenigstens – die oft massiv geführten Kämpfe innerhalb der Parteien. Selbst verfolgten sie nur zögernd verschwommene, unklare Ziele. Rosebery z. B. begrüßte zunächst Gladstones Aufruf zur Unabhängigkeit Irlands, kehrte jedoch bald dieser Bewegung den Rücken und unterstützte mit seiner These vom »liberalen Imperialismus« eher die Konservativen als seine eigenen Parteifreunde. Balfour wiederum versuchte während seiner Zeit als Kabinettschef geschickt einer Entscheidung im Konflikt zwischen den Anhängern des Protektionismus und des Freihandelsprinzips auszuweichen.

Auch in ihrem persönlichen Auftreten glichen sich die beiden sehr; sie hatten tadellose Manieren, eine stattliche Figur, ein ungezwungenes Benehmen, eine geistreiche und bisweilen verbindliche Art zu antworten, die, besonders bei Rosebery, in Groll und Verärgerung über dummes Benehmen umschlagen konnte. Beide waren fleißige Kirchgänger, gaben gern ihrer Frömmigkeit Ausdruck, sprachen viel, aber ohne große Gemütsbewegung, von ihrem Vertrauen zu Gott. Sex spielte keine große Rolle bei ihnen. Liebesaffären waren ihnen fremd. Über den Junggesellen Balfour wurde zunächst behauptet, er habe achtzig Jahre lang in Keuschheit gelebt. Später fand man jedoch Briefe, aus denen hervorging, daß er wenigstens einer Dame aus der Gesellschaft in Liebe verbunden war, die über Jahrzehnte hinweg währte und immer wieder neu aufflammte. Rosebery heiratete mit dreißig Jahren eine Erbin des Hauses Rothschild und wurde dadurch unerhört reich. Aber nach dem frühen Tod seiner Gattin, nach acht glücklichen Jahren Ehe, schien sich eine große Leere in seinem Leben ausgebreitet zu haben. Keiner von beiden Politikern gehörte zu dem Kreis um den Prinzen von Wales, für den Kokotten, Trinkgelage und dumme Streiche (»practical jokes«) den Lebensinhalt bildeten. Rosebery liebte die Jagd, Pferderennen (er gewann drei Derbyrennen) und einen ständigen Wohnungswechsel zwischen seinen Besitztümern. Balfour interessierte sich für Tennis und Golfspiel.

Die vielleicht bemerkenswerteste Ähnlichkeit zwischen beiden zeigte sich in ihrem Hang zur Literatur. Beide lasen viel und schrieben auch Bücher. Die Gesellschaftskreise, in denen sie verkehrten, fürchteten die beiden, weil sie so gebildet und gelehrt waren. Herkunft, Reichtum und politischer Ehrgeiz trugen viel zu ihrem Ansehen bei. Rosebery veröffentlichte vier geschichtliche Werke: über Napoleons letzte Lebensjahre, über Chatham, Pitt und Randolph Churchill. Das Buch über Churchill, das Winston Churchill Beiträge zur Biographie über seinen Vater liefern sollte, war zweifellos das beste davon, weil es das stürmische und tragische Leben des toten Freundes liebenswert beschrieb und untersuchte. Die übrigen Bücher irritierten und ermüdeten durch kokette Wendungen und Effekthascherei, die weniger originelle Überlegungen verdecken sollten. Rosebery erzielte oft rhetorische Erfolge durch Übertreibungen. Las man seine Bücher, identifizierte man ihn mit diesen banalen Überschwenglichkeiten. Er wollte in vielem, was geschah, gern »die Hand der Vorsehung« erkennen. Doch unterließ er es, dies später genauer zu begründen.

Balfour war Amateurphilosoph; in akademischen Kreisen genoß er einen guten Ruf. Seine drei – schwer verständlichen – Bücher haben alle dasselbe Thema. Sie sollten Berkeleys Philosophie gemeinverständlich machen. So schrieb Balfour z. B., daß wir auf einer winzigen Erdkugel lebten, die ihrem Untergang entgegenrase; alles, was wir schaffen würden, zerrinne; wir wüßten über nichts Bescheid. Es sei deshalb nicht allein beruhigend, sondern nur klug und vernünftig, an alles zu glauben, so z. B. auch an Gott und ein ewiges Leben.

Dieses metaphysische Allerlei war ganz nach dem Geschmack vieler Zeitgenossen, wie auch William James' und später Bergsons Philosophie, den Balfour sehr verehrte. Rosebery und Balfour waren glänzende Tribünenredner. Der eine dramatisierte seine Vorträge, der andere sprach leicht dahin, ohne große Aufzeichnungen, und wirkte in seiner Kühle wie ein echter englischer Aristokrat, der in seiner Unbefangenheit vergnügt und heiter »Philosophen wie Fasanen jagen und zufällig treffen kann«.

Trotz ihrer großen Ähnlichkeit bestand jedoch in dem, was beide »Amateure« im Leben schufen, ein riesengroßer Unterschied. Rosebery war vier Jahre lang Minister, Balfour fast dreißig Jahre. Balfour behauptete, er sei eigentlich gar kein Politiker, eher Berufsphilosoph. Doch erwies es sich, daß er an der Politik nicht nur Vergnügen, sondern auch Interesse fand. Er erließ in der scheinbar für ihn wenig erfolgreichen Periode als Premierminister Gesetze, die z. B. die Erziehung und Reformen in den Verteidigungsämtern betrafen, und für die er leidenschaftlich eintrat. Er schuf die Entente mit Frankreich 1904. Sein Ruf als geschmeidiger, kluger, erfinderischer politischer Berater war mehr als berechtigt. Er legte mit der »Balfour Declaration« von 1917 den Grundstein zum Staat Israel. Seine Reden vor dem Unterhaus waren keine rhetorischen Übungen, sondern klare und scharfsinnige Analysen.

Das traf nicht in gleicher Weise auf Rosebery zu. Selbstzufriedenheit und Arroganz zeigten sich wohl auch bei Balfour, doch bei Rosebery waren dies vorherrschende Charakterzüge. Dazu kamen noch eine gewisse Unentschlossenheit, Nörgelei und ausgeprägte Empfindlichkeit. Als Rosebery 1892 das Außenamt übernahm, beklagte er, so wenig Erfahrung zu besitzen, so wenig Bescheid zu wissen. Dies wiederholte sich, als er nach Gladstones Rücktritt Kabinettschef wurde. Rosebery hatte in beiden Fällen recht. Dennoch trachtete er immer nach höchsten Ämtern und vertrug weder persönliche noch sachliche Kritik.

Englische Biographien haben immer wieder betont, daß Politiker glauben machen wollten, sie haßten Karriere und sehnten sich nach einem ruhigen Privatleben, während sie in Wirklichkeit sich vor Neid, Habgier und Ehrgeiz verzehrten. Es gibt aber wohl kaum ein abschreckenderes Beispiel als den Machtkampf zwischen Rosebery, Harcourt, Morley und einigen anderen Nachfolgern Gladstones. Lügenhafte, schmeichlerische und unverschämte Briefe und Reden scheinen fast die Hauptbeschäftigung der kleinen Gruppe von Politikern, die angeblich England regierten, gewesen zu sein. Schon am Anfang der Karriere Roseberys behauptete man, daß er sich den »Lorbeerkranz ohne den kriegerischen Staub« wünsche, daß er »nach der Macht strebe, aber den Kampf scheue«.

Sowohl Balfour als auch Rosebery waren keine Politiker aus Berufung. Glückliche Umstände und Protektion ließen sie vom untergeordneten Beamten zum Chef aufsteigen. Weder spornten große Ideale sie an, noch hatten sie konkrete Ziele. Balfour eignete sich im Lauf der Jahre Erfahrung an und war darauf bedacht, etwas von Bedeutung zu leisten. Rosebery blieb der Aristokrat, der nur einen Ausflug in das politische Geschäft unternahm. Als er mit fünfzig Jahren von der politischen Bühne abtrat, war das keine tragische Angelegenheit, lediglich eine Bestätigung dafür, daß er versagt hatte.

Randolph Churchill

Um die Jahrhundertwende schrieb Winston Churchill die berühmte Biographie über seinen Vater, Lord Randolph Churchill, die man aufgrund der Eindringlichkeit der Darstellung und des prägnanten und leidenschaftlichen Stils zu den klassischen Lebensschilderungen zählen muß.

Trotzdem weist sie bedeutende Mängel auf. Viele wertvolle Dokumente wurden dem Leser vorenthalten. Die Absicht, die Schwächen so mancher englischer Persönlichkeiten zu übergehen, dagegen ihre Verdienste besonders hervorzuheben, ist hier noch deutlicher als in vielen anderen englischen Biographien zu erkennen, bei denen man leider häufig mehr von ehrenden Gedenkschriften als von objektiven Lebensbeschreibungen sprechen muß.

Ein junger Gelehrter, Robert Rhodes James, hat mit einer neuen Biographie die Arbeit Winston Churchills wesentlich ergänzt. James' Schilderung ist freimütiger, objektiver, bezieht sich auf neuere Urkunden und gibt diese wieder; seine Biographie ist zwar nicht in Winstons glänzendem Stil geschrieben, doch mit derselben Begeisterung. Der Charakter Randolph Churchills wird hier viel breiter und ausführlicher dargestellt. Und dennoch bleibt immer noch manches ungeklärt, und vieles aus dessen glänzendem und zugleich tragischem Leben wird vielleicht für dauernd im Dunkeln bleiben.

Randolph Henry Spencer Churchill wurde 1849 als zweiter Sohn des siebenten Herzogs von Marlborough geboren. Er studierte in Eton und Oxford, ohne sich dort besonders auszuzeichnen. Wie sein Sohn war auch er ein fröhlicher, wilder Knabe und Jüngling, aufgeschlossen, extravagant, ehrgeizig.

Ein gebildeter und durchgeistigter Mensch ist er nie geworden. Philosophie, Wirtschaftskunde, systematisches Denken blieben fremde Wissensgebiete für ihn. Er studierte bis zu einem gewissen Umfang Geschichte; vor allem beschäftigte er sich mit Gibbons »Decline and Fall of the Roman Empire«, dessen glänzender ironischer, selbstsicherer und oberflächlicher Stil für ihn und so viele andere begabte Amateure als Vorbild diente.

Im Alter von 24 Jahren heiratete er eine schöne und reiche Amerikanerin; mit 25 Jahren kam er als Abgeordneter von Woodstock, einem Wahlkreis, der fast zum Familienschloß Blenheim gehörte, ins Unterhaus. An und für sich war es kein besonderes Ereignis, daß dieser Sproß aus vornehmer Familie und Fuchsjäger ins Parlament kam, aber schon einige Jahre später war er einer der entscheidenden Männer der englischen Politik, die große Hoffnung der englischen Konservativen nach Disraelis Tod.

Lord Rosebery, dessen kurze, aber vortreffliche Studie über Randolph Churchill viele scharfsichtige Beobachtungen und noch elegantere Formulierungen enthält, meinte, daß der plötzliche Übergang vom aristokratischen Playboy zum ehrgeizigen Politiker die Antwort auf die gesellschaftliche Verbannung war, der er sich 1876 aussetzte. Der Prince of Wales – der spätere König Edward VII. – und Randolphs älterer Bruder, der damalige Marquis von Blandford – spätere Herzog von Marlborough – verehrten beide dieselbe Dame. Als Randolph in einer hieraus erwachsenden kritischen Situation Partei für seinen Bruder ergriff, brach der Prinz und mit ihm ein großer Teil der englischen Gesellschaft die Verbindung zu ihm ab. Die Verbitterung, die

Randolph dabei empfand, »trieb ihn in die Politik«, schrieb Rosebery. »Sie wurde zum Ausgleich für seine unterdrückte Erregung«.
Dieser Gesellschaftsskandal fiel in die Zeit, in der Randolph seinem Vater als Sekretär zur Seite stand. Dieser wurde zum Vizekönig von Irland ernannt, und Randolph war gezwungen, sich mit den irischen Problemen zu befassen, den einzigen, die er dann einigermaßen übersehen konnte und die ihm später als Sprungbrett für seine wichtigsten politischen Aktionen dienten.
Die Wahlen 1880, die Disraelis konservative Mehrheit brachen und Gladstone zum zweiten Mal an die Spitze der Regierung führten, boten dem jungen Churchill eine Chance. Die Regierung war verunsichert durch eine innere Spaltung, durch Konflikte und Unruhen in Irland, durch ganz zufällige, aber doch unangenehme Ereignisse, wie z. B. durch die ebenso lächerliche wie ärgerliche Kontroverse wegen der Frage, ob der liberale Atheist Bradlaugh das Recht habe, seinen Platz im Unterhaus einzunehmen, ohne den üblichen Eid abzulegen. Auch die Opposition war, besonders nach Disraelis Tod 1881, geschwächt. Sie wurde von älteren »Gentlemen«, an ihrer Spitze Sir Stafford Northcote, geleitet und stand einer Regierung gegenüber, die sich ebenfalls aus älteren »Gentlemen« zusammensetzte.
Es war eine wundervolle Zeit für die »zornigen jungen Männer« jener Jahre mit Parnell als Führer der irischen Nationalisten, den Liberalen Dilke und Chamberlain, und vor allem mit Lord Randolph Churchill. Randolph und einige gleichgesinnte Freunde – man nannte sie scherzhaft die »vierte Partei« – griffen die Regierung, besonders den alternden Gladstone, mitleidslos und ohne jegliche Skrupel an. Gleichzeitig begegneten sie dem offiziellen Führer der Tories, Sir Northcote, mit unverhüllter Verachtung. Politik bedeutete für diese jungen Männer die Fortsetzung ihrer fröhlichen Jugendzeit, mit Obstruktion, Störszenen, Schlägen unter die Gürtellinie, anstelle von Jagd und Kartenspiel. Randolph schockierte das Unterhaus durch seine ausfälligen Reden, wie es Disraeli vierzig Jahre früher getan hatte und F. E. Smith dreißig Jahre später praktizieren sollte. Bei lärmenden Festessen tüftelte die »vierte Partei« die Bonmots und die Kniffe aus, die der unbekümmerte und in geistreichen Einfällen überlegene junge Lord während nächtlicher Parlamentsdebatten anwenden sollte. Manchmal hielt man es mit den Iren, bisweilen mit den unzufriedenen Radikalen der liberalen Partei. Es kam nicht darauf an, sachlich zu sein, sondern nur darauf – wie Randolph es ausdrückte –, »die Regierung zu quälen«.

Einmal verglich Randolph Churchill Gladstone mit Raschid Pascha, den Disraeli 1830 in jenem allseits bekannten Brief als Henker Albaniens geschildert hatte. Später unterbrach Randolph eine großangelegte Rede, um einen Freund nach einem Grog zu schicken. »Vergiß nicht, Gorst, Branntwein und Selters!«, rief er seinem Freund zum Erstaunen des Unterhauses nach.

Randolph entwickelte sich bald auch zu einem großen Volksredner, der volle Häuser in den größten Sälen der Städte sammelte. Seine Biographen meinten hierzu, daß diese Reden – im Gegensatz zu früheren politischen Vorträgen anderer Staatsmänner – ihre Frische noch nach Jahrzehnten beibehielten.

Das stimmte alles, bis auf eine Ausnahme, die seine Bewunderer aber nicht beachteten. Während Randolphs Reden infolge ihrer Unsachlichkeit zeitlos wurden, erhielten sie ihre besondere Note durch den belanglosen Inhalt. Sie zeichneten sich aus durch eine Mischung von Schalkhaftigkeit, Ironie und Unverschämtheit, die an Possenhaftigkeit grenzte. Churchill konnte sich höhnisch über den Reichtum seiner Gegner äußern, während er selbst wie ein Fürst lebte, allerdings mit geliehenem Geld und vielen Schulden. Berühmt und typisch ist die Rede, in der er sich über Gladstone lustig machte, weil dieser sich von den Staatsgeschäften erholte, indem er Bäume fällte. Churchills Schilderung der Szene, wie der alte verehrungswürdige Staatsmann während des Holzfällens eine Delegation von Arbeitern empfing und zur Erinnerung Holzspäne an sie verteilte, wirkte wie ein Sketch einer Revue: »Der Wald sorgt dafür, daß Mr. Gladstone schwitzen muß«. Durch solche Glanznummern wurde Randolph bei einfachen Menschen und Arbeitern populär wie kein anderer. »Gib's ihnen, Randy!«, rief man ihm aus der Menge zu, um ihn zu neuen Schmähreden anzustacheln.

Churchills Selbstvertrauen und Ehrgeiz wuchsen. Er gewann Einfluß auf die konservative Wahlorganisation, gestaltete diese – wie Chamberlain vordem die liberale – seinen Wünschen entsprechend viel wirksamer und verschaffte sich darin eine leitende Position. Er schuf die »Primrose League«, die »Primel-Liga«, die durch festliche Veranstaltungen, ihre Abzeichen, Dekorationen, Titel, Aristokraten und Stimmvieh zusammenführte, und die sich als lohnende Spekulation auf die Eitelkeit vieler Menschen erwies. Ihre Mitgliederzahl und ihr Einfluß nahmen rasch zu.

Randolph eignete sich gut für die Rolle eines volkstümlichen Aristo-

kraten. Seine elegante schlanke Erscheinung, sein großer Schnurrbart, seine hervorstehenden Augen, seine heitere Frechheit und Ausgelassenheit machten ihn zu einer interessanten Erscheinung. Er war ein Edelmann; aber mit einer entwaffnenden Art, sich selbst zu karikieren.
Im Juni 1885 wurde Gladstone von einer Zufallsmehrheit von Konservativen und Iren, die gemeinsam gegen ihn stimmten, gestürzt. Randolph führte daraufhin eine einzigartige Demonstration von Abgeordneten an, die auf die Bänke stiegen, mit Taschentüchern winkten, gröhlten und »Hurra« riefen. Doch das Unterhaus konnte nicht aufgelöst werden, da nach der kürzlich beschlossenen Wahlrechtsreform erst neue Wahllisten aufgestellt werden mußten. Der Führer der Konservativen im Oberhaus, Lord Salisbury, bildete daraufhin sein erstes Kabinett mit Randolph Churchill als Minister für Indien.
Seine Mitarbeiter bezeichneten ihn als einen gewissenhaften und fähigen Leiter des Ressorts. Die Einverleibung Burmas fiel in die kurze Periode, da er dem Ministerium vorstand. Schon jetzt zeichnete sich sein Hang ab, sich in alle Dinge einzumischen und mit dem Premierminister zu konkurrieren. Das führte dann zu seinem Fall.
Das allgemeine Interesse konzentrierte sich damals auf die bevorstehenden Wahlen. Die irischen Nationalisten, die Gladstone wegen seiner Zwangsmaßnahmen gegen Irland gestürzt hatten, verlangten die Unabhängigkeit für ihr Land. Beide großen englischen Parteien bemühten sich um ihre Unterstützung, die eine, indem sie sich mit dem Gedanken trug, eventuell mit der Partei der irischen Nationalisten zusammenzugehen, die andere, indem sie die in England lebenden Iren für sich gewinnen wollte. Man war der Meinung, daß deren Stimmen in ungefähr zehn Kreisen ausschlaggebend für die Wahl sein würden. In diesem Kampf um die Stimmen der Iren spielte Randolph eine wichtige Rolle. Aus seinen Gesprächen mit Parnell war zu entnehmen, daß man sich geeinigt hatte. Die Rechten sagten zu, keinen neuen Zwangsmaßnahmen zuzustimmen, wenn Parnell seine Iren aufforderte, für die Konservativen zu stimmen. Eine Zusage, daß Irland unabhängig würde, gab Randolph Churchill nicht, doch hielt man ihn, nachdem er sich auch nicht gegen die Selbständigkeit der Iren ausgesprochen hatte, nicht für unnachgiebig in dieser Frage. In einem persönlichen Brief an Salisbury verurteilte Randolph die gegen jedes Nachgeben gegenüber den irischen Nationalisten eingestellte schottisch-englische Minderheit in Ulster. Ein halbes Jahr später versuchte er dieselbe Minorität gegen ein unabhängiges Irland aufzuwiegeln. Für

Randolph spielten immer nur taktische Gesichtspunkte eine entscheidende Rolle.

Das Ergebnis dieser Wahl: die Iren wurden das Zünglein an der Waage. Mit ihren Stimmen waren die Tories genauso stark wie die Liberalen. Die Situation klärte sich nach einigen Intrigen und inneren Kämpfen. Gladstone setzte sich nunmehr für die Unabhängigkeit Irlands ein, obwohl er von einer kleineren Gruppe Liberaler deshalb stark angegriffen wurde. Für die Konservativen war die Erhaltung der »Union« ein wesentlicher Punkt ihrer Propaganda. Man bereitete neue Zwangsmaßnahmen gegen Irland vor. Im Februar 1886 wurde Salisbury von den Liberalen und Nationalisten gestürzt. Gladstone bildete sein drittes Kabinett. Im Juni desselben Jahres lehnte man den Vorschlag der Regierung, Irland die Selbständigkeit zu geben, ab, indem eine Anzahl Liberaler dagegen stimmten oder sich der Stimme enthielten. So kam es im Juli nochmals zu Neuwahlen.

Von da an wurde Randolph Churchill einer der fanatischsten Gegner der irischen Unabhängigkeit. Sein Wahlaufruf gehört zu den unversöhnlichsten der Geschichte des britischen Parlamentarismus. Gladstone, »ein alter Mann, der es eilig hat« (an old man in a hurry), wurde von Randolph beschuldigt, »seine letzten Tage darauf zu verwenden, um für das Wohl Irlands gegen England zu konspirieren, in einer erschreckenderen und schändlicheren Weise als dies jemals in seinen Vorstellungen der letzten 25 Jahre der Fall gewesen ist.« Nicht einmal in »Bedlam« oder »Colney Hatch« [englische Irrenanstalten] zusammen hätte eine solche absurde Idee wie der Vorschlag Gladstones zur Unabhängigkeit Irlands ausgedacht werden können. Churchill meinte, daß damit der senile Ehrgeiz eines Mannes, »diktatorische Macht« auszuüben, befriedigt werden sollte.

»Jetzt ist die Zeit gekommen, die Trumpfkarte ›Ulster‹ auszuspielen«, äußerte Lord Randolph privat einem Freund gegenüber. Öffentlich forderte er Ulster auf zu rebellieren, wenn Irland die Unabhängigkeit erhalte. Er prägte die Losung: »Ulster will fight, and Ulster will be right«, einen Slogan, der 30 Jahre später das Britische Reich an den Rand eines Bürgerkriegs führen sollte.

Der Lohn für seinen Kampf blieb nicht aus. Die Konservativen und abtrünnigen Liberalen – die Liberalen Unionisten – bekamen im Unterhaus die Mehrheit. Gladstone trat zurück. Salisbury bildete sein zweites Kabinett. Der Organisator des Sieges wurde Finanzminister und zweiter Mann der Regierung.

Churchill stand nunmehr auf der Höhe seines Ruhms: er sprach volkstümlich und gewandt auf Kundgebungen, war überlegen und geschickt als Führer des Unterhauses. Er galt als »Salonlöwe«; mit dem Prinzen von Wales hatte er sich wieder ausgesöhnt.

Der Erfolg währte nur kurze Zeit. Das ist leicht zu verstehen, wenn man Randolphs Reden während dieser Zeit und besonders den in Robert Rhodes James' Biographie veröffentlichten Briefwechsel mit Lord Salisbury studiert.

Randolph mischte sich in alles ein, setzte an allem etwas aus. Er forderte eine neue Außenpolitik der Annäherung an Deutschland, führte hinter dem Rücken des Außenministers heimliche Gespräche mit dem deutschen Botschafter Graf von Hatzfeldt. Im Kabinett konnte er sich stundenlang mit seinen Kollegen über große und kleine Probleme auseinandersetzen. Mit jeder Woche isolierte er sich mehr und mehr, wurde immer anspruchsvoller. Zweifellos war es seine Absicht, in kurzer Zeit Salisburys Platz einzunehmen. Churchills Art, in Briefen an den Premierminister seine Kollegen als Esel zu bezeichnen, mußten den klugen Salisbury bedenklich gestimmt haben, auch im Hinblick auf die eigene Position.

Als Randolph bei der Aufstellung des neuen Haushaltsplans Einsparungen im Verteidigungsetat vorschlug, kam es zum entscheidenden Konflikt. Churchill reichte seinen Abschied ein. Er meinte es nicht ernst damit, wollte nur Druck ausüben. Aber Salisbury nahm ihn beim Wort und bewilligte ohne weiteres das Rücktrittsgesuch im Dezember 1886. Charakteristisch für Randolph war seine Handlungsweise. Er erklärte sich damit einverstanden, daß sein Abschiedsgesuch vorher in der »Times« erschien. Es wurde sogar behauptet, Churchill habe sozusagen als Entgelt für die vorzeitige Unterrichtung der »Times« die Unterstützung seiner Haltung durch einen Leitartikel gefordert. Die Antwort des Redakteurs Buckle habe gelautet: »Sie können die Times nicht bestechen«.

Eine Darstellung dieser ereignisreichen Tage nimmt sich wie ein Alptraum aus. Randolph wurde immer unbeherrschter in seinen Äußerungen, trat immer aufdringlicher, intriganter, einmal großsprecherisch, dann wieder verzagt auf. Er verärgerte und langweilte Salisbury, der den Kollegen und Rivalen reif zur Aufgabe seines Amtes fand. Nach außen hin beklagte Salisbury den Fall, innerlich war er doch froh darüber. Churchill glaubte, daß Salisbury für ihn keinen Ersatz fände. Doch ernannte der Premierminister den berühmten

Wirtschaftler und Liberalen Unionisten George Goschen zu seinem Finanzminister.

»Ich vergaß Goschen«, dieser Ausspruch wurde oft Randolph Churchill zugesprochen. Aber wenn er ihn nicht getan haben sollte, so wurden doch damit seine Gedanken ausgedrückt.

Randolph lebte noch neun Jahre. Zwar kehrte er nach einiger Zeit wieder ins Unterhaus zurück, doch erlangte er niemals wieder den Einfluß und die Macht, über die er früher verfügte. »Die Parteimaschine hat ihn vernichtet«, sagte man.

Es würde jedoch mehr der Wahrheit entsprechen zu sagen, daß er sich unmöglich gemacht hatte, und daß er fortfuhr, das auch weiterhin zu tun. Er griff seine Parteifreunde und mit derselben Heftigkeit auch die Liberalen an. Vor allem, und das mit Erfolg, forderte er die Tories heraus. Zudem war er krank, und sein Zustand verschlimmerte sich merklich. Seine jederzeit ungewöhnlichen und extravaganten Äußerungen wurden immer geschmackloser. Auf einer öffentlichen Veranstaltung rief er die Arbeiter auf, sich mit der Aristokratie gegen das Bürgertum zu vereinigen, »Sport und Moral« sollten die gemeinsamen Ideale sein. Champagner und Branntwein, früher eine angenehme »Nebenerscheinung«, wurden zu Randolphs Laster. Seine Reden klangen schwerfällig, sie waren wirr und unzusammenhängend. Das Parlament, das einst seinen launigen Ansprachen zugejubelt hatte, leerte sich, sobald er anfing zu reden. Unter denen, die seinen Worten bis zum Ende zu folgen schienen, befand sich der Mann, den er am meisten verhöhnt und verfolgt hatte – Gladstone. Nach vergeblichen Anstrengungen, Ruhe und Gesundheit auf langen Reisen zu finden, starb Churchill, körperlich und seelisch gebrochen, im Januar 1895.

An welcher Krankheit starb er? Seine Biographen sprachen ganz allgemein von »Paralyse«, Lähmungserscheinungen. In privaten Kreisen jedoch pflegte man diese Krankheit »paralysie générale« zu nennen, die durch Syphilis hervorgerufen wird. Wann sie sich bei ihm zum ersten Mal zeigte, steht nicht fest. Historiker geben verschiedene Daten an. Lord Rosebery machte darüber unklare Angaben. Churchills Erregbarkeit und extravagantes Auftreten waren daran schuld, daß man nicht genau sagen konnte, wann sich diese krankhaften Erscheinungen zum ersten Mal zeigten. Der Krankheitsverlauf schien jedoch ungewöhnlich gewesen zu sein. Zwischen den ersten Symptomen – wahrscheinlich 1886–1888 – und dem Tod lag eine erstaunlich lange Zeit.

Die Charakteristik Churchills in diesem Buch, die Einzelheiten seines Lebens und seiner Laufbahn, stimmen im wesentlichen mit den sachlichen Angaben seiner Zeitgenossen überein, die man in deren Biographien und Memoiren – insbesondere von Winston Churchill, Lord Rosebery und Robert Rhodes James, die Churchill verehrten – nachlesen kann. Aber sie steht auch in scharfem Kontrast zu den Urteilen und Schlußfolgerungen dieser drei Autoren, die alles durch die rosarote Brille sahen. Randolphs Fehler und Mängel sind bei ihnen nur Schönheitsfehler. Jedoch haben diese positiven Darstellungen – besonders die Winston Churchills – die englische Meinung am stärksten beeinflußt. Um Randolph Churchill haben sich Legenden gebildet: die eines – politischen – Ritters ohne Furcht und Tadel, eines Reformators und Propheten der englischen Politik und eines demokratischen Torys. Die glänzenden Erfolge Churchills und das anschließende vollkommene Fiasko haben der Legendenbildung starken Auftrieb gegeben. Eine solche Tragik hat ihren Reiz, beschwichtigt Neid und Mißgunst. Über Tote soll man nur Gutes sagen – de mortuis nil nisi bene –, dieses Wort gilt im allgemeinen bis zum Tag des Begräbnisses. Aber für die englischen Biographen scheinen andere Regeln zu gelten. Sie lassen noch lange nach dem Tode Milde walten bei denen, die von Elend und Heimsuchung gepeinigt wurden. Sie berichten positiv in schillernden Farben über die, deren Leben durch einen frühen und jähen Tod verkürzt wurde. Die bösen Zungen derer, die einst Churchill einen Scharlatan, einen Gauner und Streber nannten, sind längst alle verstummt. Es ist still um die geworden, die Churchills Fall miterlebten.

Sir Winston Churchills Biographie wurde geschrieben von einem Sohn, den nur ab und zu mit seinem Vater ein inniges Verhältnis verband, der aber doch in dessen Umgebung, in einer besonderen Atmosphäre aufwuchs, die von Glanz und Pracht, Vermessenheit und Übermut, Verfall und Niedergang geprägt war. Der Sohn glich seinem Vater. Er besaß dessen Intelligenz, Redegabe, Rücksichtslosigkeit, Kühnheit und auch denselben Ehrgeiz. Begeisterung und Niedergeschlagenheit wechselten miteinander ab; er spielte mit Vorliebe eine große Rolle auf dem größten Theater der Welt. Sein Patriotismus hatte weniger mit Vaterlandsliebe zu tun, Churchill fühlte sich innerlich dem Schicksal und der Größe Englands verbunden. Der Vater Randolph war dem Sohn ein Vorbild, zugleich aber auch eine Warnung. Aus Winstons Biographie geht deutlich hervor, daß er sich als

Erbe und Rächer des Vaters fühlte, als er den Tories den Rücken kehrte und zu den siegreichen Liberalen übertrat. Man könnte sagen, daß der Sohn seine eigene Biographie schrieb. Er schilderte den Vater, wie er sich das eigene Leben vorstellte, doch ohne dessen tragisches Schicksal.
Lord Roseberys Studie über Randolph Churchill ist die Darstellung eines Freundes. Sie wurde von einem Mann geschrieben, der in Churchill keinen Rivalen mehr sah, der ihn ohne Neid betrachtete, der mit dem Freund nie um den Platz an der Sonne gekämpft hatte. Rosebery war ein Liberaler, Gladstones rechte Hand und seit seiner Jugend Mitglied des Oberhauses. Als er – 10 Jahre nach Churchills Tod – dessen Biographie schrieb, war seine – politische – »Leidenschaft erloschen«. Er hatte die glänzende Laufbahn eines »Amateurpolitikers« als Außen- und Premierminister aufgegeben. Aufschlußreich und liebenswürdig beschrieb er Randolphs Fröhlichkeit und Esprit auf schicken Partys. Indiskrete und zynische Bemerkungen »würzten« sozusagen die Beschreibungen solcher Begegnungen. Rosebery und Churchill hatten ihre Jugend gemeinsam in Eton und Oxford verbracht. Roseberys großartiges Portrait von Churchill war entstanden, weil er jene Jugenzeit mit den Augen eines alternden melancholischen Mannes sah, der dieser sorglosen Vergangenheit nachtrauerte. Aber auch Rosebery gab zu, daß Randolphs Erfolge auf dessen Skrupellosigkeit zurückzuführen waren. Und es war eines so aufmerksamen Autors unwürdig, daß er diese Fehler mit »allzu menschlicher Schwäche« entschuldigte.
Man wollte ebenfalls Randolph Churchill eine Ideologie, eine Weltanschauung andichten. Dieser Versuch mißlang völlig. Churchills Art und Lebensweise ließen darauf schließen, daß ihm alle sogenannten »Probleme des Lebens« fremd waren. Sein Leben war ausgefüllt mit »Aktionen«, Vergnügungen, Intrigen und Klatschgeschichten. Auch als Politiker handelte er ohne festes Programm, entschied von Fall zu Fall, nahm die beste Gelegenheit wahr. Sein Sohn Winston versuchte ihn als einen vernünftig denkenden demokratischen Tory, als einen Konservativen mit radikalen Ideen darzustellen. Randolph bezeichnete einmal die »Tory-Demokratie« als eine »Demokratie, die die Grundsätze der Tories unterstützt«. Eben diese Art der Demokratie sollte ein Versuch sein, mit verführerischen, aber unverbindlichen Phrasen »à la Disraeli« die Arbeiter für die konservative Partei zu gewinnen. Bei Chamberlain konnte man in den siebziger und achtziger Jahren Anzeichen von politischen und sozialem Radikalismus feststellen, indem

er die Monarchie, das Oberhaus, die Staatskirche, die Konzentration von Eigentum in den Händen weniger Menschen kritisierte. Und doch gelangte er bald als führender Minister in ein konservatives Kabinett. Bei Randolph Chruchill war davon nichts zu spüren, wenn man von seinen geringschätzigen Äußerungen über Kaufleute und den Mittelstand und von seinem Bestreben absieht, die breite ungebildete Masse des Volks an die »Gentlemen of England« zu binden.

Das Problem »Edward VII.«

1949 erschien ein Buch von W. S. Adams »Edwardian Heritage«. Es stellte König Edward VII. nicht in den Mittelpunkt der englischen Geschichte des frühen zwanzigsten Jahrhunderts. Adams betonte, daß der Einfluß des Monarchen oft übertrieben worden ist. Dennoch wurde darin der König ausführlicher als irgendeine andere Persönlichkeit dieser Zeit geschildert und sein Auftreten und seine Ansichten in besonderen Situationen eingehend beleuchtet. Daß ein Autor, dessen marxistische Einstellung so offensichtlich und weithin bekannt war, einem konstitutionellen Monarchen so große Aufmerksamkeit schenkte, ist ein Beweis dafür, daß Charakter und Leistungen des Königs immer noch ein Problem in der englischen Geschichte darstellen. Diskussionen darüber waren – bewußt oder unbewußt – von vornherein von Kontroversen überschattet. Als König Edward im Jahre 1901 im Alter von fast 60 Jahren den Thron bestieg, ging ihm der Ruf eines königlichen Lebemanns voraus. Auf keinem anderen Gebiet hatte er irgendwelche Verdienste aufzuweisen. Er war bekannt für sein üppiges Leben, seine Reisen nach Paris, sein Interesse an Pferderennen. Einmal mußte er sogar vor Gericht als »Mitschuldiger« in einem Ehescheidungsprozeß erscheinen. Später wurde er in einen Skandal wegen Betrugs beim Kartenspiel verwickelt. Über seine politischen Verdienste wußte niemand etwas zu sagen. Im Gegensatz zu seinem Vater, dem Prinzgemahl Albert, gehörte er niemals zu den Vertrauten der Königin Viktoria. Auf künftige Aufgaben als Herrscher wurde er nie vorbereitet.

Die überwiegende Meinung, der Prinz sei ein liebenswerter Taugenichts, wurde jedoch bald und gründlich revidiert. Man präsentierte ihn im In- und Ausland nicht nur als den Wiedererwecker des fröhlichen

Englands, sondern auch als Experten des angenehmsten aller Berufe, als begabten Diplomaten und sogar als Staatsmann. Die Neuorientierung der englischen Politik von der »splendid isolation« zur Entente mit Frankreich und Rußland (1904 und 1907) wurde als sein Werk hingestellt. Die Deutschen haßten ihn als Organisator der »Einkreisungspolitik« und ein paar Jahre später als Urheber des Ersten Weltkriegs. Die etwas devoten Geschichtsschreiber, die nach Edwards Tod, 1910, über ihn schrieben, betonten wiederholt, daß die sorglose und vom gesellschaftlichen Leben ausgefüllte Thronfolgerzeit die Voraussetzung für sein Geschick schuf, mit Menschen aller Schichten umzugehen und ein guter Diplomat zu sein. Man bediente sich in den Biographien aller möglichen allgemeingültigen Ausdrücke, wenn man gerade zu keinem abschließenden Urteil über ihn kam. Sein Sinn für das Praktische, sein Intuition, sein gesunder Menschenverstand, seine Klugheit, die seinen Mangel an Intelligenz ersetzte, wurden lobend herausgehoben.

Die Reaktion ließ nicht auf sich warten. Schon 1912, zwei Jahre nach Edwards Tod, schrieb Sir Sidney Lee – später der offizielle Biograph des Königs – in einem sehr kritischen Artikel für das »Dictionary of National Biography«, daß Edward weder als Initiator neuer Ideen noch als Unterhändler eine bedeutende Rolle gespielt habe. Eine seiner markantesten Eigenschaften sei der völlige Mangel an geistigen Interessen gewesen. Lees Kritik wurde scharf von der nächsten Umgebung des Königs angegriffen. Doch haben Memoirenschreiber und Biographen der jüngsten Zeit Lees Behauptungen erneut bestätigt. Zu denen, die diese Kritik ablehnten, gesellte sich schließlich jedoch der Biograph selbst. Seine große offizielle Lebensbeschreibung (1925–1927) ist voller Sympathie und Bewunderung für den König. Man kann sie trotzdem nicht als ein »ehrendes Andenken« bezeichnen, da sie allzu maßvoll und zurückhaltend im Ton ist. Lee und eine Reihe weiterer Autoren polemisierten gegen die Darstellung Edwards als Lebemann und Staatsmann. Doch schwanken die Urteile über dessen Charakter; sie sind zu unsicher, als daß man sich ein lebendiges und ausgewogenes Bild vom König machen könnte.

Es steht einwandfrei fest, daß Edward VII. keine politischen Führereigenschaften besaß. Die Politik der »Ententen«, die für jene Epoche so kennzeichnend war, wurde von Ministern wie Balfour, Lansdowne und Grey betrieben. Dazu kam noch ein großer Stab von Beratern. Der König befolgte nur ihre Ratschläge und tat nichts ohne ihre Zustimmung. Übertrieben jedoch war die Behauptung, die der Sozialist Keir Hardie einmal aufstellte, daß der König nicht einmal die wichtigsten Telegramme lese und auch von den Verträgen kaum eine Ahnung habe, die seine Bewunderer seiner Initiative zuschrieben. Der König spielte also nur eine unbedeutende Rolle als Symbol des Weltreichs, als Charmeur und als Unterhändler.

Es ist schwierig zu sagen, welche Rolle er am besten spielte. Nach einer oft wiederholten Behauptung – sie kam zuletzt in Lord Hardinges Memoiren vor – soll der Besuch des Königs in Paris im Frühjahr 1903 der Auftakt zu der 1904 geschlossenen Anglo-Französischen Entente gewesen sein. Die Franzosen, die Edward aufgrund früherer Besuche wiedererkannten, sollen von seiner Herzlichkeit und Liebenswürdigkeit begeistert gewesen sein, eine an sich merkwürdige Feststellung, denn recht viele Pariser konnten mit dem König, der Restaurants und Nachtlokale besuchte und einige Male bei einem Galaempfang durch die Straßen fuhr, nicht groß in Berührung gekommen sein. Sidney Lee drückte sich vorsichtiger aus. Er schrieb, daß das zunächst zurückhaltende Volk mit der Zeit sich immer mehr für ihn begeisterte. Von Combarieu, dem Privatsekretär des französischen Präsidenten Loubet, stammt eine Schilderung, die eher den Tatsachen entspricht. Die vornehme Welt habe dem König in der Oper und auf dem Rennplatz von Longchamps zugejubelt, um gegen die Republik zu demonstrieren. Die breite Masse des Volks dagegen habe sich zwar nicht gerade feindlich oder ablehnend, dafür eher spöttisch, vor allem aber uninteressiert verhalten.

Höchstwahrscheinlich muß diesem Besuch in Paris nur eine geringe politische Bedeutung beigemessen werden. Das gilt auch für den Abschluß der Entente mit Rußland 1907. Laut Sidney Lee »überwand der König den Widerstand Rußlands«. In späteren Biographien wurde darauf hingewiesen, daß Edward wohl einen gewissen Einfluß auf den Zaren ausgeübt, im übrigen aber nur wenig zu dem Erfolg beigetragen habe. Die vielen Reisen und Besuche – um des Vergnügens willen – hatten wohl bei seinen Zeitgenossen den Eindruck erweckt, daß Edward selbständig und politisch erfolgreich tätig war.

Das Privatleben und der Charakter des Königs sind noch schwieriger zu beurteilen. Es wurde immer nur angedeutet – auch als selbstverständlich angenommen –, aber nie offen ausgesprochen, daß er auf der Jagd nach neuen Vergnügungen und Lustbarkeiten – besonders erotischer Art – war. Man sprach davon, daß Edward eine Vorliebe für weibliche Reize hatte, daß er Frauen gegenüber ritterlich auftrat. Königin Alexandras Großzügigkeit gegenüber Edwards Affären wurde lobend hervorgehoben, ohne daß man den König wegen seiner Rücksichtslosigkeit gegenüber seiner Gattin tadelte. »König Edward hatte seine Fehler«, schrieb Lord Esher, »aber was gewinnt die Menschheit, wenn sie die Schwächen großer Männer besonders herausstellt?«

Edwards Leidenschaft für Glücksspiele gab zu ähnlichen subtilen Betrachtungen Anlaß. Wortham schrieb, daß der König gegenüber denen, die dies kritisierten, sagen könnte, daß das »Verlangen, das eigene Glück und die eigene Schlauheit aufs Spiel zu setzen, und der Glaube, daß man dabei anderen überlegen sei, die Wurzel allen Erfolgs, ja, allen Lebens sei. Was ist das Christentum denn anderes als eine Religion, die die Notwendigkeit, große Gefahren auf sich zu nehmen, preist, in der Hoffnung, dadurch einen schönen Gewinn zu erzielen?« Es ließe sich eine erheiternde Sammlung leerer Phrasen und Äußerungen zusammenstellen, mit denen die Laster des Königs verteidigt wurden. Bemerkenswert ist, daß solche Anspielungen und Halbwahrheiten schließlich das Ausmaß der königlichen Ausschweifungen stark übertrieben.

Man pflegte zu sagen, daß König Edward weder ein intelligenter noch ein intellektueller, aber ein auf einem »höheren Niveau begabter« Mensch gewesen sei. Ein königlicher Bibliothekar hat Edwards Interesse an Büchersammlungen bekundet. Doch ist man sich einig in der Auffassung, daß er nicht belesen war, genauso wenig wie Ludwig XIV., mit dem man ihn oft verglich. Seine Lieblingsautorin soll Marie Corelli gewesen sein. Doch kann man dabei nicht von einem besonders schlechten Geschmack sprechen, nachdem er praktisch überhaupt nichts las. Seine Verehrer betonten, daß er »das Große Buch des Lebens« gedruckten Werken vorzog. Oft hatte man auf die tiefe Religiosität des Königs hingewiesen, aber niemand konnte erklären, worin diese eigentlich bestand und wie sie zum Ausdruck kam. Es gehörte sich auch nicht, daß »englische Gentlemen« über Religion sprachen.

Würde und eine natürliche vornehme Haltung sagte man dem König ebensooft nach. Doch brachte er es im Alter von fast vierzig Jahren noch fertig, bei einem Wochenendbesuch zum Scherz einen Esel in das Bett eines Freundes zu legen. Noch als König pflegte er in Gesellschaft ein Glas Brandy über den Kopf von Freunden auszuschütten. Doch war er auf seine eigene Würde sehr bedacht. Darüber besteht kein Zweifel. Er wies alle persönlichen Annäherungen zurück. Niemand in des Königs Umgebung durfte vergessen, mit wem er es zu tun hatte. Man hat ferner Edwards Liebenswürdigkeit gelobt, sein Taktgefühl und sein Geschick, sich mit jedermann zu unterhalten. Für englische Verhältnisse war dies nichts Besonderes. Allgemein übliche Freundlichkeit wird jedoch viel höher eingeschätzt, wenn sie von einer hochgestellten Persönlichkeit ausgeht. Gleichzeitig berichtete man aber auch, daß es Edward nicht vertragen konnte, wenn er beim Kartenspiel verlor. Er ärgerte sich maßlos, wenn ihm etwas nicht gelang.

Der König war immer fröhlich und nett. Er gab sich ungezwungen und pflegte tolerant zu sein, gegenüber anderen und sich selbst. Er hatte Sinn für Humor, ohne jedoch besonders witzig zu sein. Sonst ließe sich nicht das Pathos erklären, das in den Briefen seiner Freunde und in deren späteren Aufzeichnungen zum Ausdruck kam. Das Loblied des großen Lord Fisher, des Adjutanten des Königs, das dieser in seinen Memoiren anstimmte, konnte nicht überzeugen. Aber als Fisher in zahllosen Briefen an Lord Esher über seine Trauer, sein Gefühl des Verlassenseins nach dem Tod des Königs schrieb, zweifelte man nicht an der Echtheit seiner Empfindungen.

Doch bleibt es bei all dem schwierig, den wirklichen Charakter des Königs hinter den zahllosen Legenden herauszufinden, die sich seit fünfzig Jahren um diesen englischen Monarchen gebildet haben.

König Edward ist und bleibt ein Problem.

[Die hier mehrfach zitierte große Biographie des Philip Magnus bedingt, wie es scheint, keinerlei Änderungen der vorliegenden Charakterstudie, obwohl sie vor der Veröffentlichung jenes Werks geschrieben worden ist.]

Der Baccarat-Skandal

Der erste Teil der Memoiren der Engländerin Elma Napier umfaßt ihre Kindheit und Jugend bis zu ihrer Heirat, 1910, im Alter von 18 Jahren. Es ist ein etwas verwirrendes, in vielen Teilen jedoch ein entzückendes und sogar ergreifendes Buch, das ein anschauliches Bild vom Leben der »oberen Zehntausend« in England vermittelt. Seine Bedeutung liegt in der Darstellung sozialer Sitten und Gebräuche der

Jahrhundertwende, die typisch für die Viktorianische Kultur und die des Zeitalters Edwards waren.
Prüderie und Heuchelei beherrschten das Leben dieser Menschen. Die Besorgtheit, daß die jungen Frauen bereits vor der Hochzeitsnacht die »facts of life« kennenlernen könnten, ging so weit, daß man alles, was – bei Tieren wie bei Menschen – an Sex erinnerte, von den Mädchen fernhielt.
Jungfrauen, die glaubten, daß schon mit einem Kuß die Gefahr einer Empfängnis verbunden sei, hatten sich schon auf Umwegen, insgeheim, ein erstes Wissen über verbotene Dinge verschafft. Sie wußten jedenfalls, daß Frauen Kinder zur Welt brachten, und daß dabei auch Männer irgendwie mit im Spiel waren.
Die Heuchelei, die Scheinheiligkeit dieser Zeit konnte kaum besser illustriert werden als durch den großen Baccarat-Skandal, in den die viktorianische Gesellschaft zu Beginn der neunziger Jahre verwickelt wurde.
Mrs. Napier, bzw. Elma Gordon-Cumming vor ihrer Heirat, stammte aus einer reichen, aristokratischen, doch etwas deklassierten Familie, die ständig im Umzug begriffen war, von einem Landsitz zu einem anderen, von einem Land in das andere, um immer wieder in einer neuen Umgebung ein langweiliges Dasein zu führen. Über Bücher wurde nie in der Familie gesprochen. Die politischen Ansichten kamen in Form von Verwünschungen von Churchill, Lloyd George und anderen »radikalen Schurken«, die England ins Unglück stürzten, zum Ausdruck.
Die zentrale Figur der Familie war der Vater, der ehemalige Oberstleutnant Sir William Gordon-Cumming. Er lebte wie ein vornehmer »Gentleman«, auf Kosten seiner reichen amerikanischen Frau, war stolz auf sein stattliches Aussehen, zufrieden mit seiner vorzüglichen Bildung, seinem korrekten und gepflegten Benehmen. Er spielte Bridge und Krocket, ermahnte seine Töchter, tugendhaft zu leben, aber versuchte selbst ganz systematisch, alle Frauen in seiner Umgebung zu verführen.
In dem Jahr vor Elmas Geburt war der Vater für einige Tage einer der berüchtigsten Gestalten der Weltgeschichte, der Mann, der in den Baccarat-Skandal verwickelt war, einem Ereignis, das sich mit dem Prozeß gegen Oscar Wilde, der großen Sensation der neunziger Jahre in England, messen konnte. Die Scheinheiligkeit des Viktorianischen Zeitalters kam darin deutlich zum Ausdruck. Die Memoiren der

Tochter geben weitere Aufschlüsse über einige Punkte dieses Skandals, die seinerzeit heiß umstritten waren.

Am 8. September 1890 versammelte sich eine mondäne Gesellschaft bei dem reichen Reeder Arthur Wilson auf dessen Gut Tranby Croft, um sich Pferderennen ganz in der Nähe anzusehen. Der damals achtundvierzigjährige Edward, Prinz von Wales, war als Ehrengast in das Haus des Reeders eingeladen worden, mit ihm zwei seiner intimsten Freunde, einer von ihnen Gordon-Cumming, der vierzigjährige Oberstleutnant, bekannt als Haudegen aus den Feldzügen gegen die Zulus und Ägypter, der andere Christopher Sykes. Bis spät in die Nacht spielte man an zwei Abenden hintereinander das Glücksspiel Baccarat, das der Prinz in der Londoner Society eingeführt hatte, und zwar mit recht hohen Einsätzen.

Einige Mitglieder der Familie Wilson glaubten zu bemerken, daß Gordon-Cumming systematisch beim Spiel mogelte, indem er seine Einsätze erhöhte, wenn feststand, daß das Spiel günstig für ihn ausging. Ihre Beobachtungen teilten sie ihren vornehmsten Gästen mit, nämlich dem Prinzen von Wales, Lord Coventry und General Williams. Diese ließen sich von dem Verdacht überzeugen und unterrichteten Gordon-Cumming, welchen Vergehens man ihn bezichtigte. Gordon-Cumming beteuerte seine Unschuld, fragte aber nicht nach den näheren Umständen und verlangte auch nicht, denen gegenübergestellt zu werden, die ihn beschuldigten. Um die Affäre zu vertuschen, schloß man eine Art Kompromiß. Gordon-Cumming versprach, sich nie mehr an einem derartigen Glücksspiel zu beteiligen, die Wilsons wiederum sagten zu, den Fall zu verschweigen. Diese Vereinbarung kam wohl zustande, weil sich der Prinz von Wales energisch dafür einsetzte. Er hatte ja schließlich seinen Ruf zu wahren. Als der Fall dennoch ans Tageslicht kam, verklagte Gordon-Cumming die Denunzianten wegen Beleidigung. Im Juni 1891 kam es zu einem Prozeß in London, der wie eine Bombe einschlug, nachdem auch der Prinz von Wales als Zeuge geladen war. Das Verfahren wurde vom Lordoberrichter (Lord Chief Justice), Lord Coleridge, geleitet, der während der Verhandlung manchmal einschlief und nicht imstande war, die Regeln des Baccaratspiels zu verstehen. Trotzdem hielt er eine geschickte Schlußansprache, in der er leidenschaftlich sein Mißfallen zum Ausdruck brachte. Hauptvertreter des Klägers war Sir Edward Clarke, zweiter Kronanwalt unter Salisbury. Zu den Verteidigern der Angeklagten gehörten der zukünftige Lord-Oberrichter Charles Russell und der spätere Premierminister Asquith. Die mondäne Gesellschaft Londons war auf den Zuhörerbänken zahlreich vertreten. Die Presse des gesamten Empire berichtete über alle Einzelheiten des Prozesses. Jeden Abend erhielt Königin Viktoria, die sich auf Schloß Balmoral befand, ausführliche Telegramme über den Verlauf.

Die Angeklagten wurden freigesprochen. Gordon-Cumming erklärte man aufgrund seines freiwillig abgegebenen Versprechens und einer Reihe von Zeugenaussagen für schuldig. Die Armee stieß ihn aus. Die Klubs und die vornehme Gesellschaft wandten sich von ihm ab. Aber am Tag nach der Urteilsverkündigung heiratete er eine steinreiche Amerikanerin.

Der neuntägige Prozeß gewann besondere Bedeutung durch die hervorragenden Reden der Ankläger und Verteidiger. Interessant ist ferner, daß der Prinz von Wales als einfacher Bürger jeden Tag dem Prozeß folgte und auch von einem Geschworenen vernommen wurde. Er trat dabei mit einer gewissen Lässigkeit und Vornehmheit auf. Die größte Aufmerksamkeit erweckten jedoch die Diskussionen in der Presse und in literarischen Publikationen während des Prozesses und nach dem Verfahren.

Der Prinz von Wales war in den Zeitungen einer heftigen Kritik ausgesetzt, die wohl durch eine gewisse Offenheit und Freizügigkeit beeindruckte, aber doch auch abstoßend wirkte, einmal durch den selbstgefälligen Ton und dann durch die wissentlich falschen Anspielungen, daß man früher den genußsüchtigen Prinzen als Muster eines geachteten Mannes hingestellt habe. Jene Schärfe in der Diskussion läßt sich nur mit dem Hinweis auf folgende Tatsachen erklären: einmal war es der Prinz selbst, der das Glücksspiel gewollt hatte, obwohl der Gastgeber Baccarat ablehnte. Edward hatte immer seine eigenen Chips bei sich, in die sein Wappen eingeprägt war. Er hielt jedesmal selbst die Bank, war also die Hauptperson in diesem Spiel. Am heftigsten kritisierte die »Times« den Prinzen. Sie bedauerte außerordentlich, daß der Prinz nicht nur in das Gerichtsverfahren verwickelt, sondern auch in eine Gesellschaft geraten war, in der diese Spiele gang und gäbe waren. Eine Provinzzeitung schrieb, »das Britische Empire« sei »gedemütigt worden«. Die ganze zivilisierte Welt zeige mit Fingern auf England. Man wurde an die Zeiten vor Viktorias Thronbesteigung erinnert, als es üblich war, daß die Presse verächtlich über das Königshaus sprach.

Der Prinz und seine Verteidiger spielten auch weiterhin eine zwielichtige Rolle. Man hatte hohe Einsätze gewagt. Daß einige hundert Pfund innerhalb weniger Minuten den Besitzer wechselten, war nichts Ungewöhnliches. Gordon-Cumming hatte dabei mehr als 250 £ gewonnen. Richter und Anwälte konnten nicht oft genug betonen, daß es sich hierbei eigentlich gar nicht um ein Glücksspiel handelte, sondern nur um einen ganz harmlosen Zeitvertreib der Familie. Wenn man ihre Beschreibungen des Baccaratspiels liest, mochte man glauben, es ginge dabei um das »Schwarze-Peter-Spiel«. Mündlich und schriftlich erklärte Edward dem britischen Erzbischof Benson den Fall so (siehe die Memoiren von E. F. Benson, dem Sohn des Erzbischofs, »As we were: A Victorian Peepshow«, erschienen 1930): »Ich habe eigene Chips bei mir, um beim Spiel hohe Einsätze zu verhindern«. Die höchsten Chips würden über 10 £ lauten, so daß »das Spiel keinem einen Schaden bringen kann«. Dabei trat der Prinz geradezu als ein fanatischer Gegner des Glücksspiels auf. »Ich verabscheue es und werde mich immer dafür einsetzen, alle davon abzuhalten, die es danach gelüstet. Nach meiner Meinung ist das Glücksspiel – wie Trunkenheit – eine der schlimmsten Krankheiten, die ein Volk befallen kann«.

Der Erzbischof zeigte Edward gegenüber volles Verständnis und verteidigte ihn sogar sehr energisch.

Das Kapitel in Sidney Lees Biographie über König Edward, das den Baccarat-Skandal schildert, ist ein Meisterwerk der Verlogenheit. So lauten die ersten Sätze: »Das Kartenspiel ist schon frühzeitig eine erquickende Erholung für den Prinzen gewesen. Schon als Knabe konnte er sich abends für eine Partie Whist begeistern. Aber er liebte das Abenteuer. So konnte er bisweilen ein Spiel ausprobieren, bei dem es mehr auf das Glück als auf das Geschick ankam. In seiner freien Zeit versuchte er sein Glück in vornehmen Klubs – an der Riviera und in Deutschland. Nach und nach wurde er so mit allen Arten des Glücksspiels vertraut. Unverantwortliches Geschwätz in der Boulevardpresse daheim und im Ausland haben ihm oft sensationelle Abenteuer in Spielkasinos angedichtet«.

Der Baccarat-Skandal gab nicht nur Gelegenheit, über Scheinheiligkeit nachzudenken. Er reizte auch zum Grübeln, zum Detektivspielen. Daß Gordon-Cumming gemogelt hatte, schien klar; Zeugen sagten im Prozeß gegen ihn aus, und er hatte sich ohne weiteres verpflichtet, niemals mehr Karten zu spielen. Damit gab er indirekt seine Schuld zu. Dennoch war sein ganzes Benehmen unverständlich. Allerdings war er nicht, wie man vor Gericht behauptete, vermögend. Wenn er auch ein

Gut auf dem Land und ein Haus in London besaß, schien er doch immer in Geldnot gewesen zu sein. Auf jeden Fall ist Betrug beim Kartenspiel kein Vorrecht für jemand, der sich in Geldnot befindet. Aber daß er in Gesellschaft des Prinzen und anderer bedeutender Persönlichkeiten seine Zukunft durch solche Machenschaften aufs Spiel gesetzt haben sollte, scheint auch äußerst unwahrscheinlich. Ebenso merkwürdig war es doch wohl, daß weder der Prinz noch irgendein anderer aus dem gewohnten Freundeskreis – außer einigen Angehörigen der Familie Wilson – diesen scheinbar raffinierten Betrug gemerkt haben wollten. Zu beachten ist ferner, daß auch der für seine Rechtschaffenheit bekannte Kronanwalt Sir Edward Clarke in seinen Memoiren dreißig Jahre später feierlich erklärte, daß er von der Unschuld seines Klienten überzeugt gewesen sei. Während des Prozesses wurde sowohl von seiten der Richter als auch der Rechtsanwälte darauf hingewiesen, daß sicherlich noch eine Reihe anderer Umstände von Bedeutung für diesen Fall gewesen seien.

Gordon-Cumming beharrte darauf, unschuldig zu sein. Seiner Familie gegenüber behauptete er, daß er einer regelrechten Betrugskampagne ausgesetzt gewesen sei, die der Prinz inszeniert habe, um sich an einem erfolgreichen Rivalen zu rächen. Im Hinblick auf die große Anzahl von Personen, die – wenn Gordon-Cumming recht behielte – falsche Aussagen gemacht hätten, erscheint jene Behauptung absurd.

Viel glaubwürdiger klingen Hypothesen, daß Gründe vorgelegen hätten, im Interesse des Prinzen nicht die wahren Gründe aufzudekken. War etwa die Mehrzahl der Spieler so betrunken, daß sie den Betrug überhaupt nicht bemerkt hatten oder zumindest nicht feststellen konnten, wer eigentlich mogelte? Mußte man vielleicht den Fall aufrollen, um die Unschuld der Wilsons nachzuweisen? War es vielleicht sogar im Freundeskreis des Prinzen üblich – eine Frage, die Mrs. Napier aufwarf – ‚falsch zu spielen, so daß sich Gordon-Cumming in Wirklichkeit unschuldig fühlte? Auch in diesem Fall würde die Angelegenheit durch das Verhalten der Wilsons unnötig großen Wirbel erzeugt haben. Bemerkenswert bleibt, daß der Prinz hartnäckig die Bank hielt, obwohl das ein deutlicher Vorteil gegenüber den Mitspielern bedeutete. Vielleicht sollte auch das Verhalten Gordon-Cummings in Tranby Croft nur andere Skandale verdecken, die sich während dieser berüchtigten Tage ereignet hatten? Sah vielleicht Gordon-Cumming davon ab, andere Vorgänge zu berichten, weil man ihm drohte, ihn erpressen wollte?

Heute läßt sich nichts nachweisen. Wahrscheinlich leben die meisten Persönlichkeiten, die damals an jenem Fest teilnahmen, nicht mehr. Es ist nicht ausgeschlossen, daß sich einmal mit Hilfe irgendeines Familienarchivs oder einer Sammlung von Memoiren das Geheimnis dieses Baccaratspiels lüften läßt.

Thomas Carlyles tragisches Schicksal

Vor ungefähr hundert Jahren stand Thomas Carlyle auf der Höhe seines Ruhms. Radikale Intellektuelle verehrten ihn als Verkünder sozialer Reformen, Konservative als englischen Nationalisten, der an der Tradition, an der bisherigen Gesellschaftsordnung festhielt. Alle bewunderten seine Gelehrsamkeit und seine einzigartige Sprache, seinen eindringlichen Stil, der alle Formen sprengen und in einen einzigen leidenschaftlichen und angsterfüllten Schrei übergehen konnte. Seine Popularität zeigte sich bei seinen Lesungen. Es erging ihm wie Bergson Anfang des 20. Jahrhunderts. Die vornehme Gesellschaft und intellektuelle Kreise füllten die Säle. Die Straßen vor den Vortragssälen waren mit Equipagen verstopft. Seine Bücher wertete man als literarische Sensationen. Sein Heim wurde von Englands und Amerikas geistiger Elite belagert. Seine Zuhörer lauschten ehrfürchtig seinen Monologen. Fiel jemand dem Meister ins Wort, so konnte sich seine Rede zu einem beschwörenden Appell an das Auditorium entwickeln, ihn nicht zu unterbrechen. Er gehörte zu den wenigen Auserwählten, die von Königin Viktoria zum Tee eingeladen wurden. Es geschah zu seiner Ehre, wenn auch der Empfang zu einem kleinen Ärgernis wurde, denn Carlyle wagte es nicht nur, der Königin zu widersprechen; er setzte sich, ohne dazu aufgefordert worden zu sein. Das war eine Auszeichnung, die nur der »geliebte« Disraeli erhielt. Nicht einmal Gladstone hatte darum zu bitten gewagt.
Carlyle stand auf dem Gipfel seines Ruhms, als er mit überwältigender Mehrheit zum »Rektor« – das war lediglich ein Ehrentitel! – der Universität Edinburgh gewählt wurde. Sein Gegenkandidat war Disraeli, der Führer der Konservativen. Die Zuhörer schrien, weinten, drangen auf Carlyle ein, um den großen alten weisen Mann berühren zu können, der eineinhalb Stunden ohne jede Aufzeichnung vor Antritt seines Ehrenamts zu den Anwesenden gesprochen hatte. Dies war im Jahr

1865, als er ein Alter von 70 Jahren erreicht hatte. Er lebte noch sechzehn Jahre. Sein Ansehen wuchs ganz automatisch, je älter er wurde. Spät kam er zu Ansehen und Erfolg.
Ein Leben voller Entbehrungen und äußerer und innerer Schwierigkeiten war vorangegangen. Thomas Carlyle, Sohn eines armen schottischen Handwerkers, konnte Schule und Universität besuchen, weil seine Familie äußerst sparsam lebte. Lange schlug er sich mühsam als Lehrer und Verfasser kleiner wissenschaftlicher Schriften durch. Er verschlang Bücher, war vielseitig und sehr klug, obwohl er im eigentlichen Sinn nicht als Gelehrter, Forscher oder Theoretiker angesehen werden konnte. Im Alter von dreißig Jahren heiratete er Jane Welsh, die aus einer sozial etwas höher stehenden Schicht kam. Der Vater, Arzt, hatte kein Vermögen. Jane Welsh entwickelte sich zum besten Mitarbeiter ihres Mannes. Sie besaß dieselbe Anziehungskraft wie er und wurde als schönes, jedoch etwas nachlässiges, schnippisches, ehrgeiziges und leidenschaftliches junges Mädchen von munterer Gemütsart beschrieben. Sie soll sehr zeitig ihren jugendlichen Charme verloren haben, aber Thomas und Jane blieben einander in tiefster Vertraulichkeit verbunden, mehr auf Grund geistigen gegenseitigen Verstehens und gemeinsamer Entbehrungen als durch Liebe und freudige Erlebnisse. Als das Paar 1834 nach London übersiedelte, begann ihre gemeinsame Karriere. Als Historiker und Sozialkritiker gelang Carlyle mit »The French Revolution« (1837), »Chartism« (1839) und »Past and Present« (1843) der Durchbruch. Man kann diese Werke weder als historisch noch als sozialkritisch kennzeichnen. Das Buch über die Französische Revolution ist eher ein leidenschaftlich gehaltenes Urteil über Menschen und Institutionen als eine Beschreibung und Analyse dieser Epoche. Und seine Werke über soziale Probleme enthalten oft Ergebnisse eines allumfassenden und kritiklosen Studiums der Geschichte. Der Grundgedanke dieses Schrifttums ist der Angriff auf die Gesellschaft, die durch die jüngst entstandene Industrie sich plötzlich gewandelt hatte, und auf die mit sich selbst zufriedenen altliberalen Wirtschaftler, die das System der Gegensätze – hier ungeheure Reichtümer, dort tiefstes Elend – verteidigten. So schrieb Carlyle in »Past und Present«:
»Ich wage zu behaupten, daß niemals seit der Bildung einer sozialen Gesellschaft diese stummen Millionen von Arbeitern ein so unerträgliches Leid über sich ergehen lassen mußten, wie wir es in unseren Tagen erleben. Nicht der Tod – oder auch nur der Hungertod – macht Men-

schen unglücklich. Viele Menschen sind gestorben. Wir alle erleiden dasselbe Schicksal. Aber im Elend dahinsiechen zu müssen, ohne zu wissen, warum, sich zu Tode zu arbeiten, um schließlich doch nichts zu besitzen, verzweifelt und müde und doch isoliert zu sein, ohne Verbindung zu anderen, in rauher Einsamkeit, das heißt: langsam, das ganze Leben hindurch, einem Absterbeprozeß ausgesetzt, in einer dumpfen, toten, endlosen Ungerechtigkeit eingefangen zu sein«.

An einer anderen Stelle geißelte er das Leben der faulen Reichen: »Was tun diese Nutznießer der Gesellschaft, um ihren Reichtum zu verdienen? Sie schießen Rebhühner! Muß das so weitergehen? Nein, beileibe nicht, bei der Seele eines jeden Menschen, das kann und darf und wird nicht so sein!«

Der Versuch der Nationalökonomen, der »ehrwürdigen Professoren einer schrecklichen Wissenschaft«, wie Carlyle sie nannte, in diesem Zustand sozialer Ungerechtigkeit, die »unsichtbare Hand« privaten Interesses zu sehen – wie auch Gott alles aufs beste ordnete –, wurde von Carlyle als eine Verhöhnung der Wirklichkeit gegeißelt. Man spreche von Überproduktion, wo doch gleichzeitig Arme der Hungersnot zum Opfer fielen; man nenne es Fortschritt, wenn die Industriearbeiter schlechter als Leibeigene dahinvegetierten.

In diesen sozialkritischen Büchern Carlyles sind wohl praktische Reformvorschläge enthalten, aber demokratische oder sozialistische Doktrinen wurden darin nicht entwickelt. Im Gegenteil! Schon früh zeigten sich dort Ideen, die später sein Denken beherrschten und die einer fast konservativen und autoritären Weltanschauung nahekamen. Auch Carlyle schwärmte, wie Disraeli, als er sozialradikale Reformen vorschlug, für die »gute alte Zeit«, in der Ordnung, Sicherheit und Autorität herrschten. Während Disraeli in der Geschichte der Stuarts einen geeigneten Stoff für seine Phantasien fand, ging Carlyle noch weiter zurück, bis zu Wilhelm dem Eroberer. Carlyle verband nationalistische Gedankengänge mit Kritik sozialer Ungerechtigkeiten. Die Engländer bezeichnete er als im Stillen tätige Menschen, während andere Völker, besonders die Franzosen, viel redeten und nichts ausrichteten. Seine Wertschätzung des Instinkts, der Gewohnheit, der unberechenbaren Tradition erinnerte an Burke: Ideologien seien nur sorgsam überlegte Maßnahmen, die den Menschen dazu verhülfen, ihre durch einen Instinkt beeinflußten Handlungen der Welt sichtbar zu machen, nachdem sie Form angenommen hatten.

Carlyle behauptete, es seien die Führer, die Helden, die die Menschheit formten, sie aufwärts trügen. Die Massen selbst seien unfähig zu regieren. In der Demokratie liege »eine verzweifelte Hoffnung verborgen, Helden zu finden, die über uns herrschen, und auch die zufriedene Feststellung, daß es solche Helden nicht gibt«.

Carlyles soziales Pathos ließ nach, je älter er wurde, während konservative, nationalistische Ideen, intellektfeindliche Gedankengänge, die Anbetung von Macht und Führertum zu beherrschenden Themen seiner Botschaft wurden. Die Helden, die Elitegruppe, die regieren sollte, müsse aus der Schicht kommen, die jetzt schon die Macht besitze. Das ging schon aus seinen »Latter Day Pamphlets« (1850) hervor. Das Parlament sei ein Haufen unverantwortlicher und unfähiger Schwätzer.

In seiner Schrift »Shooting Niagara ... and After« (1867) wetterte Carlyle gegen Disraelis unvollkommene Wahlrechtsreform, bezeichnete sie als ein gefährliches Nachgeben gegenüber der Demokratie, als einen »Sprung in den Niagara« in selbstmörderischer Absicht. Nach Carlyles Idealvorstellung vom Verhältnis der einzelnen Gesellschaftsschichten zueinander, war dies – mit den Worten des Staatswissenschaftlers Ernest Barker ausgedrückt – »ein neuer Feudalismus«. Gutsbesitzer und Unternehmer sollten über ihre »Diener« – die Arbeitnehmer – gebieten, sie erziehen, mit ihnen abgegrenzte bestimmte gesellschaftliche Vereinigungen bilden. »Der Held« nahm dabei die Züge eines Tyrannen oder eines Feldwebels an. Die Kinder sollten von früher Jugend an gemeinsam körperlich ertüchtigt werden, damit man sie mit 16 Jahren zu militärischen Übungen heranziehen könne. Carlyles Lieblingsausdrücke waren »Ordnung«, »befehlen und gehorchen«, »Ergebenheit«, »Arbeit«. In seinem großen Werk über Friedrich den Großen waren List und Betrug identisch mit »Staatsklugheit« und »Wirklichkeitssinn«. Genauso schrieb auch Thomas Mann in seinem Buch »Friedrich und die große Koalition« (1916).

Carlyles »Occasional Discourse on the Nigger Question« – nicht zu verwechseln mit dem »Negerproblem«! – ist ein Beispiel dafür, welcher Härte und Sophisterei er fähig war. Darin verteidigte er die Sklaverei. Es sei die Pflicht der Reichen, die Sklaven hart arbeiten zu lassen. Er wollte damit die Gewaltherrschaft einer auserwählten Gruppe rechtfertigen, die Unterdrückung »gewöhnlicher« Menschen, die rücksichtslose Diktatur. »Der schwarze Mann«, schrieb Carlyle, »muß gezwungen werden, die Arbeit auszuführen, für die er sich eignet«, und diese Regel habe für alle Menschen zu gelten. Sklaverei sei etwas Abscheuliches, Peinigendes –, aber müßten nicht alle Menschen bittere Stunden durchmachen, müßten nicht alle leiden? Werde nicht die ganze Menschheit irgendwie geknechtet?

»Denkt daran, meine teuflischen Freunde«, wetterte er gegen unbußfertige Schwarze und Weiße, »daß ich euch peitschen, Ketten um euren Hals legen und euch lehren werde – wie es die Götter taten –, daß die Welt euch nicht in den Schoß gefallen ist, daß die Erde nicht glücklich über euch ist«. Ist es verwunderlich, daß die Sklavenhalter der Südstaaten Amerikas *diesen* Carlyle zu seinen Lebzeiten wie einen Helden feierten? Nach seinem Tod hat man ihn sowohl gepriesen als auch verdammt als einen Vorboten des Faschismus und des Nationalsozialismus.

Daß Carlyle, besonders im Alter, ein verbitterter und unglücklicher Mensch gewesen sein mußte, geht aus seinen Schriften hervor. In seinen sozialkritischen Betrachtungen findet man wenig Menschenliebe, keine Träume von einer hoffnungsvollen Zukunft. Haß und Verachtung überwiegen darin. Diese Gefühle treten noch deutlicher in späteren Jahren hervor, als Menschen und nicht Institutionen ihm in die Schußlinie gerieten. Nicht einmal seine Helden schilderte er liebevoll. Sie sind willensstark, hartherzig, Arbeitstiere, ohne menschliche Wärme. Sie quälen die Menschheit, empfinden keine Liebe für sie. Carlyle wirkte nicht selbstgefällig und hochmütig wie so manche anderen Sozialreformer. Zweifellos fühlte er sich anderen Menschen überlegen. Aber die Abneigung gegen das eigene Ich war bei ihm genauso groß wie sein Haß auf seine Umgebung.

Aus Aufzeichnungen, Briefen und Biographien läßt sich deutlich erkennen, warum er so verbittert war. Wenn Carlyles Name der Nachwelt erhalten bleibt, so tragen diese Schilderungen und nicht seine riesige literarische Produktion dazu bei. Er beklagte sich ununterbrochen. Die Arbeit war für ihn eine Qual, aber auch eine Notwendigkeit. Einladungen, Besuche, neue Bekanntschaften bereiteten ihm körperliches Unbehagen. Die rein physischen Ursachen – zumindest die physisch erklärbaren – sind bekannt und ausführlich besprochen worden. Carlyle litt fast immer unter Rückenschmerzen. Vielleicht war es ein Bandscheibenschaden, eine Krankheit, die viel später entdeckt wurde und erst in unserer Zeit geheilt werden kann. Außerdem litt Carlyle an Schlaflosigkeit. In seinen Briefen kam er immer wieder auf Wachhunde und frühzeitig krähende Hähne zu sprechen. Es ist ergreifend, in Biographien über ihn zu lesen, wie verzweifelt und ohne Erfolg er sich im Alter bemühte, einen gegen Lärm isolierten Raum zu bekommen. Er hatte einen nervösen Magen. Gegen chronische Verstopfung nahm er ebenso fleißig Rizinusöl, wie die heutigen Menschen Vitamintabletten schlucken. Er schien außerdem ganz oder teilweise impotent gewesen zu sein – ein Umstand, der heute eine wesentliche Rolle spielt, aber für Carlyle wahrscheinlich weniger zu bedeuten hatte als andere schmerzhafte Krankheiten. Es überrascht nicht, daß er in sich die bittere Lebensanschauung eines Joseph de Maistre mit dem Pessimismus und der Nörgelei eines Strindberg über die täglichen Vorkommnisse vereinigte.

Natürlich lagen die seelischen Ursachen, die hierbei eine Rolle spielten, viel tiefer. Ein englischer Arzt versuchte vor einigen Jahren sehr intensiv nach neuesten psychoanalytischen Methoden den Fall Carlyle aufzuklären. Er fand in der Psyche des Schriftstellers sadistische, masochistische und analerotische Wesenszüge. Aber wird man Carlyle nach dieser stereotypen Aufzählung triebhafter Zustände besser gerecht? In einer sehr ausgeglichenen und interessanten Biographie legte Julian Symons auf solche Hypothesen überhaupt keinen Wert. Er fand es reizvoll, auf Carlyles Wunsch hinzuweisen, seinen Kindheitsglauben, der auf ein tiefreligiöses und moralisch unantastbares Elternhaus zurückzuführen war, durch eine Lebensphilosophie zu ersetzen, die ihm den anerzogenen Puritanismus erhalten sollte. Carlyle war für ihn ein psychopathologischer Fall und mehr als das.

Der Mensch Carlyle – nicht der große Schriftsteller – blieb trotz allem eine sympathische Erscheinung. Er konnte sehr großzügig sein. Hierzu ein Beispiel: Stundenlang saß er mit John Stuart Mill zusammen und tröstete ihn, als dieser Carlyles einziges Manuskript des ersten Teils der »French Revolution«, das in fünfmonatiger harter Arbeit entstanden war, verloren hatte. Carlyle seufzte und jammerte, aber er zwang sich zur Arbeit. In Gesellschaft gab er sich ausgelassen. Einsamkeit bedrückte ihn. Thomas und seine Frau Jane galten als ein durch das Schicksal aneinandergekettetes historisches, tragisches Liebespaar, wenn man mit »tragisch« einen mystischeren Sinn verbindet und nicht die übliche erzwungene Scheidung, einen frühzeitigen Tod oder andere äußere Schwierigkeiten. Als Jane vom großen Erfolg ihres Mannes in Edinburgh hörte – einem »perfect triumph«, wie der Begleiter John Tyndall telegrafierte –, bekam sie einen hysterischen Anfall. Ein paar Tage danach starb sie, ohne Thomas Carlyle wiedergesehen zu haben. Ihr plötzlicher Tod erschütterte ihn. Jetzt wuchs Carlyles Liebe etwas von dem Feuer zu, das in ihrer Ehe ohne Erotik und ohne Leidenschaft – und ohne die dadurch ausgelöste Freude – geschwunden war. Es war zu spät. Er schrieb kaum mehr; er starb nach langem Siechtum, ohne seine geistige Schaffenskraft wiedererlangt zu haben, im Jahr 1881.

John Ruskin, der viktorianische Prophet

John Ruskin gehörte – wie Thomas Carlyle – zu den viktorianischen Propheten, die gegen die bestehende Gesellschaft wetterten, nach einer neuen, besseren Welt riefen, die man aber doch in das soziale System ihrer Zeit einreihen konnte und die noch zu Lebzeiten zu Ruhm und Ehren gelangten.

Carlyle lebte von 1795 bis 1881, Ruskin von 1819 bis 1900. Sie wirkten also beide während des ganzen Viktorianischen Zeitalters. Die beiden Männer sind sich ungeheuer ähnlich. Ruskin gilt als Carlyles Nachfolger. In einer Art heiligem Zorn, mit überzeugender Leidenschaft, griffen beide das liberale Wirtschaftssystem an, das die Armen ausnützte und die Industrie begünstigte. Sie trugen wirksam dazu bei, den schrecklichen Altliberalismus (Laissez-faire-Liberalismus) zu zerstören, der erbarmungslos der Not und dem Elend der Massen zusehen, aber ehrfurchtsvoll die unerforschlichen Wege der »unsichtbaren Hand« – von Angebot und Nachfrage – verfolgen konnte. Beide zeigten eine Schwäche für »starke« Männer – Carlyle nannte sie »Helden« – und setzten sich für eine Regierung mächtiger, einflußreicher Persönlichkeiten ein, die der bestehenden Hierarchie angehörten. Sie galten als Stützen eines aristokratischen Konservativismus, da sie, trotz ihrer Kritik an der Gesellschaft, dazu neigten, in der gehobenen Klasse der Lords, Großgrundbesitzer und Industriellen die führende Schicht des Volkes zu sehen. Überhaupt waren die Engländer in ihren Augen eine Auslese starker, unternehmender Menschen, die dazu ausersehen waren, »niedere« Rassen zu beherrschen und zu beschützen. So wurden Carlyle und Ruskin auch zu Imperialisten.

Hinter der praktischen Politik eines Disraeli und Joseph Chamberlain sind Spuren der Ideen jener beiden extremistischen Propheten, in denen sich Phantasie und Unvernunft mit leidenschaftlichem Scharfsinn verbanden, erkennbar.

Es war gar nicht verwunderlich, daß die Untersuchung des kläglichen

Sexuallebens der beiden kraftstrotzenden Männer sowohl Heiterkeit als auch Abscheu hervorrief. Daß Ruskin impotent war, jedenfalls keine normalen sexuellen Beziehungen hatte, daß er fast bis ins Alter als Onanist galt – was von den Viktorianern als »Unreinheit« gebrandmarkt wurde und was er selbst als schwere Sünde empfand –, ist in einer Biographie des ausgezeichneten Kritikers Peter Quennell (1949) nachzulesen. Ruskin heiratete mit 29 Jahren ein junges Mädchen. Die Ehe wurde ein Fiasko und einige Jahre später wieder aufgelöst.

Viel später, im Alter von 40 Jahren, verliebte er sich in ein noch jüngeres Mädchen, in ein Kind, möchte man beinahe sagen. Es blieb aber nur bei einigen glühenden und merkwürdigen sentimentalen Liebesbriefen. Das lag wohl am Widerstand der Eltern des Mädchens gegen eine Verbindung.

Handelte es sich in diesem Fall um eine Form von Sublimierung oder einen Ausgleich oder irgendeine andere Beziehung zwischen Körper und Geist? Die Frage ist zu kompliziert, um hier diskutiert zu werden. Es ist sehr wahrscheinlich, daß die Impotenz nicht auf physische Mängel, sondern auf psychische Ursachen zurückzuführen war. Frappierend ist bei Ruskin die Unnatürlichkeit seiner Leidenschaft, das verzweifelte Verlangen nach einer Vereinigung mit der Unschuld. Das Widersprüchliche und Tragische in dem Wunsch nach Unberührtheit konnte gar nicht besser zum Ausdruck kommen als in seinen mißglückten Liebesaffären und der fehlgeschlagenen Ehe. Es ist auch verlockend, einen Zusammenhang zwischen dieser Sehnsucht nach Reinheit und seiner merkwürdig schwärmerischen Art, über Kunst zu schreiben, festzustellen.

Ruskin hatte sich einen Namen als Kunstkritiker oder – besser gesagt – als »Prediger« der Kunst gemacht. Er schrieb mit einer außergewöhnlich persönlichen Überzeugung. Wie ein »gläubiger Christ« vertrat er die Idee, Kunst sei das »wirkliche«, wahre und alles durchdringende Leben. Trotz seiner puritanischen Einstellung predigte er eine Art »L'art pour l'art«-Philosophie. In »The Stones of Venice« (1851–1853) stößt man auf Maximen und Paradoxone, die heute nach mehr als hundert Jahren noch gültig sind.

Ein Gefühl für Schönheit, weniger ein soziales Bewußtsein, zwang Ruskin, der seit seiner Kindheit an Reichtum und Überfluß gewöhnt war, Kritik an der Häßlichkeit und dem Elend zu üben, die die Industrialisierung mit sich brachte. Besonders in »Unto This Last« (1862), einer Schrift, die großen Einfluß auf ältere Arbeitergenerationen gewann, kritisierte er sachlich und scharf die Idee der liberalen Ökonomen, daß es einzig und allein auf die Produktion ankomme. Er setzte sich dabei für einen wirtschaftlichen Ausgleich ein. Es käme nicht nur darauf an zu produzieren, sondern man müsse »die Ware auch mit Verstand verteilen und verbrauchen«. Das klingt alles so selbstverständlich, aber in einer Zeit, in der sich die Wirtschaftler gar nicht darum kümmerten, was konsumiert wurde und wer konsumierte, sondern nur ihr Augenmerk darauf richteten, daß die Produktion insgesamt stieg, mußte so etwas gesagt werden.

In derselben Zeit forderte Ruskin Reformen, die so radikal waren, daß man sie als revolutionär und gemeingefährlich für damalige Verhältnisse bezeichnen konnte, z. B. progressive Einkommensteuer und Extrabesteuerung hoher Verdienste. Sein soziales Pathos wirkte wie eine Art private Wohltätigkeit. Es konnte bizarre Formen annehmen. Er ließ z. B. während seiner Professorenzeit in Oxford die Studenten einige Stunden in der Woche Straßenbauarbeiten ausführen.

Der Gedanke, daß eine Gruppe Auserwählter die Herrschaft haben und für Ordnung, Harmonie, Wohlstand und eine solide Moral sorgen sollte, beschäftigte Ruskin immer mehr. Er forderte die Aristokraten auf – wie das schon Plato tat –, sich dieser Aufgabe anzunehmen. In seinem utopischen Staat sollte jede Gesellschaftsschicht eine besondere Kleidung tragen. Die Jugend hätte zu »sklavischem« Gehorsam erzogen zu werden. Die Menschen sollten mit demselben Schneid wie ein Garderegiment auftreten.

»Ich bin ein waschechter Sozialist, aber auch ein Tory strengster Art«, äußerte Ruskin. Seine sozialistische Einstellung glich aber manchmal mehr einer Sehnsucht nach der »guten alten Zeit«, zuweilen jedoch einem Verlangen nach einer Diktatur, wie wir sie aus neuesten Zeiten kennen. Man bekommt einen Vorgeschmack von Nationalsozialismus und Faschismus, wenn man seine Äußerungen – wie die so vieler gleichgesinnter Antiliberaler englischer, französischer und deutscher Abstammung – genau studiert.

Wenn man sich einen Begriff von Ruskins unklarem und naivem Denken machen will, muß man seine verschiedenen Argumente gegen den Krieg in »Time and Tide« und »The Crown of Wild Olive« lesen. An einigen Stellen sagte er, daß Krieg ein Wahnsinn sei, der mit der Aufklärung der Massen verschwinden würde. »Die wirkliche Größe, das echte Glück einer Nation« beruht nicht auf großem Besitz..., sondern darauf, daß tüchtige Menschen diese Gebiete bewohnten. Frauen sollten in Kriegszeiten schwarz gekleidet gehen. Dadurch würden die Männer veranlaßt, sofort Frieden zu schließen, damit sie sich wieder an bunten Kleidern erfreuen könnten.

Doch plötzlich klingen heroische Motive an. »Alle großen Nationen haben Kriege geführt«. »Frieden in unserer Zeit« würde »Geist und Herz ruinieren«. Der moderne Krieg mit seinen weitreichenden Waffen – 1866 niedergeschrieben! – sei unästhetisch, erbärmlich. Man sollte sich wieder der Zeiten entsinnen, als der »stärkste Arm, das mutigste Herz« entschied, als Lanze und Schwert die üblichen Waffen waren. Ruskins imperialistische Gedankengänge kamen immer klarer und protziger zum Vorschein. England möge »Kolonien so schnell und in so vielen Gebieten wie nur möglich gründen ... Diese Kolonien sollen vor Anker liegende Flotten sein, die von Militärs befehligt werden. Diese sollen Herren über Felder und Straßen, nicht über Linienschiffe sein«.

Schon diese wenigen Beispiele zeigen, daß Ruskin – wie so viele andere einflußreiche Philosophen – damit eine ausgiebige und abwechslungsreiche Kost für jeden Geschmack anbot. Diese wurde mit einer großen Redegewandtheit angepriesen, mit einer Eindringlichkeit und einem aufrüttelnden Appell, wie ihn nur ein Mann entwickeln kann, der sein Opfer am Rockärmel festhält. Bei Ruskin entwickelte sich diese Rhetorik nicht zu einem geistigen Gestammel wie bei Carlyle. Doch ahnt man auch hier dahinter eine Leidenschaft, die die Fesseln der Vernunft sprengen kann.

Es muß hervorgehoben werden, daß Ruskin auf zwei Schriftsteller starken Einfluß gehabt hat, die man nicht ohne weiteres mit ihm in Verbindung bringt. Einer von ihnen war Marcel Proust, der Ruskin übersetzte und ihn – dies ist keine Übertreibung – fast vergötterte. Als Proust zum ersten Mal Ruskins kritische Abhandlungen über Kunst und Ästhetik las, schrieb er: »Die Welt hat in meinen Augen wieder ungeheuer an Bedeutung gewonnen. Meine Begeisterung für Ruskin hat es vermocht, daß ich Dinge lieben lernte, die mir wertvoller als mein Leben sind ... Die Schönheit, der er sein Leben widmete, war für ihn nicht nur ein Genuß ..., sondern eine Realität, die viel wertvoller als das Leben selbst ist und für die er gern sein Leben hingegeben hätte.« Diese Gedanken über Ruskin sind Prousts eigene Weltanschauung, sind das Leitmotiv seiner Arbeiten. Auch sonst ist der Einfluß Ruskins auf Proust deutlich erkennbar, besonders in dessen Stil. Der zweite Schriftsteller, auf den Ruskin großen Einfluß ausübte, war

D. H. Lawrence, dessen Ideen vielfach von seinem Vorbild stammen. Allerdings berühren sie weniger Lawrences Auffassung von »Kunst und Leben« als seine Einstellung zum Industrialismus und dessen entwürdigenden Einfluß auf die Menschen. Auch die Verquickung von Zartheit und Brutalität ist auf Ruskin zurückzuführen. Selbst Lawrences Stil – wenn er zu philosophieren beginnt –, erinnert sehr an Ruskin, besonders die schwülstigen, verworrenen und gewundenen Sätze neben geistreichen, glänzenden Formulierungen. Es besteht auch eine auffallende Ähnlichkeit zwischen beiden darin, daß sie ihre Schilderungen mit einer Botschaft verbinden. Quennell z. B. führt in seiner Biographie über Ruskin als Beispiel eine Stelle aus »The Queen of the Air« an, in der er über die Schlange – die oft im Mittelpunkt von Lawrences Phantasie stand – als Symbol und Mysterium nachdenkt:
»The serpent crest of the king's crown, or of the god's, on the pillars of Egypt, is a mystery; but the serpent itself, gliding past the pillar's foot, is it less a mystery? Is there, indeed, no tongue, except the mute forked flash from its lips, in that running brook of horror on the ground?«

John Stuart Mills Liebesgeschichte

In seiner Selbstbiographie, dem vielleicht packendsten Buch John Stuart Mills, wurde seiner Gattin Harriet eine Ehrung zuteil, die in der Geschichte einmalig sein dürfte.
Ihre hohen geistigen Eigenschaften erinnerten Mill an Shelley, der – in seinen Augen –, verglichen mit Harriet in ihren reifen Jahren, gegen sie ein Kind sei. Sie besitze so viel Gefühl und Phantasie, daß sie eine »vollendete Künstlerin« hätte werden können, und so viel Redegewandtheit und leidenschaftliche Ausdrucksweise, daß aus ihr eine vollendete Rednerin geworden wäre. Ihre eingehenden Kenntnisse der menschlichen Natur, ihre praktischen Ansichten würden sie – wenn damals für Frauen eine solche Laufbahn möglich gewesen wäre – zu einer der führenden Persönlichkeiten unter den geistigen Größen der Menschheit gemacht haben.
In Vorworten zu seinen Büchern fand Mill immer neue Wendungen, um die Verdienste seiner Gattin zu würdigen. »On Liberty« ist ihr gewidmet, »... als Erinnerung an sie, die an meinen besten Arbeiten mitgewirkt und mich dazu angeregt hat ... Wäre ich fähig, der Welt nur

die Hälfte der großen Gedanken und vornehmen Gefühle wiederzugeben, die mit ihr zu Grabe getragen wurden, so würde ich der Welt einen viel größeren Dienst erweisen als dies durch irgendein anderes Werk von mir möglich wäre, das nicht von ihr, der so unvergleichlich klugen Frau, angeregt und gefördert worden ist.« Mit ähnlichen Worten pries Mill auch Helen Taylor, Harriets Tochter aus erster Ehe. In einem Abschnitt der Selbstbiographie, der nach Mills Tod auf Helens Veranlassung vor der Veröffentlichung gestrichen wurde, hieß es: »Jeder, der jetzt oder später sich meiner und meiner Arbeiten erinnert, soll nicht vergessen, daß dieses Buch nicht der Intelligenz und dem Verstand einer einzigen Person, sondern dreier Menschen zu verdanken ist. Das wenigste hat der dazu beigetragen, mit dessen Namen das Buch verbunden ist«.

Mill besaß wahrlich genug Stolz und Selbstachtung, doch neben Harriet fühlte er sich klein und unbedeutend: »Zu einem solch edlen, durchgeistigten Menschen wie Dir kann ich nur bewundernd emporsehen«. Es ist deshalb nicht verwunderlich, daß Mill die Schilderung der Entwicklung der geistigen Größe seiner Frau als »eine so große Wohltat für die Menschheit« ansah, »wie sie nie zuvor durch eine Biographie vermittelt worden ist.«

Die Grundlage für eine Biographie der Mills wurde durch einen berühmten liberalen Nationalökonomen, F. A. Hayek, geschaffen, dem es gelang, in englischen und amerikanischen Sammlungen einen großen Teil des Briefwechsels zwischen den Mills zu finden. Er veröffentlichte (1951) daraus die interessantesten Stellen. Hier erhält man neue Aufschlüsse über das Verhältnis der Gatten zueinander, deren Verdienste, vor allem aber über Harriet. Eine solche Darstellung hatte es bisher nicht gegeben. Außer Mill haben noch Freunde gelegentliche, jedoch nicht immer nette Charakteristiken Harriets geschrieben. Die Sammlung der Briefe der Gattin gestattet einen viel besseren Einblick.

John Stuart hatte eine lange Depressionsperiode hinter sich, als er – 1830 oder 1831 – Harriet Taylor begegnete. Er war damals 24 oder 25 Jahre alt, sie ein Jahr jünger. Harriet stammte aus einer freireligiösen bürgerlichen Familie. Sie hatte einige Jahre vorher den gutsituierten zehn Jahre älteren Kaufmann John Taylor geheiratet, einen sehr netten, aber etwas langweiligen Typ. »Harmlos, verdrießlich und gut« war er, um Carlyle zu zitieren. Die beiden jungen Menschen, Mill und Harriet Taylor, verliebten sich bald ineinander. Mill, »der vorher nie einem weiblichen Wesen, nicht einmal einer Kuh, in die Augen gesehen hatte« – wie Carlyle später sagen sollte –, war von Harriets Schönheit entzückt. Absolut sicher ist, daß gleiche Ansichten und gleiche Begabung sie zusammenführten. Nach einer Anzahl von Konflikten, die nicht geklärt werden konnten, schlossen die drei Partner eine Art anständigen Kompromiß. Scheidung wäre damals kaum denkbar gewesen. Sowohl Gesetze als auch Schicklichkeit verboten dies. Die beiden Taylors lebten weiterhin formell zusammen. Harriet wohnte die meiste Zeit mit ihren Kindern getrennt von ihrem Mann oder unternahm längere Reisen. Doch mit Mill traf sie sich regelmäßig. Erst Taylors Tod (1849) beendete dieses Dreiecksverhältnis. Zwei Jahre später heirateten sie. Tuberkulose, an der beide litten, trübte, aber zerstörte nicht ihr Glück. Harriet starb 1858. Mill, der schon Anfang der fünfziger Jahre glaubte, zum Tod verurteilt zu sein, überlebte Harriet um 15 Jahre. Er wurde von der Stieftochter Helen Taylor, die ihm wie ihre Mutter ergeben war, stark inspiriert.

Durch diese Briefe Mills und Harriets wird eine wundervolle und ergreifende Liebesgeschichte für die Nachwelt aufgerollt. Die gemeinsamen Interessen prägten ihr gegenseitiges Verhältnis. Das galt besonders für Mill. Familie und alte Freunde waren ihm nach der Begegnung mit Harriet Taylor vollkommen gleichgültig. Nach seiner Heirat brach er mit Mutter und Geschwistern, weil er glaubte – wahrscheinlich ohne Grund –, sie hätten eine Abneigung gegen Harriet und sprächen schlecht von ihr. Harriet dagegen brachte ihrem ersten Mann, John Taylor, und ihren gemeinsamen Kindern immer große Zuneigung entgegen. Liebe und Bewunderung, Zusammengehörigkeitsgefühl und Abhängigkeitsempfinden kamen in unzähligen Wendungen ihrer Briefe zum Ausdruck.

Vor der Ehe hat es zwischen Harriet und Mill keine erotische Verbindung gegeben. Gegen Ende ihres Lebens bekannte sie, während der langen Zeit des Dreiecksverhältnisses sowohl Taylor als auch Mill nur »Seelenfreundin« gewesen zu sein. Deutlicher geht das platonische Verhältnis aus Briefen hervor, besonders aus einem, in dem sie mit Mill über dessen geplante Selbstbiographie (1854) diskutierte. Sie wünschte, daß er in dem Buch ihre Beziehungen zueinander deutlich zum Ausdruck bringen sollte: Restlose Hingabe, intime Freundschaft, aber »no impropriety« (keine Ungehörigkeit). Dadurch sollte ein »Exempel statuiert« werden »für alle die Armen, die nicht glauben wollen, daß eine Freundschaft ohne Erotik existiert – oder daß Schicklichkeit und Rücksicht auf andere das Sinnliche überwinden kann«.

Aus den Briefen, sowie aus gewissen Redewendungen erkennt man deutlich, daß diese Enthaltsamkeit keineswegs nur auf kühlem Temperament, sondern auch auf einer festen moralischen Einstellung beruhte. Das mag merkwürdig erscheinen, wenn man bedenkt, mit welcher Ironie und Skepsis die beiden Liebenden die religiösen, ethischen und konventionellen Vorstellungen ihrer Zeit, so auch den Grundsatz der weiblichen »Reinheit« beurteilten. Aber aus dem Briefwechsel ergibt sich, daß eine strenge sexuelle Moral für beide eine ganz selbstverständliche Sache war. Sie sprachen in ihren Briefen immer und immer wieder davon, daß das Glück das große Ziel für die Menschheit sei. Nach Mills ethischer Doktrin war das Glück, das man durch Selbstdisziplin, Entbehrungen und aufopferndes Leben gewann, so viel schöner und stärker als ein Glück, das in der Erfüllung gewöhnlicher Wünsche und Sehnsüchte bestand, daß bei ihm persönliches Glück schlichtweg identisch mit puritanischer Lebensfreude wurde. Daß man sich so beherrschen konnte, mußte doch auf eine gewisse Gefühlskälte zurückzuführen sein. Einmal sprachen sie von der Freude, einander an der Hand halten zu können. Aber nie werden in Briefen Küsse oder andere intimere Zärtlichkeitsbeweise erwähnt. In einem älteren Brief schrieb Harriet, beobachtet zu haben, daß Frauen niemals sinnlich veranlagt seien, dagegen Männer fast immer »mit Ausnahme einiger edler Charaktere«. Offensichtlich gehörte Mill zu diesen wenigen noblen Ausnahmen.

Mangelnde Sinnlichkeit schien durch bis zur Maßlosigkeit gesteigerten Stolz – ebenfalls eine Todsünde – ausgeglichen worden zu sein. »Wir müssen uns beeilen«, schrieb Mill im Hinblick auf seine Krankheit, »all das Gute, das wir zu sagen haben, zu veröffentlichen, solange wir leben. Ich kann niemand entdecken, der unsere Ideen verbreiten könnte ... Wir müssen sie niederschreiben, drucken lassen, damit sie Gültigkeit haben, bis neue Männer neue Gedanken aufgreifen«. Freunde und Feinde des Paares wurden gleicherweise von oben herab behandelt. Macaulay nannten sie »einen intellektuellen Zwerg«. Tocqueville und Carlyle hatten eine brüchige Moral, waren »beschränkt, ängstlich, außerordentlich selbstzufrieden und Klatschbasen«.

Grote, Comte und Mrs. Martineau galten in ihren Augen als mittelmäßige Charaktere. Sich mit solcher Energie für so geistesarme Menschen aufzuopfern – sollte man meinen –, sei ein trauriges Unterfangen. Harriet und John Stuart Mill ließen sich ohne viel Aufhebens darauf ein.

Für Mill galt Harriet als der in jeder Beziehung und mit keinem anderen Wesen vergleichbare bedeutendste Mensch auf dieser Welt. Auch er selbst kam erst nach Harriet, war ihr aber, aufgrund ihrer Liebe zu ihm, fast gleichgestellt. Ganz allgemein betrachtete man sie als Mills Mitarbeiterin. Viele sahen in ihr nur eine ganz untergeordnete Person. Mill dagegen meinte oft, er sei ihr Assistent, der nur ihre Gedanken niederschrieb. Hayek ergriff in dieser Kontroverse Partei für Mill. Er meinte, Mills Äußerungen über Harriets großen Einfluß seien absolut richtig.

Das scheint doch etwas übertrieben zu sein; aber dies kommt wohl daher, daß Hayek nach dem Studium der Briefe zu der Überzeugung kam, daß der weibliche Partner durch seine hervorragende Intelligenz einen wesentlichen Anteil an der Ausgestaltung von Mills berühmtesten Schriften habe, besonders an dem Aufbau seines großen nationalökonomischen Werks »The Principles of Political Economy« (1848). Man kommt zu der Überzeugung, daß alle Schriften als die Arbeit beider bezeichnet werden müssen. Mill war zweifellos belesener als Harriet, aber sie war schöpferischer, ideenreicher als er.

Wie noch zeigte sich der Einfluß Harriets auf John Stuart Mill? Auch in dieser Frage vertrat Hayek eine von der landläufigen Meinung abweichende Ansicht. Bei Harriet habe der rationalistische, verstandesmäßige Zug überwogen. Mill sei sentimentaler und romantischer gewesen. Nur ein einziger weiterer Schriftsteller teilte Hayeks Standpunkt, der schwedische Wirtschaftswissenschaftler Knut Hagberg. Er behauptete geradezu, daß Harriet Mill zu einem »radikalen Rationalisten« gemacht habe. Aber sowohl Hayeks als auch Hagbergs Formulierungen wirken doch wohl etwas übertrieben und schablonenhaft. Der romantische Zug Mills wurde in seiner Selbstbiographie deutlich sichtbar. Nun muß man sich fragen, ob man dieselben Anlagen nicht auch bei Harriet findet. Beide bemühten sich systematisch, perfekte Verstandesmenschen zu werden, allerdings mit der Einschränkung, daß sie im Dienst der Menschheit arbeiten wollten. Sie schienen damit Erfolg gehabt zu haben; sie wurden klüger, prosaischer, sagten sich von menschlichen Schwächen los. Man kann sie kaum einer bestimmten Gruppe – weder einer rationalistischen noch einer romantischen – zuordnen. Wie hätte wohl eine Selbstbiographie Harriets ausgesehen? Mill behauptete, daß sein leidenschaftliches Eintreten für die Emanzipation der Frau nicht auf Harriets Einfluß zurückzuführen sei. Das scheint richtig zu sein. Man darf eher sagen, daß sein Bekenntnis zur

Gleichstellung der Frau eine der Ursachen der raschen Annäherung der beiden war. Der Briefwechsel läßt es glaubhaft erscheinen, daß die zunehmende Sympathie für sozialistische Ideen, die in späteren nationalökonomischen Schriften Mills deutlich wurden, auf Harriets Einfluß zurückzuführen war. Nach Harriets Tod tendierte Mill mehr zum Altliberalismus. Harriets robustere und unnachgiebigere Intelligenz bewog John Stuart Mill oft, radikalere Ansichten zu vertreten.
Ein australischer Wissenschaftler, H. O. Pappe, hat in seinem Buch »John Stuart Mill and the Harriet Taylor Myth« Harriets Einfluß auf Mill überprüft. Wie schon der Titel andeutet, sucht Pappe nachzuweisen, daß man in neueren Werken Harriets Bedeutung ungeheuer überschätzt habe, daß also ihr Einfluß größtenteils eine Mythe sei. Mills geistige Entwicklung zeige, daß er seine Ideen selbst entwickelt habe, indem er von früheren Erkenntnissen ausging.
Harriet habe Mill als geliebte und liebende Frau inspiriert. Sie habe ihn durch ihr starkes Interesse und ihre Begeisterung ermutigt und in manchen Punkten sehr beeinflußt. »Mill ohne Harriet wäre Mill geblieben, während Harriet ohne Mill überhaupt nicht bekannt geworden wäre«. Beider Zusammenarbeit gilt als »ein frühes Beispiel, wie eine Partnerschaft zwischen Mann und Frau, dank der Bemühungen solcher Männer wie Mill, in unserer Zeit in der Regel segenbringend geworden ist«.
Pappe ging verschiedene Wege, um seine Theorie zu beweisen. Er wies darauf hin, daß Mill seine Verpflichtung, seine Dankbarkeit anderen gegenüber, zu übertreiben pflegte. Wie weit er dabei gehen konnte, sähe man an seiner ungewöhnlichen Begeisterung für Helen Taylor. Während Mill ganz allgemein, getrieben von einem »masochistischen Schuldgefühl«, Harriets Beitrag zu allen seinen Schriften lobend hervorhebe, betone er aber auch gleichzeitig, daß er die darin enthaltenen Gedanken selbständig entwickelt habe. Pappe zählt Beispiele auf, die beweisen sollen, daß sich Mill eigene Meinungen – besonders in der Frauen- und Sozialistenfrage – gebildet habe, ehe Harriet auf ihn Einfluß gewinnen konnte. Fest steht, daß Mills Äußerungen freimütiger und aggressiver wurden, als Harriet mit ihm zusammenarbeitete.
Bei eingehendem Studium aller vorhandenen Literatur bleibt der Eindruck bestehen, daß die Biographen die Verdienste beider stark aufgebauscht haben. Zumindest sind ihre Ansichten so formuliert, daß man von einer Übertreibung sprechen kann. Aufgrund der vorhandenen Quellen war Hayek nicht berechtigt, Harriets Anteil am gesamten

Schaffen überzubewerten. Auf der anderen Seite weiß man aber auch nicht, ob Pappe aufgrund derselben Unterlagen die Mitarbeit Harriets so unterschätzen darf. Das Zusammenwirken der beiden wird nie richtig geklärt werden können, wird immer ein Rätsel bleiben. Eines ist jedenfalls sicher: Es gibt in der Geschichte kein Gegenstück zu einem solchen gegenseitigen Verstehen und solcher Zuneigung, wie es zwischen John Stuart Mill und Harriet Taylor bestanden hat.
Es darf auch nicht übersehen werden, daß in Harriets Briefen eine gewisse Empörung und Empfindlichkeit, ein gesunder Menschenverstand gegenüber allem gewohnheitsmäßigen Schlendrian festzustellen ist; es ist dies ein Zeichen weiblichen Charmes. Als Harriets erster Mann im Sterben lag, verbrachte sie zwei Monate lang jeden Augenblick an seinem Krankenbett. Mill bat sie, ihm zu schreiben, wenn sie Zeit habe, da es doch für sie »eine Erleichterung« sein müsse, »an etwas anderes zu denken«. Diese nichtssagende Wendung brachte sie zur Verzweiflung. »Solche kindischen Gedanken und Gefühle« fände man nur »bei törichten, herzlosen und züchtigen alten Damen ... Lieber Gott, würdest Du es als Erleichterung empfinden, an andere zu denken, wenn ich im Sterben läge?«

Tennyson

Gehört Alfred Tennyson als Dichter zur ersten oder zweiten Garnitur? Ab und zu wird diese Frage von englischen Fachleuten und Kritikern wieder aufgerollt, allerdings mit gewählteren Ausdrücken als diesen. Manchmal mußte sich der große Dichter des Viktorianischen Zeitalters gefallen lassen, in eine »niedere Gruppe« eingestuft zu werden, zu der man heute – laut Stephen Spender – auch den vor ein paar Jahrzehnten noch hochgeschätzten Shelley rechnet. Wovon man bei der Beurteilung ausging, konnte viele Gründe haben, die oft nur flüchtig, mangelhaft und gedankenlos angegeben wurden. Man forderte von einem Dichter kluge oder wenigstens zeitgemäße Gedanken, leidenschaftliches Eintreten für neue Ideen, soziales Bewußtsein, sprachliches Gestaltungsvermögen, oder ganz einfach großes künstlerisches Können, um den unklarsten Ausdruck zu wählen. Bisweilen wurden die Begriffe vollkommen durcheinandergebracht, wie z. B. in W. H. Audens stilistisch eleganter Charakteristik Tennysons: »Er hatte das feinste Gehör aller englischen Dichter; zweifellos war er auch der dümmste. Mit allen Schattierungen der Melancholie war er bestens vertraut. Er wußte so gut wie alles.«

Man stritt sich darüber, wie man den Dichter Tennyson einstufen sollte. Einig war man sich jedoch darin, daß er besser als irgendein anderer das Viktorianische Zeitalter verkörperte. Tennyson »repräsentiert die Kunst seiner Zeit so, wie die Königin Viktoria das Familienleben und Gladstone die politische Moral dieser geschichtlichen Periode«, schrieb R. Brimley Johnson 1913. Alfred Noyes äußerte 1932: »In ihm waren alle Merkmale der Viktorianischen Zeit, in der er lebte, vereinigt«. G. M. Young hielt (1936) Alfred Tennyson für den »bedeutendsten Exponenten der Gefühle dieser Zeit«. Zahlreich sind die Urteile auch aus der jüngsten Zeit. So nannte die neueste Biographie Tennysons (von Joanna Richardson, 1962) ihn »den hervorragendsten Viktorianer«.

Die Einstellung der Kritiker zu Tennyson – wie auch zu allen anderen Viktorianern – hat sich jedoch seit einigen Jahrzehnten verändert. Lytton Strachey und seine Schule waren während der Zeit zwischen den beiden Weltkriegen tonangebend. Damals gehörte es zum guten Ton, in den Viktorianern merkwürdige Figuren zu sehen, deren Gewohnheiten die jetzt aufgeklärteren und realistischeren Menschen belustigten. Mit großer Liebenswürdigkeit und Einfühlungsvermögen hatte Harold Nicolson 1923 eine Biographie dieser Art über Tennyson geschrieben. Diese Methode hat sich jedoch inzwischen überlebt. Man nimmt die Viktorianer wieder ernst und versucht nachzuweisen, daß sie nicht viel dümmer oder verschrobener waren als wir selbst es sind; man hat sogar behauptet, wir würden uns nach dieser Periode zurücksehnen, die ruhiger und stabiler als unsere Zeit gewesen sei. Diese gemäßigte, wohlwollendere und respektvollere Einstellung kommt in einer Reihe von Schriften zum Ausdruck, zuletzt in Joanna Richardsons »The Pre-Eminent Victorian« (1962) und in Valerie Pitts »Tennyson Laureate« (gleichfalls 1962). Die These, daß Tennyson die »Stimme« des Viktorianismus in der Welt war, scheint noch heute zu gelten. Was heißt das?

Die Verfechter dieser These müssen also glaubhaft machen, daß das Viktorianische Zeitalter von gewissen Ideen, einer besonderen Moral, einem bestimmten Lebensstil geprägt war, und daß alle diese viktorianischen Wesenszüge von Tennyson in ungewöhnlich hohem Maß verkörpert wurden. Auch der zeitliche Ablauf spricht für die Richtigkeit dieser Meinung. Königin Viktoria wurde 1819 geboren. Sie regierte von 1837–1901. Und Tennyson war 1809 auf die Welt gekommen, hatte schon viel geschrieben, als Viktoria den Thron besteg, wurde erst in den vierziger Jahren berühmt und starb 1892, neun Jahre vor Viktoria.

Andere Umstände unterstützten ebenfalls die These, daß Tennyson der Repräsentant der Viktorianischen Zeit gewesen sei.

Tennyson nahm die Berufung zum »Poeta laureatus«, die auf Empfehlung des Prinzgemahls erfolgte, äußerst ernst. Das bedeutete, daß er sich verpflichtet fühlte, bei besonderen Todesfällen, Hochzeiten und Kriegsgeschehnissen Gedichte zu schreiben. So wurde er offizieller Dichter und Hofpoet zugleich. Er verherrlichte den Tod Wellingtons, den Todesritt der Leichten Brigade bei Balaklava, drückte die Trauer der Königin und auch ihre Freude über glückliche Ereignisse innerhalb der königlichen Familie in Versen aus. Er fand bei diesen Gelegenheiten ohne Schwierigkeit die richtigen Gedanken und bemühte sich ernsthaft darum, die richtigen Worte zu gebrauchen. Er wollte zugleich Sprecher und Lehrer sein.

Durch die Wechselbeziehungen zwischen Ereignissen, entsprechenden Gemütsbewegungen und den offiziellen Gedichten wurde Tennyson sozusagen zum Hohenpriester der Viktorianischen Zeit. Er selbst fragte sich: »Was soll ein ›Poeta laureatus‹ in dieser Situation schreiben?« Und das Volk sagte, wenn es die Gedichte las: »Jetzt hat Tennyson die Gefühle der Nation zum Ausdruck gebracht«.

Man müßte die öffentliche Meinung in England genau untersuchen, um die Wechselwirkung der Strömungen innerhalb des Volks zu begreifen, wenn ein Gedicht Tennysons erschien. Es ist sehr wahrscheinlich, daß Tennysons Huldigung der Leichten Brigade und die Verurteilung der Sepoys – der aufständischen indischen Soldaten – wesentlich dazu beitrugen, die Stimmung der Öffentlichkeit während des Krimkriegs und des Indischen Aufstands zu konsolidieren, und daß die Gedichte zur Verherrlichung des Jubiläums der Königin dazu dienten, die Monarchie zu stärken.

»Warum bin ich populär?« soll Tennyson einen Freund gefragt haben. »Ich schreibe nicht in der Sprache des niedrigen Volks. Es ist wohl, weil ich der ›Poeta laureatus‹ bin. Das ist ungefähr so wie ein Lord zu sein«.

Daß Tennyson der Repräsentant des Viktorianismus war, kann man noch mit anderen ähnlichen Argumenten belegen. Seine Gedichtsammlungen hatten einen enormen Erfolg. An der Spitze stand

»Enoch Arden« mit 60000 Exemplaren. Tennyson verdiente in einem Jahr 6000 £ daran. Noch heute glaubt man, im Jahr 10000 Exemplare verschiedener Ausgaben verkaufen zu können. Obwohl er sehr zurückgezogen lebte – meist auf der Insel Wight in einer schloßähnlichen Villa –, konnte er seinen Anhängern nicht entgehen. Er war eine außerordentlich bekannte und populäre Gestalt. Sein »poetisches« Aussehen, seine Kurzsichtigkeit verliehen ihm eine gewisse Würde, schufen eine gewisse Distanz. Seine langjährige Freundschaft mit Gladstone und seine vertraulichen Gespräche mit der Königin verschafften ihm ebenfalls Respekt und erhöhten seine Popularität. Er war der erste Dichter, den man in den Adelsstand erhob (1884). Sein Prestige nahm dadurch noch mehr zu. Nach seinem Tod schrieb die Presse, eine Epoche sei zu Ende gegangen.

Die Kritiker, die Tennyson als Symbol seiner und Viktorias Zeit darstellten, waren sicherlich durch die »äußeren« Umstände stark beeinflußt; durch die hohen Auflagen seiner Werke, seinen Ruf, durch seinen tadellosen Lebenswandel wurde er zur Legende. Nachzuweisen, daß Tennyson geistig, moralisch und ideologisch ein Kind seiner Zeit war, ist komplizierter und problemreicher.

In ihrer Biographie über Tennyson versuchte Joanna Richardson zusammenzufassen, welche Eigenschaften den Dichter zum typischen Viktorianer stempelten. Dabei hob sie besonders Tennysons »Haltung gegenüber den Frauen« hervor, in der »Verehrung, Sittenstrenge und Überlegenheit« zum Ausdruck kamen. In dieser Beziehung war Tennyson ein Vorbild, nicht nur in seinen Gedichten, auch im Leben. Als er sich im Alter von 41 Jahren mit einer Frau vermählte, mit der er früher schon einmal verlobt gewesen war, wird er von den Wissenschaftlern als »sittlich rein« beschrieben. Seine »Affären«, die man hat entdecken können, waren so unschuldig »wie eine weiße Lilie«. Tennyson sagte von sich selbst, er habe außer seiner Gattin »nie eine Frau aus Liebe geküßt«. Seine Ehe entsprach vollkommen dem Stil seiner Zeit. Seine Frau Emily betrachtete es als ihre Lebensaufgabe, den großen Mann zu pflegen und vor äußeren Einflüssen zu schützen. Er dankte es ihr mit seinen Huldigungen an das Weibliche, mit Zärtlichkeit und ein klein wenig männlicher Eitelkeit.

In Tennysons Gedichten kamen erotische Szenen vor, oder zumindest Situationen, die sexuell bedingt waren. Doch stets siegte die Tugend oder sie ging mit Würde zu Grunde. Das sündige Leben legte sich selbst Strafen auf, oder es wude bestraft. Leidenschaftliche Ausbrüche wie bei Byron und Swinburne kamen bei Tennyson nicht vor. Auch Verfehlungen wirkten maßvoll und fast keusch.

Tennyson war – so schrieb Joanna Richardson – ein echter Viktorianer in seinem Glauben an die Macht der Wissenschaft und an den Fortschritt. Aber diese These erscheint weniger überzeugend. War er der Dichter seines Zeitalters? Aus seinen poetischen Werken kann man erkennen, daß ihm neuere Ergebnisse der geologischen und biologischen Forschung bekannt waren, daß er sich gelegentlich auch wissenschaftlicher Ausdrücke aus diesen Bereichen bediente, wie die Dichter unserer Zeit relativistische Gedankengänge und atomare Begriffe verwenden. Zweifellos erwartete Tennyson – im Hinblick auf die Darwinsche Theorie –, daß auf der Erde einmal das Himmelreich sein würde:

Not in vain the distance beacons. Forward, forward let us range.
Let the great world spin for ever down the ringing grooves of change.

Und so sah der Dichter die Welt:

Robed in universal harvest up to either pole she smiles,
Universal ocean softly washing all her warless isles.

Aber diese Zukunftsvisionen von der Entwicklung der Erde hatten einen rein abstrakten Charakter. Dynamische Weltverbesserungsideen sind in Tennysons Gedichten nicht zu finden, auch keine positive Einstellung zu den Reformen seiner Zeit. Tennyson sah das Erdenleben, das man zu ertragen hatte, an, als ein vorbereitendes Stadium für die ewige Seligkeit. Könne man nicht hoffen, unsterblich zu werden, dann habe unser Leben ja gar keinen Sinn, werde unerträglich. »Dann hätte nicht Gott, sondern ein höhnischer Todfeind uns erschaffen. Ich würde meine geballte Faust vor sein allmächtiges Angesicht halten … und ihn verfluchen«.

Der Kern seines religiösen Denkens war der Glaube an die Unsterblichkeit der Seele. Doch kamen ihm oft Zweifel. Er war melancholisch, weil er sich oft mit dem Tod und der Möglichkeit eines Weiterlebens nach dem Tod beschäftigte. Er wurde hin- und hergeworfen zwischen einem starken Glauben, Zweifeln und einem praktischen Denken, nach dem es ein Leben nach dem Tod schon deshalb geben müsse, weil ja die Menschen ohne Hoffnung gar nicht existieren könnten. Den christlichen Dogmen stand der Pfarrerssohn Tennyson vollkommen gleichgültig gegenüber. »Es gibt ein Wesen, das über uns wacht. Unsere Persönlichkeit wird weiterleben. Das ist mein Glaube, mein unerschütterlicher Glaube«.

Auch eine bestimmte politische Überzeugung besaß Tennyson kaum. Doch griff er in vielen seiner Gedichte, in Briefen und Gesprächen, aktuelle Themen aus Partei- und Parlamentspolitik auf. Er lehnte, wahrscheinlich von Carlyle inspiriert, resolut den extremen wirtschaftlichen Liberalismus der »Manchesterschule« ab. Die Führer der Freihandelsbewegung, Cobden und Bright, bezeichnete er verächtlich als »Cotton-spinners« (Baumwollspinner).

Tennyson respektierte die Monarchie, das Oberhaus, überhaupt alle hohen Regierungsämter. Mit diesem Konservativismus verband sich auch ein unklarer und altmodischer Wunsch nach sozialen Reformen. Echte Entrüstung spürt man in einigen Gedichten, in denen er die Not und die Prostitution in den Großstädten beschreibt.

Seine Einstellung, einerseits die bestehende Ordnung zu respektieren, andererseits aus Mitgefühl für die Armen die Schloßherren aufzufordern, »ihre Parkanlagen zwölfmal im Jahr für das einfache Volk offenzuhalten, damit dieses atmen kann«, ist schwer zu verstehen. Die Freundschaft mit Gladstone wurde getrübt durch sein Mißtrauen, daß die Liberalen mit ihren Reformen zu weit gehen und in einen irgendwie gearteten Sozialismus geraten könnten.

Tennysons etwas vage Ansichten über Politik beschrieb sein Sohn Hallam in seiner Biographie des Vaters: »Ich habe nichts dagegen, daß England allmählich eine Demokratie wird, wenn das Volk mehr Wissen und Erfahrung in seiner Unabhängigkeit sammelt. Aber eine ungestüme, unvernünftige und rücksichtslose Demokratie würde eine kostspielige Bürokratie und die eiserne Disziplin eines Cromwell zur Folge haben«.

Die Fragwürdigkeit dieser Äußerung wird um so größer, als sie aus dem Jahr 1887 stammt, also einige Jahre, nachdem aufgrund der Parlamentsreform die meisten mündigen Bürger das Stimmrecht bekommen hatten.

Auch Tennysons insularer und ziemlich aggressiver Patriotismus soll viktorianisch gefärbt gewesen sein. Der Dichter hegte gegenüber allen Ausländern ein starkes Mißtrauen. Während des Kriegs und den Auseinandersetzungen mit Rußland und Frankreich richtete sich sein Zorn als ›Poeta laureatus‹ gegen diese Nationen. Er war also gewissermaßen ein Imperialist. Wenn er eine »Weltunion« voraussagte – das »Parliament of Man, the Federation of the World«, wenn er von der Zeit sprach, »when the world at last shall be one« –, dann war dies für ihn eine Englisch sprechende und von England angeführte Welt, »a

single race, a single tongue«. Gladstone schrieb damals an Tennyson, daß aufgrund von Berechnungen die angelsächsische Bevölkerung in hundert Jahren (1983) eine Milliarde Menschen umfassen werde.
Chauvinismus, der sich gegen Rassen wandte, oder eine Verherrlichung der englischen Herrschaft – wie im Stil Kiplings – über »niedere« Völker ist in Tennysons Gedichten nur wenig zu finden. Sein Nationalismus wurde oft durch ein gewisses Wohlwollen, das er allen Menschen entgegenbrachte, ausgezeichnet. »That man's the best cosmopolite who loves his native country best!«
In der Tat ist es zweifelhaft, ob man aufgrund aller dieser bisher erwähnten Eigenschaften Tennyson als einen typischen Viktorianer bezeichnen kann, wie das so viele Autoren tun. Viele Kritiker und Historiker wissen, daß es nicht leicht ist, dies zu beweisen, und so suchen sie nach anderen subtileren und besser fundierten Motiven. Man behauptet, Tennyson verkörpere den »Viktorianischen Kompromiß«. Was ist damit gemeint? Doch nur, daß alle seine Äußerungen über Zeitprobleme unklar und unsicher waren, daß er in allen seinen Reden über Fortschritt und Unsterblichkeit jede Entschiedenheit und feste Überzeugung vermissen ließ?
Die beste Erklärung für diese Verworrenheit, für das Dilemma zwischen viktorianischer und Tennysons Denkart, gab wohl Valerie Pitt in »Tennyson Laureate«. Dort sagte sie, daß der Viktorianismus eine Kultur gewesen sei, die sich in Auflösung befunden habe, die über keine feststehenden Normen, keine gewachsene Tradition verfügte, um den moralischen und sozialen Bewegungen dieser Zeit entgegenzutreten. Man könne hier von einer Art Schizophrenie sprechen. Alle typischen Viktorianer seien deshalb seltsame exzentrische Charaktere. – Also muß Tennyson ein »richtiger« Viktorianer gewesen sein.

Algernon Charles Swinburne – »Der beste Poet in meinem Reich«

Als nach Tennysons Tod (1892) die Stellung des »Poeta laureatus« frei geworden war, wünschte Königin Viktoria, daß Algernon Charles Swinburne diese bekommen sollte.
»Man hat mir gesagt, daß Mr. Swinburne der beste Poet in meinem Reich sei«, äußerte sie gegenüber Gladstone.
Gladstone jedoch, der mehr von Swinburne gehört und vielleicht sogar

seine Werke gelesen hatte, wies diesen Vorschlag zurück. Die Königin stimmte dieser Ablehnung vernünftigerweise zu. Die Dichtkunst Tennysons war die monumentale Manifestation des »Viktorianischen Kompromisses« gewesen – religiös, aber doch nicht so ausgeprägt, daß auch gemäßigte Freidenker sie nicht hätten akzeptieren können; zudem war sie patriotisch, mit Visionen eines Völkerbundes unter britischer Führung. Swinburnes Dichtkunst dagegen trug atheistisches Gedankengut zur Schau, sympathisierte mit der Republik. Schlimmer war es, daß viele seiner Gedichte den Geist einer verwirrenden Erotik atmeten und daß der Dichter weithin eine Zeitlang als hemmungsloser Trinker bekannt war.

Scheinbar wußte aber Gladstone nicht, daß diese wilde Zeit hinter Swinburne lag. Der Dichter wohnte damals schon dreizehn Jahre mit einem älteren Herrn zusammen, einem äußerst respektablen und sittsamen Menschen, der ihn zu einem Pantheisten, gemäßigten Weltverbesserer und Nationalisten erzog. Swinburne hatte Gladstone angegriffen, weil er Gordon »verraten« und ihm keine Hilfstruppen nach Khartum geschickt hatte. Während des Burenkriegs rief er seine Landsleute auf zu kämpfen:

»*To scourge these dogs, agape with jaws afoam,*
Down out of life. Strike, England, and strike home!«

Ein Biograph des Dichters, Humphrey Hare, dessen Buch über Swinburne um 1949 herauskam, wählte als Motto für seine Studie Sainte-Beuves Ausspruch, daß man, wenn man große Geister schildere, »alles sehen, alles untersuchen und alles aufzeigen muß«. Sein Buch über Swinburne ist auch bedeutend freimütiger und aufrichtiger als eine frühere, viel gelesene Biographie von Harold Nicolson.

Warum wurde Swinburne, in vornehmer, reicher und glücklicher Umgebung aufgewachsen und in Eton und Balliol erzogen, Dichter, Revolutionär und ein verzweifelter, sich selbst vernichtender Lebemann?

Humphrey Hare nannte es »Algolagnie« – Bezeichnung für die Verquickung von Sadismus und Masochismus, die sog. Schmerzwollust. Diese abnorme Sinnlichkeit war nicht nur die Ursache von Swinburnes Mißgeschick und Elend, sondern auch seiner Leidenschaft, die ihn, in Verbindung mit einem großen Talent für einen glänzenden Versbau und einer außergewöhnlichen dichterischen Begabung, zu einem der hervorragendsten und originellsten Dichter des 19. Jahrhunderts werden ließ. Das ist Hares These, die zweifellos auf Swinburnes ausschweifendes Leben zutraf, wenn sich jene Perversion auch nur auf einen kurzen Zeitraum zu erstrecken schien.

Trotzdem gewinnt man den Eindruck, daß Hare Swinburnes Verirrung übertrieben hat. Andere Autoren haben andere Ursachen genannt, die möglicherweise zu einer solchen Entwicklung geführt hatten: das schallende Gelächter, mit dem Swinburnes einzige bekanntgewordene Brautwerbung beantwortet wurde; sein komisches Aussehen, der kleine Körper, die schmalen Achseln, der große Kopf. Swinburne mußte ein so merkwürdiges Äußeres gehabt haben, daß seine Umgebung und auch er selbst sich immer dieser Erscheinung bewußt gewesen waren.

Wie dem auch sei, zweifellos sind Swinburnes frühere Gedichte zu sehr unter diesem Gesichtspunkt – den erotischen Neigungen – beurteilt worden. »Atalanta in Calydon« (1865), sein Meisterwerk, ist als eine Manifestation der Algolagnie analysiert worden. Für Swinburne selbst jedoch schien das Gefühl der Bitterkeit, der Vergänglichkeit und der Eitelkeit, von dem das Buch durchdrungen ist, nicht besonders ausgeprägt, sondern eine allgemein menschliche Reaktion zu sein. Darüber hinaus haben auch viele andere geschrieben, wie lächerlich und abscheulich Gott sein müsse, wenn er wirklich existiere.

Swinburnes Haß fehlt es nicht an Eindringlichkeit:

The lord of love and loathing and of strife
Who gives a star and takes a sun away;
. . . .
Who makes desire, and slays desire with shame;
Who shakes the heaven as ashes in his hand;
Who, seeing the light and shadow for the same,
Bids day waste night as fire devours a brand,
Smites without sword, and scourges without rod;
The supreme evil, God.

Man wird an Levertin erinnert, wenn Swinburnes Haß gegen Gott oder das Leben in Verzweiflung umschlägt.

We have seen thee, O Love, thou art fair; thou art goodly, O Love;
Thy wings make light in the air as the wings of a dove.
Thy feet are as winds that divide the stream of the sea;
Earth is thy covering to hide thee, the garment of thee.
Thou art swift and subtle and blind as a flame of fire;
Before thee the laughter, behind thee the tears of desire;
And twain go forth beside thee, a man with a maid;

Her eyes are the eyes of a bride whom delight makes afraid;
As the breath in the buds that stir is her bridal breath;
Bute Fate is the name of her; and his name is Death.

»Atalanta«, das den damals achtundzwanzigjährigen Verfasser mit einem Schlag berühmt machte, ist der Höhepunkt des ersten Abschnitts einer leidenschaftlichen Lyrik. Im zweiten kulminierten radikale politische Gesänge, mit »Songs Before Sunrise« (1871) als absolutem Höhepunkt. Das Pathos, die Leidenschaft für republikanische, revolutionäre Ideen als Leitmotiv in Swinburnes Lyrik, hatten kein bestimmtes Ziel; Swinburne konnte nicht klar und ausdauernd denken. Mit seiner großen Zuversicht, seinen unbestimmten Erwartungen, war er der typische Repräsentant der intellektuellen linken Strömung dieser Zeit, der Garibaldi, Mazzini und Victor Hugo bewunderte und vor allem Napoleon III. haßte. Diesen nannte er den »Erzfeind« und »Napoleon, den Kleinen«. Die Menschheit schilderte er als eine Armee Soldaten auf dem Marsch in die Freiheit, in die eigene Vollendung.

Freedom we call it, for holier
name of the soul is none.

Man sieht hier deutlich den Zusammenhang mit seinen früheren Gedichten, aber Swinburne hatte inzwischen einen Halt gefunden, etwas, an das er glauben konnte. Er war bis zu einem gewissen Grad Optimist geworden, sah das Leben von der positiven Seite. In dem, was früher für ihn der gesamte Lebensinhalt gewesen war, sah er jetzt nur einen Teil dieses Daseins. Alles Alte, Überlieferte, Autoritäre wurde von freiheitlichen Gedanken hinweggefegt. Die bessere Natur im Menschen, die bisher unterdrückt worden war, würde siegen, wenn die Fesseln gesprengt seien.

Hier wurde eine Philosophie des Fortschritts mit einer Eindringlichkeit in Verse gekleidet, die tiefer ging als bei irgendeinem anderen englischen Dichter seit der revolutionären Avantgarde des frühen 19. Jahrhunderts. Gott – »der Menschen eigene Schöpfung« –, die Könige und Priester hätten den Denkern und Kämpfern zu weichen, die nach Demokratie, nationaler Selbstbestimmung im Namen der Vernunft und der Menschlichkeit riefen.

Swinburne arbeitete unerhört schnell. Die meisten seiner großen Gedichte kamen in wenigen Tagen, in einem Taumel, in kolossaler Gemütserregung zustande. Sein ausschweifendes Leben – eigentlich sein starker Alkoholgenuß – drohten in den siebziger Jahren seinen

Arbeitseifer und seine Gesundheit zu vernichten. Seine Freunde aus dem präraphaelitischen Kreis – einer Gruppe englischer Maler des 19. Jahrhunderts –, waren absolut keine Puritaner – ein paar Jahre wohnte er mit Dante Gabriel Rossetti zusammen –, aber Swinburnes Exzesse erschienen ihnen entsetzlich. Sie schilderten, wie er bei Festlichkeiten zunächst sich zurückhielt, dann aber plötzlich mit Selbstgesprächen, in einem glänzenden und beinahe extravaganten Stil, die Aufmerksamkeit auf sich zog, um dann in betrunkenem Zustand zu randalieren. Es soll vorgekommen sein, daß man vor solchen Feiern einen Zettel mit seiner Anschrift an seinem Mantel befestigte. Ab und zu schritt Swinburnes Vater ein, ein alter, sehr korrekter, aber verhältnismäßig toleranter Admiral. Dann erholte sich Swinburne nach solchen Exzessen auf dem Gut der Familie und begann zu arbeiten. Mit jedem Jahr nahm die Gefahr einer chronischen Trunksucht zu.

Es war eine merkwürdige Geschichte, wie er daraus befreit wurde. Der Rechtsanwalt Walter Theodore Watts-Dunton, dessen Hang zur Literatur darin Befriedigung fand, daß er sich sowohl dienstlich – als Anwalt – als auch privat hilfesuchender Dichter annahm, konnte 1879 Swinburne dazu bringen, mit ihm die Wohnung zu teilen. Beide kauften ein Häuschen, »The Pines«, in der Vorstadt Putney Hill. Dort lebten sie dreißig Jahre lang, bis zum Tode des Dichters (1909), zusammen. Swinburne schrieb, daß er Watts-Dunton als Spießbürger abscheulich fand, den Freund jedoch in seiner oft unglaublich großzügigen und aufopfernden Art bewunderte. Watts-Dunton soll ein besonders herzlicher und charmanter Mensch gewesen sein. Nicht zuletzt setzte sich die junge Frau, mit der er sich noch als alter Mann vermählte, mit beredten Worten für ihren Gatten ein. Sicherlich hatte Watts-Dunton auch längere Zeit Kranke, vielleicht Gefangene, betreut. Zuerst pflegte Swinburne Brandy zu trinken, dann ging er auf Rotwein über, später auf Bordeaux. Nach ein paar Jahren gab er sich mit einem Glas Bier nach dem obligatorischen Morgenspaziergang zufrieden. Jedoch soll Swinburne, wenn man E. F. Bensons Memoiren Glauben schenkt, vor dem Lunch im Restaurant heimlich eine Flasche Burgunder getrunken haben. Swinburne und Watts-Dunton reisten nie ins Ausland, suchten höchstens für ein paar Wochen einen Badeort auf. Allmählich zogen sie sich ganz zurück. Jeden Tag verbrachten sie nach einem ganz bestimmten Schema, führten ein exemplarisch geregeltes Leben.

In diesem Milieu schwand Swinburnes dichterisches Talent; dafür wurde er ein ruhiger und zufriedener Mensch. Jeden Abend las er Watts-Dunton vor, was er tagsüber geschrieben hatte. Dieser war immer mit Swinburnes Versen zufrieden. Der Dichter verließ sich mehr und mehr auf das Urteil des Freundes. Er sah das Leben jetzt von einer ganz anderen Seite. Das Meer, das er einmal im Jahr zu sehen bekam, befriedigte ihn, war ihm ein Ausgleich für seine frühere erotische Leidenschaft. Im britischen Empire sah er die menschliche Brüderlichkeit schon verwirklicht. Freiheit war für ihn nicht mehr etwas Mystisches und Wunderbares, sondern erfüllte sich in seinen Augen in dem geordneten Zustand, den die »roten Röcke«, die Soldaten an der langen Frontlinie, aufrechterhielten. An einen Gott glaubt er nie, jedoch an ein persönliches Weiterleben nach dem Tod. Als ein vollendeter englischer »Gentleman«, wie seine Vorfahren, segnete Swinburne das irdische Leben.

Der Laureat des Empire: Rudyard Kipling

Take up the White Man's burden –
Send forth the best ye breed –
Go bind your sons to exile
To serve your captives' need;
To wait in heavy harness
On fluttered folk and wild –
Your new-caught, sullen peoples,
Half-devil and half-child.

Rudyard Kipling, der Verfasser des imperialistischen Programms in Reimen, kann mit einem Anthropologen verglichen werden, der nach mehrjährigen Studien bei einem wilden Volksstamm den Rest seines Lebens damit verbringt, alle seine Aufzeichnungen zu ordnen, zu erläutern und zu veröffentlichen. Tapferkeit, Kühnheit, große Anstrengungen verlangte das Leben nicht von ihm. Der große Schilderer von Stürmen und Kämpfen fuhr immer erster Klasse auf dem Schiff und hat sich nur selten ein paar Stunden in der Schlußlinie an der Front aufgehalten.

Die wichtigsten Ereignisse aus Kiplings Lebenslauf sind bekannt: seine Geburt in Bombay (1865), die entsetzliche Pensionatszeit vom sechsten bis zwölften Lebensjahr in England, von Kipling selbst ebenso kurz und bündig wie hervorragend geschildert, die unruhigen Jahre als Journalist in Indien, sein Start zum Ruhm im Alter von 25 Jahren, der durch einige Gedichtbände und Novellen (1890) gekennzeichnet war. Danach, besonders nach seiner Vermählung mit einer Amerikanerin (1892), folgte eine lange Zeit häuslichen Idylls und ungestörter Arbeit, nur unterbrochen von Reisen und Wohnungswechseln, die aufgrund seiner Wohlhabenheit und seines Rufs sein häusliches Glück angenehm ergänzten. Krisen, Spannungen, Perioden der Verzweiflung gab es in Kiplings Leben nicht. Es sind auch keine geistigen Entwicklungsphasen bei ihm festzustellen. Jugendlichkeit, Aufgeschlossenheit, Unternehmungslust prägten sein Leben. Geistige Wagnisse, beunruhigende Ereignisse berührten dieses große und phantasiebegabte Talent in keiner Weise.

Schon in frühen Jahren wurde Kipling einer der meistgelesenen Autoren der Welt. Wahrscheinlich ist er es heute noch. Als er 1936 starb, hatte sein englischer Verleger bereits 7 Millionen Exemplare seiner Prosaschriften verkauft, der amerikanische 8 Millionen. Seine Leser blieben ihm treu, doch die Kritiker waren verschiedener Meinung. Zu Beginn der neunziger Jahre, auf dem Höhepunkt seines Ruhms, gab es nur noch einige wenige schöngeistige Nörgler. Der Nobelpreis (1907) war nur einer der vielen Beweise seines herausragenden schriftstellerischen Ansehens in jener Zeit.

Aber schon kurz vor dem Ersten Weltkrieg sah man Kipling mit anderen Augen. Er galt als ein »case of retarded development«, ein »Fall gehemmter Entwicklung«. Seine imperialistischen Ideen, seine Haßgesänge, seine Art, wie ein mürrischer Pfadfinder aufzutreten, trugen dazu bei, daß man sich gegen ihn wandte. Wer Kipling bewunderte, galt eine Zeitlang als naiv und rückständig. Jetzt scheint die Stimmung wieder umgeschlagen zu sein, die Beliebtheit erneut zuzunehmen. Einige bedeutende schöngeistige Autoren der letzten Jahre haben Kipling wieder lobend erwähnt. Henry James nannte Rudyard in einem Brief an seinen Bruder William »das begabteste Genie, das ich je getroffen habe«. Er machte dabei einen Unterschied zwischen Genie und Intelligenz. Henry Adams sprach nach einer gemeinsamen Reise mit Rudyard Kipling nach Amerika seine Bewunderung über dessen heitere und witzige Art aus. Das wichtigste Zeugnis, die klarste Aussage für Kipling in unserer Zeit ist zweifellos T. S. Eliots Würdigung der Werke Kiplings und Verteidigung der Ideen des Dichters.

Ideengeschichtlich gesehen trat Kipling als der größte literarische Vertreter, vielleicht auch als der bedeutendste Propagandist des britischen Imperialismus, dessen Ehrgeiz darin bestand, das Empire zu erhalten, es zu konsolidieren und zu erweitern, in Erscheinung. Zeitlich fielen auch Kiplings beste Jahre mit der Blütezeit des englischen Imperialismus zusammen. Seine berühmtesten Gedichte – »The English Flag« mit den bekannten Zeilen »What should they know of England who only England know?«, »Recessional«, »The White Man's Burden«, aus dem die einleitenden Verse stammen, »The Absent-Minded Beggar« – und die indischen Erzählungen waren alle zusammen von größter Bedeutung als Sinnbilder und als Impulse für britische imperialistische Gefühle, für jene Mischung von Nationalstolz, Glauben an eine zivilisatorische Mission und die Begeisterung für das Exotische. Obwohl Kipling oft Amerika gegenüber kritisch eingestellt war, konnten doch in seiner Vorstellung englischer und amerikanischer Imperialismus zu einem einzigen geistigen Block angelsächsischer Prägung verschmolzen werden. Der Krieg gegen Spanien, die Eroberung der Philippinen hatten für weite Kreise Amerikas dieselbe Bedeutung wie die Sudan- und Burenkriege für einflußreiche englische Gesellschaftsschichten. Es ist auch kennzeichnend, daß der Südafrikaner Cecil Rhodes, der weit mehr als andere imperialistische Ideen in die Tat umsetzte, von einem großen angelsächsischen Weltreich träumte.

Gegen den Imperialismus sind in unserer Zeit viele Argumente vorgebracht worden. Sie sind zu bekannt, um nochmals aufgezählt werden zu müssen. Imperialisten wurden als minderwertige Menschen angesehen, die nach außen gewandt, oberflächlich, gefühllos, aggressiv, herrschsüchtig und innerlich leer waren. Diese Vorwürfe sind leicht verständlich. Kipling, Rhodes, Theodore Roosevelt gebärdeten sich oft in Wort und Schrift wie zurückgebliebene Zwölfjährige. Kipling berichtete stolz von seinen Schulstreichen, und Roosevelt bezeichnete sich selbst als D'Artagnan und seine Minister als Athos, Porthos und Aramis. Es erweckt ein gewisses Unbehagen, wenn man liest, wie diese Männer von ihrer Überlegenheit, ihrem physischen Kraftbewußtsein, ihrem Selbstvertrauen und der Schutzbedürftigkeit schwacher Frauen munter plauderten, obwohl beide, Roosevelt und Kipling, untersetzte Männer mit schlechtem Sehvermögen waren, die alles versuchten, sich abzuhärten und körperlich zu ertüchtigen.

Das Empire war ein lose verbundenes Gebilde aus fernen fremden

Ländern, von Zivilbeamten verwaltet, von Soldaten erobert und verteidigt. Auf eine romantische Art mußte deshalb für die imperialistische Idee geworben werden. In ihrem Versuch, ihren Glauben an dieses Großmachtstreben zu rechtfertigen, haben die Verfechter der imperialistischen Idee immer darauf hingewiesen, daß mit der Romantik aber auch viel selbstkritisches Verhalten und Sinn für die Wirklichkeit verquickt war. Kipling zeigte z. B. gewisse Unzulänglichkeiten der englischen Verwaltung Indiens auf. Die Soldaten, die er beschrieb, waren keine charmanten Helden, sondern zynische, versoffene, oft brutale Schürzenjäger. Aber der romantische Zug überwog immerhin, Geschäftsinteressen rangierten an zweiter Stelle. Die Beamten in Indien waren bereit, sich zu opfern für die Menschen, denen sie in ihrem Beruf dienen sollten. Die Soldaten hatten unter ihrer rauhen Schale ein goldenes Herz. Die Romantik der Erzählungen verblaßt ein wenig neben den Tatsachenberichten. Oft hob Kipling hervor, daß der Frieden dem Krieg vorzuziehen sei. Aber – so schränkte er dann ein – kann der Krieg nicht auch aufregend sein? Selbstverständlich mußte man den Besiegten gegenüber großzügig auftreten! Kipling war eine der ersten Persönlichkeiten, die nach Beendigung des Burenkriegs die Aussöhnung mit den Afrikanern predigten. Man muß Kiplings Werke einer genauen Analyse unterziehen, wenn man ein klares Bild über die damals herrschende Stimmung gewinnen will. Seine Ballade »Loot« (Raub, Beute) ist ein gutes Bespiel dafür, wie schwierig es ist, das fragwürdige Verhalten der Menschen zu definieren. In einem aufreizenden Rhythmus beschrieb der Dichter, wie man es anstellen mußte, um den Eingeborenen ihr Hab und Gut zu entreißen. Edward Shanks, einer seiner Biographen, fand Kiplings Verse abscheulich. »Wer hier zu Kiplings Versen sich äußern will, kann nur erröten, wenn er versucht, diese zu erläutern«, schrieb er. Wenn Kipling auch einen Soldaten die Freude, den Genuß an einem solchen Raub besingen ließ, so verteidigte er damit noch lange nicht diese verbrecherische Handlung. Will Kipling etwa mit seinen Versen das Verhalten der Soldaten entschuldigen?

Now remember when you're 'acking round a gilded Burma God
That'is eyes is very often precious stones;
An'if you treat a nigger to a dose o' cleanin'-rod
'E's like to show you everything 'e owns.

»Loot« erinnerte an gewisse Gedanken aus dem Jugendbuch »Stalky & Co.«, Stalkys Freunde.

»Stellt euch vor, Stalky hätte im Süden Europas eine Menge Sikhs auf die Menschen losgelassen, um zu rauben! Überlegt Euch's mal!«
Was aber war das Ziel des britischen Imperialismus? Kipling vertrat mehr oder weniger dieselben Ideen wie alle anderen politischen Propagandisten der neunziger Jahre. Der bedeutendste Kopf dieser Zeit war vielleicht Benjamin Kidd. Es sei, so sagten diese Politiker, die Aufgabe gerade der Angelsachsen, die »einen höheren Typ der sozialen Gesellschaftsordnung« darstellten, die niederen Völker zu zivilisieren. Dieser Auftrag könne nur von »humanen, willensstarken, charakterfesten und pflichtbewußten Menschen erfüllt werden, die sich keine großartigen und unerreichbaren Ziele« steckten. Wenn Kipling versucht hätte, seine Weltanschauung fest zu umreißen, dann wäre dies nur mit solchen Kiddschen Formulierungen geschehen. Das Wort »Gesetz« spielte dabei eine wesentliche Rolle. Darunter verstand Kipling eine verfassungsmäßige Ordnung und eine genau geregelte Rangfolge. Ein solches »Gesetz« und technische Errungenschaften, das waren die Geschenke des Eroberers an die primitiven Rassen. Die neuen Herrscher hatten dabei großes Verantwortungsgefühl gegenüber diesen Völkern aufzubringen, wenn sie deren Vertrauen erwerben wollten. Überheblichkeit, Wichtigtuerei und Empfindlichkeit müßten unterbleiben, um das Verhältnis zwischen Eroberern und Unterworfenen nicht zu zerstören, so schrieb Kipling im »Recessional«. Es sei die große Aufgabe der »empire builders« – wie vor Jahrhunderten die der Römer –, diese Völker der Zivilisation näherzubringen. Das bedeute, man müsse zunächst eine Ordnung herstellen, eine Solidarität, eine Eintracht zwischen Herrschern und Unterworfenen. Außerhalb dieses Systems standen die Barbaren (»lesser breeds without the Law«). Oft rechnete Kipling alle nichtenglischen Völker zu ihnen, bisweilen auch die Amerikaner!
Innerhalb der Gruppe, die den angelsächsischen Imperialismus vertrat, gab es zwei Richtungen, sozusagen einen linken und einen rechten Flügel. Der linke, zu dem damals die »Fabianer« gehörten, betonte, daß man die unterjochten Völker zur vollen Gleichberechtigung, zur nationalen Selbständigkeit erziehen müsse. Diese Gruppe hat sich schließlich auch durchgesetzt. Die Länder, die ihre Unabhängigkeit erreichten, verdankten das dem Modell des linken Flügels. Dem rechten erschien ein solches Ziel kaum durchführbar. Diese Gruppe strebte nach Führung, Herrschaft über die Unterworfenen, Disziplin und Aufrechterhaltung einer gesetzmäßigen Ordnung.

Kipling vertrat offensichtlich diese letztere Idee. Er hatte den Stolz eines Eroberers. Damit hängt seine innenpolitische Einstellung zusammen. Kipling gehörte der äußersten Rechten an. Zwar lehnte er das demokratische System nicht ab, doch mißtraute er ihm. Für Kipling war die bisher gültige Gesellschaftsordnung unumstößliches Gesetz. In Noel Annans »Victorian Studies« ist ein wertvoller Artikel über Kiplings Bedeutung in der geschichtlichen Entwicklung der philosophischen Vorstellungen enthalten. Er stellte darin fest, daß Kipling seit Jahrzehnten weniger vom künstlerischen als vielmehr vom moralischen und politischen Standpunkt aus beurteilt und einer ziemlich vulgären konservativen und imperialistischen Weltanschauung, eines zynischen und brutalen Vorgehens bezichtigt werde, wie es nur in der »lower middle class« üblich sei. Doch Kiplings Verhalten solle man, so schrieb Lord Annan, von einer höheren Warte aus sehen. Kipling sei der einzige Engländer, den man mit »den kontinentalen Soziologen Émile Durkheim, Max Weber und Vilfredo Pareto vergleichen könne, die zu Beginn dieses Jahrhunderts die Gesellschaftsforschung revolutionierten«. Wenn man dies nicht in Betracht ziehe, sei es unmöglich, Kiplings Bedeutung und schöpferische Leistung richtig einzuschätzen. Der Ausgangspunkt zu einer derartigen Sicht liege in Taines Gemeinplatz »Die menschliche Gesellschaft ist eine große und komplizierte Angelegenheit« begründet. Diese echt konservative Überlegung gelte von Hobbes' und Burkes Zeiten bis auf den heutigen Tag. So gesehen, sei das Vorhandensein einer solchen Gesellschaft eine derart entscheidende Tatsache, daß nichts unversucht gelassen werden dürfe, diese zu erhalten, daß aber auch alle Experimente, die bestehende Ordnung von Grund auf zu reformieren, mit großem Mißtrauen verfolgt werden müßten.

»Während für die Mehrzahl aller Autoren die Gesellschaft die Grundlage aller geistig-seelischen Eigenschaften ist, Einfluß auf diese ausübt oder auch eine Drohung darstellt, ist für Kipling schon die Existenz einer Gesellschaft ein Problem«. So erklärte Lord Annan Kiplings Weltanschauung, die sich auf dessen Erlebnisse in der Jugendzeit gründe. Er habe in Indien gelebt, wo Frieden, Ordnung und Sicherheit, also alle elementaren Voraussetzungen eines normalen gesellschaftlichen Lebens ständig bedroht waren. Seine Zeitgenossen in England seien dagegen von einer seit vielen Generationen ungestörten und schon selbstverständlichen und gefestigten politischen und sozialen Gesellschaftsstruktur ausgegangen.

Das sei auch der Grund, warum Kipling sich auf das Studium und die gleichzeitige Verteidigung aller Möglichkeiten, deren es bedurfte, um eine Gesellschaft zu bilden und zu erhalten, konzentriert habe. Dazu gehörten zumindest eine starke Persönlichkeit, die Möglichkeit und der Wille, mit Macht die Autorität der Regierung zu sichern, eine einheitliche Verhaltensweise, Respekt, Zusammengehörigkeitsgefühl, Einrichtungen und soziale Maßnahmen, die zur Bildung einer souveränen Gesellschaftsschicht führten, die dann die Funktionen bestimmter Gesellschaftsgruppen überwache – all das sei das »Gesetz«, um Kiplings Lieblingswort zu gebrauchen.

Wie der Aufbau einer Organisation zustande komme, wie die Ideale verwirklicht würden, wie diese neue Schöpfung dann aussähe, das sei für Kipling eine zweitrangige Frage gewesen. Hier kam es lediglich darauf an, daß eine Gesellschaft existierte und daß sie funktionierte. Ob man rücksichtslos durchgriff oder willkürlich handelte, ob »die Gewohnheiten oder die Moral oder die Religion richtig oder falsch waren«, bedeutete weniger für ihn, solange Familie und Schule, die beiden wichtigsten kulturellen Faktoren, vom ethischen oder ideologischen Standpunkt aus annehmbar und wirksam waren. Er stellte nur die eine Frage: »Was hält die Gesellschaft zusammen?« Weniger interessant war für ihn das Problem, wie und mit welchen – mehr oder weniger wichtigen – Mitteln sie zusammengehalten, wie dieser Idealzustand erreicht wurde. Als natürliche Folge dieser Einstellung verteidigte er – direkt oder indirekt – den Imperialismus, Unterdrükkung, Polizeigewalt, Luftschlösser, und verwarf Aufklärung, Ausgleich und Demokratie.

Lord Annan legte diesen Gedankengang mit ungewöhnlicher Schärfe und großem Elan dar, obwohl er ihm dabei vielleicht doch ein wenig zu viel Bedeutung beimaß. Er gehörte zu den alten ehrlichen Konservativen, die immer von dem sozialen Minimum sprechen, um von der Notwendigkeit von Reformen und Veränderungen abzulenken. Die modernen Soziologen, auf die sich Annan berief – besonders Malinowski sei hier noch genannt –, hatten nur eine oberflächliche Theorie über die Funktionen der Gesellschaft ausgearbeitet und dazu pseudowissenschaftliche Methoden angewandt. Obwohl Annan sich bei der Darstellung der Philosophie Kiplings moderner soziologischer Fachausdrücke bediente, erschwerte er dennoch das Verständnis dieser Theorien ganz ungemein.

In diesem Zusammenhang verdient folgender Hinweis besondere

Beachtung: Kiplings imperialistische und konservative Ideen seien nicht oder – besser – hauptsächlich nicht wegen ihres theoretischen Charakters kritisiert worden, sondern wegen ihrer persönlichen Härte, ihrer Gefühllosigkeit gegenüber menschlichem Elend, die in Freude über diese Leiden ausarten konnte. Wenn de Maistre den Henker als den Pfeiler der Gesellschaft bezeichnete, hatte er insofern recht, daß keine Gemeinschaft ohne eine organisierte Ordnungsmacht existieren kann. Was aber an de Maistres Ausführungen so geschmacklos wirkt, ist die offensichtliche Genugtuung, die er über die Unentbehrlichkeit des Henkers empfand. Derselbe Vorwurf kann auch gegen Kiplings Philosophie erhoben werden, ein Aspekt, den leider Lord Annan in seinem Entdeckereifer vollständig übersehen hatte.

Gingen Kiplings imperialistische Gedankengänge auf rassische Vorurteile zurück? Oder hielt er die englische bzw. angelsächsische Überlegenheit eher für eine Zufälligkeit und einen Zustand, der durch die Umwelt bedingt war?

Englische Biographen Kiplings schließen rassische Voreingenommenheit Kiplings aus. Sie wollen nichts davon wissen, daß sechzig Jahre früher derartige Vorstellungen als wissenschaftliche Erkenntnisse respektiert wurden. Kiplings Verteidiger begründen ihre These damit, daß Kipling das Wort »weiß« in seinen Reden und Schriften nicht nur für Menschen mit heller Hautfarbe verwendete, sondern auch für Schwarze und Gelbhäutige, die Respekt verdienten. »Weiß« war bei Kipling also ein Synonym für »anständig«. Auch Fichte bediente sich solcher semantischer »Feinheiten«, wenn er meinte, Charakter zu besitzen und Deutscher zu sein, sei ein und dasselbe. Alle charaktervollen Menschen waren somit bei ihm Deutsche. Man kann daher nicht annehmen, daß zwischen weißer Hautfarbe und Vollkommenheit ein innerer Zusammenhang besteht. Dies wird nur umständlicher und subtiler ausgedrückt. Es besteht kein Zweifel darüber – das geht aus vielen Äußerungen Kiplings über dieses Thema in seiner Selbstbiographie »Something of myself« hervor –, daß er häufig sehr primitive Vorstellungen von der »Natur« gewisser Rassen und Völker hatte.

Bestehen gewisse verwandtschaftliche Beziehungen zwischen Kiplings imperialistischen Ideen und dem Faschismus bzw. dem Nationalsozialismus?

Die Biographen weisen mit Entrüstung solche Auffassungen zurück, allerdings zu Unrecht. Die englische Form des extremen Nationalismus, wie ihn Kipling, Carlyle, Ruskin und viele ihrer Zeitgenossen vertraten, wiesen unbedingt Berührungspunkte mit Faschismus und Nationalsozialismus auf, was allerdings nicht ausschließt, daß der englische und amerikanische Nationalismus im Vergleich zum italienischen und deutschen viel humaner und toleranter war. Kipling verabscheute Diktatoren seiner Zeit von ganzem Herzen. [Dieser Abschnitt basiert auf Carringtons großer Biographie. Später hat auch der dänische Professor Bodelsen ausführlich darüber geschrieben.]

Garnet Joseph Wolseley, ein untadeliger General

In England kam in den siebziger Jahren des vergangenen Jahrhunderts ein Schlagwort auf: »All Sir Garnet«. Es soll übrigens heute noch ab und zu gebräuchlich sein. Es bedeutet ungefähr »alles in Ordnung, allright, okay« und ist zurückzuführen auf Garnet Wolseley (1833–1913), General, Feldmarschall, den berühmtesten und sicherlich tüchtigsten englischen Strategen von Wellington bis zu – beispielsweise – Kitchener, Wavell, Alexander oder Montgomery. »Alle britischen Soldaten während des Viktorianischen Zeitalters waren im Vergleich zu Wolseley nur Zwerge«, schrieb Julian Symons, hervorragender Historiker, Dichter und Verfasser von Kriminalromanen. Wolseley wurde ausgezeichnet, geadelt, in den siebziger Jahren zum General, 1885 zum Viscount von Kairo, zum Oberbefehlshaber über Irland (1890–1895), zum Feldmarschall 1894 und zum Oberbefehlshaber der Armee (1895–1900) ernannt. Man bewilligte ihm einen Ehrensold von 25000 £.

Wolseley war immer – allerdings nicht im Krieg und in Schlachten – verbittert und unzufrieden, verärgert über die schlecht organisierte Verteidigung, über den konservativen Militärchef der Königin, den Herzog von Cambridge, über die Liberalen, die sich nicht für das Empire interessierten, über seine militärischen Mitarbeiter, lauter Dummköpfe, über die großen zeitlichen Abstände zwischen den Kriegen, den Mangel an Gelegenheiten, seine eigene Tüchtigkeit zu beweisen. Er starb im März 1913, bevor es endlich zu einem richtigen Krieg kam. Aber da war er schon alt, abgestumpft. Man hatte ihn fast vergessen. Eine Ehrenrettung wurde ihm zuteil, als man ihn an der Seite Wellingtons beisetzte. Die Regimenter, die zum Begräbnis abkommandiert waren, erinnerten an Wolseleys Heldentaten auf der

Krim, in Burma, Indien, China, Kanada, Westafrika, Südafrika und Ägypten.

In den letzten Jahren sind zahlreiche Bücher erschienen, die ganz oder teilweise dem großen General Wolseley und dessen Feldzügen gewidmet sind. Er selbst schrieb einige geschichtlich interessante und die Verteidigung betreffende Artikel sowie zwei Bände Memoiren. Der zweite entstand 1903, als sein Gedächtnis nachgelassen hatte, und er ist unzuverlässig, fragmentarisch, unvollendet. Was war an Wolseley so bemerkenswert? In ihm vereinigten sich drei Persönlichkeiten: der kalte, genau berechnende General, der erfolgreiche Soldat und Held, der mit Gordon konkurrieren konnte, der genau so mutig und kampflustig, nur nicht so verrückt war, und schließlich der kluge Mensch, auf hohem geistigen Niveau und ebenbürtig den Schriftstellern und Philosophen J. A. Froude, Edmund Gosse und dem für seine schlechten Verse bekannten Alfred Austin, aber auch dem am höchsten eingestuften Geist des späten Viktorianismus, Henry James.

Seine erste größere Aufgabe, für die er allein verantwortlich war, erhielt er 1870. Er hatte in Kanada einen Indianeraufstand im Tal des Roten Flusses, mehrere hundert Meilen von Toronto und den englisch-französischen Besitzungen entfernt, niederzuschlagen. Dann befehligte er die Truppen bei der Unterwerfung der barbarischen Ashantis, beendete als Gouverneur den Krieg in Natal gegen die Zulus, nahm 1879 Cetewayo gefangen, besiegte Oberst Ahmed Arabi, den ägyptischen Rebellen, bei Tel-el-Kebir, und stärkte so die englische Herrschaft über Ägypten (1882). 1885 versuchte er Gordon in Khartum zu entsetzen, kam aber einige Tage zu spät. In manchen dieser Feldzüge standen Wolseley nur wenige tausend Mann zur Verfügung, von denen wiederum nur ein Teil Engländer waren. Gegen Arabi befehligte er jedoch 40 000 Soldaten. Verschiedene Expeditionen nahmen mehrere Monate in Anspruch; die ruhmreichste gegen Arabi dauerte aber nur drei Wochen. Die Schlachten waren ganz einfach angelegt, die britischen Truppen an Waffen und Disziplin weit überlegen. Kam der Feind in Sicht, mußte man in möglichst kurzer Zeit so viele Feinde wie nur möglich »abschießen«. Man nannte dies die »Goldene Zeit« der Kolonialkriege: kleine Truppenkontingente, große Strapazen, geringe Verluste, beachtliche Gewinne, glorreiche Heimkehr der Sieger, bebilderte Beilagen in den Zeitungen, große Lobsprüche in der »Times«, Lunch oder Empfang bei der Königin, der die geliebte und ruhmreiche Armee sehr am Herzen lag.

Daß Wolseley den Anstoß zu »All Sir Garnet« gab und allgemein »our only General« genannt wurde, hatte nichts mit Feldherrnruhm und Siegen zu tun. Das wurde als Selbstverständlichkeit angesehen. Er war der Organisator Nr. 1. Die Kriegsgeschichte enthält oft traurige Berichte über zu spätes Eintreffen von Truppen an verkehrtem Ort. Die Division griff z.B. um sieben statt um vier Uhr an, erreichte das Dorf Y statt des Dorfs Z. Bei Wolseley konnte das nicht vorkommen. Er war ein Meister in der Einschätzung der eigenen Truppenstärke und der des Feindes, bei der Koordination der Kampfstärken, Beurteilung von Gebieten und Abständen. Etwas überheblich deutete er bisweilen an, wo er diesen oder jenen Tag, in der und der Woche mit seinen Truppen sein werde. Und er hatte fast immer recht. Er führte seine Pläne in kürzester Zeit, mit den niedrigsten Kosten und den geringsten Verlusten durch.

Mit diesen seinen systematischen Voraussagen stand Wolseley in den siebziger Jahren so ziemlich allein da. Kein anderer hoher Offizier erreichte diese Genauigkeit, auch später nicht. Ausbildung zum Soldaten, Vorbereitung auf Kriegszeiten bestanden aus traditionellen Paraden und Übungen. Ein Generalstab existierte nicht. Disziplin und Mut allein waren maßgebend. Dieses System feierte Triumphe im Krimkrieg. Ältere Offiziere, besonders der friedliebende Herzog von Cambridge, sahen in Wolseley nur einen ganz gewöhnlichen Reformer, einen Pedanten, keinen Offizier, sondern einen Buchhalter. Wolseley wiederum haßte die Alten, die »Esel« und »Perückenköpfe« und sammelte um sich junge intelligente Offiziere, die noch Lehren annahmen. Viele von ihnen aus dem sogenannten »Wolseley-Gang« brachten es zu hohen Ehren, während andere zeitig fielen, wie Colley bei Majuba, oder ihr Vertrauen, ihre Sicherheit und Entschlußkraft verloren, wenn sie ohne den Meister allein kämpfen mußten, wie z. B. Buller bei Tugela.

Wolseley war kein »bürgerlicher« oder »Schreibtischgeneral«. Obwohl viele Offiziere ihn nicht ausstehen konnten, genoß er großes Ansehen im Heer; alle wußten seine Fürsorge für die Truppe, seine Ausdauer und seine Kaltblütigkeit in gefährlichen Situationen zu schätzen. Als junger Offizier, in Burma, auf der Krim, während des Aufruhrs in Indien und in China legte er einen Mut, eine Todesverachtung zutage, die damals in der »Goldenen Zeit« des »physischen Muts« ganz ungewöhnlich war. Immer wieder wurde er schwer verwundet, aber er kämpfte trotzdem weiter oder führte wenigstens den Befehl, solange die Kämpfe andauerten. Memoiren und Briefe aus früheren Tagen – wenn vielleicht auch die Erinnerung alles durch eine rosarote Brille sehen ließ – deuten darauf hin, daß er von einem Rausch und einer Begeisterung besessen gewesen sein mußte, die von den meisten als unnatürlich bezeichnet wurde. Wie Ernst Jünger konnte er von dem Leichengestank wie von einem »Offensiveparfüm« schreiben. Ein Angriff konnte ihn in Ekstase versetzen, ihm eine »reine, innere Befriedigung« geben; ein Abend in einem Schützengraben vor Sewastopol, der von allen Seiten eingesehen werden konnte, war ein »großes Vergnügen« für ihn. Für Wolseley und seine Kameraden schien die Welt für »ihre eigene unbändige Kurzweil geschaffen zu sein, von der der Krieg mit seiner atemberauschenden Spannung die schönste war«. Sein Verlangen, am Krimkrieg teilzunehmen – wofür man sein Regiment zunächst nicht vorgesehen hatte –, war so groß, daß er selbst es »für eine Verrücktheit« hielt. In manchen Dingen wird Wolseley als überempfindlich beschrieben. Er konnte kein rohes Fleisch sehen oder riechen. Doch der Anblick eines toten Kameraden ließ ihn »so gleichgültig wie der eines Hundes«, den er »daheim erschossen« hatte. Dasselbe Verhalten zeigte sich auch in seinen Ansichten. In einer für seine Zeit nicht ungewöhnlichen Art sprach er vom Krieg als etwas Erhabenem, bei dem man sich selbst und alles Irdische vergessen könne. Es sei etwas Großartiges, für England zu sterben. »Ein Volk, das unter unserer Regierung lebt und dessen obere Zehntausend ... wie der Prinz von Wales und dessen abscheuliche Umgebung von Männern und Frauen ein erbärmliches Dasein führen, kann nur durch ein so umwälzendes Geschehen wie den Krieg vor dem Untergang gerettet werden«.

In seinem »Taschenbuch für Soldaten« gebrauchte Wolseley grobe Redensarten, die selbst für die damalige Zeit ein starkes Stück waren; die Soldaten sollten sich, schrieb er darin, angewöhnen, das Zivilleben von oben herab anzusehen; sie dürften sich nicht »durch alte Männer und anständige Frauen verweichlichen lassen«. Er bezeichnete sich selbst als »einen Chauvinisten unter Chauvinisten«. Er haßte Liberale und Anhänger des Friedens. Als die Königin Viktoria Wolseley ihre Abneigung gegenüber Gladstone ausdrückte, stimmte er ihr von ganzem Herzen zu.

Doch konnte man bei Wolseley nicht den geringsten religiös gefärbten Fanatismus, einen Haß auf die Menschen, eine Art Besessenheit, wie man sie bei Gordon beobachtete, entdecken. Wolseley selbst meinte, in

Gordon den größten Mann, den er je getroffen habe, zu sehen, neben dem General der amerikanischen Südstaaten, Robert Lee, einem Mann von großer Güte und Haltung, heiter, ruhig, ohne Angst, unverdrossen. Das Urteil über zwei so entgegengesetzte Charaktere brachte Wolseley doch in einige Schwierigkeiten.
Wolseley war stolz, nicht nur intelligent, sondern auch ein Intellektueller zu sein. Er las viel, nicht nur Fachbücher, schrieb selbst Bücher voller Ehrgeiz, liebte, mit Persönlichkeiten außerhalb seines Wirkungskreises umzugehen. Er hatte etwas Arrogantes, Verächtliches an sich, das sich gegen seine weniger gebildeten Generalsgefährten richtete. Als er an seine Frau – die ihm ebenbürtig und mit der er wahrscheinlich glücklich verheiratet war – von den Ashantis einige merkwürdige Erinnerungsstücke schickte, schrieb er an sie, daß es ja ganz gut sein könne, auf diese Weise einen Gesprächsstoff mit den stupiden Leuten zu haben, die zum Frühstück zu ihnen kämen. Aber man konnte auch einen echten Zug an ihm entdecken. Er liebte Gespräche, die sich auf einem höheren Niveau bewegten als selbst bei einer Konversation üblich war, die mehr sein wollte als »small talk«, d. h. Geplauder.
Es sind einige Angaben über seine Freundschaft oder seine Bekanntschaft mit Henry James vorhanden. Sie konnten sich lebhaft unterhalten. Wolseley berichtete gewissenhaft und klar über seine Erlebnisse. James sprach, wie immer, sehr breit, ausführlich, schwer verständlich und umständlich, unterbrach seine Rede, wiederholte sich, machte Einschränkungen. James schien seine Freude an Unterhaltungen mit einem Soldaten gehabt zu haben. Militärgeschichte gehörte zu seinen Hobbys. Während er nach Formulierungen suchte, hörte er in Gedanken die Trommeln von Friedland und Gettysburg. Als Wolseley James seine Memoiren zugeschickt hatte, erhielt er ein konventionelles Dankschreiben. Auch wenn man von den Höflichkeitsfloskeln und heuchlerischen Wendungen absieht, beweist doch der Brief, daß James, der von der Außenwelt so ziemlich abgeschnitten war, solche Literatur liebte. Sie erschien ihm wie ein Gruß aus dem betriebsamen Leben. »Für einen armen Wurm wie mich, der in Abgeschiedenheit lebt … ist der Drang, auf diese Weise mit einem temperamentvollen und typischen Soldaten in Kontakt zu kommen, unwiderstehlich«. Es sei wunderbar, »einem so aktiven Menschen nahe zu sein«. »Gerade diese Eigenschaften – zum Unterschied zu denen meines eigenen romantischen Charakters –, mit denen und von denen und für die Sie gelebt haben, erwecken in mir das Gefühl, als habe ich Sie niemals

genügend ausgefragt, ausgeforscht... Ich würde gern alles, auch »Lamb House«, für eine Stunde Ihrer Erfahrung, Ihres Rückblicks hingeben...«

Wolseley war eine bedeutende und faszinierende Persönlichkeit. Doch fühlte man sich nicht so recht hingezogen zu ihm, wie z.B. zu dem verrückten Gordon oder dem ewigen Kavallerieleutnant Roberts. Vielleicht war er ein zu schonungsloser und ehrgeiziger Typ. Wolseley machte nicht nur einen überlegenen Eindruck. Er wollte auch in seinen Leistungen allen anderen voraus sein, »the firstest with the mostest«. Solche Menschen waren nicht gefragt. Er mußte immer neue Erfolge auf immer neuen Gebieten erzielen, stets noch tüchtiger sein. Dazu trieb ihn vielleicht eine innere Unzufriedenheit. Mit sich selbst ging er nicht ins Gericht. Vielleicht glaubte er auch, sein Heil auf irgendeiner anderen höheren Ebene zu finden. Das Ende seiner militärischen Laufbahn war ein langsamer, unmerklicher und über eine lange Zeit sich hinziehender Niedergang. Es glich fast Napoleons Schicksal, das er in seinem Buch über den Kaiser so ausführlich schilderte. Der Oberbefehlshaber der Armee, einst von allen gefürchtet und/oder bewundert, war alt geworden, senil. Das Gedächtnis verließ ihn, er vergaß Verabredungen, wußte nicht, mit wem er es zu tun hatte, auch nichts von Briefen, die von ihm selbst diktiert worden waren, sagte zu viele verschiedene Dinge zu allzuvielen Menschen. Er scheute den Umgang mit ihnen mehr und mehr, als er sah, daß diese ihn mieden. So mußte dann der ein Jahr ältere Roberts, der verhaßte Rivale, das Imperium im Burenkrieg retten. Diesen ernannte man zum »Earl of Pretoria«, belohnte ihn mit 100 000 £. Im Triumphzug kehrte Roberts nach London zurück, wurde noch viele Jahre als Heerführer, als Sieger, als Idol gefeiert, während Wolseley, dessen geniales Wirken man eigentlich niemals gebührend anerkannt hatte, rasch ganz in Vergessenheit geriet.

Charles George Gordon, ein großer Soldat und Christ

Die Nachricht vom Tod des Generals Charles George Gordon, die vierzehn Tage nach dem Fall von Khartum England erreichte, löste dort eine Welle von Trauer und Verbitterung aus, wie man sie kaum jemals zuvor erlebt hatte.

Die Königin war außer sich vor Empörung. Gladstone nannte Gordon in seiner Gedenkrede im Unterhaus »a hero of heroes«. Ein Kult ohnegleichen wurde mit dem Toten getrieben, der eine Flut von Ansprachen, Schriften und Büchern zu Gordons Gedächtnis auslöste. Man rief zu Spenden auf, man stiftete Fenster in Kirchen und Kathedralen zu seinen Ehren. Und noch heute wird Gordon in England als ein großer Mann gefeiert. In jedem Schulbuch liest man von seinen Taten. Alle kennen ihn. Er lebt in den Herzen der Engländer weiter. Kaum ein Heerführer von Wellington bis zu Montgomery wird mehr verehrt als Gordon. Unzählige Bücher sind über ihn geschrieben worden. Allein um 1950 erschienen drei neue Biographien über ihn.

Welche Tatsachen liegen diesem nie verblassenden Ruhm zugrunde? Gordon war ein einfacher Subalternoffizier. Als solcher nahm er in untergeordneter Stellung 1855 am Krimkrieg, 1860–1862 am Chinafeldzug teil. Als Pionieroffizier wurde er zu Befestigungsaufgaben in England und Grenzregulierungsarbeiten in Osteuropa und im Vorderen Orient abgestellt, hatte nie wie z.B. Napier, Lawrence, Wolseley und Roberts aktiv an der Konsolidierung oder der Erweiterung des Imperiums teilgenommen.

Aber Gordon hatte vordem auf anderen Gebieten für Schlagzeilen gesorgt. 1863–1864 gelang es ihm, damals im Auftrag der Europäer und der chinesischen Regierung in Shanghai tätig, den gewaltigen Taiping-Aufstand niederzuschlagen, der nach großen Erfolgen im fruchtbaren Yangtsetal die Einheit Chinas zu untergraben drohte. Das schnell zusammengestellte Söldnerheer von einigen tausend Mann unter Gordons Befehl trug schon damals den Namen »Die immer siegreiche Armee«. Es führte seinen Namen wirklich zu Recht. Geschichten, wie Gordon, mit einer Zigarette im Mund und nur mit einem Spazierstock »ausgerüstet«, beim Angriff auf chinesische Städte, als erster durch in die Reihen der Gegner geschlagene Breschen stürmte, machten in England lange Zeit die Runde und riefen in der Bevölkerung große Begeisterung hervor.

Zehn Jahre später, 1874–1879, war Gordon Gouverneur des ägyptischen Khediven in Äquatorialafrika und danach im Sudan. Er sollte in diesen Gebieten den Sklavenhandel abschaffen. Seine Erfolge hierbei waren allerdings mehr spektakulärer Natur, aber doch ein Beweis seines Muts. Er gab allen ein Rätsel auf. Es bildeten sich Legenden um Gordons wilde Kamelritte, um den Schrecken, den er mit seinem klaren und trotzigen Blick Häuptlingen und Sklavenhändlern einjagte, um seine asketische Weltanschauung, seinen fanatischen christlichen Glauben.

Einen einflußreichen Posten im Dienste seines Vaterlandes bekam er jedoch nie. Man hielt ihn vielfach für überspannt, halbverrückt, nur für außergewöhnliche Unternehmungen und Aufgaben geeignet. Anfang der achtziger Jahre war Gordon vom Militärdienst befreit oder nur für weniger wichtige Aufgaben eingesetzt, davon ein Jahr als Gouverneur auf Mauritius.

Als Gordon im Alter von 52 Jahren 1885 im Kampf fiel, hatten seine Abenteuer und sein Wagemut seinen Ruhm wohl begründet; aber die tiefe und weit verbreitete Trauer über Gordons Tod, der Heroenkult, der sich daraus entwickelte, war auf sein letztes Unternehmen und dessen tragisches Ende zurückzuführen. Als der Aufstand des Mahdi die Herrschaft Ägyptens über den Sudan zu brechen drohte, beauftragte die englische Regierung, deren Protektorat über Ägypten sich als fragwürdig erwies, Gordon, nach Afrika zu gehen. Über seine Aufgabe dort war man sich dabei nicht im klaren. Man erwog die Räumung der ägyptischen Garnisonen im Sudan. Gordon sollte zunächst die Lage dort untersuchen. Vielleicht konnte er auch noch irgendeine andere Aktion einleiten. Als Gouverneur von Khartum wurde er von den Aufständischen eingeschlossen, zehn Monate lang belagert. Der Mahdi eroberte dann die Stadt. Gordon starb den Heldentod. Er war als einziger Europäer in der Stadt zurückgeblieben.

Das englische Volk, das Unterhaus und die Regierung verfolgten Gordons Schicksal während der ganzen Belagerungszeit. zehn Monate lang. Haßerfüllte Zeitungsartikel stachelten die öffentliche Meinung an, so daß Gladstone gezwungen war, ein englisch-ägyptisches Expeditionskorps unter dem Befehl Wolseleys nach Khartum zu schicken, um Gordon zu entsetzen. Am 26. Januar 1885 fiel Khartum; zwei Tage später langte dann das erste Schiff vor der Stadt an. Gordons frühere Heldentaten, die Berichte über seinen Tod, das lange Zögern, ehe man Truppen entsandte, die Tatsache, daß man die Chance, ihn zu entsetzen, nur um zwei Tage verfehlt hatte, die erregenden und schauerlichen Umstände der Belagerung, der hochaufschlagende Imperialismus, die Absicht der Konservativen, Gladstone und seine Regierung zu stürzen, das eigene Schuldbewußtsein, die Furcht der Liberalen vor einer Niederlage – all das trug dazu bei, tiefe Trauer und Verbitterung im englischen Volk hervorzurufen und einen Kult auszulösen – um »den großen Christen und Soldaten«.

Daß Gordon heute noch so großes Interesse entgegengebracht wird, beruht natürlich nicht zuletzt auf den aufregenden und denkwürdigen Ereignissen in seinem abenteuerlichen Leben. Der Krieg in China, die Streifzüge im Sudan, die Belagerung von Khartum nehmen auch in den neuesten Biographien den größten Platz ein. Beim Studium dieser Lebensbeschreibung muß man feststellen, daß es keinem Autor gelungen ist, die wirklichen Leistungen Gordons auf den verschiedenen Schauplätzen klar zu umreißen.

Seine Heldentaten erhalten einen romantischen und unwirklichen Zug. Der Held, der Städte eroberte, Sklavenhändler vertrieb, durch Handstreiche die Macht an sich riß, ließ den Heerführer und Administrator in den Hintergrund treten. Der überschwengliche Stil der Biographien sollte wohl die Dürftigkeit der vorliegenden Geschichtsquellen verdecken. Ihnen liegen in der Hauptsache nur Gordons eigene Briefe und Aufzeichnungen zugrunde, die sich oft widersprechen. Man hatte auch kaum den Versuch unternommen, weiterzuforschen. Wahrscheinlich würde das ebenfalls zu keinem fundierteren Urteil führen. Kurz gesagt: das herkömmliche Bild von Gordons Beitrag zur englischen Kolonialgeschichte bleibt unverändert. Heute gilt das Interesse der Historiker mehr dem Mann und nicht so sehr seinen Taten. In der Viktorianischen Ära mit den vielen Kleinkriegen, die für die damaligen Zeitgenossen wie für die heutigen Geschichtsschreiber beinahe idyllisch wirken, gab es genug fromme Helden. Stoff für Beschreibungen kühner und tugendhafter Männer lieferten deshalb nettere Reportagen und farbigere Schilderungen für die Zeitungen. Gordons gleichaltriger Schicksalsgenosse, Lord Roberts, war einer dieser Helden, wahrscheinlich auch klüger, auf jeden Fall aber unvergleichlich erfolgreicher als Gordon. Roberts wurde während des Aufruhrs in Indien mit dem Viktoriakreuz ausgezeichnet. Er befehligte Truppen in Afghanistan und Südafrika, wo er in der Tat als Kommandeur die englischen Truppen in der entscheidenden Phase im Kampf gegen die Buren führte. Roberts schrieb auch geistreiche Memoiren. Doch war er nur ein Durchschnittsmensch, uninteressant für seine Umwelt, wenngleich ebenso fromm, gottesfürchtig, mutig, ehrbar und intelligent wie Gordon. Dieser dagegen faszinierte durch sein widersprüchliches, merkwürdiges und exzentrisches Wesen. Gordon war kein Christ im üblichen, konventionellen Sinn, auch kein eifriger Christ wie Roberts und Wolseley, die in Gebeten ihr Gottvertrauen bekannten. Er war ein religiöser Fanatiker, besessen von einem stets wachsenden mystischen Glauben, und er befaßte sich sein ganzes Leben lang mit religiösen Problemen.

Gordon liebte nicht den harten Kampf im täglichen Leben. Arbeit erschien ihm oft lästig; näheren Umgang mit Menschen haßte er. Für ihn war das wirkliche Leben das Studium der Bibel, die Meditation. Das ging aus unzähligen langen Briefen an seine Schwester Auguste hervor. Er besaß einen in vielen Beziehungen primitiven Glauben; er legte jedes Wort in der Bibel wörtlich aus; er dachte darüber nach, welcher Art die verbotene Frucht gewesen sei, wo wohl der Garten Eden gelegen habe. Während seines langen Aufenthalts in England (1865–1871) vertrieb er sich die Zeit damit, kleine Schriften zu verfassen, sie an Leute auf der Straße und auf Eisenbahnstationen, an dort arbeitende Menschen zu verteilen. Solches naives Verhalten hing mit seiner lückenhaften Bildung zusammen. Seine Biographen stellten dies wohl fest, wiesen aber nicht besonders darauf hin. Gordon schien wohl nur die Bibel gelesen zu haben. Da er einseitig militärisch ausgebildet war, hatte er sich nie mit den griechischen und römischen Klassikern vertraut gemacht, womit sich die oberen Zehntausend jener Zeit damals brüsteten.

Die logische Folge seines starken Glaubens war ein ausgeprägtes Asketenleben. Aß er allein, so genügten ihm Brot und Milch; diese karge Mahlzeit nahm er stehend an seinem Pult ein, in dem er auch die Speisen verwahrte. Sein Gehalt ging fast ausschließlich an Verwandte oder Wohltätigkeitsvereine. Als er einen neuen Posten – als Gouverneur für Äquatorialafrika – übernahm, reduzierte er sein Gehalt von 10000 auf 2000 £. Man könnte dahinter Effekthascherei vermuten. So bat er bei einem Essen im Haus des Indischen Vizekönigs darum, alle Speisen auf einem einzigen Teller serviert zu bekommen. Doch lag es ihm fern, damit seine Einfachheit zur Schau zu stellen.

Seine religiösen Anschauungen konnten sich wandeln, oft sogar widersprechen. Doch seine fatalistische Auffassung vom Leben behielt er unverändert bei. Alles geschah nach dem Willen Gottes. Man würde sonst Gottes Allmacht in Frage stellen, wenn man die Welt verändern wollte. Schon seinen Ehrgeiz, im Leben voranzukommen, etwas leisten zu wollen, betrachtete er als eine Todsünde. Zu leben war für ihn bereits eine große Sünde, bedeutete eine Erniedrigung und wog mehr als jede andere menschliche Arglist. An Mystik grenzte sein Glaube, daß die Seelen der Menschen vor deren Erdenleben in der Nähe Gottes glücklich gewesen seien. Nach dem Tod würden sie wieder im Paradies sein, ganz gleich, ob sie in dieser Welt Gutes oder Böses getan hätten. Es wäre deshalb vollkommen sinnlos zu reformieren, zu verbessern, selbst ein guter Mensch sein zu wollen; denn sowohl fromme als auch sündige Menschen würden den ewigen Frieden erlangen. Für den Asketen und moralisch einwandfreien Gordon erschien sein irdisches Leben als eine Bestätigung seines Glaubens, daß dieses Erdendasein nutzlos, überflüssig sei; keine guten Taten würden die Menschen mit Gott versöhnen oder in ihm selbst ein Gefühl erwecken, daß er ein besseres Wesen sei und sich der Gnade Gottes würdiger erweise.

»Alles Irdische verdient nicht mehr als vernichtet zu werden«.

Andere Mystiker haben mit größerer Schärfe und mehr Verstand ihren Abscheu gegenüber dem Leben zum Ausdruck gebracht, aber keiner von ihnen hat es gründlicher als Gordon gehaßt. Das beweisen seine Briefe, Aufzeichnungen und Gespräche.

»Wünschen Sie die Welt zu verändern? Wollen Sie das, so haben Sie anderes im Sinn als Gott selbst!«

»Ginge es nach dem Willen des Teufels, würden wir nichts von unserer Verderbtheit bemerken. Wir würden zufrieden leben. Aber wir sind als schlechte Menschen schon zur Welt gekommen. Wenn es dem bösen Geist gelänge, würde uns dies verheimlicht werden. Unsere Sünden aber beweisen uns, wie schlecht wir sind«.

Einmal zeigte sich Gordon eitel und überlegen, als er meinte, daß alle Länder und deren Regenten doch sämtlich zu unbedeutend in seinen Augen seien. Doch fügte er dann hinzu: »Ja, so ist das Fleisch, das ich so hasse. Und deshalb möchte ich gern sterben«.

Der Henker erschien ihm – wie de Maistre – als das Sinnbild der Gerechtigkeit in diesem traurigen Erdenleben:

»Ich könnte einen Menschen zum Tode verurteilen, ohne Gewissensbisse [er tat dies übrigens sehr oft] ... und dabei erkennen, daß ich ebenso schuldig bin wie er. Richte, o Mensch, doch verzeih' im gleichen Augenblick und bedenke, daß wir dasselbe Schicksal verdienten!«

Der Tod als Befreier war für Gordon eine Tatsache. »Mit jedem Tag werden wir jünger; denn jeder Tag bringt uns dem Augenblick näher, wo *Er* uns gegenübersteht, um uns von unseren elenden Leibern und Schwächen zu befreien«.

Ein Brief an den britischen Botschafter in Paris, in dem Gordon die ägyptische Frage behandelte, schloß – wie so viele andere seiner Briefe – mit den Worten:

»Gott sei dank! In zehn oder fünfzehn Jahren genügt ein Fleckchen

Erde von sechsmal drei Fuß für Botschafter, Minister und Ihren ergebenen Diener«.

Es war natürlich, daß man nach einer schwachen Stelle in der »Rüstung« dieses Helden suchte, nach einem Zeichen oder nach Ursachen dieser Spannungen und des Unglücklichseins, in dem er lebte, nach Gründen für die Verachtung, die er der Menschheit und sich selbst gegenüber empfand.

In seiner Jugend und vereinzelt auch später noch brach ein unbändiges Temperament bei Gordon durch. Er konnte dann ungemein schroff gegenüber seinesgleichen, ja sogar gegenüber Vorgesetzten sein. Und wenn er die Beherrschung verlor, schlug und trat er seine Diener.

Lytton Strachey hat anhand von Memoiren eines Amerikaners festgestellt, daß Gordon ein periodischer Trinker war. Bisweilen schloß er sich im Sudan mehrere Tage lang in sein Zelt ein, um mit der Bibel und dem Branntwein allein zu sein. Lord Elton, einer seiner Biographen, wies diese Behauptung zurück und stützte sich dabei auf Zeugen, die über Gordons Gewohnheiten Bescheid wußten. Lord Elton erwähnte früher nicht veröffentlichte Briefe Gordons, in denen dieser selbst die heikle Frage des Alkoholgenusses angeschnitten hatte. Allgemein herrschte aber in England die Ansicht vor, daß sich Gordon oft vergeblich bemüht habe, gegen sein Verlangen nach Alkohol anzukämpfen.

Über diese Charaktereigenschaft Gordons sind die bisher veröffentlichten Biographien geflissentlich hinweggegangen, und auch noch über eine andere. Aus Gordons Leben wurde nichts bekannt, was auf ein erotisches oder Liebesleben dieses Mannes schließen ließe. Eher schien er eine physische Aversion gegen Frauen gehabt zu haben. Dagegen erwies er oft heranwachsenden Jungen viele Aufmerksamkeiten. Er nahm sie in sein Haus auf, badete, wusch sie, gab ihnen Nahrung und Kleidung. Sein Stil in Briefen an diese jungen Menschen könnte auf Homosexualität schließen lassen – unzensierte Briefe dieser Art sind nicht vorhanden. Sicher ist, daß er sich nichts hat zuschulden kommen lassen. Scheinbar war er sich dieser Zuneigung gar nicht bewußt. Wenn nun einer seiner Biographen schrieb, daß Gordon es »auf Jungen abgesehen hatte, weil man ohne viel Aufhebens mit ihnen umgehen könne«, und daß er sich lediglich »aus Barmherzigkeit« mit ihnen abgab, so wirkt dies peinlicher als der Versuch, sich nach Gordons Vorbild nach dessen Tod in besonderen Klubs armer junger Männer anzunehmen.

Das rein historische und sicher umstrittenste Problem, das mit Gordon zusammenhängt, betrifft seinen letzten Auftrag, den Sudan zu räumen, sowie das Verhalten der englischen Regierung in dieser Frage und deren verspäteten Versuch, dem in Khartum eingeschlossenen Gordon zu Hilfe zu kommen. In allen Memoiren und Biographien der Zeit wurde dieses Thema behandelt. Viele Werke gingen sehr ausführlich darauf ein. Von Lytton Strachey ist eine sehr farbige Darstellung bekannt, in der er von einem »Zweikampf« zwischen Gladstone und Gordon spicht. Gladstone habe Gordon zur Flucht aus Khartum bewegen wollen, während Gordon Gladstone zwingen wollte, Khartum durch Truppen zu entsetzen.

Eigentümlicherweise hat bis heute noch kein Historiker versucht, mit genauen Angaben und Einzelheiten, ganz objektiv, den Verlauf dieser Expedition darzustellen. Nicht widerlegt werden kann, daß Gordon seine Vollmachten überschritt, als er in Khartum blieb und sich einschließen ließ, denn er schrieb selbst in sein Tagebuch, daß er »der Regierung Ihrer Majestät gegenüber sehr ungehorsam gewesen« sei. Ebenso steht fest, daß Gladstone unter allerlei Vorwänden die Entsendung der Hilfsexpedition verzögerte. Es wäre folgerichtig gewesen, überhaupt keine Truppen nach Khartum zu beordern; denn es sollte ja nur ein einziger Mann befreit werden. Aber es erschien ebenso unverantwortlich, ein Hilfskorps so spät nach dem Süden zu schicken.

Es ist anzunehmen, daß Gordon recht hatte, wenn er behauptete, daß der despotische Mahdi ohne weiteres von britischen Truppen hätte gestürzt werden können. Kitcheners Feldzug gegen den Sudan, 13 Jahre später, kostete nur das Leben von sechzig englischen Soldaten. Gladstones Verhalten in dieser Affäre muß wohl als die unangenehmste Episode seiner Laufbahn bezeichnet werden. Sein Bestreben, sich hinter bombastischen Reden, Ausweichmanövern und Optimismus zu verschanzen, ist nie klarer als in den Parlamentsdebatten über die Khartumfrage zutage getreten.

Trotzdem muß festgestellt werden: unter den Männern der Tat im britischen Reich des 19. Jahrhunderts gibt es wenige, deren Leben und Denken so von ihrem Glauben beherrscht worden ist, wie das von Gladstone und Gordon. Gladstone nannte Gordon einen »großen Christen und Soldaten«. Gladstone selbst wurde als »großer Christ und Staatsmann« bezeichnet.

Der Pfadfindergeneral bei Mafeking: Robert Baden-Powell

Mit folgendem Zweizeiler führte Saki (Pseudonym für H. H. Munro) – einer der hervorragendsten englischen Essayisten und Erzähler des frühen 20. Jahrhunderts – ein neues Wort in die englische Sprache ein:

Mother, may I go and maffick
Tear around and hinder traffick

»Maffick«, – so steht es in unseren gewöhnlichen Schullexika – bedeutet soviel wie »vor Freude (eigentlich ›vor Siegesfreude‹) laut jubeln«. Das Wort wird abgeleitet von der berüchtigten Mafeking-Nacht, dem 18. Mai 1900, dem Abend, an dem sich das englische Volk wie eine Horde Verrückter aus dem Irrenhaus gebärdete, als vornehme Leute, die nicht miteinander bekannt waren, in Luxusgaststätten und Theatern gemeinsam johlten und randalierten, einander die Hände schüttelten, als »Gentlemen« auf die Dächer von Mietautos stiegen, ihre Zylinderhüte zerdrückten und die versammelte Menge beim Absingen der Nationalhymne dirigierten, als der Verkehr in den Straßen von betrunkenen und schreienden Menschen lahmgelegt wurde, als die Unmoral in den großen, allgemein zugänglichen Parkanlagen Londons unbeschreibliche Formen annahm.

Was war an diesem Maitag geschehen? Die Abendzeitungen schrieben: »Mafeking ist frei«.

Eine fliegende Kolonne britischer Soldaten hatte Mafeking, eine kleine Stadt in Südafrika, die 217 Tage von den Buren belagert worden war, aus der Umklammerung befreit. Die gesamte englische Nation geriet an diesem Abend in einen patriotischen Taumel. Keine der eingeschlossenen, von den Engländern besetzten Städte an den Grenzen Transvaals und des Oranjefreistaats hatte so lange ausgehalten, hatte die Energie aufgebracht, zu siegen und den Widerstand zu brechen, wie das kleine Mafeking. Kimberley und Ladysmith waren mehrere Wochen vorher entsetzt worden. Die Presse hatte die Verteidigung der Stadt ganz ausgezeichnet unterstützt. Während der Belagerung befand sich eine Anzahl Kriegsberichterstatter in Mafeking, der es ab und zu – nicht allzuoft – gelang, Berichte aus der umkämpften Stadt hinauszuschmuggeln. Zehn Tage vor dem Ende der Belagerung hatte die Presse auf dem Kontinent, aufgrund voreiliger Enthüllungen eines Burengenerals, in Riesenschlagzeilen bereits berichtet: »Mafeking hat kapituliert«, »Mafeking a capitulé«.

Die triumphale Botschaft vom Gegenteil erreichte 10 Tage danach

England an einem schönen Frühlingsabend, an dem alle sich vergnügen wollten. Mafeking war ein wunderbarer Anlaß dazu.
In Wirklichkeit gab es aber gar keinen Grund zum Jubeln. Der Burenkrieg war bereits seit längerer Zeit entschieden. Die Armeen Roberts' und Kitcheners hatten den größten Verband der Buren unter Cronjes Führung bereits gefangengenommen, Bloemfontein im Oranjefreistaat besetzt und waren auf dem Weg nach Pretoria in Transvaal. Dabei spielte die Befreiung Mafekings, einer Stadt mit einigen tausend Einwohnern und einer noch kleineren Besatzung, überhaupt keine Rolle. Der Krieg war damit aber noch nicht zu Ende. Er sollte noch gute zwei Jahre dauern.
Trotzdem: der Jubel in dieser Nacht des 18. Mai war begründet.
Man stellt sich heute den Burenkrieg – wenn man sich überhaupt darüber noch Gedanken macht – im wesentlichen so vor, daß das machthungrige und raubgierige England die kleinen Burenrepubliken überfiel, die für ihren Gold- und Diamantenreichtum bekannt waren und eine Enklave mitten in den britischen Besitzungen Betschuanaland, Rhodesien, Natal und der Kapkolonie bildeten, um sich noch mehr zu bereichern. Wie der Kampf ausgehen würde, war ja wohl vorauszusehen.
Als die Burenrepubliken im Oktober 1899 England den Krieg erklärten, konnte man mit deren Sieg über die Engländer rechnen. Ihre Truppen in einer Stärke von 40000–50000 Mann waren den Briten zahlenmäßig erheblich überlegen. Sie besaßen ebenfalls mehr Erfahrung im Kampf, verfügten über eine weit größere Menge Waffen – von Krupp und Le Creusot – und kannten sich im Land viel besser aus. Konnten sie die englischen Garnisonen in kurzer Zeit vernichten, die Truppen gefangennehmen, hätte man mit einem Aufstand in der Kapprovinz rechnen müssen. Eine Intervention der eifersüchtigen europäischen Großmächte – Frankreich, Deutschland und Rußland – gegen das England der »splendid isolation« wäre dann auch nicht auszuschließen gewesen. Während der Herbsttage 1899 lag eine Vertreibung der Engländer aus Südafrika absolut im Bereich der Möglichkeit, so daß die Buren überall ihr Regime, das sich auf Unterdrückung der Rassen und Machtkonzentration gründete, hätte ausbauen können. Erst fünfzig Jahre später unter Malan und Strijdom gelang ihnen dies. Der besiegte Krüger war ihr Prophet und Vorbild.
Die Buren überschritten gleichzeitig die Grenzen im Osten, Süden und Westen, und die Engländer unterlagen ihnen monatelang in fast jedem

Kampf. Der Vormarsch der Buren wurde von drei Städten aufgehalten, die diese voller Sturheit, die sie später sicherlich bereuten, erst einnehmen wollten, ehe sie weiter vorrückten: Ladysmith, Kimberley und Mafeking. Den größten Widerstand leisteten die Engländer in Mafeking, wo sie ein Viertel der gesamten Burenarmeen unter dem Befehl des General Cronje monatelang festhielten. Obwohl man mit der Zeit die Truppen vor Mafeking auf 4000 Mann verringerte, muß man der Strategie der Engländer, die Buren hier zu binden, große Bedeutung beimessen. Der Ausgang des Kriegs wurde hier vielleicht entschieden.

Daß sich Mafeking so lange halten konnte, lag an der Schwerfälligkeit des Gegners, behaupten die Historiker. General Cronje, der zunächst die Truppen vor der Stadt befehligte, war ein alter, unentschlossener und vorsichtiger Mann, sein Nachfolger, General Snijman sogar noch langsamer und passiver. Daß der Präsident Krüger mit Telegrammen und Briefen aus Pretoria einmal zur Vorsicht mahnte, ein andermal zum schnellen Angriff aufforderte, verbesserte die Situation auch nicht gerade.

Die Buren waren ausgezeichnete Reiter und Schützen, aber nicht zu bewegen, einen Sturm auf Mafeking zu wagen, bei dem sie große Verluste hätten erleiden können. Die Engländer, disziplinierte, geschulte Soldaten, übertrafen die Buren bei weitem an Mut und Ausdauer. Nur ein einziges Mal versuchten die Buren Mafeking zu stürmen, eine Woche, bevor neue englische Truppen eintrafen. Dieser Versuch mißlang völlig, weil man falsche Vorbereitungen getroffen hatte und nur einige hundert Freiwillige sich am Vorstoß beteiligten. Die Buren wollten die Stadt erobern, indem sie die Belagerten aushungerten und bombardierten. Sie besaßen wohl einige schwere Geschütze, doch waren diese nach modernen Begriffen ziemlich ungefährlich. Mit der Riesenkanone von Le Creusot konnte man wohl 50 kg-Geschosse abfeuern, aber sie richteten nur geringen Schaden an, denn die Engländer beobachteten, wie die Kanone gerichtet, wann sie fertig zum Abschuß gemacht wurde. Durch Signale erfuhr die Bevölkerung, wann sie in Kellern und Schutzräumen in Deckung gehen mußte. Immerhin hatte man, nachdem das Geschoß abgefeuert worden war, noch acht bis zehn Sekunden Zeit, um sich in genügend weitem Abstand von dem errechneten Einschlagsziel in Sicherheit zu bringen.

Die Engländer verteidigten sich vorbildlich. Das Verdienst gebührte dem späteren Pfadfindergeneral, dem Oberst Robert Baden-Powell. Er war einige Monate vor Kriegsausbruch Befehlshaber über dieses Gebiet geworden und verfügte kaum über reguläre Truppen. Es gelang ihm jedoch, aus Freiwilligen und angeworbenen Soldaten eine kampfstarke kleine Armee zu bilden. Um die Stadt baute man in einigen Kilometern Entfernung einen Verteidigungsring mit einem Netz kleiner Forts und Schützengräben mit einer Besatzung von 15–20 Mann auf. Mit Hilfe eines Signal- und Telefonsystems konnte man innerhalb kurzer Zeit Verstärkung aus der Stadt herbeirufen.

Baden-Powell selbst bezeichnete die Verteidigung als »einen Bluff von Anfang bis Ende«. Er täuschte die Buren, indem er zum Schein Minenfelder anlegte, Attrappen aufbaute, die wie Befestigungen aussahen, Nachrichten über eine baldige Truppenverstärkung und einen bevorstehenden Ausfall verbreiten ließ. Überraschende Angriffe auf gefahrvolle und vorgeschobene Stellungen hielten die Buren in Atem und veranlaßten sie, ihre Truppen weiter zurückzunehmen. Kanonen und Munition wurden aus Lokomotiven und Eisenschrott hergestellt. Man suchte alles Eßbare zusammen, rationierte es und vermied so eine Hungersnot. Und der »Oberst« selbst sorgte dafür, daß die Moral und der Wille, die Belagerung durchzustehen, erhalten blieb. Er führte den Feind hinters Licht.

»Sie erobern nicht Mafeking, indem Sie gemütlich sitzen bleiben und sich die Stadt ansehen«, antwortete Baden-Powell den Buren, als er aufgefordert wurde zu kapitulieren.

Er gab eine Zeitung heraus, die mit Spottversen, Scherzen, Satiren und patriotischen Liedern gespickt war, und veranstaltete Bälle, Sportfeste, Varietés. Seine schlichte Art, die auch in Büchern, die er später schrieb, zum Ausdruck kam, konnte sich aber auch zu Lausbüberei entwickeln. Er ließ alle Korrektheit fahren, trat selbst im Varieté mit auf, ahmte Paderewski am Klavier nach, verkleidete sich als Cockney. Die gesellschaftlichen Unterschiede – auch die rassischen – wurden trotzdem gewahrt. Er gab sich natürlich, jovial, schuf damit mitten in der durch die Belagerung gestrafften Ordnung eine Atmosphäre von Klassenlosigkeit.

Der Kampf um Mafeking war eine entscheidende Begebenheit in einem Krieg, der England als Weltmacht in den Grundfesten bedrohte, eine Heimsuchung, der Tausende zum Opfer fielen, die den Menschen viel Leid brachte. Darüber hörte man aber nur ganz gelegentlich durch Berichte und Memoiren.

Diese Belagerungszeit hatte aber zuweilen auch etwas von einem

Volksfest an sich. So ruhten sonntags die Feindseligkeiten. Die Buren hielten sich streng an den Feiertag und erfreuten sich an Wagenladungen voller Lebensmittel; die Engländer tanzten, spielten Cricket und Fußball. Schilderungen dieser Art in Büchern und Zeitschriften waren jedoch eine Verdrehung der Tatsachen, indem man damit das Grausame und Schreckliche des Kriegs übertünchte, auch oft mit einer kriegerischen Romantik umgab: »Kapitän Fitzclarence hatte allein mit seinem Säbel vier Feinde erledigt«. »Fitzclarence erhielt aufgrund seiner Tapferkeit später das Viktoriakreuz«. Aber schließlich wollte man doch nicht alles herunterspielen. Aus allen Berichten und Zitaten kann man herauslesen, daß die Verteidiger von Mafeking von demselben Geist beseelt waren wie die Königin, die Presse und die jubelnden Massen auf den Straßen Londons.

Der Halbgott des Empire: Horatio Herbert Kitchener

Der britische Imperialismus befand sich um die Jahrhundertwende auf dem Höhepunkt. Zehn Jahre Mehrheit der Konservativen bildeten den innerpolitischen Hintergrund, mit dem alten ehemaligen Liberalen Joseph Chamberlain als Kolonialminister und »Spiritus rector«, mit Kipling als Dichter, Benjamin Kidd als Ideologen und anderen Politikern und Persönlichkeiten, die bei Disraeli, Carlyle, Ruskin und Froude in die Schule gegangen waren. In Ägypten regierte Lord Cromer, in Südafrika Lord Milner, in Indien Lord Curzon, während Cecil Rhodes, Großkapitalist und Eroberer in einer Person, einen Machtkomplex schuf, der zwanzig Jahre später Lenin veranlaßte, ein Buch zu schreiben, in dem er von dieser Zeit ein glänzendes, aber falsches Bild entwarf. Die Ereignisse überschlugen sich damals. England festigte seine Machtstellung durch Verträge mit Japan (1902), Frankreich (1904) und Rußland (1907), die den Kampf gegen Deutschlands Vordringen, den Ersten Weltkrieg, vorbereiteten.

Nach dem Wahlsieg der Liberalen im Jahr 1906 war die britische Regierung in erster Linie mit inneren Reformen und den Forderungen der überseeischen Gebiete nach Selbständigkeit befaßt. Die große Zeit des Imperialismus war vorbei; der langsame Rückzug, eine Periode der Entflechtung, begann.

Der Imperialismus enthielt so vieles, das verbesserungswürdig war.

Reichtum und hohe Ämter blieben wenigen vorbehalten. Das Volk lockte man mit Sensationen und Abenteuern. Kriegslieder sang man auch in den Vergnügungsstätten der armen Bevölkerung. Chauvinisten konnte man unter Buchhaltern und Bediensteten, am Hof und in der besten Gesellschaft finden. Der Krieg kostete ja nicht viel: einen Bruchteil eines Pfundes Sterling Einkommensteuer, ein paar tausend Tote auf den Schlachtfeldern und einige mehr in den Krankenhäusern. Die Schulreform von 1870 machte sich bezahlt. Fast alle Engländer hatten lesen gelernt. Die billigen Zeitungen erreichten hohe Auflagen. Dem Tod und den Leiden wurden in glänzenden Berichten der »Sonderkorrespondenten an der Front«, durch flotte Zeichnungen unterstützt, Härte und Schrecken genommen.
Die Idee, die Doktrin des Imperialismus, wurde dem Volk mit Romanen und Liedern beigebracht. »Gott« und »Freiheit« waren die Schlagworte dieser Zeitströmung. Allein die Angelsachsen habe das Schicksal auserwählt und berufen, Frieden und Ordnung in der Welt zu stiften, die in der Entwicklung Zurückgebliebenen heranzubilden, so daß sie – in ferner Zukunft – geistig reif und unter dem englischen parlamentarischen System unabhängig würden.
Den Imperiumsgedanken verkörperten in den Augen eines Durchschnittsengländers weder der Politiker Chamberlain noch der Dichter Kipling, sondern ein stattlicher, gutgewachsener fünfzigjähriger General, 1,85 m groß, mit einem vollen, kantigen, unbeweglichen Gesicht, das sich hinter einem riesigen dichten Schnurrbart verbarg – Lord Kitchener von Khartum. Er war der stets erfolgreiche Statthalter, den man von der einen bedrohten Provinz zur anderen schickte, von Ägypten nach Südafrika, von dort nach Indien. Schließlich wurde er ins gefährdete Mutterland zurückbeordert, um dort nicht nur seinen Ruf, sondern auch sein Leben zu verlieren.
Die Biographie Kitcheners von Sir Philip Magnus (1958) trägt den Untertitel »Porträt eines Imperialisten«. Diese Bezeichnung stimmt insofern, als Kitchener, von brennendem Ehrgeiz und Eifer besessen, mehr als jeder andere zum Schwertträger des englischen Imperiums wurde. Kitchener war Berufssoldat, kein Idealist; er stand mit beiden Füßen auf der Erde. Natürlich war er ein loyaler Untertan seiner Königin, ein gehorsamer Sohn seines Landes, wie jeder englische Offizier, jedoch kein Träumer oder Fanatiker wie Gordon oder Anekdotenerzähler wie Roberts. Abenteuerromane und militärgeschichtliche Darstellungen schienen seine einzige Lektüre gewesen zu sein. Er

hatte wohl nichts anderes im Sinn als seine Feinde zu besiegen, seine Rivalen niederzuhalten und die britische Streitmacht zu stärken. Befehle und Heeresberichte waren seine einzigen schriftlichen Arbeiten. Dazu brauchte man keine Bildung. Das konnte man sozusagen maschinell verrichten, automatisch, ohne sich geistig anzustrengen.

Horatio Herbert Kitchener – der zweite Vorname wurde wahrscheinlich nur von den Eltern und Geschwistern angewandt – kam 1850 in Irland zur Welt. Der Vater, der einer einfachen Bauern- und Krämerfamilie entstammte, hatte als Oberstleutmant den Abschied aus der Armee genommen und, nach der Übersiedlung auf die irische Insel, dort durch Kauf von Gütern in dem von einer Hungersnot bedrohten und verarmten Land ein Vermögen erworben. Das Elternhaus glich einer Kaserne, die der Vater befehligte. Jeden Morgen standen zwei Diener vor den Schlafzimmern der Eltern, um pünktlich um acht Uhr, beim ersten Glockenschlag, den Tee zu servieren. Die fünf Kinder bildeten gewissermaßen einen Militärverband, in dem die älteren Geschwister die jüngeren bestrafen durften. Sie kannten nur Arbeit und Disziplin. Sie fürchteten Gott, verehrten die Königin und liebten ihr Vaterland. In seiner Jugend lebte Horatio eine Zeitlang nach strengen religiösen Vorschriften; doch bald geriet das göttliche Vorbild in den Hintergrund. Der himmlische Feldherr verlor den Kontakt mit der Truppe.

Auch Keuschheit gehörte zur Disziplin, die man ihm abverlangte und die er sich auch selbst auferlegte. Sir Philip Magnus schrieb, daß »Kitcheners sexuelle Instinkte wie die eines katholischen Priesters sublimiert wurden«. »Er verbrachte ein Leben in unbefleckter Reinheit und unter strenger Selbstkontrolle«. Einmal tauchte das Problem einer Heirat auf. Aber Kitchener hatte sich nie verliebt. Wie Tilly schien er nie irgendwelche intimen Beziehungen zu Frauen gehabt zu haben. Weibliche Wesen waren in seinen Augen Klatschbasen und Intrigantinnen. Kitchener hegte auch keinerlei Freundschaften mit Gleichaltrigen. Von seiner Bevorzugung junger tüchtiger Adjutanten darf man absolut nicht auf verbotene Leidenschaften schließen. In einer Zeit, in der Keuschheit ebenso selbstverständlich war wie Zügellosigkeit in unseren Tagen, lebte der junge und später auch der reife Kitchener in einem Gemütszustand, den die Viktorianer als »rein« und »vergeistigt« (spiritual) nannten. Diese geistige Sauberkeit bestand für Kitchener darin, daß er sich in schlaflosen Stunden mit Truppenbewegungen und ähnlichen Problemen beschäftigte.

Aus dieser innerlichen Leere, aus einer Verfassung heraus, die weder Zweifel noch Furcht kannte, entwickelte sich der große Soldat. Nach einer unzureichenden Ausbildung im Elternhaus und dann in den Schulen trat der junge Kitchener in die Kadettenschule für Pionieroffiziere ein. Gleich vor seiner Beförderung zum Offizier nahm er einige Wochen auf französischer Seite am Feldzug 1870/71 teil, um Kriegserfahrungen in nächster Nähe zu sammeln. Seine Tapferkeit und seine Fähigkeit, kaltblütig dem Massenmord von Menschen und Tieren zusehen zu können, ließen den kommenden Krieger ahnen.
Viele Jahre lang war Kitchener, zunächst als Leutnant, dann als Hauptmann und Titularmajor auf verschiedenen Expeditionen in Palästina und auf Zypern als Kartograph und Landmesser tätig. Die übliche Kameradschaft unter Soldaten lernte er kaum kennen. Nur selten wurde er zu Kommandos in regulären Truppenverbänden verpflichtet. Schon als junger Soldat hatte er sich isoliert und wirkte anderen gegenüber arrogant. Er verbrachte nur kurze Zeit, von 1874 bis 1910 nur einen Sommer, in England. Dagegen zog ihn – wie so viele andere britische Offiziere – der Orient schon zeitig an. Es war nicht das Geheimnisvolle dieser Länder, das ihn reizte; er bewunderte auch nicht, wie T. E. Lawrence, die Araber. Aber er bewegte sich gern unter fremden Menschen, um so mehr, wenn sie geistig unter ihm standen. Für die hochmütigen englischen Kolonisatoren – Soldaten und Beamten – war das Leben »bei den niederen und außerhalb der Gesetze« stehenden Völkern eine Art Idyll in der Wildnis.
Die große Gelegenheit bot sich Kitchener in dem erst vor kurzem eroberten Ägypten. Sein Fleiß, seine schier unbegrenzte Fähigkeit, schwierige Aufgaben auf sich zu nehmen, diese zu lösen ohne Rücksicht auf die damit verbundenen Strapazen, wurden endlich belohnt. 1892 ernannte man ihn zum Oberbefehlshaber der angloägyptischen Armee, mit dem Rang eines Generalmajors. Vier Jahre später, als in England wieder die Konservativen regierten, erhielt er – nach vielen Verzögerungen – den Auftrag, die ägyptische Sudanprovinz zurückzuerobern, die man zehn Jahre vorher bei dem Aufstand des Mahdi verloren hatte.
Die Eroberung des Sudans, eines Gebietes, fast elfmal so groß wie die Bundesrepublik, mit zwei Millionen Einwohnern, war wesentlich eine zivile Aufgabe für Ingenieure. Eisenbahnen mußten gebaut, Straßen über Tausende von Kilometern geplant, Lebensmitteltransporte vorbereitet, Arbeiter, Pferde und Kamele beschafft werden. Kitcheners

Organisationstalent feierte dabei Triumphe. Churchill schilderte in »The River War« (1899) den sich zwei Jahre hinziehenden Krieg, der aus einer Serie von Operationen bestand, die nur das eine Ziel hatten, Schlachten mit dem Gegner einzuleiten, besser gesagt, Abschlachtungen herbeizuführen. Man zwang den Feind, sich zu stellen. Aber man schoß ihn dann erbarmungslos ab. In der Schlacht bei Omdurman, die die Krönung des Feldzugs darstellte, mähten die englischen Kanonen und Maschinengewehre die Mahdisten nieder, ungefähr so, wie der Prinz von Wales Fasanen abknallte. Die Eroberer verloren 48 Tote, die Derwische 11 000.

Kitchener fiel in den wenigen Schlachten nicht durch besondere Heldentaten auf. Er ging dabei berechnend vor, wollte sich nicht auf »seine Intuition verlassen«, nichts aufs Spiel setzen. Vor dem Zusammenstoß bei Atbara 1898, holte er sich erst Rat bei Lord Cromer in Kairo, ob es sich lohnte anzugreifen. Das Endergebnis dieses zweijährigen Kriegs war schließlich ein großer Erfolg. Im Wettbewerb mit Frankreich bekam England ein neues, riesiges Gebiet. Man plante sogar eine Eisenbahnlinie vom Kap bis nach Kairo. Der siegreiche Feldherr erhielt den Titel »Lord Kitchener of Khartum« und einen Ehrensold über 30 000 £. Nach Wolseley und Roberts galt er als der Held und das Idol des Kriegs.

Ein Jahr später brach der Burenkrieg aus. Nach den ersten britischen Niederlagen ernannte man Roberts zum Oberbefehlshaber, Kitchener zu dessen Stabschef. Allgemein sah man in Roberts nur die Gallionsfigur, in Kitchener jedoch den Motor, die treibende Kraft. Das stimmte allerdings nicht. Roberts war Kitchener als Feldherr absolut überlegen. Den ersten – und einzigen – großen Sieg bei Paardeberg, mit der Gefangennahme Cronjes und dessen Heer als glanzvollem Abschluß, errang Roberts. Kitchener hatte sich schwere taktische Fehler dabei zuschulden kommen lassen. Die Kämpfe wurden als Guerillakrieg fortgesetzt. Roberts kehrte nach England zurück. Kitchener übernahm die Führung über mehrere hunderttausend Mann, die keinen Sieg mehr zu erringen brauchten, sondern nur die noch zersplitterten Burenstreitkräfte in Stärken von 10 000–20 000 Mann verfolgen sollten. Für diese Aufgabe eignete sich Kitchener gut, weil er genügend Erfahrung aus dem Sudankrieg hatte. Er umgab Transvaal und den Oranjefreistaat mit einem Netz von 8000 Blockhäusern, indem die Buren zusammengetrieben, gefangen oder getötet wurden. Frauen und Kinder brachte man in Konzentrationslager, damit sie den

Verfolgten nicht Hilfe leisten konnten. Dies und die Taktik der »Verbrannten Erde« erwiesen sich als erfolgreich.
Kitchener hatte wieder einen Krieg für England gewonnen. Neue Ehren wurden ihm zuteil. Das ganze Volk, Aristokraten und die große Masse, feierten ihn. Unzählige Städte wetteiferten miteinander, Kitchener zum Ehrenbürger zu haben.
In den darauffolgenden Jahren bewahrte er seinen Ruf, ohne ihn durch neue Erfolge aufpolieren zu können. Sieben Jahre lang war er Oberbefehlshaber in Indien. Er organisierte dort die Armee, unternahm Inspektionsreisen. Es kam zu keinem Krieg, nur zu Auseinandersetzungen mit dem Vizekönig von Indien, Lord Curzon, die schließlich auch mit einem Erfolg Kitcheners endeten. Curzon, ein unausstehlicher Snob und unentwegt auf der Jagd nach neuen Ehren, resignierte schließlich und ging nach England zurück. Kitchener aber wurde nach einer bitteren Enttäuschung – man machte ihn nicht zum Vizekönig von Indien – zum British Agent, zum Generalkonsul und bevollmächtigten Minister in Ägypten ernannt.
Dann brach 1914 der Weltkrieg aus. Wieder sah man in Kitchener den Helden, der jetzt die Deutschen vernichten sollte, wie er einst die Derwische und Buren geschlagen hatte.
An dieser Stelle soll auf die Eigenschaften in Kitcheners Charakter eingegangen werden, die sich bei diesem Verteidiger des Empire allmählich entwickelt hatten und sich nun an der Schwelle des Alters als tiefverwurzelt erwiesen:
Hingabe an Pflichterfüllung. Das ist ein Ausdruck, den man gern gebraucht, wenn von Verdiensten und lobenswerten Zielen die Rede ist. Menschen können sich aber auch für sinnlose, ja sogar für diabolische Pläne opfern. Kitchener war besessen von einer Leidenschaft, um jeden Preis ein hohes Ziel zu verwirklichen. Dabei sprach er wohl von »Gott, König und England«. Aber darauf kam es ihm gar nicht so sehr an. Kitchener war kein tiefgründiger Mensch. Seine Gedanken kreisten um die Probleme des Tages, des Augenblicks mit all dessen Einzelheiten. Eine solche Hingabe, ohne einen bestimmten Zweck oder Sinn, mag trivial oder unwichtig erscheinen. Aber gerade diese blinde und selbstlose Aufopferung gewährleistete den Fortbestand der zivilisierten Welt: Beamte, Soldaten, Lehrer, die aufgrund ihrer Veranlagung oder aus einem dunklen Gefühl heraus sich für eine Sache opfern, über die sie sich gar keine Gedanken machen und an die sie auch nicht glauben, sind typische Beispiele dafür. Von diesem Ge-

sichtspunkt aus gesehen, war Kitchener ein gewissenhafter Mensch, wenn dieses Pflichtbewußtsein auch nur unter dem Zwang stand zu handeln, ohne viel Nachdenken das Nächstliegende zu tun. Feingefühl und Sinn für Moral und Humanität spielten dabei keine Rolle.

Hochmut und Verschlossenheit. Lange Zeit hatte Kitchener während seiner Dienstzeit in den Kolonien nicht unter Ebenbürtigen gelebt, nur während kurzer Besuche in England mit ihnen gesprochen. Er hatte sich an Zurückhaltung gewöhnt, wie an seine Uniform, die für ihn zum Sinnbild des Rangs und der Würde geworden war. Sein Stolz verbot ihm, Schmeicheleien und Huldigungen entgegenzunehmen. Er haßte solche Höflichkeitsbezeigungen. Auf seine Kameraden in der Armee sah er herab, mehr als jeder andere, obwohl gegenseitige Abneigung und Herabsetzung unter Soldaten weitverbreiteter als in jedem anderen Beruf zu sein schien. Gesellschaftliche Verpflichtungen waren für ihn Befehl, dem er ohne jedes Gefühl des Wohlbehagens und der Begeisterung nachkam. Er erteilte Anweisungen, stellte dienstliche Fragen, liebte keinerlei Diskussionen, nahm keine Stellung zu irgendwelchen Problemen. Das war in seinen Augen eine Angelegenheit untergeordneter Dienstgrade.

Unerschrockenheit und Härte. Er riskierte sein Leben, ohne mit den Wimpern zu zucken. Das erwartete er auch von anderen. Andere Menschen, besonders solche aus einfachen Kreisen, waren ihm gleichgültig. Ein Soldat war ein notwendiger Bestandteil einer Kompanie, eines Regiments, einer Armee; er gehörte zu einer Gruppe, die einer harten Disziplin unterworfen war, die inspiziert oder in den Krieg geschickt werden mußte. Es fiel ihm niemals ein, etwa mit Soldaten ein Gespräch zu führen, sich nach deren Befinden und Verhältnissen zu erkundigen. Er war absolut nicht beliebt, aber die Truppe verehrte ihn wie einen Kriegsgott. Ein Offizier, der versagt hatte, wurde heimgeschickt, ohne daß Kitchener die Hintergründe untersuchte.

Gewinnsucht. Das ist ein typisch menschlicher Zug, der aber bei Kitchener zur Manie ausartete. Er galt als Plünderer in Kriegszeiten. Seine Offiziere mußten nach einer Schlacht nach kostbaren Schwertern und anderer wertvoller Beute suchen. In Südafrika eignete er sich Statuen aus Parkanlagen an. Wenn ihm englische Städte Geschenke überreichten, die ihm wertlos erschienen, so erklärte er ihnen, er brauche Silber- und Goldservice zu Repräsentationszwecken und für seinen Landbesitz in England. Diese Überspanntheit ist für Tiefenpsychologen immer ein dankbares Thema gewesen.

1914, im Alter von 64 Jahren wurde Kitchener zum Kriegsminister ernannt. Für diesen Posten war er in zweierlei Hinsicht hervorragend geeignet. Um seine Person hatte sich einmal der Mythos eines Kriegshelden gebildet, der im Kampf siegte und streitsüchtige und intrigierende Politiker hinter sich ließ. Seine Ernennung zum Kriegsminister wurde von der Presse und der öffentlichen Meinung mit Jubel begrüßt. Die Nation schenkte ihm vorbehaltlos ihr Vertrauen. Wäre zu Beginn des Krieges nicht das berühmte Plakat mit dem verjüngten und idealisierten Kitchener erschienen, der Englands Jugend zum Kampf aufrief, so hätten sich gewiß nicht innerhalb 18 Monaten 2500000 Freiwillige gemeldet.
Zum anderen verfügte Kitchener über große Erfahrungen im Krieg. Die augenblickliche Situation konnte er allerdings weniger beurteilen. Der Krieg war für ihn ein militärisches Unternehmen, das nur mit einer Überlegenheit an Waffen und Truppen gewonnen werden konnte. Er glaubte nie daran – hatte auch nie Grund dazu, dies zu glauben! –, daß geniale strategische und taktische Manöver zum Sieg führten. Als die Millionenheere aufmarschierten – 1914 –, beseelte ihn nur der eine Gedanke, daß die Alliierten Soldaten in so riesiger Menge auf die Beine bringen müßten, daß sie den Mittelmächten an Anzahl überlegen wären und in blutigen Schlachten jeden Widerstand brechen könnten. In einer Zeit, als man in England alle Zuversicht auf ein britisches Expeditionskorps für Frankreich setzte und mit einem Frieden innerhalb ganz kurzer Zeit rechnete, verkündete Kitchener, daß diese englische Unterstützung absolut keinen Einfluß auf den Krieg habe, der sicherlich mindestens drei Jahre dauern und nur mit amerikanischer Unterstützung gewonnen werden könne. Damit behielt er recht Seinem Werbefeldzug, um Soldaten für ein großes Heer zu gewinnen, lag diese kritische Beurteilung der Lage zugrunde.
Bei anderen Unternehmen hatte Kitchener keine so glückliche Hand. Amery von der »Times« sprach in seinen Memoiren von Kitcheners »herrschsüchtiger und innerlich zerrütteter Persönlichkeit«. Er übte schärfste Kritik an ihm. Auch seine Rekrutierungsaktion habe Kitchener in mancher Beziehung ungeschickt durchgeführt, sich nicht der »Territorial County Associations« (Freiwilligen Heimatarmee) bedient, die ihn in seiner Kampagne hätte unterstützen können. Er dachte auch nicht daran, daß in einem Krieg zivile Facharbeiter gebraucht würden. Seine strategischen Ratschläge waren oft zweifelhaft und falsch. Er geriet in einen Konflikt mit seinen Mitarbeitern, vor

allem mit dem Leiter des Expeditionskorps, General French, der Kitcheners Haß mit Verachtung beantwortete. Besonders während der Kämpfe in den Dardanellen zeigte er eine unglaubliche Unentschlossenheit. Täglich änderte er seine Meinung und seine Pläne. Bei Beratungen im Kabinett und in Konferenzen schwieg er oder äußerte umständliche Plattheiten, gab eigenmächtige Anordnungen, ohne sie zu begründen, und bewies kein Geschick, sich in Debatten zu verteidigen. Seine brummigen Antworten wirkten auf redegewandte Politiker albern.

Kitchener blieb wohl dem Namen nach Kriegsminister, doch nahm man ihm eine Abteilung nach der anderen. Im Sommer 1916 war er nur noch Leiter des Rekrutierungsamts und die Figur auf dem Werbeplakat.

Sir Philip Magnus schrieb in seiner Biographie: »Die liberale Regierung war sich nicht sicher, die Militärs im Krieg kontrollieren zu können, und begrüßte es daher, diesen mythischen Halbgott in ihrer Mitte zu haben. Man vertraute auf die Begeisterung, die Kitcheners Name bei der Masse des Volks hervorrief. Die Regierung glaubte, mit seiner Hilfe das Vertrauen der Briten gewinnen und die eigene Stellung in der öffentlichen Meinung festigen zu können«.

In dieser Hinsicht verblieb Kitchener somit ein wertvoller Aktivposten für das Kabinett, und die Regierung konnte die Stellung des Riesen nicht erschüttern, ohne sich selbst in Gefahr zu bringen. In der Presse wurde Kitchener wohl ab und zu heftig angegriffen, aber die Zeitungsbarone merkten bald, daß wohl die Auflage ihrer Zeitungen abnahm, jedoch nicht das Prestige Kitcheners. Der Mythos blieb; man brauchte ihn. Auch Asquith, der seine Position gefährdet sah und von einigen Politikern als ebenso untauglich wie Kitchener genannt wurde, wußte, daß dieser legendäre Kriegsminister seine stärkste Stütze war, und deshalb tat er alles, um Kitchener zu bewegen, im Kabinett zu verbleiben. Der Führer der Liberalen, als Chef eines Kriegskabinetts eine ziemlich hilflose Figur, brauchte den berühmtesten General Englands als Aushängeschild, um das Vertrauen des Volks in die Kriegsführung zu erhalten.

In dieser Zeit der Erniedrigung, wie sie Kitchener bisher nie gekannt hatte, wuchs der alte General scheinbar über sich hinaus. Er war sich bewußt, daß die Regierung ihn brauchte, nicht, weil er ein fähiger militärischer Führer war, sondern weil die Nation an ihn glaubte. »Rightly or wrongly«, schrieb er an Sir Douglas Haig im Februar 1916,

»das Volk verläßt sich auf mich. Nicht um meinetwillen machen sich die Politiker Sorgen, sondern um die Reaktion der Volksmeinung, wenn ich Abschied nähme«.

Obwohl er keine Macht mehr im Kabinett besaß und sich allerlei Demütigungen gefallen lassen mußte, verblieb er in der Regierung, resignierte, blieb ein fanatischer Patriot. Während der letzten Monate seines Lebens war er tiefunglücklich. Seine verzweifelte Stimmung flößte ihm ein Mitgefühl ein, eine Sympathie für Menschen, die er vorher nie gekannt hatte. Er saß an seinem Schreibtisch über Briefen und beweinte den Tod alter Mitkämpfer.

Kitcheners Tod glich einer klassischen Tragödie. Vom russischen Zaren erhielt er eine Einladung. Er sollte in dem von Kriegsmüdigkeit und Revolution bedrohten Land als Kriegsheld die Menschen anfeuern. Die englische Regierung war froh, ohne Kitchener regieren und ihn trotzdem auch weiterhin als den mythischen Kriegshelden für ihre Propaganda benützen zu können. Am 28. Mai 1916 ging er an Bord des Kreuzers »Hampshire«, um von Scapa Flow nach Archangelsk zu fahren. Ein paar Stunden später ging das Schiff fast mit der gesamten Besatzung und allen Passagieren unter, nachdem es auf eine Mine gelaufen war.

Der Ritt der Sechshundert

Der Krimkrieg (1854–1856) war der erbärmlichste aller Kriege seit Napoleons Zeiten. Andere Konflikte während des 19. Jahrhunderts hatten in der Regel dazu beigetragen, Völker zu einigen. Es bildeten sich auf dem Balkan unabhängige Staaten. Sowohl Deutschland als auch Italien schlossen sich zu einer Nation zusammen. Aber warum sollten England, Frankreich und Sardinien Armeen ins Schwarze Meer schicken, um die Türkei im Kampf gegen Rußland zu unterstützen? Schon während des Kriegs hielt eine große öffentliche Meinung im freien England diesen Kampf für völlig sinnlos. Die Geschichte ist auch später zu keinem anderen Urteil gekommen.

Der Krieg selbst war sehr grausam. Die Soldaten starben meist an Krankheiten, verhungerten und erfroren. Unfähige Generäle wetteiferten miteinander in diesem unglücklichen Kampf.

Trotzdem war dieser Krieg reich an interessanten Begebenheiten, an legendären Ereignissen, an malerischen Zügen. Es gab genügend Gesprächsstoff für die Zeitgenossen und auch für die Nachwelt. Florence Nightingale mit ihrer Lampe besuchte die Verwundeten in den Lazaretten und sprach den Sterbenden Trost zu. MacMahon stürmte die Schanzen von Malakov. Die erschöpften Truppen paradierten vor den großen Schlachten; die Leichte Brigade ritt bei Balaklava in den Tod.

Ist es ein Verdienst oder eine Entgleisung der Presse, daß dieser Krieg als harte Wirklichkeit und auch als romantisches Geschehen in die Geschichte einging? Zum ersten Mal wurde ein Krieg von einer großen freien Presse geschildert – wohlgemerkt: in England. Zum ersten Mal erschien ein Kriegsberichterstatter, hier in der Person des William Howard Russell, 50 Jahre lang Auslandskorrespondent der »Times«, als Augenzeuge und Kommentator.

Auch Kriegsteilnehmer schrieben Berichte an die englischen Zeitungen, kritisierten, rühmten, übertrieben in ihren Schilderungen. Es war den Zeitungen zu verdanken, daß der stümperhaft geführte Krieg ins rechte Licht gerückt und unfähige Heerführer und deren veraltete Kampfmethoden gegeißelt wurden. Natürlich versuchten Regierung und Heeresleitung oft, diese Schwächen – »im Interesse des Landes und der Armee« – zu verheimlichen oder zu beschönigen, aber die Presse konnte man nicht zum Schweigen bringen. Es waren wiederum die Korrespondenten der Zeitungen, die den Mut und die Hingabe der Soldaten in höchsten Tönen schilderten und so den Krieg zu einem aufsehenerregenden Ereignis machten. Florence Nightingale und der einfache Soldat an der Front wurden als Helden in England und der ganzen Welt gefeiert. So wurde der Grund zum Chauvinismus und zu Kiplings Balladen gelegt. Reformen – auf dem Gebiet der Krankenpflege, der Offiziersausbildung, des Umgangstons mit dem einfachen Soldaten – ließen nach dem Krieg nicht auf sich warten. Und Wogen der Begeisterung und leidenschaftlichen Anteilnahme gingen über das Land.

Die Wollweste, die wir an kühlen Sommerabenden anziehen, der »Cardigan«, erinnert uns an Ereignisse vor hundert Jahren. Als General Lord Cardigan am 13. Januar 1855 nach seiner Rückkehr von der Krim in Dover an Lang ging, stellte er zu seiner Überraschung fest, daß er ein Kriegsheld geworden war. Er bekam einen Ehrendegen, Glückwunschschreiben, wurde zum Generalinspekteur der Kavallerie ernannt. Auf einem Bahnhof spielte man das Lied »See the conquering hero comes«. Königin Viktoria und Prinz Albert luden ihn für zwei Tage nach Schloß Windsor ein. Er hatte einem Kleidungsstück seinen Namen gegeben, was wohl das untrüglichste Zeichen der Unsterblichkeit war. Tausende von Cardigans wurden verkauft. Lord Cardigan hatte diese Weste in der Kühle des Herbstes auf der Krim zum ersten Mal getragen.

Wer war dieser Cardigan? Ein Narr, ein Stümper, ein Taugenichts? Aber er war an der Spitze seiner Kavallerie »in den Rachen der Hölle« bei Balaklava geritten.

Mrs. Cecil Woodham-Smith hat in »The Reason Why« (1953) meisterhaft das englische Soldatenleben vor und während dieser berüchtigten Schlacht geschildert. Die Hälfte der Darstellung war den beiden Heerführern, den Grafen Lucan und Cardigan gewidmet, deren Namen mit Balaklava engstens verbunden waren.

Beide waren steinreiche, elegant gekleidete, stattliche und hochmütige Aristokraten. Lord Lucan war bis zu einem gewissen Grad intelligent und eigenwillig. Als Gutsbesitzer in Irland war er unmenschlich und grausam. Doch versuchte er durch Reformen die landwirtschaftliche Arbeit auf lange Sicht zu erleichtern. Cardigan war ein durch und durch unsympathischer Typ; er drillte seine Untergebenen in unmenschlichster Weise, war gemein zu ihnen, ein Nörgler, Quertreiber, Schürzenjäger und vollkommen unbegabt. Lucan und Cardigan hatten also guten Grund, einander zu meiden. Die erzwungene Zusammenarbeit auf der Krim führte zu Unstimmigkeiten und Streitereien.

Bis zur Reform des Kriegsministers Cardwell kaufte man die Offizierspatente in der englischen Armee (1871). Noch 1856 verteidigte Lord Palmerston dieses System als eine »Garantie liberaler Ideen«: »Es war zu einer Zeit, als die Armee jede Verbindung mit Gesellschaftskreisen, die infolge ihres Großgrundbesitzes ein Interesse an England hatten, vermissen ließ. Sie wurde von Abenteurern ohne Grundsätze befehligt, so daß die Freiheit des Volkes gefährdet war«. Kurz gesagt: Lord Palmerston verteidigte das System, um napoleonische Strömungen in der Armee zu verhindern.

Da man also die Offizierspatente kaufen mußte, blieben die leitenden Stellungen in der Armee immer den Reichsten vorbehalten. Um Oberst zu werden, mußte man 35000–40000 £ bezahlen. Ein Offizier konnte – bei halbem Gehalt – jahrelang vom Dienst beurlaubt sein, aber trotzdem immer höhere Offiziersränge erwerben. Das alles beherrschende Interesse widmete man – außer in Indien, wo man ständig in Gefechte mit Bergvölkern verwickelt war – dem Drill und der Pflege der Uniform. Es gehörte einfach zur Aufgabe eines Regimentschefs, immer neue und prachtvollere Uniformen zu entwerfen. Das 11. Husarenregiment, dessen Kommandeur Cardigan war – Ehrenoberst war Prinz Albert – ritt bei Balaklava in phantastischen kirschroten, blauen und goldenen, mit Pelz und Federn verbrämten Uniformen in den Tod.

Offiziere, die ihren Dienst in Indien absolviert hatten, wurden von den Generälen gemieden. In deren Augen waren jene Männer, die aus Fernost kamen, keine richtigen »Gentlemen«. Reiche ließen sich nicht nach Indien versetzen.

Die englische Armee, ca. 25000 Mann stark, die im Herbst 1854 auf der Krim an Land ging, pflegte diese vornehme Tradition. Der Oberbefehlshaber dieser Truppe, Lord Raglan, 67 Jahre alt, hatte schon vierzig Jahre früher unter Wellington in Spanien gekämpft. Er nannte die Feinde, die Russen, aus alter Gewohnheit »Franzosen«, weil er früher gegen diese Krieg geführt hatte. Doch die heutigen Verbündeten nahmen ihm dies übel. Der Chef der Kavallerie, Lord Lucan, war 18 Jahre lang nicht im Militärdienst gewesen, kannte infolgedessen nicht die neuen Kommando-Ausdrücke. Die in altem Trott erstarrten vornehmen und vergreisten Generäle – 55, ja 65 Jahre alt! – befehligten dressierte, stumpfsinnige Soldaten, die schon bei Waterloo gekämpft hatten, und hielten Disziplin und Mut für die vornehmsten Eigenschaften der Truppe. In den Schlachten benahm man sich wie bei Paraden. Man fürchtete lediglich Blamagen und Verstöße gegen die Vorschriften. Es war verzeihlich, daß bei solcher perfekten Geistlosigkeit Schlachten wie Motive auf Ansichtskarten und die Kämpfer wie Zinnsoldaten wirkten.

Die Belagerung von Sewastopol begann Ende September 1854. Über den Hafen von Balaklava, einige Kilometer außerhalb der Stadt, bekamen die Verbündeten Verstärkung und Lebensmittel. Ihre Flotten beherrschten das Schwarze Meer. Die Russen traten am 25. Oktober 1854 bei Balaklava zum Angriff an. An diesem Tag fand auch der berühmte Reiterangriff statt.

Es ist unnütz, in unzähligen Büchern, Abhandlungen und Gerichtsverhören nachzuschlagen, um herauszufinden, wer für die Katastrophe verantwortlich war. Lord Raglans Befehle enthielten unklare Angaben. Hauptmann Nolan, der den Befehl zum Angriff überbrachte, machte ebenfalls ungenaue Angaben. Lord Lucan, der den

Angriff auszuführen befahl, beurteilte die Lage falsch. Zweifellos glich das Ganze einem selbstmörderischen Unternehmen.
Die Kavallerie hatte den Befehl erhalten, eine russische Stellung anzugreifen, die mit 12 Kanonen und einer an Anzahl überlegenen Reitertruppe verteidigt wurde. Diese Stellung lag an einem Abhang am Ende eines Tals, dessen beide Seiten von Infanterie und Artillerie mit insgesamt 44 Kanonen verteidigt wurden. Die Kavallerie mußte somit durch das Tal, eine zwei Kilometer lange und über mehr als einen Kilometer breite Strecke, reiten und war dabei einem Beschuß von drei Seiten ausgesetzt. Die Leichte Brigade, die allein angriff, bestand aus 700 Mann (nicht 600, wie in Tennysons Gedicht vermerkt), zählte also nur ungefähr den zehnten Teil der russischen Truppen. In eine vollkommenere Todesfalle konnte man nicht geraten.
Die Leichte Brigade trat in drei Linien an. Lord Cardigan ritt an der Spitze, zwei Pferdelängen vor seinen Stabsoffizieren, fünf Pferdelängen vor der ersten Linie. Er gab das Kommando »Walk, March, Trot«, worauf sich die Truppe in Bewegung setzte, zunächst in Trab, dann in Galopp.
Cardigan wandte sich nicht einmal nach seiner Reiterei um, beobachtete also nicht, wie die Brigade unter dem Kanonenfeuer dezimiert wurde; denn ein Kavallerieoffizier durfte sich bei einer Attacke nie umsehen, weil dies als Unsicherheit hätte gedeutet werden können. Cardigan gab auch keine weiteren Befehle, nur einmal, als ein Offizier – Hauptmann Nolan – während der wilden Jagd an ihn heranpreschte, schnauzte er diesen wegen Ungehorsams an.
Nach dem Angriff fragte man Cardigan, woran er während dieses Husarenritts gedacht habe. Er antwortete, daß er durch das befehlswidrige Verhalten des Hauptmanns Nolan irritiert worden sei. Einem glücklichen Zufall war es zu verdanken, daß Cardigan diese zwei Kilometer durchritten hatte, ohne getroffen worden zu sein. Plötzlich befand er sich mit gezücktem Degen mitten unter den russischen Kanonen, die man erobern wollte, doch griff er diese nicht an – nach seinen Worten »gehörte es sich nicht für einen Offizier, mit den Feinden wie ein gemeiner Soldat zu kämpfen«. Er ritt durch den Kanonengürtel hindurch und sah sich plötzlich der russischen Kavallerie gegenüber, womit er seine Aufgabe als erfüllt betrachtete und nun allein die ganze Strecke, nur im Trab oder im Schritt, um keinen unwürdigen Eindruck zu hinterlassen, zurückritt.
Nach der Rückkehr in die eigenen Linien – er war so gut wie unver-

wundet – war er sehr aufgebracht und wollte vor allem Hauptmann Nolan eine Rüge für dessen undiszipliniertes Verhalten erteilen. Aber Nolan war tot. Nach einem Appell der Überlebenden fand Cardigan, daß er an diesem Tag genug geleistet habe, ritt zu seiner Yacht – als einziger Offizier schlief er nicht im Zelt, sondern auf seiner Yacht im Hafen –, badete, nahm ein gutes Mittagessen ein, trank Champagner dazu und fiel in einen tiefen Schlaf.

Die russischen Batterien hatten von drei Seiten auf die Leichte Brigade gefeuert. Männer und Pferde fielen, erst einzeln, dann in ganzen Haufen. Doch die Truppen stürmten weiter unter dem Gebrüll der Offiziere, die befahlen, sich zusammenzuschließen, damit keine Lükken entstanden, was den Vorschriften widersprochen hätte. Die herrenlosen Pferde taten es den Reitern nach. Sie galoppierten neben anderen Pferden her, verstärkten dadurch die Truppe, die dann, stark gelichtet, die russische Artilleriestellung erreichte.

Einige der Angreifenden wurden gefangengenommen. Als der russische General ihnen vorwarf, sie müßten betrunken gewesen sein, um einen solchen Angriff zu wagen, antworteten diese wahrheitsgetreu, doch entrüstet, daß sie seit dem vorhergehenden Tag keine Schnapszuteilung mehr bekommen hätten.

Andere Reiter ritten, nachdem sie die Bedienungen einiger Geschütze erschlagen hatten, denselben Weg, den sie gekommen waren, zurück und wichen so der russischen Übermacht aus. Der Angriff dauerte nur zwanzig Minuten. 195 Mann kamen zurück. Die Reiter aus dem ersten Glied waren fast alle gefallen.

Der ganze Angriff muß als ein Skandal bezeichnet werden. Darüber herrscht kein Zweifel. Trotz aller Kritik gibt es doch einige Historiker, die diesen Ritt als das erfolgreichste Unternehmen in der britischen Geschichte bezeichnen. Britisches Heldentum bewähre sich auch in jeder Niederlage, so liest es jeder Engländer, Generation auf Generation. Tennyson besang diese Mannestat:

»Forward, the Light Brigade!«
Was there a man dismayed?
Not though the soldier knew
Some one had blunder'd:
Theirs not to make reply,
Theirs not to reason why,
Theirs but to do and die:
Into the valley of Death

Rode the six hundred.
When can their glory fade?
Oh the wild charge they made!
All the world wonder'd.
Honour the charge they made!
Honour the Light Brigade,
Noble six hundred!«

Der Indische Aufstand

Es wird allgemein angenommen, daß der Indische Aufstand mit einem Wortwechsel zwischen einem Sepoy, also einem indischen Soldaten in britischen Diensten, und einem indischen Arbeiter in der Munitionsfabrik Dum Dum bei Kalkutta begann. Der Soldat gehörte, wie so viele andere, der vornehmen Brahmanenkaste an, der Arbeiter jedoch der niedrigsten Gesellschaftsklasse, den »Unberührbaren«, den Parias. Trotzdem bat der Arbeiter um einen Schluck Wasser aus der Kalebasse des Soldaten.

Das war – nach den Worten des Generals Hilton, der diesen Aufstand zuletzt geschildert hat (1957) – genauso, als ob ein schmutziger Vagabund einen wohlerzogenen Europäer bäte, ihm seine Zahnbürste zu leihen. Der Soldat wies den Arbeiter mit überheblichen Worten zurecht. Aber dessen Erwiderung war noch viel spöttischer:

»Du und deine Kaste!« gab er zurück. »Bald wird man euch Patronen geben, die mit dem Fett von Schweinen und Kühen eingeschmiert sind. Und ihr müßt sie in den Mund nehmen. Dann ist es mit eurem Hochmut vorbei«. So, hieß es, habe sich das Gerücht, die Patronen des neuen Enfieldgewehrs seien »unrein« – für die Mohammedaner, weil Schweinefett, für die Hindus, weil Rinderfett verwendet würde – in den Hunderten von Garnisonen verbreitet, die die Herrschaft der East India Company in Indien verteidigen sollten. Das war der Beginn des militärischen Aufstands in Indien.

Diese große englische Handelsgesellschaft, die mächtigste der Welt, vertraute auf ihre indischen Söldner. Gerade mit den Sepoys hatte man Indien, nach dem Sieg Clives bei Plassey (1757), Stück um Stück, Fürstentum auf Fürstentum erobert und unterworfen. Die Sepoys erwiesen sich als fast ebenso tüchtig und treu wie die britischen Soldaten, waren aber viel, viel billiger. Die Angaben über die Stärke der englischen Armee in Indien und das Verhältnis zwischen der Anzahl der Soldaten britischer und indischer Herkunft sind sehr verschieden. Man kann aber davon ausgehen, daß bei Ausbruch der Meuterei in dem Land mit mehr als 200 000 000 Menschen ungefähr 35 000–50 000 englische und 260 000–310 000 indische Soldaten standen.

Als sich die Nachricht von den »unreinen« Patronen über den nördlichen Teil des Landes verbreitete, entstand unter den Sepoys eine große Unruhe. Während des Frühjahrs 1857 verzeichnete man dort einige Fälle von Ungehorsam, die strengstens bestraft wurden. Ein Regiment wurde aufgelöst. Die englischen Behörden versuchten dem Gerücht, das doch ein Körnchen Wahrheit enthielt, entgegenzutreten. Man sollte die fettige Stelle an der Patrone beim Laden des Gewehrs entfernen. Es waren verschiedene Sorten von Fett für die Patronen verwendet worden. Man versicherte den Sepoys, daß Büffelmilchbutter in Zukunft verwendet werden sollte und daß die mit unreinem Fett behandelten Gewehre zurückgezogen würden. Das stimmte mit der Wahrheit überein. Man sagte den Sepoys außerdem zu, daß sie selbst ihre Patronen einfetten könnten. Doch der Schaden war angerichtet, und diese Gegenpropaganda war so schlecht aufgezogen, daß sie nur dazu beitrug, das Mißtrauen der Sepoys noch zu vergrößern. Viele von ihnen vermuteten, die Engländer wollten sie nur zum Christentum bekehren, sie von ihrem Glauben abbringen, indem man die Kasten auflöste.

Die Sepoys befanden sich in einer Zwangslage. Verhielten sie sich loyal zu den Engländern, mußten sie Gefahr laufen, als religiöse Abtrünnige angesehen und von ihren Verwandten, Familien und Glaubensgenossen verstoßen zu werden. Verweigerten sie den englischen Offizieren den Gehorsam, mußten sie befürchten, bestraft und ins Elend gestoßen zu werden.

Die Engländer wiederum saßen auch in der Klemme, schon vor und erst recht während des Aufstands. Konnten sie sich auf die Sepoys verlassen oder wenigstens so tun, als vertrauten sie ihnen? Oder sollten sie die Regimenter entwaffnen und auflösen, bei denen man mit einer Meuterei rechnen konnte, die dann vielleicht einen gefährlichen Konflikt auslöste? Commissioner Sir John Lawrence, der Eroberer des Punjab, beschrieb die heikle Situation in einem Brief:

»Jede Maßnahme im Interesse unserer eigenen Sicherheit ist ein Schlag gegen den treuen Sepoy. Er weiß das und geht deshalb wieder einen

Schritt weiter. Und so folgt der nächste Schritt, bis wir deren Verbände auflösen und unterdrücken, oder sie meutern und bringen ihre Offiziere um«.

Der eigentliche Aufstand brach am 10. Mai 1857 in Meerut aus, und zwar als Folge von Repressalien gegen die Sepoys. Ungewöhnlich harte Strafen für widerspenstige Soldaten lösten die Revolte aus. Die Inder ermordeten Offiziere und viele andere Europäer, Männer, Frauen und Kinder. Meerut verblieb jedoch im Besitz der Engländer. Die Aufständischen setzten sich darauf nach Delhi ab, das nur 70 km von Meerut entfernt war und von wo aus einst die Mogulkaiser regiert hatten. Die Stadt mit einer halben Million Einwohner wurde sofort von den Sepoys besetzt. Die indische Garnison lief zu den Meuterern über. Die kleine britische Militärmacht und die englische Bevölkerung in Delhi, einige hundert Menschen, massakrierte und erschoß man zum großen Teil. Der zerbrechliche alte Mann, der letzte Sproß einer langen Reihe von berühmten Mogulherrschern, der – mit einer Pension des englischen Staats – in einer Art Gefangeschaft in seinem Palast lebte, wurde zum Kaiser von Indien ausgerufen.

In den darauffolgenden Wochen und Monaten breitete sich der Aufstand immer weiter aus, wesentlich beeinflußt durch meuternde Garnisonen im Norden Indiens. Lucknow, die Hauptstadt des Königreichs Oudh, das erst 1856 dem englischen Herrschaftsbereich einverleibt worden war, mit 300 000 Einwohnern, wurde zum größten Teil von den Sepoys besetzt, während eine kleine englische Truppe unter Sir Henry Lawrence sich in einem kleinen Gebiet noch vier Monate lang gegen die Rebellen verteidigte. Ein Nachkomme der Könige von Oudh wurde hier als Regent, der dem Kaiser von Delhi untertan war, eingesetzt. In Oudh schlossen sich den Rebellen mehr Aufständische als anderswo an. Zehntausende von Bauern ließen sich von den Sepoys anwerben. In dem ebenfalls erst vor kurzem annektierten Shansi wurde die verwitwete Rani gezwungen, die Herrschaft zu übernehmen. Und gerade diese junge Frau, die sich bisher gegenüber England loyal verhalten hatte, entwickelte sich zu einer hervorragenden Führerin der Meuterer. Später nannte man sie »the best man« auf der Seite des Feindes.

Mordend, sengend und plündernd zogen die Rebellen durch das Land und vertrieben die Engländer aus einem Gebiet von mehr als 200 000 Quadratkilometer – also ungefähr von der Größe der Bundesrepublik –, was einem Zwanzigstel des indischen Festlandes entsprach.

Dieses Gebiet gehörte reichen Landbesitzern der höchsten indischen Kaste. Zeitweise standen 25–30 Millionen Menschen unter dem Einfluß der Sepoys.
Die meisten Geschichten rankten sich um die Verteidigung von Khanpur. Mut, Treue, Verrat und Grausamkeiten gaben der Legende reichlich Nahrung. Als die Meuterei Anfang Juni dort ausbrach, zogen sich die Engländer mit Indern und Sepoys, die auch weiterhin zu ihnen hielten, auf ein kleines Gebiet innerhalb der Stadt zurück und verteidigten sich gegen eine gewaltige Übermacht. Es fehlte ihnen an Nahrung, Wasser und Munition. Deshalb kapitulierte man am 25. Juni, nachdem Nana Sahib, ein Nachkomme des Geschlechts der abgesetzten Mahratta, die Führung der Rebellen übernommen und den Eingeschlossenen freien Abzug zugesagt hatte. Aber er brach sein Versprechen. Die abziehenden Engländer wurden nach einem vorher ausgeklügelten Plan ermordet. Einige hundert starben, ein Teil der Frauen und Kinder wurden zunächst verschont, aber Mitte Juli auch noch umgebracht, als sich ein englisches Ersatzheer näherte. 200 zerstückelte Leichen warf man in einen Brunnen, wo sie die Engländer bei ihrem Einzug in die Stadt am 17. Juli entdeckten.
»Remember Khanpur!« Das war die Losung, als die Engländer in den folgenden Monaten indische Festungen stürmten und, mit oder ohne Anklage, Tausende von Aufständischen und Verdächtigen aufhängten. Keine Strafe war grausam genug für die Mörder britischer Frauen und Kinder. Das Massaker von Khanpur war ein Wendepunkt in den Beziehungen zwischen England und Indien.
Der weitaus größere Teil des von England beherrschten Indiens – alle Küstengebiete, der Punjab, der südliche und der zentrale Teil Indiens – schloß sich dem Aufruhr nicht an. Auch in Gegenden, die von Rebellen überrannt wurden, verhielt sich die Bevölkerung neutral, blieb unentschlossen oder unterwarf sich den siegreichen Engländern. Nur ein Drittel oder ein Viertel aller Sepoys revoltierte. Die englischen Armeen, die die Aufständischen besiegten, bestanden zum größten Teil aus Indern. Die Fürsten des Landes waren in der Regel treue Verbündete Englands und unterstützten die Briten in ihrem Kampf. Der so gut wie unabhängige Herrscher Nepals schickte zur Unterstützung der Engländer große Truppenverbände nach Indien. Eine Rebellenregierung, die diesen Namen verdient hätte, kam niemals zustande, auch kein fester Plan zur systematischen Eroberung neuer Gebiete. Die Gegensätze zwischen Hindus und Mohamme-

danern verhinderten oft ein gemeinsames Vorgehen. Auch in Gegenden, die von den Aufständischen besetzt waren, fanden ab und zu Engländer auf der Flucht Unterschlupf, ein Zeichen dafür, daß sich die Bevölkerung in ihrer Einstellung zu England nicht einig war.
Die Engländer gingen rasch zum Gegenangriff über. Man zog Truppen aus England, Birma und den indischen Provinzen zusammen, die sich der Kolonialmacht gegenüber loyal verhalten hatten. Dabei war die Provinz Punjab, die man erst acht Jahre vorher unterworfen hatte, von besonderer Bedeutung; denn auf dieses Gebiet konzentrierte man die Anwerbung von Söldnern. Von dort aus bereitete man die Angriffe auf die Rebellen vor. Die Sepoys im Punjab wurden entwaffnet und durch englandfreundliche Truppen ersetzt, die die Aufständischen haßten, weil sich diese ursprünglich von den Briten anwerben ließen, um Indien, ihre Heimat, zu erobern. Sikhs aus dem dem Punjab und Gurkhas aus Nepal waren in diesen Kämpfen für ihre Härte und Kampflust bekannt. Sie wurden deshalb auch in anderen Teilen des Empire und in Europa während der beiden Weltkriege eingesetzt. Während des Indischen Aufstands kämpften beide Seiten tapfer und schonungslos.
Die Entscheidung in diesem Ringen bahnte sich an. Englische Armeen drangen von Westen her aus dem Punjab und von Osten aus Bengalen gegen Delhi vor und legten schon am 8. Juni 1857 einen Ring um die Stadt. Am 20. September wurde Delhi im Sturm erobert. Lucknow befreiten die Truppen am 25. September. Die Aufständischen kehrten zurück, mußten aber am 17. November die Stadt wieder räumen. In diesem wechselvollen Kampf wurde Lucknow nochmals geräumt, um dann im März 1858 endgültig besetzt zu werden. Mit der Unterwerfung der Rebellen betrauten die Engländer Sir Colin Campell, einen für seine geschickte und vorsichtige Kriegsführung berühmt gewordenen Veteran aus den Kriegen gegen Napoleon und die Russen auf der Krim. Er wurde geadelt und hieß nunmehr Lord Clyde.
Erst im Sommer des Jahres 1858 konnte man die Kämpfe gegen die Rebellen als abgeschlossen betrachten. Die Engländer siegten so gut wie in allen Schlachten, dank der Überlegenheit der Kriegsführung und vor allem der Waffen, in erster Linie wiederum der Enfieldgewehre. Im November 1858 ging die East India Company in den Besitz der englischen Krone über. 16 Jahre später nahm Königin Viktoria den Titel einer Kaiserin von Indien an.

War der Aufstand von langer Hand vorbereitet gewesen, oder konnte man von einer spontanen Erhebung sprechen? Lagen nationale oder religiöse Motive zugrunde? Welche Rolle spielten die Inder, die Engländer? Standen sich heidnisches Barbarentum und christlicher Humanismus gegenüber? Wie wirkte sich dieser Kampf aus? Und vor allem: wie hat man zu den verschiedenen Zeiten in England und in Indien diesen Aufstand beurteilt? Schon kurz nach dem Ausbruch der Feindseligkeiten begann man im Parlament, in der Presse und in Flugblättern über die Situation zu diskutieren. Einer der besten Journalisten der Welt, der Times-Korrespondent William Howard Russell, schilderte die Kämpfe in Indien von Anfang an. Seine Aufzeichnungen, »My Indian Mutiny Diary« veröffentlichte man auch noch hundert Jahre darnach. Der schwedische Maler Egron Lundgren hat ungefähr in derselben Zeit in Zeichnungen Ereignisse und Gestalten aus diesem Krieg festgehalten und sie in einem Buch »Aufzeichnungen eines Malers« geschildert. Schon 1859 erschien das erste streng wissenschaftliche Buch über den Aufstand, nämlich Chambers' »History of the Indian Revolt«. Danach folgte eine Flut von Berichten über diese Kämpfe bis hinein in unsere Zeit. Die historische Darstellung jenes wechselvollen Krieges ist dabei weit interessanter als die Frage nach der Ursache des Aufstands, wobei ganz unterschiedliche Auffassungen in Erscheinung traten. Man kann dabei proenglische und proindische Versionen unterscheiden. In letzter Zeit lassen sich aber gegensätzliche Meinungen über dieses Problem kaum mehr feststellen. So besteht fast kein Unterschied mehr zwischen englischen Forschungsergebnissen und den von indischen Regierungsstellen eingeleiteten Untersuchungen eines Surendra Nath Sen vom Mai 1957, »Eighteen Fifty Seven«. Daß man zu mehr oder weniger gleichen Ergebnissen gekommen ist, beruht wohl – so hofft man wenigstens – auf der unvoreingenommenen, objektiven Art der Forschung, mit der man auf beiden Seiten vorgegangen ist. Doch ist die Tatsache, daß der Frieden zwischen zwei Nationen wiederhergestellt wurde, sicherlich der wirkliche Hintergrund dieser Übereinstimmung. Indiens Unabhängigkeit, 1947 proklamiert, war die Voraussetzung dafür, daß man 1957 die Ereignisse des Jahres 1857 mit Gelassenheit, viel Verständnis und Kompromißbereitschaft beurteilen konnte.

Als Lord Dalhousie im Frühjahr 1856 nach siebenjähriger Tätigkeit als Generalgouverneur Indiens das Land verließ, erstattete er einen ausführlichen Bericht über den Zustand und die Entwicklung Indiens.

Er vertrat die Auffassung, daß die Situation im Land verhältnismäßig gut sei. Viele bedeutende und wichtige Reformen habe man seit seiner Ernennung in Indien durchgeführt. Riesige Gebiete seien dem Einflußbereich der East India Company einverleibt worden. Den Sepoys gehe es – so schrieb Dalhousie – wirklich gut. »Die Situation des eingeborenen indischen Soldaten ... hat keinerlei Verbesserung seiner Lebensbedingungen erforderlich gemacht«. Natürlich könne man sich Grenzkonflikte und lokale Unruhen im Land schon vorstellen. Doch brauche man sie nicht als »Störungen des allgemeinen Friedens in Indien« zu betrachten, ebensowenig wie man Krawalle, mit denen sich Londoner Gerichte täglich beschäftigten, als Symptome eines Bürgerkriegs in England bezeichnen könne. »Ich bin deshalb der Meinung, daß ich, ohne vermessen zu sein, von mir sagen darf, daß ich Indien in einem Zustand des äußeren und inneren Friedens verlassen kann«.

Diesem Urteil lag ein Wunschdenken mit einem Unterton von Selbstgefälligkeit zugrunde. Doch gab es keinerlei Anzeichen dafür, daß wegen der Stimmung unter den Indern sowohl englische Soldaten als auch Beamte hätten beunruhigt sein müssen. Der Aufstand überraschte sie daher alle. Ganz allgemein betrachtete man das Gerücht von den mit Ochsen- und Schweinefett eingeschmierten Patronen als die eigentliche Ursache der Rebellion. Man begann aber sehr bald, nach dem wirklichen Hintergrund des Aufruhrs zu fragen, und viele versuchten dabei nachzuweisen, daß das Gerücht über die Patronen nur der Funke war, der das Pulverfaß zur Explosion brachte, Die Meuterei wurde als ein Glied in einer langen Kette historischer Tatsachen gesehen.

Dieses Suchen nach überzeugenderen Motiven war natürlich vernünftig und führte zu einer Reihe von Ergebnissen. Doch ist es oft erstaunlich festzustellen, daß die Angelegenheit mit den Patronen für weniger wichtig gehalten wird, weil die Historiker meinen, es sei absurd zu glauben, ein Aufstand könne von einem so nebensächlichen Vorfall ausgelöst werden. So gab es z. B. eine an sich verständliche Neigung religiöser Gemeinschaften, in den Glaubensvorstellungen anderer Gruppen sinnloses abergläubisches Verhalten zu sehen, das man aber nicht ernst zu nehmen hatte. Die Überzeugung der Mohammedaner von der Unreinheit des Schweins, der Hindus von der Heiligkeit der Kuh erschien den Briten ebenso unsinnig wie den Anhängern anderer Religionen der christliche Glaube an die Verwandlung von

Wein zu Blut und von Brot zu Fleisch. Die ehrbaren Viktorianer vermochten beim besten Willen nicht zu verstehen, daß derartige Glaubensvorstellungen Anlaß zu solchen Auseinandersetzungen sein konnten. Deshalb suchte man nach anderen Ursachen. Aber Surendra Nath Sen, ein Inder, der die psychologischen und emotionalen Beweggründe seiner Rasse besser kennen mußte, versuchte nachzuweisen, daß das Patronenproblem sehr wohl entscheidend zum Aufstand beigetragen haben konnte, wenngleich er auch noch andere Ursachen anführt. In den Augen der Mohammedaner und Hindus galt die Verwendung solcher »entheiligter« Patronen als eine Todsünde; man würde aus der menschlichen Gesellschaft ausgestoßen und in alle Ewigkeit verdammt. Also baten sie aus einem Gefühl der Angst heraus die englischen Offiziere um Auskunft, wie es sich mit den Patronen verhielt. Von ihrem Standpunkt aus war es dann viel richtiger, eher die Engländer als ihre Religion zu verraten.

Das Suchen nach »tieferen« Gründen und Ursachen des Aufstands hat viele interessante Tatsachen ans Licht gebracht, die man mit dem Ausbruch der Feindseligkeiten in Verbindung bringen könnte. Dabei wird man aber den Eindruck nicht los, daß die Forscher jeden geringsten Anlaß zur Unzufriedenheit heranzogen, ohne daß sie nachweisen oder glaubwürdig machen konnten, daß dieser wirklich dazu beigetragen hatte, diese Revolte zu beschleunigen.

Das Fehlen indischer Informationen hat die streng wissenschaftliche Beschreibung des Aufruhrs stark behindert. Die Rebellen und die Inder haben im Grunde genommen nicht viel Dokumentationen über diese Zeit hinterlassen. Insofern Niederschriften darüber existiert haben sollten, sind diese rechtzeitig vernichtet worden. Man hat sich also fast ausschließlich auf britische Unterlagen berufen müssen, sogar der indische Historiker Surendra Nath Sen hat sich auf staatliche Dokumente, Memoiren und Briefe englischer Herkunft verlassen müssen.

Ein englischer Autor bezeichnete die Revolte als eine »rein militärische Affäre«, ein anderer als »Religionskrieg«, ein dritter als ein »Aufbäumen reaktionärer Interessen gegenüber einem Regime, das alte Institutionen reformieren wollte«.

Alle drei Thesen haben *einen* Standpunkt gemeinsam: sie lehnen den Gedanken einer nationalen indischen Erhebung gegen die englische Herrschaft ab.

Die erste These, den Aufstand als eine militärische Angelegenheit darzustellen, hat sich am längsten gehalten. Man hat immer von der »Sepoymeuterei« gesprochen. Sepoys seien aus verschiedenen Gründen unzufrieden gewesen, hätten der englischen Herrschaft mißtrauisch gegenübergestanden. Inder brachten es nur bis zum Leutnant oder Hauptmann, der dann nur Eingeborene befehligen durfte. Ein englischer Feldwebel stand also rangmäßig über einem indischen Offizier. Die Sepoys wurden außerdem schlechter als die englischen Soldaten bezahlt. Neue Verordnungen wegen der Uniform, Kopfbedeckung und Frisur erweckten Verärgerung. Indische Regimenter wurden – entgegen jedem Brauch und jeder Abmachung – außer Landes eingesetzt, auch »über das Wasser« nach Birma gesandt, was als abscheulich galt. Außerdem hatten englische Niederlagen in mehreren Kriegen – in Persien und Afghanistan – den Glauben an die Unschlagbarkeit der Engländer untergraben. Auch diese Umstände, so meinte man, hätten dazu beigetragen, den Aufstand heraufzubeschwören.

Daneben führte man religiöse Gründe an. So ließen z.B. die Engländer einen gewissen Respekt vor mohammedanischen und hinduistischen Heiligtümern vermissen. Christliche Missionare entfalteten damals in Indien eine größere Betriebsamkeit als je zuvor. Fanatische Offiziere versuchten ihre Soldaten zum Christentum zu bekehren. Viele Inder sahen in den Reformen und neuen Verordnungen, wie z.B. der Einführung der neuen Gewehre, einen Versuch der Briten, den Weg für eine »fremde Lehre« freizumachen. Darin hatten allerdings die Inder unrecht.

Die East India Company folgte im allgemeinen dem Grundsatz der britischen Kolonialpolitik, sich so wenig wie möglich in die Gewohnheiten und Verhältnisse der unterworfenen Völker einzumischen. Doch unter dem Einfluß utilitaristischer und liberaler Doktrinen, die zu dieser Zeit in England an Bedeutung gewannen, führte man doch eine Reihe von Reformen durch, die vom englischen Standpunkt aus ganz natürlich waren, von den Indern jedoch als Verhöhnung geheiligter Traditionen angesehen wurden, so z.B. einige unwesentliche Grundbesitzreformen, Versuche, Gleichberechtigung für alle Inder einzuführen, Verbot der Witwenverbrennung, Erlaubnis zur Wiederverheiratung von Witwen. Unruhe erregte ebenfalls eine Vorschrift, daß indische Fürstentümer direkt den Engländern unterstellt werden sollten, wenn der verstorbene indische Herrscher keine eigenen Erben hatte – wodurch Adoptionen von Erben, eine geheiligte indische

Sitte, unmöglich wurden – oder wenn der regierende Fürst sich besonders unfähig zum Regieren zeigte. In dem Königreich Oudh, das man 1856 eben aus diesem Grund der englischen Herrschaft einverleibt hatte, herrschten tatsächlich – nach englischen und auch indischen Angaben – chaotische Zustände, und doch reagierte man heftig gegen diese Annexion.

Genau festzustellen, ob diese oder auch noch andere Maßnahmen den Aufstand beschleunigten, ist kaum möglich. Spätere englische Geschichtsschreiber haben immer häufiger betont, daß auch ein gewisses Zusammengehörigkeitsgefühl unter den Indern, ein aufkeimendes Nationalbewußtsein, die Revolte mit hervorgerufen habe. Indien als großes, alle Provinzen umfassendes Reich konnten sich nur einige wenige Intellektuelle vorstellen; jedoch kannte man innerhalb einiger Regionen, so im Königreich Oudh, eine Art lokalen Nationalismus. Hinzu kam, daß die Inder die Herrschaft der Engländer haßten, weil diese den Weißen besondere Vorteile einräumten, da sie den anderen Rassen gegenüber weit überlegen seien. Den Indern bot man nur untergeordnete Stellungen mit niedrigeren Einkünften an. Auch gesellschaftlich waren sie den Weißen nicht gleichgestellt. In Hotels, Klubs und auf Eisenbahnen herrschte die Rassentrennung vor.

Einige – vielleicht etwas übertriebene – Äußerungen des Times-Korrespondenten Russell treffen den Nagel auf den Kopf:

»Meine Hautfarbe ist mein Paß – die Garantie für meine gesellschaftliche Rangstufe. In Indien gehöre ich der herrschenden Schicht an. Aufgrund meiner Geburt bin ich ein Aristokrat, ein Lord, ein menschliches Wesen mit besonderen Vorrechten. Ich bin über die gewöhnlichen Gesetze des Staates erhaben«. ... »Niemals richtet jemand einen freundlichen Blick auf den Wagen des weißen Mannes. O, diese Sprache der Augen! Wer kann sie mißverstehen? Schon allein dadurch habe ich gelernt zu verstehen, daß unsere Rasse nicht nur gefürchtet, sondern immer und überall verhaßt ist«.

Die indischen Geschichtsschreiber entwickelten zu diesem Thema ganz entgegengesetzte Theorien mit ziemlich unklaren Aussagen. Während des indischen Unabhängigkeitskampfes vor einigen Jahrzehnten beschrieb man in Büchern, die von der englischen Zensur verboten wurden, diesen Aufstand in den fünfziger Jahren des neunzehnten Jahrhunderts als einen Befreiungskampf, einen »Unabhänggigkeitskrieg«. Nehrus Interpretation in seinem Buch »Discovery of India«, das während des Zweiten Weltkriegs erschien, war weniger extrem. In dem Kapitel über den Aufstand schwankte Nehru zwischen zwei Theorien, einer nationalistischen und einer mehr kritischen Betrachtung. Laut Nehru betrachtete man die Revolte als »einen feudalen Ausbruch, geschürt von feudalen Führern und deren Anhängern, auf der Basis einer weitverbreiteten feindlichen Einstellung gegenüber Fremden«. ... »Das Nationalgefühl, das die Völker Indiens hätte einigen können, existierte nicht. Nationalismus moderner Prägung war Zukunftsmusik«. Nehrus Darstellung zeichnete sich gleichzeitig durch großes Verständnis für diesen Aufstand als potentielle Nationalbewegung aus. Die indischen Fürsten, die die Engländer unterstützten, nannte er »Quislinge«, Verräter. Nehru war damit seiner Zeit voraus!

Nehrus Kultusminister A.K. Azad schrieb ein Vorwort zu Surendra Nath Sens Buch, das im Auftrag der indischen Regierung zum hundertjährigen Jubiläum des Aufstands herausgegeben wurde. Darin hob Azad stärker als Sen hervor, daß damals bei den Indern ein starkes Nationalgefühl vorhanden war, doch spielten religiöse Motive nach seiner Meinung eine bedeutendere Rolle, während sich die Führer der Aufstandsbewegung von rein persönlichen Interessen leiten ließen. Daß Mohammedaner und Hindus kollaborierten, zeigte, laut Azad, daß die Kluft zwischen beiden Gruppen damals noch nicht so tief war; die Engländer haben nach dem Aufstand dazu beigetragen, die religiösen Gegensätze zu vertiefen.

Diese Darstellung, die – im Zusammenhang mit der indischen These von der nationalen Einheit – England die Schuld für die Trennung Pakistans von Indien in die Schuhe schieben will, ist zweifellos allzu willkürlich. Surendra Nath Sen hob hervor, daß der Konflikt zwischen Mohammedanern und Hindus während des Aufstands eine große Rolle gespielt habe. Doch die Mehrzahl der beiden religiösen Gruppen war indifferent oder stand auf der Seite der Engländer.

Surendra Nath Sen erklärte ferner, daß überall in Indien sich nur eine Minderheit aktiv an dem Aufstand beteiligt, die Mehrheit sich jedoch passiv verhalten habe. Wenn aber eine klare Mehrheit, freilich ohne selbst einzugreifen, für die Revolte gewesen sei, müsse man auf jeden Fall von einer nationalen Erhebung sprechen. Doch diese Auffassung entsprach nicht der wirklichen Situation in Indien. »Außerhalb der Länder Oudh und Shahabad ist eine allgemeine Sympathie, die der Meuterei den Schein einer nationalen Bewegung hätte geben können, nicht nachweisbar«. Sen fährt fort: »Was als Religionskrieg begann, ging über in einen Kampf um die Unabhängigkeit des Landes; denn es besteht nicht der geringste Zweifel, daß die Rebellen die fremden Herrscher los sein und die frühere Rechtsordnung wieder einführen wollten«. Nach politischer oder persönlicher Freiheit habe man sich keinesfalls gesehnt. Im Gegenteil! »Die Anstifter der Meuterei hätten gern die Uhren zurückgestellt, die Reformen wieder rückgängig gemacht; man wäre gern wieder zu den Gepflogenheiten der ›guten alten Zeit‹ zurückgekehrt, in der ein Durchschnittsbürger nicht wie ein Adliger behandelt wurde, die Landarbeiter von der Willkür der Großgrundbesitzer abhängig waren, wo man Diebstahl mit Verstümmelung bestrafte. Kurz gesagt, die Führer der Revolte erstrebten eine Gegenrevolution«.

Älteres Schriftgut versucht kategorisch nachzuweisen, daß die Meuterei gut vorbereitet war, daß die Revolten ungefähr gleichzeitig an verschiedenen Stellen ausbrachen, weil ein einheitlicher Aktionsplan vorlag. Als Beweis für diese These führte man an, daß im Frühjahr 1857 ungesäuertes Maisbrot von Ort zu Ort geschickt wurde, das als Signal für den Aufstand galt. Von anderer Seite hört man, daß Agenten des Auslands – Russen, Perser, Afghanen – im Einvernehmen mit Nana Sahib und anderen indischen Würdenträgern die Meutereien geplant hätten.

Surendra Nath Sen räumt mit allen diesen unbewiesenen Annahmen auf. Die Verteilung dieses mystischen Brotes habe nichts mit einer vorbereiteten Meuterei zu tun. Sie sei als Warnung vor Krankheiten oder vor Krankheitserregern zu deuten. Auch die ausländischen Agenten könnten nur eine Mystifikation sein. Alles spreche dafür, daß die Revolten ganz spontan ausbrachen. Ganz selbstverständlich hätten jedoch Gerüchte über Meutereien und Auflösungen von Regimentern neue Unruhen hervorgerufen. Alle diese Umstände sprechen dafür, daß doch die Patronen der entscheidende und auslösende Faktor hierbei gewesen sind.

Die Nachrichten von den Grausamkeiten, die sich die Inder zuschulden kommen ließen, haben in England offenbar größere Verbitterung hervorgerufen als andere Begebenheiten während des Aufstands. In Zeitungsberichten, in objektiven Schilderugen von Reportern, in Romanen, die von allen Volksschichten gelesen wurden, prangerte man die Aufständischen als Teufel, Mordbrenner, Plünderer, Frauenschänder, Folterer, Banditen an. So seien die Inder, diese braunen asiatischen Heiden! So versuchte man die Leser zu beeinflussen, ihnen

Haß gegen eine andere Rasse, gegen Andersgläubige einzuimpfen. Der Aufstand beweise nur Englands Anspruch auf Vorherrschaft, ferner die Überlegenheit der weißen Rasse. Man sah die britischen Heerführer als Helden, als Kreuzritter an. Um die toten Generäle bildeten sich Legenden, um John Nicholson, den Eroberer Delhis, um Henry Lawrence, der bei Lucknow fiel, um Henry Havelock, der Khanpur zurückgewann. Später hat man die Waffentaten beider kämpfenden Parteien hervorgehoben. Dabei bestand immer die Neigung, die indischen Greueltaten dem Heldenmut der Engländer gegenüberzustellen. Es steht einwandfrei fest, daß die Aufständischen in vielen Fällen die Menschen massenweise ermordeten, daß sie Frauen und Kinder töteten, daß sie ihre Opfer auf unvorstellbare Weise quälten. Doch hat sich in immer zunehmendem Maß eine mehr nuancierte und weniger gehässige Meinung über dieses damalige Geschehen durchgesetzt. Man hat betont, daß die schlimmsten Greueltaten nicht von den Sepoys und deren Führern, sondern von Verbrechern und Banden begangen worden seien, die aus dem Chaos und der Willkürherrschaft zu profitieren versuchten. Berichte über Vergewaltigungen, die besonders aufreizend wirkten, erwiesen sich als falsch. Die Inder hatten, so scheint es, nie englische Frauen mißbraucht.

Es kann nicht geleugnet werden, daß die Inder in Khanpur trotz dem Versprechen, den Eingeschlossenen freien Abzug zu gewähren, diese ermordeten. Aber bald – 10–20 Jahre später – wurde festgestellt, daß weder Nana Sahib noch Sepoys für die Ermordung der zweihundert Frauen und Kinder verantwortlich gemacht werden konnten, die man später in einem Brunnen entdeckte. Im Gegenteil, die Sepoys hatten sich geweigert, den Mordbefehl auszuführen, den einer von Nana Sahibs Offizieren ohne dessen Wissen ausgegeben hatte. Das besorgten dann berufsmäßige Verbrecher. »Es ist unfair und falsch, ein Volk einer solchen Greueltat zu bezichtigen«, schrieb Forrest in einer reich mit Dokumenten belegten Untersuchung im Jahre 1904.

Die weißen Frauen seien vor dem Blutbad nicht entehrt worden. Die Erregung über das Verbrechen steigerte sich, als man an den Wänden des Palastes Grüße der Verzweiflung von getöteten Frauen entdeckte. Später freilich stellte man fest, daß diese von englischen Soldaten stammten, die zuerst in dem Palast eingedrungen waren. Khanpur kann man also nicht, wie früher, als Beweis indischer Greueltaten und Wortbrüchigkeit anführen. Noch während des Kriegs trafen Berichte in England ein, die bewiesen, daß sich auch die Engländer Greueltaten zuschulden kommen ließen und die Meuterer allzu hart bestraften. Besonders der Times-Korrespondent Russell hat diese Vorwürfe oft wiederholt. Sein Mitarbeiter Egron Lundgren dagegen versuchte, die »blutigen Geschichten« vergessen zu machen. In seinen Aufzeichnungen ist darüber kaum etwas zu finden. Russell berichtete, daß man Inder allein auf den Verdacht hin, sie könnten am Aufstand beteiligt gewesen sein, massenweise hängte, daß englische Beamte und Gutsbesitzer als Freiwillige an diesen Exekutionen mit Freuden teilnahmen, daß man die Inder in Gruppen und Stellungen so aufknüpfte, daß sich daraus Ornamente entwickeln ließen. Nach Russels und den Angaben anderer hat man, ob nun eine Festung oder ein Haus eingenommen wurde, alle Insassen getötet, in gewissen Fällen diese gefoltert oder auch lebendig verbrannt. Englische Offiziere seien fähig gewesen, ihre indischen Diener wegen des geringsten Vergehens blutig zu schlagen. Die Wiedereroberung Indiens muß – aufgrund gesammelter und veröffentlichter Briefe – mit einem Schreckensregiment verbunden gewesen sein.

England befand sich in dieser Zeit in der Mitte des Viktorianischen Zeitalters. Zivilisation und Religion standen hoch im Kurs. Die siegreichen Generäle waren oft tief religiös. Im Namen Gottes verhängten sie harte Strafen. Als der Gouverneur des Punjab, John Lawrence, im Juni 1857 in Peshawar einen Aufstand unterdrückt hatte, überlegte er sich, ob er die 120 Gefangenen töten sollte:

»Ich glaube nicht, daß wir in den Augen des Allmächtigen berechtigt sind, dies zu tun«. Nur ungefähr vierzig von ihnen sollten hingerichtet werden und zwar alle jene, die einen schlechten Charakter besaßen, am Aufstand teilgenommen und gegen die Offiziere rebelliert hatten. »Reichen diese nicht aus, dann nehme ich noch die älteren Soldaten dazu. Alle sollen dann erschossen oder – noch besser – aus den Kanonenrohren herausgeschossen werden. Das ist praktischer«.

Der strenggläubige Nicholson empfand es »empörend«, die Mörder der Frauen und Kinder nur einfach aufzuhängen. Sie sollten »bei lebendigem Leib die Haut abgezogen bekommen, gebraten oder verbrannt werden«. General James Neill ließ so viele hängen, daß seine Offiziere ihn aufforderten, die Soldaten doch nicht zu überanstrengen. In Khanpur befahl er den Gefangenen, vor ihrer Hinrichtung das Blut vom Boden aufzulecken.

Vor den Todesurteilen betete Neill, daß Gott ihm die Kraft verleihe, gerecht zu handeln. Wer im Besitz einer Waffe angetroffen wurde, kam sofort vor ein Standgericht. Neills Problem war, wie er sich gegenüber Verdächtigen und Mitläufern verhalten solle. Das Aufhängen und Herausschießen aus den Kanonenrohren verband man mit einem Zeremoniell, das – vom Verurteilten aus gesehen – ewige Verdammnis zur Folge haben mußte. Die Mohammedaner nähte man in Schweinefelle ein und schmierte sie mit dem Fett dieser Tiere ein.

In dieser puritanischen, frommen Welt galt ein Verbrechen an einer Frau als eine Tat, die man nicht mit Worten ausdrücken konnte und die jeden Viktorianer mit Schrecken, Haß und Rachegefühlen ohnegleichen erfüllen mußte.

Solche Gefühle beherrschten den sonst so liebenswürdigen Hauptmann Roberts – den späteren Feldmarschall, Baron von Kandahar und Grafen von Pretoria –, als er seiner Schwester schrieb, er würde mit Freuden alle Entbehrungen ertragen, um seine »Rache an diesen grausamen Mördern« befriedigen zu können. Als im Dezember 1857 der Indische Aufruhr im englischen Unterhaus zur Sprache kam, erklärte der Premierminister Lord Derby – er bat, Milde walten zu lassen –: »Über jeden Mann, der mit einer Waffe in der Hand angetroffen wird, muß eine gerechte Strafe verhängt werden. Und das ist der Tod. Für die Verbrecher, die unaussprechbare und für einen Menschen unfaßbare Scheußlichkeiten (unmentionable und unimaginable atrocities) an Frauen begangen haben, ist der Tod eine allzu milde Strafe. Sie müssen zu einer schweren Strafe verurteilt werden, zu körperlicher Züchtigung und zur erniedrigendsten Sklaverei«.

»Cambridge History of India« führte noch einen anderen wichtigen Gesichtspunkt an. Die Moral dieser Zeit verbot den Offizieren Umgang mit Inderinnen. Sie hatten deshalb gar keine Ahnung, welche Stimmung unter den Indern herrschte.

Die grausame Strenge kann bis zu einem gewissen Grad damit begründet werden, daß die Strafgesetze, besonders in England – jedenfalls in der Zeit vor den Reformen der letzten Jahrzehnte –, äußerst hart waren. Die Todesstrafe wurde auch für viele andere Vergehen als Mord verhängt. Erklären ließen sich diese rigorosen Vorgänge auch dadurch, daß die Berichte über die Greueltaten, sowohl der Inder als auch der Engländer, zu immer neuen und schlimmeren Verbrechen an dem Gegner reizten. Die Inder hatten z. B. von General Neills wüstem Treiben in Allahabad gehört, ehe sie selbst in Khanpur mordeten. Die Engländer wiederum glaubten felsenfest an die Berichte über indische Greueltaten. Ungemein wichtig ist hier festzuhalten, daß natürlich das

Gefühl der Engländer, als überlegene Rasse so gedemütigt zu werden, eine große Rolle spielte.
Russell schrieb dazu: »Als besonders erschwerend bei dem Massaker in Khanpur kommt hinzu, daß die Greueltaten von einer unterjochten Rasse begangen wurden – von Schwarzen, die es wagten, das Blut ihrer Herren zu vergießen«.
Wie wirkte sich der Aufstand aus?
Nur in einigen konkreten Fällen ist eine Antwort möglich. Die East India Company ging in den Besitz des Staates über. Die britischen Truppen in Indien wurden zahlenmäßig verstärkt. Man teilte die indischen Regimenter bewußt nach der religiösen Zugehörigkeit der Soldaten ein. Den »kriegerischen« Stämmen der Sikhs und Gurkas räumte man eine Sonderstellung ein. Die Artillerie bestand nur noch aus Engländern. Sepoys durften nicht in dieser wichtigen Waffengattung beschäftigt werden. Verschiedene Verwaltungsreformen waren eine direkte Folge des Aufstands.
Über Auswirkungen der Revolte auf lange Sicht und über die »tieferen« Ursachen des Aufstands lassen sich nur Vermutungen anstellen. Man war der Meinung, daß die Engländer in ihrem Glauben bestärkt wurden, es sei notwendig und auch ganz in Ordnung, diese »unzuverlässige Rasse« unter Kontrolle zu halten. Die Revolte gab also der imperialistischen Lehre wieder auftrieb, die in den siebziger und achtziger Jahren des 19. Jahrhunderts die alten Ansichten verdrängte, die Kolonien seien nur eine Bürde oder ein Objekt, Menschen und Staaten zur Selbständigkeit zu erziehen. Das Gefühl der Überlegenheit gegenüber den Indern und besonders den Hindus nahm in England zu, behauptete man. Es setzte sich überall die vorgefaßte Meinung mehr und mehr durch, die Inder seien minderwertige und hinterlistige Menschen. Ein Historiker dieser Zeit behauptete sogar, daß E. M. Forsters berühmte Charakteristiken in seinem Buch »A Passage to India« (1924) auf Erfahrungen und Vorstellungen aus der Zeit des Aufstands zurückgingen. Außerdem vermutete man, daß die Furcht vor einem neuen und viel schlimmeren Aufstand der Sepoys die Engländer dazu bewogen hätte, sich im Jahr 1947 ehrenvoll aus Indien zurückzuziehen.
Im Vorwort zu Surendra Nath Sens Buch schrieb der indische Kultusminister A. K. Azad, daß Englands Devise »teile und herrsche« nach dem Aufstand noch mehr an Bedeutung gewann. In seinen Augen ist die Teilung Indiens und Pakistans eine direkte Folge dieser Politik, also indirekt eine Auswirkung der Meuterei der Sepoys im Jahre 1857.

Nahe liegt auch die Vermutung, daß der Plan, sich gegen die Kolonialmacht aufzulehnen, in Mißkredit geriet, da man sich an die Niederlage von 1857 erinnerte. So kann man auch die neue Taktik der Inder, durch passiven Widerstand die Unabhängigkeit zu erreichen, ebenfalls auf die Vorgänge der Jahre der Meuterei von 1857 zurückführen. Alle Versuche, ursächliche Zusammenhänge zwischen dem Aufstand und den späteren Ereignissen festzustellen, können nur Teilwahrheiten zutage fördern. Verallgemeinern läßt sich keine These. »The Hindu Weekly Review« gab im Jahre 1957 eine Auffassung wieder, die man als allgemeingültig für Indien – nicht für Pakistan! – bezeichnen kann: der Aufstand des Jahres 1857 trug viel dazu bei, das Nationalgefühl der Inder zu stärken, das viele Jahre später zur Bildung der Kongreßpartei und noch viel später zur endgültigen Unabhängigkeit Indiens führte.

»Jameson's Raid«

»Ich gehe nach Afrika zurück, um den Weg für den Handel mit diesem Erdteil und für das Christentum zu ebnen«, sagte Reverend David Livingstone zu seinen Hörern an der Universität Cambridge im Jahre 1857. »Sie müssen das Werk fortsetzen, das ich begonnen habe«.
Vierzig Jahre später sah es ganz so aus, als würde diese Mission bald erfüllt werden können, wenigstens was Südafrika und die geschäftlichen Beziehungen betraf. Die kleinen Burenrepubliken, Transvaal und der Oranjefreistaat, die sich im Jahr 1835 durch den großen »Burentreck« von der Kapkolonie entlang der Vaal- und Oranjeflüsse gebildet hatten, waren fast vollständig von britischen Besitzungen umgeben, im Süden von der Kapprovinz, im Osten von Natal, im Westen von Betschuanaland, im Norden von Rhodesien. Nur im Nordosten grenzte Transvaal an ein nichtenglisches Land, an das portugiesische Mozambique.
Zu Beginn der neunziger Jahre änderte sich nichts mehr an dieser geographischen Raumverteilung. Die Expansion nach Osten und Norden war privat durch die Südafrikanische Gesellschaft (Chartered Company of South Africa) mit Unterstützung der englischen Regierung organisiert worden. Diese hatte großzügige Konzessionen erteilt, wie überhaupt in dieser Zeit die südafrikanische Politik Englands

durch enge Kooperation – und auch Konflikte! – zwischen Regierungen und Kapitalisten gekennzeichnet war.

Der Machtkampf konzentrierte sich damals auf Transvaal, besonders auf die Städte Pretoria und Johannesburg. England hatte 1851 Transvaal als unabhängigen Staat anerkannt, allerdings mit der Einschränkung, daß die Republik keine Verträge ohne die Zustimmung der englischen Regierung abschließen dürfe. Als aber in Witwatersrand riesige Goldfunde entdeckt wurden und Goldgräber das Land überfluteten, traten innerhalb Transvaals starke Gegensätze hervor, die zu einem gespannten Verhältnis zwischen England und Transvaal führten. Die Buren blieben auch weiterhin Großbauern und beschäftigten Eingeborene als Tagelöhner und Sklaven. Die Goldfunde reizten sie nicht. Die Gruben gehörten Ausländern (Uitlanders), die auch dort arbeiteten. Die Regierung der Buren begnügte sich mit den riesigen Steuereinnahmen (1897 12000000 £). Mehr als 75% der staatlichen Einnahmen kamen in den neunziger Jahren von diesen »Ausländern«. 80% von ihnen waren Engländer, die ein Mitbürgerrecht forderten und gegen die hohen Steuern protestierten. Die Buren aber entgegneten, daß niemand sie zwinge, in Transvaal zu bleiben und daß sie trotz der hohen Abgaben gewaltige Gewinne einheimsten. Erhielten sie Mitbürgerrecht, antwortete Präsident Krüger, würde es mit der Freiheit der Bürger bald vorbei sein.

Zahlen aus Nachschlagewerken dieser Zeit – die wahrscheinlich nicht ganz stimmen – lassen die merkwürdige Situation erkennen. Die weiße Bevölkerung in Transvaal schätzte man 1896 auf 150000. Davon waren 63000 Buren und 87000 »Ausländer«. Die 600000 Schwarzen zählte man überhaupt nicht. Mit »Rassenkonflikten« bezeichneten die Zeitungen Unstimmigkeiten zwischen Buren und Ausländern. Die Hauptstadt Pretoria, 30 km nördlich der Goldgruben, hatte 12000 Einwohner, die Goldminenstadt Johannesburg über 100000. Davon waren der größte Teil »Ausländer«.

Die Burenregierung kaufte für die steuerlichen Einkünfte hauptsächlich Waffen (für 1000000 £ im Jahr 1897), in erster Linie Kanonen von Krupp und Le Creuzot. Die Steuern der »Ausländer« wurden wesentlich für die Verteidigung ausgegeben, zum Schutz der Buren gegen eben diese »Ausländer«!

Die »Ausländer« baten die Engländer um Unterstützung, die Buren hofften auf Hilfe aus Deutschland und Frankreich. Die Hauptperson in diesem aufregenden Geschehen spielten ihre Rollen hervorragend.

Der mächtige Präsident Transvaals, Paul Krüger, ein alter Bauer und Jäger, empfing Besucher und Abordnungen auf der Veranda seines Hauses, nachdenklich seine Pfeife rauchend, neben sich die Bibel, in der er – nach seinen Worten – Antwort auf schwierige Fragen suchte. In seinem Aussehen, seiner Kleidung und seinem Auftreten glich er in so hohem Maß einem Bauern, daß man meinte, er wolle ständig den Menschen ein Schauspiel bieten. Doch bestand kein Zweifel darüber, daß er sich innerlich aufrichtig als Vertreter eines Volkes fühlte, dessen unschuldsvolles, nach alttestamentarischen Grundsätzen ausgerichtetes Leben von der »Zivilisation«, vom Kapitalismus und den Lastern der modernen Zeit bedroht war.
Cecil Rhodes, der geistige Führer des britischen Imperialismus, hatte drei Schlüsselstellungen in diesem Streit inne. Er war der Begründer und Besitzer des größten Teils der Aktien der Gesellschaft, die über die Goldminen um Johannesburg verfügte (The Consolidated Goldfields of South Africa), Direktor der Südafrikanischen Gesellschaft (The Chartered Company of South Africa) und in dieser Eigenschaft der Eroberer Rhodesiens, eines Gebiets, das seinen Namen erhielt. Seit 1890 regierte er als Premierminister der Kapprovinz. Machtgier, gepaart mit einem unerschütterlichen Glauben an den Fortschritt, beseelte ihn. Er glich einem Pfadfinder, war erfüllt von mystischen Vorstellungen, hielt endlose Reden über die Pflicht der Angelsachsen, die Welt zu erobern und zu verbessern; er träumte von kommenden Zeiten, da man auch Planeten erobern und sie für die Herstellung von Gütern einsetzen könnte. »Verbesserung« bedeutete für ihn einen schnelleren und reibungsloseren Ablauf alles Geschehens. Geistige und allzu menschliche Interessen berührten ihn keineswegs. Im Alter von über vierzig plagten Rhodes Fettsucht und Herzanfälle. Sein Gesicht war geschwollen und fleckig. Er fürchtete, sterben zu müssen, ehe er alle seine Ziele und Wünsche erreicht hätte. Sein unermüdliches Streben, sein Eifer zu planen, zu handeln, andere zu überzeugen, beschleunigten sein Ende.
Gab es außer Krüger und Rhodes noch einen Dritten in diesem »Schauspiel«?
Das ist die große Frage, die sechzig Jahre lang im Raum stand, wenn es darum ging, die historische und politische Bedeutung des »Jameson's Raid« zu beurteilen. Jetzt scheint die Frage gelöst zu sein. Es gab einen Dritten! Nämlich Joseph Chamberlain, ehemals radikaler Liberaler, Minister in Gladstones Kabinett im Sommer 1895 – im Alter von fast

60 Jahren –, schließlich Kolonialminister in der konservativen Regierung Salisbury. Im Gegensatz zum Regierungschef, der Skeptiker war und Bequemlichkeit liebte, war Chamberlain ein rastloser Mann, voller Leidenschaft und Ehrgeiz. Er betätigte sich auch als Privatmann noch auf politischem Gebiet.

»Chamberlain gleicht den Frauen, die ihren Mann ruinieren, und Salisbury den Männern, die von ihrer Frau ruiniert werden«, äußerte der Vater des großen Yeats, wie Chesterton in seinen Memoiren schrieb.

Chamberlain wurde zum Imperialisten, weil es ihn drängte zu organisieren, zu rationalisieren, wodurch er es zum Bürgermeister und Stadtplaner von Birmingham brachte. Niemand versuchte so wie er, mit größerer Eleganz und Sicherheit und Kaltblütigkeit die Menschen hinters Licht zu führen. Dieser Mann aus dem Bürgerstand, mit dem Monokel im Auge, einer Orchidee im Knopfloch, mit rasiertem Gesicht unter lauter Bärtigen, jugendlich frisch im Auftreten, wollte gern ein Aristokrat sein, ein politisches »Porträt des Dorian Gray«. In den vielen Auseinandersetzungen um »Jameson's Raid« feierte er die größten Triumphe seines Lebens. Das aber hat man erst sechzig Jahre später festgestellt.

Im Spätherbst 1895 schmiedete Cecil Rhodes mit seinen nächsten Mitarbeitern innerhalb der Südafrikanischen Grubengesellschaften ein Komplott zur Vernichtung der Krügerschen Republik. Unter der Führung eines sogenannten »Reformkomitees«, bestehend aus 64 »Ausländern« aus 12 Nationen, sollten diese Fremden einen Aufstand entfachen und die Macht in Johannesburg an sich reißen. Tausende von Gewehren schmuggelte man ins Land und bildete eine halbmilitärische Organisation.

Zur gleichen Zeit sollten Polizeitruppen und Freiwillige aus Betschuanaland, wo die Südafrikanische Gesellschaft an der Grenze zu Transvaal einen Gebietsstreifen verwaltete, in die Krügerrepublik einrücken, um die Aufständischen zu unterstützen und deren Vormarsch zu sichern. Die Leitung dieses Unternehmens wurde Dr. Leander Starr Jameson anvertraut, der ehemals praktischer Arzt, später Freund und erxebenster und engster Mitarbeiter Rhodes' war. Unter dem Vorwand, es seien unter den Eingeborenen Unruhen ausgebrochen, sammelte Jameson ca. 500 Mann in und um Pitsani, 300 km von Johannesburg entfernt. Um dieses Manöver zu rechtfertigen, schrieben einige prominente »Ausländer« vorher einen Brief an

Jameson in Pitsani, der vollkommen erfundene Angaben über die Situation in Johannesburg enthielt. Es wurde darin von einer bevorstehenden Krise gesprochen, die »Tausende unbewaffneter Männer, Frauen und Kinder unserer Rasse den schwerbewaffneten Buren ausliefern sollte«. Dieser Brief wurde auf den 28. Dezember datiert, der dem Tag vorausging, an dem der Aufstand ausbrechen sollte. Man hatte sich aber noch keine Gedanken gemacht, was nach dem Sieg geschehen müsse. Aber man rechnete damit, daß der englische Gouverneur der Kapprovinz, der High Commissioner Südafrikas, Sir Hercules Robinson (später Lord Rosmead), sich als Vermittler und Berater einschalten würde. Transvaal könnte schließlich nach und nach den englischen Kolonien einverleibt werden.
Der Plan für den Anschluß des Burenstaats an die britischen Provinzen lag also vor. Doch stellte es sich bald heraus, daß der Aufstand in Johannesburg nicht zu dem vorgesehenen Zeitpunkt losbrechen konnte. Es erschien absurd, plötzlich in einem friedlichen Land mit gesunden wirtschaftlichen Verhältnissen eine Revolte im Namen der Freiheit und Gerechtigkeit zu inszenieren. Die Arbeiter in den Goldminen, damals fast ausschließlich Weiße und »Ausländer«, waren von diesem Plan nicht begeistert. Die Löhne gaben keinerlei Anlaß zu Beschwerden. Sie waren so gut, daß die Besitzer der Minen über Erpressung nicht nur von seiten Krügers, sondern auch von Arbeiterseite klagten. Ein Aufstand allein der Kapitalisten und deren Anhänger – von Rechtsanwälten, Journalisten, Ingenieuren, Büroangestellten und Gaststättenbesitzern – erschien ganz undenkbar. Einmal handelte es sich nur um eine kleine Gruppe von Menschen; zum anderen konnten Millionäre nicht gut als Revolutionäre bezeichnet werden. Man sandte also Briefe auf Briefe an Jameson, mit der dringenden Bitte um Aufschub der Aktion. Doch Jameson blieb bei seinem Entschluß. Rhodes hatte ihm keinen Befehl gegeben abzuwarten. Er glaubte, der Aufstand bräche los, sobald die Nachricht von dem Überfall oder der Angriff selbst Johannesburg erreichen würde. Am 29. Dezember ritt Jameson an der Spitze von 500 Reitern über die Grenze. Es war ein festlicher Aufbruch gewesen. Die Chartered Company hatten 400 Flaschen Champagner gespendet. Die meisten Männer waren leicht angetrunken, manche sogar schwer vom Alkohol mitgenommen. Man sang gemeinsam »God save the Queen«. Jameson erinnerte daran, daß die Aktion im Einverständnis mit der englischen Regierung unternommen werde. Die Gruppe setzte sich aus jungen

Männern, meist früheren britischen Offizieren, zusammen. Gehälter und Verpflegung waren reichlich bemessen. In vier Tagen wollte man in Johannesburg als Helden des Imperiums einziehen.

Der »Raid« endete mit einem ungeheuren Fiasko. Krüger hatte sich Listen mit den Namen der Verräter besorgt, die Polizei verstärkt und Massenverhaftungen befohlen, als die Verschwörung in Johannesburg bekannt wurde. Er selbst, der seit Jahren auf keinem Pferd gesessen hatte, hielt ein gesatteltes Pferd in Bereitschaft und schlief mit einem geladenen Gewehr neben seinem Bett. Militärkommandos wurden alarmiert; am Neujahrstag 1896 hatte man Jamesons Truppe umringt. Die Buren hielten sich zunächst zurück, ließen Jameson marschieren, verwickelten ihn in kleinere Gefechte, bis man ihn bei Doornkop, unweit von Johannesburg, in eine Falle gelockt hatte. Am 2. Januar 1896 mußte er schließlich kapitulieren. Die Buren erlitten dabei keine Verluste; Jameson zählte siebzehn Tote. Die Teilnehmer an dem »Raid« schickte man nach England, wo einige – darunter Jameson – zu kurzen Freiheitsstrafen verurteilt wurden. Die Verschwörer in Transvaal erhielten gelinde Strafen. Von den reichen und prominenten Führern des »Reformkomitees«, die die Revolte unterstützt hatten, erhielt »Ohm Krüger« große Summen Geldes für die Staatskasse.

Chamberlain verurteilte den Angriff, gleich als er von dem Aufbruch der Truppe Jamesons gehört hatte, und hob die »rein private« Natur des Unternehmens hervor. Auch Rhodes beklagte diese Aktion ebenso ehrlich wie Chamberlain – ohne eine Revolte zur gleichen Zeit in Johannesburg sei »Jameson's Raid« sinnlos gewesen –, doch trat er damit sinnlos gewesen –, doch trat er damit erst einige Tage später an die Öffentlichkeit. Er leugnete nicht die Verantwortung für die Planung und die Finanzierung des Coups. Die unterschiedlichen Verhaltensweisen gaben Anlaß zu zahlreichen Diskussionen und Meinungsverschiedenheiten in der darauffolgenden Zeit.

In England reagierte man auf das mißglückte Unternehmen sehr unterschiedlich. Natürlich wollten Presse und Politiker nichts damit zu tun haben. Man gebrauchte Ausdrücke, die wie eine Entschuldigung klangen. Die öffentliche Meinung hatte ein weniger schlechtes Gewissen. Sie empfand die Niederlage eher als eine Schande. Man machte sich nicht soviel Gedanken um das verbrecherische Unternehmen selbst als über das Mißgeschick, das dem »Jameson Raid« widerfahren war.

Alfred Austin, der »Poeta laureatus« Englands, drückte die Stimmung der breiten Masse des Volks in einem Gedicht aus, dessen Verlogenheit nicht übertroffen werden konnte. In Versen, die bezeichnenderweise in der »Times« publiziert wurden, beklagte, beweinte und pries er das mißlungene Unternehmen. Die gefälschten Briefe der »Ausländer« an Jameson hatten Austin maßgeblich beeinflußt.

There are girls in the gold-reef city
There are mothers and children too
And they cry, »Hurry up! for pity!«
So what can a brave man do?
If even we win, they'll blame us:
If we fail, they will howl and hiss.
But there's many a man lives famous
For darin a wrong like this!

Auf dem Kontinent brach eine frenetische Pressekampagne gegen das »perfide Albion« los. Eine Verherrlichung des Burentums setzte ein, die vier Jahre später im Burenkrieg ihren Höhepunkt erreichen sollte. England war um diese Zeit isolierter denn je. Mit Frankreich bestand aufgrund von Konflikten in der Kolonialfrage ein gespanntes Verhältnis. Die Beziehungen zu Deutschland litten unter dessen Flottenaufrüstungspolitik. Aber der Ärger über England war vielerorts wirklich echt. Übergriffe, Kränkungen, Täuschungsmanöver gehörten zur Tagesordnung, wenn es um die Kolonien ging. Doch kriminelle Handlungen kannte man damals noch nicht. Allgemein war man der Ansicht, daß die südafrikanische Aktion von der englischen Regierung ausgegangen sei. Chamberlain trage daran ebensoviel Schuld wie Rhodes.

Das allergrößte Aufsehen jedoch erregte das Telegramm, das Kaiser Wilhelm II. am 3. Januar 1896, dem Tag nach Jamesons Kapitulation, an Präsident Krüger sandte. Der Kaiser beglückwünschte die Buren zu ihrem Erfolg, die »Unabhängigkeit ihres Landes« gegen »die Friedensstörer ohne Unterstützung befreundeter Mächte« verteidigt zu haben. Das Telegramm besagte also, daß Transvaal trotz der Konventionen von Pretoria und London von 1881 und 1884 als vollkommen unabhängiger Staat angesehen wurde. Gleichzeitig war es ein halbes Versprechen deutscherseits, Transvaal in ähnlichen Situationen zu unterstützen. Einen größeren Dienst konnte der Kaiser, der doch – laut Otto Hammann vom Auswärtigen Amt – im Einvernehmen mit seinen Beratern handelte, der englischen Regierung gar nicht erweisen. Mit sichtlicher Erleichterung vermochte die englische Presse nunmehr von einer scheinheiligen Kritik an Rhodes' und Jamesons Unternehmen zu heftigen Angriffen auf Kaiser Wilhelm überzugehen, der es gewagt hatte, sich in Englands Beziehungen zu Südafrika einzumischen. In den darauffolgenden Jahren war die »Krügerdepesche« immer wieder ein Anlaß zur Hetze gegen Deutschland und gleichzeitig eine Rechtfertigung Chamberlains und der führenden Imperialisten: England müsse zusammenhalten. Die Anklagen und Vorwürfe aus dem Ausland seien im Interesse Englands zurückzuweisen oder dürften nicht zur Kenntnis genommen werden. Auch die Führung der liberalen Opposition schloß sich diesem Appell an. Damit war eine moralische Grundlage für eine Verschwörung gegeben, die im verborgenen schwelte und die erst vor einigen Jahren aufgedeckt und aufgeklärt worden ist.

Während der Prozesse gegen die Führer von »Jameson's Raid« in London und gegen die Verschwörer in Johannesburg wurde sehr wenig über die Vorgeschichte der Revolte bekannt. Man stellte dabei lediglich die Vergehen der Angeklagten fest. Deshalb setzte man einen parlamentarischen Untersuchungsausschuß ein. Die vom englischen Unterhaus berufene Kommission begann aus technischen Gründen erst im Februar 1897 mit ihrer Arbeit, die darin bestand, »den Ursprung der Revolte und die damit verbundenen Umstände« zu klären. 15 Parlamentarier gehörten gewöhnlich einem solchen Ausschuß an. Der Präsident war ein früherer konservativer Minister. Die Mehrheit stellten die Rechten. Darunter befanden sich drei Mitglieder der Regierung, u.a. Chamberlain, dem man mit seiner Wahl zum Beisitzer schon von vornherein seine Unschuld an der Revolte bescheinigte. Die Liberalen entsandten einige ihrer Parteiführer in den Ausschuß, in erster Linie Harcourt und Campbell-Bannerman. Man verhörte ungefähr 100 Zeugen, u.a. Chamberlain, Rhodes, Mitglieder des Vorstands der Südafrikanischen Gesellschaft, sowie Beamte des Kolonialministeriums.

Das ganze Verfahren war mehr oder weniger eine Scheinuntersuchung. Hätte man es energisch und gewissenhaft durchgeführt, könnte es die konservative Regierung gestürzt, leitende Politiker Englands desavouiert und die englische Staatskunst in Verruf gebracht haben. Kennzeichnend für die Verhandlungen war, daß der ersten öffentlichen Sitzung des Ausschusses der Prinz von Wales beiwohnte, bekannt als Freund vieler Kapitalisten, die in den Prozeß verwickelt waren. Ihn begleiteten der Herzog von Abercorn, einer der vielen Vorstandsmitglieder der Südafrikanischen Gesellschaft aus der Aristokratie, sowie Lord Selbourne, Unterstaatssekretär im Kolonialministerium. Ab und zu stellten Mitglieder der Kommission sehr gründliche Fragen, besonders der liberale Feuergeist Labouchère, dessen Verhöre oft den Tatsachen, die man gern verdecken wollte, gefährlich nahe kamen.

In der Regel vermied man jedoch, auf Zusammenhänge einzugehen, die die Mitschuld der englischen Regierung bewiesen hätten. Man begnügte sich mit der Feststellung, daß eine Anzahl wichtiger Telegramme zwischen London und Kapstadt verlorengegangen seien.

Chamberlain brachte man in vielen Parlamentsdebatten großen Respekt entgegen. Er beantwortete indiskrete Fragen so sicher und überlegen, daß der leiseste Verdacht gegen ihn als Unverschämtheit oder Beleidigung erscheinen mußte. Er leugnete, dementierte, log derart unbekümmert, daß man ihn ohne weiteres mit einem Missetäter hätte vergleichen können, der in einer ähnlichen Situation aus beinahe pathologischem Unschuldsgefühl heraus sich einbildete, nichts verbrochen zu haben. Genauso gut wie Chamberlain konnte sich Miss Flora Shaw (später mit Lord Lugard verheiratet) verstellen, eine der tüchtigsten weiblichen Mitarbeiter der »Times«. Sie sollte über eventuelle Verbindungen zwischen der »Times« und den Aufständischen aussagen. Die Ausschußmitglieder und die Zuhörer gingen, getreu der viktorianischen ritterlichen Auffassung von der Gesellschaft, davon aus, daß »ein Minister der Krone« und eine »Lady« unmöglich lügen könnten.

Am 13. Juli 1897 veröffentlichte die Kommission ihren Bericht. Der »Raid« wurde scharf verurteilt. Rhodes warf man aktive Unterstützung der Aktion und der Verschwörung in Johannesburg vor. Aber das offizielle England sprach man frei. »Weder der Kolonialminister noch irgendein Beamter in dessen Ministerium hatten Informationen erhalten, die sie alle oder einige von ihnen über die Entstehung und Entwicklung des Komplotts aufgeklärt hätten«, hieß es in der Denkschrift.

Dieser Kommissionsbericht war auf dem Höhepunkt des britischen Imperialismus eine durchaus würdige, ja man könnte fast sagen sogar notwendige Begleiterscheinung des Diamantenen Jubiläums Viktorias, das mit endlosen Glückwünschen für die Königin, mit zahlreichen Festen zu Ehren der Fürsten und Premierminister aus den überseeischen Gebieten, mit Flottenparaden bei Spithead und Kiplings

»Recessional« gefeiert wurde. Im allgemeinen akzeptierte die englische Presse das Urteil der Kommission. Doch konnten verschiedene Zeitungen ironische Bemerkungen nicht unterdrücken. Ganz privat äußerten so manche Politiker, daß man mit der Untersuchung lediglich den Aufstand rechtfertigen, aber nicht aufklären wollte. Die französische Presse bezeichnete das Verfahren als einen ausgemachten Betrug. »Le Temps« nannte es »einen Triumph des Staatsmanns aus Birmingham und zugleich eine Preisgabe des britischen Gewissens«. In den darauffolgenden Jahren, als der englische Imperialismus mit den Kriegen im Sudan und in Südafrika kulminierte und sich neue Machtblöcke in Europa bildeten, geriet das Problem »Jameson's Raid« in Vergessenheit, wenn es auch ab und zu von verärgerten Idealisten im Unterhaus und Feinden Englands außerhalb des Empire zur Sprache gebracht wurde.

Beim Studium historischer Schriften aus den Jahren 1920–1950 gewinnt man den Eindruck, daß man Chamberlain und die englischen Kolonialbehörden von einer Schuld an den Ereignissen in Südafrika freisprechen wollte nach dem Grundsatz »in dubio pro reo«. War das offizielle England daran beteiligt? Es war denkbar, aber nicht offenkundig. Man hielt es oft nicht für möglich. Fast einem Freispruch gleich kam die Version des Aufstands in Chamberlains Biographie, die J.L. Garvin Anfang der dreißiger Jahre herausbrachte. Bruchstücke von Dokumenten, die Chamberlain hätten belasten können, wurden nach »gewissenhafter« Prüfung zu dessen Vorteil ausgelegt.

Nach dem Zweiten Weltkrieg erschienen wieder neue und überzeugende Darstellungen des »Jameson's Raid«. In umfangreichen Bänden wurde die »History of The Times« beschrieben. Besonders in den letzten Kapiteln sind bemerkenswert offene Interpretationen über die Vorgänge in Südafrika enthalten, die erkennen lassen, daß sowohl der Kolonialminister als auch die Zeitungen in diese Affäre mehr verwikkelt waren als man bisher angenommen hatte. Außerdem veröffentlichte im Jahre 1951 Dr. Jean van der Poel ein durch viele Tatsachen belegtes, glänzend geschriebenes Buch »The Jameson Raid«, dem in erster Linie Aufzeichnungen des Sekretärs des britischen High Commissioner der Kapprovinz, Sir Hercules Robinson, zugrunde lagen. (Der Verfasser dieser Notizen war Sir Graham Bower). Auch aus Dr. van der Poels Schrift ging deutlich hervor, daß Chamberlain, Robinson und andere englische Politiker und Beamte stark in die Aktion verwickelt waren. Elizabeth Pakenham, die Gattin des früheren Ministers Lord Pakenham (jetzt Lord Longford), bestätigte aufgrund anderer Dokumente in einem ebenso gut fundierten Buch die Schlußfolgerungen Dr. van der Poels, wenngleich sie sich von einigen extremen Äußerungen in dessen Arbeit distanzierte. Die allerletzte Ausgabe der »Cambridge History of the British Empire« akzeptierte im wesentlichen diese »neuen« Erkenntnisse, daß Chamberlain tatsächlich die Schuld an dieser Revolte trug. Er habe »gewünscht, daß dieser Aufstand ausbräche«, damit England die Möglichkeit zum Eingreifen bekäme. Er solle sowohl den »Raid« als auch die geplante Erhebung in Johannesburg mit vorbereitet haben. Das »South Africa Committee« des Jahres 1897 sei eine »stille Verschwörung« gewesen, die bei der Vorbereitung des Aufstands die Hand mit im Spiel gehabt habe.

Die schon erwähnten Historiker haben viele sensationelle und schwierig zu erklärende Tatsachen in ihren Büchern festgehalten; daraus geht hervor, daß der Kolonialminister, der High Commissioner in Südafrika, Sir Robertson, und führende Persönlichkeiten der »Times« mit den Plänen der Aufständischen vertraut gewesen waren und diese unterstützt hatten. Chamberlain war schon frühzeitig in die Vorbereitungen eingeweiht worden und hatte starken Anteil daran genommen, die Verschwörer zu raschem Handeln aufgefordert, um Auskunft darüber gebeten, ob an einen Anschluß an England gedacht sei, der Südafrikanischen Gesellschaft Konzessionen in dem Aufmarschgebiet vermittelt und Jameson zu seiner Stellung in der Nähe der Grenze von Transvaal verholfen.

Doch war Chamberlain sicherlich ehrlich erschrocken, als er hörte, daß es mit der Revolte ernst wurde. Er hatte befürchtet, daß der »Raid« mißlingen würde, wenn sich nicht gleichzeitig in Johannesburg die Verschwörer erhöben. Er war besorgt gewesen, daß ein Fehlschlag schreckliche Folgen für ihn, die Regierung und England nach sich ziehen könnte. Auch Robinson war in diese Angelegenheit eingeweiht und hatte sich erboten, nach dem Ausbruch der Revolte nach Transvaal zu reisen, um zu »vermitteln«.

Die »Times« – und wahrscheinlich auch andere Institutionen und Personen, die nicht entlarvt wurden – waren stark an den Vorbereitungen zu dem Komplott beteiligt gewesen, wobei sich der leitende Direktor der Zeitung, Charles Moberley Bell, und Miss Flora Shaw durch besondere Aktivität ausgezeichnet hatten, während der Chefredakteur George Buckle nicht eingeweiht worden war.

Ein anschauliches Beispiel hervorragender Journalistik ist die Botschaft Bells an Cecil Rhodes: »Ich bitte hervorheben zu dürfen ..., daß wir hoffen, daß ›die neue Gesellschaft‹ ihre ›Geschäfte‹ nicht an einem Samstag beginnt. P. S. Mit Rücksicht auf die Sonntagspresse«. Damit wollte Bell verhindern, daß der Aufstand an einem Samstag ausbräche, nachdem die »Times« nicht an Sonntagen erschien. (Der Beginn der Revolte war usprünglich für Samstag, den 28. Dezember geplant.)

Die Mitwisser verwandten in ihren Mitteilungen und Telegrammen verschlüsselte Ausdrücke wie »neue Gesellschaft gründen, Geschäft beginnen«. Und Chamberlain gab selten schriftlichen Bescheid direkt an Rhodes oder andere Führer der Bewegung, sondern unterrichtete Vertreter der Südafrikanischen Gesellschaft mündlich. Man versuchte außerdem – das betraf besonders Sir Robertson – sich ein Alibi dadurch zu verschaffen, daß man in vertraulichen Unterredungen davon sprach, »man wisse dies nur ganz privat, keineswegs offiziell«. Diese Einschränkung schien die Beteiligten zu berechtigen – und das mit moralischem Hintergrund! –, vor der Öffentlichkeit einfach abzuleugnen, daß sie etwas von der Sache gewußt hätten.

Rhodes bekannte vor dem »South Africa Committee«: »Ich schreibe keine Briefe«.

Vor diesem Komitee kam es 1897 zu einer neuen Intrige. Chamberlain und Rhodes waren wohl Komplizen gewesen, jedoch keine Freunde. Nach Chamberlains Meinung sollte Rhodes öffentlich getadelt werden, doch er fürchtete, daß sich Rhodes dafür rächen würde, wenn er die Wahrheit sagte. Sowohl van der Poel als auch Mrs. Pakenham wiesen nach, daß man sich insgeheim einigte. Chamberlain versprach, die Konzession der Südafrikanischen Gesellschaft zu erneuern, und Rhodes gab dafür das Versprechen ab, nicht aus der Schule zu plaudern und die blamabelsten Telegramme zurückzuhalten. Vor diesem Kompromiß soll Chamberlain – nach der Darstellung van der Poels – sogar mit dem Gedanken gespielt haben, einen Krieg gegen Transvaal zu beginnen, um seine Schuld an diesem Komplott zu verdecken. Auf alle Fälle aber sorgte Rhodes dafür, daß die Telegramme verschwanden. Einige wurden später in Chamberlains Nachlaß gefunden. Andere wieder fielen wahrscheinlich der Vernichtung anheim und konnten nur teilweise mit Hilfe anderer Quellenangaben rekonstruiert werden.

Van der Poel und Mrs. Pakenham waren sich einig in der Auffassung,

daß das Komitee oder wenigstens ein Teil der Mitglieder des Ausschusses geahnt haben mußte, wie sich die Angelegenheit verhielt, aber ganz bewußt vermied, der Wahrheit auf die Spur zu kommen. Warum schwieg man eigentlich? Warum versuchten nicht die Liberalen Nutzen aus der Sache zu ziehen?
Vielerlei Gründe wurden dafür angegeben. Vielleicht befürchteten die Liberalen – oder wußten sogar genau Bescheid! –, daß ihre eigene Regierung früher – vor dem Juni 1895 – selbst fragwürdige Zugeständnisse oder dunkle Geschäfte gemacht hatte, was allerdings wenig wahrscheinlich ist, nachdem der zurückgetretene Premier- und Außenminister Lord Rosebery, der sich – im Gegensatz zu seinem Nachfolger Lord Salisbury – äußerst aktiv auf dem Gebiet der Kolonialpolitik betätigte, eine sehr negative Stellungnahme über den Bericht des Komitees abgegeben hatte. Es gibt noch eine andere Erklärung: Vom parteipolitischen Gesichtspunkt aus war es ziemlich gefährlich, Anklage gegen den Kolonialminister zu erheben, seine Absetzung zu fordern. Es wäre nicht gerade angenehm gewesen, vor den britischen Wählern als Freunde Krügers und des deutschen Kaisers, d.h. als Feinde des Empire, aufzutreten. Vielleicht war das wichtigste Motiv ihres Verhaltens dieselbe patriotische Einstellung, wie sie bei den Franzosen in der Dreyfusaffäre zutage trat: zu lügen oder zu schweigen. Man fürchtete und verabscheute jede Art von Enthüllungen, die Schmach über England bringen, dem Vaterland neue Feinde auf dem Festland schaffen und vielleicht einen großen Krieg entfachen konnten.
Man hat viel über die Bedeutung und den Einfluß des »Raid« auf die weitere Entwicklung der englischen Kolonial- und Außenpolitik nachgedacht. Die einen sagen, daß die Verschwörung, da sie die deutsch-englischen Beziehungen verschlechterte, einer der Marksteine auf dem Weg zum Ersten Weltkrieg gewesen sei. Andere behaupten, der »Raid« habe zum Burenkrieg geführt. Wenn nicht die Gegensätze verschärft worden wären und die Krügerdepesche den Buren nicht neue Hoffnungen auf Hilfe von außen gemacht hätte, würde eine friedliche Regelung in Südafrika im Bereich der Möglichkeit gelegen haben. Es lohnt sich kaum, über die Folgen des Aufstands lang und breit zu diskutieren. Eines ist jedenfalls sicher: »Jameson's Raid« und die britische Haltung nach dem mißglückten Unternehmen haben viel zu dem gespannten Verhältnis zwischen den beiden großen weißen Volksgruppen in Südafrika beigetragen und tragen noch heute dazu bei.

Epilog

Die Viktorianer und wir

Wir machen schwere Zeiten durch. Die alte biedere Einstellung zu Gott ist tot, und damit alles, was sich mit seinem Namen verband. Die Zuversicht des Glaubens ist gewichen. Zurückgeblieben ist ein Gefühl der Schuld, der Reue, der Unsicherheit. Sorgloses weltliches Denken hat uns nicht weitergeholfen. Wir finden wenig Trost in dem Gedanken, daß die Menschen im Innersten ihres Herzens gut sind, daß eine herrliche Zukunft vor uns liegt. Wir sind Zeugen des Triumphes des Bösen gewesen, und wir leben unter der Herausforderung der Atombombe. Wir haben keine Illusionen mehr. Keine noch so schönen Trugbilder können verschwundene glückliche Zeiten ersetzen. Die Viktorianer hatten es besser. Sie waren mit Gott und der Welt einig. Dem irdischen folgte das himmlische Glück. An den Teufel, die Hölle zu glauben, galt schon damals als rückständig. Die Technik machte die Menschen noch frei. Am Ende aller Kleinkriege, allen egoistischen Geplänkels winkte der ewige Friede. Sicherlich gab es noch vieles zu ändern, zu verbessern. Aber die Unzulänglichkeiten des Lebens regten zu Reformen an. Der Wunsch zu erneuern, der die Viktorianer beflügelte, ist für den heutigen Mensch kein Ansporn mehr. Die Fünftagewoche kann niemals mehr ein so erstrebenswertes Ziel sein wie einst die Beschränkung der Arbeitszeit für Kinder auf acht Stunden.

Wir sind müde, ohne Hoffnung, innerlich leer, wir beneiden unsere Vorfahren des Viktorianischen Zeitalters um ihren unerschütterlichen Glauben, ihre Moral, ihre Willenskraft. Diese charakterlichen Eigenschaften der Viktorianer, den Mythos dieser Zeit, verspüren wir noch heute überall, nicht nur in dem Frohlocken der Konservativen über den Verfall des Glaubens an den Fortschritt, ebenso wie in dem traurigen Eingeständnis der anderen Seite, daß dieser Glaube wirklich tot ist. Der Kult mit dem Viktorianismus, der die Kulturdebatte während der letzten Jahre so maßgeblich beeinflußte, dient oft nicht nur als Vorwand, sich über die heutige Zeit zu beklagen, sondern ist auch Anlaß, ein Loblied auf die Vergangenheit anzustimmen. Der englische Professor Basil Willey wies in einem Radiovortrag 1948 darauf hin, daß wir erst das 19. Jahrhundert seines Nimbus der Unfehlbarkeit beraubt hätten, aber heute diese Zeit zurücksehnten. Bücher über jede Phase der Viktorianischen Zeit sind heute stark gefragt. Es erscheinen immer neue, die diese Epoche beschreiben. »In unserem leidvollen Jahrhundert sind wir alle auf der Flucht, ohne festen Wohnsitz – »displaced persons« –, und viele von uns geraten in Versuchung, ihre Zuflucht im 19. Jahrhundert wie in einem gelobten Land zu suchen, um dort als »illegale Einwanderer« den Rest des Lebens zu verbringen«.

Natürlich ist dies nur ein Problem für einigermaßen wohlhabende und kultivierte, in erster Linie intellektuelle Menschen. Es wäre absurd anzunehmen, daß z. B. ein Arbeiter allen Ernstes davon träumte, in eine Zeit zurückzukehren mit niedrigeren Löhnen, langer Arbeitszeit und unsicheren Arbeitsplätzen.

In England gibt es einen Führer durch die Zeit des Viktorianismus, nämlich G. M. Youngs »Victorian England, Portrait of an Age«, eine Abhandlung von 200 Seiten aus dem Jahr 1936, als eine Art Einleitung zu einer Sammlung historischer Monographien über dieses Zeitalter. Darin sind alle die Ideen, die in diesem Buch besprochen wurden, mit einer geistigen Schärfe, einem Mutterwitz und einer Konzentration wiedergegeben, die jedem französischen Kulturhistoriker zur Ehre gereichen würden. Bei kritischem Studium des Werks stellt man fest, daß Young – wie so viele andere Historiker – den Leser gleichsam durch ein Museum führt und anhand einer alten Himmelskarte die Konstellationen von Fixsternen aufzeigt. Young schreibt, daß die ersten Jahre des Viktorianischen Zeitalters gar nicht so großartig gewesen seien, wie man annimmt, sondern daß schon in den fünfziger Jahren ein Verfall einsetzte, der jedoch erst um 1880 offenbar wurde. Da Viktoria 1837 den Thron bestieg und 1901 starb, kann folglich nur ein kleiner Teil ihrer Regierungszeit als das *wahre* Zeitalter des Viktorianismus bezeichnet werden, eigentlich nur die Zeitspanne zwischen der Einführung des Freihandels und dem Krimkrieg, also nur knappe zehn Jahre.

In einer posthumen Sammlung von Essays des Kritikers Humphrey House, »All in Due Time« (1955), ging dieser gegen den Kult mit dem Viktorianismus und dessen Vorstellungen an. Er vermutete hinter dieser Verherrlichung eine Gegenbewegung zum Antiintellektualismus, zu harter Erziehung der Jugend, zu Prüderie und Sentimentalität. Nur wenige Viktorianer seien so, wie man sie gewöhnlich darstelle. Als echten Vertreter dieses Zeitgeistes führte er Trollope an. Dessen neuerwachende Popularität – sie ist wohl bereits wieder im Schwinden begriffen – sei ein Zeichen dafür, daß unserer Zeit der Viktorianismus verlockend erscheint.

»Je mehr ich über die Viktorianer des ersten und mittleren Zeitabschnitts lese«, sagte House über diese Periode, die Young repräsentativ für diese Zeitströmung fand, »desto mehr gewinne ich den Eindruck, daß sich Angst und Kummer wie ein roter Faden durch den Viktorianismus ziehen, dessen Anhänger versuchten, unvereinbare Gegensätze zusammenzuhalten, und sich beklagten, daß es ihnen nicht gelang«. Es gab in Wirklichkeit keinen »Viktorianischen Kompromiß«, der ihnen Ruhe und Sicherheit schenkte. In Fragen der Religion, der Politik, der Wirtschaftlichkeit usw. wurden die Viktorianer immer vor neue Probleme gestellt, die sie nicht zu lösen imstande waren. Erfolglos versuchten sie ihr Leben zu gestalten, indem sie sich bemühten, gegensätzliche Probleme, Dogmen und Freidenkerei, Unsterblichkeit und Leben nach dem Tod ohne Sühne, Altliberalismus und Menschenliebe, Ehe und Recht auf freie Liebe miteinander in Einklang zu bringen. Die Viktorianer waren tiefunglücklich, als sie einsahen, daß sich dies nicht durchführen ließ. Die langsam fortschreitende Verwässerung des Gottesbegriffs schreckte sie ebensosehr ab wie uns die Erfindung der Wasserstoffbombe.

Wer hat den Viktorianismus und seine Gedankenwelt richtig verstanden? Darauf läßt sich keine endgültige Antwort geben. Doch es kann interessant und anregend sein, darüber nachzudenken. Dabei stellt man fest, daß die großen viktorianischen Denker und Schriftsteller sehr viel von ihrer traditionellen Treuherzigkeit, Einfachheit und Selbstsicherheit durch die Neugier und Offenheit unserer Zeit eingebüßt haben. Tennyson kommt dabei noch am besten weg. Soweit es bekannt ist, hat man bei ihm »kein Haar in de Suppe« gefunden. Aber seine Angst vor der Zukunft und seine sich daraus entwickelnden merkwürdigen und rührenden Versuche, an Gott, den Fortschritt und an einen Weltbund zu glauben, werden deutlich sichtbar. Es ist fraglich, ob selbst Trollope als ein zuverlässiger Viktorianer anzusehen ist. Er hat etwas unbeschreiblich Naives an sich, aber seine Versuche, unvereinbare Gegensätze in Einklang zu bringen – so den Liberalismus der »Manchesterschule« und seine Entrüstung über gewissenlose

Kaufleute –, erscheinen reichlich übertrieben. Aus Dickens, dem netten Familienvater, hat man schon vor längerer Zeit einen verschüchterten, habsüchtigen und gequälten Menschen gemacht. Thackerays Melancholie ließ sich nicht mit seiner Heiterkeit bei einem Glas Portwein nach einer guten Mahlzeit vertuschen. Die Philosophen dieser Zeit machten auch keinen zufriedeneren oder glücklicheren Eindruck. Mills Schicksal war tragischer als er es in seiner Selbstbiographie wahrhaben wollte. Carlyle und Ruskin werden nach der heutigen Auffassung von Sex als mehr oder weniger umweltgestört und krankhaft angesehen, die, gepeinigt und besessen, ihren Phantasien freien Lauf ließen.

Vielleicht kann man in dem Verhalten gegenüber diesen Persönlichkeiten in den letzten Jahrzehnten eine gewisse Wandlung feststellen. Lytton Strachey, eine Art Vorbild, suchte die Wahrheit, mit einer leicht maliziösen und lieblosen Finesse. Er bezeichnete die Viktorianer als etwas lächerliche, unwirkliche Menschen, die kleinen Hunden glichen, die man nie ernst nehmen könne. Der Prinzgemahl mit seiner Auffassung über Pflichterfüllung, die religiösen Schwierigkeiten Mannings, Florence Nightingales beispiellose Güte, Gordons Unerschrockenheit und vermeintliche Trunksucht – sie alle wurden, wie von einem unbefangenen Außenstehenden, als amüsante, merkwürdige und unbefangene Menschen wie Tiere im zoologischen Garten dargestellt. Spätere bedeutende Biographen brachten den großen Viktorianern größere Sympathien und mehr Verständnis entgegen, obwohl sie in ihrem Urteil über deren charakterliche Fehler, geistige Unzulänglichkeit und verworrenen Gefühle nicht weniger kritisch waren. Um sich ein Bild davon zu machen, was ein Viktorianer ist – das Wort in dem althergebrachten und positiven Sinn angewandt –, müssen wir uns – und das ist wesentlich! – mit den Durchschnittsmenschen jener Zeit beschäftigen. Und solche Personen schreiben keine Selbstbiographien, über sie wird auch kein Historiker etwas berichten. Nicht einmal Staatsmänner und Generäle sind glaubwürdige Zeugen und echte Repräsentanten ihrer Zeit. Im Interesse einer richtigen Beurteilung dieser Epoche ist dies bedauerlich.

Der folgende Abschnitt wurde aus der englischen Fassung von »Viktoria och Viktorianerna« eingefügt, da der entsprechende Text der schwedischen Originalausgabe rein auf dortige Verhältnisse abgestimmt ist. Anm. des Übersetzers.

Die Frage steht im Raum: war das Viktorianische Zeitalter eine

Epoche, die auch auf spätere Generationen Einfluß hatte, oder blieb seine Bedeutung auf die damalige Zeit beschränkt? Fest steht, daß es geistige Größen hervorbrachte – auch einige weibliche Gestalten –, streitbare, überlegene Charaktere, deren Leben, Wirken, Ziele und Leistungen auch noch unsere Generation faszinieren, die für eine vollkommenere Welt kämpften, an den Fortschritt als ein allgemein gültiges Naturgesetz glaubten. Auf England übertragen heißt es: »The history of England is emphatically the history of progress«. Die Verdienste der Viktorianer in bezug auf soziale und gesetzgeberische Reformen, auf geistige und materielle Erkenntnisse, die die Bildung der heutigen demokratischen Gesellschaft so wesentlich beeinflußt haben, hinterließen nicht nur in England, sondern in gewissem Grad auch auf der westlichen Halbkugel und in deren Zivilisation ihre Spuren. »Das Viktorianische Zeitalter war«, so schrieb Christopher Dawson, »eine große revolutionäre Epoche, ein Zeitalter, in dem England mehr denn je die Welt verändert hat«.

Die Viktorianer hatten großzügige, weitreichende, edle Ideale, aber – so widersprüchlich es auch klingt! – sie taten das Richtige aus falschem und das Falsche aus richtigem Anlaß. Sie machten große und schreckliche Fehler, und sie hinterließen den nachfolgenden Generationen ein Erbe voller sozialer und geistiger Probleme, die sie zu verwirrend fanden, um sie selbst lösen zu können. Man nannte sie »Riesen mit einem Krückstock«. Lahme Riesen mögen die Viktoriner gewesen sein, aber trotzdem kämpften sie wie Riesen.

Literaturverzeichnis

Es wurde für richtig erachtet, die Biographien in Gruppen einzuteilen, die den verschiedenen Abschnitten des Buches entsprechen. Es wurden nur die hauptsächlichen Werke, auf die zurückgegriffen wurde, verzeichnet. Aus Platzmangel mußten jedoch auch viele Werke, aus denen Informationen zusammengetragen wurden, weggelassen werden.

Quellen, die nicht einzeln aufgeführt worden sind:
The Dictionary of National Biography, Hansard, The Times, The Daily Telegraph, The Illustrated London News, The Illustrated Weekly News, The Sphere.
Andere Zeitungen und Zeitschriften aus dem Viktorianischen Zeitalter, wie z. B.: *The Athenaeum, The Edinburgh Review, The Fortnightly Review, The Quarterly Review, The Westminster Review, The Spectator.*
Ferner eine Anzahl medizinischer Zeitschriften aus den Jahren, die in den verschiedenen Abschnitten des Buchs behandelt worden sind.

1 Viktoria und ihre Zeit

Der Viktorianismus (Seite 11–54)

ACTON, WILLIAM *Prostitution, considered in its Moral, Social Aspects, in London and other large Garrison Towns.* J. Churchill, 1857; 2nd edn. 1870.
– *Functions and disorders of the reproductive organs.* J. Churchill, 1857.
ARNOLD, THOMAS *Sermons.* 1829–34, 1844–45.
BANKS, JOSEPH A. und OLIVE *Feminism and Family Planning in Victorian England.* Liverpool University Press, 1964.
BEALES, H. L. *Ideas and Beliefs of the Victorians* (Victorian Ideas of Sex). Sylvan Press, 1948.
BLACKWELL, ELIZABETH *Counsel to Parents on the Moral Education of the Children.* Hurst Smyth & Son, 1878.
– *The Moral Education of the Young in relation to Sex.* Hatchards, 1879.
– *The Human Element in Sex.* J. & A. Churchill, 1884.
BRIGGS, ASA *The Age of Improvement.* (The History of England, Vol. 8). Longmans, 1959.
BROWN, HORATIO F. *Life of John Addington Symonds* (compiled from his papers and correspondence, quoting passages from unpublished autobiography), 2 vols. J. C. Nimmo, 1895.
CECIL, LADY GWENDOLYN (GASCOYNE) *Life of Robert, Third Marquis of Salisbury*, 3 vols. Hodder & Stoughton, 1931–32.
CHESTERTON, GILBERT KEITH *Essays.* See Pearson, Hesketh.
CLARK, G. KITSON *The Making of Victorian England* (Ford Lectures, 1962). Methuen, 1962.
CLOUGH, ARTHUR HUGH *Poems and Prose Remains.* Macmillan, 1869.
DUNN, WALDO HILARY *James Anthony Froude: A Biography.* Clarendon Press, 1961.
ELLIS, SARAH *The Daughters of England.* 1845.
FROUDE, JAMES ANTHONY *Shadows of the Clouds* (Tales by Zeta [pseudon.]). 1847.
– *The Nemesis of Fate.* J. Chapman, 1849.
– *Autobiography.* See Dunn, Waldo H.
GLOVER, EDWARD *Ideas and Beliefs of the Victorians* (Victorian Ideas of Sex). Sylvan Press, 1948.
GOSSE, EDMUND *Father and Son.* Heinemann, 1907.
GROSSKURTH, PHYLLIS *John Addington Symonds: A Biography.* Longmans, 1964.
HALEVY, ELIE *History of the English People in the Nineteenth Century*, 1815–1895, 6 vols. Ernest Benn, 1929–51.
HAMMOND, J. L. und BARBARA *The Village Labourer*, Longmans, 1912.

– *The Town Labourer*. Longmans, 1913.
– *The Age of the Chartists*. Longmans, 1930.

HARE, AUGUSTUS *The Story of My Life*. Geo. Allen, 1896.

HOOD, EDWIN PAXTON *The Age and its Architects: Ten Chapters on the English People in Relation to the Time*. 1852.

HOUGHTON, WALTER E. *The Victorian Frame of Mind 1830–70*. Yale University Press, 1957.

HOUSE, ARTHUR HUMPHREY *All in Due Time*. Rupert Hart-Davis, 1955.

HUGHES, THOMAS *Tom Brown's School Days*. 1856.

HUXLEY, THOMAS HENRY *Collected Essays* ('Agnosticism'). 1889.

INGLIS, C.K. *Churches and the Working Classes in Victorian England*. Heinemann, 1963.

JOWETT, BENJAMIN *Essays and Reviews* ('On the Interpretation of Scripture'). 1860.

KINGSLEY, CHARLES *Alton Locke, Tailor and Poet: an autobiography*. 1850.
– *Westminster Sermons* (No. 26; 'God and Mammon', 1874). Macmillan, 1890.
– *Charles Kingsley: His Letters and Memories of his Life*, edited by his wife, 2 vols. H.S. King, 1877.

KIPLING, RUDYARD *Stalky and Co*. Macmillan 1899; (sixteenth reprint 1947).
– *Something of Myself*. Macmillan, 1937.
– *Recessional*
– The Times, 1897: in *The Five Nations*. Methuen, 1903.

KNOWLTON, CHARLES *Fruits of Philosophy*. 1841. Reprinted from the American edition by F. Watson, London.

MACAULAY, THOMAS BABINGTON 'Sir James Mackintosh' (1835), in *Critical and Historical Essays Contributed to the Edinburgh Review*, 3 vols. Longmans, 1843.

MAYHEW, HENRY *London Labour and the London Poor*, 4 vols. 1851–62.

MILL, JOHN STUART *The Subjection of Women* (1869). Longmans, 1906.

MILLER, JOSEPH HILLIS *The Disappearance of God: Five Nineteenth-century Writers*. Belknap Press of Harvard University Press, 1963.

MOORE, THEOPHILUS *Marriage Customs and Modes of Courtship*. 1814, 1820.

PALMERSTON, LORD (Henry John Temple, Viscount) *Speeches* (1847–64). To be found in *Hansard*.

PETRIE, CHARLES ALEXANDER *The Victorians*. Eyre & Spottiswoode, 1940.

PLACE, FRANCIS *Illustration and Proofs of the Principles of Population*. 1822. (New edition by Norman E. Hines, with letters on birth control, critical and textual notes. G. Allen & Unwin, 1930.)

PORTER, GEORGE RICHARDSON *Progress of the Nation* (Preface). C. Knight, 1851.

RELIGIOUS TRACT SOCIETY *Domestic Life, or Hints for Daily Use*. 1841.

RUSKIN, JOHN *Sesame and Lilies*: 'Of *Queens and Gardens*'. Smith Elder, 1865.

RUSSELL, BERTRAND *Ideas and Beliefs of the Victorians* (Introduction). Sylvan Press, 1949.

SEWELL, SARAH ANN *Woman and the times we live in*. 2nd edn., 1869.

SMITH, ADAM *The Wealth of Nations (An Inquiry into the Nature and Causes of ...)* 1776.

SMYTH, CHARLES 'The Evangelical Discipline' in *Ideas and Beliefs of the Victorians*. Sylvan Press, 1949.

SOMERVELL, D.C. *English Thought in the Nineteenth Century*. Methuen, 1929.

STEAD, WILLIAM THOMAS 'A Maiden Tribute in Modern Babylon', in the *Pall Mall Gazette*, 1885.
– *The Armstrong Case*. H. Vickers, 1885.
– *My First Imprisonment*. E. Marlborough, 1886.

STRACHEY, LYTTON *Eminent Victorians*. Chatto & Windus, 1918.
– *Queen Victoria*. Chatto & Windus, 1921.

SYMONDS d. J., JOHN ADDINGTON *Autobiography* (see Brown, Grosskurth)

TENNYSON, ALFRED *In Memoriam* (1850)
– *Idylls of the King* (1859–85)

THACKERAY, WILLIAM MAKEPEACE *Vanity Fair* (1847–48)
– *Letters and Private Papers*. Edited by Gordon N. Ray. Vol. II: 1841–51. Oxford University Press, 1945.

TREVELYAN, GEORGE MACAULAY *Ideas and Beliefs of the Victorians* (Introduction). Sylvan Press, 1949.

TROLLOPE, ANTHONY *An Autobiography*, 2 vols. Blackwood, 1883.

VIZETELLY, ERNEST ALFRED *Emile Zola, Novelist and Reformer*. John Lane, 1904.

WALKER, ALEXANDER *Woman Physiologically considered as to Mind, Morals, Marriage, Matrimonial Slavery and Divorce*. 2nd edn., 1840.

WEBB, BEATRICE *My Apprenticeship.* Longmans, 1926.
WEBER, MAX *Die protestantische Ethik und der Geist des Kapitalismus.* 1904–05 Translated by Talcott Parsons, as *The Protestant Ethic and the Spirit of Capitalism.* G. Allen & Unwin, 1930.
WILBERFORCE, WILLIAM *A Practical View of Christianity.* 1797.
WILLEY, BASIL *Nineteenth Century Studies.* Chatto & Windus, 1949.
YOUNG, G. M. *Victorian England: Portrait of an Age.* 2nd edn., Oxford U.P., 1953.

Viktoria (Seite 55–120).

ANDRÉN, GEORG *Parlamentarism och partier in England 1846–52.* Uppsala University, 1929.
BAGEHOT, WALTER *The English Constitution.* H. S. King, 1872.
BOLITHO, HECTOR *Albert the Good* (with correspondence of the Prince Consort). Cobden Sanderson, 1932.
– *Albert, Prince Consort.* Max Parrish, 1964.
BOLITHO, HECTOR (ed.) *The Prince Consort and His Brother: 200 new letters.* Cobden Sanderson, 1934.
– *Further Letters of Queen Victoria.* Macmillan, 1938.
BROWNING, ROBERT *Poetical Works.* Edited by the author. Chapman & Hall, 1863; new edition, reprinted, John Murray, 1951.
COMBE, ANDREW *The Management of Infancy, physiological and moral.* 10th edn., revised, edited, and with preface, by Sir James Clark; Maclachlan & Stewart, 1860.
CORTI, EGON CAESAR *The English Empress.* Cassell, 1957.
CREEVEY, THOMAS *The Creevey Papers: a selection from the correspondence and diaries.* Edited by the Rt Hon. Sir Herbert Maxwell, Bart. John Murray, 1903.
CRESTON, DORMER *The Youthful Queen Victoria.* Macmillan, 1952.
DICEY, ALBERT VENN *Lectures on the Relation between Law and Public Opinion in England in the 19th Century.* Macmillan, 1905.
FREDERICK, EMPRESS (Victoria, Princess Royal and Crown Princess of Prussia, German Empress) *Letters of the Empress Frederick.* Edited by Frederick Ponsonby. Macmillan, 1928.
FULFORD, ROGER *The Prince Consort.* Macmillan, 1949.
– *Queen Victoria.* W. Collins, 1951.
GLADSTONE, WILLIAM *A Chapter of Autobiography.* John Murray, 1868.
– *Gleanings of Past Years,* 8 vols. John Murray, 1878–97.
GREVILLE, CHARLES C. F. *The Greville Memoirs,* 1817–60. Edited by Henry Reeve, 8 vols. (1875–87).
– Edited by Lytton Strachey and Roger Fulford, 8 vols. (1938).
– Edited by Roger Fulford (Macmillan, 1963).
GUEDALLA, SIR PHILIP *The Queen and Mr. Gladstone: a selection from their correspondence.* Edited, with commentary. Hodder & Stoughton, 1933.
HAGBERG, KNUT HJALMAR *Victoria Drottning av England.* Stockholm, 1947.
HARDIE, FRANK M. *The Political Influence of Queen Victoria.* Oxford U.P., 1935; reprint, Frank Cass, 1962.
LEE, SIR SIDNEY *Queen Victoria; a biography.* Smith Elder, 1902.
– *King Edward VII: a biography,* 2 vols. Macmillan, 1925–27.
LONGFORD, ELIZABETH *Victoria R.I.* Weidenfeld & Nicholson, 1964.
MAGNUS, SIR PHILIP *Gladstone: a biography.* John Murray, 1963.
– *King Edward VII: a biography.* John Murray, 1964.
MARTIN, SIR THEODORE *Life of H. R. H. the Prince Consort,* 5 vols. Smith Elder, 1876–80.
– *Queen Victoria as I Knew Her. Blackwood, 1908.*
PONSONBY, ARTHUR (Lord Ponsonby of Shulbrede) *Henry Ponsonby: his life from his letters.* Macmillan, 1942.
PONSONBY, SIR FREDERICK, (ed.) (later Lord Sysonby) *Letters of the Empress Frederick.* Macmillan, 1928.
– *Recollections of Three Reigns. Eyre & Spottiswoode, 1951.*
STRACHEY, LYTTON *Eminent Victorians.* Chatto & Windus, 1918.
– *Queen Victoria.* Chatto & Windus, 1921.
VICTORIA, QUEEN *The Letters of Queen Victoria: A Selection from Her Majesty's Correspondence:* First Series 1837–61, edited by A. C. Benson and Viscount Esher, 3 vols. (1907). Second Series, 1862–85, edited by G. E. Buckle, 3 vols. (1926). Third Series, 1886–1901, edited

by G. E. Buckle, 3 vols. (1930). Published by John Murray.
– *The Girlhood of Queen Victoria: A Selection from Her Majesty's Diaries between the years 1832 and 1840*. Edited by Viscount Esher. John Murray, 1912.
– *Queen Victoria's Early Letters 1821–61*. Edited by John Raymond. First published 1907; Batsford, 1963.
– *Leaves from a Journal: A Record of the Visit of the Emperor of the French to the Queen and of the Visit of The Queen and H.R.H. The Prince Consort to The Emperor of the French, 1856* (privately circulated, 1880). Edited by Raymond Mortimer: André Deutsch, 1961.
– *Leaves from a Journal of Our Life in the Highlands*. Edited by A. Helps. Smith Elder, 1868.
– *More Leaves from a Journal of Our Life in the Highlands*. Smith Elder, 1884.
– *Further Letters of Queen Victoria from the Archives of the House of Brandenburg-Prussia*. Edited by Hector Bolitho. Thornton Butterworth, 1938.
– *Dearest Child, Letters between Queen Victoria and the Princess Royal, 1858–61, a selection from the Kronberg Archives*. Evans Bros, 1964.
– *Dearest Mama, Letters between Queen Victoria and the Crown Princess of Prussia, 1861–1864*. Evans Bros, 1968.

2 Grundzüge, Ideen und deren Entwicklung

Die Grundlagen der Nützlichkeitslehre (Seite 121–135)

BENTHAM, JEREMY Works, 11 vols. Published under the superintendence of his executor John Bowring, 1838–43. Vols I, II, III, IV, IX, XI.
DICEY, ALBERT VENN *Lectures on the Relation between Law and Public Opinion in England during the Nineteenth Century*. Macmillan, 1905.
MILL, JAMES *Elements of Political Economy*. 1821–22.
– *Essays on: Government, Jurisprudence, Liberty of the Press, Education, Prison and Prison Discipline, Colonies, Law of Nations*. Reprinted from the Supplement to the Fifth Edition of the *Encyclopaedia Britannica* 1816–23 (reprinted 1828).
MILL, JOHN STUART *Autobiography*. Edited by Helen Taylor, 1873.
MYRDAL, GUNNAR *The Political Element in the Development of Economic Theory*. Routledge & Kegan Paul, 1953.

Verfassungsfragen (Seite 135–165)

BAGEHOT, WALTER *Biographical Studies* Longmans, 1881.
BARKER, ERNEST *Political Thought in England from 1848 to 1914*. 2nd edn, Thornton Butterworth, 1930.
BARNES, DONALD GROVE *George III and William Pitt, 1783–1806*. Stanford University Press, 1939; Oxford U.P.
BRIGHT, JOHN *Speeches on Questions of Public Policy*. Macmillan, 1868.
BROUGHAM, HENRY PETER, Baron Brougham and Vaux *Speeches of Lord Brougham upon questions relating to Public Rights, Duties and Interests*. A. & C. Black, 1938.
BUTLER, JAMES RAMSAY MONTAGU *The Passing of the Great Reform Bill*. Longmans, 1914; reprint, Frank Cass, 1964.
CHEVRILLON, ANDRÉ *Sydney Smith et la renaissance des idées liberales en Angleterre au XIX siècle. Paris, 1894.*
COBBETT, WILLIAM *Rural Rides*. William Cobbett, 1830; new edition, Reeves & Turner, 1885.
COBDEN, RICHARD *England, Ireland and America*. 1865.
– *Speeches on Questions of Public Policy*. Edited by John Bright and Thorold Rogers. Macmillan, 1870.
DARWIN, CHARLES *The Life and Letters of Charles Darwin*, with an autobiographical chapter, 3 vols. Edited by his son, Francis Darwin. John Murray, 1887.
GLADSTONE, WILLIAM EWART *Speeches and Public Addresses 1886–1891*, 2 vols. John Murray, 1892–94.
– *The Irish Question*. John Murray, 1886.
GROTE, GEORGE *The Minor Works of George Grote*. Edited by Professor Alexander Bain. John Murray, 1873.
LOWE, ROBERT *Speeches and Letters on Reform*. 1867.
MACAULAY, THOMAS BABINGTON *Critical and Historical Essays*, 3 vols. Longmans, 1843.
MILL, JOHN STUART *Principles of Politi-*

cal Economy, 2 vols. 1848.
– *Utilitarianism* (1861). Reprinted from *Frazer's Magazine*.
– *Representative Government*. 1861.
– *On Liberty*, 1859.
MORLEY, JOHN *On Compromise*. Chapman & Hall, 1874. (Edition of 1886 has note on the Doctrine of Liberty.)
SMITH, SYDNEY *Sermons, 1830–1857. The New Reign: The Duties of Queen Victoria: A Sermon Preached at the Cathedral of St Paul's by the Revd. Sydney Smith*. 1837.
– *Essays, Social and Political: The Ballot*. Ward Lock, 1877.
TREVELYAN, GEORGE MACAULAY *Lord Grey of the Reform Bill: being the life of Charles, the second Earl Grey*. Longmans, 1920; reprint 1952.
WELLINGTON, ARTHUR W. *Speech on the second reading of the Reform Bill* (1831). In *Hansard*.

Das Werden einer Großmacht
(Seite 165–236)

BARING, EVELYN (Lord Cromer) *Ancient and Modern Imperialism*. John Murray, 1910.
BEVERIDGE, ALBERT JEREMIAH *The Meaning of the Times and other speeches* (1908). The Bobbs-Merill Company, Indianapolis, 1908.
BLACHFORD, LORD (FREDERIC ROGERS) *Letters*. 1896.
BUCKLE, HENRY THOMAS *History of Civilization in England*, 2 vols. J.W. Parker, 1857, 1861.
BURKE, EDMUND *Speech on Conciliation with America*. J. Dodsley, 1775.
CABABE, MICHAEL (ed.) 'Introduction' to third posthumous edition of Jevon's *The State in Relation to Labour*. Macmillan, 1894.
COBDEN, RICHARD *Speeches on Questions of Public Policy*. Edited by John Bright and Thorold Rogers. Macmillan, 1870.
COLE, GEORGE DOUGLAS HOWARD *British Working Class Politics 1832–1914*. Routledge & Kegan Paul, 1941.
CRAMB, J.A. *Reflections on the Origins and Destiny of Imperial Britain*. Macmillan, 1900.
DARWIN, CHARLES *The Origin of Species by means of Natural Selection*. John Murray, 1859.
– *The Descent of Man*. John Murray, 1871.
– *Life and Letters*. Edited by Francis Darwin. John Murray, 1887.
DILKE, CHARLES *Greater Britain*. Macmillan, 1868.
ENGELS, FRIEDRICH *The Condition of the Working Classes in England in 1884*, with preface written in 1892. Translated by F.K. Wischnewetzky. Sonnenschein, 1892.
FROUDE, JAMES ANTHONY *Oceana, or England and her Colonies*. Longmans, 1886.
GREEN, THOMAS HILL *Liberal Legislation and Freedom of Contract* (Lecture, 1880). Slatter & Rose, Oxford, 1881.
– *Principles of Political Obligation*. Longmans, 1895.
HALEVY, ELIE *A History of the English People in the Nineteenth Century*, 5 vols. T. Fisher Unwin, Ernest Benn, 1921–34.
HEADLAM, CECIL *The Milner Papers*. Cassell, 1931–33.
HECKSCHER, GUNNAR *Parlamentarism och Demokrati i England*. Stockholm, 1937.
– *Brittiska Imperiet*. Stockholm, 1939.
HOBBES, THOMAS *Leviathan*. Andrew Crooke, London, 1651.
HOBHOUSE, LEONARD TRELAWNY *Democracy and Reaction*. T. Fisher Unwin, 1904.
HUXLEY, THOMAS HENRY *Evolution and Ethics* (Romanes Lecture, 1893). Macmillan.
JEVONS, WILLIAM STANLEY *Trades Societies, their objects and policy*. 1868.
– *Methods of Social Reform*. Edited by H. A. Jevons. Macmillan, 1883.
– *The State in Relation to Labour*. Macmillan; 1st edn 1881; 2nd edn 1882; 3rd (posthumous) edn 1894.
JOHNSTON, ALIX (ed.) *The Life and Letters of Sir Harry Hamilton Johnston*. Jonathan Cape, 1929.
JOHNSTON, HARRY HAMILTON *The Black Man's Part in the War*. Simpkin Marshall, 1917.
– *The Gay-Dombeys*, a novel, preface by H.G. Wells. Chatto & Windus, 1919.
– *The Backward Peoples and our relations with them*. 1920.
– *The Story of My Life*. Chatto Windus, 1923.
KEYNES, JOHN MAYNARD (Lord Keynes) *The End of Laissez-Faire*. Hogarth Press, 1926.

KIDD, BENJAMIN *Social Evolution*. Macmillan, 1894.
– *The Control of the Tropics*. Macmillan, 1898.
KIPLING, RUDYARD *The Seven Seas*. Methuen, 1896.
– *The Five Nations*. Methuen, 1903.
KNAPLUND *The British Empire 1815–1839*. Hamish Hamilton, 1942.
– *Gladstone and Britain's Imperial Policy*. G. Allen & Unwin, 1927.
KROPOTKIN, PRINCE PETER *Mutual Aid: A Factor of Evolution*. Heinemann, 1900.
LAMBTON, JOHN GEORGE (Earl of Durham) *Report and Despatches on British North America*. 1839.
LECKY, WILLIAM EDWARD H. *Rationalism in Europe, 2 vols. Watts, 1910*.
LENIN, VLADIMIR ILJITCH ULIANOV *Imperialism as the Highest State of Capitalism*, V: Imperialist War (1917). Foreign Languages Publishing House, Moscow, 1947.
LOCKE, JOHN *Works of John Locke:* 'Two Treatises on Government' (1689–90). J. Churchill and S. Manship, London, 1714.
LUGARD, LORD (Frederick John Dealtry, 1st Baron Lugard) *The Dual Mandate in British Tropical Africa*. Blackwood, 1922; 4th edn 1929.
MACAULAY, THOMAS BABINGTON *Miscellaneous Writings and Speeches*. Longmans, 1871.
– *Reviews and Essays*. Longmans, 1874, 1875.
MACKAY, THOMAS (ed.) *A Plea for Liberty*. John Murray, 1891.
MAINE, HENRY JAMES SUMNER *Popular Government: Four Essays*. John Murray, 1885.
MALLOCK, WILLIAM HURRELL *The New Republic*. Chatto & Windus, 1877; new edn 1899.
MALTHUS, THOMAS ROBERT *Essay on the Principle of Population*. J. Johnson, London, 1798; 2nd edn, enlarged and altered, 1803.
MARCET, JANE *Conversations on Political Economy*. Longman, Hurst, 1816.
MARSHALL, ALFRED *Principles of Economics*. Macmillan, 1890.
MARTINEAU, HARRIET *Autobiography*, 3 vols. 1877.
– *Illustrations of Political Economy*, 9 vols. Charles Fox, London, 1832–34.
MARX, KARL *Das Kapital* (1867–94). Translation from 3rd German edn by S. Moore and E. Aveling, and edited by Friedrich Engels; published by Swann, Sonnenschein, London, 1896.
MILL, JOHN STUART *On Liberty*. 1859.
– *The Subjection of Women*. 1869.
MILLIN, SARAH GERTRUDE *Cecil Rhodes a biography*. Chatto & Windus, 1933.
MILNER, ALFRED *England in Egypt*. Edward Arnold, 1892; 12th edn 1915. (See Headlarn).
MURRAY, ROBERT HENRY *Studies in the English Social and Political Thinkers*. Robert Heffer & Sons, Cambridge, 1929.
NEHRU, JAWAHAR-LAL *Toward Freedom*. 1941.
– *The Discovery of India*. Meridian Books, 1946, 1951, 1956.
OLIVER, ROLAND *The Missionary Factor in East Africa*. Longmans, 1952.
– *Sir Harry Johnston and the Scramble for Africa*. Chatto & Windus, 1956.
PEARSON, KARL *National Life from the Viewpoint of Science*. 1900.
READE, WILLIAM WINWOOD *Savage Africa*. Smith Elder, 1863.
– *The Martyrdom of Man*. 1872. Trübner, 4th edn, 1877. Watts, 1934.
RICARDO, DAVID *Principles of Political Economy and Taxation*. 1817; new edn 1871. *The Works of David Ricardo*. John Murray, 1852.
RITCHIE, DAVID GEORGE *Darwinism and Politics*. Swann, Sonnenschein, 1869.
– *Natural Rights*. Muirhead Library of Philosophy, Sonnenschein, 1895.
RONALDSHAY, EARL OF *The Life of Lord Curzon*. 1928.
SEELEY, JOHN ROBERT *The Expansion of England*. Macmillan, 1883.
SENIOR, NASSAU WILLIAM *Historical and Philosophical Essays*. 1865.
SHRIDHARANI, KRISHNALAL *My India*. Gollancz, 1942.
SIDGWICK, HENRY *Principles of Political Economy*. Macmillan, 1883.
– *The Elements of Politics*. Macmillan, 1891.
SMITH, ADAM *An Enquiry into the Nature and Cause of the Wealth of Nations* (1776–1778). A. Strahan and T. Cadell, 5th edn, 1879.
SMITH, SYDNEY *Works*, 4 vols. Longmans, 1839–40.
– *Sermon, The New Reign: Duties of Queen Victoria*. 1837.
SOMERVELL, DAVID CHURCHILL *English Thought in the Nineteenth Century*. Methuen, 1929.

SPENCER, HERBERT *The Proper Sphere of Government*. W. Brittain, 1843.
– *The Man versus the State*. Williams and Norgate, 1884; reprint by Watts (Thinkers Library), 1940.
TENNYSON, HALLAM *Alfred, Lord Tennyson: a memoir by his son*. Macmillan, 1897.
TOCQUEVILLE, ALEXIS CHARLES HENRI CLÉREL DE *De la Démocratie en Amérique*. 1835. (English translation, *Democracy in America*, 1835.)
WELLINGTON, ARTHUR WELLESLEY *Speeches*, 2 vols. 1854.
WILLIAMS, BASIL *Cecil Rhodes*. Constable, 1938.
– *The Selborne Memorandum* (Introduction). Humphrey Milford, Oxford, 1925.

3 Gestalten und Ereignisse

(Seite 237–385)

ADAMS, HENRY *The Education of Henry Adams*. Houghton Mifflin, New York, 1918; Constable, London, 1919.
ADAMS, WILLIAM WHEEN SCOVELL *Edwardian Heritage: a study in British History 1901–1906*. F. Muller, 1949.
– *Edwardian Portraits*. F. Muller, 1957.
ADYE, JOHN MILLER *A Review of the Crimean War*. 1860.
– *Recollections of a Military Life*. Smith Elder, 1895.
ALLINGHAM, HELEN (ed.) *William Allingham: A Diary*. Macmillan, 1907.
– *Letters to William Allingham*. Longmans, 1911.
AMERY, LEOPOLD S. (ed.) *The History of the War* (in South Africa), 6 vols. 1900–9.
ANGELI, HELEN ROSSETTI *Pre-Raphaelite Twilight: the story of George Augustus Howell*. Richards Press, 1954.
ANNAN, NOEL (Lord Annan) 'Kipling's Place in the History of Ideas', *Victorian Studies*, Vol. III. 1959–60. (Reprinted in *Kipling's Mind and Art*, ed. Andrew Rutherford. Oliver & Boyd, 1964.)
AUDEN, WYSTAN HUGH (ed.) *Tennyson: An Introduction and a Selection*. Phoenix House, 1946.
AUSTIN, ALFRED *Autobiography*. Macmillan, 1911.
AZAD, MAULANA ABUL KALAM (see Sen, Surendra Nath)
BADEN-POWELL, OLAVE (with Hillcourt, William) *Baden-Powell: The Two Lives of a Hero*. Heinemann, 1964.
BALFOUR, ARTHUR JAMES *A Defense of Philosophic Doubt*. 1879.
– *Chapters of Autobiography*. Edited by Mrs. Blanche Dugdale. Cassell, 1930.
BALL, CHARLES *History of the Indian Mutiny*, 2 vols. 1858–59.
BASSET, TILNEY *Gladstone to His Wife*. Methuen, 1936.
BATTISCOMBE, GEORGINA *Mrs. Gladstone: The Portrait of a Marriage*. Constable, 1956.
BENSON, E. F. *As We Were: A Victorian Peep-Show*. Longmans, 1930.
BLAKE, ROBERT (Lord Blake) *Disraeli*. Eyre & Spottiswoode, 1966.
BLISS, TRUDY (ed.) *Jane Welsh Carlyle: a new selection of her letters*. Gollancz, 1950.
– *Thomas Carlyle: Letters to his wife*. Selected by Trudy Bliss. Gollancz, 1953.
BLUNT, WILFRID SCAWEN *My Diaries 1888–1914*. M. Secker, 1919.
BODELSEN, CARL A. G. *Aspects of Kipling's Art*. Manchester U.P., 1964.
BORCHARD, RUTH *John Stuart Mill, the Man*. Watts, 1957.
BRACKENBURY, HENRY *The Ashanti War*. Blackwood, 1874.
BRIGGS, ASA *The Age of Improvement*. Longmans, 1960.
– *Victorian People*. Odhams, 1954; Penguin, 1965.
CARLYLE, JANE WELSH *Letters and Memorials of Jane Welsh Carlyle*. Prepared for the press by Thomas Carlyle. Edited by J. A. Froude. Longmans, 1883.
– *New Letters and Memorials of Jane Welsh Carlyle*. Annotated by Thomas Carlyle and edited by Alexander Carlyle. John Lane, 1903.
– *Letters to Her Family*. Edited by Leonard Huxley. John Murray, 1924.
– *Early Letters*. Edited by D. G. Ritchie. Longmans, 1889.
– *Jane Welsh Carlyle: a new selection of her letters*. Selected by Trudy Bliss. Gollancz, 1950.
CARLYLE, THOMAS *The French Revolution*. James Fraser, 1837.
– *Sartor Resartus*. 1833–34, 1838. 2nd edn, James Fraser, 1841.
– *Heroes and Hero Worship*. James Fraser, 1841.
– *Past and Present*. Chapman & Hall, 1843.

– *Latter Day Pamphlets*. Chapman & Hall, 1850.
– *Occasional Discourse on the Nigger Question*. Thomas Bosworth, 1853.
– *The History of Friedrich II, commonly called Frederick the Great*, 6 vols. Chapman & Hall, 1858–65.
– *Inaugural Address at Edinburgh University, 1866*. Edmonston & Douglas, London, 1866.
– *Shooting Niagara*. Chapman & Hall, 1867.
– *Letters of Thomas Carlyle*. Edited by C.E. Norton. Macmillan, 1886.
– *Reminiscences*. Edited by Charles Eliot Norton. 2 vols. Macmillan, 1887.
– *Letters of Thomas Carlyle to His Youngest Sister*. Edited by Charles Townsend Copeland. Chapman & Hall, 1899.
– *New Letters of Thomas Carlyle*. Edited by Alexander Carlyle. John Lane, 1904.
– *Love Letters of Thomas Carlyle and Jane Welsh*. Edited by Alexander Carlyle. John Lane, 1909.
– *Thomas Carlyle: Letters to his Wife*. Selected by Trudy Bliss. Gollancz, 1950.
CARRINGTON, CHARLES *Rudyard Kipling: His Life and Work*. Macmillan, 1955.
CECIL, GWENDOLYN (Gascoigne) *The Life of Robert, Marquis of Salisbury*, 4 vols. Hodder & Stoughton, 1921–32.
CECIL, ROBERT (Marquis of Salisbury) *Historical and Biographical Essays*, 2 vols. (Reprinted from the *Quarterly Review)* John Murray, 1905. (Essay on Castlereagh, in Vol. II.)
CHAILLE-LONG, CHARLES *My Life in Four Continents*, 2 vols. Hutchinson, 1912.
– *The Three Prophets: Chinese Gordon, Mohammed-Ahmed-El Mahdi, Arabi Pasha*. D. Appleton, New York, 1884.
CHILSTON, VISCOUNT *W.H. Smith*. Routledge & Kegan Paul, 1965.
CHURCHILL, WINSTON S. *The River War*. Longmans, 1899.
– *Great Contemporaries*. Thornton Butterworth, 1937.
– *Lord Randolph Churchill*. Macmillan, 1906; Odhams, 1952.
CLARKE, EDWARD GEORGE *Gordon-Cumming vs. Wilson and others: Speeches for the plaintiff*. John Murray, 1891.
– *The Story of My Life*. John Murray, 1918.
CLOETE, STUART *African Portraits: Kruger, Rhodes, Lobengula*. W. Collins, 1946.
COMBARIEU, ABEL *Sept ans à l'Elysée avec le président Emile Loubet*. Hachette, Paris, 1932.
CORNWALLIS-WEST (Lady Randolph Churchill) *The Reminiscences of Lady Randolph Churchill*. Edward Arnold, 1908.
CROMER, EVELYN BARING *Modern Egypt*. Macmillan, 1908.
– *Political and Literary Essays*. 1908–11.
– *Ancient and Modern Imperialism*. John Murray, 1910.
CUST, LIONEL *King Edward VII and His Court: Some Recollections*. John Murray, 1930.
DEACON, RICHARD *The Private Life of Mr. Gladstone*. F. Muller, 1965.
DISRAELI, BENJAMIN (Earl of Beaconsfield) *Vivian Grey*. Published anonymously. Colbourn, 1826–27.
– *The Young Duke*, 3 vols. Geburn & Bentley, 1831.
– *Vindication of the English Constitution in a letter to a noble and learned Lord*. Saunders and Otley, 1835.
– *Henrietta Temple*, 2 vols. Colburn, 1837.
– *Sybil, or The Two Nations*, 3 vols. Colburn, 1845.
– *The Revolutionary Epick*, 2 vols. Moxon, 1834.
– *Lord George Bentinck: A Political Biography*. Colburn, 1852; Longmans, 8th edn, revised, 1872.
– *Mr. Disraeli to Colonel Rathborne* (Letters on the annexation of Oudh etc.). 1858.
– *Lord Beaconfield's Letters, 1830–1852*. Cassell, 1887, reprinted 1928.
– *The Letters of Disraeli to Lady Bradford and Lady Chesterfield*, 2 vols. Edited by the Marquis of Zetland. Ernest Benn, 1929.
– *Letters from Benjamin Disraeli to Frances Anne, Marchioness of Londonderry, 1837–1861*. Edited with an introduction by the Marchioness of Londonderry. Macmillan, 1938.
DOUGLAS, GEORGE, and RAMSAY, GEORGE DALHOUSIE (eds.) *The Panmure Papers*. 1908.
DUBERLY, FRANCES ISABELLA *Journal kept during the Russian War: from the departure of the army from England in April 1854 to the fall of Sebastopol*. Longmans, 1855.
– *Campaigning Experiences in Rajpootana*

and Central India, during the suppression of the Mutiny 1857–1858. Longmans, 1859.
DUGDALE, BLANCHE E.C. *Arthur James Balfour: First Earl of Balfour, K.G., O.M., F.R.S.* Cassel, 1936.
EDEL, LEON *Henry James: a biography*. Vol. I: *The Untried Years* (1953); Vol. II: *The Conquest of London*. (1962) Rupert Hart-Davis.
EDWARDES, MICHAEL *British India 1772–1947*. Sidgwick & Jackson, 1967.
ELIOT, THOMAS STEARNS Introductory essay to *A Choice of Kipling's Verse*. Faber & Faber, 1944.
ELLIS, HAVELOCK *Studies in the Psychology of Sex*, Vol. I, III: Love and *Pain*. 3rd revised edn, 1910.
ELTON, GODFREY *General Gordon*. W. Collins, 1954.
ERVINE, ST. JOHN *Parnell*. Ernest Benn, 1925.
ESHER, REGINALD B. *Letters and Journals*, 4 vols. Nicholas & Watson, 1939.
FICHTE, JOHANN GOTTLIEB *Addresses to the German Nation*. 1807–08.
FORREST, GEORGE SIR WILLIAM *History of the Indian Mutiny*, 3 vols. Blackwood, 1904–12.
FORSTER, E.M. *A passage to India*. Edward Arnold, 1924.
FRERE, J.A. *The British Monarchy at Home*. Anthony Gibbs & Phillips, 1963.
FROUDE, JAMES ANTHONY *Thomas Carlyle: a history of his life in London*. 1885.
– *My Relations with Carlyle*. Longmans, 1903.
FULLER, JEAN OVERTON *Swinburne: a critical biography*. Chatto & Windus, 1968.
GARDNER, BRIAN *Mafeking: A Victorian Legend*. Cassell, 1969.
GARVIN, J.L. *Life of Joseph Chamberlain*. Macmillan, 1932–34.
GAUNT, WILLIAM *The Pre-Raphaelite Tragedy*. Jonathan Cape, 1942. (Published by the Reprint Society, 1943, as *The Pre-Raphaelite Dream*.)
GLADSTONE, HERBERT *Thirty Years After*. Macmillan, 1928.
GLADSTONE, WILLIAM EWART *A Chapter of Autobiography*. John Murray, 1868.
– *Juventus Mundi: The Gods and Men of the Heroic Age*. Macmillan, 1869.
– *The Bulgarian Horrors and the Question of the East*. John Murray, 1876.
– *Gleanings of Past Years*, 8 vols. John Murray, 1879–97.
– *The Irish Question*. John Murray, 1886.
– *Speeches and Public Addresses, 1886–91*, 2 vols. John Murray, 1892–94.
GORDON, CHARLES GEORGE *Gordon's Letters from the Crimea, the Danube and Armenia 1854–88*. Edited by D.C. Boulger. 1884.
– *Reflections in Palestine*. 1884.
– *General Gordon's Private Diary of His Exploits in China*. Amplified by S. Mossman. 1885.
– *Last Journals*. Edited by Augusta M. Gordon. 1885.
– *Letters of General Charles George Gordon to His Sister Augusta, Edited by the latter*. 1888.
– *General Gordon's Khartoum Diary*. Edited by Godfrey Elton. 1961.
GOSSE, EDMUND *The Life of Algernon Charles Swinburne*. Macmillan. 1917.
– *The Letters of Algernon Charles Swinburne*, 2 vols. (With Thomas J. Wise.) Macmillan, 1918.
GREVILLE, CHARLES CAVENDISH FULKE *The Greville Memoirs 1814–1860*, 8 vols. Edited by Roger Fulford and Lytton Strachey. Macmillan, 1938.
GROSS, FELIX *Rhodes of Africa*. Cassell, 1956.
GUEDALLA, PHILIP *Bonnet and Shawl*. Hodder & Stoughton, 1928.
– *The Queen and Mr. Gladstone*. Hodder & Stoughton, 1933.
HAGBERG, KNUT HJALMAR *Personalities and Powers*. Translated by Elizabeth Sprigge and Claude Napier. John Lane, 1930.
HAKE, THOMAS und RICKETT, A. COMPTON *The Life of Watts-Dunton*. 1961.
HALLIDAY, JAMES L. *Mr. Carlyle My Patient: a psychosomatic biography*. Heinemann Medical, 1949.
HAMILTON, GEORGE *Parliamentary Reminiscences and Reflections*, 2 vols. John Murray, 1916–22.
HAMMANN, OTTO *Um den Kaiser: Erinnerungen 1906–09*. Berlin, 1919.
HAMSUN, KNUT *Mysterier* (1892). (English translation by Arthur B. Chater: Knopf, New York, 1927)
HARDIE, FRANK *The Political Influence of Queen Victoria*. Oxford U.P., 1933; reprint, Frank Cass, 1963.
HARE, HUMPHREY *Swinburne: a biographical approach*. H.F. & G. Witherby, 1949.
HARRISON, HENRY *Parnell Vindicated: The Lifting of the Veil*. Constable, 1931.
HAYEK, F.A. *John Stuart Mill and Har-*

riet Taylor: Their Friendship and Subsequent Marriage. University of Chicago Press, 1951.
HEADLAM, CECIL (ed.) *The Milner Papers: South Africa 1897–1899, 1899–1905*. Edited by C. Headlam. Cassell, 1931, 1933.
HIBBERT, CHRISTOPHER *The Destruction of Lord Raglan: A Tragedy of the Crimean War 1854–55*. Longmans, 1961.
HILTON, RICHARD *The Indian Mutiny: a centenary history*. Hollis & Carter, 1957.
HOLME, THEA *The Carlyles at Home*. Oxford U.P., 1965.
JACKSON, HOLBROOK *The Eighteen Nineties*. Grant Richards, 1913.
– *Dreamers of Dreams*. Faber & Faber, 1948.
JAMES, DAVID *Lord Roberts*. Foreword by the Rt Hon. L.S. Amery. Hollis & Carter, 1954.
JAMES, ROBERT RHODES *Lord Randolph Churchill*. Weidenfeld & Nicholson, 1959.
– *Lord Rosebery*. Weidenfeld & Nicholson, 1963.
JAMES, WILLIAM *The Order of Release*. John Murray, 1947.
JENKINS, ROY *Sir Charles Dilke: A Victorian Tragedy*. W. Collins, 1958.
JERMAN, B.R. *The Young Disraeli*. Oxford U.P., 1960.
JOHNSON, R. BRIMLEY *Tennyson and His Poetry*. Harrap, 1913.
JOYCE, JAMES *A Portrait of the Artist as a Young Man*. 1915.
JÜNGER, ERNST *In Stahlgewittern*. Berlin, 1922. English translation, *The Storm of Steel,* by Basil Creighton. Chatto & Windus, 1929.
KAYE, SIR WILLIAM und MALLESON, G. B. *A History of the Sepoy War in India*, 6 vols. 1864–80.
KEPPEL, SONIA *Edwardian Daughter*. Hamish Hamilton, 1958.
KINGLAKE, ALEXANDER WILLIAM *The Invasion of the Crimea*, 9 vols. Blackwood, 1877–88.
KIPLING, RUDYARD *Stalky and Co*.
LAFOURCADE, GEORGES *La Jeunesse de Swinburne*, 2 vols. Oxford U.P., 1928.
– *Swinburne: a literary biography*. Oxford U.P., 1932.
LANGTRY, LILLIE EMILIE CHARLOTTE *The Days I Knew*. Hutchinson, 1925.
LAWRENCE, DAVID HERBERT *The Plumed Serpent*. 1926. Penguin, 1950.
LAYARD, AUSTEN HENRY *Autobiography and Letters*. John Murray, 1903.
LEE, SIDNEY *Life of King Edward VII*, 2 vols. Macmillan, (1925, 1927).
LEHMANN, JOSEPH *All Sir Garnet*. Jonathan Cape, 1964.
LEITH, MARY C.J. *The Boyhood of Algernon Charles Swinburne*. Chatto & Windus, 1917.
LEON, DERRICK *Ruskin, the Great Victorian*. Routledge & Kegan Paul, 1949.
LESLIE, ANITA *The Fabulous Leonard Jerome*. Hutchinson, 1961.
LUNDGREN, EGRON SELLIF *En Målares Anteckningar*, Vol. II. Stockholm, 1873, 1874.
MAGNUS, PHILIP *Gladstone*. 1954.
– *Edward VII*. John Murray, 1964.
– *Kitchener: Portrait of an Imperialist*. John Murray, 1958.
MANN, THOMAS *Three Essays* ('Frederick the Great' and 'The Grand Coalition'). 1932.
– *Tonio Kröger*. Translated by H.T. Lowe-Porter, M. Secker, 1928.
MARLOWE, JOHN *Mission to Khartoum: The Apotheosis of General Gordon*. Gollancz, 1969.
MARTIN, RALPH G. *Lady Randolph Churchill: A Biography 1854–1895*. Cassell, 1969.
MARTIN, THEODORE *Life of H. R. H. The Prince Consort*, 5 vols. John Murray, 1879.
– *A Life of Lord Lyndhurst*. John Murray, 1883.
MAULE, FOX (Lord Panmure, later Earl of Dalhousie) *The Panmure Papers*, 2 vols. Edited by Sir George Douglas and Sir George Dalhousie Ramsay. Hodder & Stoughton.
MAURICE, F. und ARTHUR, GEORGE *Life of Lord Wolseley*. 1924.
MAUROIS, ANDRE *La Vie de Disraeli*. Paris, 1927.
– *La vie de Cecil Rhodes*. Paris, 1953.
– *Proust and Ruskin* (Essays and Studies by Members of the English Association). 1932.
MAYFIELD, JOHN S. *Swinburne's Boo*. Goetz, Washington, 1954.
MILL, JOHN STUART *Autobiography* (without alterations or omissions). Columbia U.P., 1924.
– *The Subjection of Women*. 1869.
MILNER, ALFRED (see Headlam)
MINNEY, R.J. *The Edwardian Age*. Cassell, 1964.
MONYPENNY, W.F. und BUCKLE, G.E.

The Life of Benjamin Disraeli, Earl of Beaconsfield, 6 vols. John Murray, 1910–20.

MORLEY, JOHN *Life of W. E. Gladstone*, 3 vols. Macmillan, 1903.

NAPIER, ELMA *Youth is a Blunder*. Jonathan Cape, 1948.

NEHRU, JAWAHAR-LAL *The Discovery of India*. Meridian Books, 1956.

NICOLSON, HAROLD *Tennyson: Aspects of His Life, Character and Poetry*. Constable, 1923.

– *Swinburne*. Macmillan, 1926.

NOYES, ALFRED *Tennyson* (1932)

NUTTING, ANTHONY *Gordon, Marty and Misfit*. Constable, 1966.

O'BRIEN, DONAT CONAR CRUISE *Parnell and his Party, 1880–1890*. Clarendon Press, 1957.

O'BRIEN, R. BARRY *Life of Charles Stewart Parnell*, 2 vols. Smith Elder, 1899.

ORWELL, GEORGE *Rudyard Kipling* (essay, 1942, reprinted in *Dickens, Dali and Others*, 1946; and in *Kipling's Mind and Art*, essays by various authors, edited by Andrew Rutherford. Oliver & Boyd, 1964.)

O'SHEA, KATHERINE (later Parnell) *Charles Stewart Parnell: his love story and political life*, 2 vols. Cassell, 1914.

PACKE, St. JOHN *The Life of John Stuart Mill*. Secker & Warburg, 1954.

PAGET, GEORGE *The Light Cavalry Brigade in the Crimea*. John Murray, 1881.

PAKENHAM, ELIZABETH *Jameson's Raid*. Weidenfeld & Nicholson, 1960.

PAPPE, HELMUT OTTO *John Stuart Mill and the Harriet Taylor Myth*. Melbourne U.P., 1960.

PEARSON, HESKETH *Labby: The Life of Henry Labouchère*. Hamish Hamilton, 1936.

– *Dizzy*. Methuen, 1951.

PEMBERTON, BARING W. *Battles of the Crimean War*. B. T. Batsford, 1962.

PITT, VALERIE *Tennyson Laureate*. Barrie & Rockliff, 1962.

PONSONBY, ARTHUR (Lord Ponsonby of Shulbrede) *Henry Ponsonby: his life from his letters*. Macmillan, 1952.

PONSONBY, FREDERICK (Lord Sysonby) *Recollections of Three Reigns*. Eyre & Spottiswoode, 1951.

POPE-HENNESSY, JAMES *Monkton Milnes: The Years of Promise*. Constable, 1951.

PRAZ, MARIO *The Romantic Agony*. Translated by Angus Davidson. Oxford U.P., 1933.

QUENNELL, PETER *John Ruskin: Portrait of a Prophet*. W. Collins, 1949.

RAYMOND, E. T. *Mr. Balfour*. W. Collins, 1920.

– *The Man of Promise: Lord Rosebery*. T. Fisher Unwin, 1923.

READE, WINWOOD *The Story of the Ashantee Campaign*. Smith Elder, 1874.

RHODES, CECIL *Political Speeches and Addresses*. Edited by Vindex. Chapman & Hall, 1900.

– *Last Will and Testament of Cecil Rhodes*. Edited by William T. Stead. 1902.

RICHARDSON, JOANNA *The Pre-Eminent Victorian: a study of Tennyson*. Jonathan Cape, 1962.

ROBERTS, BRIAN *Cecil Rhodes and the Princess*. Hamish Hamilton, 1969.

ROBERTS, FREDERICK SLEIGH *Letters written during the Indian Mutiny*. Macmillan, 1924.

– *Forty-one Years in India*, 2 vols. Bentley & Son, 1897.

RONALDSHAY *The Life of Lord Curzon*. Hodder & Stoughton. 1928.

ROSEBERY, ARCHIBALD PHILIP PRIMROSE *Lord Randolph Churchill*. A. L. Humphreys, 1906.

RUSKIN, JOHN *Lectures on the Political Economy of Art*. 1858.

– *Unto This Last*. Smith Elder, 1862.

– *Sesame and Lilies*. Smith Elder, 1865.

– *Ethics of the Cust*. Smith Elder, 1866.

– *Time and Tide*. Smith Elder, 1867.

– *The Queen of the Air*. Smith Elder, 1869.

– *Fors Clavigera*, 4 vols. G. Allen, 1871–87.

– *Munera Pulveris*. 1872.

– *The Crown of Wild Olive*. Smith Elder, 1873.

– *General Statement explaining the nature and purposes of St George's Guild*. 1882.

– *Praeterita*, 6 vols. G. Allen, 1887–89.

RUSSELL, WILLIAM HOWARD *The War in the Crimea*. Routledge, 1855.

– *The British Expedition to the Crimea*. Routledge, 1858.

– *My Diary in India in the year 1858–59* (with illustrations by Egron Lundgren), 2 vols. Routledge, 1860.

– *My Indian Mutiny Diary*. Edited by Michael Edwardes. (Re-issue 1959.)

– *The Great War with Russia*. Routledge, 1895.

SAKI (H. J. MUNRO) *The Complete Short Stories of Saki* (Reginald's Peace

Poem). John Lane, The Bodley Head, 1930.
SELBORNE, ROUNDELL PALMER *Memorials*, 4 vols. Macmillan, 1896–98.
SEN, SURENDRA NATH *Eighteen Fifty Seven*. With a Foreword by Maulana Abul Kalam Azad, on the Indian Mutiny. Delhi, 1957.
SHANKS, EDWARD B. Introduction to *Selected Poems of Swinburne*. 1950.
– *Rudyard Kipling: a study in literature and political ideas*. Macmillan, 1940.
SITWELL, EDITH Introduction to *Swinburne: A Selection*. Weidenfeld & Nicholson, 1960.
SLATIN, RUDOLF KARL VON (Slatin Pasha) *Fire and Sword in the Sudan 1879–1895*. 1896.
SPENDER, STEPHEN *Tennyson: An Introduction and a Selection*. 1946.
STEAD, WILLIAM T. *The Discrowned King of Ireland (C. S. Parnell) with some opinions of the press on the O'Shea Divorce Case (1899). Office of Review of Reviews.*
STRACHEY, LYTTON *Eminent Victorians* ('The End of General Gordon'). Chatto & Windus, 1918.
SWINBURNE, ALGERNON CHARLES *Collected Poems*, 5 vols. 1917.
SYKES, CHRISTOPHER *Four Studies in Loyalty*. W. Collins, 1946.
SYMONS, JULIAN *Buller Campaign*. Cresset Press, 1963.
– *England's Pride: The Story of the Gordon Relief Expedition*. 1965.
– *Thomas Carlyle: The Life and Ideas of a Prophet*. 1952.
TENNYSON, ALFRED *Complete Works*, 9 vols. Edited by Hallam Tennyson. 1907.
– *Poems*. Oxford Standard Authors. 1953.
TENNYSON, HALLAM *Alfred, Lord Tennyson: A Memoir*. 1897.
– *Tennyson and His Friends*. 1911.
THE TIMES The Baccarat Scandal Trial Proceedings (May-June 1891).
THOMAS, EDWARD *Algernon Charles Swinburne: A Critical Study*. 1912.
TRILLING, LIONEL *The Liberal Imagination: Essays on Literature and Society*. 1951. (Reprinted in *Kipling's Mind and Art*, edited by Andrew Rutherford. Oliver & Boyd, 1964.)
VAN DER POEL, JEAN *The Jameson Raid*. Oxford U.P., Capetown, 1951.
WATSON, ALFRED E. T. *King Edward as a Sportsman*. Longmans, 1911.
WATTS-DUNTON, CLARA *The Home Life of Algernon Charles Swinburne*. 1922.
WILLIAMS, BASIL *Cecil Rhodes*. 1968.
WOLSELEY, GARNET JOSEPH *A Narrative of the War with China in 1860*. 1862.
– *The Soldier's Pocket Book: Field Manoeuvres*. 1872.
– *Marley Castle*, a novel (published as edited by Sir Garnet Wolseley). 1877.
– *The Story of a Soldier's Life*, 2 vols. Constable, 1903–04.
– *The Letters of Lord and Lady Wolseley*. Edited by Sir George Arthur. 1922.
WOLSELEY und PRESTON, ADRIAN (Ed) *In Relief of Gordon: Lord Wolseley's Campaign Journal of the Khartoum Relief Expedition 1884–1885*, Edited by Adrian Preston. Hutchinson, 1967.
WOODHAM-SMITH, CECIL *Florence Nightingale*. Constable, 1950.
– *The Reason Why*. Constable, 1953.
WORTHAM, HUGH EVELYN *The Delightful Profession: Edward VII, a study in Kingship*. Jonathan Cape, 1931.
YEATS, WILLIAM BUTLER 'Parnell's Funeral', in *Collected Poems*. 1963.
– 'Gather Round Me, Parnellites' in *Last Poems*, 1936–39. Macmillan, 1963.
YOUNG, G. M. *Victorian England: Portrait of an Age*. 1936; Oxford U.P., 1953.
YOUNG, KENNETH *Arthur James Balfour*. G. Bell & Sons, 1963.

Die hier folgenden Titel wurden der deutschen Ausgabe als zusätzliche historische Informationsquellen eingefügt:

CHURCHILL, W. S. *Aufzeichnungen zur europäischen Geschichte*. 2. Aufl., München 1965.
SCHRAMM, P. E. *Geschichte des englischen Königtums*. Weimar 1937.
SEELEY, J. R. *Die Ausbreitung Englands*. Stuttgart 1928.
TREVELYAN, G. M. *Geschichte Englands*. München 1949.

Außerdem sind als deutsche Veröffentlichungen zu empfehlen:

HÖPFL, H. *Geschichte Englands und des Commonwealth*. Frankfurt/Main 1965.
KLUXEN, K. *Geschichte Englands*. Stuttgart 1968.
RANKE, L. v. *Englische Geschichte, vornehmlich im 17. Jahrhundert*. (Neuauflage), Stuttgart 1955.
WHITE, R. J. *Kurze Geschichte Englands*. München 1970.

Register

Frauenporträts von Irma Hildebrandt bei Diederichs

Bin halt ein zähes Luder
15 Münchner Frauenporträts
230 Seiten mit 15 Bildern, Leinen mit Schutzumschlag

Maria Ward, Lola Montez, Anita Augspurg, Marianne von Werefkin, Gabriele Münter, Annette Kolb, Lena Christ, Toni Pfülf, Therese Giehse, Grete Weil, Liesl Karlstadt, Sophie Scholl, Frieda Sembach-Krone u. a.

Zwischen Suppenküche und Salon
Achtzehn Berlinerinnen
144 Seiten mit 18 Bildern, Leinen mit Schutzumschlag

Fanny Mendelssohn, Lina Morgenstern, Alice Salomon, Käthe Kollwitz, Helene Weigel, Christa Wolf, Rahel Varnhagen, Königin Luise, Hedwig Dohm, Franziska Tiburtius, Helene Lange, Lily Braun und viele andere.

Hab meine Rolle nie gelernt
15 Wiener Frauenporträts
270 Seiten mit 15 Bildern, Leinen mit Schutzumschlag

Kaiserin Maria Theresia, Maria Theresia Paradis, Ida Pfeiffer, Bertha von Suttner, Adelheid Popp, Alma Mahler-Werfel, Lina Loos, Anna Freud, Hilde Spiel, Friederike Mayröcker, Freda Meissner-Blau und andere.

Die Frauenzimmer kommen
16 Zürcher Portraits
285 Seiten mit 16 Bildern, Leinen mit Schutzumschlag

Anna Waser, Regula Engel, Mathilde Wesendonck, Susanna Orelli-Rinderknechts, Mileva Einstein-Marić, Sophie Taeuber-Arp, Hulda Zumsteg, Therese Giehse, Erika Mann, Ruth Liepman, Vreni Spoerry, Katharina von Salis, Else Lasker-Schüler u. a.